中国哲学社会科学学科年鉴
CHINESE ACADEMIC ALMANAC

ALMANAC OF CHINESE BORDERLAND STUDIES

邢广程 主编　　孙宏年 副主编

中国边疆学年鉴

2021

中国社会科学出版社

图书在版编目（CIP）数据

中国边疆学年鉴. 2021 / 邢广程主编. —北京：中国社会科学出版社，2022. 10
ISBN 978 - 7 - 5227 - 0945 - 1

Ⅰ. ①中… Ⅱ. ①邢… Ⅲ. ①疆界—中国—2021—年鉴 Ⅳ. ①K928. 1 - 54

中国版本图书馆 CIP 数据核字(2022)第 209657 号

出 版 人 赵剑英
责任编辑 王鸣迪
责任校对 高 俐
责任印制 张雪娇

出 版 中国社会科学出版社
社 址 北京鼓楼西大街甲 158 号
邮 编 100720
网 址 http://www.csspw.cn
发 行 部 010 - 84083685
门 市 部 010 - 84029450
经 销 新华书店及其他书店

印刷装订 北京君升印刷有限公司
版 次 2022 年 10 月第 1 版
印 次 2022 年 10 月第 1 次印刷

开 本 787 × 1092 1/16
印 张 33.5
插 页 2
字 数 832 千字
定 价 278.00 元

《中国边疆学年鉴·2021》
编 委 会

《中国边疆学年鉴·2021》
编 辑 部

目　　录

2020 年中国边疆研究述评

学术活动

新书选介

论文撷英

2020 年中国边疆研究大事记

附　　录

序　言

为中国特色哲学社会科学事业立传

——写在《中国哲学社会科学学科年鉴》系列出版之际

（一）

2016年5月17日，习近平总书记《在哲学社会科学工作座谈会上的讲话》中正式作出了加快构建中国特色哲学社会科学的重大战略部署。自此，中国特色哲学社会科学学科体系、学术体系、话语体系的构建进入攻坚期。

2022年4月25日，习近平总书记在中国人民大学考察时强调指出，“加快构建中国特色哲学社会科学，归根结底是建构中国自主的知识体系”。这为我们加快构建中国特色哲学社会科学进一步指明了方向。

2022年4月，中共中央办公厅正式印发《国家哲学社会科学“十四五”规划》。作为第一部国家层面的哲学社会科学发展规划，其中的一项重要内容，就是以加快中国特色哲学社会科学为主题，将“中国哲学社会科学学科年鉴编纂”定位为“哲学社会科学学科基础建设”，从而赋予了哲学社会科学学科年鉴编纂工作新的内涵、新的要求。

从加快构建中国特色哲学社会科学到归根结底是建构中国自主的知识体系，再到制定第一部国家层面的哲学社会科学发展规划，至少向我们清晰揭示了这样一个基本事实：中国特色社会主义事业离不开中国特色哲学社会科学的支撑，必须加快构建中国特色哲学社会科学、建构中国自主的知识体系。加快构建中国特色哲学社会科学、建构中国自主的知识体系是一个长期的历史任务，必须持之以恒，实打实地把一件件事情办好。

作为其间的一项十分重要且异常关键的基础建设，就是编纂好哲学社会科学学科年鉴，将中国特色哲学社会科学事业的发展动态、变化历程记录下来，呈现出来。以接续奋斗的精神，年复一年，一茬接着一茬干，一棒接着一棒跑。就此而论，编纂哲学社会科学学科年鉴，其最基本、最核心、最重要的意义，就在于为中国特色哲学社会科学事业立传。

呈现在读者面前的这一《中国哲学社会科学学科年鉴》系列，就是在这样的背景之下，由中国社会科学院集全院之力、组织精锐力量编纂而成的。

（二）

作为年鉴的一个重要类型，学科年鉴是以全面、系统、准确地记述上一年度特定学科或学科分支发展变化为主要内容的资料性工具书。编纂学科年鉴，是哲学社会科学发展到一定阶段的产物。

追溯起来，我国最早的哲学社会科学年鉴——《中国文艺年鉴》，诞生于上个世纪30年代。党的十一届三中全会之后，伴随着改革开放的进程，我国哲学社会科学年鉴不断发展壮大。40多年来，哲学社会科学年鉴在展示研究成果、积累学术资料、加强学科建设、开展学术评价、凝聚学术共同体等方面，发挥着不可替代的作用，为繁荣发展中国特色哲学社会科学作出了重要贡献。

1. 为学科和学者立传的重要载体

学科年鉴汇集某一学科领域的专业学科信息，是服务于学术研究的资料性工具书。不论是学科建设、学术研究，还是学术评价、对外交流等，都离不开学科知识的积累、学术方向的辨析、学术共同体的凝聚。

要回答学术往何处去的问题，首先要了解学术从哪里来，以及学科领域的现状，这就离不开学科年鉴提供的信息。学科年鉴记录与反映年度内哲学社会科学某个学科领域的研究进展、学术成果、重大事件等，既为学科和学者立传，也为学术共同体的研究提供知识基础和方向指引，为学术创新、学派形成、学科巩固创造条件、奠定基础。学科年鉴编纂的历史越悠久，学术积淀就越厚重，其学术价值就越突出。

通过编纂学科年鉴，将中国哲学社会科学界推进学科体系、学术体系、话语体系建设以及建构中国自主知识体系的历史进程准确、生动地记录下来，并且，立此存照，是一件非常有意义的事情。可以说，学科年鉴如同学术研究的白皮书，承载着记录、反映学术研究进程的历史任务。

2. 掌握学术评价权的有力抓手

为学界提供一个学科领域的专业信息、权威信息，这是学科年鉴的基本功能。一个学科领域年度的信息十分庞杂，浩如烟海，不可能全部收入学科年鉴。学科年鉴所收录的，只能是重要的、有价值的学术信息。这就要经历一个提炼和总结的过程。学科年鉴的栏目，如重要文献（特载）、学科述评、学术成果、学术动态、统计资料与数据、人物、大事记等，所收录的信息和资料都是进行筛选和加工的基础上形成的。

进一步说，什么样的学术信息是重要的、有价值的，是由学科年鉴的编纂机构来决定。这就赋予了学科年鉴学术评价的功能，所谓"入鉴即评价"，指的就是这个逻辑。特别是学科综述，要对年度研究进展、重要成果、学术观点等作出评析，是学科年鉴学术评价功能的集中体现。

学科年鉴蕴含的学术评价权，既是一种权力，更是一种责任。只有将学科、学术的评价权用好，把有代表性的优秀成果和学术观点评选出来，分析各学科发展面临的形势和任务、成绩和短板、重点和难点，才能更好引导中国特色哲学社会科学的健康发展。

3. 提升学术影响力的交流平台

学科年鉴按照学科领域编纂，既是该领域所有学者共同的精神家园，也是该学科领域最权威的交流平台。目前公认的世界上首部学术年鉴，是由吕西安·费弗尔和马克·布洛赫在1929年初创办的《经济社会史年鉴》。由一群有着共同学术信仰和学术观点的历史学家主持编纂的这部年鉴，把年鉴作为宣传新理念和新方法的学术阵地，在年鉴中刊发多篇重要的理论成果，催发了史学研究范式的演化，形成了法国"年鉴学派"，对整个西方现代史学的创新发展产生了深远影响。

随着学科年鉴的发展和演化，其功能也在不断深化。除了记载学术共同体的研究进展，还提供了学术研究的基本参考、学术成果发表的重要渠道，充当了链接学术网络的重要载体。特别是学科年鉴刊载的综述性、评论性和展望性的文章，除了为同一范式下的学者提供知识积累或索引外，还能够对学科发展趋势动向作出总结，乃至为学科未来发展指明方向。

4. 中国学术走向世界的重要舞台

在世界范围内，学科年鉴都是作为权威学术出版物而被广泛接受的。高质量的学科年鉴，不仅能够成为国内学界重要的学术资源、引领学术方向的标识，而且也会产生十分显著的国际影响。

中国每年产出的哲学社会科学研究成果数量极其庞大，如何向国际学术界系统介绍中国哲学社会科学研究成果，做到既全面准确，又重点突出？这几乎是不可能完成的任务。学科年鉴的出现，则使不可能变成了可能。高质量的学科年鉴，汇总一个学科全年最重要、最有代表性的研究成果、资料和信息，既是展示中国哲学社会科学研究成果与现状的最佳舞台，也为中外学术交流搭建了最好平台。

事实上，国内编纂的学科年鉴一直受到国外学术机构的重视，也是各类学术图书馆收藏的重点。如果能够站在通观学术界全貌之高度，编纂好哲学社会科学各学科年鉴，以学科年鉴为载体向世界讲好中国学术故事，当然有助于让世界知道“学术中的中国”、“理论中的中国”、“哲学社会科学中的中国”，也就能够相应提升中国哲学社会科学的国际影响力和话语权。

（三）

作为中国哲学社会科学研究的“国家队”，早在上世纪70年代末，中国社会科学院就启动了学科年鉴编纂工作。诸如《世界经济年鉴》《中国历史学年鉴》《中国哲学年鉴》《中国文学年鉴》等读者广为传阅的学科年鉴，迄今已有40多年的历史。

2013年，以国家哲学社会科学创新工程为依托，中国社会科学院实施了“中国社会科学年鉴工程”，学科年鉴编纂工作由此驶入快车道。至2021下半年，全院组织编纂的学科年鉴达到26部。

进入2022年以来，在加快构建中国特色哲学社会科学、贯彻落实《国家哲学社会科学“十四五”规划》的背景下，立足于更高站位、更广视野、更大格局，中国社会科学院进一步加大了学科年鉴编纂的工作力度，学科年鉴编纂工作迈上了一个大台阶，呈现出一幅全新的学科年鉴事业发展格局。

1. 哲学社会科学学科年鉴群

截至2023年5月，中国社会科学院组织编纂的哲学社会科学学科年鉴系列已有36部之多，覆盖了15个一级学科、13个二三级学科以及4个有重要影响力的学术领域，形成了国内规模最大、覆盖学科最多、也是唯一成体系的哲学社会科学学科年鉴群。

其中，《中国语言学年鉴》《中国金融学年鉴》《当代中国史研究年鉴》等10部，系2022年新启动编纂。目前还有将近10部学科年鉴在编纂或酝酿之中。到“十四五”末期，中国社会科学院组织编纂的学科年鉴总规模，有望超越50部。

2. 学科年鉴的高质量编纂

从总体上看，在坚持正确的政治方向、学术导向和价值取向方面，各部学科年鉴都有明显提高，体现了立场坚定、内容客观、思想厚重的导向作用。围绕学科建设、话语权建设等设置栏目，各部学科年鉴都较好地反映了本学科领域的发展建设情况，发挥了学术存史、服务科研的独特作用。文字质量较好，文风端正，装帧精美，体现了学科年鉴的严肃性和权威性。

与此同时，为提高年鉴编纂质量，围绕学科年鉴编纂的规范性，印发了《中国哲学社会科学学科年鉴编纂出版规定》，专门举办了年鉴编纂人员培训班。

3. 学科年鉴品牌

经过多年努力，无论在学术界还是年鉴出版界，中国社会科学院组织编纂的哲学社会科学学科年鉴系列得到了广泛认可，学术年鉴品牌已经形成。不仅成功主办了学术年鉴主编论坛和多场年鉴出版发布会，许多年鉴也在各类评奖中获得重要奖项。在数字化方面，学科年鉴数据库已经建成并投入使用，目前试用单位二百多家，学科年鉴编纂平台在继续推进中。

4. 学科年鉴工作机制

中国社会科学院科研局负责学科年鉴管理，制定发展规划，提供经费资助；院属研究单位负责年鉴编纂；中国社会科学出版社负责出版。通过调整创新工程科研评价考核指标体系，赋予年鉴编纂及优秀学科综述相应的分值，调动院属单位参与年鉴编纂的积极性。

学科年鉴是哲学社会科学界的学术公共产品。作为哲学社会科学研究的“国家队”，编纂、提供学科年鉴这一学术公共产品，无疑是中国社会科学院的职责所在、使命所系。中国社会科学院具备编纂好学科年鉴的有利条件：一是学科较为齐全；二是研究力量较为雄厚；三是具有“国家队”的权威性；四是与学界联系广泛，主管 120 家全国学会，便于组织全国学界力量共同参与年鉴编纂。

（四）

当然，在肯定成绩的同时，还要看到，当前哲学社会科学学科年鉴编纂工作仍有较大的提升空间，我们还有很长的路要走。

1. 逐步扩大学科年鉴编纂规模

经过 40 多年的发展，特别是“中国社会科学年鉴工程”实施 10 年来的努力，哲学社会科学系列学科年鉴已经形成了一定的规模，覆盖了 90% 的一级学科和部分重点的二三级学科。但是，也不容忽视，目前还存在一些学科年鉴空白之地。如法学、政治学、国际政治、区域国别研究等重要的一级学科，目前还没有学科年鉴。

中国自主知识体系的基础是学科体系，完整的学科年鉴体系有助于完善的学科体系和知识体系的形成。尽快启动相关领域的学科年鉴编纂，抓紧填补相关领域的学科年鉴空白，使哲学社会科学年鉴覆盖所有一级学科以及重要的二三级学科，显然是当下哲学社会科学界应当着力推进的一项重要工作。

2. 持续提高学科年鉴编纂质量

在扩张规模、填补空白的同时，还应当以加快构建中国特色哲学社会科学、建构中国自主的知识体系为目标，下大力气提高学科年鉴编纂质量，实现高质量发展。

一是统一学科年鉴的体例规范。学科年鉴必须是成体系的，而不是凌乱的；是规范的，而不是随意的。大型丛书的编纂靠的是组织严密，条例清楚，文字谨严。学科年鉴的体例要更加侧重于存史内容的发掘，对关乎学术成果、学术人物、重要数据、学术机构评价的内容，要通过体例加以强调和规范。哲学社会科学所有学科年鉴，应当做到“四个基本统一”：名称基本统一，体例基本统一，篇幅基本统一，出版时间、发布时间基本统一。

二是增强学科年鉴的权威性。年鉴的权威性，说到底取决于内容的权威性。学科年鉴是在对大量原始信息、文献进行筛选、整理、分析、加工的基础上，以高密度的方式将各类学术信息、情报传递给读者的权威工具书。权威的内容需要权威的机构来编纂，来撰写，来审定。学科综述是学科年鉴的灵魂，也是年鉴学术评价功能的集中体现，必须由权威学者来撰写学科综述。

三是要提高学科年鉴的时效性。学科年鉴虽然有存史功能，但更多学者希望将其作为学术工具书，从中获取对当下研究有价值的资料。这就需要增强年鉴的时效性，前一年的年鉴内容，第二年上半年要完成编纂，下半年完成出版。除了加快编纂和出版进度，年鉴的时效性还体现在编写的频度上。一级学科的年鉴，原则上都应当一年一鉴。

3. 不断扩大学科年鉴影响力

学科年鉴的价值在于应用，应用的前提是具有影响力。要通过各种途径，让学界了解学科年鉴，接受学科年鉴，使用学科年鉴，使学科年鉴真正成为学术研究的好帮手。

一是加强对学科年鉴的宣传。“酒香也怕巷子深”。每部学科年鉴出版之后，要及时举行发布会，正式向学界介绍和推出，提高学科年鉴的知名度。编纂单位也要加大对学科年鉴的宣传，结合学会年会、学术会议、年度优秀成果评选等活动，既加强对学科年鉴的宣传，又发挥学科年鉴的学术评价作用。

二要在使用中提高学科年鉴的影响力。要让学界使用学科年鉴，必须让学科年鉴贴近学界的需求，真正做到有用、能用、管用。因此，不能关起门来编学科年鉴，而是要根据学界的需求来编纂，为他们了解学术动态、掌握学科前沿、开展学术研究提供便利。要确保学科年鉴内容的原创性、独特性，提供其他渠道提供不了的学术信息。实现这个目标，就需要在学科年鉴内容创新上下功夫，不仅是筛选和转载，更多的内容需要用心策划、加工和提炼。实际上，编纂学科年鉴不仅是整理、汇编资料，更是一项学术研究工作。

三是提高学科年鉴使用的便捷性。当今网络时代，要让学科年鉴走进千万学者中间，必须重视学科年鉴的网络传播，提高学科年鉴阅读与获取的便捷性。出版社要重视学科年鉴数据库产品的开发。同时，要注重同知识资源平台的合作，利用一切途径扩大学科年鉴的传播力、影响力。在做好国内出版的同时，还要做好学科年鉴的海外发行，向国际学术界推广我国的学科年鉴。

4. 注重完善学科年鉴编纂工作机制

实现学科年鉴的高质量发展，是一项系统工程，需要哲学社会科学界的集思广益，共同努力，形成推动学科年鉴工作高质量发展的工作机制。哲学社会科学学科年鉴编纂，中国社会科学院当然要当主力军，但并不能包打天下，应当充分调动哲学社会科学界的力量，开展协调创新，与广大同仁一道，共同编纂好学科年鉴。

学科年鉴管理部门和编纂单位不仅要逐渐加大对学科年鉴的经费投入，而且要创新学科年鉴出版形式，探索纸本与网络相结合的新型出版模式，适当压缩纸本内容，增加网络传播内容。这样做，一方面可提高经费使用效益，另一方面，也有利于提升学科年鉴的传播力，进一步调动相关单位、科研人员参与学科年鉴编纂的积极性。

随着学科年鉴规模的扩大和质量的提升，可适时启动优秀学科年鉴的评奖活动，加强对优秀年鉴和优秀年鉴编辑人员的激励，形成学科年鉴工作良性发展的机制。要加强年鉴工作机制和编辑队伍建设，有条件的要成立专门的学科年鉴编辑部，或者由相对固定人员负责学科年鉴编纂，确保学科年鉴工作的连续性和编纂质量。

出版社要做好学科年鉴出版的服务工作，协调好学科年鉴编纂中的技术问题，提高学科年鉴质量和工作效率。除此之外，还要下大力气做好学科年鉴的市场推广和数字产品发行。

说到这里，可将本文的结论做如下归结：学科年鉴在加快构建中国特色哲学社会科学、建构中国自主知识体系中的地位和作用既十分重要，又异常关键，我们必须高度重视学科年鉴的编纂出版工作，奋力谱写哲学社会科学学科年鉴编纂工作新篇章。

2020 年中国边疆研究述评

2020年中国疆域理论研究述评

宋培军　孔迎川*

2020年，中国疆域理论与边疆研究赓续既往，涌现出一批新成果，不少方面有重要突破。总体来看，主要体现为如下方面：1. 马克思主义国家与中国疆域理论研究；2. 中国边疆学与中国特色历史学“三大体系”的关系探讨；3. 中国传统疆域、版图观念研究；4. 历史时期中国边疆政策；5. 当代边疆治理研究；6. “一带一路”“中华民族共同体”研究；7. 中国历史上防疫与边疆疫情防控研究。本文集中在中国疆域理论与边疆治理研究进行述评，难免挂一漏万，但是力图呈现基本研究面貌和整体发展趋势。

一　马克思主义国家与中国疆域理论研究

在马克思主义与国家边疆理论、中国历史疆域的形态与知识话语等重大学术理论问题上持续发力，久久为功。王义康从唐律对“化内人”“化外人”的区分出发，对唐代中国的疆域标准进行探讨，认为朝贡、册封、和亲、互市四项政策不能决定政治隶属关系，提出唐朝中国统治权的七要素，主张不能以赋税有无定是否归属。① 宋培军梳理马克思、恩格斯、列宁、斯大林、毛泽东、习近平的民族观，认为只有以马克思民族思想为基本规范，才能解决政治学、民族史学科分割带来的认识局限问题，看到清末民初民族关系结构变革的历史真相，进而遵循习近平总书记在党的十九大报告中的论述，建立共产党人的“一政治民族（nation）多文化民族（ethnicities）”的中华民族国家观。② 宋培军还运用马克思的历史与历史性思想研究历史性海湾理论的南海适用性问题，探讨美国海湾就不被认为是“历史性海湾”而是“历史海湾”的殖民史根源，认为南海九段线的首要内涵是“国家军事战略前沿底线”，这是历史中国内历史疆域、外历史性版图的疆域—版图结构决定的。③ 以新的视角切入传统问题的研究，对更全面地理解中国疆域、构建马克思主义中国特色疆域理论有着推动作用。针对“边疆建构论”与“边疆实在论”争鸣，平维彬、武音茜指出，中国边疆是一个包含地理概念、历史概念、

---

* 宋培军、孔迎川：中国社会科学院中国边疆研究所研究员、助理研究员。

① 王义康：《覃于风教：唐王朝的政治秩序》，社会科学文献出版社2020年版。

② 宋培军：《马克思恩格斯民族观视阈下的“中华民族”百年学术建构史》，《文史哲》2020年第3期。

③ 宋培军：《海洋法公约“历史性”话语体系及其南海历史权利认知意义》，《思想战线》2020年第1期。

政治概念、经济概念和文化概念在内的多重概念的复合体，这一内涵丰富的概念复合体与生俱来地蕴含着多种特征，即建构性与实在性的辩证统一、流动性与固定性的辩证统一、自然性与社会性的辩证统一、区隔性与联通性的辩证统一。在多重看似矛盾的辩证统一关系中，边疆的特征才能够被呈现得更为全面、系统、客观，边疆的概念才能够被挖掘得更为清晰、透彻、完整。[①] 刘琪发现，在20世纪40年代，无论是当地人自身，还是外来研究者，都没有按照今天的民族分类来认识周边的社会世界，在许烺光的《祖荫下》与田汝康的《芒市边民的摆》这样的研究中，"民族"是缺失的，可见的是对社会整体性的关注，以及对具有普遍社会科学意义的理论的追寻，主张民族研究应当被纳入中国整体性的叙述[②]。

二 中国边疆学与中国特色历史学"三大体系"的关系探讨

中国边疆学学科、学术、话语体系建设，及其与中国特色历史学学科体系、学术体系、话语体系[③]的关系探讨，是本年热烈讨论的问题。冯建勇从中国边疆史地研究的通变的角度探讨中国特色历史学学科体系、学术体系、话语体系建设及其与中国边疆学的关系问题，指出，王国维曾提出晚清随着西学的渗入，旧的学术格局逐渐被打破，西北史地之学经嬗变而成边疆史地之学，从而产生了一个"新学"。新中国成立后很长时间，边疆史地作为一个专门的学术研究领域，被遮蔽于中外关系史和少数民族史等学科之中，直到1983年成立中国边疆史地研究中心，确立中国边疆史地研究在中国历史学中的学科地位。新时代中国特色的边疆史地研究话语体系构建，应在学科体系、学术体系构建的基础上，以中国边疆治理的内外双重性为导向，扎实推进理论创新。检讨王朝国家"朝贡体系"与民族国家"自国中心主义"纠结下的领土主权与文化"首发权"问题，消除所谓的"中国威胁论"，推进周边国家人类命运共同体构建。破解西方学术话语体系中已有的"中国乃汉族国家""长城以外非中国"等错误观点，构筑基于中国历史与实践的历史疆域理论和统一多民族国家理论，在事关国家主权与领土（领海）完整等问题上取得优势话语权。"中国边疆学"，从某种意义上说，仍然是传统边疆史地研究的延长。[④] 马大正指出，要加强中国边疆学构筑与深化，加深中国边疆治理研究，建立起我们自己对统一多民族中国和多元一体中华民族历史叙述的理论框架和体系。具体来说，加强对边界、边境、边疆、中国边疆内涵与外延的界定，突出中国边疆学研究的中国特色，在边疆学研究中做到对边疆理论、边疆治理理论、边疆历史与现实的关系有更深入的理解，并加强对因俗而治、民族起义、边疆大吏、藩属制度及朝贡体

---

① 平维彬、武音茜：《试论中国边疆的概念与特征——基于"边疆建构论"与"边疆实在论"争鸣的思考》，《贵州民族研究》2020年第12期。

② 刘琪：《缺失的"民族"与整体的"社会"——从魁阁时期的两个研究文本谈起》，《学术月刊》2020年第11期。

③ 《习近平致信祝贺中国社会科学院中国历史研究院成立》，《人民日报》2019年1月4日第1版。

④ 冯建勇：《中国边疆史地研究的通变与励进》，《历史研究》2020年第1期。

系的再研究。[①] 李国强认为，要夯实构建中国边疆学的基础，解决好什么是中国边疆学、为什么要构建中国边疆学、构建一个什么样的中国边疆学三个问题。他认为，中国边疆学是哲学社会科学中一门以中国边疆为研究对象的独立知识体系；构建中国边疆学的目的在于通过强化边疆问题的整体性研究、综合性研究，以建设更加完整、规范的学术体系、理论架构；构建中国边疆学要围绕建设本学科的“三大体系”展开。[②] 李大龙认为中国边疆学的学术体系由中国边疆历史（基础）学和中国边疆应用（现状）学构成，以区域为研究方向，以中国边疆、多民族国家中国形成与发展、东亚传统“天下秩序”与发展、中国传统治边思想及其实践、海疆与海洋、中国边疆学学科六方面为话语体系[③]；主张从传统王朝国家向主权国家转变的视角构建中国疆域形成与发展的话语体系；指出匈奴降汉后西汉的疆域实现了从郡县到“藩国”分区域不同的管理方式[④]，认为《尼布楚条约》的签订标志着中国疆域开始从传统王朝国家“有疆无界”向近现代主权国家的“有疆有界”转变[⑤]；提出河西走廊、藏彝走廊、辽西走廊、苗疆走廊、岭南走廊、武陵走廊六大走廊对于中国疆域凝聚发挥卯榫结构历史作用的命题[⑥]，提出匈奴对西域的治理如何纳入统一多民族国家体系的问题，指出西域纳入多民族国家中国版图历史的标志是僮仆都尉还是西域都护体现着不同的话语体系[⑦]。孙喆回顾了20世纪上半叶“边政学”的兴起，认为中国边疆研究的内容主要集中在边疆对主权国家建构的意义、边疆民族与中华民族的关系以及边疆开发与建设等问题的讨论上，“边政学”的广泛意涵对构建边疆学学科体系有启发和借鉴意义。[⑧] 段金生认为边疆危机的刺激及西学的影响，既是民国边政研究兴起之关键原因，也是民国边政特质的重要体现。民国边政研究应特别关注政治史、中央与边疆地方关系、北京政府时期的边政实践等相关领域的探讨；深化对民国边政的研究，从多元而丰富的历史记忆与阐述中深刻理解“过去”与“现实”的关系，可对当代边疆民族治理提供丰富的启示。[⑨]

对中国边疆问题各种研究方法的讨论，是学界对中国边疆学认识更加深入的另一个表现。段金生认为，全球史视野与国家史观念应该成为近代边疆史研究的两个维度，对近代边疆史的研究，既不能割裂其与古代边疆史的延续性，也不能拘泥于断代史的话语诠释；既不能忽略边疆问题的殊相，也不要陷入地方史的思维；既要有纵向的深入思考，也要有横向的宽广视野。须从整体思维出发，在全球史视野下审视近代中国边疆问

① 马大正：《再议中国边疆学构筑与中国边疆治理研究的深化》，《云南师范大学学报》2020年第1期。

② 李国强：《夯实构建中国边疆学的基础》，《云南师范大学学报》2020年第1期。

③ 李大龙：《试论中国边疆学“三大体系”建设》，《中国边疆史地研究》2020年第2期。

④ 李大龙：《中国疆域诠解视角：从王朝国家到主权国家》，《中国社会科学》2020年第7期。

⑤ 李大龙、铁颜颜：《“有疆无界”到“有疆有界”——中国疆域话语体系建构》，《思想战线》2020年第3期。

⑥ 李大龙：《榫卯：走廊与中国疆域的形成与发展》，《广西民族大学学报》2020年第3期。

⑦ 李大龙：《如何诠释边疆——从僮仆都尉和西域都护说起》，《西南民族大学学报》2020年第7期。

⑧ 孙喆：《20世纪上半叶“边政学”范式下的中国边疆研究》，《安徽师范大学学报》2020年第1期。

⑨ 段金生：《政治史视野下民国边政研究的几点认识》，《西南民族大学学报》2020年第1期。

题与全球化进程中国际秩序重构的复杂关系，以国家史观念从全局上把握近代边疆问题与中国国家建设之间密切不可分割的互动关系。[①] 高福顺、吴翔宇提出，当下古代中国边疆研究应建立起以区域史观、断代史观与整体史观三维度三变量相互联结的以时间与结构为核心的研究方法体系。唯有在以区域史观、断代史观为基础的整体史观视阈下进行古代中国疆域史研究，才能将碎片化的古代中国疆域史各种材料议题之问题意识与科学实证有机地统合起来，才能实现古代中国疆域史之特殊性、普遍性、规律性认知，达成中国学者话语体系下的“中国化”的古代中国疆域史的学术认知。[②] 罗中枢认为临界性、边缘性、交集性交织在一起，是边疆区别于非边疆的显著标志，这对于揭示边疆的本质起着决定性作用，中国特色的边疆学应该把这样的边疆作为完整的对象，进行跨学科、多维度、多层面的综合研究。[③] 孙勇对以李安宅为代表的民国边疆学人所说的“边疆性”概念产生的时代背景进行探讨，认为“边疆性”的内涵还未被学界充分认识，这个命题仍然具有一定的理论价值。[④]

边疆学人、学派与研究机构的研究也是本年的热点之一。汪洪亮指出，顾颉刚的边疆学主张，在当时没有及时发表，后来虽然组织了中国边疆学会，又很快因三个学会同名而合并。杨成志的边疆学系设置及边疆学院设置构想，虽然公开发表，但并未真正落地。他转而提倡“边政研究”，与稍后吴文藻提出的“边政学”，可以看作边政学的学科建构宣言。[⑤] 张宇龙对王锺翰关于边疆史地的研究及其时代价值加以发掘，认为，王锺翰边疆史地研究的内涵十分丰富，特别注重从我国统一多民族国家的发展历程和中华民族多元一体的发展规律来考察边疆史地问题，并将实事求是和民族平等原则融入边疆史地研究中，较好地处理了“边缘与中心”“民族与国家”之间的关系。在此基础上，王锺翰初步回答了“谁代表中国”这一重大理论问题。[⑥] 李沛容对民国时期任乃强的边疆民族观及其嬗变予以述论，指出内地知识精英与边疆民族的交往互动对探索中华民族共同体的构建起到积极作用。[⑦] 汪洪亮对抗战时期齐鲁大学的边疆研究进行研究，指出，抗战时期齐鲁大学内迁成都华西坝，其边疆研究主要与其主导性参与的中华基督教会边疆服务运动配合进行。该校国学研究所在边疆研究方面也有一定成绩。齐鲁大学主导的边疆服务与其早年的乡村建设传统具有一脉相承的精神联系，其边疆研究具有鲜明

---

① 段金生：《全球史视野与国家史观念：近代边疆史研究的两个维度》，《中国边疆史地研究》2020 年第 1 期。

② 高福顺、吴翔宇：《形而下之器：古代中国疆域史研究的方法与取径》，《中国边疆史地研究》2020 年第 1 期。

③ 罗中枢：《论主权国家边疆的临界性、边缘性和交集性》，《四川大学学报》2020 年第 3 期。

④ 孙勇：《中国边疆研究中的“边疆性”问题再探——以李安宅的“边疆性”概念拓展研究为例》，《西南民族大学学报》2020 年第 11 期。

⑤ 汪洪亮：《“问题”与“主义”之变奏：近代以来中国边疆学构筑的回顾与前瞻》，《中国边疆史地研究》2020 年第 4 期。

⑥ 张宇龙：《王锺翰边疆史地研究及其时代价值》，《中央民族大学学报》2020 年第 4 期。

⑦ 李沛容：《“中华国民之一体”：民国时期任乃强的边疆民族观及其嬗变》，《西南民族大学学报》2020 年第 11 期。

的应用特征及实践取向。[①] 袁剑、范可、许明哲等则从思想史、人类学、社会学对边疆研究的作用加以讨论。[②]

总体来说，本年内学界对中国边疆学“三大体系”建设的探究呈现两种重要趋势，其一是通过对边疆学研究对象、研究方法等要素的界定，进一步厘清边疆学建构的基础问题；其二是对中国古代、民国边疆民族问题研究加以反思，跳出具体问题，梳理中国边疆学研究的发展历程，以为今日边疆学研究提供借鉴。

三 中国传统疆域、版图观念研究

古代疆域、版图观念研究有重要突破。鲁西奇分析了封、疆、界这三种中国古代早期对于域界的表示形式。易锐认为在清前期，时人对“版图”的认定，基本以纳贡为底线。[③] 王贞平也对唐朝对外关系的中央与地方双重管理体系做了讨论，运用多极、相互依存、软实力等视角，论述了唐朝与多个周边国家、政权的关系。[④] 王义康提出唐朝是以政治归属来判定版图所至，即以政治控制为依据，政治势力所及地区即为唐版图[⑤]。王珂梳理了中国统一多族群国家的历史脉络及思想演变。[⑥] 可以说，国家疆域、版图的研究中，对古代中国文献的选择视角十分重要。

四 历史时期中国边疆政策

本年内，历史时期中国边疆政策的相关研究，主要集中在中国历代王朝长时段的梳理反思，以及秦、汉、唐、明、清几个大一统朝代的边疆政策几个方面。李大龙总结了历代王朝治边政策存在的继承和发展状况，认为历代王朝边疆治理的内地化趋势最终导致了多民族国家的形成与发展。[⑦] 袁宝龙提出，汉武帝的边疆思想以公羊学的大一统理想为理论外衣，在实践中则选择了与董仲舒儒学观念相较更为强硬的路径。[⑧] 朱尖分析了西汉末至新莽时期边疆政策从重怀柔到逐渐强硬的嬗变，认为王莽边疆政策在实施的过程中偏离了初衷，并对东汉光武帝边疆思想产生了负面影响。[⑨] 蒋金玲提出明朝在边疆地区大兴文教是以边疆治理为依归、以“安边”为核心。[⑩] 杨念群指出，清朝分别针

---

① 汪洪亮：《从乡村建设到边疆服务——抗战时期齐鲁大学的边疆研究》，《齐鲁学刊》2020年第2期。

② 袁剑：《何以为边：边疆思想史的语境、议题与实践路径》，《西南民族大学学报》2020年第1期；范可：《人类学与“人地关系”视野里的“边疆”》，《云南社会科学》2020年第5期；许明哲：《边疆研究的社会学理路——兼论边疆社会学学科建构之必要性》，《延边大学学报》2020年第6期。

③ 鲁西奇：《封、疆、界：中国古代早期对于域界的表示》，《史学集刊》2020年第1期。

④ ［加］王贞平：《多极亚洲中的唐朝》，上海文化出版社2020年版。

⑤ 王义康：《佛教汉文文献所见唐朝疆域变迁》，《中国边疆史地研究》2020年第1期。

⑥ ［日］王珂：《从“天下”国家到民族国家》，上海人民出版社2020年版。

⑦ 李大龙：《试论历代王朝治边政策的继承与发展》，《青海民族研究》2020年第1期。

⑧ 袁宝龙：《秦汉新儒学转向与汉武帝边疆思想体系的构建》，《求是学刊》2020年第1期。

⑨ 朱尖：《西汉末至新莽时期边疆政策的嬗变与思考》，《云南师范大学学报》2020年第6期。

⑩ 蒋金玲：《边疆治理视阈下的明代边疆文教》，《中国边疆史地研究》2020年第2期。

对内地和边疆形成了具有新型的“正统性”的统治模式，清帝在内地的统治仍然依赖儒家的道德教化，对藩部的控制则主要依靠边疆少数族群对藏传佛教的信奉。[①] 吕文利、李金飞对元明清三朝编纂《一统志》以促进国家疆域“大一统”建构进行了分析。[②] 中国古代王朝的边疆政策是边疆史地研究的传统议题，近年来则愈加注重从统一多民族国家的形成和发展视角进行研究。

五　当代边疆治理研究

本年度当代边疆治理方面的研究主要集中在边疆治理理论、边疆党政建设、边疆发展与脱贫，以及边疆安全几个方面。青觉、吴鹏在国家治理体系和治理能力现代化的时代命题框架下，聚焦于新时代边疆治理的现代化，提出边疆治理现代化有利于落实中国边疆治理制度优势、呼应国家发展诉求与向世界提供边疆治理的中国方案、推进边疆治理事业政策配套，边疆治理现代化要坚持以人民为中心，从文化、经济、民生、生态等多方面着手。[③] 何祖坤、李庚伦认为习近平总书记关于边疆治理重要论述生成于中国边疆治理的历史与现实实践背景下，从战略定位、理念确立和规律总结等方面对边疆治理进行了科学论证和经验总结。[④] 马宇飞、方盛举等论述了边疆治理、建设过程中，应突出党的领导是我国国家制度和国家治理体系的首要优势，充分开发边疆党建的治边功能，着力解决边疆党建中的各项短板。[⑤] 吴本健等在量化数据分析的基础上，发现兴边富民行动有效缓解了边疆民族地区的多维贫困问题，但仍然存在居民最低生活保障标准偏低等问题。[⑥] 丁忠毅指出，边疆地区乡村发展长期面临二元空间治理结构带来的诸多约束，乡村振兴战略的主要着力点要聚焦资源、能力、认同和援助四个维度。[⑦] 罗静也指出，20 世纪 80 年代以来，国家利用行政力量弥合了边疆和内地发达地区的经济社会的一系列矛盾，消弭了边疆与中心的空间区隔，推动了边疆的经济社会发展，对边疆实

---

① 杨念群：《清朝“正统性”再认识——超越“汉化论”“内亚论”的新视角》，《清史研究》2020 年第 4 期。

② 吕文利：《试论元明清〈一统志〉的思想内涵及纂修方式》，《中国地方志》2020 年第 4 期；李金飞：《清代疆域“大一统”观念的变革——以〈大清一统志〉为中心》，《中国边疆史地研究》2020 年第 2 期。

③ 青觉、吴鹏：《新时代边疆治理现代化研究：内涵价值与路向》，《中国边疆史地研究》2020 年第 1 期。

④ 何祖坤：《边疆治理的根本遵循——学习习近平总书记关于边疆治理的重要论述》，《云南社会科学》2020 年第 5 期；李庚伦：《习近平总书记关于边疆治理重要论述的逻辑体系》，《广西社会科学》2020 年第 1 期。

⑤ 马宇飞：《政党—社会：新时代边疆治理中的政治吸纳》，《云南行政学院学报》2020 年第 5 期；方盛举、李骄：《边疆党建与边疆治理现代化》，《云南师范大学学报》2020 年第 4 期。

⑥ 吴本健、王蕾、覃梓文：《兴边富民行动与边疆民族地区多维贫困的缓解》，《中央民族大学学报》2020 年第 6 期。

⑦ 丁忠毅：《边疆地区乡村振兴与整合的特殊使命与着力点选择》，《四川大学学报》2020 年第 3 期。

施了有效治理。[①] 杨明洪、王周博分析了我国陆地边境地区“空心化”的类型、成因，并提出多项应对建议。[②] 明忠庆、张红梅对边疆民族地区旅游业稳定发展的系统动力机制与路径做了探析。[③] 毕跃光等指出，推进西部大开发形成新格局，要统摄民族、边疆、宗教、文化、安全等议题。[④] 孙勇等人提出，“更高水平的平安中国”建设，是党的十九届四中全会提出的一个重要命题，中国边疆治理须在方针政策、制度保障、法制与法治三个维度上确立起主体框架。[⑤] 解决边疆地区现实问题，是中国边疆学构筑的重要推动力，这就要求研究中国边疆学的学者必须承担一定的社会责任。[⑥] 推动边疆地区的稳定与发展一直是边疆学治理研究的应有之义。

六　“一带一路”“中华民族共同体”研究

“一带一路”“中华民族共同体”是本年内边疆研究尤其突出的两个关键词。张国刚梳理了从远古到18世纪横贯亚欧的丝绸之路上的文明交汇。[⑦] 刘有军、谢贵平指出，“一带一路”给我国西部边疆以及周边国家带来了诸多发展机遇，另一方面也给我国西部边疆叠加了诸多新的非传统安全问题的挑战。[⑧] 何修良、刘海龙提出，需要树立开放性、复合型的“空间主义”思维，来理解和把握“一带一路”背景下的边疆治理。[⑨] 秦永红、付乐分析了“一带一路”背景下中国边疆形象构建的历史基础与文化战略意义。[⑩] 张高原以量化方法对近年来中国边疆研究的热点、发展脉络进行了分析，认为边疆民族、边疆治理、边疆学以及“一带一路”等是近一段时期中国边疆研究热点领域。[⑪] 段超、高元武梳理了古代中国传统夷夏观的流变，指出其对于铸牢中华民族共同

---

① 罗静：《空间区隔与边疆治理——以中国边疆贫困和国家扶贫行动探讨为中心》，载邢广程主编《中国边疆学》第12辑，社会科学文献出版社2020年版。

② 杨明洪、王周博：《我国陆地边境地区“空心化”的类型、成因与治理》，《四川师范大学学报》2020年第6期。

③ 明忠庆、张红梅：《边疆民族地区旅游业稳定发展的系统动力机制与路径探析》，《学术探索》2020年第11期。

④ 毕跃光、余文兵、秉浩：《推进西部大开发与民族边疆地区维护团结稳定安全》，《北方民族大学学报》2020年第6期。

⑤ 孙勇、刘海洋、徐百永：《“更高水平的平安中国”：基于总体国家安全观视域中的边疆治理》，《云南师范大学学报》2020年第4期。

⑥ 刘姗姗：《中国边疆学构筑命题的提出与突破——访马大正先生》，《中国史研究动态》2020年第1期。

⑦ 张国刚：《文明的边疆：从远古到近世》，中信出版社2020年版。

⑧ 刘有军、谢贵平：《“一带一路”视域下西部边疆非传统安全：威胁及应对》，《太平洋学报》2020年第7期。

⑨ 何修良、刘海龙：《“一带一路”视野中边疆治理的空间思维分析与研究转向》，《青海民族研究》2020年第2期。

⑩ 秦永红、付乐：《“一带一路”背景下中国边疆形象构建的历史基础与文化战略意义》，《民族学刊》2020年第3期。

⑪ 张高原：《近年来我国边疆研究发展脉络及理论前沿——基于CSSCI（1998—2018）的知识图谱分析》，《西南民族大学学报》2020年第6期。

体意识的启示。[①] 许建英提出，从边疆治理视角来看，新时代铸牢中华民族共同体意识，既是历代边疆治理的深化和新境界，更是新时代中国治理体系与治理能力现代化的重要体现。[②] 孙宏年提出，中国与周边国家迫切需要加强合作、加快构建命运共同体的步伐，而中国边疆地区则需要创新治理、加快发展。[③] 白帆提出，要通过宪法为核心和基础的法律体系促进和保障各族人民铸牢中华民族共同体意识。[④]

七　中国历史上防疫与边疆疫情防控研究

随着 2020 年新冠肺炎疫情爆发，中国历史上边疆疫情防控研究成为热点。2020 年 10 月 10 日宋培军参加中国灾害防御协会灾害史专业委员会第十七届年会暨“历史视野下的灾害文化与灾害治理”国际学术研讨会，提交论文《借鉴康乾盛世疫情防治及善后经验，做好新时代抗疫常态化斗争》。刘锦增研究清末民国边疆地区疫情治理，指出，清末民国时期边疆疫情防控明显薄弱，卫生医疗事业也不健全。同内地相比，政府对边疆各地疫情的防控与治理能力也明显较差。[⑤] 万建武重温毛泽东关于卫生防疫和边疆防疫的重要论述，归纳了如下几条：“必须把卫生、防疫和一般医疗工作看作一项重大的政治任务”；“党组织，科学家，人民群众，三者结合起来”；“坏事也可以转变成为好事”，“取得教训，得到免疫力，他们再也不犯同类错误了”，避免“犯云南那样的错误”[⑥]。理论联系边疆实际成为重要学术传统。

总之，2020 年中国边疆理论与疆域研究有着鲜明的问题指向。其一是对中国边疆学构建的探讨，存在着关注基本概念与关注发展历程中的具体问题两种取向；其二是对中国历史上的疆域、版图、边疆治理政策的探讨，亦显示出“回归文本”与新视角切入两种路径；对现实问题的探究则显示出中国边疆学的现实关怀与时代特征。无论历史上的边疆还是现实边疆问题，抑或边疆理论的探析，“统一多民族国家的形成和发展”这一主线十分鲜明，这也呼应着当下“中华民族共同体”的研究热潮，更显示出中国边疆学在这一问题上的重要作用。

---

① 段超、高元武：《从“夷夏之辨”到“华夷”一体：中华民族共同体意识形成的思想史考察》，《中南民族大学学报》2020 年第 5 期。

② 许建英：《边疆治理视域下铸牢中华民族共同体意识浅论》，《西部蒙古论坛》2020 年第 3 期。

③ 孙宏年：《中国与周边命运共同体视域下的边疆治理初探》，《云南师范大学学报》2020 年第 5 期。

④ 白帆：《铸牢中华民族共同体意识的法治保障》，《西部蒙古论坛》2020 年第 3 期。

⑤ 刘锦增：《清末民国边疆地区疫情的治理与反思——以新疆鼠疫为中心》，《青海民族研究》2020 年第 4 期。

⑥ 万建武：《重温毛泽东关于卫生防疫的重要论述》，《求是》2020 年第 3 期。

2020 年北部边疆研究述评

阿拉腾奥其尔、乌兰巴根、陈柱、塔米尔*

中国北部边疆包括以内蒙古自治区为主的漫长的北部国境线沿线地区。这一地区自古以来是游牧民族活动的历史舞台，在长达数千年的历史演化过程中成为游牧与农耕两大文化碰撞与交流的前沿，具有十分厚重的历史文化沉淀。如今，这一地区是中国主要的能源产地之一，也是中国建设北部生态屏障的主要阵地，因此该地区的安全和发展对中国的稳定与发展具有举足轻重的意义。另外，北部边疆地区也是中国实施向北开放的前沿平台，是中国的北方门户。内蒙古自治区拥有中国最大的陆路口岸和两条国际铁路，早在共和国初建之时便为国家工业化建设和国际经贸往来发挥过极其关键的作用。十数年以前，内蒙古自治区制定实施向北开放政策，积极发展同蒙古国和俄罗斯沿边地区的经济文化交流。自“一带一路”倡议实施以来，内蒙古自治区成为“中蒙俄经济走廊”的联通前沿，在经济和国际交往中的地位得到进一步加强。

由于历史、发展与对外开放等方面的重要性，北部边疆一直受到国内外时政观察者、研究者和决策者的重视，每年数以千计的时政评论、资政专论和学术成果问世，成为中国边疆历史研究、经济发展研究以及国际合作研究等领域中的一大研究方向。2020 年，有关中国北部边疆历史与现状、安全与发展以及对外开放等方面的研究继续发展，出了不少新的学术论文、学位论文和前沿评论。

一　中国北部边疆历史研究

2020 年的北部边疆历史研究涵盖从原始社会到民国年间，乃至当代，时间跨度大，内容丰富，不乏新的研究方法和理论视角。

秦晓禾撰写的《宁夏南部出土北方系腰带饰的文化特征》① 一文以考古出土的腰带饰为议题，对农耕与游牧交错带的宁夏南部所得样本进行文化特征阐释。位于宁夏南部六盘山地区的固原市，在春秋战国时期属于中原文化和北方草原文化的交汇地。该地区从 20 世纪 60 年代开始出土了一批腰带饰品，包括带钩、带扣、动物纹饰牌、带饰等。这些文物在纹饰、形制方面显示出草原文化特征。经过分析比对，作者认为战国后期的腰带饰在继承之前特点的同时又加入了戎人的文化因素。

---

* 阿拉腾奥其尔、乌兰巴根：中国社会科学院中国边疆研究所研究员、副研究员；陈柱、塔米尔：均为中国社会科学院中国边疆研究所助理研究员。

① 秦晓禾：《宁夏南部出土北方系腰带饰的文化特征》，《文物鉴定与鉴赏》2020 年第 24 期。

杨丽撰写的论文《汉唐时期国家对北部边疆政治治理研究》[①] 以北部边疆为中国边疆的重要组成部分、国家北方门户和国家安全屏障，对汉唐时期中原政权对北部边疆的治理进行了概括性的讨论。文章认为汉唐政权对北部边疆的治理包括建立地方管理体制以统一行政管辖、实行羁縻政策以间接行政管辖、迁徙杂居以促进人口流动、和亲通婚以增民族沟通、重用蕃将以培养边疆人才等。作者认为这些政策措施对北部边疆的治理取得了理想的效果，推动了北部边疆民族融合和经济、文化发展以及其他很多方面的进程。单敏捷撰写的论文《关于东汉北地郡内徙问题的再讨论》[②] 讨论了东汉北方各郡的内迁问题。张文平等人的《内蒙古呼和浩特市坝顶遗址发现北魏皇家祭天遗存》[③] 一文报道了新近发现的北魏皇家祭天遗迹，是一部有关考古发现的专题报道。北魏皇家祭天遗迹在内蒙古自治区呼和浩特市武川县辖内蜈蚣坝的坝顶上。这次发现对拓跋鲜卑的迁徙及其早期宗教信仰问题的研究具有重要意义。赵国华撰写的论文《论汉光武帝对乌桓的治理方略》[④] 探讨了东汉创始人光武帝对乌桓的治理方略。文章认为汉武帝的方略包括三个层次，即军事征伐、金爵笼络和制度管理。作者认为军事征伐是削弱乌桓的手段，金爵笼络是联结乌桓的关键，制度管理是治理乌桓的目标。这一系列措施短期内解决了乌桓带来的边患，对当时的东汉和乌桓乃至东北亚地区局势都有重要意义。时仁达、陈伯霖《乌桓"穹庐为宅，皆东向"之俗的历史人类学解析》[⑤] 一文大量利用历史文献与民族志资料，并将二类资料两相印证，解析了乌桓的穹庐立置朝东的习俗。文章认为门户东向习俗并非乌桓独有，而是草原森林民族所共有。这种习俗是北方诸族宗教信仰和特定地理环境中生存造成的一种选择。

金凤、裴永亮《唐朝时期北方游牧民族对山西的侵扰及其影响》[⑥] 一文利用各种史料，从地方史的角度对唐代山西地区的北方民族侵扰问题做了探讨。在唐代，山西是北部边界，同北方民族交往接触频繁。由于经济类型和气候变动的影响，游牧民族对唐朝时而和平交往，时而起兵侵扰。北方民族南侵时，山西地区首当其冲，该地的牧业、军训方式、生活风俗和饮食文化均受到其深远的影响。有些影响作为历史遗存，至今仍然依稀可见。

杨军的论文《契丹社会组织与耶律阿保机建国》[⑦] 探讨了契丹建国前的社会组织以及阿保机的改革。林栋、李琼璟等人撰写的论文《辽代石室墓形制初探》[⑧] 大量收集梳

---

① 杨丽：《汉唐时期国家对北部边疆政治治理研究》，《史志学刊》2020 年第 6 期。

② 单敏捷：《关于东汉北地郡内徙问题的再讨论》，《中国边疆史地研究》2020 年第 2 期。

③ 张文平、丹达尔、夏月胜、武明光、施梦琦：《内蒙古呼和浩特市坝顶遗址发现北魏皇家祭天遗存》，《中国文物报》2020 年 12 月 4 日。

④ 赵国华：《论汉光武帝对乌桓的治理方略》，载梁安和等编《秦汉研究》，西北大学出版社 2020 年版。

⑤ 时仁达、陈伯霖：《乌桓"穹庐为宅，皆东向"之俗的历史人类学解析》，《黑龙江民族丛刊》2020 年第 6 期。

⑥ 金凤、裴永亮：《唐朝时期北方游牧民族对山西的侵扰及其影响》，《佳木斯大学社会科学学报》2020 年第 6 期。

⑦ 杨军：《契丹社会组织与耶律阿保机建国》，《中国边疆史地研究》2020 年第 2 期。

⑧ 林栋、李琼璟：《辽代石室墓形制初探》，载辽宁省博物馆等编《辽金历史与考古》，科学出版社 2020 年版。

理辽代石室墓相关资料，按照石材加工和砌筑方法将石室墓进行分类，并根据墓室数量、形状的变化进行划分。文章还从时代、等级和族属等方面对墓葬进行了分析。文章的末尾作者按照墓主人的族属及阶级对各类墓葬进行了总体比较。

海娜《元代蒙古驿站补给习俗研究》① 以元代驿站为议题，对驿站制度中的补给传统做了研究。蒙元时期的驿站用于军事情报、传递圣旨，是一个信息传递网络，分布于交通枢纽和要道，连接各地通讯，而驿站人员为往来信使提供祗应。祗应包括为信使提供驿马、食物，其中住宿是重要内容。文章认为，元代蒙古驿站补给习俗蕴含着游牧民族的智慧与传统。

张懿德的《14—17世纪中国北部边疆史籍的发展脉络——以明人著述为中心的考察》② 一文对明代文人有关北部边疆历史的著述进行了归纳分期。据作者介绍，14—17世纪的明人有关北部边疆的著述获得长足发展，大致经历了五个阶段，即萌芽阶段（洪武—宣德）；初兴阶段（正统—天顺）；发展阶段（成化—正德）；鼎盛阶段（嘉靖）；总结阶段（隆庆、万历以后）等。明代北部边疆史籍内容更加详备，体裁体例日益丰富，经世目的和史家的自觉意识越来越强烈。明人有关北部边疆的历史著述多同当时的北部边疆形势、明朝与蒙古的竞争和明朝防御政策有关，在一定程度上是明朝北方战略的真实反映。马维仁撰写的《“土木堡之变”后明蒙在西北地区角逐的新态势——以固原镇地位之演变为例》③ 一文利用明代文献资料，对“土木堡之变”后的明蒙角逐进行了系统探讨。文章认为，“土木堡之变”之后明蒙双方在西北的争夺出现新的态势，明朝调整西北边防，固原镇的重要性得到凸显。由于蒙古入居河套，明朝西北防线南撤，原本在腹里的固原变为前线。随之，蒙古扰掠固原，明朝则力防固原。蒙古继续南下，入居青海，由西侧东击，导致明朝再次调整固原防御，进而导致甘肃悬在塞外，失去了隔绝蒙藏之作用。文章结合文献记载和地理方位，对明朝西北防御体系做了详尽的考述和阐释，可以说是一部很好的研究成果。周沙沙的硕士学位论文《明代“烧荒”研究》④ 从生态史、制度史互动的角度对明朝“烧荒”制度做了全面的历史性梳理，并对“烧荒”过程中所遇到的问题进行了系统分析。明朝采取“烧荒”政策，在秋冬草枯之时，派人到长城之外，焚烧野草林木，以断绝蒙古骑兵草料、阻止其南下。洪武时期，残元势力不足以构成威胁，因此一直没有“烧荒”。永乐时期，明军战力下降，遂而采取防御战略，实行“烧荒”。此后，明朝一直延续“烧荒”政策，成为抵御蒙古的重要措施。作者指出，“烧荒”是明朝北疆防御战略中的一种生态战争方式，其实质为通过控制生态资源而控制战争态势。

白玉冬《大兴安岭得名刍议》⑤ 一文指出，大兴安岭是许多民族的发源地，对历史上的民族、文化演化非常重要。文章探讨了兴安岭这个地名的来源。

---

① 海娜：《元代蒙古驿站补给习俗研究》，《今古文创》2020年第46期。

② 张懿德：《14—17世纪中国北部边疆史籍的发展脉络——以明人著述为中心的考察》，《中国边疆学》第13辑。

③ 马维仁：《“土木堡之变”后明蒙在西北地区角逐的新态势——以固原镇地位之演变为例》，《西北民族论丛》2020年第1期。

④ 周沙沙：《明代“烧荒”研究》，中国社会科学院研究生院硕士学位论文，2020年4月。

⑤ 白玉冬：《大兴安岭得名刍议》，《黑河学院学报》2020年第11期。

赵云田的论文《清代西部和北部边疆历史特点》① 立足清代政治情况，概述清代西部和北部边疆的特点。王英维《清代以来察哈尔游牧八旗总管群体研究》② 利用大量档案资料，对清代察哈尔游牧八旗的总管群体进行了专门研究。文章表明，清代察哈尔游牧八旗总管在康、雍时主要由在京蒙古八旗铨选，由护军参领和头等侍卫补授。乾隆中后期开始启用当地蒙古人，当地蒙古人与在京八旗蒙古人机会均沾，参半补授。民国以后察哈尔八旗的总管不再由北京蒙古八旗充任，转而由当地世袭佐领或参领升任。清代察哈尔游牧八旗总管一般为三品，地位不算高。民国以后察哈尔八旗总管的地位有所提高。文章还通过档案文献探讨了察哈尔八旗的俸禄变化。柳岳武的《商民、商贸与边疆：晚清库伦地区的内地商民研究》③ 对清代蒙古地区商民管理做了历史性考察，并对其得失做出了评价。付永正的《晚清蒙古清丈增租下的利益博弈——以光绪年间“农安惨案”为中心》④ 详细探讨了光绪末年蒙旗放垦中的利益博弈问题。柳岳武的《清末大清银行库伦分行研究》⑤ 对清代末年在蒙古库伦设立的大清银行进行了历史考察。杨钧期的《从阿拉善旗专员到军事专员：南京国民政府介入蒙旗地方政治的尝试》⑥ 是一部阐述性文章，利用民国年间的档案文献，详细阐述了南京民国政府介入内蒙古蒙旗政务的情况。据文章的考述，南京国民政府为防止日本侵略势力的渗透，创设阿拉善旗专员制度，介入阿拉善政务。虽然专员的派驻远未实现预期目的，但客观上加强了中央与阿拉善旗的联系，对维护边疆主权有象征意义。杨思机的《抗战胜利后国统区关于内蒙古民族自治问题的争论探析》⑦ 对 1940 年代中期内蒙古民族自治问题的争论进行了深入分析。此外，还有段晓莹的《近代内蒙古西部地区驼运业研究（1840—1937）》⑧、朱浩的《民国时期阿拉善旗与宁夏省纷争考察——以磴口问题为中心》⑨ 等硕士学位论文围绕北部边疆的历史问题进行了有趣的研究。

二 中国北部边疆现状研究

中国北部边疆研究中安全与发展也是一个重要的研究领域。2020 年当代北部边疆

---

① 赵云田：《清代西部和北部边疆历史特点》，《中国社会科学报》2020 年 2 月 18 日。

② 王英维：《清代以来察哈尔游牧八旗总管群体研究》，《集宁师范学院学报》2020 年第 6 期。

③ 柳岳武：《商民、商贸与边疆：晚清库伦地区的内地商民研究》，《近代史研究》2020 年第 4 期。

④ 付永正：《晚清蒙古清丈增租下的利益博弈——以光绪年间“农安惨案”为中心》，《中国边疆史地研究》2020 年第 2 期。

⑤ 柳岳武：《清末大清银行库伦分行研究》，《中国边疆史地研究》2020 年第 2 期。

⑥ 杨钧期：《从阿拉善旗专员到军事专员：南京国民政府介入蒙旗地方政治的尝试》，《中国边疆史地研究》2020 年第 1 期。

⑦ 杨思机：《抗战胜利后国统区关于内蒙古民族自治问题的争论探析》，《近代史研究》2020 年第 2 期。

⑧ 段晓莹：《近代内蒙古西部地区驼运业研究（1840—1937）》，河南大学硕士学位论文，2020 年 6 月。

⑨ 朱浩：《民国时期阿拉善旗与宁夏省纷争考察——以磴口问题为中心》，内蒙古大学硕士学位论文，2020 年 6 月。

研究，主要围绕民族团结工作、生态系统保护、脱贫攻坚工作等主题展开。

内蒙古作为我国第一个省级民族自治地方，长期以来一直保持着民族团结的光荣传统，“三千孤儿入内蒙”“各族人民建包钢”“草原英雄小姐妹”等民族团结的故事在大草原传为佳话。内蒙古70多年民族区域自治制度的成功实践历程催人奋进，经验弥足珍贵，为我国坚持和完善民族区域自治制度提供了范例。关于这一宝贵经验的研究，对我国的民族团结工作开展以及筑牢中华民族共同体意识有着重要的参考价值。苏德、阿木古楞的《乌兰夫民族团结观的内在逻辑与实践路径》① 梳理了乌兰夫在推动我国民族团结进步教育事业方面，也即在开展民族团结教育、弘扬和发展民族团结精神、巩固新中国成立之初国家的统一和民族的团结等方面作出的重要贡献。吴海山《内蒙古坚持和完善民族区域自治制度铸牢中华民族共同体意识的经验》② 提出民族区域自治是中国共产党把马克思主义的民族理论与我国民族问题具体实际相结合，在继承我国“天下一统”“因俗而治”的政治传统的同时，又超越传统治理体制，摒弃苏联模式及其他形式民族自决而实行的具有中国特色的解决民族问题的正确道路，是我们党解决中国民族问题的伟大创举。周竞红的《乌兰牧骑：内蒙古各民族团结进步的优秀文化品牌》③ 梳理了乌兰牧骑这一草原文艺组织新形式产生的时代背景，阐述了其在推进民族团结和各民族文化共同繁荣方面作出的重要贡献，提出在中国特色社会主义建设进入新时代条件下乌兰牧骑必将承载起新的历史使命、为各民族共同团结奋斗和铸牢中华民族共同体意识作出新贡献。郝凤彩的《乌兰牧骑与我国北部边疆文化安全刍论》④ 从文化安全的角度探讨内蒙古特有的文化制度—乌兰牧骑。作者认为，乌兰牧骑作为内蒙古的民族文化品牌，与北部边疆文化安全具有必然联系。乌兰牧骑促进了内蒙古文化建设始终保持先进性，保障了我国北部边疆文化安全。薛寒、苏德《1947年以来内蒙古民族教育政策的演进——基于Nvivo软件对政策文本的分析》⑤ 梳理并总结出内蒙古民族教育政策的发展历程，阐释了内蒙古民族教育政策呈现出政策价值理性不断凸显、政策适切性不断加强、政策环境不断优化的演进逻辑。文章提出，为促进民族教育事业的健康可持续发展，应加快民族教育立法，构建民族教育政策督导评估机制，加强民族教育政策科学研究。赵荣辉《打牢中华民族共同体思想基础之内蒙古民族教育经验》⑥ 总结了内蒙古民族教育在筑牢中华民族共同体思想基础方面的经验。

内蒙古地处中国正北方，是中国“两屏三带”生态安全屏障格局中“东北森林屏

---

① 苏德、阿木古楞：《乌兰夫民族团结观的内在逻辑与实践路径》，《中南民族大学学报》2020年第2期。

② 吴海山：《内蒙古坚持和完善民族区域自治制度铸牢中华民族共同体意识的经验》，《内蒙古师范大学学报（哲学社会科学版）》2020年第1期。

③ 周竞红：《乌兰牧骑：内蒙古各民族团结进步的优秀文化品牌》，《中央民族大学学报（哲学社会科学版）》2020年第4期。

④ 郝凤彩：《乌兰牧骑与我国北部边疆文化安全刍论》，《内蒙古艺术学院学报》2020年第2期。

⑤ 薛寒、苏德：《1947年以来内蒙古民族教育政策的演进——基于Nvivo软件对政策文本的分析》，《内蒙古师范大学学报（教育科学版）》2020年第1期。

⑥ 赵荣辉：《打牢中华民族共同体思想基础之内蒙古民族教育经验》，《内蒙古师范大学学报（哲学社会科学版）》2020年第1期。

障带”和“北方防沙屏障带”的主要组成部分，是“东北亚水塔”和京津冀多条河流的源头，是中国北方面积最大、种类最全的生态功能区。关于内蒙古生态系统保护方面的研究，对中国北方乃至全国生态安全具有重要的战略意义。

冯富帅的论文《新农村建设视角下内蒙古巴彦淖尔市生态农业发展问题研究》① 为从新农村建设的视角出发，对巴彦淖尔市生态农业的发展情况进行了概述。从基本认识、生态环境、政府扶持三个层面指出当前制约巴彦淖尔生态农业发展的主要因素，并提出相应的优化建议。王树鑫的论文《论生态文明与内蒙古创新发展的关系》② 探讨生态文明与发展的关系，以贯彻落实习近平总书记强调的加强生态文明建设指示为宗旨，分析内蒙古的生态文明建设，以及生态文明建设对内蒙古的创新发展的影响。生态文明建设是新时代“五位一体”总体战略布局的重要组成部分，是新时代中国特色社会主义建设理论与实践的伟大创新。作者指出，要建成资源节约型、环境友好型的家园，必须借助生态文明的建设，坚持生态优先、绿色发展的道路。王宁、杨光等人撰写的《内蒙古 1990—2018 年土地利用变化及生态系统服务价值》一文③总结了 1990—2018 年内蒙古自治区土地利用各地类整体的时空变化趋势，提出近 30 年内蒙古的生态服务价值总体呈现增长趋势，近 30 年内蒙古地区的生态服务价值相对较稳定，其中草地生态服务价值最高，未利用土地的生态服务价值最低。赵永峰、郑慧合撰的论文《内蒙古城市化—社会经济—生态环境时空耦合关系》④ 测算了 2003—2016 年内蒙古的综合发展值，耦合度和耦合协调度，并对测算结果进行了量化对比分析。研究结果表明，虽然 2003—2016 年这 14 年以来内蒙古城市化—社会经济—生态环境符合系统的耦合协调发展水平不断提高，但距离良好协调状态仍然存在一定差距，生态环境子系统和社会经济子系统对城市化产生的制约作用影响显著。

2020 年是我国全面建成小康社会目标实现之年，是全面打赢脱贫攻坚战收官之年。与此同时，内蒙古也如期完成了脱贫攻坚目标任务。自此，我国终于消灭了绝对贫困，进入到反贫困的新阶段。由于存在自然风险、社会风险、市场风险，相对贫困总是存在的。如何继续有效开展反贫困工作将成为后扶贫时代反贫困的重要命题，关于内蒙古的反贫困研究也显得尤为关键。

黄占兵的论文《推进内蒙古脱贫攻坚与乡村振兴有效衔接》⑤ 提出脱贫攻坚与乡村振兴是关系内蒙古自治区农业农村现代化的两大重要战略性部署，指出内蒙古自治区现正处于脱贫攻坚与乡村振兴有效衔接的重要交汇期，聚焦“产业兴旺、生态宜居、乡风文明、治理有效、生活富裕”，统筹做好脱贫攻坚与乡村振兴的衔接工作，对于巩固

---

① 冯富帅：《新农村建设视角下内蒙古巴彦淖尔市生态农业发展问题研究》，《现代商业》2020 年第 34 期。

② 王树鑫：《论生态文明与内蒙古创新发展的关系》，《赤峰学院学报》2020 年第 11 期。

③ 王宁、杨光、韩雪莹、贾光普、刘峰、李涛、贾宁：《内蒙古 1990—2018 年土地利用变化及生态系统服务价值》，《水土保持学报》2020 年第 5 期。

④ 赵永峰、郑慧：《内蒙古城市化—社会经济—生态环境时空耦合关系》，《江苏农业科学》2020 年第 2 期。

⑤ 黄占兵：《推进内蒙古脱贫攻坚与乡村振兴有效衔接》，《实践（思想理论版）》2020 年第 8 期。

脱贫攻坚成果、消除相对贫困、推动农村牧区高质量发展具有重要意义。胡那苏图、崔月琴的《组织化振兴：农村社会组织参与乡村治理路径分析——以内蒙古东部脱贫县A镇三村为例》[①] 一文在梳理既有研究的基础上，提出农村社会组织的发展能够促进乡村振兴战略的扎根，农村社会组织的发展离不开基层政府和村两委等正式组织的支持和推动，也离不开乡村精英的积极参与和村民的接纳。在分析农村社会组织建设现有不足的基础上，建议政府应探索多样化项目促进村民的再组织化，也应积极招募人才、促进人才"下乡"、促进村民教育、挖掘和保护乡村精英。乔婷、周佳丽等人的论文《集体经济助推脱贫攻坚模式研究——以内蒙古兴安盟查干珠日和嘎查为例》[②] 介绍查干珠日和嘎查通过多途径壮大集体经济、形成集体经济助推脱贫攻坚的模式，带动贫困户增收，脱贫效果较为显著。论文建议，依托现有农牧产业，整合并统筹规划种植、养殖等资源，将旅游产业作为乡村振兴的新引擎，继续壮大集体经济，为贫困户脱贫提供持续动力。王康的论文《内蒙古少数民族人口相对贫困的影响因素研究——基于内蒙古某旗县的调查数据》[③] 分别从家庭经济特征、家庭人口特征和家庭人力资本特征等三个维度分析了相对贫困问题。文章认为，家庭收入主要来源、家庭规模、家庭劳动力情况和家庭成员健康情况四个因素对相对贫困有显著影响，并提出家庭规模越大、劳动力越少、家庭成员健康状况不良且主要依靠政府补助生活的家庭更容易陷入相对贫困。斯钦孟和等人的《关于内蒙古科技助力精准扶贫成效的思考》[④] 从扶贫的角度探讨如何利用科技力量实现精准扶贫的问题。

三　中国北部边疆对外开放研究

中国北部边疆是中国向北开放的门户，建设"中蒙俄经济走廊"的前沿平台，其中尤其以内蒙古自治区为主。内蒙古自治区早在十几年之前就已经开始实施向北开放战略，后来国家层面开始倡议实施"一带一路"建设之后，内蒙古自治区成为"中蒙俄经济走廊"建设的开放前沿。随着国家层面及自治区层面的政策设计及实施，学界对有关内蒙古的口岸建设、北部边疆的开放、丝绸之路、"中蒙俄经济走廊"的建设等问题进行了广泛深入的探讨。学术上的研究和时政观察每年有新的成果问世，每年有新的建设思路、发展建议诞生，2020 年亦不例外。

尚宇婕的《"一带一路"经济区内蒙古跨境电子商务的发展趋势分析》[⑤] 根据近些年互联网迅速发展，电子商务与传统产业逐渐结合的事实，围绕"一带一路"沿线的

---

① 胡那苏图、崔月琴：《组织化振兴：农村社会组织参与乡村治理路径分析——以内蒙古东部脱贫县A镇三村为例》，《理论月刊》2020 年第 5 期。

② 乔婷、周佳丽、祁晓慧：《集体经济助推脱贫攻坚模式研究——以内蒙古兴安盟查干珠日和嘎查为例》，《内蒙古科技与经济》2020 年第 4 期。

③ 王康：《内蒙古少数民族人口相对贫困的影响因素研究——基于内蒙古某旗县的调查数据》，《内蒙古科技与经济》2020 年第 17 期。

④ 斯钦孟和、康文钦、杜二小、敦惠霞：《关于内蒙古科技助力精准扶贫成效的思考》，《河南农业》2020 年第 34 期。

⑤ 尚宇婕：《"一带一路"经济区内蒙古跨境电子商务的发展趋势分析》，《中国中小企业》2020 年第 12 期。

内蒙古跨境电子商务进行研究，概述已有发展情况，分析发展中出现的问题，并针对问题提出了发展的策略。

韩瑛、朱秀莉、李昊的《沙漠丝路背景下阿拉善地区传统聚落的形成与变迁——以鄂门高勒嘎查为例》[①] 以阿拉善地区传统聚落鄂门高勒嘎查为典型案例，立足于文化传播的视角，借助文献与口述资料，分聚落变迁为初生期、发展期和成熟期，以揭示在沙漠丝路背景下，藏传佛教的传播对阿拉善聚落形成的影响，以及政策引导对聚落空间的互动作用。对以鄂门高勒嘎查为代表的阿拉善聚落研究，可以折射出内蒙古地域多元文化影响下的社会与聚落的变迁过程。

孟青龙《对后疫情时代中蒙俄经济走廊建设的思考》[②] 一文指出“中蒙俄经济走廊”建设中的核心问题是让政策落地、项目运转。内蒙古应在大方向明确的前提下细化、量化目标，做好顶层规划，在政策协调方面提出优化方案，让地缘优势、交通优势、人文优势转变为经济优势。孟青龙的《“双循环”新格局下内蒙古“中蒙俄经济走廊”建设思路》[③] 以 2020 年提出的“构建国内国际双循环相互促进的新发展格局”的战略抉择为背景，通过总结内蒙古在“中蒙俄经济走廊”建设中取得的主要成效和存在的问题，为“双循环”新格局下如何推动内蒙古“中蒙俄经济走廊”建设的持续长足发展提出了建议。孟青龙、黄占兵、余瑞卿等人的《内蒙古高质量建设中蒙俄经济走廊的战略构想》[④] 在党的十九届五中全会召开的背景下，对内蒙古高质量建设“中蒙俄经济走廊”的命题做了阐释。文章指出，在“一带一路”框架下，准确把握高质量推进中蒙俄经济走廊建设的内涵，明晰总体思路，提出主要路径，对于中国高水平对外开放具有重大意义。孟青龙、祁靖、黄占兵、余瑞卿等人的《内蒙古高质量推进中蒙俄经济走廊政策沟通的对策建议》[⑤]，孟青龙、刘军《内蒙古高质量推进中蒙俄经济走廊设施联通的对策建议》[⑥]，孟青龙、郭淞沇、汪士钦《内蒙古高质量推进中蒙俄经济走廊贸易畅通的对策建议》[⑦]，孟青龙、李洋《内蒙古高质量推进中蒙俄经济走廊资金融通的对策建议》[⑧]，孟青龙、刘兴波、毛艳丽、高鸿雁《内蒙古高质量推进中蒙俄经

---

① 韩瑛、朱秀莉、李昊:《沙漠丝路背景下阿拉善地区传统聚落的形成与变迁——以鄂门高勒嘎查为例》,《新建筑》2020 年第 6 期。

② 孟青龙:《对后疫情时代中蒙俄经济走廊建设的思考》,《实践（思想理论版）》2020 年第 10 期。

③ 孟青龙:《“双循环”新格局下内蒙古“中蒙俄经济走廊”建设思路》,《北方经济》2020 年第 11 期。

④ 孟青龙、黄占兵、余瑞卿:《内蒙古高质量建设中蒙俄经济走廊的战略构想》,《北方经济》2020 年第 12 期。

⑤ 孟青龙、祁靖、黄占兵、余瑞卿:《内蒙古高质量推进中蒙俄经济走廊政策沟通的对策建议》,《北方经济》2020 年第 12 期。

⑥ 孟青龙、刘军:《内蒙古高质量推进中蒙俄经济走廊设施联通的对策建议》,《北方经济》2020 年第 12 期。

⑦ 孟青龙、郭淞沇、汪士钦:《内蒙古高质量推进中蒙俄经济走廊贸易畅通的对策建议》,《北方经济》2020 年第 12 期。

⑧ 孟青龙、李洋:《内蒙古高质量推进中蒙俄经济走廊资金融通的对策建议》,《北方经济》2020 年第 12 期。

济走廊民心相通的对策建议》①，孟青龙、乌日丽格、田晓明《内蒙古高质量构建“中蒙俄经济走廊”联动开放新格局的对策建议》② 等以“一带一路”互联互通为中心，分别讨论内蒙古的高质量发展与“中蒙俄经济走廊”建设的问题。

辛嘉宁《内蒙古参与建设中蒙俄经济走廊过程中的问题及其探究》③ 指出，“中蒙俄经济走廊”是中国对外经济交流的重要途径，同时也是第一个开始建设的经济走廊。中蒙俄三国肇始“中蒙俄经济走廊”倡议以来，内蒙古自治区一直在参与建设。文章对内蒙古自治区多年来参与“中蒙俄经济走廊”建设的经验教训进行审视，指出存在的问题，并提出对未来发展的建议。张敏《内蒙古向北开放文化走廊建设思考与对策》④ 认为，向北开放文化走廊是内蒙古自治区向北开放的重要载体，是促进“民心相通”的重要手段，进而提出加强向北开放文化走廊建设有助于深化对民族文化的创造性转化和创新性发展的方向与路径的认识。文章分析近年来国家、自治区和边境城市与蒙、俄及欧洲国家的合作与交流的成功和不足，提出文化走廊建设正在面临瓶颈，以及存在文化结构差异形成的“文化折扣”阻碍等问题，因而提出了应对对策。对策建议包括文化融合发展、建立文化合作格局以及厚植文化交流的根基等。付学铜、南丽军《论“一带一路”视域下中蒙俄边疆城市共同体建设》⑤ 一文对深化中蒙俄三国边疆城市的合作，展开中蒙俄边疆城市共同体建设进行研究。文章强调中蒙俄边疆城市共同体建设的重要性与必要性，结合国内外理论成果与实践经验，提初了若干建设策略与建议。李皎《“一带一路”视域下，内蒙古推进中蒙俄文化融合路径研究》⑥ 探讨了“中蒙俄经济走廊”建设中的文化交流合作，分析中蒙俄文化差异、共同性及融合潜力，为找到三国文化融合点进行了一些探索。文章指出内蒙古在三国文化融合中的重要作用，提出建设性的对策建议。

李嫣的《中蒙俄经济走廊视角下满洲里对外开放 SWOT 分析与对策研究》⑦ 是一篇专题研究论文。论文以满洲里为研究对象，利用 SWOT 分析方法，对满洲里的经贸互动和开放路径做了系统研究。满洲里是中国最大的陆路口岸，也是亚欧大陆桥的重要节点，是中国通往俄、蒙及欧洲国家的出口之一。文章回顾满洲里边境贸易的发展历程，运用 SWOT 分析法对满洲里对外开放面临的优势、劣势、机遇、挑战进行归纳，并借鉴其它地区的经验，对满洲里提升开放程度问题提出了对策建议，对策包括推进管理创

---

① 孟青龙、刘兴波、毛艳丽、高鸿雁：《内蒙古高质量推进中蒙俄经济走廊民心相通的对策建议》，《北方经济》2020 年第 12 期。

② 孟青龙、乌日丽格、田晓明：《内蒙古高质量构建中蒙俄经济走廊联动开放新格局的对策建议》，《北方经济》2020 年第 12 期。

③ 辛嘉宁：《内蒙古参与建设中蒙俄经济走廊过程中的问题及其探究》，《科技经济市场》2020 年第 11 期。

④ 张敏：《内蒙古向北开放文化走廊建设思考与对策》，《新西部》2020 年第 Z5 期。

⑤ 付学铜、南丽军：《论“一带一路”视域下中蒙俄边疆城市共同体建设》，《北方经贸》2020 年第 9 期。

⑥ 李皎：《“一带一路”视域下，内蒙古推进中蒙俄文化融合路径研究》，《内蒙古科技与经济》2020 年第 12 期。

⑦ 李嫣：《中蒙俄经济走廊视角下满洲里对外开放 SWOT 分析与对策研究》，内蒙古农业大学硕士学位论文，2020 年 6 月。

新、提升合作、口岸现代化、建设经济增长极等。熊春霞《乌兰察布市融入“一带一路”建设的调查与思考》① 一文对乌兰察布市融入“一带一路”建设一事做了探讨。乌兰察布是内蒙古自治区的中部城市，地处北京—乌兰巴托—莫斯科联运铁路的重要节点，对外开放区位优势十分突出，足可成为内蒙古自治区乃至中国向北开放的重要节点城市和“中蒙俄经济走廊”的重要窗口。凭借天然的区位优势，乌兰察布市理应积极、快速、高效地对接“中蒙俄经济走廊”建设，以落实自治区向北开放战略，打造开放发展新高地。然而，乌兰察布在融入“一带一路”时也有基础设施薄弱、缺乏产业支撑、企业融资难和缺乏人才保障等劣势。鉴于这些实际存在的难题和瓶颈，文章为乌兰察布实现创新发展、加强基础设施互联互通、扶持产业发展等提出了对策建议。

小结

2020 年学界有关中国北部边疆的研究颇有成果，呈现出持续发力的态势，其中不乏新的提法、研究方法和理论视角。首先，北部边疆历史研究方面，考古研究有突破性进展，为这一领域的亮点之一。考古之外，文献考据和历史阐释方面也取得骄人的成绩。历史上的边疆治理也是众多研究成果中的一个亮点。其次，北部边疆的现状方面，研究者主要在文化发展、生态安全、农村建设、扶贫脱贫等方面较多发力，成绩显著。再次，对外开放与“中蒙俄经济走廊”方面，成果主要集中在政策解读宣传、国际合作与电子商务、口岸开放、双循环新格局以及沙漠丝路的历史演进等问题上。沙漠丝路指的是穿过阿拉善沙漠的丝绸之路，为丝绸之路的分支，有一定的历史和现实依据。最后，北部边疆研究的研究主体方面，中国社会科学院中国边疆研究所北部边疆研究室扮演重要角色。为此，阿拉腾奥其尔在其《中国边疆研究所与北部边疆研究》② 一文中全面梳理了中国边疆研究所为繁荣和推动中国边疆研究，特别是北部边疆研究所做的努力。由于厚重的历史积淀以及对国家安全和发展的重要性，相信未来北部边疆也将成为学术研究和政策决策中的重要议题，并将陆续产生更多的学术成果，有更多的研究主体耕耘于此。

---

① 熊春霞：《乌兰察布市融入“一带一路”建设的调查与思考》，《商场现代化》2020 年第 1 期。

② 阿拉腾奥其尔：《中国边疆研究所与北部边疆研究》，《中国边疆学》2020 年第 1 期。

2020年东北边疆研究述评

初冬梅　朱　尖*

2020年，东北边疆研究取得了较为明显的进步，在东北边疆历史研究领域，形成了鲜明的特征：一是充分利用文献与考古资料相结合的二重证法，特别是在燕秦汉时期东北边疆治理、东北边疆族群史研究等领域，推动有关认识突破；二是旧题新做，大胆创新，对一些前人讨论较多的议题深入研讨，提出新说；三是视野更加开阔，超越东北边疆、单一族群的限制，从相互关联的角度深化有关认识。在当代东北边疆研究方面，则秉持了聚焦于东北老工业基地振兴的一贯传统，但是仍不乏新的亮点，特别是出版了多部专著，从转型、升级、开放的角度提出更多创见。

一　东北边疆史研究

2020年，中国学界东北边疆研究在历史领域均取得一定进展，主要集中在历史时期东北边疆治理研究、边疆族群发展史研究、边界史研究等几大领域。

（一）历史时期东北边疆治理研究

历史期的东北边疆治理，时间跨度长，涉及内容较为丰富。下文主要从燕秦汉、魏晋南北朝、隋唐、辽金、明清、近现代六个主要时段展开梳理综述。

1. 燕秦汉时期

在燕秦汉时期，多位学者从历史地理、考古学的视角探讨了该阶段的东北长城、交通、城址地望等问题。李龙彬的博士学位论文《东北地区燕秦汉长城及城址研究》，以东北地区燕秦汉中原政权所筑长城及其所设郡县有关的城址遗存为研究对象，全面梳理了东北地区燕秦汉长城和城址考古资料，在此基础上对燕秦汉相关的墓葬、窖藏等考古遗存进行了必要的统计分析，阐明了长城和城址在东北地区分布的整体概况，进而探讨了燕、秦、汉中央政权在东北地区推行筑长城、设郡县政治活动对东北边疆地区行政管辖模式形成和汉文化格局确立的决定性作用和深远影响。① 王海、宋薇薇从环境史的视角探讨了燕秦汉时期辽西走廊水边城市兴废问题，指出燕秦汉时期，华夏族势力大举进入辽西走廊，郡县制背景下城市社会发展迅速，城市建设以水资源为依托、以内外交通为导向。山地丘陵区，河谷道沿途城市成为社会中心，《汉书·地理志》辽西郡本注

---

* 初冬梅、朱尖：中国社会科学院中国边疆研究所副研究员。

① 李龙彬：《东北地区燕秦汉长城及城址研究》，吉林大学博士研究生学位论文，2020年。

"有小水四十八，并行三千四十六里"，暗示河谷城市建设的国家战略层面意义。滨海平原区，辽西郡治且虑、"碣石"行宫等沿海城市兴盛，服务国家东北边疆战略的交通、军事功能突出。新莽以降，西辽河流域环境恶化，乌桓、鲜卑南至辽西走廊森林草原环境"随水草放牧"，强烈挤压农耕文明，导致河谷城市衰废。西汉"北海水溢"、季节性"大水"，影响辽东湾西岸滨海平原生态环境，"傍海道不通"，生活生产用水获取困难，导致若干沿海城市衰废。① 同样关注辽西走廊的还有赵红梅、王群，他们以先秦时期东北民族文化渊源与流变为中心，对"诗书之路"辽西走廊文化内涵以及在民族交融方面的作用作了探讨。指出殷人箕子在受到周武王的礼遇却又不愿侍奉西周的情况下，带领族人东迁到远离西周政治中心的地方，途经辽西留"箕器"，最终于朝鲜半岛北部大同江中下游一带的良夷居住区建立了箕氏朝鲜政权，"诗书"随之进入今朝鲜半岛。虞舜时期肃慎人、秽人过辽西走廊向中原王朝进行朝贡，至西周时期，周天子明确称"肃慎、燕、亳，吾北土也"。辽西走廊承载着东北民族交融与文化交流，见证了东北地区在中原王朝统辖范围下，秽貊族系与肃慎族系交替掌控及与东胡族系交融的历史进程。② 刘向东研究指出汉代辽东郡的各个属县呈"一横两纵"的结构排列分布。从其西境的无虑县到其东南端的番汗县之间，一条贯穿辽河平原向东延伸的横线，连接着辽河平原和朝鲜半岛；从其北陲的高显县到其西南角的沓氏县之间，一条位于辽河平原与辽东山地交接地带的较长纵线，贯穿南北，连接着辽东北部边塞和辽东半岛；一条位于辽河沿岸的较短纵线，则连接着由北至南交错布列于辽河东西两岸的望平、房县等五个属县，它们处于沼泽滩涂间的陆阜上，沟通着辽西与辽东之间的联系，成为辽东地区东西交通线上的枢要重镇。这种"一横两纵"的行政地理结构，显示着辽东地区的交通大势。通过这三条连线的延长线和分支线，辽东地区与华北地区、山东半岛和塞外的玄菟郡、乐浪郡保持着紧密的政治、军事、经济和文化联系。③ 王俊铮探讨了汉辽东郡安市、平郭、文三县的地望，并对汉代辽南的政区地理作了研究，指出汉代安市县西临大辽河，地近高句丽安市城故址大石桥市海龙川山城，位于大石桥汤池镇英守沟汉城。平郭县制盐、冶铁业发达，位于文县以南。汉代平郭县县治为熊岳温泉村汉城，东汉末至魏晋三燕时期平郭城位于瓦房店陈屯汉城。文县（汶县）则连接海陆联运，是重要的港口枢纽，位于平郭县以北。文县设治于盖州城关汉城，县名因邻近"汶水"（今大清河）后易名为"汶县"。安市县、平郭县、文县与设治于大连旅顺牧羊城的沓氏等辽东郡诸县共同建构起汉代辽南的城镇体系和政区格局，承担着各自的城市职能，共同推动了东北地区南部这一边疆地区的"郡县化"进程，强化了秦汉政治、经济与文化大一统的国家格局。④

---

① 王海、宋薇薇：《燕秦汉时期辽西走廊水边城市兴废的环境史考察》，《郑州大学学报（哲学社会科学版）》2020 年第 6 期。

② 赵红梅、王群：《"诗书之路"：东北民族交融视域下辽西走廊文化内涵探寻——以先秦时期东北民族文化渊源与流变为中心》，《渤海大学学报》2020 年第 4 期。

③ 刘向东：《汉代辽东地区"一横两纵"的行政、交通地理结构》，《地域文化研究》2020 年第 6 期。

④ 王俊铮：《汉辽东郡安市、平郭、文三县地望再探——兼论汉代辽南的政区地理》，《中国边疆学》第 13 辑，社会科学文献出版社 2020 年版。

2. 魏晋南北朝时期

魏晋南北朝时期，成果相对较少。张捷探讨了汉魏南北朝时期东北亚肃慎的“楛矢石砮”之贡，指出汉魏南北朝时期，肃慎“楛矢石砮”之贡经历了从沉寂到复兴、发展与繁荣的过程，这一过程既取决于肃慎族群对自身发展道路的抉择，也受制于汉魏南北朝各政权辐射力的强弱，还与海运、内河漕运及水陆联运等交通要素密切相关。“楛矢石砮”是古代东北亚冰雪丝绸之路发展的媒介与纽带，甚至成为一个民族品牌；“楛矢石砮”不仅成为圣王威德远播的丰功伟绩，更加速了中国北方地区民族大融合的历史进程。① 宫健泽、李路探讨了东夷校尉与慕容政权的东北亚秩序建构，强调东夷校尉曾在西晋王朝构建东北亚秩序的过程中发挥了核心作用，其是西晋王朝在东北亚地区统治“正统性”的体现，也是西晋王朝“天下”意识在东北亚地区的政治延伸，在历史上对于处理东北亚地区的华夷问题有着举足轻重的作用。②

3. 隋唐时期

隋唐时期，东北边疆治理经历了战争和直接建制管理的过程，设置了较为重要的机构，多位学者围绕安东都护府、黑水都督府，以及边疆民族朝贡问题展开研究。助讨是指少数族群帮助中原王朝出征或平叛所进行的直接军事援助，背后体现的是宗主国与藩属之间一种双向的权利义务关系。高照寒的硕士学位论文《隋唐时期东北少数族群助讨问题研究》对隋唐政权与少数族群的军事合作关系展开分析，通过对隋唐时期东北少数族群的助讨行为进行梳理，讨论了其起源、过程、影响及双方利益等问题。③ 冯立君对李渊与隋唐之际辽东关联史事作了考察分析，作者通过细绎史料复原出李渊自隋大业九年以来所任官职、经行轨迹、活动内容的细节，揭示隋末辽东之役与李渊个人政治生涯、太原起兵、唐初东亚政策之间存在着隐秘联系。④ 杨军梳理了安东都护府设置、规模、管辖范围与演变历程。唐灭高句丽后，在今辽宁桓仁、宽甸、凤城一线以南的高句丽故地共设9都督府、42州、100县，在此以北的辽东地区设辽东州都督府（下辖州县）；在百济故地设熊津都督府，在新罗设鸡林州大都督府，皆隶属于安东都护府。但由于高句丽故地的叛乱，此都护领兵镇守下的羁縻都督府州体制未能完全贯彻；叛乱平定后，安东都护府内迁，辖区实与辽东州都督府重合，形成直属城傍羁縻州并监管辽东州都督府的局面。营州之乱后，大祚荣东奔建国，高句丽故都国内城附近地区皆为其控制，唐朝因而裁撤安东都护府和辽东州都督府，另设安东都督府，并以高句丽王室后裔任安东都督，转行羁縻都督府体制。此后虽然恢复安东都护府建置，但迁徙至平州、营州境内，已成为领兵押领契丹、奚的机构，性质、职能皆与此前大相径庭。⑤ 王禹浪、

① 张捷：《试论汉魏南北朝时期东北亚肃慎的“楛矢石砮”之贡》，《淮阴师范学院学报（哲学社会科学版）》2020年第5期。

② 宫健泽、李路：《东夷校尉与慕容政权的东北亚秩序建构》，《河北学刊》2020年第6期。

③ 高照寒：《隋唐时期东北少数族群助讨问题研究》，辽宁大学硕士研究生学位论文，2020年。

④ 冯立君：《李渊与隋唐之际辽东关联史事考论》，《陕西师范大学学报（哲学社会科学版）》2020年第4期。

⑤ 杨军：《安东都护府别议》，《陕西师范大学学报（哲学社会科学版）》2020年第6期。

王俊铮从文献与考古材料双重视角入手，对与黑水都督府建置有关的勃利州（渤州）、黑水靺鞨道、渤海都督府、安静都督府、黑水靺鞨思慕部等问题进行梳理和考索，又结合渤海与黑水靺鞨军事对抗导致黑水靺鞨自牡丹江中下游不断北移的历史背景，对黑水都督府的具体地望进行了再考证。① 范恩实结合《三国史记·地理志》“总章二年（669）记事”，针对学界争议的“李勣奏报”“新罗档案”，还有刘仁轨返京送史馆文书进行了研究，作者先假定《三国史记·地理志》“总章二年记事”并非茫然或随意地拼凑而成，进而从已知史料中推导出刘仁轨是能够同时掌握相关信息的合适人选。指出总章三年（670），刘仁轨返京，按制度规定向史馆报送文书记录使命完成情况。该文书应包括两部分：一是奉兵部职方司牒厘定安东都护府府州县，报送史馆的应该是牒文及最终确定的府州县名单；二是奉敕进一步确定上述府州县的隶属关系，首列敕文，再列出参考信息。“总章二年记事”正是上述文书的残篇。② 宋靖研究指出唐王朝建立后，政治稳定、经济发展，海外诸国、周边各族与唐朝往来频繁，“万邦述职，无隔华夷”，朝贡不绝，进而系统梳理了唐代东北内属各族的朝贡问题。③

4. 辽金时期

辽金两朝兴起于东北，二朝的边疆管理手段，可以认为是东北边疆治理的组成部分。陶文芳、姜维公对辽代五国部节度使进行了专门研究，指出辽代承袭唐制设节度使，其中最主要的有宫帐节度使、部族节度使、属国属部节度使和州军节度使等。辽圣宗时期除对南面的宋朝采取守势以外，对西、东、北三面均施行了强劲的扩张政策。在此政策引导下，辽朝逐步将五国部纳入属国属部管理体系之中，并设五国部节度使进行管辖，这说明辽朝对东北部边疆属国属部的控制不断加强。五国部节度使对辽朝东北部边疆进行了有效管理及控制，为东北部边疆的稳定与发展做出了重要贡献。④ 陶莎研究认为出于南征战略以及树立“中国”形象的需要，辽圣宗对高丽展开了旨在建立双方宗藩关系的第一次经略。辽朝以宗主国的姿态出兵高丽，最主要的目的就是要割断宋与高丽的联系并取而代之，为此甚至愿意做出一定的妥协。徐熙窥破并利用了辽朝的迫切心态，以奉正朔为筹码换取了鸭绿江东数百里土地，高丽臣服北族王朝的历史由是开启。⑤ 辽朝灭亡渤海国之后在东北边疆，设立属国东丹国管理渤海人，后来出于战略需要，将东丹国南迁。姜雅迪以权力整合为视角，将东丹国历史分为建立、迁徙和废除三个阶段，并探讨其在辽初政局中的地位与作用。⑥ 黄为放则较为细致地分析了东丹国的南迁规划问题。⑦ 胥晓东探讨了金代蒲峪路地区军事防卫制度的形成及推行，指出作为

① 王禹浪、王俊铮：《唐代黑水都督府的历史地理学考察》，《历史地理研究》2020 年第 4 期。

② 范恩实：《“李勣奏报”“新罗档案”还是刘仁轨返京送史馆文书——有关〈三国史记·地理志〉“总章二年记事”来源的一个新推断》，《中国边疆学》第 13 辑，社会科学文献出版社 2020 年版。

③ 宋靖：《唐代东北内属各族的朝贡》，《中国社会科学报》2020 年 7 月 13 日第 005 版。

④ 陶文芳、姜维公：《辽代五国部节度使研究》，《长春师范大学学报》2020 年第 9 期。

⑤ 陶莎：《辽圣宗第一次经略高丽探赜》，《韩国研究论丛》第 39 辑，社会科学文献出版社 2020 年版。

⑥ 姜雅迪：《权力整合视域下的东丹国南迁研究》，《史学集刊》2020 年第 4 期。

⑦ 黄为放：《东丹国南迁规划初探》，《中国社会科学报》2020 年 7 月 20 日第 006 版。

金代北部边疆的军事重镇，蒲峪路具有巨大价值。不管是作为起初军民合一的万户府，抑或是之后产生的节度使辖区，蒲峪路这一地区都被从军事方面优先考虑并作为上京路管辖的军事重镇而独立存在，该地区的行政管辖始终排在其次。金代猛安谋克军事成边体制依旧在蒲峪路的基层组织保留着。① 齐伟对金代望平县治所为梁鱼务的历史作了考论，指出梁鱼务是中都通往东北的交通要道，出于政治和军事上的需要，金朝增设望平县治梁鱼务，成为金人统治东北的一个缩影。② 孙文政指出金代上京路为女真族入主中原，建立与南宋跨淮而治的大金帝国，奠定了坚实的基础，促进了我国北方各族的融合与发展，为中华民族的形成奠定了基础。海陵王迁都燕京后，金上京会宁府仍为金朝的陪都，是金朝的战略后方，为大金帝国经济社会发展提供人力、物力和财力，为女真族在中原地区的统治，做出了重要贡献。③

5. 明清时期

海西东水陆城站是明代奴儿干都司境内的两大交通驿道之一，它全长2500公里，共经10城45站，合计55城站。李雪研究指出通过这条驿道，女真地区的土特产品，如马、貂皮、猞猁皮、海东青、东珠等输入内地，内地的耕牛、驴骡、犁铧、绸缎、盐等物资输入到女真居地，堪称“中国东北方的丝绸之路”。④ 赵宇则将研究视角关注于明代的女真朝贡政策与辽东马市。指出辽东边地互市贸易作为与入京朝贡相伴而生的交易活动，无论从空间还是功用角度来看都是朝贡活动的延展，其发展变化也总是受到明政府朝贡政策调整的影响。明前期朝贡政策的宽松直接带动了辽东马市交易的兴起，中期政策的紧缩倒逼了马市交易规模的扩大，后期政策的变化又促使了马市中以官方市场为主体的交易形式向相对自由的民间市场交易形式发展。⑤ 清代东北边疆治理方面，管书合再次对柳条边始建年代等问题作了研究，指出柳条边的始建，东段应该上溯到天聪七年清人在碱场、通远堡等地的“筑城修边”，再经崇德三年的扩边而大致成形；西段则始自崇德初年从屏城到法库门之间边栅的设置，是清人为加强对辽河套的直接控制及处理蒙古事务而设。⑥ 曲立超、范立君在对清代中后期东北地区旗民刑事案件分析的基础上，探讨了当时的满汉关系。⑦ 陈冰在对德藏晚清吉林舆图研究的基础上，探讨了清末吉江两省在江北五站地区的边界纠纷及其解决情况。⑧ 陈诗兰、刘晓东以康乾时期边

---

① 胥晓东：《金代蒲峪路地区军事防卫制度的形成及推行》，《理论观察》2020年第1期。

② 齐伟：《金代梁鱼务考》，《中国边疆史地研究》2020年第2期。

③ 孙文政：《金代上京路的历史地位与贡献》，《理论观察》2020年第8期。

④ 李雪：《中国东北方的丝绸之路：明代海西东水陆城站》，《佳木斯大学社会科学学报》2020年第4期。

⑤ 赵宇：《明代的女真朝贡政策与辽东马市变迁》，《延边大学学报（社会科学版）》2020年第2期。

⑥ 管书合：《柳条边始建年代考略》，《中国边疆史地研究》2020年第3期。

⑦ 曲立超、范立君：《清代中后期东北地区旗民刑事案件与满汉关系》，《青海民族研究》2020年第2期。

⑧ 陈冰：《清末吉江两省在江北五站地区的边界纠纷及其解决——德藏晚清吉林舆图研究之四》，《社会科学战线》2020年第11期。

民群体霍集珲的活动为中心分析了清朝对东北滨海边疆地区的开拓与经营。①

6. 近现代时期

近代中国是革新的中国，是“千年没有之大变局”的中国，近代中国的东北地区亦是如此。在列强侵略的夹缝中，东北边疆治理和发展在艰难中前行。19 世纪七八十年代，东北边疆危机因沙俄的侵略而日益加剧，为了巩固东北边防，清政府派吴大澂前往吉林，随同吉林将军铭安“帮办一切事宜”，督办东北边防事务。吴大澂实行的移民实边政策主要是为了应对东北边防危机，且在当时产生了重要影响，促进了东北地区的进一步开发。② 近代的东北城市发展问题是东北边疆治理与边疆发展的重要内容。荆蕙兰所著《近代东北城市与乡村》以近代东北为研究对象，以城乡关系为研究的切入点，从 1860 年营口开埠城市化起步到 1945 年日本投降为时间段，在缕析近代东北城市的畸形发展和农村的残破这一社会现象的基础上，探寻东北城乡关系特点，力求探索和重新整理近现代东北城市研究的新路向和新角度。分层剖析和诠释了区域城市化兴起的原因、城市演变的不同类型、城市近代化的演进路径、城市化带给乡村经济、社会生活、文化的冲击，也深刻剖析了半殖民地化和殖民化的危害和结果，城乡关系的特点，东北城市文化特征及人文精神的内涵等。③ 同样关注近代东北城市发展的还有郎元智所著《中国近代东北地区城市生活兴衰与社会发展研究》。④ 王大任探讨了近代东北商人群体与乡村基层社会的关系，分析了其背后深层的社会经济因素，进而揭示社会网络嵌入对近代东北商人群体参与乡村社会治理的深刻影响。⑤ 韩英探讨了铁路、农产品加工业与近代东北城市的兴起，指出铁路强大的资源整合能力深刻地改变了沿线地区的交通区位条件，以铁路车站为中心的农产品转运以及在此基础上发展起来的农产品加工业有力地推动了近代东北城市的兴起。⑥

东北抗联研究是本年研究的重要内容，主要研究成果是《社会科学战线》组织刊发的一组重要稿件，其中刘信君就东北抗联精神内涵及其定位问题，中共中央、中共驻共产国际代表团“武装保卫苏联”方针对东北抗战的影响，东北抗战的国际合作三个问题进行了辨析，以促进东北抗联研究的深入发展。⑦ 穆占一则讨论了东北抗联的独特贡献与历史地位问题。⑧ 尹晓琳对东北抗联传说与“公共纪念空间”的互构作了探

---

① 陈诗兰、刘晓东：《清朝对东北滨海边疆地区的开拓与经营——以康乾时期边民群体霍集珲的活动为中心》，《古代文明》2020 年第 4 期。

② 孙睿咛：《清末吴大澂东北移民实边政策探析》，《开封文化艺术职业学院学报》2020 年第 1 期。

③ 荆蕙兰：《近代东北城市与乡村》，人民出版社 2020 年版。

④ 郎元智：《中国近代东北地区城市生活兴衰与社会发展研究》，人民出版社 2020 年版。

⑤ 王大任：《嵌入性治理——近代东北商人群体与乡村基层社会》，《中国经济史研究》2020 年第 5 期。

⑥ 韩英：《铁路、农产品加工业与近代东北城市的兴起》，《城市史研究》2020 年第 1 期。

⑦ 刘信君：《关于东北抗联三个重大问题的研究》，《社会科学战线》2020 年第 8 期。

⑧ 穆占一：《论东北抗联的独特贡献与历史地位》，《社会科学战线》2020 年第 8 期。

讨。[①] 史守林对东北抗联史研究学术史作了述评。[②]

鉴于本年度出现了新冠肺炎疫情，历史时期疫情的防控与启示研究，是本年度的学术热点问题。东北边疆亦受到部分学者关注，主要集中在近现代这一时间段。王敬荣、辛巍研究指出近现代黑龙江地区的灾疫以鼠疫和霍乱最为严重，致使数万人死亡，给整个社会造成较大的冲击。为了应对疫情，各级政府设立专门防疫机构，指导疫情防控；制定防疫法规，约束和规范疫情期间的社会行为；采取隔离、阻断交通、消毒杀菌、焚烧病尸、整治公共卫生、接种疫苗等措施积极防疫，取得了较好的效果，其经验和教训为现今的抗疫提供了宝贵的借鉴。[③] 赵欣研究指出 1910—1930 年间，中国东北暴发了两次近代世界史上规模最大的肺鼠疫，引起国际社会的高度关注，多国的政界、医疗、媒体人士介入其中。在中国政府的调控下，这些国际团体和个人转化为支援中国东北抗疫、防疫的积极力量，并协助中国建立了高度国际化的卫生防疫体系。借此，国际卫生防疫力量逐步摆脱了地缘政治、经济等多元因素的部分影响，实现了跨界交流与合作，开启了卫生防疫全球化的进程。[④]

（二）东北边疆族群发展史研究

东北边疆族群发展史研究，主要指的是历史上生活在东北边疆的族群及其政治、经济、文化等历史和考古问题研究。本年度研究内容主要集中在东北边疆的秽貊、靺鞨、夫余、高句丽、渤海等族群的研究。其中高句丽、渤海历史与考古研究因时间跨度长，内容相对丰富，故研究成果较多。王禹浪等《流域文明视野下的东北历史与文化》一书从整体上以东北流域史和流域文明的视角来解读东北地区的古代历史与文化，特别是立足于东北的自然地理环境，提出了东北流域文明的概念。该书汇集了作者多年来对东北流域文明的研究成果，对牡丹江、乌苏里江、拉林河、绥芬河、浑江等东北流域的历史、文明、民族、文化遗产、旅游资源等进行了有序的研究。重点对肃慎、秽貊、东胡等东北古代民族进行了系统的学术史爬梳，基本厘清了学术界对上述族群的研究脉络、考古新发现和主要成果。[⑤]

1. *秽貊与夫余*

王俊铮考证了“临秽丞印”封泥与“临秽县”，指出“临秽”为临近“秽水”或“秽貊水”之意，即濒临第二松花江。今吉林市东郊、第二松花江右岸的东团山古城一带为西团山濊人考古学文化的核心区域，被汉文化与夫余文化混杂的泡子沿类型所叠压。丰富的汉文化元素和较高级别的汉文化遗物的出土，表明这一带曾有大量汉文化人群活动，并设置过行政建制，隶属于玄菟郡，用以节制夫余国，当为“临秽县”故址。

---

① 尹晓琳：《东北抗联传说与“公共纪念空间”的互构》，《社会科学战线》2020 年第 9 期。

② 史守林：《东北抗联史研究述评》，《社会科学战线》2020 年第 8 期。

③ 王敬荣、辛巍：《近现代黑龙江疫情防控及经验教训》，《黑龙江社会科学》2020 年第 6 期。

④ 赵欣：《国际视域下的近代中国东北鼠疫与卫生防疫的全球化（1910—1930）》，《历史教学》2020 年第 12 期。

⑤ 王禹浪、王天姿、吴博、王俊铮：《流域文明视野下的东北历史与文化》，中国社会科学出版社 2020 年版。

四平二龙湖燕秦汉古城临近“秽地”，为探索“临秽县”地望提供了另一种可能。[①] 1958年在朝鲜平壤市贞柏里古墓出土了一枚“夫租薉君”银印，1961年同样在贞柏里另一座古墓出土了“高常贤印”和“夫租长印”两枚银印。两座古墓前者为薉人首领之墓，后者为汉人县长之墓，由此可见薉人与汉人在乐浪地区长期和平共处共同生活。李明浩研究指出通过“夫租薉君”银印和后来陆续出土的“临薉丞印”封泥和“晋率善秽佰长”铜印，可以验证《三国志·夫余传》中“濊王之印”和《三国史记》中“濊王印”的相关记载的准确性，并可以进一步明晰以夫租县为代表的岭东七县的薉人的社会状况，厘清薉人内附乐浪的历史背景与过程。原本在咸镜道内的夫租薉君和夫租长当是于建武二十三年（47）同蚕台县豪强戴升一同内附乐浪郡，因此二人之墓才会出现在乐浪郡郡治平壤附近。迨至魏晋时期，濊人被封侯封王，这些濊人与乐浪郡、带方郡以及辰韩等保持着政治上的密切联系。[②] 时仁达、陈伯霖根据民族志学、历史学资料，运用以今证古、类比分析的方法，以人类丧葬史为背景，解析了濊貊人“疾病死亡，辄捐弃旧宅，更作新居”的习俗。这种习俗是人类丧葬的初始形态，属于原始丧葬文化，具有普遍性，其形成与延续受到宗教意识的制约，是原始先民因对死者灵魂恐惧而采取逃离方式的一种宗教行为，其中蕴涵着灵魂不灭的观念。[③] 刘信君、邓树平合著《夫余史》利用了大量文献资料，并佐以田野考古调查和考古发掘材料，论述了夫余国的族团起源、族属、王权建立、与周邻及中原王朝的关系，叙述了夫余国的政治、军事、经济、文化、人物及灭亡。对夫余国的称谓、名称、建国时间、活动区域、王城的位置、考古文化等问题进行了考证，提出了一些新的见解。这是一部采用二十四史编写体例撰写的全新的夫余史，具有重要的史料价值和学术价值。[④]

2. 靺鞨

姜维公、刘芳华从族源族属、社会进程、对外交往、经济发展与社会生活、文化与习俗等方面对近百年黑水靺鞨研究情况作了梳理，指出随着考古的进步，相关问题研究不断深化。[⑤] 俄罗斯学者在滨海地区目前已发现60余处靺鞨遗址，其中靺鞨城址较少，多见村落遗址。王俊铮、吴博、王禹浪研究指出由于渤海国迅速崛起和快速推进的城镇化进程，俄罗斯滨海地区靺鞨文化很快就被渤海文明，特别是渤海城市文明所吸收和整合。在一些中世纪遗址的文化层位学上，往往表现为靺鞨、渤海、女真（含东夏国）等不同时期叠压的关系。在渤海克拉斯基诺古城、女真赛加古城均发现了早期的靺鞨遗存。莫纳斯特卡靺鞨墓地则发现了与当地靺鞨—渤海传统葬仪不同的内亚文化元素。[⑥]

---

① 王俊铮：《“临秽丞印”封泥与“临秽县”考》，《地域文化研究》2020年第3期。

② 李明浩：《从朝鲜出土的汉印、晋印看古代濊人及其政治设置》，《古籍整理研究学刊》2020年第6期。

③ 时仁达、陈伯霖：《濊貊人“病亡则作新居”的历史人类学解析》，《黑龙江民族丛刊》2020年第3期。

④ 刘信君、邓树平：《夫余史》，中国社会科学出版社2020年版。

⑤ 姜维公、刘芳华：《近百年黑水靺鞨历史研究述评》，《黑河学院学报》2020年第10期。

⑥ 王俊铮、吴博、王禹浪：《俄罗斯滨海地区靺鞨—渤海遗存的考古学视点》，《哈尔滨学院学报》2020年第9期。

王禹浪、王俊铮探讨了黑龙江左岸俄罗斯阿穆尔地区的靺鞨研究，指出俄罗斯学术界普遍以奈菲尔德类型和特罗伊茨基类型为阿穆尔靺鞨文化的研究框架，并充分考察了早期铁器时代（波尔采文化、塔拉坎文化）、中世纪早期（米哈伊洛夫卡文化、靺鞨文化）、中世纪繁荣期（阿穆尔女真文化）的整体历史脉络与族群互动关系，通过考古学和人类学重建，逐步建立起了一套较为完整的靺鞨民族源流和文化类型的学术理论体系。①

3. 高句丽、渤海研究

高句丽、渤海研究属于东北边疆族群研究的重要内容，成果产出相较于其他族群研究而言更多，主要原因在于高句丽、渤海史时间跨度长，涉及内容丰富，无论是历史研究还是考古研究，在东北边疆族群研究中都具有重要性和代表性。

（1）历史研究

历史研究是本年度高句丽、渤海研究中最重要的组成部分，内容涉及领域多、研究具有深度。主要包括理论研究、基础文献资料、政治史、历史地理、对外关系史、移民与遗民、学术史、文化艺术、社会经济史等研究领域。

汪晖从理论层面，探讨了高句丽、蒙元史与跨体系社会的历史叙事问题，指出这其中包含了多重的对立和冲突，尤其是“申遗”过程所传递的主权概念，与无法用这一概念衡量和规范的古代王朝历史之间的矛盾。这场争议反映出了不同的民族想象在这一事件中的角色，也体现了重新理解历史图景的必要性。与此类似，作者也指出蒙元史研究也存在着复杂关联的多民族王朝及其历史叙述的问题，这些都说明了民族主义叙述的限度和困境。因此认为超越民族—国家叙事，从历史和政治传统的丰富性出发，审视历史叙述的各种缝隙，在跨体系社会与跨社会体系的复杂关系中重构有关中国、区域和世界的知识，正是当代知识人的使命。②

在基础文献资料研究方面。苗威结合正史记载和考古资料就《三国史记》所载“国内”与“国内城”问题进行了解读，认为《三国史记》在《高句丽本纪》中对“国内”的表述准确，《地理志》则有讹误，同时对置于国内的数座都城沿革没有明确勾勒。“国内”是鸭绿江北、浑江东的地区名称，早在战国就有土城的修筑。公元1世纪，高句丽迁都于此之后，先后在这一区域营建或翻修尉那岩城、京都、丸都城、平壤等都城。其中战国土城的旧址历经数次重修，名字次递是京都、平壤以及国内城，解释文本时需要审慎考辨。③ 西北民族大学岳傲凡的硕士论文《高句丽体育史料研究》则专门对高句丽体育史料进行了研究，具体就高句丽民族的射箭活动、百戏活动、角觝活动、舞蹈活动和蹴鞠活动以及同时期中原地区的同类活动和蹴鞠活动做了梳理比较，通过分析历时六百多年的高句丽国的体育活动来研究高句丽民族的体育文化，最终总结出高句丽民族的体育文化特征。④ 刘晓东通过对《旧唐书·渤海靺鞨传》和《新唐书·渤海传》及相关史料的文献学考察，进一步理清了渤海立国者“东奔”“保阻”史实的具

① 王禹浪、王俊铮：《黑龙江左岸俄罗斯阿穆尔地区的靺鞨研究》，《黑龙江民族丛刊》2020年第2期。

② 汪晖：《高句丽、蒙元史与跨体系社会的历史叙事》，《东南学术》2020年第1期。

③ 苗威：《〈三国史记〉“国内”与“国内城”解析》，《安徽史学》2020年第5期。

④ 岳傲凡：《高句丽体育史料研究》，西北民族大学硕士研究生学位论文，2020年。

体过程，得出了渤海立国者“东奔”“保阻”始居之地应是“桂娄故地”，亦可称“高丽故地”，但绝不是“挹娄故地”。而改《旧唐书》“桂娄”故地为“挹娄”故地，应该是《新唐书》作者认识上的时序错位。渤海立国者应先是居“桂娄故地”立国，后来才渐次向北扩展，并把王城迁徙到“挹娄故地”。[①] 孙昊在对不同文献渤海“震国”“振国”记载和学者研究文献梳理基础上，指出关于渤海早期“振国”“震国”释诂诸说的争议，是传世文献资料极度匮乏导致的。研究者在研判过程中更面临着旁证文献不足征的困难局面，在努力对有限字句进行比勘的同时，也大量结合自身的“常识”去弥补证据之间的逻辑缺环，即强调文字释诂与自认为的渤海历史承继关系相一致。这种理路是上述争议观点出现的主要原因，同时致使相关论述缺乏坚实的立论依据，不可避免带有推测成分。强调，就目前的情况来看，在现有文献资料的基础上进行创新已极为困难。因此，对于该问题的研究，有待于在前人研究基础上继续推进，进行相对贴切的探索与解释。[②]

在政治史研究方面。天津师范大学肖瑞基硕士论文《高句丽王权嬗变研究》通过对高句丽各时期王权变化的研究，分析各个时期王权的形式以及成因，进而透视其对高句丽政治的影响。研究指出早期高句丽王权受贵族制约，权力较小，中期王权才开始加强，后期又逐渐衰败。始祖朱蒙至第六代太祖大王，这一时期为高句丽的部落联盟时期，早期的王权受其他部落势力的影响，它的职权以及行使范围仅限于桂娄部之内，高句丽联盟之事则需国王与贵族共同商议。美川王至长寿王时期高句丽王国进入全盛，摆脱贵族权力的束缚后，王权通过对外战争迅速实现强化，至长寿王时王权达到顶峰。长寿王迁都平壤使王权失去了桂娄部贵族的支持，加之后期对外战争接连失败，王权开始衰落。隋丽战争后，顺奴部泉氏崛起，至泉盖苏文时，高句丽王权彻底没落。[③] 范恩实结合学术史梳理指出，受史料限制，渤海早期统治制度问题少有涉及，因而影响到对早期政权建设的准确认识。认为随着近年来渤海历史研究的不断深入，通过对史料的全面梳理，在前人相关研究成果的基础上，借鉴政治学一般原理，对有限信息再做精细解读，已经可以对这一问题进行初步探讨。进而研究认为限于社会发展水平和政权组织能力，渤海早期政治体具有较多家产制、封建制特征，国王以外的政治参与者，主要是传统的亲缘性、地域性贵族群体——王室成员、首领、高句丽遗民府州都督刺史、具有唐式武职衔号的军事贵族等。总的原则是消除军事贵族、内臣衙官等旧制度因素，代之以律令制国家官僚制度。这也是渤海早期政权建设的基本原则。[④] 辛时代讨论了渤海国官制中的“散”“职”“勋”“爵”，指出渤海国官制依照唐朝制度建立起散官、职事官、勋官和封爵四大体系，其官称、职守、封酬的设置，都能从唐朝制度，或唐朝之前的中原制度中找到对应关系。四大体系与各级统治机关相互表里，构成了渤海国基本统治

---

① 刘晓东：《渤海立国者“东奔”“保阻”始居之地的文献学考察》，《北方文物》2020 年第 5 期。

② 孙昊：《渤海“震国”“振国”释诂之争》，《中国社会科学报》2020 年 10 月 14 日第 9 版。

③ 肖瑞基：《高句丽王权嬗变研究》，天津师范大学硕士研究生学位论文，2020 年。

④ 范恩实：《渤海早期政权建设研究》，《中国边疆史地研究》2020 年第 3 期。

框架。[①]

在历史地理研究方面。朱尖依据史料的新解读和考古新资料，结合相关史实对曹魏毌丘俭征高句丽“刻石纪功”问题进行的考证分析，通过对文献资料的考辨和史料的梳理，提出毌丘俭征高句丽，根据不同阶段战事共刊刻了二通纪功碑，一通立于丸都山，一通立于不耐城。丸都山立碑是为了毌丘俭一举攻破高句丽国都丸都城而立的纪功碑；不耐城立碑是为毌丘俭复征高句丽在朝鲜半岛岭东地区对高句丽王进行围堵，并收复被高句丽所占据的乐浪郡东北都尉而立的纪功碑。提出曹魏时期的国内地区不存在高句丽的国内城，不耐城和国内城之间时空联系存在偏差，二者在当时没有必然关系。最后对毌丘俭纪功碑残片所记文字进行了新的解读说明。指出碑文中的“复遗寇六年五月旋”很可能还是五年出兵战事的组成部分，是毌丘俭第一次战事的最后阶段，不能仅从这一句话就断定毌丘俭纪功碑记载了全部战事。即便毌丘俭纪功碑记载了战事的全部经过，也不影响对不耐城刻石纪功的判断。因为毌丘俭作为主帅，主导了此次东征全部战事，显然毌丘俭亲征的丸都之战，攻陷了高句丽的都城，属于战争的核心，随后的复征则是毌丘俭指挥的战事，是战争的延续。两个战事均刻石纪功并不冲突，并且毌丘俭纪功碑处于主要地位，刊刻战事的全部经过，逻辑上不存在问题。[②] 刘海洋分析了渤海国的交通网及其对东北亚丝绸之路的历史贡献，指出渤海国交通发达，以上京龙泉府为中心，共建有“营州道”“鸭渌道”“契丹道”“新罗道”“日本道”以及“黑水靺鞨道”六条水陆交通道。渤海国通过这些交通网络使以丝绸为代表的各类商品运输及朝贡贸易常态化。在渤海国广大的领土上，以上京为核心，形成了一条蜿蜒巨龙一般的丝绸之路，形成了今天“东北亚陆海丝绸之路”的雏形。渤海国对“东北亚丝绸之路”的底定，使其不仅成为东北亚地区的贸易中心，更是文化传播的重要区域。唐代高度发达的经济、文化不但传入渤海国境内，也对日本及朝鲜半岛产生了影响，这为明代的“海西东水陆城站”路、明清两代的“山丹贸易”路等陆海丝绸之路的形成与发展奠定了基础。[③]

在对外关系史方面。杨秀祖《高句丽战争史研究》是在其2010年所著《高句丽军队与战争研究》一书基础上的进一步拓展深化成果。该书全面记述了高句丽自建国直至灭亡各个时期的军事扩张活动及战争，是对高句丽政权705年间军队与战争的全面研究。同时，对高句丽军队士兵构成、武器装备、防御工事、战术战法以及大小数百次战斗进行了综述，分析了高句丽军队在高句丽政权存在过程中发挥的作用。指出从高句丽政权诞生、发展、衰亡的历史过程看，高句丽政权的兴衰与军队、战争有着密不可分的关系，它以扩张而兴，以军队强大和战争成就而达到鼎盛，进而也由穷兵黩武走向灭亡。《高句丽战争史研究》是从中国古代历史和东北亚地区历史发展的客观角度对高句丽军队与战争进行解读。[④] 徐臻以《菅家文草》所载诗群及诗序为中心，指出诗群及诗

---

① 辛时代：《论渤海国官制中的“散”“职”“勋”“爵”》，《渤海大学学报（哲学社会科学版）》2020年第4期。

② 朱尖：《毌丘俭征高句丽“刻石纪功”再探讨》，《中国历史地理论丛》2020年第2辑。

③ 刘海洋：《唐渤海交通网对东北亚丝绸之路的历史贡献》，《中国社会科学报》2020年7月20日第6版。

④ 杨秀祖：《高句丽战争史研究》，吉林大学出版社2020年版。

序作为外交活动的一部分，彰显了日本的文化品位，记录了渤日外交的重要场景和历史画面，有文学和文献的双重价值。① 常乐、金洪培对北魏天兴元年（398）高句丽人入北魏进行了专题考证，指出北魏道武帝于天兴元年（398）从后燕故地一带迁徙了一批包括高句丽人在内的民众至新都平城，也正因道武帝此举，北魏同高句丽之间才拉开接触的帷幕。通过考察是年这批迁至北魏的高句丽民的原因、数量、受安置情况及日后去向，可见北魏初年对流入中原的高句丽人所采取的举措，及这批高句丽人对初建的北魏政权的影响。② 许冠华指出唐代渤海国及南诏国的民族关系，是决定二者文化特性及存续发展的关键因素。进而从渤海国与南诏国本身的民族构成、二者同周边民族的关系、同唐朝汉族的关系三方面对两者的民族关系问题进行比较研究，从而透过民族冲突与融合探索两种文化的异同及存续规律。③ 张晓舟对《隋书·百济传》所见“通和”事件进行梳理，指出阐明《隋书·百济传》所见的“通和”记事与7世纪初的济丽关系，不仅能够解决韩国、朝鲜史上“济丽同盟”成立时间的疑问，而且可以启发我们去发掘历史叙述和历史事实之间的差异，从而引导我们去重新审视古代中原王朝和朝鲜半岛国家的互动。④ 万晓将权力与文化的解释共同纳入理论框架，用突厥—隋唐时期的不对称关系加以检验，探讨在权力转移背景下崛起国会对不同的小国施行何种政策，以及什么因素决定了其政策。指出隋唐对吐谷浑、高句丽的政策证实了基于权力的核心逻辑，两大国的权力对比决定了崛起国的攻守倾向，从而产生它对小国的政策基调。吐谷浑与高句丽这组最相似案例否证了文化亲和度的作用。以历史启示审视今日世局，在实力超越美国之前，中国将保持对美国的防御姿态与对小国的和缓政策。⑤

在移民与遗民史研究方面。本年度关于移民与遗民的研究主要集中在渤海领域。孙炜冉指出辽代的官僚集团中渤海仕人占有非常重要的地位。在整个辽代，渤海士人的出仕经历了几次波动：首先是渤海国初亡、东丹国建立时，人皇王耶律倍为了积累政治资本，笼络和任用了大批渤海旧臣为己所用，此时有大量原渤海官僚重新回到政治管理系统中任职为仕；其次，随着耶律倍失势南逃后唐，他经营的东丹国成为辽太宗监控的对象，其官僚体系中的渤海仕人由此遭受牵连，受到打压，从而引发了渤海遗民的严重不满，陆续爆发了大光显、大鸾河等官员的背逃以及燕颇、大延琳的军事反叛；最后，圣宗朝后期辽廷反思了渤海遗民背逃和反抗的教训，调整对渤海遗民的统治策略，开始重新重视和吸纳渤海旧族勋材，至辽末已对渤海仕人充分信任和大胆启用，涌现出一大批优秀的渤海仕人。并且，辽对渤海仕人的选拔凸显出以“才能”为重，不以出身为纳

---

① 徐臻：《菅原道真与渤海使的诗赋外交——以〈菅家文草〉所载诗群及诗序为中心》，《广东外语外贸大学学报》2020年第1期。

② 常乐、金洪培：《北魏天兴元年（398）高句丽人入北魏考》，《佳木斯职业学院学报》2020年第1期。

③ 许冠华：《渤海国与南诏国的民族关系问题比较研究——从民族冲突与融合中管窥文化异同与存续规律》，《文化学刊》2020年第9期。

④ 张晓舟：《〈隋书·百济传〉所见“通和”事件与7世纪初的济丽关系》，《唐史论丛》第30辑，三秦出版社2020年版。

⑤ 万晓：《权力转移下崛起国对小国政策探因——以隋唐时期的吐谷浑与高句丽为例》，《当代亚太》2020年第3期。

仕前提的原则。[①] 胡珀将金朝渤海人出使周边政权、邻国和傀儡政权划分为三个时期，对其出使活动予以分类叙述。有金一代，金朝统治者派遣渤海人出使达到30次。渤海人是当时先进文化的代表者，精通汉语，熟悉外交规制，渤海世家大族受到重用并对女真统治者具有心理认同是金朝统治者派遣渤海人出使的原因。由于卷入金朝上层政治斗争，加之渤海人逐渐融入北方汉人，金朝后期史籍可考的渤海人官员寥寥无几，章宗承安四年以后不再派遣渤海人出使。[②] 阎海指出在人们的印象中，渤海国存在于今黑龙江和吉林一带，辽南及营口地区很少涉及。但实际上，历史上的确有渤海人在营口生活。有辽一代，共在营口地区设置了六个州，各辖一附郭县（即与州治同城的县），都是为安置渤海遗民所设，这六个州的设置又分为两个阶段。第一阶段，辽太宗天显三年（928年），以迁徙的东丹国渤海遗民设四个州，分别是：卢州、铁州、耀州、辰州；第二阶段，辽圣宗统和二十九年（1011年），伐高丽（朝鲜半岛的王氏高丽），以所俘渤海降户所置。当年辽太祖灭渤海国后，一些不甘接受辽朝统治和不愿随东丹国南迁的渤海人，选择了亡命朝鲜半岛的高丽国。辽军将逃亡到此的渤海遗民迁到辽南，设置了归州和宁州，这两州都在今营口境内。[③]

学术史研究方面。这里所谓学术史并非综述，而是具有一定研究意义的学术史成果，包括史家和史观探讨、专题梳理研究等方面，而一般性综述则放在其他研究中说明。

长春师范大学李碧瑶博士论文《朝鲜李朝文人高句丽印象研究》分四大部分展开探讨。第一章，高句丽在李朝文人构建的古史谱系中的位置。第二章，李朝文人对高句丽历史地理的认识。第三章，李朝文人对高句丽族源的认识。第四章，李朝文人对高句丽建国传说的认识。[④] 魏存成比较全面地介绍了我国申遗期间和申遗之后近二十年来辽宁、吉林两省通过多项调查发掘所取得的主要收获，并对此时期国内所开展的各项研究进行了系统总结和评述。为进一步促进高句丽考古工作的发展，文章最后在加强规划设计和提升课题意识、多学科交叉结合、对外学术交流、专业队伍建设和人才培养等方面都提出了可行的建议。[⑤] 朱尖以当前主流数据库收录的高句丽研究文献为样本，运用文献计量学相关分析方法，并借助相关工具，对40年以来我国的高句丽研究成果从文献量与变化趋势、研究热点问题、作者队伍与研究机构、文献来源分析和经典文献分析五个方面，展开定量分析与评价。从一个侧面对我国的高句丽研究现状进行清晰地梳理，以量化的数据客观反映目前研究的现状，并指出存在优势和不足，能够为未来高句丽学科发展、人才培养、研究深化、话语体系建设提供借鉴。[⑥] 孙炜冉专门探讨了朝鲜实学

---

① 孙炜冉：《辽代对渤海仕人的任用及选拔原则》，《宋史研究论丛》第26辑，科学出版社2020年版。

② 胡珀：《金朝对外交聘活动中的渤海人》，《黑龙江民族丛刊》2020年第3期。

③ 阎海：《营口历史上的渤海人》，《营口日报》2020年3月23日第005版。

④ 李碧瑶：《朝鲜李朝文人高句丽印象研究》，长春师范大学博士研究生学位论文，2020年。

⑤ 魏存成：《申遗以来我国高句丽考古的主要发现与研究》，《中国边疆史地研究》2020年第3期。

⑥ 朱尖：《改革开放40年来高句丽研究现状分析——以研究成果的数据统计和内容分析为中心》，《中国边疆学》第12辑，社会科学文献出版社2020年版。

派学者对高句丽建国时间的认识及其影响问题。指出因为中原正史文献中对汉代高句丽县的记载，使得朝鲜时期一些实学派学者将高句丽建国前的民族史也都划归于高句丽国祚之中，将高句丽的民族起源史视作国家政权的开端，因此便大幅提前了高句丽建国的时间。其中，最具代表性的便是申景濬在《旅菴全书》中倡导的“高句丽在汉武帝建汉四郡以前存在说”、韩致奫在《海东绎史》中倡导的“两高句丽说”，以及安鼎福等在《东史纲目》中继承的《三国史记》中记载的“高句丽‘有国九百年’说”。这些将高句丽建国时间向前延伸的认识，对于近当代韩国和朝鲜学界影响尤甚，甚至也影响了部分中国学者的观点。①

在文化艺术方面。孙炜冉梳理分析了高句丽对日本佛道文化的影响，指出高句丽是日本接收中国文化的重要途径，在百济之外，日本通过高句丽输入了大量佛教和道教思想文化，影响和促进了日本宗教文化的发展和形成，尤其是中原道教文化的传入，对于日本本土的神道教发展具有很大的影响。宗教文化只是高句丽与日本交往过程中对其影响的一个重要方面，还有其他伴随着宗教文化而来的各种科学技术，如医疗、绘画、纸墨制造及水利石磨技术等。这些技艺在传播过程中经过了各方文化的影响而流变，绝非纯粹是高句丽单方面对日本的影响。② 海梦楠以高句丽与敦煌壁画中的角抵、射猎为例，从服饰、发饰、竞技姿态等几个方面对高句丽与敦煌壁画中的角抵和射猎进行了比较研究。研究认为，两者的相同点在于角抵和射猎均为周朝礼教体系的一部分；角抵和射猎均被视为军事训练的手段；两者皆为一种徒手搏击运动。不同点在于，高句丽角抵手的头饰为顶髻，敦煌角抵手的头饰为幞头；敦煌射猎使用的为三棱锥或四棱锥箭镞，高句丽射猎使用的鸣镝带有典型的游牧民族特点。以高句丽与敦煌壁画中的角抵与射猎为切入点，进行跨区域的体育文化研究，对于深刻认识中华民族多元一体格局和铸牢中华民族共同体意识具有重要的意义。③ 李虎指出渤海国对外交通的“鸭渌朝贡道”和“龙原日本道”是西接唐王朝，东传日本的大通道，应视为丝绸之路向东北及东北亚地区的延伸，是丝绸之路重要的组成部分。并以此以丝绸之路为视域，运用交通史作为研究的辅助手段，求证演奏渤海乐的重要乐器渤海琴传入日本的时间及路径。④ 刘硕指出渤海国在自身发展的同时，积极吸收唐文化和周边国家的文化艺术形式，虽然其持续时间不长，但形成了兼容并存的多元化艺术。⑤ 战冠红则具体分析了渤海国艺术的形成与艺术形式。⑥

在社会经济史方面。王玺明指出渤海经济以农业为主，铁器在农业生产中应用广泛，对农业发展的促进作用明显。虽然东北的东北部在渤海国之前就已出现铁农具，但

① 孙炜冉：《朝鲜实学派学者对高句丽建国时间的认识与影响》，《福建江夏学院学报》2020 年第 5 期。

② 孙炜冉：《高句丽对日本佛道文化的影响》，《法音》2020 年第 8 期。

③ 海梦楠：《跨区域体育文化的比较研究——以高句丽与敦煌壁画中的角抵、射猎为例》，《社会科学家》2020 年第 10 期。

④ 李虎：《丝绸之路视域下的渤海琴传播研究》，《乐府新声（沈阳音乐学院学报）》2020 年第 1 期。

⑤ 刘硕：《浅析唐代渤海国艺术形态的多元化发展》，《戏剧之家》2020 年第 8 期。

⑥ 战冠红：《渤海国艺术的形成与艺术形式研究》，《戏剧之家》2020 年第 12 期。

远未普及，木器、石器仍较为广泛使用。渤海时期，铁制农具始占据主导地位。渤海国曾经进入发达铁器时代，铁的冶炼和铁器的制作是渤海国经济发展的重要标志之一，而铁器的大量使用又对渤海国社会经济各个领域的发展起到很大推动作用。① 李星建、辛时代对渤海国物产太白山之“菟”进行了再探讨，指出太白山之菟是渤海国重要的物产，这里的“菟”既不是白兔、东北虎，也不是茯苓，而是菟丝子。太白山之菟和南海之昆布、栅城之豉都是产自渤海的中药材，这个排列顺序反映了三种中药材经济价值的大小。②

（2）考古研究

高句丽、渤海考古专题研究涉及城址与遗址调查、古墓壁画、碑碣石刻、文物等研究领域。

在城址与遗址调查研究方面。王飞峰指出高句丽大型建筑址主要见于桓仁、集安和平壤地区，大型建筑依其性质和用途可以分为宫殿建筑、官署建筑、祭祀建筑和佛寺建筑四类。根据其设计理念、建筑技术和建筑材料等可以将高句丽大型建筑的发展分为三个阶段。青石岭山城二号建筑址的发掘及大型建筑址的确认为我们提供了高句丽大型建筑可能存在的一种规制，即大型建筑位于经过修整的四个（或几个）台地之上，这也正是青石岭山城二号建筑址及青石岭山城大型建筑址发现的重要意义。③ 金银玉的博士论文《渤海上京城规划布局研究》在考古调查研究成果的基础上，对渤海上京城的布局特点进行了研究。并比较了三座渤海王都城址（上京城、西古城、八连城），分析了上京城与其他国家城址（唐长安城、高句丽安鹤宫）之间的文化联系。④ 宋玉彬以文献中留存的渤海国行政建制为切入点，同时结合新时期的考古发现，对渤海上京城三重城建置的营建时序进行了全新的学术解读。研究认为“天宝中”大钦茂以显州为“都”之时，作为忽汗州都督、渤海郡王，其政权还没有确立唐朝“藩属国”的政治地位，其对辖区的治理也没有实现中央集权的统治机制。因此，作为显州“都城”故址，西古城的遗存特征与“天宝中”渤海社会发展阶段相同步、与渤海政权的行政建制相吻合。其单城制的都城格局体现了“筑城以卫君”的营建理念，其都城功能则仅仅服务于王权需求。“天宝末”为都的早期上京城，意味着渤海政权进入了全新的社会发展阶段。即基于“宪象中国制度”而确立的三省六部等中央集权统治机构，应该是导致渤海政权迁都的动因所在。762 年大钦茂被册封为“渤海国王”，应该体现了唐朝对渤海社会进步的政治认同。通过迁都，在显州都城模式的基础上，早期上京城确立了新的“宫城 + 皇城”的二重城建置。不过，就其都城功能而言，此期的上京城依然遵循了“筑城以卫君”的营建理念。大华玙“复还上京”以后，经过后代渤海王的努力，随着国力增强，通过“造郭以守民”，最终形成了三重城格局的都城建置。⑤ 岳天懿以西古

① 王玺明：《论铁器对渤海经济的影响》，《经济研究导刊》2020 年第 8 期。

② 李星建、辛时代：《再论渤海国物产太白山之“菟”》，《黑河学院学报》2020 年第 9 期。

③ 王飞峰：《高句丽大型建筑址试论——从青石岭山城二号建筑址谈起》，《北方文物》2020 年第 1 期。

④ 金银玉：《渤海上京城规划布局研究》，吉林大学博士研究生学位论文，2020 年。

⑤ 宋玉彬：《行政建制视角下的渤海上京城营建时序研究》，《中国边疆史地研究》2020 年第 3 期。

城、八连城和上京城三座渤海国都城遗址的城门、城墙为研究对象，围绕都城的营建时序、文化源流两个主题，分述以下问题：在以往研究基础上，对三座都城中存在的两种差异明显的城门规制做总结和补充；整理上京城宫城城门与城墙体现的分期营建线索；对西古城与八连城内城墙的差异做进一步的讨论；分析西古城城门的条形基槽技术来源；探讨渤海上京城门道下所见的动物骨骼现象。①

在古墓壁画研究方面。吕光的博士论文《集安高句丽五盔坟 5 号墓四神图研究》以集安高句丽五盔坟 5 号墓室壁画中的四神图造型为研究对象，着重分析其形成以及特点，并且对同期同造型不同地域的相关文化进行比较研究。具体从美术史角度，借助美术考古资料，利用美术研究方法对集安高句丽四神壁画墓研究资料进行收集整理，对同期中原及朝鲜地域四神壁画墓进行对比和分析。利用图像学、调查法、对比分析法、文献法等方法进行研究，站在特定的历史时代和高句丽壁画区域的不同视角，探讨集安高句丽五盔坟 5 号墓四神图造型的缘起、造型发展与变化、图像配置、特点及变化原因等问题。② 同样对壁画墓四神展开研究的还有吉林大学白婧芸的硕士论文《高句丽壁画墓四神图的文化渊源及其发展脉络》，指出基于以往的考古发现可以得知，四神图是高句丽壁画墓图像学信息的重要组成部分，并在中晚期高句丽壁画墓中发展成为主体内容。高句丽壁画墓中的四神形象源自中原地区汉文化传统，其在发展过程中，由配角变成主角，存在着阶段性的变化。鉴于此，依托史料线索，结合考古遗存，通过梳理中原和高句丽地区壁画墓中四神形象的发展脉络，进行高句丽壁画墓四神图文化渊源的学术解读。同时，总结高句丽壁画墓中四神图变化发展的过程及原因，分析作为汉文化元素的四神成为高句丽墓葬壁画主要内容的原因，进一步厘清高句丽壁画墓中四神图的文化内涵，从而解读中原文化对高句丽文化、思想及习俗的影响。这将有利于拓展高句丽壁画墓研究的学术视野，推动四神图视角下的高句丽文化研究新的突破。③ 常乐、郑京日指出虽因曹魏“薄葬”之风的流行，中原壁画墓渐趋式微，辽东地区的壁画墓却仍在继续且在以朝阳为中心的辽西鲜卑聚集地盛行开来。河西一带与东北地区在北魏的征讨下渐次为北魏所统合，而这些地域内墓葬装饰中的汉魏传统也被北魏所受容。在此背景之下，朝鲜半岛的高句丽壁画墓也受到了北魏壁画墓中佛教因素的影响，其固有墓葬壁画风俗发生了重要变化。伴随着高句丽对佛教的受容，自己的墓室文化风格。④ 郑春颖、盛宇平通过对高句丽古墓壁画所见出行图进行系统梳理和总结，指出现今发现的 127 座高句丽壁画墓中，25 座古墓绘有 61 幅可以辨识的广义出行图。根据高句丽壁画墓的分期与编年，结合出行图构图差异，可分为 A 型多行出行图、B 型双行出行图、C 型单行出行图、D 型散点出行图和 E 型单点出行图五型。A 型出行图可以上溯至古代中国丧葬礼仪中既长远又充满变化的政事出行图。B 型出行图可视为 A 型的减省版。C、D、E

① 岳天懿：《渤海都城城门与城墙研究》，《北方文物》2020 年第 5 期。

② 吕光：《集安高句丽五盔坟 5 号墓四神图研究》，哈尔滨师范大学博士研究生学位论文，2020 年。

③ 白婧芸：《高句丽壁画墓四神图的文化渊源及其发展脉络》，吉林大学硕士研究生学位论文，2020 年。

④ 常乐、郑京日：《北魏墓室壁画中的佛教因素对高句丽墓室壁画的影响》，《兰州文理学院学报（社会科学版）》2020 年第 2 期。

三型出行图在承继与延续魏晋南北朝时期墓葬绘画传统的基础上，受佛教构图等外来因素的影响，结合本地地域文化特质，逐步形成了具有高句丽文化独特旨趣的出行图模式。中国境内发现的高句丽壁画墓不见A、B两型出行图，朝鲜境内发现的高句丽壁画墓不见C型Ⅰ式和E型出行图。中国境内所见C型Ⅰ式出行图大概在5世纪末演变为C型Ⅱ式出行图。朝鲜境内所见高句丽出行图则经历了由A型，到B型，再到C型Ⅱ式出行图的演变。中朝两国发现的D型出行图都经历了由Ⅰ式向Ⅱ式的转变。汉系双室墓向高句丽单室墓转化所致绘画空间减少是推动高句丽出行图演进的重要原因之一。[①]王希丹对朝鲜境内高句丽墓音乐壁画的内容、分类及特征作了专题研究，指出朝鲜境内迄今为止共发现高句丽壁画墓共计83座，经过正式调查或发掘、报告或图片已发表的约63座，其中包含音乐壁画的高句丽墓共计15座，主要分布于平壤市、南浦市、黄海南道和平安南道四个区域，本文探讨了这些朝鲜境内高句丽墓所见音乐壁画的内容、分类和特征。通过分析可知，朝鲜境内高句丽墓所见的音乐壁画与中国集安所见高句丽墓音乐壁画有较大差异，特别是数量众多的行列图值得引起重视。[②] 杨璐针对高句丽长川一号墓中百戏杂伎图作了辨析，指出长川一号墓北壁出土的百戏杂伎图，是了解汉魏和高句丽文化的宝贵财富，但是学界对于百戏杂伎的具体认定仍有争议，还有几处被忽视的细节也未得到学界的重视。[③] 李想、王天净分析了高句丽墓室壁画中建筑屋顶形象。[④]包雨鑫探讨了高句丽壁画中的对称美学。[⑤] 李聪硕士论文《渤海“瓦构”墓葬研究》以渤海“瓦构”墓葬为研究对象，以其出土的瓦件为学术切入点，开展渤海墓葬的文化因素分析。主要研究内容有两大部分：一，遗存的类型学考察、文化因素分析；二，学术认识，从文化因素上看，六顶山墓地出土的瓦件体现了高句丽的文化因素，河南屯墓葬出土的瓦当具有图们江流域地域性特征。[⑥]

在碑碣石刻方面。单敏对《焦海智墓志》进行了梳理与分析，并结合唐初其他东征将士的墓志，从中可以看出：唐人从朝廷的立场出发，认为唐东征高句丽是正义而合理的；唐人及其上层仇视高句丽，对高句丽持负面态度，这说明唐东征高句丽有广泛的人民基础，这与正史中唐人对征高句丽的态度是有所不同的。[⑦] 高景森从《好太王碑》碑文探讨了古代北方民族与华夏文化的渊源关系。[⑧]

在文物研究方面。耿铁华、张赢予对高句丽瓦当艺术作了专题研究，主要内容包括：高句丽瓦当研究综述、集安高句丽瓦当研究、集安卷云纹瓦当研究、集安文字瓦当

---

① 郑春颖、盛宇平：《高句丽古墓壁画所见出行图研究》，《南方文物》2020年第2期。

② 王希丹：《朝鲜境内高句丽墓音乐壁画的内容、分类及特征》，《黄钟（武汉音乐学院学报）》2020年第2期。

③ 杨璐：《高句丽长川一号墓中百戏杂伎图辨析》，《哈尔滨学院学报》2020年第6期。

④ 李想、王天净：《高句丽墓室壁画中建筑屋顶形象分析研究》，《博物馆研究》2020年第1期。

⑤ 包雨鑫：《高句丽壁画中对称美学的体现》，《北方文学》2020年第26期。

⑥ 李聪：《渤海“瓦构”墓葬研究》，吉林大学硕士研究生学位论文，2020年。

⑦ 单敏：《唐人对唐朝东征高句丽起因的认识及态度——由西安新出〈焦海智墓志〉所见》，《哈尔滨学院学报》2020年第2期。

⑧ 高景森：《从〈好太王碑〉看古代北方民族与华夏文化的渊源》，《吉林人大》2020年第8期。

及释读、日本博物馆藏集安高句丽瓦当等。[①] 宋玉彬指出影响高句丽、渤海瓦当纹饰构思的因素有二：一是共性化的构图模式，二是个性化的主题纹饰。依托前者梳理时代背景，借助后者细化文化内涵。高句丽瓦当的年代上限可追溯至东晋时期，实证是“太宁四年”（公元326年）铭文。早期瓦当主要出自都城建筑、高等级墓葬等遗存地点，其应用方式、发展脉络，可归结为不断发展壮大的高句丽政权对汉文化物质文明的模仿与借鉴。高句丽中期瓦构建筑装饰风格的形成，则缘于佛教东渐所引发的文化层面上的理念更新、艺术层面上的题材变化。此期瓦当的艺术构思，既有顺应时代潮流的感性取向，也表现出对传统理念的理性固守。高句丽迁都平壤以后，逐渐形成了赋予自身文化鲜明特色的图案纹瓦当类型。渤海建国前，图们江流域业已存在的佛教信仰的民间基础，不仅推动了佛教寺院瓦构建筑的持续发展，而且形成了瓦作构件装饰风格的审美取向。渤海早期瓦当所遵循的“四分法”构图理念表明，渤海建国初期营建瓦构建筑时，从图们江流域佛寺瓦构建筑的历史积淀中汲取了营养、获得了启迪。至迟在公元737年大钦茂继位之时，“裂瓣纹”逐步取代“四分法”，成为引领渤海瓦当构图理念的新航标。渤海以西古城、八连城为都之时，虽然确立了彰显自身文化特点的“倒心形”花瓣主题纹饰瓦当的主导地位，但其出土的肇始于佛寺建筑的“图们江流域地域性纹饰”瓦当类型表明，此期的宫殿建筑仍受源自于佛寺建筑的文化因素影响。渤海定都上京以后，“倒心形”花瓣瓦当在其境内的瓦构建筑中得到了普及化推广应用，使之逐渐成为渤海文化的标识性特征之一。[②] 刘同顺通过对岫岩县黄花甸镇松树沟山城发现的瓦、瓦当及其特征和应用空间展开研究，从纹饰演变和传播途径以及实际使用两个角度探讨瓦件所属年代和现实背景。[③] 包曙光、张欣悦通过对靺鞨—渤海遗存中出土的马具进行系统梳理，结合考古类型学与历史文献学，对其进行了初步的研究。靺鞨—渤海马具主要有马衔、马镳、马镫和带具等，其中马衔与马镳的数量最多。对史书中靺鞨—渤海有关“胜兵”的记载进行初步探讨，考古发现的马具均未体现防御性功能，且对马匹的装饰也不够重视，故“胜兵”所指，应不以骑兵为主。[④] 李鹏指出渤海上京遗址博物馆藏铜伎艺“黑人像”在人种形象上与一些唐墓中出土的昆仑奴俑较相似。通过与唐代中原地区昆仑奴俑对比可知，渤海“黑人像”造型风格特点应该介于唐郑仁泰墓、张臣合墓出土的昆仑俑与唐薛从简墓出土的昆仑俑之间。渤海“黑人像”反映的可能为尼格利陀人种形象，从造像姿势分析，是行礼，不是跳舞，其可能曾是渤海上京城附近寺庙内佛像前的一对陈列铜造像。[⑤] 马洪对渤海国遗址出土瓦件上的“字谜”作了研究。[⑥]

4. 女真

女真是辽金以来分布于东北边疆区域的重要的族群，本年度多篇研究成果从历史、文化、考古等多个角度进行研究。程尼娜对辽代生女真属部官属作了考论，指出生女真

① 耿铁华、张赢予：《高句丽瓦当艺术研究》，吉林大学出版社2020年版。
② 宋玉彬：《构图理念视角下的高句丽和渤海瓦当研究》，《考古》2020年第6期。
③ 刘同顺：《高句丽瓦及瓦当研究——以松树沟山城为例》，《居舍》2020年第36期。
④ 包曙光、张欣悦：《靺鞨—渤海马具研究》，《北方文物》2020年第4期。
⑤ 李鹏：《渤海上京遗址博物馆藏铜伎艺“黑人像”探究》，《地域文化研究》2020年第4期。
⑥ 马洪：《渤海国遗址出土瓦件上的“字谜”》，《长春日报》2020年12月23日第007版。

属部官属由生女真部族节度使、国相、都统、详稳及其他近僚集团成员、官属成员所构成，国相是景祖乌古乃参照辽朝属国属部的官职而设立的，是节度使所倚重的辅弼人物。在辽朝属国属部体制的运作下，生女真属部官属担负着为辽朝经营“鹰路”的职责，同时也听从朝廷与地方政府的指令，从事各种军政事务。在统一生女真诸部的过程中，官属的主要成员也逐渐为节度使的家族、宗族所垄断，女真社会逐步由简单的酋邦发展为高级复杂的酋邦，进入到建立国家的前夜。[①] 王万志、程尼娜专门探讨了金初的女真社会文化变迁问题，指出金朝建国前后，在女真民族共同体形成的过程中，女真文化已经悄然发生变化。在灭辽、宋的过程中，女真统治集团在保持尚武传统的同时，以开放的态度吸收他族优秀文化，发展具有本朝特点的政治文化，出现了第一批具有一定汉文化水平的女真贵族。金初女真文化的变迁历程展现了女真社会经济、政治、文化层面的嬗变与他族文化之间深刻的互动关系。[②] 赵航、隋东旭采用文献法、二重证据法和历史比较法等研究方法，通过发掘文献史料和考古史料，对金代女真乐舞的表现形式和发展特征进行梳理和研究。认为金代女真族的宫廷仪礼性乐舞、宗教祭祀性乐舞、狩猎生产性乐舞和考古所见的其它形式乐舞表现多样、内涵丰富，呈现了金代女真乐舞文化多元发展的壮美图景。纵观金朝女真乐舞，具有浓郁的汉文化色彩、典型的宗教特点、民族性与融合性互动的风格，金代女真乐舞文化的发展具有鲜明的时代意义。[③] 孙志鑫专门探讨了金代女真贵族葬俗汉化问题。[④] 林琳探讨了明代女真叶赫部的兴亡历史，并进一步挖掘其中的主要因素。[⑤] 海西女真部落首领王台通过内结女真枭雄，外与明朝交好，拥有明清两朝共同认可的强大实力。然而，对比明、清两朝文献，明人笔下他是“忠顺明朝”的边夷榜样，清人笔下则是“昏庸暴虐”的统治者形象。张新朝研究认为这种书写差异的产生一方面与明王朝当时面临的东北局势有关；另一方面与清朝统治者促使女真诸部认可努尔哈赤的统治和突出努尔哈赤的光辉形象的意图有关。[⑥] 叶赫部是明代海西女真的重要组成部分。长期以来，学界多围绕其枝派世系、周邻关系、王城位置等问题展开探讨。由于相关史料记载较少，整体研究相对薄弱。聂卓慧、刘小萌利用近年田野考古新成果，并参辑文献史料，对叶赫部的经济生活、贸易往来、宗教信仰与丧葬习俗等若干侧面进行初步考察，以推进明末女真社会的研究。[⑦] 杨富学、王小红则对陕西岐山女真遗民完颜氏世系碑作了再探讨，认为在中国封建社会固有土地制度之下，完颜氏通过镌碑记录田产数量，以维护族人之经济利益。婚姻关系方面，完颜氏与汉、吐蕃、蒙古、契丹、女真等多个民族建立了婚姻关系。因为“元帅”“千户”“指挥”等职权契合元、明两代职官制度，所以碑文内容基本可信。碑文对于元代岷州十

① 程尼娜：《辽代生女真属部官属考论》，《兰州大学学报（社会科学版）》2020年第5期。

② 王万志、程尼娜：《金初女真社会文化变迁研究》，《中国边疆史地研究》2020年第4期。

③ 赵航、隋东旭：《基于史料实证的金代女真乐舞文化研究》，《古籍整理研究学刊》2020年第6期。

④ 孙志鑫：《金代女真贵族葬俗汉化分析》，《知识文库》2020年第4期。

⑤ 林琳：《明代女真叶赫部兴亡深入探究》，《中国地名》2020年第4期。

⑥ 张新朝：《明清时期海西女真人物王台形象探析》，《文化学刊》2020年第4期。

⑦ 聂卓慧、刘小萌：《考古学视角下的明末女真叶赫部》，《黑龙江民族丛刊》2020年第5期。

八族驻地及管辖区域之考辨，亦于地方志乘乃至《元史》记载大有裨益。[①]

（三）东北边界史研究

东北边疆的边界史研究主要是中俄边界和中朝边界史的研究，主要集中在明清时期。在中俄边界史方面。瑷珲作为幅员广阔的清朝的一个东北边陲小城，本不会受到《清实录》的过多关注，只是因为俄国殖民者入侵，引起边疆危机，才使其受到朝廷的重视，也因此较多地得到实录的记载。为了应对俄国的威胁，清朝分宁古塔将军辖地，设黑龙江将军，瑷珲曾作为该将军的衙门驻地，从此受到实录的记录。《瑷珲条约》的签订和勘界谈判以及瑷珲本身扼黑龙江冲要的地理位置，使其始终受到实录密集的记录。实录以大量篇幅记载了中俄的碰撞、交涉和来往，从中可见清廷对俄国的恐惧、拒斥和忍让。[②] 在清代，中俄两国属民越界案件时有发生，其中俄罗斯奈玛尔人比较具有代表性。韩晓梅专门对乾隆朝俄罗斯奈玛尔人越界满文档案进行了研究，指出在乾隆帝的谕令下，历任黑龙江将军均严厉处置越界的俄罗斯奈玛尔人等，有效震慑了伺机越界的奈玛尔人，肃清了中俄两国边界，维护了清朝边界的稳定和安宁。[③] 高强讨论了 20 世纪 20 年代，俄国十月革命以后，在中苏两国边界问题上新兴苏维埃政府对沙俄帝国主义政策的延续，以及由此给中苏东段边界遗留下来的问题。余论中也梳理了中俄谈判解决边界问题的历程。[④]

在中朝边界史方面。王桂东基于朝鲜通过“边疆地带”开展交往的视角探讨了明代朝鲜同女真人交往的问题，指出朝鲜与女真人交往的实质是明帝国的外藩属国与帝国的边疆部落之间发生的交往，其违背了“人臣无外交”这一古代东亚世界的政治法则，而明朝也适时且有节制地进行了干预和遏制。[⑤] 明清时期中朝官民在黄海北部海域日益频繁的海洋活动，使双方对该海域的海界有了日渐明晰的认知。19 世纪中叶以前，无论是志书作者还是航海官员，中朝双方的这一认知均主要集中于黄海北部海域“岛陆”的归属上。高志超分析了明清时期中朝对黄海北部海界的认知及其演进历程，指出为保障岛屿安全进行的水师巡洋和由此形成的内海、外洋的区分，使时人对洋面界域有了模糊认知，但相较“岛陆”，该海域“水空间”部分仍保持“公共水资源”属性。近代以来随着中朝海疆危机的加深和海洋资源依赖性的增强，洋面归属问题提上日程。在此背景下，中朝双方据《万国公法》将领海从“公共水资源”中剥离出来，并以《中朝商民水陆通商章程》作为对方渔民在各自领海从事渔业活动的行为规范。[⑥] 柳岳武探讨了清代天主教东输朝鲜及其对中国“天下体系”的影响问题，指出清代天主教东输朝

---

① 杨富学、王小红：《陕西岐山女真遗民完颜氏世系碑再探》，《宝鸡文理学院学报（社会科学版）》2020 年第 6 期。

② 谢贵安：《边城瑷珲的中俄碰撞与交往——〈清实录〉中黑河古城的历史书写》，《地域文化研究》2018 年第 3 期。

③ 韩晓梅：《乾隆朝俄罗斯奈玛尔人越界满文档案释析》，《满语研究》2020 年第 2 期。

④ 高强：《中苏东段边界问题——以 20 世纪 20 年代为中心》，《史学集刊》2019 年第 4 期。

⑤ 王桂东：《明代朝鲜同女真人的交往——基于朝鲜通过“边疆地带”开展交往的视角》，《北京社会科学》2020 年第 11 期。

⑥ 高志超：《从岛陆到洋面：明清时期中朝对黄海北部海界认知及演进》，《中国历史地理论丛》2020 年第 3 期。

鲜，不只是将天文历法、科学知识、西洋宗教等输入了朝鲜，更使朝鲜人由此前的“罢黜诸教”、“独尊儒学”，拐向皈依基督教和诸教“回归”之路；某种程度上对中朝双方均产生了重要影响，瓦解了以中国为中心的“天下体系”。[①] 李花子研究指出在前近代宗藩关系下，清与朝鲜均具有明显的边界意识，力图保护鸭绿江、图们江边界不受侵犯。到了康熙五十一年穆克登定界时，明确划分了长白山地区边界。由于穆克登的立碑处靠近长白山天池，加之朝鲜英祖时期定长白山为王朝发祥地，催生了朝鲜的长白山归属意识和尊崇意识。在宗藩关系下，双方尚能维持在领土、边界上的彼此利益关切，这在穆克登定界及光绪勘界时均有体现，但是在宗藩关系瓦解以后则不再顾及，加剧了双方的边界冲突，以后被日本所利用。[②] 此外，孟繁勇分析了清朝在中朝边境设立“瓯脱”地带的原因。[③]

除了中俄、中朝边界史研究外，易锐关注了清末中日“间岛”交涉，研究指出19世纪后期，尽管中国传统宗藩体系已经开始走向解体，但清廷在应对中朝边境问题时，依然秉持带有藩属主义色彩的传统疆土观念。在清末“间岛”危机的刺激下，这一观念形态发生了历史性的转变。其时，图们江界“毋庸再勘”的声音明显消退，而“必须勘界”几乎成为朝野一致共识；“体恤穷黎”则不再是中国管辖越垦朝民的着眼方向，转而以“力保主权”为最重要的考量；“保藩固圉”的中朝边境防御理念亦被突破，“严防敌国”渐成清朝边防的新思路。这种观念的演变，深刻地影响了清廷决策与外交进程，并构成中国近代领土观念形成过程中的关键一环。[④]

二 当代东北边疆研究

（一）东北老工业基地振兴研究

2020年，学术界一如既往地对东北振兴问题给与高度关注，出版了一批专著。在振兴东北老工业基地战略框架内，学者们讨论了东北地区产业体系重构与产业升级问题，东北生态经济带建设问题，并对东北地区开发开放新格局进行了案例分析。

在产业体系重构和产业升级方面，《新时代东北老工业基地产业结构一体化升级建构方略》一书基于国民经济学、区域经济学、产业经济学、新制度经济学等相关理论，从东北地区区域经济一体化升级的视角，对东北老工业基地产业结构的升级进程进行了历史性梳理，并利用主成分分析法、熵值法、最小二乘法等定量方法，构建评价模型，对东北老工业基地产业结构的一体化升级进行了实证分析，找出了新时代东北老工业基地产业结构一体化升级的制约因素和动力因素，在国内外发达国家和地区区域产业结构一体化升级经验借鉴的基础上，从宏观、中观、微观三个层次探索性地提出了新时代东

① 柳岳武：《清代天主教东输朝鲜及对中国“天下体系”的影响》，《社会科学》2020年第3期。

② 李花子：《宗藩关系下清与朝鲜的边界及边界意识》，《苏州大学学报（哲学社会科学版）》2019年第6期。

③ 孟繁勇：《清朝在中朝边境设立“瓯脱”地带的原因分析》，《兰台世界》2020年第11期。

④ 易锐：《清末中日“间岛”交涉与中国近代领土观念之形成》，《社会科学》2020年第7期。

北老工业基地产业结构实现一体化升级的具体方略。①

《产业体系重构视角下的东北振兴问题研究》对新经济形势下的东北地区发展问题进行新的深入研究，通过较长历史跨度的考察，从产业体系的视角对东北地区的产业体系衰退问题进行了研究，并对如何重构产业体系以重建地区产业体系竞争力的问题进行研究，而后根据全书研究给出东北地区的产业体系重构思路。②

此外，在东北老工业基地振兴框架内，《东北老工业基地新一轮生态经济带建设》从供给侧结构性改革背景下，构建面向东北老工业基地经济增长的创新要素结构优化模型，以国有经济和民营经济互为影响、交互提升为突破口，提升“大区域—城市群”间的创新要素配置和结构优化，探索东北老工业基地内生增长创新发展机理和路径，为实现东北老工业基地全面振兴提供理论支撑和政策建议。③

除经济学范畴的讨论外，有学者从组织社会学角度分析东北城市社区管理问题。《东北老工业基地城市社区的决策分析与社会管理升级》，④ 该书在借鉴国内外发达地区城市社区建设模式的基础上，结合东北老工业基地背景下城市社会的实际特点对社区行动者及组织的决策过程进行分析。按照从社区组织自身的运动方式分析，到社区建设的对策分析，再从由社区的决策分析研究过渡到社会管理升级研究的研究路径，通过理顺分析决策过程中“理性”与“有限理性”分析方式的关系，研究非理性因素在社区分析决策过程中的作用与意义，明确制度要素与决策分析过程的互为嵌入关系。

在构建东北地区开发开放新格局方面，《东北振兴：构建陆海内外联动开放新格局》一书共分为总报告和4个分报告、9个案例分析报告，以区域经济学、发展经济学等科学理论为依据，以习近平新时代中国特色社会主义思想为指导，深入贯彻落实党的十九大精神和新发展理念，围绕“推进东北经济区形成陆海内外联动、东西部双向互济全方位开放新格局”，跳出本地区思维和传统路径依赖，以国际国内大视角，开展总体研究、专题研究和案例研究，既有整体区域开放发展的实践视角，又有分地区的特色开放研究，还有开放案例剖析，并提出针对性强、实操性强的对策建议，以期为国家有关部门和三省一区党委政府提供全面开放、高水平开放的理论支持和决策参考。为推动新一轮东北振兴，加快构建东北经济区陆海内外联动、沿边沿海双向互济的全面开放新格局，建设新时期开放合作新高地，内蒙古自治区发展研究中心联合黑龙江、吉林、辽宁三省发展研究中心，组建“东北地区陆海内外联动开放新格局研究”联合课题组。该书可为国家有关部门和东北四省区党委及政府，提供全面开放、高水平开放方面的理论支持和决策参考。⑤

郑宇的《近代东北森林资源产业化研究（1878—1931）》，从森林资源产业化的角

---

① 吴云勇、马会：《新时代东北老工业基地产业结构一体化升级建构方略》，经济科学出版社2020年版。

② 董静媚：《产业体系重构视角下的东北振兴问题研究》，经济管理出版社2020年版。

③ 张华新：《东北老工业基地新一轮生态经济带建设》，经济科学出版社2020年版。

④ 李晓玲：《东北老工业基地城市社区的决策分析与社会管理升级》，吉林大学出版社2020年版。

⑤ 东北地区陆海内外联动开放新格局研究课题组：《东北振兴：构建陆海内外联动开放新格局》，中国发展出版社2020年版。

度切入，基于海内外的历史资料，以多学科视角全面系统地梳理了近代东北森林资源产业化的进程，具体涉及近代各历史时期东北林业发放、管护、征税、采伐、运输、加工、市场交易等诸环节，分析了产业发育程度及特征，并深入挖掘了产业化开发的经验教训，为当前东北森林资源的利用和区域民生管理提供了现实启示。①

除专著外，中国学者2020年发表了大量文章，研究东北边疆的安全、稳定与发展问题。在中国知网，以“东北”为搜索词，在2020年1月1日至2020年12月31日间，共发表论文2084篇。从分布主题看，研究者主要关心的问题有东北地区的农业发展问题、生态问题、高质量发展与东北振兴问题、区域金融合作、东北抗联等。关于东北问题的研究者主要来自东北地区的高校与科研机构，刊发的期刊杂志也集中在东北地区。研究者对于东北地区的对外贸易发展、电影产业链、东北抗日联军、研发效率、东北老工业基地、净化大气等议题非常感兴趣。《吉林大学学报》和《东北亚论坛》、《东北之窗》、《侨园》、《现代交际》、《沈阳农业大学》、《地理科学》、《长春师范大学学报》、《粮油市场报》、《经济研究导刊》、《农业工程学报》、《社会科学战线》等期刊是东北研究的主要阵地。

中国学者对东北“现状”问题的研究主要从经济体制改革、地质学、农业经济、高等教育、中国近现代史、农业、工业经济、林业、宏观经济管理与可持续发展、环境科学与资源利用、中国文学、矿业工程、农艺学、中国共产党、石油天然气工业、气象学、建筑科学与工程、戏剧电影与电视艺术等领域出发。关于东北问题的有关研究者主要来自以下高校和科研机构。吉林大学是东北问题研究的学术重镇。紧随其后的是东北林业大学、东北师范大学、东北大学、辽宁大学、沈阳农业大学、东北农业大学、吉林师范大学、吉林艺术学院、长春师范大学、哈尔滨师范大学、黑龙江大学、中国科学院东北地理研究所等、吉林农业大学、中国科学院大学、东北财经大学等。上述高校和科研机构主要分布于中国东北地区。也就是说，东北问题研究者主要来自东北地区的高校与科研机构。具体研究如下。

在东北经济高质量发展方面，刘瑞、郭涛以“创新”“协调”“绿色”“开放”“共享”五大发展理念，构建了高质量发展指数，并将高质量发展指数应用于东北经济的研究。研究结果表明：高质量发展指数能够反映经济高质量发展水平，同时得出东北经济处于高质量发展过程中的结论。其中，辽宁经济的高质量发展在于创新发展与绿色发展的作用；吉林经济的高质量发展在于创新发展、绿色发展与共享发展的作用；黑龙江经济的高质量发展在于绿色发展与共享发展的作用。东北经济高质量发展过程存在的共同问题是开放发展不足。因此未来东北经济全方位振兴的重点是扩大开放发展，积极参与“一带一路”建设与推动东北亚区域一体化是主攻方向。②

高林安以东北地区34个城市为研究对象，从经济发展与生态环境两个维度构建评价指标体系，利用熵权值法和耦合协调度模型测度两大系统的耦合协调度。研究结果表明：经济发展水平略有增长，生态环境水平增长幅度较大；经济发展与生态环境的耦合度C介于0.3～0.5之间，处于颉颃阶段；耦合协调度D介于0.35～0.5之间，整体上

---

① 郑宇：《近代东北森林资源产业化研究（1878—1931）》，上海社会科学院出版社2020年版。

② 刘瑞、郭涛：《高质量发展指数的构建及应用——兼评东北经济高质量发展》，《东北大学学报（社会科学版）》2020年第1期。

处于轻度失调与濒临失调阶段；地级市层面的耦合度仅有大连处于磨合阶段，其余城市均处于颉颃和低度耦合阶段；沈阳、大连、长春和哈尔滨的耦合协调度等处于领先地位，外围中小城市处于濒临、轻度和中度失调阶段；将生态系统与经济发展的综合分值划分成 4 种象限类型，从动态的角度对经济发展与生态环境耦合性进行类型划分，依据划分类型提出经济发展与生态环境耦合协调发展的路径。①

罗丹程、杨烁、秦浩选取东北三省 2001—2016 年面板数据，引入人力资本和地区消费水平作为控制变量，对东北三省金融发展、科技创新与经济增长的关系进行实证分析。结果显示：金融发展与科技创新对经济发展有显著促进作用；人均消费水平不利于地区经济发展。结合东北三省发展现状和实证分析结果，提出具体政策建议。作者认为，需要加大科技研发投入，创新金融发展制度，提高科研成果转化率，增强企业科技竞争力等。②

许英达遴选了 13 个与东北冰雪旅游密切相关的观测变量，设计和发放调查问卷收集有关数据，进而利用 IPA 分析（重要性表现性分析）进行研究，明确了游客满意度提升的关键因素。研究表明游客对东北冰雪旅游差强人意，游客对于冰雪餐饮、冰雪旅游的交通条件、娱乐性和多样性、基础设施、服务质量尤为关注，然而东北冰雪餐饮、旅游的多样性和娱乐性、服务质量、基础设施供给现状却不尽如人意。对于这些游客“欲求不满”的方面进行改进对于东北冰雪旅游发展十分有必要。③

刘彬彬认为，近年来，虽然东北地区装备制造业全要素生产率呈上升趋势，但装备制造业的技术效率大多呈下降趋势，这说明东北地区多数装备制造企业尚未形成规模效益，存在技术水平低、创新能力弱、人才不足、能耗高、效率低等问题，不利于产业转型升级和可持续发展。因此，东北地区应加快装备制造业自主创新体系建设，采用“智造”化管理模式提升技术效率，推动高层次的开放发展，重视高端人力资源队伍建设，使技术进步与技术效率协调发展。④

（二）东北边疆参与跨境合作问题研究

对于当代东北边疆研究的另一个问题是跨境合作问题。在这方面，2020 年中国学者从东北亚地区经济形势，中国东北边疆构建对外开放新格局的思路与举措，中国东北边疆对接“一带一路”建设的具体行动方案等领域进行了梳理和探讨。

中蒙俄经济走廊是我国东北边疆参与“一带一路”建设的重要平台。2020 年，关于中蒙俄经济走廊建设问题继续得到学者的关注，并出版了专著。《中蒙俄经济走廊建设研究》，在大国关系深入调整、世界经济格局面临深刻演变、世界多边贸易体制面临

---

① 高林安：《经济发展与生态环境耦合协调性识别与优化路径研究——以东北地区为例》，《统计与信息论坛》2020 年第 1 期。

② 罗丹程、杨烁、秦浩：《东北三省金融发展、科技创新与经济增长的关系》，《沈阳工业大学学报（社会科学版）》2020 年第 1 期。

③ 许英达：《IPA 分析法下东北冰雪旅游资源游客满意度改善研究》，《中国市场》2020 年第 6 期。

④ 刘彬彬：《东北地区装备制造业全要素生产率的测度及提升路径研究》，《经济纵横》2020 年第 1 期。

前所未有的严峻挑战、国际安全挑战更加复杂多元的新时代，作为中国与周边国家重要的经济合作项目，中蒙俄经济走廊建设具有深刻的时代价值。该书在全面分析中蒙俄经济走廊建设背景的基础上，对中蒙俄经济走廊建设涉及的贸易、投资、人文交流、地方参与进行研究，通过对中蒙俄经济走廊建设的现状进行分析，提出面临的问题，并结合实际提出相应的对策建议，期望能够对中蒙俄经济走廊的建设与未来发展有所裨益。①

在构建对外开放新格局方面，辽宁省提出了构建沿海经济带的思路。渤海大学成立了辽宁沿海经济带发展研究院，紧密结合辽宁地方经济社会发展开展科学研究，取得了较为丰富的成果，对推动辽宁沿海经济带开发开放产生了积极影响。《2019 辽宁沿海经济带发展研究报告》，包含七个报告，专题报告一：辽宁沿海经济带经济综合实力评价；专题报告二：基于动能转换的辽宁沿海经济带构建现代产业体系研究；专题报告三：辽宁沿海经济带 PPP 发展研究报告；专题报告四：辽宁沿海经济带乡村旅游发展研究报告；专题报告五：辽宁沿海经济带营商环境发展研究报告；专题报告六：辽宁沿海经济带绿色发展研究报告；专题报告七：创新驱动背景下我国产业转型升级对辽宁沿海经济带发展的启示。②

东北边疆对外开放的对象主要是东北亚相邻国家和地区。命运共同体构建问题和东北亚地区的和平稳定与发展问题，一直是研究东北边疆学者的关注对象。2018 年 10 月 20—21 日，山东大学与韩国高等教育财团主办的“山东论坛（2018）”在山东威海举行。此届论坛以“命运共同体构建与东北亚和平发展”为主题，邀请了来自中国、日本、韩国、俄罗斯、美国等 9 个国家的 100 多名中外政要、著名学者、各界精英汇聚一堂，共同探讨东北亚命运共同体建设的问题，为东北亚和平构建谋求共识。此届山东论坛设六项议程：人类命运共同体构建、东北亚命运共同体构建、“一带一路”与命运共同体构建、东北亚区域合作的前景、大国关系与东北亚和平、无核化与半岛和平构建。与会专家代表围绕相关议题各抒己见，并展开了深入广泛的研讨，在东北亚区域合作、地区和平机制构建、东北亚命运共同体建设等方面达成了诸多共识。《命运共同体构建与东北亚和平发展》为参加论坛的作者的论文集。③

《中国参与东北亚区域合作研究》一书指出，随着全球经济重心的转移，东北亚区域合作的作用更加凸显，并对世界经济走向产生积极深远的影响，东北亚区域合作意在双赢，利在长远，因此东北亚区域合作理论创新研究具有一定的先进性和前沿性。东北亚区域合作主要包括中国的东北地区、日本、蒙古国、俄罗斯的远东地区、韩国、朝鲜。东北亚区域合作成功促成将会使 28.7 亿人口受益，占世界总人口 70.6 亿的 40.7%。东北亚区域合作总面积将达到 3400 万平方公里，占世界总面积的 26%。中国目前高度关注东北亚区域合作与东北老工业基地发展，希望积极促进东北亚区域合作尽快达成，同时实现东北老工业基地的振兴。该书运用政治经济学、财政学、国际贸易、金融学等经济理论为基础，对东北亚区域的现状、合作进程、主要障碍、面临的新挑

① 杨东亮：《中蒙俄经济走廊建设研究》，社会科学文献出版社 2020 年版。

② 渤海大学辽宁沿海经济带发展研究院：《2019 辽宁沿海经济带发展研究报告》，中国财政经济出版社 2020 年版。

③ 张蕴岭、李雪威：《命运共同体构建与东北亚和平发展》，世界知识出版社 2020 年版。

战、各国的博弈等情况进行深入的分析。①

《东北振兴与东北亚区域合作》指出，人类的发展已经步入21世纪，欧盟和北美地区的区域经济一体化不断获得实质性突破和进展。而东北亚地区无论从区域合作组织发展的深度还是广度看都尚处于初级阶段，甚至远不如东盟等合作组织。这固然受多种因素的制约，但东北亚地区缺乏一个加强合作的平台无疑也是至关重要的因素。中国振兴东北战略的出台，不仅有利于东北地区的经济发展，而且也为东北亚合作搭建了一个活跃而稳固的平台，对东北亚合作的深化将产生积极的影响。该著介绍了东北振兴战略的提出情况，提出了实施东北振兴战略的途径：走新型工业化道路是振兴东北老工业基地的必由之路；建立东北经济区的协调机制，加快东北区域经济的融合；扩大对外开放的步伐，在东北亚区域合作中振兴东北。并对东北振兴对东北亚区域合作的影响进行了分析。②

俄罗斯是中国东北边疆对外开放的重要合作伙伴，一直备受中国边疆问题学者的高度关注。2020年，在关于中国东北地区与俄罗斯合作方面，中国学者主要关注了东北地区对外开放，俄罗斯国家政治进程，俄罗斯经济形势，俄罗斯外交新动向，中俄关系的新进展，俄罗斯远东地区经济社会发展趋势，以及中俄北极合作问题。

陆南泉提出，随着国际国内形势的不断变化，俄罗斯对外战略也进行不断的调整。其强化战略东移亚太或者说“向东看”，日益受到国内外关注。俄罗斯不断强化战略东移亚太是由国内外各种因素决定的。③

胡伟等提出，进入经济新常态以来，东北地区经济下行压力持续增加，体制机制改革滞后、结构性矛盾等问题加速凸显，急需进一步通过深化开放，为发展注入新动能，以开放促改革、促发展。随着东北亚深度合作的外部环境遇暖，“一带一路”建设不断取得新突破，正推动东北地区成为向北开放的主阵地，为东北全面振兴持续注入发展新动能。为推动东北地区打造对外开放新前沿，应率先推动开放型经济体制机制创新，创新自由贸易试验区建设与发展模式，着力建设面向东北亚的跨境大通道，积极探索东北亚区域合作新模式，以特殊政策推动沿边开发开放。④

彭广宇认为，在“一带一路”倡议下，中国东北地区和俄罗斯远东地区在基础设施、能源、制造业以及农业等领域开展了广泛的合作。然而，中俄双方对产能合作准备不足且缺乏有效的互信机制，加上俄罗斯远东地区基础设施落后、制度环境较差，使得双方产能合作成效有限。双方必须尽快构建合作共赢机制，建立产能合作共同体，加速推进双方产业结构升级，为中国东北地区和俄罗斯远东地区产能深度合作夯实基础。⑤

胡麦秀认为，依托北极东北航道建设“冰上丝绸之路”是中国和俄罗斯未来合作的重中之重，同时符合亚欧大陆经济发展和多方合作的客观要求。“冰上丝绸之路”建

---

① 关慧：《中国参与东北亚区域合作研究》，中国财政经济出版社2020年版。

② 林木西：《东北振兴与东北亚区域合作》，经济科学出版社2020年版。

③ 陆南泉：《俄罗斯强化战略东移亚太的经济考量》，《学习时报》2020年6月12日。

④ 胡伟、夏成、陈竹：《东北建设成为对外开放新前言的现实基础与路径选择》，《经济纵横》2020年第2期。

⑤ 彭广宇：《中国东北和俄罗斯远东两地产能合作的现状、问题及对策——基于“一带一路”倡议》，《价格月刊》2020年第2期。

设所代表的北极地区开发利用模式立足于现阶段的自然环境条件和世界经济形势，必然对世界政治经济格局和区域发展产生影响。文章从“冰上丝绸之路”的概念定位、建设主体和建设环境等方面梳理相关研究成果，具体涉及东北亚国家和北欧国家的战略选择、国际双边合作和多边合作的成功案例、北极航道的通航条件以及中国东北地区的对接路径等，为后续研究和实际建设提供理论铺垫。①

① 胡麦秀、冀丙蕾：《依托北极东北航道建设“冰上丝绸之路”研究综述》，《海洋开发与管理》2020 年第 2 期。

2020年中国海疆研究述评

李　欣　刘静烨[*]

2020年，新冠肺炎疫情突然袭来，给中国乃至世界发展带来严峻冲击和挑战。全球经济低迷与大国政治博弈等复杂因素相互叠加，显著投射到中国海疆安全与发展及周边海洋形势中。在以上国际国内大背景下，中国海疆问题研究既深究历史与理论，又直面现实与问题，取得了一系列较为丰富的研究成果。

在历史研究领域，有关中国海疆思想史、海疆治策史的研究更加深入、细化；在法理研究领域，在批判非法南海仲裁“裁决”研究继续取得重要进展的同时，学者对海上规制问题、“自由航行问题”、地区海洋合作机制等问题的关注持续提升；在国际、区域和全球海洋政治研究领域，学者对美国、日本等国家有关南海问题的观点、动向等研究更加关注，对所谓“印太战略”对中国海疆形势影响的研究显著增多，对海洋命运共同体理念的阐释解读更加深入；同时在研究方法上，也更加注重从多学科视角开展综合研究。

一　海疆历史研究

2020年，中国海疆历史研究呈现出以下三方面特点：一是基于海疆史专题的研究成果大量涌现，仍是海疆历史研究界最为关注的领域；二是有关历代海疆治理及其启示的研究成果持续增加，特别是出现了一些体现大历史视角的学术成果；三是研究成果还存在不均衡发展的现象，如海疆区域地方史研究相对较少。

（一）关于历代海疆思想、海疆治理的研究

2020年学界对历代海疆思想的研究有了新的进展。其中，较多学者以具体人物为线索对中国历史上的海疆战略思想进行研究。如阮慧玲在《蓝鼎元东南海疆蓝图述论》中指出，蓝鼎元所留著述中关于海洋经略的内容大有可采，其卓识远见不断为后续历史所证明。[①] 李强华在《康有为海防思想及其实现路径》中提出，康有为的海防思想在指导方针上重塑“夷夏之辨”内涵以实现全面“师夷”，战略上采取保护外藩和岛屿以夯实外圈防守屏障，战术上采取主动进攻以获取海权。作者认为，康有为的思想忽视了中

---

* 李欣、刘静烨：中国社会科学院中国边疆研究所助理研究员。

① 阮慧玲：《蓝鼎元东南海疆蓝图述论》，《集美大学学报（哲学社会科学版）》2020年第2期。

国作为陆海复合型国家其海防战略应当具有的特殊性。[①] 谢茜、夏立平在《孙中山的海权思想刍议》中指出，提升海权为国家战略、建设强大实用海军、发展海洋经济以补充海权体系等理念，构成了孙中山海权思想的三大支柱。作者认为，认识到海权是一个以海军为先导、以综合能力为支撑的整体体系，以及同时注意到海权的局限，强调必须海陆均衡等观念，是孙中山海权思想对当代的重要启示。[②] 此外，一些学者尝试从新的研究视角挖掘古代、近代海疆思想中的新内容。如廖闪在《〈筹海图编〉海防情报思想初探》中指出，《筹海图编》的作者郑若曾认为，海防情报首先应该关注“知敌”，其次则为“知地”，此外还提及了情报的“前哨”作用。[③] 孙峰在《现代化视角下晚清海防思想发展的新维度》中提出，清政府在海防建设上积极利用近代化因素，包括对西方展开情报战，加快现代传媒和通讯技术的军事应用。[④]

近年来，从治理角度对海疆经营和海疆政策的研究不断涌现。有学者开始关注到历史上海疆经略政策的形成和发展。如刘俊珂在著作《先秦至五代时期的海疆经营研究》中系统讨论了中国古代海洋疆域的初步形成过程，并具体分析了秦汉对海疆的经略、三国两晋南北朝时期海疆的经略、隋唐五代十国时期的海疆经略等内容。[⑤] 黄友泉在《明代东南沿海士绅与海疆治理——兼论明代月港部分开禁政策蓝本的构画》中提出，明代东南沿海士绅有着多重身份与多元诉求，在不同海疆形势与政策环境下，呈现出差异化的态度、立场与作为，是影响明代东南海疆治理达成的重要社会力量之一。[⑥] 谢湜在《“封禁之故事”：明清浙江南田岛的政治地理变迁》中提出，从明朝初年至清代前期，王朝对浙江海岛的政策经历了强制徙民，厉行肃清，再到永远封禁的三番转变，反映了王朝面临内外形势调整海疆经略的曲折过程。[⑦] 王晓鹏在《清代“内—疆—外”治理模式与南海海疆治理》一文中提出，清代实行的“内—疆—外”治理模式曾长期维持了中华“天下体系”内的统一和稳定，基本底定了现代中国的版图基础。南海海疆作为清代边疆的重要组成部分，清代将对其的治理提升到前所未有的高度，并使其成为“内—疆—外”治理模式中的重要一环。[⑧]

海防研究一直是海疆治理研究的重要内容。2020 年有两部关于海防研究的重要著作问世。其中，王宏斌在《清代内外洋划分及其管辖权研究》中，按省区自南而北横

---

① 李强华：《康有为海防思想及其实现路径》，《浙江海洋大学学报（人文科学版）》2020 年第 3 期。

② 谢茜、夏立平：《孙中山的海权思想刍议》，《边界与海洋研究》2020 年第 3 期。

③ 廖闪：《〈筹海图编〉海防情报思想初探》，《南方论刊》2020 年第 10 期。

④ 孙峰：《现代化视角下晚清海防思想发展的新维度》，《渤海大学学报（哲学社会科学版）》2020 年第 5 期。

⑤ 刘俊珂：《先秦至五代时期的海疆经营研究》，云南人民出版社 2020 年版。

⑥ 黄友泉：《明代东南沿海士绅与海疆治理——兼论明代月港部分开禁政策蓝本的构画》，《中国海洋大学学报（社会科学版）》2020 年第 2 期。

⑦ 谢湜：《“封禁之故事”：明清浙江南田岛的政治地理变迁》，《中山大学学报（社会科学版）》2020 年第 1 期。

⑧ 王晓鹏：《清代“内—疆—外”治理模式与南海海疆治理》，《社会科学战线》2020 年第 5 期。

向探讨了清代前期内外洋划分以及巡洋会哨和管辖情况。[①] 陈悦在著作《从船政到南北洋：沈葆桢李鸿章通信与近代海防》中，通过首任船政大臣沈葆桢与北洋大臣李鸿章的往来书信，深入地展现出清末很多海防政策、战略产生的经过。[②] 此外，也出现了一些研究历史上海防政策、制度和实践的学术论文，如杨梦的《〈筹海图编〉中的明代山东海防问题》、黄忠鑫和廖望的《明清时期雷州半岛诸州县佐杂与海防布局的变化》、潘洪钢的《清代八旗水师与海防体系》、朱亚非的《丝路视域下的郑和下西洋与明初海洋防御战略》和朱文慧的《御寇与弭盗：吴潜任职沿海制置使与晚宋海防困局》等。

（二）关于海上丝绸之路、海上贸易史的研究

2020 年，以中国为主视角对海上丝绸之路历史的研究涌现出较多著作。其中，海上丝绸之路断代史研究系列，包括周永卫、钟炜的《秦汉魏晋南北朝海上丝绸之路史》，孟昭锋、王元林的《隋唐五代十国海上丝绸之路史》，章深的《宋元海上丝绸之路史》，衷海燕的《明代海上丝绸之路史》和刘正刚的《清代海上丝绸之路史》；长时段的相关探讨则如肖宪的《海上丝路的千年兴衰》。此外，许多学者也通过对海上丝绸之路发展的研究来探究国际港口的兴衰演变。如胡德坤、王丹桂的《古代海上丝绸之路与新加坡早期港口的兴衰》和车效梅、李希的《海上丝路与 17—18 世纪马斯喀特贸易发展研究》。同时，一些学者也在继续探究历史上海上丝绸之路的制度内涵和实践内涵。李立民在《明清时期的民间“海上丝路”》中提出，国家、民间、社会之间的有效协调，即使在明清严厉的“海禁”政策背景下，民间海上经贸活动并未中断，这为民间海上丝绸之路的正常开展提供了保障。[③] 龚金镭在《唐代海上“丝路”贸易演化与边贸制度的发展》中指出，唐代的“丝路”贸易从西北陆路往东南海路逐渐过渡，而在对外交流的过程中，边贸制度不断衍生出了几个特征，主要可以分为三类，即朝贡贸易制度、禁榷制度和民间贸易制度。[④]

（三）关于海疆专题史的研究

2020 年，海疆专题史研究仍然占据海疆历史研究的相当比重。其中，关于南海诸岛的历史研究为我国海洋维权提供了丰富的历史证据支持。

一方面，学者们继续深入挖掘有关史料，对一些具体问题展开更深入的探讨。如刘永连、常宗政在《晚清两广总督府开发建设东沙、西沙群岛述要（下）》中指出，晚清时期，两广总督府以收复东沙群岛为契机，在东沙、西沙群岛实施海洋资源调查，制定开发建设规划，出台相关政策、措施，开展招商、官办及合办开发活动，并酝酿无线电台和气象台建设。这充分说明当时中国对南海诸岛的主权已经落实到地方政府管理这一层面，而这些管理活动及政策、制度也为后世海疆管理提供了很好的基础和经验。[⑤] 黄

---

① 王宏斌：《清代内外洋划分及其管辖权研究》，中国社会科学出版社 2020 年版。

② 陈悦：《从船政到南北洋：沈葆桢李鸿章通信与近代海防》，福建人民出版社 2020 年版。

③ 李立民：《明清时期的民间“海上丝路”》，《历史档案》2020 年第 2 期。

④ 龚金镭：《唐代海上“丝路”贸易演化与边贸制度的发展》，《唐都学刊》2020 年第 4 期。

⑤ 刘永连、常宗政：《晚清两广总督府开发建设东沙、西沙群岛述要（下）》，《海南热带海洋学院学报》2020 年第 1 期。

俊凌在《20世纪30年代国民政府维护西沙群岛主权的对法交涉——基于国民政府外交档案所列史实和法理的探讨》中指出，20世纪30年代，中国政府与法国在西沙群岛的主权归属问题上，主要围绕西沙群岛的发现、占有、经营和管理等，进行了数回合的外交交涉。通过中国政府对法国及其治下的越南所提拥有西沙群岛主权“依据”的批驳，清晰地显示无论是从地理位置、中法条约中的边界划分、国际法中的先占与时效，还是从当时国际社会的普遍认同等方面，西沙群岛自古都属于中国的事实。① 郭渊在《民国政府对南海权益的维护与教训——以海军部筹设西沙永兴岛气象台的经过为中心》中提出，执政者因海疆意识淡薄未能将南海问题放置到国防战略层面进行考虑，是永兴岛建台被搁置的根本原因，并造成在与法交涉时优柔寡断而坐失良机，这对中国南海疆域的固守产生了严重的消极影响。② 阎根齐在《苏德柳〈更路簿〉考述》中指出，苏德柳《更路簿》已发现40多年，是迄今所知海南渔民的海道针经中发现时间最早、也是抄写或形成时间最早的本子之一。苏德柳《更路簿》有力地证明了至少从明代开始，海南渔民就在西沙、中沙和南海群岛海域航海、从事渔业生产、航线探索和地名命名等活动。③ 此外，张一平提出，南海史是南海区域的历史，包括南海海域及其周边国家和地区的历史。南海史学科是世界历史学科的分支学科，与地中海史、加勒比海史一样属于区域史的范畴。张一平于2020年出版了著作《南海古代史论稿》，并对历史上南海区域各民族和国家在相互影响和相互联系，以及在经济、政治、文化等方面的交往联系进行论述。④

另一方面，一些学者着力于研究英、法、日等国在20世纪20—30年代对南海诸岛的政策立场。论文如郭渊的《20世纪20—30年代英国的西沙立场及对中法日关系的考量》、王静的《20世纪30年代初英国对西沙地缘形势的关注及立场》、冯军南和华涛的《20世纪30年代日本对我国南沙群岛政策的演变》等。

关于钓鱼岛的历史研究，丁广惠在《琉球三十六岛与钓鱼岛列屿考略》中指出，钓鱼岛及其附属岛屿从来就不是琉球或冲绳的一部分，是有确凿的历史文献根据的。琉球附属岛屿从来没有钓鱼岛列屿，是确凿无疑的。⑤

二　海疆法理研究

2020年，海疆法理研究主要集中在历史性权利、海洋合作机制和中国参与国际海洋法治实践等领域，为批驳南海仲裁案的非法裁决结果，以及为中国更好地运用法律工具维护自身权益提供了有力支撑和有益参考。

围绕历史性权利，高圣惕、刘瑞阳在《中国南海的“历史性所有权”主张：被南

---

① 黄俊凌：《20世纪30年代国民政府维护西沙群岛主权的对法交涉——基于国民政府外交档案所列史实和法理的探讨》，《边界与海洋研究》2020年第3期。

② 郭渊：《民国政府对南海权益的维护与教训——以海军部筹设西沙永兴岛气象台的经过为中心》，《中国海洋大学学报（社会科学版）》2020年第3期。

③ 阎根齐：《苏德柳〈更路簿〉考述》，《社会科学战线》2020年第5期。

④ 张一平：《南海古代史论稿》，南方出版社2020年版。

⑤ 丁广惠：《琉球三十六岛与钓鱼岛列屿考略》，《北方论丛》2020年第2期。

海仲裁裁决忽略的证据》中指出，2016 年 7 月公布的菲律宾南海仲裁案的实体裁决错误地宣判“中国从未在南海断续线内主张过历史性所有权”。这是由于仲裁庭错误地解释了《联合国海洋法公约》中关于“历史性权利”的条款。中国台湾当局在过去 70 多年曾经出台一系列的法规文件。这些文件表明，中国对于南海断续线内主张“历史性所有权”。南海仲裁案的仲裁庭忽略了这一系列关键文件，导致做出上述的错误裁决。① 宋培军在《海洋法公约“历史性”话语体系及其南海历史权利认知意义》中提出，在联合国文件和国际判例中，大致而言，内水、领海、毗连区、专属经济区、大陆架是主权程度递减的海洋区域范畴，“历史性海湾”“历史性水域”“历史性所有权”“历史性权利”则是递增包含关系的“历史性（historic）”话语体系。在《联合国海洋法公约》中，仅仅使用了“历史性海湾”“历史性所有权”两个概念。“历史性海湾”一词，早在英美北大西洋海岸渔业案判词中已经出现，但当时存在很大争议，美国海湾就不被认为是“历史性海湾”，而是“历史海湾”。② 李永和张丽娜在《论历史性权利在海洋划界中的作用》中指出，历史性权利在海洋划界中作用的法律基础既包括条约法也包括国际习惯法。历史性权利分属不同的法律基础，使其在海洋划界中发挥不同的作用。历史性权利在海洋划界中的不同作用，为未来我国与周边国家尤其是南海周边国家海洋划界提供国际适法导引。③

也有学者针对我国海洋维权形势，从国际法视角开展相关专题研究。如栗广和柯文语在《历史和法理视域下的南海仲裁结果评析——兼论中国的因应之策》中提出，南海仲裁案作出的“裁决”几乎一边倒地对菲律宾有利，但是无论从历史证据还是从国际法角度看，仲裁“裁决”的诸多论断或来自于断章取义，或单凭主观推断，缺乏坚实有力的依据，已受到国际舆论的诸多质疑。不仅仅是南海仲裁案的裁决结果有问题，仲裁庭在组建程序、组成人员、权限等问题上也存在着不合法性。菲律宾的行为违反了中菲之间所达成的系列谅解，违反了《公约》中的相关原则，这些都使得仲裁行为不具合法性。张卫彬在《中国拥有钓鱼岛主权的证据链构造》中提出，在论证钓鱼岛主权归属问题时，应当对证据主张的逻辑与证据链构造逻辑予以区分，并可借鉴国际法院适用的证据分量大小认定规则，确立“历史证据/相关条约”作为论证钓鱼岛归属中国的逻辑进路，辅之以其他层级关键证据，赋予其决定性分量，以构造出拥有钓鱼岛主权层级结构分明、环环相扣的完整证据链。历史证据与《开罗宣言》《波茨坦公告》等国际条约共同确证了钓鱼岛主权回归中国，构筑证明钓鱼岛主权属中国所有的总证据链的第一子证据链；中国对钓鱼岛进行有效管辖及其相关证据构成第二子证据链；中国、日本和第三方证明钓鱼岛主权归属中国的地图等证据，构成第三子证据链。④ 潘晓琳在《条约视角下的钓鱼岛主权归属问题》中指出，钓鱼岛主权归属问题涉及一系列多边、

---

① 高圣惕、刘瑞阳：《中国南海的“历史性所有权”主张：被南海仲裁裁决忽略的证据》，《边界与海洋研究》2020 年第 3 期。

② 宋培军：《海洋法公约“历史性”话语体系及其南海历史权利认知意义》，《思想战线》2020 年第 1 期。

③ 李永、张丽娜：《论历史性权利在海洋划界中的作用》，《中国边疆史地研究》2020 年第 1 期。

④ 张卫彬：《中国拥有钓鱼岛主权的证据链构造》，《政治与法律》2020 年第 2 期。

双边条约。应利用国际法中的条约适用规则及解释规则对这些条约及其相关条款进行梳理和分析，阐述这些条约对钓鱼岛处置行为的法律效力，以明确钓鱼岛的法律地位和主权归属。①

此外，有学者针对共建“海洋命运共同体”，对中国参与国际海洋法治的实践进行研究。杨泽伟在《论“海洋命运共同体”构建中海洋危机管控国际合作的法律问题》中提出，海洋危机管控国际合作的法律制度主要存在有关法律制度的碎片化现象非常明显、受国家管辖权的制约尤为突出以及诸多内容模糊不清等缺陷。海洋危机管控国际合作法律制度可以从秉持“海洋命运共同体”的理念、坚持“共商共建共享”原则以及加强国际组织在其间的协调等方面予以完善。构建“海洋命运共同体”的理念将推动海洋危机管控国际合作的变革。② 洪农在《国际海洋法治发展的国家实践：中国角色》中指出，中国近年来持续关注国家管辖海域外生物多样性国际协定谈判和国际海底区域立法等海洋法领域的前沿议题，在海洋领域的国际规则制定方面担当着重要角色。面对国际社会利用“南海仲裁案”对“中国不尊重国际法”的无端指责，中国应当呼吁有关国家尊重《公约》所反映的国家意愿，在不断完善以《公约》为代表的全球海洋治理体系上发挥引导作用，以国家实践和共识为基础，逐步构建中国在海洋法发展中的话语权。③

三 海疆发展现状和国际关系研究

中国海疆治理面临许多现实问题，2020 年，学者们从多学科融合角度，在学理和应用层面，围绕海洋强国建设、海洋命运共同体的构建等主题进行了更为深入的系统研究。

海洋强国建设包括海洋权益维护、海洋安全保障和海洋经济发展等多个层面，国内学者从理论、形势与对策等多方面对海洋强国建设提供智力支撑。在理论层面，张文木在其 2020 年出版的《张文木战略文集》中，专门就中国海权发展问题进行了深入探讨，并提出了 21 世纪上半叶中国海洋安全战略构想。④ 李欣在《毛泽东关于中国海疆战略的重要思想》一文中指出，毛泽东对中国海疆安全、海疆维权、海防建设、海疆治理等问题进行了持续深入的思考和谋划，提出了一系列关于中国海疆战略的重要思想。毛泽东从陆海统筹的战略高度思考中国海疆问题，坚决捍卫国家领土领海主权，强调要建设强大的海防和一支符合海防需要的强大的海军，指导建立海疆治理制度体系，统筹推进沿海地区建设。毛泽东关于中国海疆战略的重要思想，对于今天推进新时代中国海疆治理和国家安全工作，具有重要启示意义。⑤ 徐萍在《新时代中国海洋维权理念

① 潘晓琳：《条约视角下的钓鱼岛主权归属问题》，《中国海商法研究》2020 年第 2 期。

② 杨泽伟：《论“海洋命运共同体”构建中海洋危机管控国际合作的法律问题》，《中国海洋大学学报（社会科学版）》2020 年第 3 期。

③ 洪农：《国际海洋法治发展的国家实践：中国角色》，《亚太安全与海洋研究》2020 年第 1 期。

④ 张文木：《论中国海权》，山东人民出版社 2020 年版。

⑤ 李欣：《毛泽东关于中国海疆战略的重要思想》，《党的文献》2020 年第 6 期。

与实践》中提出，新时代中国海洋维权理念丰富了坚持走和平发展道路的理论内涵和“搁置争议，共同开发”的政策主张，科学实现维权与维稳的动态平衡，拓展了海洋维权的内涵和外延，完成了对传统海洋维权思想的发展和超越，它不但指导了新时代中国海洋维权实践，对未来海洋维权亦将产生深远影响。① 贾宇和密晨曦在《新中国 70 年海洋事业的发展》一文中指出，新中国成立 70 年来中国海洋事业取得了长足发展，主要包括：一是数十年探索和改革逐步建立了适合中国国情的海洋管理体制机制，为海洋综合管理奠定了制度性基础；二是建立健全了海洋法律体系，为发展海洋经济、维护海洋权益、建设海洋生态文明提供了法律保障；三是积极参与全球海洋治理，维护海洋主权、安全和海洋权益，履行国际义务，妥善处理与有关国家的海洋问题。中国 70 年海洋发展成就表明，中国始终并将永远是世界和平的建设者、全球发展的贡献者、国际秩序的维护者。②

在有关海洋维权实践的研究中，一方面，有学者总结了中国海洋维权的经验。如侯毅在《20 世纪中国维护南海主权活动的特征与意义——民族国家构建的视角》中指出，20 世纪中国在南海的维权活动与中国构建民族国家的过程是同步的。其他南海周边国家同期也开启了民族国家构建的历程，由于缺乏历史传承性或受到殖民者的影响，这些国家领土意识往往寻求利己的最大化，由此导致了南海争端。③ 栗广在《新中国成立以来中国南海维权方式的演进》中提出，新中国成立以来，中国一直十分重视南海权益，并竭力维护之。在不同时期，中国针对南海地缘形势并结合自身实力，通过不同方式维护南海权益。④ 另一方面，学者们针对域外、域内国家侵犯我海洋权益的历史、现状和行为模式进行分析。其中，对美国方面研究如蔡梓的《冷战中的“恐惧”臆想及其反应：美国在中国西沙群岛主权问题上的对策演变（1950—1974 年）》、郭永虎和王梦的《美国〈纽约时报〉关于中国钓鱼岛早期报道初探（1969—1979）》、邢广梅和汪晋楠的《美国南海“航行自由行动”与军舰无害通过问题研究》、葛红亮和何桂湘的《美国南海政策的军事化及其影响》、张畅和张卫强的《安全化：美国建构南海“航行自由”问题的话语和行动》、庄林和仲雪韵的《近期美国海军南海地区活动态势分析》、黄惠康的《中国在南海的领土主权和海洋权益不容侵犯——评美国国务卿蓬佩奥所谓“涉南海声明”》；对日本方面研究如沈海涛和刘玉丽的《日本在南海问题上的对华政策新调整》；对印度方面研究如张根海的《“印太”视阈下印度“东向行动”政策及对南海安全的影响》；对越南、菲律宾方面研究如张晟的《越南在南海油气侵权活动的新动向及中国的应对》、赵卫华的《越南在南海新动向与中越关系走势》、许蔡梦骁的《中菲南海油气开发合作：法律困境与潜在风险》；等等。

---

① 徐萍：《新时代中国海洋维权理念与实践》，《国际问题研究》2020 年第 6 期。

② 贾宇、密晨曦：《新中国 70 年海洋事业的发展》，《太平洋学报》2020 年第 2 期。

③ 侯毅：《20 世纪中国维护南海主权活动的特征与意义——民族国家构建的视角》，《中国边疆学》第 12 辑。

④ 栗广：《新中国成立以来中国南海维权方式的演进》，《党史研究与教学》2020 年第 3 期。

在有关海洋经济发展的研究中，2020 年关于自贸港建设和海洋经济转型的研究成为学界新的学术增长点。如李金波在《建设中国特色自由贸易港研究》中梳理了自由贸易港的发展史、内涵与外延，分析并总结了国际重要自由贸易港的实践经验与相关制度优势，在此基础上系统分析了海南建设中国特色自由贸易港的重大意义、基础条件、主要优势和挑战困难，并提出我国建设自由贸易港的总体思路。① 张晓东在《经济转型中的中国海权探索——以国家战略层面为中心》中提出，改革开放引起经济转型是中国海权发展的重要动力。中国的外向型经济结构和海外生命线从无到有、不断加强，海权发展也因此不断得到新的刺激与推动。中国海权战略服从和服务于国家战略，顺应"海洋强国"要求。②

关于"海洋命运共同体"的构建，学者们从其理论内涵、实践基础和机制建设等层面进行了系统讨论。在理论层面，陈娜和陈明富在《习近平构建"海洋命运共同体"的重大意义与实现路径》中指出，习近平关于海洋命运共同体重要论述有着丰富的科学内涵，明确了全球治理海洋的共同价值是和平、发展、公平、正义，其最终目标是实现人与海洋和谐共存，还指明了构建海洋命运共同体的实现路径。作者提出，"构建海洋命运共同体"是创新的全球海洋治理方案，在理论和实践上都有超越西方全球海洋治理的实践和西方国际关系理论的重大意义。③ 王华锋在《"21 世纪海上丝绸之路"建设的时代价值与意义》中指出，"21 世纪海上丝绸之路"倡导构建的是新型国际合作观与海洋观，其始终坚持"共商、共建、共享"的合作原则，相互尊重、平等相待，以亲仁善邻协和万邦的处世之道、惠民利民安民富民的价值导向以及革故鼎新与时俱进的精神气质，在继承和弘扬联合国宪章的宗旨和原则的基础上，积极构建人类命运共同体，为实现中华民族伟大复兴的中国梦而奋斗。④ 马金星在《全球海洋治理视域下构建"海洋命运共同体"的意涵及路径》中提出，以构建海洋命运共同体理念回应世界海洋格局变化，将推动建立更加公平、合理和均衡的全球海洋治理体系。⑤

在"海洋命运共同体"构建的实践层面，有学者从全球海洋治理的角度，对中国参与全球海洋治理的理念、路径、困难等进行分析。如吴士存在《全球海洋治理的未来及中国的选择》中提出，面对全球性、跨区域海洋挑战与威胁，多边主义、全球主义的海洋治理必不可少，而区域主义的优势也将慢慢融入其中，并形成"混合主义"的海洋治理路径。对于中国而言，倡导多边主义和全球主义的海洋治理路径，并推进在南海及周边地区的海洋治理合作，将是在全球海洋治理体系的重建中争取更多话语权、

---

① 李金波：《建设中国特色自由贸易港研究》，中国经济出版社 2020 年版。

② 张晓东：《经济转型中的中国海权探索——以国家战略层面为中心》，《亚太安全与海洋研究》2020 年第 1 期。

③ 陈娜、陈明富：《习近平构建"海洋命运共同体"的重大意义与实现路径》，《西南民族大学学报（人文社会科学版）》2020 年第 1 期。

④ 王华锋：《"21 世纪海上丝绸之路"建设的时代价值与意义》，《学理论》2020 年第 2 期。

⑤ 马金星：《全球海洋治理视域下构建"海洋命运共同体"的意涵及路径》，《太平洋学报》2020 年第 9 期。

推进构建“海洋命运共同体”较为可行的选择。① 庞中英在《全球海洋治理：中国“海洋强国”的国家目标及其对未来世界和平的意义》中提出，中国的“海洋强国”战略是“百年未有之大变局”的一个因素。中国需主动提出海洋协和的倡议，加强现有的包括从联合国可持续发展到气候变化到东盟组织的地区对话进程的多边会议、多边进程，以构造全球的海洋协和，实现21世纪的海洋和平。作者认为，中国提出的“海洋命运共同体”是走向海洋协和的重大步骤。② 袁沙在《全球海洋治理体系演变与中国战略选择》中提出，全球海洋治理面临百年未有之大变局，必须冲破海洋霸权主义的重围，秉持共商共建共享的全球海洋治理观，打造紧密的蓝色伙伴关系，构建海洋命运共同体，推动全球海洋治理体系向更加公平合理的方向发展。③ 叶泉在《论全球海洋治理体系变革的中国角色与实现路径》中提出，当前的全球海洋治理体系存在诸多缺陷。全球海洋问题的频现呼唤全球海洋治理体系的变革，而变革之道在于参与治理的主要行为体必须更新其治理理念，平衡彼此之间的利益，淡化治理规则的“非中性”现象，降低治理规则的碎片化程度，从而推动全球海洋治理体系不断向“善治”方向发展。④ 张卫彬和朱永倩在《海洋命运共同体视域下全球海洋生态环境治理体系建构》中提出，全球海洋生态环境治理体系的构建应遵循海洋命运共同体原则和可持续发展原则，在设计关键要素时需充分考虑体系内各主体的话语权诉求、利益分配诉求以及观念诉求，并确立相应的评估体系。⑤ 此外，一些学者从具体领域对全球海洋治理的中国实践进行探讨，如韩立新和冯思嘉的《南海区域性海洋生态环境治理机制研究——以全球海洋生态环境治理为视角》、全永波的《全球海洋生态环境治理的区域化演进与对策》等。

有学者从区域海洋安全合作、渔业合作等角度进行具体分析。如杨震和蔡亮的《“海洋命运共同体”视域下的海洋合作和海上公共产品》、李云龙的《“一带一路”背景下中国参与东南亚地区海洋救灾合作：动因、优势与挑战》、祁怀高的《构建南海非传统安全多边合作整体架构研究》、李志斐的论文《南海非传统安全问题的现状与应对机制分析》等从非传统安全视阈对区域海洋非传统安全合作的现状、发展及路径进行深入分析。张芷凡的《南海港口区域合作机制的构建与完善——以“海洋命运共同体”为视角》、董世杰的《论新形势下南沙群岛海域油气资源自主开发》、张晏瑲和张旭东的《论南海区域渔业活动所面临的困境与解决方案》、曹云华和李均锁的《东盟经济共同体与“21世纪海上丝绸之路”：竞争与合作》等从经济领域对区域海洋合作进行分析。此外，还有从双边和区域维度对综合性海上合作进行分析的，如陈秀武的《东南亚海域“海洋命运共同体”的构建基础与进路》和张景全等的《泛海洋时代中日海洋事务的协调与合作》。

① 吴士存：《全球海洋治理的未来及中国的选择》，《亚太安全与海洋研究》2020年第5期。

② 庞中英：《全球海洋治理：中国“海洋强国”的国家目标及其对未来世界和平的意义》，《中国海洋大学学报（社会科学版）》2020年第5期。

③ 袁沙：《全球海洋治理体系演变与中国战略选择》，《前线》2020年第11期。

④ 叶泉：《论全球海洋治理体系变革的中国角色与实现路径》，《国际观察》2020年第5期。

⑤ 张卫彬、朱永倩：《海洋命运共同体视域下全球海洋生态环境治理体系建构》，《太平洋学报》2020年第5期。

综上所述，2020 年，中国海疆研究成果丰富，历史、法理和现状研究齐头并进，各自开花。总的来看，中国海疆研究的问题意识逐渐增强，相关理论研究成果不断涌现；研究领域不断细化，基于专门问题的研究深度不断加强；多学科融合发展的特点也逐渐显现。学人的以上努力，对推进构建新时代中国海疆研究的学科体系、学术体系、话语体系具有重要意义。

2020年中国海洋史研究述评

侯　毅　冯军南*

党的十八大提出建设海洋强国战略部署后，我国的海洋事业取得显著发展，学术界对于海洋史关注程度显著提高，海洋史研究的发展进入了一个新阶段。近年来，除了海洋文化史、海上交通史、海洋贸易史等传统研究领域外，海洋环境史等新兴的研究领域也取得了丰硕的成绩，为中国海洋史发展繁荣奠定了基础。作为一门兼具自然科学和社会科学属性的综合性学科领域，中国海洋史的研究发展前景毫无疑问是十分广阔的。

2020年中国海洋史研究在稳步发展中不断创新，文献发掘更为深入，理论研究不断深化。

一　专题史研究不断深入

我国有着漫长的海岸线，沿海区域广阔，我国人民在数千年开发海洋、经营海洋的过程中，形成了独具特色的中国海洋文明，研究对象十分丰富。

海洋文化史相关研究是本年度成果最为丰富的领域之一，其中又以民俗信仰文化研究最为突出，如妈祖文化的研究。妈祖信仰是我国海洋文化的杰出代表，在我国与东南亚国家广泛传播，相关研究众多。近年来，很多学者开始关注妈祖信仰在世界其他区域的传播及影响，如林晶等的《文明互鉴视野下妈祖信仰传入长崎的历史考察》和林亦瀚《妈祖文化在澳大利亚的传播和发展》探讨了妈祖文化在日本和澳洲传播的历程。文章对妈祖文化的历史价值和现实意义进行了阐释，充分肯定了妈祖文化的文化载体意义。①《文明互鉴视野下妈祖信仰传入长崎的历史考察》一文提出，“妈祖文化始终发挥着文明互鉴的有效功能，也成为中华文明走向海外的一大典范。”②

郑丽航的《妈祖文化沿陆上丝绸之路向中国西北地区传播初考》一文研究了妈祖文化在我国西北地区传播的过程，探讨了妈祖文化在这些地区传播的原因。文中提出，元明清以来，作为一个从东南沿海走出的海神、水神，妈祖开始渐次远播至这些地区。妈祖文化在陕西、宁夏、甘肃等地传播的原因主要是“朝廷官方军事活动、边疆治理以及闽粤移民的流播，其影响到了现在”。③

李立人的《宋元之际“妈祖”取代“南海神”考——兼论南宋庆元三年大奚山起

---

* 侯毅、冯军南：中国社会科学院中国边疆研究所研究员、助理研究员。

① ［澳］林亦瀚著：《妈祖文化研究》2020年第2期。

② 林晶、吴雨桐著：《福建论坛（人文社会科学版）》2020年第6期。

③ 《世界宗教研究》2020年第6期。

义》在考察沿海地区信仰变化的同时，从社会思想变化的深层次进行了思考，提出："南海神信仰体系自身的局限和南宋理学家对妈祖信仰体系的建构，导致宋元之际'妈祖'的地位逐渐取代'南海神'"。①

有的学者从文献角度分析中国传统海洋文化的特性。如林娟的《〈闽都别记〉中的海洋文化》对《闽都别记》这一文学作品中的内容进行了梳理，分析闽都文学在中国海洋文学中的地位，提出对《闽都别记》进行研究，"启发人们在开拓海洋文化的当下，应重视海洋文学的传承与发展。"② 张慧琼的《明代抗倭诗的海洋文学特色》对明代抗倭诗歌进行了研究，提出："明代抗倭诗体现出鲜明浓郁的海洋文学特色，从海洋题材、文学地域、海疆边塞诗等方面拓展了中国诗学的版图，具有开拓文学史的重要意义。"③ 程继红等的《中国海洋石刻史料：空间分布、叙事谱系与价值建构》对与海洋相关石刻史料进行了整理分析，提出："中国海洋石刻史料空间分布呈带状、群状和链状特征；主要叙事谱系以军政、经济和社会三大类为建构，大类中含若干支系，支系中又分若干小系，形成了一个层次分明的海洋叙事系统"。④

海上丝绸之路的相关研究，在全方位展开的同时，进一步深入和细化。海上丝绸之路是我国古代进行海上贸易与对外交流的重要生命线。贸易品和港口的研究依然是学界关于海上丝绸之路研究的关注重点。李立民《明清时期的民间"海上丝路"》⑤ 认为，目前学术界对明清海上丝路的研究，多关注于官方的朝贡贸易，而忽略了民间层面的海上经贸活动。民间海上经贸活动主要表现为"借贡兴贩"、特许贸易、走私贸易等三种形式。在明清严厉的"海禁"政策背景下，民间海上经贸活动并未因此而中断。一方面，国家通过政策的调控，法律的约束以及与地方社会的协作等方式，形成了对民间海外贸易活动的掌控；另一方面，商人的利益诉求也得到了应有的关照。这种国家、地方、社会之间所形成的有效的协调机制，也为民间海上丝绸之路的正常开展提供了保障。吕天石《肥料、火药与中拉新航路开辟：民国时期中国智利硝石贸易探析》聚焦辛亥革命后智利硝石得以入华销售的背景，认为以此为契机，中国航运企业在拉美侨商的协助下，开辟了途经南太平洋的中拉海上直航新航路，这可谓对古代"海上丝绸之路"一脉相承的延续。⑥ 孙晶《定制外销瓷上的东西交融：17 世纪荷兰定制外销瓷研究》通过分析定制外销瓷出现的背景、定制要求以及来源，重点研究 17 世纪荷兰东印度公司在器形和装饰方面对中国外销瓷的定制，从而揭示出定制外销瓷在中西文化艺术交流中的重要纽带作用。⑦ 胡德坤、王丹桂《古代海上丝绸之路与新加坡早期港口的兴衰》认为新加坡早期港口的兴衰与海上丝绸之路息息相关，"明朝中国海洋贸易政策的变化，直接导致 14 世纪之后古新加坡港口的湮没"。⑧ 吕文璐《海上丝绸之路沿线城市

---

① 《海交史研究》社会科学文献出版社 2020 年版。

② 《鲁东大学学报（哲学社会科学版）》2020 年第 2 期。

③ 《中州学刊》2020 年第 7 期。

④ 《浙江海洋大学学报（人文科学版）》2020 年第 6 期。

⑤ 《历史档案》2020 年第 2 期。

⑥ 《贵州社会科学》2020 年第 9 期。

⑦ 《美术观察》2020 年第 3 期。

⑧ 《史林》2020 年第 4 期。

枢纽功能研究——以福建泉州为例》以唐代兴起的泉州为研究对象，提出这些港口城市不仅充当着贯通内外的海上交通枢纽，而且当地的经济优势和文化特点也使它们成为多元文化间沟通与交流的桥梁。①

水下沉船相关的研究，一直是海上丝绸之路研究中重要的组成部分。蔡薇等《海上丝绸之路上宋代海船的尺寸与排水量》从测绘数据资料入手，通过拼接、复原以及验算，推算此类海舶的尺度及排水吨位。② 考古资料与海上丝绸之路的研究也进一步弥补史籍之阙。胡嘉麟《从考古资料看南中国海秦汉时期的文化交流》通过物质与图像、原料与技术、思想与信仰三个方面来探讨秦汉时期南海文化交流的整体面貌。由此说明南海作为海上丝绸之路的重要通道，在文化和技术传播过程中发挥着重要作用。③ 郝思德《西沙考古概略》更着重收集了海南建省以来在历次开展西沙考古工作中获得的最新成果，尤其侧重介绍多次进行远海水下考古的重要收获。有助于了解和认识西沙群岛的历史发展，也为研究古代海上丝绸之路的兴衰历史提供了第一手的实物资料。④

此外，与海上丝绸之路相关的古代政治制度的研究更加细化和深入。例如荣新江《唐朝海上丝绸之路的壮举：再论杨良瑶的聘使大食》⑤、龚金镭《唐代海上“丝路”贸易演化与边贸制度的发展》⑥、赫学佳《元朝官方域外交流考》⑦ 等分别对相关制度进行具体探讨，为“一带一路”倡议提供了历史借鉴。谢湜《山海故人：明清浙江的海疆历史与海岛社会》以岛述史，尝试串起东南沿海社会的历史之链。⑧ 该著认为，中国东南近海海域群岛和列岛星罗棋布，孤屿岛礁离散不一，半岛与港湾形态各异，整体上联缀成一串与大陆若即若离、蜿蜒漫长的链状的岛屿，这既是东南沿海人群长期从事海上经济活动、并通过不断迁移和互相接触形成的文化区域，也是历史上连接中国内地与东亚海域的重要贸易纽带。从宋元到明清，王朝海疆经略的转变对东南中国海域社会产生了深刻的影响。

“一带一路”倡议提出之后，赋予了郑和下西洋研究新的时代内涵。如孙竞昊的《郑和下西洋军事行动的研究述评——兼析海外“原始殖民主义论”的若干论调》一文对近四十年来中国学界关于郑和下西洋中的军事行动以及相关问题的研究进行了梳理，提出：“在传统的朝贡体系下，郑和审慎地借助武力以维系‘和谐’的国际关系，与半个世纪之后欧洲冒险家、商人、殖民主义者对殖民地野蛮干涉、占领、压迫的行径有本质的区别。”⑨ 朱丽霞的《海上丝绸之路与中华文明早期传播》一文对郑和下西洋的历史贡献给予高度评价，提出：“其所秉持的‘和平合作、开放包容、互学互鉴、互利共

---

① 《文化学刊》2020 年第 2 期。
② 《国家航海》2020 年第 24 辑。
③ 《海交史研究》2020 年第 2 期。
④ 南方出版社 2020 年版。
⑤ 《新丝路学刊》2020 年第 3 期。
⑥ 《唐都学刊》2020 年第 4 期。
⑦ 《石家庄学院学报》2020 年第 4 期。
⑧ 北京师范大学出版社 2020 年版。
⑨ 《学术月刊》2020 年第 9 期。

赢’的丝路原则，为21世纪海上丝绸之路建设提供了有益借鉴。”①

在郑和下西洋航线问题研究等一些传统课题研究领域，2020年也有成果问世。如阎根齐的《郑和船队从广东至西沙群岛海域的航线和地名辨析》一文对郑和船队下西洋在南海的航线进行了考证。提出，郑和船队在经过“广州至海南岛东部海域时，是沿着近海海域航行的，经过了海南岛文昌东北部的七洲列岛、铜鼓岭，到今万宁市的大洲岛后，便向着东南方向的西沙群岛行驶，然后驶往外罗。”提出：“向达先生现代绘制的《郑和下西洋图》上只绘有从‘大星尖’直抵‘独猪山’和从‘独猪山’到‘新州港’的一段航线，而且在今西沙群岛海域标上‘七洲洋’的地名都是不妥的。”② 毛睿的《政治权力与视觉景观：重估郑和下西洋中的“麒麟”来华》认为，“考辨史料发现长颈鹿和明代人认知中的麒麟有着明显的差异。长颈鹿之所以会被明初人称为‘麒麟’，成为用以象征仁政的祥瑞，是明初政治文化语境中阐释的结果。”“永乐年间，士大夫目睹了万国来朝的景观，切身感受了明成祖积极进取的一系列政治军事举措之后，难免生出身在盛世的自豪感。‘麒麟’正好为永乐盛世提供了一个恰如其分的政治象征符号。”③ 周佳的《郑和下西洋所携入异兽“糜里羔”再考——图像与文本中的蓝牛羚》④ 考释了郑和下西洋带回的一种名为“糜里羔”的兽类，是印度蓝牛羚（Blue Bull）这一物种。该文从图像出发，结合有关文本，探讨中国、印度、西方世界三个体系中对印度蓝牛羚这种动物的描绘和记录。

也有学者对郑和下西洋研究的理论方法进行总结，彭勇的《重实证，跨学科，全球化：改革开放以来郑和下西洋研究》提出：“改革开放以来的郑和下西洋研究，无论是传统史料的整理和研究还是新史料的利用，都呈现出很高的水平和鲜明的时代特征”，“在基于实证性研究的同时，对跨学科理论和方法的运用以及全球化视野也提出了更高的要求”。⑤

有关涉海历史人物的研究也有不少成果。如林则徐、蓝鼎元、郑成功等人物的研究。如寇淑婷的《郑成功的海洋观与日本“郑成功文学”中的海洋思想》一文梳理和研究了中日“郑成功文学”，提出：“郑成功的海洋观主要体现在其于延平条陈中所提出的‘航船合攻、通洋裕国’这八字方略上。”“在郑成功海洋观的指导下，郑成功海商集团积极主动并卓有成效地展开了与日本及东南亚诸国的海外贸易，这对中国‘海上丝绸之路’的发展起到了极大的促进作用”，“郑成功这一逐渐被海洋化的文学史过程，一方面是郑成功历史行迹的真实反映，但另一方面也透露出日本海洋殖民扩张的霸权主义野心。重新认识郑成功的海洋观和日本‘郑成功文学’中的海洋思想，并非要求我们回到和采用‘大航海时代’的全球化模式，而是汲取其开放的全球化意识，将曾经单维、平面的全球化扩展到如今多维、立体的全球化。”⑥

---

① 《人民论坛》2020年第11期。

② 《吉林大学社会科学学报》2020年第1期。

③ 《北京社会科学》2020年第3期。

④ 《福建师范大学学报》2020年第1期。

⑤ 《暨南学报》2020年第8期。

⑥ 《山东社会科学》2020年第4期。

二　更加注重从全球视野下观察中国海洋史

海上丝绸之路既是一条中国与西域进行贸易往来的航路，也是一条文化交流的途径。吴春明《从沉船考古看海洋全球化在环中国海的兴起》认为东亚和东南亚之间的“环中国海”，是一个以中国古代船家为主体的、由“四洋”航路连接起来的相对独立的海洋贸易圈。16 世纪欧洲洋船东渐，环中国海船家接驳环球航路，建立起东、西方经济与文化融合的海洋全球化体系。迄今为止环中国海内外先后调查、发掘的三百多处古代沉船，分属于 9—15 世纪的中国及相邻各国的商船沉址及 16—19 世纪的环球航路体系中的东、西方各国沉船。古代沉船的时空分布与内涵变化，再现了环中国海“四洋”本土海洋贸易体系的繁盛与变迁，以及全球化背景下环球航路的发展轨迹、东西方海洋经济与文化的融合进程。[①] 车效梅、李希《海上丝路与 17—18 世纪马斯喀特贸易发展研究》[②] 对“海上丝绸之路”途经阿拉伯半岛的唯一港口城市马斯喀特进行了历史考察，认为贸易繁荣对马斯喀特影响深远，不仅使城市人口、宗教文化、建筑多元，而且使马斯喀特在海湾、印度洋贸易圈中的地位提升。Shehzad Adeel《唐代中印海上丝绸之路对印度的影响》[③]（英文）认为许多历史学家已经阐明了中国和印度这两个文明国家之间的交流，但他们大多都忽略了海上路线，特别是这对彼此的文化究竟产生了怎样的影响。该文阐明海上丝绸之路中印两国的文化交流，认为两国的海上旅行者不仅交换商品，而且还交流自己的传统和文化。Kone Ibrahim《从桑海帝国兴衰的视角探讨海上丝绸之路》（英文）讨论了 15—16 世纪时期西非桑海帝国前后的葡萄牙人在非洲所拥有的市场机会，具体阐述桑海帝国与葡萄牙的贸易是如何扰乱其贸易格局，从而影响其权力分配的。该文提出“贸易格局的变化虽然富有成效，但却也造成了之前权力资源分配的不均衡。如果海上丝绸之路能够重新开启跨撒哈拉贸易，它就有可能成为一个重要的贸易体系。”[④] 古小松《早期海上丝绸之路与中印文化在中南半岛的交会》认为中国的物质文化沿海路走向西域，印度文化则循海陆路向东而来。中印文化交流促进了中南半岛地区社会的发展，也使中印文化在该地区交融，尤其是古代交趾地区成为佛教文化的南北交流中心。曾晶、袁早华《海上丝绸之路的审美情趣——以景德镇青花瓷为例》以元明至清初时期的景德镇青花瓷外销为例进行探究，认为“景德镇的青花瓷大规模出口外销，青花瓷器与纹饰的多样性正是与‘海上丝绸之路’诸多沿线国家民族融合的结果，沿线国家的审美情趣一定程度上影响了景德镇外销青花瓷的样式与制瓷工艺”。[⑤]

“一带一路”倡议的提出，赋予了中国与世界交往新的时代内涵，扩展了海洋史研究的全球化视野范围。杨明洪《推进海上丝路建设 打造“中斯命运共同体”》[⑥] 从中斯

① 《故宫博物院院刊》2020 年第 5 期。
② 《史志学刊》2020 年第 2 期。
③ 《华东师范大学学报》2020 年第 S1 期。
④ 《华东师范大学学报》2020 年第 S1 期。
⑤ 《陶瓷研究》2020 年第 1 期。
⑥ 《一带一路报道》（中英文）2020 年第 2 期。

两国的历史交往，共建“一带一路”的核心主线和现实挑战几方面探讨共建“中斯命运共同体”的现实意义。芦文琪《伊本·白图泰笔下泉州与阿拉伯世界的交往》[①] 通过对《伊本·白图泰游记》中关于泉州记载的论述，梳理了泉州与阿拉伯国家交流的历史、元朝时中阿交流情况。唐纳德·狄侬等主编《剑桥太平洋岛民史》[②] 涵盖早期定居、土地利用、与欧洲人接触、贸易和劳工、第二次世界大战、太平洋上的核试验等主题，严谨、全面、生动、深刻地展现了太平洋岛屿的历史与现状。

南太平洋地区是“21 世纪海上丝绸之路”的重要延伸路线。彭虹《“21 世纪海上丝绸之路”背景下中国与斐济农业投资合作分析与展望》[③] 通过分析中斐农业投资现状，借助冷热国比较的因素分析法对斐济农业投资环境进行评价，认为中斐农业投资应该充分认识投资环境因素，发挥“四体”联动机制，推动农业投资合作升级，加强对斐济的农业援助，深化优势产业全产业链合作，创新农业投资合作模式，搭建投资合作平台等。依托“21 世纪海上丝绸之路”，农业投资领域的合作将成为中斐两国的新增长点，具有巨大的合作潜力。

三　注重史学的实践价值

近代中国民族危机爆发于海上，近年来，我国与周边国家海洋争端形势日益复杂，成为困扰我国社会经济发展和外交的主要问题之一。因此海洋史研究天然带有现实关怀。

有的学者从发展文旅经济的角度出发，对继承和发扬中国传统海洋文化提出意见。如戴靖怡的《庙岛群岛生态文化遗产活化与文化旅游业提质的融合发展研究》一文对庙岛群岛悠久灿烂的海岛物质与非物质生态文化遗产进行了梳理研究，提出：“在世界范围内滨海旅游市场的繁荣以及中国推行文化旅游的时代背景下，庙岛群岛文化旅游业的提质急需深化海洋生态文化遗产的内涵。可以从树立自然生态与人文生态共生共荣的理念、丰富海岛文化旅游项目的供给、引导渔村文化振兴以及发挥民众的主体力量四个方面，实现庙岛群岛生态文化遗产的活化和文化旅游业的升级发展。”[④]

有些学者从文化沟通角度入手，对“一带一路”建设和海洋命运共同体构建等提出意见。如杨鸣的《“一带一路”建设中妈祖音乐促进海丝文化发展研究》提出，妈祖文化是中国重要的传统文化，也是海上丝绸之路沿线国家与中国交往的文化纽带和桥梁，“妈祖音乐的核心内涵十分契合海丝文化的本质要求，在‘一带一路’建设的影响下，其蓬勃发展为海丝文化的提升创造了有利契机。”[⑤] 郑丽萍的《妈祖文化融入海洋命运共同体的价值与路径》一文提出：“妈祖文化作为中国海洋文化的重要构成部分，妈祖文化中‘立德、行善、大爱’的精神与海洋命运共同体的内在价值具有一定的契合性，妈祖海洋文化为海洋命运共同体的建设提供了中国智慧，妈祖文化已经成为沿海

---

① 《中国民族博览》2020 年第 24 期。

② 社会科学文献出版社 2020 年版。

③ 《农业展望》2020 年第 16 期。

④ 《中国海洋大学学报》2020 年第 6 期。

⑤ 《齐齐哈尔大学学报（哲学社会科学版）》2020 年第 4 期。

国家情感连接的纽带，具有超越意识的向心力，是人类文明智慧的结晶，它在世界上具有重要而深远的历史意义。”① 柯力的《论东南亚妈祖文化对“海丝”建设的积极功能》着重对妈祖文化的精神内涵进行了分析，提出“妈祖文化体现了以人为本、与人为善，与大自然和谐共处的海洋精神。在‘海丝’建设中，妈祖文化是东南亚地区华人的精神凝聚力、文化认同感与归属感的重要来源，提升了东南亚华人的中国文化认同感、促进了中国与东南亚国家的经贸往来。”因此，对于加强21世纪海上丝绸之路建设具有重要促进作用。②

此外，还有学者对于海洋历史文化遗迹的保护问题进行了研究，对于保护海洋文化遗产提出建议。如曲金良的《“海上文化线路遗产”的国际合作保护及其对策思考》一文提出：“中国作为世界海洋大国、海洋文化大国，其‘海上文化线路遗产’是一个巨量的‘文化线路遗产’存在。而‘海上文化线路遗产’的基本特性是国际性的、国际化的，一头在中国，一头在海外，这也就决定了对‘海洋文化线路遗产’的保护，也必须是国际性的、国际化的。因此，中国的海洋文化线路遗产研究与保护，应该而且必须既要‘从我做起’，又要加强与环中国海—印度洋周边国家合作，共同对中外海洋文化线路遗产进行整体保护和利用。”③ 侯毅的《南海海洋非物质文化遗产的保护、利用与开发》一文提出，“南海是我国三大边缘海之一，我国人民开发南海、经营南海有着悠久的历史。先民们在南海长期的生产和生活实践过程中，形成了丰富而厚重的海洋非物质文化遗产。加强南海海洋非物质文化遗产保护、利用与开发对于加快海洋强国建设具有积极的推进作用。当前南海海洋非物质文化遗产保护和利用应从非物质文化遗产保护、研究和活态传承与活化利用两个层面开展工作。”④ 赵康太《南海历史文化资源保护与开发研究》提出“中国传统海洋文化不仅需要继承、发扬和弘扬，还必须适应新的时代，完成现代化转型，更需要再新时代创新。”“当南海历史文化资源得到有效保护和合理开发，并且在创新中实现现代化转型的时候，南海历史文化资源也便转化为中国的文化软实力。”⑤

四 多学科研究方法的交融

人类在海洋活动的历史是一部不断改造自然世界，相互交通的历史。在历史学研究各门类中，鲜有类似于海洋史跨越了自然科学和社会科学两大科学的领域，因此，海洋史学科研究呈现出多学科研究方法交融的特征，最突出的是与考古学、民俗学等学科的结合。如吴卫的《试论福建史前海洋文化的发展脉络及内涵》通过对福建史前海洋文化发展脉络进行梳理，明确了闽东沿海和闽南沿海两个文化分区的存在。提出：“新石器时代结束后，在福建沿海延续了数千年的史前海洋文化并未随之消失。从考古学材料

① 《妈祖文化研究》2020年第3期。
② 《莆田学院学报》2020年第6期。
③ 《中国海洋大学学报（社会科学版）》2020年第6期。
④ 《热带海洋学院学报》2020年第4期。
⑤ 南方出版社，2020年5月，第242、244页。

到文献记载中仍然可以发现秦汉时期本区域内操舟航海活动仍然活跃的若干证据。”① 王丽敏的《海洋考古视域下环南中国海国家的海贸互动——以中国为中心》一文通过对南海水下遗存考古发掘成果进行梳理基础上，提出文物和历史遗迹见证了中国与环南中国海国家在舟船和航海技术、航路和港市建设、船货与海商贸易领域有着漫长而密切的交往历史，中国海洋考古的未来发展需要实现实践和理论的良性互动、海洋考古学和其他学科的有效整合。② 2020 年，《自然与文化遗产研究》杂志刊登了一系列有关打捞甲午战争期间沉没的致远、经远等军舰发掘情况的文章。如尹锋超的《近现代沉船（舰）水下考古的价值认知与思考》、王泽冰的《山东威海定远舰的发现与论证》、冯雷的《辽宁庄河经远舰遗址水下考古发现与水下文化遗产的研究价值》等，这些论著在对所获考古资料进行梳理的基础上，对这些文物遗迹的历史与科学价值进行了分析。这些论著对于推进甲午海战史、海军史、舰船史的研究具有极其重要的意义。同时，对开展近现代沉船（舰）水下考古工作提出了建议。③

民俗学研究方法也是海洋史研究中经常借鉴的方法。如申素样的《海南疍民咸水歌中的海神崇拜》一文是运用民俗学理论对于咸水歌中的海神信仰进行了分析，提出：“咸水歌是疍民集体记忆和精神世界的表征。海南疍民咸水歌以海洋生活为表达主题，其咸水歌便与海神信仰有了千丝万缕的联系，由此产生了兄弟公崇拜、五龙公崇拜、海螺姑娘崇拜、观音崇拜、妈祖崇拜等海神崇拜。在多元化海神崇拜背后，它表达了海南疍民积极进取的海洋意识，重现了中国传统的报恩观念以及对族群记忆的独特书写。”④

---

① 《文物春秋》2020 年第 6 期。

② 《中州大学学报》2020 年第 3 期。

③ 《自然与文化遗产研究》2020 年第 7 期。

④ 《南海学刊》2020 年第 4 期。

2020年西南边疆研究述评

吕文利　时雨晴　袁　沙　张楠林*

2020年度，西南边疆研究领域在延续近年来发展态势的基础上不断走向深入，在理论、方法、实证等研究方面都呈现出新的研究动态。主要表现在：研究方法更加多元，多学科交融的现象明显；研究内容更加丰富，问题意识更加突出。本文拟从西南边疆历史研究、现实研究、中外关系研究以及西南边疆研究室学科发展的具体状况四个方面来进行论述。

一　西南边疆历史研究的新进展

2020年关于近代及其以前西南边疆历史问题的研究共计发表50余篇论文、出版3本著作，研究时段多集中在明清和民国。就其问题意识而言，可大致分为四大类：国家治理（15篇）、文化教育（12篇）、经济开发（18篇）、法制建设（4篇）。

（一）国家治理方面

以往从传统时期国家观念出发探讨西南边疆治理问题的研究并不多，今年有三篇论文在这方面有所突破。其中，宋才发将“边疆”与“疆域”、“中国”概念置于中国传统观念、疆域形成的过程中进行探讨，在此基础上再来论述历代王朝对西南边疆的认知、治理的方针政策等；① 其从宏观和纵向演变的角度较为深刻地分析了传统时期我国对西南边疆治理的主要措施，具有一定的学术和现实价值。刘建莉认为动态、多元的“内”、“外”观念与治理策略相互塑造、相互影响，使边地秩序得以不断重塑，边疆地区也因此呈现出多样化的格局；② 在古代文献和现代学者关于传统时期我国边疆地区的表述中时常会运用“内—外”、“华—夷”等话语体系，而对于这套话语在不同历史时期、不同视角下的具体内涵则少有学者进行区分，该文在这方面具有重要价值。段红云则认为乾隆时期是清朝边疆意识和边疆观念发生重大变革的时期，在处理凭祥州、思陵州沿边栽种筋竹而引发的与安南界务纠纷过程中，乾隆帝按照“不得丝毫侵越夷界，

---

* 吕文利，中国社会科学院大学教授、中国社会科学院中国边疆研究所研究员；时雨晴，中国社会科学院中国边疆研究所副研究员；袁沙、张楠林，中国社会科学院中国边疆研究所助理研究员。

① 宋才发：《中国历代王朝西南边疆治理三维探讨》，《民族学刊》2020年第3期。

② 刘建莉：《边地秩序：明代云南西南边疆地区的“内”、“外”之别》，《中国边疆史地研究》2020年第3期。

亦不可尺寸退让”的原则进行了处置，表现出近现代主权国家的疆域观念和边界意识。①

对传统时期国家治理地方模式进行总结以及探讨地方人群对国家治理模式的因应态度，是一个极具学术价值和现实意义的问题，2020 年学界在这方面取得了不小的成就。杜树海在民族国家的框架下，系统叙述了 11 世纪以来，广西明代思明土司府、清代归顺州从边疆到边界的历史进程，最终总结出国家整合的五种方式及其地方意义。② 连瑞枝以西南地区的僧侣、士人与土官为研究对象，通过对上述群体社会流动、身份选择和认同的关注，试图分析明朝“统治”该地模式的解释框架，以及西南族群不同阶层对待明朝治理的复杂态度。③

土司、改土归流、卫所等制度是探讨西南边疆治理的传统切入点，甚至从民国时期开始，这些议题便备受学者关注。在此前一系列概述性的研究之后，学界对这些议题的分析也逐步深入，早已进入以个案研究为主的制度具体实施层面，2020 年的研究也依然延续着这一态势；如，马亚辉认为搜集边防情报是西南边境土司的一项重要边防职能，其在乾隆中后期参与了密集、持久、激烈的情报战和反情报战。④ 马健雄认为掸傣土司之间通过联姻来分享土司政权、并不时互换嫁妆地作为经济补偿的政治文化制度逐渐发展起来，婚姻成为土司结盟来应对利益对立的重要政治手段；基于这样的历史条件，滇、缅、泰、老边疆地区，长期以来形成了分散性的地方政治体制。⑤ 此外，还有数篇关于土司政区⑥、土官家族⑦、防御施政方略⑧、民族融合⑨、卫所职官⑩、土司形象⑪的研究，均具备一定的学术价值。童巍雄、彭建则是从近代境外私盐入滇的

---

① 段红云：《乾隆时期凭祥州、思陵州与安南界务纠纷的处置智慧探析》，《广西民族大学学报（哲学社会科学版）》2020 年第 4 期。

② 杜树海：《边境上的中国：11 世纪以来广西中越边境地区的历史与记忆》，九州出版社 2020 年版。

③ 连瑞枝：《僧侣·士人·土官：明朝统治下的西南人群与历史》，社会科学文献出版社 2020 年版。

④ 马亚辉：《国家边防视阈下清朝西南边境土司的情报职能》，《贵州民族研究》2020 年第 8 期。

⑤ 马健雄：《明清时期掸傣土司区域的非中心化政体与联姻政治》，《思想战线》2020 年第 2 期。

⑥ 蓝良明：《明代广西宜山县土司政区的设置探析》，《昆明学院学报》2020 年第 2 期。

⑦ 谢宏维、秦浩翔：《土官纷争、边疆治理与社会变迁——以明代中期广西岑氏家族为中心》，《广西民族研究》2020 年第 1 期；吴才茂：《亦谱亦志：清代西南土司族谱编纂的方志化研究——以亮寨蛮夷长官司为例》，《原生态民族文化学刊》2020 年第 5 期。

⑧ 黄彩文：《明清时期永北高氏土军与滇川交通线管控模式变迁》，《广西民族大学学报（哲学社会科学版）》2020 年第 6 期；马岑晔：《唐在西南边疆地区统治和防御体系的建构、演化与终结》，《红河学院学报》2020 年第 3 期；廖国强：《“以汉化夷”与“因俗而治”——清代云南改土归流地区两种文化治理方略及其关系》，《云南师范大学学报（哲学社会科学版）》2020 年第 6 期。

⑨ 刘复生：《西南古代民族关系史稿》，上海古籍出版社 2020 年版。

⑩ 孟凡松：《明代云南卫所新官考述——以武职选簿为中心》，《安徽学院学报》2020 年第 2 期；胡恳：《明代戍守云南的蒙古旗军——明故帖公士弘墓志铭考》，《贵州文史丛刊》2020 年第 4 期。

⑪ 王春桥：《殖民话语与土司形象：晚清时期英国人眼中的云南土司》，《青海民族研究》2020 年第 1 期。

角度论述西南边疆的治理问题，认为在近代边疆危机背景下，西方国家以缅、越私盐为经济手段，加紧对中国西南边疆进行侵略，事关边地与边民的争夺，对国家边疆治理和边地社会的稳定产生了深远影响。①

（二）文化教育方面

这类研究可以与当地的土司社会、民族“教化”、国家认同等问题结合，成为学者解读当时西南边疆、国家文化教育布局的重要突破口。其中，李宇舟的研究在选题上较为新颖，主要从南诏国中后期城镇建置的角度研究西南地区的文化整合，认为伴随着中原郡县制对西南边疆的深入，西南地区在以地方政权为主体的文化制度的推动下，通过不同层级治所城镇的建置，把当时较有优势的中原“郡县制”文化推进、深入到更广泛的边境民族区域中，为西南各民族群体的“城镇—聚落”文化整合创造了条件。② 张柏惠认为明清时期官方与民间围绕汉景帝神的身份展开的“论辩”体现了在国家开发地方的过程中当地人与国家的互动，以及两者历史观念之间的博弈。③ 苍铭在对《维西夷人图》图册装帧设计、图说内容、图像绘制特点进行分析的同时，也将《维西夷人图》与其他几部清代“夷人图”进行了比较，认为不同绘图者的“民族”认知和绘图的目的不同。④ 张熙勤则主要从《西南夷风土记》的文本记载中探究西南地区的族群与社会变化，认为《西南夷风土记》新记载了滇西南得稜子、孟艮子、赤发野人、遮些子、安都鲁、牛哒喇、杜怒等族群，又详细描述了万历年间西南夷的自然环境、衣食住行、宗教信仰等多元社会图景，反映出明人对西南夷族群与社会认识上的更新。⑤

（三）经济开发方面

西南边疆的经济贸易、区域开发一直备受重视，今年仍有学者在持续关注该区域的移民⑥、水利⑦、茶业⑧、垦殖⑨等历史问题。这些方面的成果在数量和质量上都达到了

---

① 童巍雄、彭建：《近代境外私盐入滇与边疆治理研究》，《盐业史研究》2020 年第 2 期。

② 李宇舟：《南诏国中后期城镇建置的文化整合研究》，《民族论坛》2020 年第 4 期。

③ 张柏惠：《“地方”与“国家”文化权力的博弈——明代以降云南腾冲地区汉景帝神祠考论》，《民俗研究》2020 年第 1 期。

④ 苍铭：《〈维西夷人图〉考释》，《民族研究》2020 年第 5 期。

⑤ 张熙勤：《〈西南夷风土记〉及其所见族群与社会》，《贵州民族研究》2020 年第 10 期。

⑥ 陈宇思：《清代移民潮下西江流域客家人的迁徙与变迁——以广西藤县金鸡镇魏氏家族为例》，《地方文化研究》2020 年第 3 期。

⑦ 刘建莉：《水利集团与乡村社会：以清代云南禄丰县水利纠纷为例》，《楚雄师范学院学报》2020 年第 1 期。

⑧ 张海超：《南诏大理国与吐蕃及东南亚地区的茶叶贸易初探》，《农业考古》2020 年第 2 期；郭红军：《晚清民国时期广西茶叶史略》，《农业考古》2020 年第 5 期；邵凡晶：《晚清民国时期广西六堡茶的外销之路及其群体互动研究》，《农业考古》2020 年第 5 期。

⑨ 尹仑：《张子贞与民国初年云南边疆垦殖》，《云南档案》2020 年第 3 期；罗群：《边疆开发视域下“新理想、新社会、新制度之创造与实验”——以民国云南开蒙垦殖局为中心》，《中国边疆史地研究》2020 年第 2 期。

一定的水准，其突出特点是部分研究能够将西南边疆的经济和开发置于当时全国的制度范畴、东南亚区域以及国内外大局势之中进行讨论，不再局限于零碎、片段化的解读，具有不小的启发性。其中，张海超认为南诏大理国时期的云南茶叶被运往藏区销售并出口到以安南为主的东南亚地区，该贸易活动不仅维持着茶马古道交通网络的存在，云南也借此强化了与西藏以及东南亚的政治文化交流。[①] 地方财政也仍是学者较为关注的问题，李光伟认为清代西南边疆田赋虽在国家财政收入中占比不大，但关系国计民生，事涉边疆安全与稳定发展，因此其重点研究了清中后期西南边疆的田赋蠲缓与国家财政治理。[②]

（四）法制建设方面

近年来关于西南边疆地区法制建设的研究逐渐增多，但与经济开发等方面相比，此类选题仍属于少数。在今年的研究中以胡兴东、唐国昌的《民国时期云南基层司法建设研究——以10个县志为中心》最具代表性，其认为民国时期云南基层司法转型由于受到独特的历史、民族、文化、人才等因素影响，体现出显著的变通、过渡特征。[③]

总的来说，关于西南边疆历史问题的研究基本呈现出良好的发展态势。选题具有逐步细化、拓展的趋势，已有的选题在被持续地深入挖掘的同时，又不断涌现新的议题。更重要的是，学者开始较为注重通过西南边疆地区的个案研究透视传统、近代甚至现代中国的制度、社会变迁和国内外局势，不仅增强了文章自身的解释力，也能够突出西南边疆在我国各个时期的重要地位；当然，这类研究在总体上仍是少数，亟待学者们继续共同努力。

二 西南边疆现实问题研究新进展

2020年度，西南边疆的现实问题研究在以往的基础上有很大拓展，尤其是在产业经济、乡村治理、民主政治和法治建设、文化教育和安全稳定等方面的研究，在深度和广度上进一步拓宽。

（一）边疆治理的异质性

异质性作为边疆治理的重要情境构成，关乎制度设计和政策制定，是边疆治理取得成效的关键。胡佳玲[④]从异质性为视角切入，分析异质性调适与边疆治理之间的关系，研究结果表明，边疆异质性形成的复杂治理情境是边疆治理行为产生及复杂性的重要原因。异质性越大，边疆治理难度越大，边疆治理越难取得成效；减小异质性可以增加边疆与国家整体治理体系的吻合度。但异质性减小不是简单粗暴地消除边疆特征、按照腹

① 张海超：《南诏大理国与吐蕃及东南亚地区的茶叶贸易初探》，《农业考古》2020年第2期。

② 李光伟：《清中后期西南边疆田赋蠲缓与国家财政治理》，《史学月刊》2020年第2期。

③ 胡兴东、唐国昌：《民国时期云南基层司法建设研究——以10个县志为中心》，《云南师范大学学报（哲学社会科学版）》2020年第3期。

④ 《边疆治理的逻辑进路研究——基于边疆异质性的分析》，《云南民族大学学报》2020年第1期，第121—130页。

地统一标准进行同化，而是有选择地对异质性因势利导，坚持以“合为纲、异而治”的治理方略，对异质性从国内和国际两个层面进行调适以优化边疆治理。

（二）产业经济

随着我国经济的发展及对西南边疆扶持政策的实施，西南边疆少数民族地区人们的生产方式、生活方式获得极大改善，经济取得长远进步，但当前西南边疆地区的发展仍然相对落后。卢婕、于明珠①通过选取几个重要的指标解释说明西南边疆地区的落后表现，并就西南地区经济发展缓慢问题进行探讨，并提出相关建议。于明珠、卢婕②认为，由于受到多种因素的影响，也出现一些问题，西南边疆民族地区的经济发展与我国东部沿海地区仍存在着较大的差距，并从经济基础薄弱、交通基础设施不完善、城镇化水平不足、缺乏创新人才四个方面，论述西南边疆少数民族地区经济落后的原因，并提出对策建议。

边境贸易作为边疆地区的特色贸易形式，具有重要的研究意义。陈嘉欣、张子龙③通过文献考察、实地调研、人物访谈等方法，分析总结边疆少数民族地区集市的现状、功能及其变迁规律，发现云南省马关县边境都龙口岸集市进行物资集散、族群互动、边疆维稳等的传统功能正逐步扩大，并且正在进行现代化转型。

王念、庞程④从创新要素、主体、环境和产业集群培育升级的视角分别构建创新系统与制造业集群发展指标体系，运用熵值法和耦合协调度模型，对 2008—2017 年西南边疆民族地区创新系统与制造业集群发展的演变趋势及耦合协调关系进行测度与评价，并提出政府部门发挥支撑和引导作用、企业致力于提升自身能力等对策建议。谭娴、刘筱筠等⑤认为西南边疆地区农业企业品牌化建设程度较低，但优质种质资源及地形与气候等优势条件为打造农业企业知名品牌奠定了基础，质量与品质、服务与信誉、技术创新、营销与市场推广、政府支持等是西南边疆地区农业企业品牌建设的主要影响因素，应找准品牌定位、培养品牌意识、加大科研投入，以增强西南边疆地区农业企业竞争力。王玉萍⑥应用对应分析法对西南边疆民族村寨外出务工人员的收入与务工地域之间的对应关系进行分析。王峰⑦认为西南边疆山区作为中国重要的旅游热点区之一，其特

---

① 卢婕、于明珠：《西南边疆少数民族地区发展思考》，《合作经济与科技》2020 年第 9 期，第 36—38 页。

② 于明珠、卢婕：《西南边疆少数民族地区经济发展研究》，《合作经济与科技》2020 年第 8 期，第 32—33 页。

③ 陈嘉欣、张子龙：《西南边疆少数民族地区集市功能及变迁研究——以马关县都龙口岸集市为例》，《文山学院学报》2020 年第 2 期，第 18—21 页。

④ 王念、庞程：《西南边疆民族地区创新系统与制造业集群发展的耦合协调度分析——以广西、云南为例》，《改革与战略》2020 年第 10 期，第 115—124 页。

⑤ 谭娴、刘筱筠等：《西南边疆地区农业企业品牌建设的影响因素与发展对策》，《云南农业大学学报》2020 年第 6 期。

⑥ 王玉萍：《西南边疆地区民族村寨农民工务工收入地域差异的实证研究——以云南省文山州捏黑村为例》，《长江丛刊》2020 年第 3 期。

⑦ 王峰：《西南边疆山区交通网络与旅游空间结构演化关联机制及效应研究——以云南省为例》，《云南民族大学学报》2020 年第 5 期。

殊的地理位置和环境，区域旅游空间结构在理论和实践中均表现出一定的特殊性和典型性，交通在西南边疆山区旅游空间结构的形成和演变过程中所起的作用更为凸显。

（三）乡村治理

乡村治理是助力乡村振兴、实现国家治理现代化的重要领域和关键环节。西南边疆民族地区疆域广、人口分布复杂、经济条件落后，乡村社会治理面临着诸多难题。冉旭宏、董晶①认为西南边疆乡村地区基层组织治理职责界定不清晰、“人治”思维普遍存在、精神文明建设滞后、数字化治理程度较低，需要强化党组织领导作用、推进边疆法治乡村建设、以实际为依托进行精神文明建设、加快乡村信息基础设施建设。村寨是边疆地区实现基层治理的场域，孕育出边疆地区实现有效治理的特殊制度。吕进鹏、裴元圆②通过中国西南区域农村深度调查材料发现，传统时期的治权结构表现为整体性权力与个体性权力的复合支配，具有三层逻辑意涵：作为权力化身的整体对个体的支配，拥有权力的个体对处于服从地位的个体的支配，整体性权力支配往往优先于个体性权力支配。当今社会，探析复合型的治权结构及其嬗变进路，促进治权结构的现代化，最终转向整合式的治理图景，对于提升边疆民族地区乡村治理能力、加快乡村治理体系现代化有着重要的现实意义。

2020 年是脱贫攻坚的决胜之年。时雨晴③梳理了西南边疆通过脱贫攻坚推动乡村治理的特色实践，认为脱贫攻坚工作被深度整合进乡村常规行政管理体系中，并通过强大的行政统筹、资源整合和社会动员能力，夯实了乡村治理的物质基础、组织基础和群众基础，有力推进了乡村治理体系和治理能力现代化。

（四）民主政治建设

发展社会主义民主政治，是中国共产党始终不渝的奋斗目标。黄小军④记述了云南坚持从边疆、民族、山区、贫困的省情出发，稳步推进民主政治建设，尤其是党的十八大以来，稳步推进法治云南建设，不断深化党政机构和行政管理体制改革，巩固和发展广泛的爱国统一战线，创新发展民族、港澳台和外事、侨务等工作，不断提高党的群团工作水平，有效提升了边疆治理能力和政治文明建设水平，中国特色社会主义政治建设在民族地区取得了巨大进步和辉煌成就。

（五）法治建设

当前西南边疆地区社会环境极为复杂敏感，建设法治边疆是全面推进依法治国的题

---

① 冉旭宏、董晶：《西南边疆民族地区乡村社会治理问题研究》，《现代商贸工业》2020 年第 18 期。

② 吕进鹏、裴元圆：《西南边疆民族地区乡村的复合型治权结构及行动逻辑：历史底色与现代启示》，《云南民族大学学报》2020 年第 2 期。

③ 时雨晴：《西南边疆脱贫攻坚的特色实践及对乡村治理的推动》，《云南社会科学》2020 年第 6 期。

④ 黄小军：《云南政治建设 70 年》，云南人民出版社 2020 年版。

中应有之义。范根平[①]认为，有些边疆政府缺乏法治思维、法治建设滞后，致使边民对政府的政治信任不高。因此，应通过强化边疆地区群众的权利利益保障、建立边疆地区畅通的民族利益表达机制、实现边疆地区法治文化认同、完善边疆地区执法人员培育选拔机制，构建高效的法治实施体系，实现西南边疆地区持久的繁荣与稳定。徐清[②]认为法理视野下的中国西南边疆司法治理包含两对核心关系，一是中心与边疆的关系，二是司法与社会的关系。转型时期，西南边疆司法需要应对立体的边疆与司法治理的复杂性、多中心的边疆与司法治理的延展性、多元的边疆与司法治理的多元性、互嵌的边疆与司法解决机制的嵌套性，应构建以"法理"为中心，包括以法理型法官为司法治理的主体、以审判型组织为司法治理的组织结构、以审判治理为其运作保障的西南边疆法理型司法治理模式。

（六）文化教育

西南边疆少数民族地区因其独特的地域特点和民族特性而具有地域语言生活特色。祝峰、杨明宏[③]以语言教育为领域语言生活研究的核心，以语言舆情为视角，对西南边疆少数民族地区语言教育进行舆情监测，探寻舆情的特点与规律，并根据语言生活的层级分析，提出基于语言舆情研判的西南边疆少数民族地区语言教育规划策略。李雪皎、邓瑾等[④]通过调查和分析西南边疆地区中小学教师的心理教育现状和教师心理教育水平与学生心理健康水平之间的关系发现：西南边疆地区中小学教师的心理教育能力处于中等偏上水平；西南边疆地区小学生心理健康水平较高，但普遍存在较重的学习焦虑；教师的心理教育水平与所带班级学生的心理健康水平正相关。

南方丝绸之路不仅开通了中国对外交流的大通道，也促进了中国与世界各国经济贸易的交流和发展，具有深刻的文化内涵和历史意义。王立教、戴蓉[⑤]认为南方丝绸之路成为中央政府经略西南地区以及与南亚、东南亚文化交往的枢纽和要道，推动了民族的流动迁移和文化的互动，使西南边疆成为文化交汇与碰撞的特殊区域，建立起基于边疆社会的文化传统，形成彼此之间较为整体的网络联系。南方丝绸之路在西南边疆文明的形成、统一多民族国家的塑造、中华文明多元一体化进程中发挥了重要作用。申灿玉、邹诗琦[⑥]在对西南边疆少数民族地区旅游城镇建设中传统文化保护现状进行深入研究的基础上，针对现存问题，提出西南边疆少数民族地区旅游城镇建设中传统文化保护对策。

---

① 范根平：《基于政治信任的西南边疆地区法治建设多元路径探析》，《齐齐哈尔大学学报》2020 年第 2 期。

② 徐清：《法理视野下的西南边疆司法治理模式建构》，《思想战线》2020 年第 5 期。

③ 祝峰、杨明宏：《语言舆情视域下西南边疆少数民族地区语言教育规划研究》，《民族教育研究》2020 年第 4 期。

④ 李雪皎、邓瑾等：《西南边疆地区中小学心理教育现状与分析》，《教育教学论坛》2020 年第 45 期。

⑤ 王立教、戴蓉：《南方丝绸之路开凿对西南边疆文化塑造探析》，《贵州社会科学》2020 年第 5 期。

⑥ 申灿玉、邹诗琦：《西南边疆少数民族地区旅游城镇建设中传统文化保护研究》，《旅游纵览》2020 年第 15 期。

（七）安全稳定

杨林兴[①]系统梳理和阐释了新中国成立以来西南边疆民族关系治理的历史和经验教训，认为西南边疆能够保持长期团结稳定局势是着力调整和维护民族关系的结果，是中央决策与地方实际相结合不断探索的过程，从边疆民族关系的角度丰富了中国特色社会主义解决民族问题的道路，为促进全国各族人民的大团结，维护国家长治久安、共建中华民族共有的和谐家园提供了有力的支撑。陈利君[②]分析了世界能源地缘政治格局和优选视野下的中国能源安全环境，在东南亚、南亚地区的大的格局背景下，聚焦于中国西南地区的能源安全形势，对中国西南能源问题做了综述性研究，归纳总结了东南亚、南亚国家的对外能源战略与政策，阐述了中国与东南亚、南亚国家开展能源合作的情况，并结合实际提出了一系列维护中国西南边疆能源安全的对策建议。

中国西南边疆与越南、老挝、缅甸三国接壤，是多民族交错聚居，文化多样性与地理复杂性表现突出的地区，也是众多跨国民族跨界互动频繁的地区[③]。李智环、张家琪[④]聚焦中缅边境地区边民人口的跨界流动，将不同历史时期边民跨越边界“离散”或“回归”的行为，绝大多数归结为“以生为计”的理性选择。

西南边疆地区毗邻“金三角”毒源地，禁毒斗争形势严峻复杂，特殊人群毒品犯罪问题严重。李云鹏[⑤]认为西南边疆地区少数民族特殊人群贩毒已给当地的社会经济发展、民族团结与进步、人文环境等方面产生了危害，严重影响了当地的政治稳定、经济稳定、社会发展，危害中国国家安全。自2007年国家禁毒委部署开展“整治特殊人群贩毒活动专项斗争”以来，西南边疆地区公安机关禁毒部门花大力气开展了特殊人群毒品犯罪的管控、打击、预防、救助等多项措施，但特殊人群毒品犯罪问题仍然没有得到有效遏制。

三　西南周边国家关系研究的新进展

截至2020年12月20日，在中国知网分别以“中老”“中缅”“中越”为关键词进行搜索，发现2020年涉及“中老”的学术论文有11篇，核心期刊论文2篇；涉及“中缅”的相关文章共计149篇，核心期刊论文36篇；涉及“中越”的学术论文146篇，其中核心期刊论文48篇。综合来看，2020年研究“中缅”“中越”关系的成果相对较多，研究“中老”关系的论文较少。三方面核心期刊论文共计86篇。按照不同研究领域，我们将核心期刊论文进行分类，如图1。

从图1可以看出，中国与西南周边国家外交、经济（含“一带一路”）、宗教文化、

---

① 杨林兴：《中国西南边疆民族关系治理现代化研究》，云南人民出版社2020年版。

② 陈利君等：《中国西南边疆能源安全研究》，社会科学文献出版社2020年版。

③ 周建新：《“西南边疆与边民社会”专栏导语》，《贵州民族研究》2020年第4期。

④ 李智环、张家琪：《作为生存策略的理性选择：中缅边境地区边民离散与回归的人类学研究——基于临沧边境口岸区域4个沿边村的调查》，《贵州民族研究》2020年第4期。

⑤ 李云鹏：《西南边疆地区少数民族特殊人群贩毒防控构想》，《云南警官学院学报》2020年第1期。

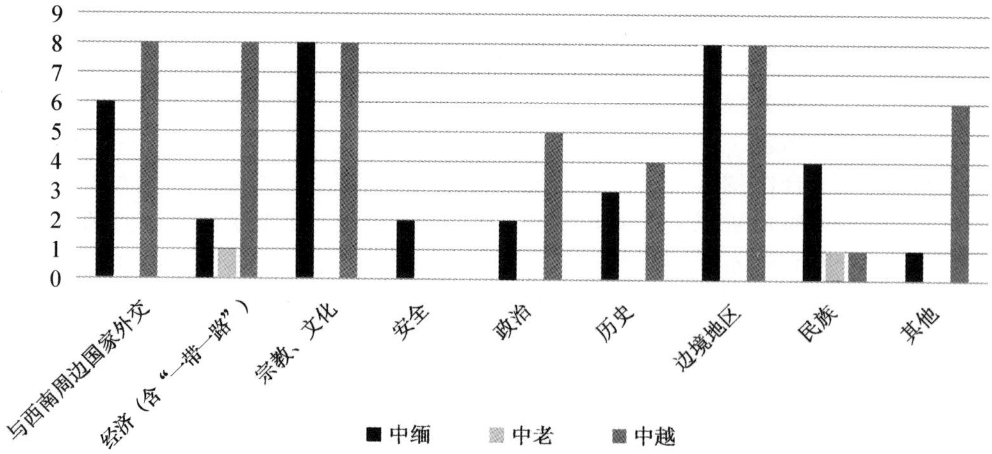

图1　涉及中国与老挝、缅甸、越南关系研究中核心论文领域分布

边境地区四个研究领域的核心论文占比较大。值得一提的是，学界对中国与老挝关系的研究不多，成果集中分布于"命运共同体构建"、经济和民族三个研究领域。从核心期刊论文的分布看，学界在2020年比较关注中越关系和中缅关系研究。一个重要原因是2020年中越建交70周年，同样，中缅建交也70周年。中国与缅甸和越南高层之间互访、互致贺电等庆祝活动，进一步深化了中缅关系和中越关系。双边关系的发展推动缅甸和越南成为中国学界关注的焦点，主要体现在中缅外交和中越外交的研究成果方面。此外，由于缅甸和越南与中国西南边境线较长，中缅、中越边境地区贸易往来频繁，跨境婚姻、务工等联系密切，这客观上需要中缅、中越加强边境管理，共同维护边境安全稳定。进入新时代以来，中国不断扩大西南方向的对外开放，也为学界提出更多新的时代课题。因此，学界也越来越重视对中国西南边疆地区以及西南周边国家的研究，尤其关注对缅甸和越南的研究。

（一）中缅关系研究

关于中缅关系的研究，2020年学界继续围绕"一带一路"及相关问题展开。比如，刘稚和沙莎从缅甸政教关系、民族与宗教关系、宗教极端主义三个维度研究"一带一路"在缅甸实施中存在的风险及对策。① 关于所谓的"债务陷阱"问题，刘务和刘成凯利用数据分析有力地驳斥了西方所谓"一带一路"会造成对缅"债务陷阱"的言论。② 高程和王震以中缅经济走廊建设为案例，就中缅经济走廊机制化建设进行研究。③ 廖佳

① 刘稚、沙莎：《"一带一路"倡议实施中的缅甸宗教风险研究》，《世界宗教文化》2020年第5期。

② 刘务、刘成凯：《中缅经济合作：是"债务陷阱"还是发展机遇？》，《南亚研究》2020年第2期。

③ 高程、王震：《中国经略周边的机制化路径探析——以中缅经济走廊为例》，《东南亚研究》2020年第1期。

重点研究了中国与“一带一路”沿线国家，特别是与缅甸的双边贸易情况及发展趋势。[①] 关于中缅外交方面的研究，[②] 祝湘辉、张添从政治转型的系统机制出发，结合两届缅甸政府的政治、经济和民族政策，发掘政治转型与中缅关系之间的逻辑关系。成汉平、宁威认为，中缅关系在民盟执政的背景下，呈现出了良好的态势，但现实中面临大国搅局、边境安全问题等挑战，缅甸特有的二元权力结构也给中国在缅甸的投资增添了困扰。在边境经济合作方面，付永丽从国家级边境经济合作区相关的研究回顾入手，系统考察沿边开放战略背景下中缅边境地区国家级边境经济合作区的发展历程，总结出“一带一路”倡议下中缅边境地区国家级边境经济合作区的发展特征，提出中缅命运共同体构建中中缅边境地区国家级边境经济合作区的发展目标，为中缅边境地区国家级边境经济合作区向更高水平发展和更高质量迈进提供参考。[③] 此外，在宗教文化[④]、中缅边境地区研究[⑤]等方面，学者们也发表了一些前沿性成果。总体来看，2020 年学界对中缅关系的研究以中缅经济合作为主，外交往来次之。从两国发展阶段来看，经济发展无疑是当前中缅两国发展的重要方面。学界针对中缅经济合作进行研究，抓住了两国关系发展的契合点。

（二）中老关系研究

2020 年学界主要围绕中老命运共同体、经贸合作等方面对中老关系进行系统研究。比如，苏世天从构建双边命运共同体角度，研究中老命运共同体建设的意义、路径和进程。[⑥] 郭春生、阿丽萨研究指出，构建中老两国命运共同体已具备了充分的条件：中老两国陆路相连，是传统的友好邻邦；中国共产党和老挝人民革命党同是社会主义政党，有深厚的政党友谊；中老两国经济上有很大的互补性，人文交流十分密切。所有这些都组成了构建中老两国命运共同体的重要条件，使中老两国关系得到长期稳定

---

① 廖佳：《中国与“一带一路”沿线国家双边贸易研究（东南亚卷）》，中国经济出版社 2020 年版。

② 祝湘辉、张添：《政治转型系统机制与中缅关系的变迁》，《南亚研究》2020 年第 2 期；张添：《后军人时代缅甸的“双头政治”及其外交影响》，《东南亚研究》2020 年第 1 期；张颖：《中缅命运共同体及其示范意义》，《当代世界》2020 年第 5 期；祝湘辉、范宏伟：《中缅关系 70 年：“胞波”关系的新陈代谢》，《南洋问题研究》2020 年第 1 期；成汉平、宁威：《国家利益论视角下的中缅关系——民盟执政时期中缅合作的机遇与挑战》，《亚太安全与海洋研究》2020 年第 1 期。

③ 付永丽：《中缅边境地区国家级边境经济合作区的发展特征及其前景》，《贵州民族研究》2020 年第 10 期。

④ 余艳娥、杨晓龙：《中缅边境多民族杂居地区基督教本土化的族际视角探析——以云南省耿马县基督教为例》，《世界宗教文化》2020 年第 5 期；高志英、邓悦：《族群认同、区域认同与国家认同的跨境互构——以中、缅、泰傈僳族弩弓文化的位移与重构为视角》，《云南师范大学学报（哲学社会科学版）》2020 年第 5 期；徐祖祥、唐俊：《近代以来基督教中国化与中缅跨境民族认同结构的变迁》，《宗教学研究》2020 年第 1 期。

⑤ 杨啸、周建新：《乡村振兴战略下中缅边境村寨边民流失问题及其治理策略》，《贵州民族研究》2020 年第 2 期。

⑥ 苏世天：《中国与老挝命运共同体建设再上新台阶》，《世界知识》2020 年第 3 期。

和日益充分的发展。[①] 李珍刚从区域和国别的角度探索中国与老挝构建双边命运共同体的具体路径。[②] 在"一带一路"研究方面，彭牧青研究了"一带一路"背景下中国对老挝的援助及投资减贫效应。[③] 郑国富在"一带一路"倡议下对中国与老挝农产品贸易合作展开研究，评价了双方合作的成效，发现了一些问题并提出相应的解决方案。[④] 黄欢、赵杰、苏婷婷在"一带一路"倡议背景下，研究了中老两国跨境物流发展现状，分析了其发展过程中存在的一些问题及成因，从合作机制、物流通关、基础设施三个方面提出促进中老两国跨境物流发展的对策建议。[⑤] 在中老经济关系方面，蔺睿选取老挝作为研究对象，将中国与老挝的经济交往与老挝对中国的经济认知之间的关联性进行了实证性的研究，试图在学术研究层面找出中国对老挝的出口、投资等经济活动与老挝对中国经济要素的认知印象之间存在何种关系。[⑥]

在农业合作方面，相关学者主要从企业、技术培训等方面对中国和老挝农业合作展开研究。[⑦] 在中国与老挝农业职业教育合作方面，禤美琦总结了中国与老挝开展农业职业教育交流与合作的历程，准确把握两国农业职业教育交流与合作的现状，为推动两国农业职业教育交流与合作提出可操作的建议。[⑧] 2020 年虽然关于中老关系方面的研究成果相对较少，但学界比较关注中老命运共同体的构建理路和进程。

（三）中越关系研究

2020 年学界关于中越经济合作方面的研究主要体现在"一带一路"以及边境贸易两个方面。曾贞主要研究了在"一带一路"背景下中越边境贸易合作机制的建构问题。[⑨] 巫云仙以广西东兴的创新实践为例分析了"一带一路"与边境城市的"贸工民"模式。[⑩] 傅楚玮通过分析中越投资贸易的现状和发展趋势，探讨中越贸易关系发展中存

---

① 郭春生、阿丽萨：《构建中老两国命运共同体的条件探析》，《廊坊师范学院学报（社会科学版）》2020 年第 4 期。

② 李珍刚：《人类命运共同体：区域和国别视域下中国与老挝实践的逻辑》，《东南亚纵横》2020 年第 4 期。

③ 彭牧青：《"一带一路"背景下中国对老挝援助及投资减贫效应》，《山西财经大学学报》2020 年第 S2 期。

④ 郑国富：《"一带一路"倡议下中国与老挝农产品贸易合作发展的成效、问题与建议》，《对外经贸》2020 年第 12 期。

⑤ 黄欢、赵杰、苏婷婷：《"一带一路"背景下中国和老挝跨境物流现状研究》，《企业科技与发展》2020 年第 6 期。

⑥ 蔺睿：《中日韩与老挝的经济交往与认知》，知识产权出版社 2020 年版。

⑦ 黄思然、刘皓雪、周璇、张洪福：《中国农企在老挝和柬埔寨的投资概况》，《农经》2020 年第 Z1 期。赵波、禤美琦、吕峰、罗英极：《中国—老挝合作农业技术人才培训实践探索》，《广西农学报》2020 年第 1 期。

⑧ 禤美琦：《中国—老挝农业职业教育合作研究》，中国农业大学出版社 2020 年版。

⑨ 曾贞：《"一带一路"背景下中越边境贸易合作机制研究》，《商业经济研究》2020 年第 21 期。

⑩ 巫云仙：《"一带一路"与边境城市的"贸工民"模式——基于广西东兴的创新实践分析》，《河北学刊》2020 年第 2 期。

在的问题和挑战，提出相应的对策建议。① 李建钢总结了中越共建“一带一路”取得的一系列成果，但也面临一些风险。中越应从高层互动、企业交流、民间交往等层面对症下药，为高质量共建“一带一路”作出积极贡献。② 在边境合作方面，潘思谕以区域经济一体化和中国企业实施“走出去”战略为背景，以促进中国企业跨国经营为主题，以西南边境省区（广西、云南）企业跨境合作（即与接壤的越南、老挝、缅甸的企业合作）为主线，以提高跨境合作绩效为目标，针对中国改革开放后西南边境省区企业跨境合作历程、现状与特征，运用企业跨国合作理论、协同论、企业绩效管理理论与方法，从价值创造的视角，深入研究西南边境省区企业跨境合作的现状与问题，揭示跨境合作成功的关键因素，构建提升跨境合作绩效的理论模式，并提出西南边境省区企业跨境合作绩效提升的策略。③ 佟光霁和刘畅对中越农产品贸易及影响因素进行实证研究。

中越外交方面的研究有一定突破。学界主要围绕回顾中越建交70年的历程，以及围绕中越合作抗疫对双边关系的影响展开分析。比如，成汉平指出，在中越建交70周年之际，一方面，政治互信对两国关系稳定发展有着极其重要的现实意义；另一方面，应以“邻里之道”来管控处理好有关分歧。此外，注重推动民间外交，不断丰富中越传统友谊内涵，塑造中国在包括越南在内的周边国家良好的文化和政治形象具有十分重要的战略意义。④ 梁茂华、于向东研究指出，新冠肺炎疫情可能会对中越命运共同体、“一带一路”建设和“两廊一圈”发展战略对接、疫情防控合作、传统睦邻友好关系和外交合作等方面产生影响，应做好妥善应对。⑤

关于中越边境地区研究。2020年学界主要侧重研究中越边境地区因跨界人口流动引发或潜在的问题。比如，徐佳峰针对边民证展开研究发现，边民证制度在方便边境地区人员的同时也逐渐暴露出境外边民证签发不严谨、境外边民证防伪技术落后、证件验放耗时长、证件信息共享存在壁垒等问题，给我国边境治理带来了安全隐患。为此，可以从加强国际合作交流、彰显大国形象，提升边境管控信息化水平，优化勤务模式、构建便捷通关机制等方面提升中越边境边民证件管控能力，切实维护好中越边境地区的安全秩序和社会稳定。⑥ 此外，鱼耀、覃延佳对中越跨界婚姻问题展开研究⑦；韦福安、谭金玲、陈劲波围绕中越跨界劳工流迁问题进行系统研究。⑧

从总体上看，2020年学界围绕中国与西南周边国家关系重点研究了中越关系，其

---

① 傅楚玮：《“一带一路”背景下扩大中越贸易研究》，《海峡科学》2020年第7期。

② 李建钢：《“一带一路”在越南落地实施面临的风险挑战和对策研究》，《文化软实力》2020年第2期。

③ 潘思谕：《西南临边省区企业跨境合作的绩效提升》，经济管理出版社2020年版。

④ 成汉平：《中越外交七十年：传承与创新》，《人民论坛·学术前沿》2020年第6期。

⑤ 梁茂华、于向东：《越南抗疫举措及对中越关系影响》，《和平与发展》2020年第2期。

⑥ 徐佳峰：《中越边境边民证件管控问题研究——以东兴口岸为例》，《广西警察学院学报》2020年第6期。

⑦ 鱼耀：《生存有道：中越跨境婚姻中的嫁与家——以宁明县N村为例》，《广西民族研究》2020年第5期；覃延佳：《生境、情感与边民社会网络：中越跨国婚姻研究实践与反思——以云南马关县金厂村为例》，《广西民族研究》2020年第2期。

⑧ 韦福安、谭金玲、陈劲波：《走向共赢：地方的经验和智慧——基于中越跨界民族劳工跨界流迁问题的讨论》，《贵州民族研究》2020年第4期。

次是中缅关系，而对中老关系的研究最为薄弱。从地理上看，越南既是中国的陆上邻国，又是中国的海上邻国。中越之间陆海互动的次数和频率较高。因此，学界关注中越关系发展的点比较多，成果也相应较多。另外，近年来，中缅围绕“构建命运共同体”“共同推动‘一带一路’建设”等方面合作较为密切，成为学界研究的重要课题。未来，学界要加强对中老关系的研究，为两国关系发展提供更多学理支撑和智力支持。

总之，本年度西南边疆研究学科发展方面，无论是西南边疆历史研究、现实研究、中外关系研究还是西南边疆研究室学科的发展，都取得了很多成果，在一些领域有一定的突破。但还有一些不足值得重视，在西南边疆历史研究领域，长时段、大空间的深度研究还是比较少；在现实研究领域，对西南边疆地区脱贫攻坚如何与乡村振兴有效衔接，如何加强文化建设等重要议题关注得还是不够；在周边国家关系研究方面，以边疆视角研究中国与西南周边国家关系的成果鲜有出现。以上这些不足，期待在未来的研究中有所突破。

2020年西藏研究述评

张永攀　刘　洁　裴儒弟*

在中国边疆学学科体系构建中，西藏研究是重要的构成部分。2020年，我国学术界在西藏研究领域继续深化内容、拓展领域，成果较为丰硕。尤为值得注意的是，中央西藏治理史与西藏史地、文献研究在数量上明显增多。现以我国学者公开发表的汉文论著为主，简要介绍本年度西藏研究的进展。

一　吐蕃王朝时期及其他相关研究

2020年度国内学界关于西藏早期历史的研究成果，主要涉及象雄王国的疆域、年代、世系、王城遗址、对外交通等领域，以考古、文献、田野考察三种研究方法的交叉使用为亮点。金书波利用阿里穹窿银城遗址保存的古藏文石刻碑铭、新发现的古藏文文献并辅以实地田野考察，强调象雄故都穹窿银城应该包括位于今西藏阿里扎达县曲龙村的威卡儿麦隆、穹窿威卡儿两个遗址。[①] 仝涛所撰《喜马拉雅的丝绸之路与古国风俗考：时代背景与考古新证》[②] 一文，通过分析穆斯塘萨木宗墓地和浪卡子县汉晋墓葬出土的大羊同和小羊同丧葬习俗、文化交流的实物材料，指出以一系列高原王国（吐谷浑、吐蕃、泥婆罗、大羊同）之间、高原王国与唐王朝之间的和亲为背景凿通的唐代丝绸之路“东道”，改变了喜马拉雅地区仅通过西藏西部与新疆南部的丝绸之路进行“物”交换的局面。该东道成为连接中原与印度的主动脉，是官方使团经过的重要通道，实现了“人”的直接交流，对青藏高原的文化交流模式产生了深刻影响。夏吾卡先以巴基斯坦北部的吉尔吉特、巴尔蒂斯坦和阿富汗瓦罕走廊地区发现的7处吐蕃石刻遗迹的内容与图像艺术特征为研究对象，就吐蕃军事势力始入瓦罕地区的时间、大小勃律的地望等问题提出观点。[③] 需要补充的是，该作者还就不丹境内发现的吐蕃时期贡确松寺铜钟的铭文、形制、铸造人柳某姓氏信息等线索，推断该铜钟铸于吐蕃赤松德赞时

---

* 张永攀、刘洁、裴儒弟：中国社会科学院中国边疆研究所研究员、副研究员、助理研究员。

① 金书波：《关于象雄遗址、石刻和历史文书的几点认识》，《西北民族论丛（第二十辑）》，社会科学文献出版社2020年版。

② 仝涛：《喜马拉雅的丝绸之路与古国风俗考：时代背景与考古新证》，《中华文化论坛》2020年第6期。

③ 夏吾卡先：《巴基斯坦北部及其邻近区域所见吐蕃遗存的整理研究》，《中国藏学》2020年第2期。

期，与唐蕃文化交流具有直接联系。① 王瑞雷解读了西藏阿里地区托林寺佛塔出土的三份古藏文文书，认为这批文书对于学界研究 11—12 世纪时期的古格王国与近邻洛域的战争、寺院僧侣制度、王室对普通民众的奖惩形式等具有重要的史学价值。② 霍巍等人围绕 20 世纪以来青藏高原考古发掘的吐蕃金银器的种类、功能、制作工艺、社会历史背景等方面展开研究，也重点提出吐蕃与中原及其他周边国家和地区之间的文化交流问题。③ 霍巍还在《近年来青藏高原吐蕃时代考古新发现及其意义》④ 中，对比研究青海省海西州泉沟一号墓和都兰热水血渭一号墓这两处吐蕃时代墓葬的考古成果，论证在多民族文化融合、丝绸之路交通和中外文化交流等背景下，吐蕃丧葬制度和习俗在青海地区的流行与变迁趋势。最后值得商榷的是，尽管李宗俊、梁雨昕所撰《〈隋书·附国传〉与早期吐蕃史相关问题》⑤ 尝试在岑仲勉先生提出的"附国即吐蕃"观点基础上，进一步考证"吐蕃"的词源，但是作者们提出的吐蕃人因仰慕雄踞陇右的南凉政权而以"秃发"或"拓跋"自称其名这一观点，仍然需要继续深入利用藏汉史料对比研究的成果来检验论证。

2020 年度关于吐蕃历史的研究成果主要集中在历史人物、职官制度、军事、经济、唐蕃关系、历史地理等领域。关于吐蕃时期的代表性历史人物，可重点参考《吐蕃末代赞普达磨名号考》⑥、《吐蕃噶氏家族发展考述》⑦、《婚姻与善法：藏文伏藏〈柱间史〉的王权表述》⑧ 等文。其中，洲塔等考证的唐末至宋明以后噶氏家族后裔与德格土司、卓尼土司的关系值得学界重视。

关于吐蕃职官制度，陆离在《再论吐蕃告身制度和大虫皮制度的两个问题》⑨ 文中分析，吐蕃政权从未取消给宗教人士授予告身的规定，吐蕃六勇饰的规格等级以《弟吴教法源流》的记载为准，后又有所发展变化。吐蕃授予立功者不同规格的虎豹皮制品及相应称号，被授予者获得一定品级的官员身份，但虎豹皮制品可以由被授予者自备，不一定要由官府授予。《吐蕃时期僧相制度的运作机制》⑩ 阐释了吐蕃僧相制度的双重历史影响：前期继承吐蕃传统政治的平稳性，以及后期僧相权力无根基和空心化的危险。朱丽双还在《古藏文政治文化术语 chos 与 gtsug lag 探微》⑪ 文中揭示了中原王朝

---

① 夏吾卡先：《不丹王国发现吐蕃铜钟研究：兼论吐蕃钟的形制与文化源流》，《西藏研究》2020 年第 4 期。

② 王瑞雷：《托林寺佛塔新出土古藏文文书的书写年代与价值》，《文献》2020 年第 5 期。

③ 霍巍、祝铭：《20 世纪以来吐蕃金银器的发现与研究》，《西藏大学学报（社会科学版）》2020 年第 2 期。

④ 霍巍：《近年来青藏高原吐蕃时代考古新发现及其意义》，《中华文化论坛》2020 年第 6 期。

⑤ 李宗俊、梁雨昕：《〈隋书·附国传〉与早期吐蕃史相关问题》，《西藏大学学报（社会科学版）》2020 年第 4 期。

⑥ 扎西当知：《吐蕃末代赞普达磨名号考》，《中国藏学》2020 年第 3 期。

⑦ 洲塔、玖玛草：《吐蕃噶氏家族发展考述》，《西藏大学学报（社会科学版）》2020 年第 2 期。

⑧ 杨毛措：《婚姻与善法：藏文伏藏〈柱间史〉的王权表述》，《民族研究》2020 年第 4 期。

⑨ 陆离：《再论吐蕃告身制度和大虫皮制度的两个问题》，《西藏研究》2020 年第 4 期。

⑩ 切排、金鹏飞：《吐蕃时期僧相制度的运作机制》，《藏学研究》2020 年第 3 期。

⑪ 朱丽双：《古藏文政治文化术语 chos 与 gtsug lag 探微》，《中央民族大学学报（哲学社会科学版）》2020 年第 5 期。

的儒家思想对吐蕃王朝的礼仪制度产生过的影响。此外，还有学者指出吐蕃行政区内较为完备的清查户籍、制作户籍册、划分军户（登记士兵户籍信息的白册）与民户（登记平民户籍信息的红册）等户籍管理制度，为战时征调兵员提供了必要条件。[①] 关于吐蕃社会经济方面的研究，杨铭、贡保扎西合著《敦煌所出藏汉两种雇工收麦契比较研究》[②]，总结了藏汉两类契约书写时间相近、格式基本相同、雇值接近等特点，符合学术界关于藏文契约受汉文契约影响的共识。关于唐与吐蕃的军事研究，可参考《论南诏与唐朝、吐蕃之关系：从年号变迁的视角》[③]、《唐蕃接触中的河西九曲》[④]、《唐在西南边疆地区统治和防御体系的建构、演化与终结》[⑤] 等文。

最后值得注意的是，2020 年度西藏历史地理研究的相关成果较为凸显，主要包括《汉唐时期南山亦即吐谷浑贺真城地望考》[⑥]、《唐代拨川的地望和词源》[⑦]、《唐代河湟地区的道路交通》[⑧]、《西夏通吐蕃河湟间的交通路线及沿路军事堡寨考察》[⑨]、《唐宋时期青石岭地望新考》[⑩]、《“泥婆罗门”疏证》[⑪]、《宋僧继业西行归国路经“吉隆道”考》[⑫] 等重点文章。择要而言，首先，关于吐蕃时期历史地名与交通路线，王璞考证前人将汉文史籍所记吐蕃南疆史事常见“泥婆罗门”一词视作“泥婆罗”应系误用，他认为“泥婆罗”与“门”应为两个部落或属国的名称，“门”是门隅（Mon-yul）或门巴（Mon-pa）之简称。李勤璞等人强调拨川的“拨”（bal）字与吐蕃（bod）一词无关。“拨川”为吐蕃跋布川（bal-po）的别名与简称，包括疋播城（phying-ba）及其以南雅砻河谷平原、以及往西往南更广地域。拔布海系唐人依汉语“跋布川”命名，即雅砻河西侧哲古错湖（grigumtsho），后者唐代的藏文名称为哲乌川（brivumtsho）。霍巍根据文献和考古两方面的资料，考证宋代初年蜀僧继业等人奉敕赴印度求法之行的归国路线的确利用了蕃尼古道中的“吉隆道”，即经吐蕃腹地归国，最后抵达唐代益州的佛教名山峨眉山。这表明自唐代开通的这条中印交通路线至宋代仍在发挥作用，而非某些

---

① 张旭、郑红翔：《吐蕃户籍管理制度探析》，《西藏大学学报（社会科学版）》2020 年第 2 期。

② 杨铭、贡保扎西：《敦煌所出藏汉两种雇工收麦契比较研究》，《西藏大学学报（社会科学版）》2020 年第 4 期。

③ 方冬：《论南诏与唐朝、吐蕃之关系：从年号变迁的视角》，《文山学院学报》2020 年第 4 期。

④ 杨长玉：《唐蕃接触中的河西九曲》，《中国史研究》2020 年第 3 期。

⑤ 马岑晔：《唐在西南边疆地区统治和防御体系的建构、演化与终结》，《红河学院学报》2020 年第 3 期。

⑥ 郑炳林、朱建军：《汉唐时期南山亦即吐谷浑贺真城地望考》，《西北民族研究》2020 年第 4 期。

⑦ 李勤璞、伍金加参：《唐代拨川的地望和词源》，《西藏大学学报（社会科学版）》2020 年第 4 期。

⑧ 张弘毅：《唐代河湟地区的道路交通》，《江西社会科学》2020 年第 8 期。

⑨ 张多勇：《西夏通吐蕃河湟间的交通路线及沿路军事堡寨考察》，《中国历史地理论丛》2020 年第 3 辑。

⑩ 陈淑娟、王怀宥：《唐宋时期青石岭地望新考》，《宁夏师范学院学报》2020 年第 6 期。

⑪ 王璞：《“泥婆罗门”疏证》，《历史地理研究》2020 年第 3 期。

⑫ 霍巍：《宋僧继业西行归国路经“吉隆道”考》，《史学月刊》2020 年第 8 期。

文献所称至唐代中后期已经关闭，此间反映的宋代汉藏文化交流关系可窥一斑。

其次，关于南山这一历史地名，郑炳林等考证在汉代已经出现的“南山”地名泛指从于阗到长安的丝绸之路通道南部山脉，即今塔里木盆地南部的阿尔金山脉、河西走廊南部的祁连山脉及长安南部的秦岭等；到了唐代一般指河西走廊的祁连山脉。同时南山也是具体地名，即吐谷浑的贺真城，其地望约在今青海湖西部乌兰到德令哈一带。该城是吐谷浑王在王都树敦城受到威胁后另设的避难行帐，相当于吐谷浑副都。①

再次，位于青藏高原东北部、连接中原与边疆的中间地带的河湟地区自汉代以来逐渐形成羌中道、湟中道、河南道。张弘毅认为这些通道在东晋之后南北分立战乱时期发挥过重要功能，随着唐代全国统一，传统丝路得以畅通，河湟地区道路作用随之降低。继吐蕃政权崛起以及唐蕃关系深化，经行河湟的道路转变为唐蕃古道，在政治交往、宗教传播、地理分界、军事战略、文化交流等方面发挥过重要影响。

最后，有关具体历史地名的考证工作主要围绕军事要塞展开。例如，陈淑娟等撰文辨析了位于今宁夏固原彭阳县西北与东南方向且相距不远的青石岭和青石嘴两处历史地名，认为唐代青石岭即今平凉崆峒区草峰镇至庆阳镇原县新城镇之间的山岭名称，彭阳县青石嘴在宋代的准确名称应为东石岭。文中还强调了青石岭不但是唐代吐蕃入侵泾州的必经之地，也是宋夏争夺的战略要地。张多勇指出文献所谓“西蕃、夏贼往来便道”为甘肃永登县水磨沟一线，他还详细考释了宋夏战争时期南宗寨、古骨龙城（北宋震武军）、仁多泉城、统安城、善治堡等军事要塞的具体地理位置。

二　元明清时期西藏相关研究

元代开始西藏正式纳入中央管辖之下，元代治藏研究具有较为典型的意义，但由于史料有限，近年来新成果发表较少，基本还是集中于几个传统的领域，例如对凉州会谈的研究，② 有学者对元代之前和元代之后的蕃尼古道及其历史作用进行了深入探讨，认为其对元以来历代中央政府对西藏的治理、国家的统一和汉藏文化交流等方面都发挥了重要的作用。③ 成书于 14 世纪中叶的藏文史籍《红史》，收录了一道起初被认为是元成宗颁赐给藏族僧众的“优礼僧人诏书”，通过复原与考析，可以确定这是目前所知唯一一道元朝皇帝遍谕各地且全文完整的护持类圣旨。④《中国藏黑水城汉文文献》所收 7 张残片上钤有一方八思巴字元代官印，有学者以八思巴字印文的拼写形式为基础，并结合历史文献中的相关记载，确定《中国藏黑水城汉文文献》（全十册）第八册第 1638、1639、1640 页等三页所收 7 张残片上钤有的官印为“甘肃等处行中书省照磨所印”。⑤在元代西藏人物研究方面，有学者对大司徒绛曲坚赞的政治思想进行了探讨，认为他以

---

① 郑炳林、朱建军：《汉唐时期南山亦即吐谷浑贺真城地望考》，《西北民族研究》2020 年第 4 期。

② 李思：《凉州会谈对元代藏传佛教的影响》，《西部学刊》2020 年第 16 期。

③ 熊文彬：《蕃尼古代及其历史作用》，《中国藏学》2020 年第 1 期。

④ 钟焓：《内耗与纷争：〈红史〉至大二年圣旨所见元朝政治博弈》，《历史研究》2020 年第 3 期。

⑤ 宋洪民：《关于八思巴字官印“甘肃等处行中书省照磨所印”》，《敦煌研究》2020 年第 1 期。

卓越的政治、军事才能不断发展壮大帕木竹巴万户，同时努力争取元中央对帕木竹巴政权在乌斯藏地区统治地位合法性的认可，在祖国统一和民族团结方面做出了不可磨灭的贡献。① 古代汉藏历史资料中都存在对自然灾异的朴素记忆、记录，有学者对此对汉藏社会有关资料进行秩序修正与再造，认为时代生产出了具有闭环意识的神圣场域、政治场域、社会场域为一体的灾异运行机制和深层次的灾异哲学思想，成为在古代汉藏天人秩序、生命秩序、伦理秩序中进行辩证视野关照、防灾治灾调控以及文化心理调适的重要组成部分。② 西藏昆氏家族创立了萨迦教派，并在元朝的扶持下建立了萨迦政权。有学者认为，萨迦政权虽在昆氏的成功缔造、苦心运营下逐日强固直至鼎盛，却仍然无法避免在经历了近一个世纪的辉煌后倏尔垮台的命运，详细论证了昆氏世袭制和萨迦政权灭亡之间存在的内在联系，正是昆氏世袭制中的局限性和保守性导致了昆氏家族的衰落，进而加速了萨迦政权的灭亡。③

再如明代西藏治理研究，明史本为中国史研究重点，但所涉西藏研究成果并不多，基本还是集中于明朝对西藏的多封众建、部分西藏地方的研究。明成祖曾召请大乘法王昆泽思巴入京，有学者对昆泽思巴的身份和前往汉地的活动进行了梳理，对昆泽思巴的背景、召请次数、行程路线以及在汉地的活动进行了深入探求，说明明朝中央在西藏各派政教势力中有着至高无上的地位，对当时西藏地方的治理和管辖也卓有成效。④ 本年度代表性成果是，有学者从理论角度，阐释了西藏作为明代“中国”与“天下”在西部疆域范围的重合部分。⑤ 还有学者在前人研究的基础上，利用藏汉文献特别是昆泽思巴的传记和其与成祖皇帝父子的信件，对相关问题进行考述和辨析。⑥ 利用西藏藏文史籍对西藏地方人物展开研究，是一条明代西藏研究的新路子。有学者对大司徒绛曲坚赞进行了深入研究，对于第司帕木竹巴政权的研究深化有一定作用。⑦

清代西藏研究主要集中在以下几个领域。

第一，有关清代中央对西藏治理的研究。有学者认为清末在内地盛行督练公署，管理练兵事宜，以适应近代化以来的火器战斗，这种练兵方式也传到了西藏。还有学者对西藏周边的晚清循化厅藏区部落的法律制度进行了研究，认为少数民族按照番例番规确定命价与清代制定法间存在矛盾与冲突，但双方经过糅合，稳定了社会秩序。⑧ 有学者认为1720年清军驱准保藏中军粮供应体系的建立，对后来清政府西南边疆经略中的军粮供应有一定影响。⑨ 驻藏大臣依然值得深入研究，温宗尧在西藏任职时间很短，而且

---

① 布桑：《试论大司徒绛曲坚赞的政治思想》，《西藏大学学报》2020年第4期。

② 颜亮：《叙事与诠释：古代汉藏灾异的述行策略研究》，《青海民族大学学报》2020年第3期。

③ 昂青才让：《从昆氏世袭制度探讨萨迦政权灭亡缘由》，《广西民族研究》2020年第3期。

④ 杨天雪：《明成祖召请大乘法王史事考》，《中国藏学》2020年第1期。

⑤ 李淮东：《明代“中国”西部疆域形成史论——以明朝经略西藏为中心的考察》，《中国历史地理论丛》2020年第2辑。

⑥ 杨天雪：《明成祖召请大乘法王史事考》，《中国藏学》2020年第1期。

⑦ 布桑：《试论大司徒绛曲坚赞的政治思想》，《西藏大学学报》2020年第4期。

⑧ 张科：《晚清少数民族赔命价管见——以清代循化厅司法档案为线索》，《中国藏学》2020年第2期。

⑨ 刘锦增：《1720年清军驱准保藏中的军粮供应问题》，《西藏民族大学学报》2020年第1期。

他与联豫分歧较大，有学者认为其筹藏时有强硬的一面，《咨请川督代奏维持西藏大局折》对当时西藏地方所面临的英、俄两国威胁与侵略的形势，均有相当准确的分析与判断，这与他关注英俄对西藏地方博弈情形及通晓外交有密切关系。① 还有学者从清宫档案出发，研究乾隆年间清廷用兵两金川的情况。认为乾隆虽劳民伤财，但最终荡平金川，实行改土归流，而战争得胜归来论功行赏时，部分战功卓越之功臣入绘紫光阁，殊荣备至。通过清宫档案发现，在君臣互动的背景下，紫光阁功臣之拟选过程复杂，且经反复斟酌删改。② 边防研究也是西藏研究的关注点，学者认为在西藏边境地区设官驻军是清政府加强对藏统治的一项重要措施，驻藏大臣作为清政府派往西藏的最高行政官员，巡边是其履行治藏职责的重要方面，即一督察驻军操演，二勘察界标。也有学者从方志看清代边防中心的形成与迁移。③ 关于清代西藏喇嘛的管理，有学者认为，清代皇帝通过立法将西藏喇嘛来使护送与安全制度化，经历了从零星规定到系统规定的过程，制度设计基本在乾隆朝完成，立法则是在嘉庆朝完成。乾隆朝后期围绕使团携带行李的数量、途中财产丢失责任的划分、使团及护送人员沿途滋事等三个突出问题进行改革，旨在平衡朝廷利益与喇嘛利益。④《钦定理藩院则例》是一部清代民族立法集大成之作，有学者梳理《理藩院则例》的纂修过程及版本流传状况，并评析《理藩院则例》整理研究代表性成果。⑤

第二，有关清代涉藏地方志、蒙藏文档案研究。本年度有学者从藏语资料角度出发，对影响较大的西藏地方志《卫藏图识》进行整理和研究。⑥ 还有学者研究了《西藏镇魔图》，从中发现有关西藏的清代社会情况。⑦ 从翻译的西藏档案馆藏蒙古文档案，探究乾隆皇帝和西藏郡王颇罗鼐父子之间的蒙古文往来文书，对深化这一领域研究有较大作用。⑧ 对藏语文献的研究方面，《铁虎清册》的文献研究依然有价值，有学者以《铁虎清册》为中心，结合汉、藏文史料探析 19 世纪前期西藏的财税状况，并通过对甘丹颇章、班禅拉章、驻藏大臣衙门财税情况的梳理，分析封建农奴制度及政教合一制度下西藏的财税状况及特点。⑨ 还有学者从南京博物院所藏清乾隆内府《六世班禅朝觐大事记》原本黄册，真实地还原了六世班禅朝觐乾隆皇帝的历史，弥足珍贵。⑩《藏行纪程》的研究也具有典型意义，通过对道路沿线地名的考证和梳理，发现该书多处地

---

① 温宗尧：《驻藏大臣温宗尧筹藏试探》，《西藏研究》2020 年第 1 期。

② 姚文君：《君臣互动背景下的两金川紫光阁功臣之拟选》，《西藏研究》2020 年第 2 期。

③ 周伟洲：《清代驻藏大臣巡边制度考》，《中央民族大学学报》2020 年第 3 期；马天祥、彭菽淇：《清中期以来西藏方志中边防重心的形成与迁移》，《青海师范大学学报》2020 年第 3 期。

④ 张剑虹：《清代西藏喇嘛来使护送与安全问题探讨》，《青海民族研究》2020 年第 4 期。

⑤ 黑龙、赵文博：《〈钦定理藩院则例〉版本流传梳考》，《青海民族研究》2020 年第 4 期。

⑥ 赵心愚：《清代藏汉文化接触日趋频繁的反映与见证》，《西南民族大学学报》2020 年第 9 期。

⑦ 程忠红：《清代〈西藏镇魔图〉历史地理考》，《法音》2020 年第 9 期。

⑧ 乌云毕力格：《乾隆皇帝与颇罗鼐家族——以西藏档案馆蒙古文档案为中心》，《中国藏学》2020 年第 1 期。

⑨ 赵忠波、黄全毅：《19 世纪前期西藏财税状况探析——以〈铁虎清册〉为中心》，《中国藏学》2020 年第 1 期。

⑩ 奚可桢：《〈六世班禅朝觐大事记〉内府档案论析》，《中国藏学》2020 年第 1 期。

名顺序有误。① 慧文社《近代西藏史丛书》涵盖了日本早期西藏研究的三种文献来源，包括欧美游记、中国学人著述及日本本国人员研究成果。通过梳理该套丛书，对此的研究有助于深入探知日本早期西藏研究的概况及其主要研究动机。② 有学者根据《清实录》《清史稿》及雍正《四川通志・西域》《西域全书》等清代早期西藏方志对川、滇、藏行政分界作了研究，认为清朝政府决定川、滇、藏行政分界并有计划地全面实施，是稳藏治藏，确保川藏大道畅通及地区稳定的重大战略措施。③ 但是，我们也要注意到，目前的史料研究，依然属于常见旧史料的新整理，而第一手的档案发布依然欠缺。《清代驻藏大臣奏折全集》是近年来比较受关注的档案史料，本书充分反映了清代中央政府对地方全面行使主权的原貌，及实施治藏方略的具体过程，对全面了解当时的历史，有无可替代的史料价值，对当代涉藏问题有重要的现实意义。④ 此外，数年前启动的《幸福拉萨文库》在本年度也出版了数本关于西藏历史与文化典籍图书。

第三，有关清代西藏历史地理研究。历史地理学科是一个交叉性的学科，尤其在边疆史地研究领域，有着独特的魅力。有学者对西藏地方军事防御体系进行了研究，认为清代西藏军事地理格局的变化，既反映在各时期军事防御体系、后勤保障体系总体格局的变动上，又反映在特定时期局部地区发生的调整变化上。⑤ 还有学者从第二次廓尔喀战争期间奉命进藏履职的军旅及官员所记廓尔喀贡象图、驻藏大臣巡边路线来考察西藏历史地理。⑥ 注重从“直省—藩部”二元并存的疆域结构角度研讨四川地区对经略西藏的重要性，具有一定创新，作者认为，四川在军事支撑、行政支援、后勤保障、交通联络等方面发挥了重要的作用，体现了大一统王朝下直省和藩部之间的相互依存。同时，通过对清代二元并存疆域结构及四川在西藏经略中作用的分析，可以总结出清朝治理西藏的经验和得失。⑦ 察瓦龙为西藏东南部察隅县的行政乡，位于怒江中上游卡瓦格博神山西侧脚下，察瓦龙鲜为外界所知，有学者对“察瓦龙”地名来源进行了考证，认为藏语“擦瓦”（察瓦）是地域身份标识，本身不含有“炎热”之意。察瓦龙是藏语地名的汉音译，它属“多康六岗”中的“擦瓦岗”地域范围。⑧《西藏图说》是清代驻藏大臣松筠根据巡边所得绘制的西藏舆图集，为松筠《西招图略》的原始组成部分，有学者认为该书所载西藏舆图基本确定了清中央政府治下中国西藏的版图，如实反映了其时清中央政府对印度、英国、英国东印度公司等南亚次大陆国家与特殊机构的较为模糊

---

① 张钦：《〈藏行纪程〉所载滇藏交通研究》，《中国边疆史地研究》2020年第3期。

② 马天祥、彭荿淇：《慧文社〈近代西藏史丛书〉与日本早期西藏研究》，《西藏民族大学学报》2020年第1期。

③ 赵心愚：《清代川、滇、藏行政分界的档案文献及史料价值》，《民族学刊》2020年第2期。

④ 《清代驻藏大臣奏折全集》，中国藏学出版社2020年版。

⑤ 孙宏年、苗鹏举：《清代西藏地方军事地理格局的演变》，《中国边疆史地研究》2020年第3期。

⑥ 阿音娜：《乾隆时期的西藏行纪——以第二次廓尔喀之役为背景》，《西藏研究》2020年第2期。

⑦ 邓涛：《藩部经略与直省支撑——四川在清朝治理西藏中的地位和作用》，《西藏大学学报》2020年第1期。

⑧ 贡布多加：《察瓦龙历史沿革及其地名称谓考究——基于对口述史料的文献分析》，《西藏研究》2020年第1期。

的地理认知，对后世研究其时西藏历史地理、交通、边防、盐业贸易及廓尔喀之役等均有重要的史料参考价值。[①]《藏行纪程》详细记载了康熙末年杜昌丁自云南昆明至西藏洛隆宗的往返行程，是《三省入藏程站记》《西藏通览》《西藏新志》《西藏志》等书滇藏交通部分的直接或间接资料来源，是研究清代滇藏交通的珍贵史料，有学者通过对道路沿线地名的考证和梳理，发现该书多处地名顺序有误。[②]

第四，有关清代西藏涉外或外国侵藏史研究。

1. 外国人进藏研究方面，有学者对17世纪伊朗伊斯法罕新朱利法城的亚美尼亚商人霍夫汉内斯·乔哈耶茨入藏史实作了探讨，研究了霍夫汉内斯在拉萨的生活，认为其在拉萨的簿记，不仅客观反映了17世纪末拉萨的经济生活状况，也反映了拉萨在西宁与尼泊尔、印度通商路线上的枢纽和中转地位，突出了拉萨在丝绸之路上的地位。[③] 学术界素来关注清代廓尔喀的研究，有学者对18世纪出现在汉文史料中的“红毛”进行了阐述，认为廓尔喀战争期间，清廷接到尼泊尔以南存在着红毛国（英属印度）的情报，就此阐述红毛国（英属印度）因素对廓尔喀战争的影响，以揭示在东南海疆频频对中国发起挑战的殖民者出现在中国西藏的陆地边疆时，传统的朝贡体系是如何应对的。[④] 英国作家埃德蒙·坎德勒所著游记《拉萨真面目》详尽细致地记录了第二次侵藏战争英军远征西藏并直抵拉萨的情况，学者认为，他对政教合一制与封建农奴制给西藏人民造成的深重苦难进行揭露批判，反映出坎德勒本人的人道主义关怀。[⑤] 还有学者认为《烟台条约》的签订使列强获得了进入西藏的合法权利，此后10年间不断有外国人试图进入西藏，其中以柔克义、马科蕾等人最具代表性。清廷、川藏疆臣和西藏地方对外国人入藏一事有不同的认知，并形成了不同的应对方法。[⑥] 还有学者从亚东关税务司官员搜集的情报资料出发，研究当时的中英西藏交涉情况。[⑦] 1846年初，秦噶哔和古伯察成为首次抵达拉萨的两位法国神父，有学者从七十多年后伯希和发表的《秦噶哔和古伯察先生的拉萨之行》出发，分析了该著存在的主要问题，指出古伯察旅行时间记述的诸多错误，并通过进一步考察古伯察一行的日程记录，辨析了若干重要的旅行时间节点，提出了传教士们进出拉萨日期的合理顺序。[⑧]

2. 边界方面也是关注重点。在英国发动第一次侵藏战争前，中锡间以分水岭以外的日纳为界，并不存在边界争议，学者认为，中锡边界争端的根源在于英国和英属印度武装打开西藏通商门户的战略意图与行动，引发边界争端的隆吐归属争议不过是英国和英属印度发动侵藏战争的托辞。《中英会议藏印条约》是强权政治的结果。该条约“以

---

① 柳森：《〈西藏图说〉成书背景与文献价值考论》，《西藏研究》2020年第2期。

② 张钦：《〈藏行纪程〉所载滇藏交通研究》，《中国边疆史地研究》2020年第1期。

③ 亓佩成：《新朱利法城亚美尼亚商人霍夫汉内斯的拉萨簿记》，《西藏大学学报》2020年第2期。

④ 许肖阳：《红毛国在廓尔喀战争中的影响分析》，《西藏研究》2020年第1期。

⑤ 马睿、张帅：《铁蹄踏入禁地——〈拉萨真面目〉中的西藏书写与侵略记忆》，《西藏民族大学学报》2020年第2期。

⑥ 高龙、高亚西：《洋人入藏与清廷、西藏地方的因应及其对西藏局势的影响（1876—1886年）》，《西藏研究》2020年第5期。

⑦ 梁忠翠：《近代英籍亚东关税务司情报搜集史料萃编》，《西藏研究》2019年第6期。

⑧ 洪思慧：《秦噶哔和古伯察出入拉萨日期考》，《西藏民族大学学报》2020年第4期。

分水岭划界”，将日纳宗划入英国保护下的锡金，是英国和英属印度提出并压迫中方接受，中国作出了重大妥协而达成的。该条约是一个不平等条约，但该条约中的分水岭划界是双方认同的。[①] 清政府在1848年逮捕并驱逐了进藏法国巴黎外方传教会传教士罗勒拿，有学者对此展开研究，认为这是当时清廷对违反《黄埔条约》相关约定、潜入中国内地之外国人进行成功处置的典型案例。清廷严禁欧洲传教士越界通商五口、擅入我国西藏，彰显了其不容西方擅入内地、染指藏区的外交立场，呈现出第一次鸦片战争后清政府在对外关系交涉中较为强硬的一面。[②] 另外，还有部分学者对清代英印侵略锡金的历史作了探讨。[③]

3. 西藏周边地区的研究。拉达克是西喜马拉雅地区重要的交通、经济、文化中心，拉达克作为西藏周边的重要地区，近年来颇受研究者的关注，但是有关拉达克的近代史料多有散逸，有学者在德国发现了现存最早的藏文报纸《拉达克新闻报》与《拉达克信使报》，发现这两种报纸内容涉及20世纪早期西喜马拉雅地区的政治、经济、文化、宗教等各个方面，是研究拉达克地区近代史不可多得的重要史料，认为两种报纸的创办与内容均有较多的中国元素，同时也呈现出明显的宗教偏见和东方主义色彩，可成为研究西喜马拉雅地区“接触地带”文化的一个典型样本。[④] 还有学者对清末史料中的哲孟雄部族名称作了考辨，梳理了当时哲孟雄与西藏的部族来源关系。[⑤] 有学者根据新近披露的西藏自治区档案馆所藏满蒙文档案，以布鲁克巴（不丹）第十七任德布王强巴贝的补放任职事件为案例，考察了清朝册封布鲁克巴的礼仪程序，探讨了布鲁克巴在清朝对外关系结构中的位置、德布王的职位品级及册封对德布王合法性建构的意义等问题。[⑥]

第五，本年度清代西藏研究有鲜明的特点，即通过汉文、藏文和外文史料相结合，来深入探讨有关西藏的人物。关于六世达赖喇嘛的藏文史料也被关注，有学者认为仓央嘉措最详尽而连贯的传记是第司桑杰嘉措写的三部书，其次就是《纪实》和《秘传》。此外，《五世班禅喇嘛传》、《第一世降阳谢白传》、《列隆谢白多吉洛桑赤列传》、《大瑜伽士洛赛嘉措传》、《第四十八任甘丹赤巴顿珠嘉措传》，以及《七世达赖喇嘛传》中，均有关于六世达赖喇嘛的一些记载。这些资料对研究六世达赖喇嘛，乃至西藏地方政治史、佛教史，都有一定的参考价值。[⑦] 颇罗鼐从蒙古和硕特汗王获得金字使者、比

---

① 吕昭义、陶亮：《1890年〈中英会议藏印条约〉谈判中的中锡边界交涉》，《中国边疆史地研究》2020年第2期。

② 刘瑞云：《1848年清廷驱逐进藏法国传教士罗勒拿之外交交涉》，《世界宗教研究》2020年第2期。

③ J. 维尔·埃德加著，甘措译：《锡金和西藏边境的访问报告（西藏部分）（1873年）》，《青藏高原论坛》2020年第2期；罗勇：《英国在西藏森巴战争中的态度剖析》，《西藏发展论坛》2020年第1期。

④ 韩鸿：《〈拉达克新闻报〉与〈拉达克信使报〉：东方主义视角下的西喜马拉雅地区早期藏文报刊》，《中国藏学》2020年第3期。

⑤ 张永攀：《清末史料中的哲孟雄部族考订》，《中国边疆史地研究》2020年第4期。

⑥ 扎洛：《清朝册封布鲁克巴德布王礼仪探析——第十七任德布王强巴贝册封案例分析》，《清史研究》2020年第4期。

⑦ 多吉平措：《关于六世达赖喇嘛的藏文史料及其学术价值》，《中国藏学》2020年第3期。

齐台吉称号，又被清朝中央政府赐封札萨克台吉等名号，有学者认为颇罗鼐的印章文字包括汉文、满文、藏文、八思巴字和图纹等类，其中汉、藏、满的三语合璧印章是由清廷颁授，其他的八思巴字印、汉字印和图纹印都是由西藏地方自主制作。这些印章可按照其来源分作清廷封授印和西藏地方自制印两大体系，它们在使用对象、钤盖载体和被使用文告起首语称谓等方面呈现出诸多不同的特点，具体来说，朝廷封印的使用场合和等级都要高于西藏地方自制印章。① 清末张荫棠整饬西藏吏治是其奉旨“查办事件”的重要一环，有学者认为，其力度和广度充分体现出清朝中央政府对西藏地方的有效整治。张荫棠彻查腐败、整饬吏治，使以驻藏大臣有泰为首的贪腐官员受到了惩处，张荫棠在当时提出的“维系边圉人心，首在澄肃吏治”至今不失其思想光芒。②

还有学者对涉藏相关人物进行研究。例如，有学者认为，德尔智是近代藏事研究中一个绕不过去的角色，他对十三世达赖喇嘛有着长期的重要影响，也始终得到十三世达赖喇嘛的信任。利用多语种史料，对十三世达赖喇嘛进京期间一些史事及德尔智的活动进行详细考察，不仅有助于弄清德尔智在近代西藏事务中扮演的角色，也有助于辨析十三世达赖喇嘛政治态度的变化过程。③

第六，清代西藏区域地方与社会等研究。区域史与社会史的研究是当下学界应该重视的，尤其是随着当前国内史料整理工作的深度发掘，不少新的史料被发现，譬如试图以西藏档案馆藏的蒙古文文献来探讨乾隆皇帝和颇罗鼐家族的关系，认为清朝在治藏过程中与地方精英的关联非常密切，这是非常有价值的。④ 本年度还出版了《近代青藏关系研究》，叙述了近代青藏关系发展的地理环境基础，清末民初的青藏关系，青海建省之后的青藏关系，近代以来青藏间的经济文化交流等；⑤ 道光十年（1830）西藏地方政府对下辖 60 个宗谿的土地、差赋状况进行清查，并将清查结果编制成《铁虎清册》，清册反映当时政府、贵族、寺院对土地的实际占有状况，有文章以《铁虎清册》为中心，结合汉、藏文史料探析 19 世纪前期西藏的财税状况，并通过对甘丹颇章、班禅拉章、驻藏大臣衙门财税情况的梳理，分析封建农奴制度及政教合一制度下西藏的财税状况及特点。⑥ 此外，作为西藏的重要区域——阿里也是关注的重点之一。清代西藏地方政府设置阿里总管（噶尔本）一职，为阿里的最高军政长官，有学者认为其历史可追溯到 1680 年前后西藏地方政府派出蒙藏联军收复古格旧地之际，在清朝中央的关注与决策下，阿里总管的军事力量得到强化，其权力与地位在西藏政治中举足轻重，成为各方争夺的焦点。珠尔默特那木扎勒之乱后，新组建的噶厦政府为阿里地区最高军政事务的处理确立了双长官领导体制。而 1760 年代以后，随着准噶尔的平定与清朝中央注意

---

① 朱德涛：《颇罗鼐封号和用印考实》，《西藏研究》2020 年第 3 期。

② 陈鹏辉：《清末张荫棠整饬西藏吏治始末》，《西藏民族大学学报》2020 年第 6 期。

③ 冯翔：《德尔智与十三世达赖喇嘛晋京期间史事探析》，《中国边疆史地研究》2020 年第 4 期。

④ 乌云毕力格：《乾隆皇帝与颇罗鼐家族——以西藏档案馆蒙古文档案为中心》，《中国藏学》2020 年第 1 期。

⑤ 丁柏峰：《近代青藏关系研究》，云南大学出版社 2020 年版。

⑥ 赵忠波、黄全毅：《19 世纪前期西藏财税状况探析——以〈铁虎清册〉为中心》，《中国藏学》2020 年第 1 期。

力转移，阿里总管的实权和地位逐渐下降，至清末已不复当年了。[①] 在社会史研究方面，国内学者也有一些进步，例如有学者从烟草的传入对西藏社会发展造成的巨大影响入手，探讨清末西藏社会治理，具有新意。[②] 另外，西藏历史研究能与考古、文物学科进一步紧密结合，探求一种新的研究方法是值得肯定的，例如从清廷封授印和西藏地方自制印两大体系，来探讨清代西藏重要人物的政治活动就具有一定启发性。[③] 还有一些学者对涉藏的清代司法体系作了深入探讨。[④] 西藏社会经济变迁史也是重要的研究课题，有学者总结了西藏自近代以来社会经济的发展历程，探讨一百多年来该区域经济所经历的不同性质的历史阶段、规律和特点，尤其是探讨不同社会制度、不同生产方式下，西藏经济发展的阶段性特征、规律，并将不同历史时期经济发展的结果、成就进行纵向比较从而揭示近代以来西藏社会经济发展的必然趋势。[⑤]

三　民国—当代西藏研究

（一）民国时期西藏治理研究一直是学术界关注的重要领域。2020 年，尽管全球爆发了新冠肺炎疫情，影响了学术活动的正常开展，但我国取得了新冠肺炎疫情阻击战的重大胜利，学术界仍发表了一些有影响的西藏研究成果。

第一，中外交涉关于“西藏问题”研究。民国时期“西藏问题”是英帝国主义侵略中国西藏的产物，在不同阶段，“西藏问题”的内容不尽相同，1919 年“西藏问题”主要指西藏的地位和康藏划界问题。北洋政府时期国内局势动荡，英帝国主义趁机干涉中国西藏事务，冯翔在《“五四”前后唐继尧对“西藏问题”的介入与支持》[⑥] 中细致梳理了五四运动前后，在国际国内形势的激荡及英国不断施压下，唐继尧如何在“西藏问题”上发挥其作用，进而探讨其对铸牢中华民族共同体意识起到的积极作用。许详充分利用“顾维钧档案”，通过考察顾维钧参与“西藏问题”谈判的具体活动，论述北京政府和顾维钧在“西藏问题”上对维护国家领土主权所起的作用与做出的贡献。[⑦] 张京品回顾民国初年朝野对西姆拉会议的反应，可以看出英国策划西姆拉会议的实质是分裂中国、侵略中国领土，并费尽心机谋取非法的“麦克马洪线”以南的中国领土。[⑧] 胡岩等对 19 世纪末至 20 世纪中叶的半个多世纪中，美国官方对于中国西藏的接触、了解、认识的发展演变，以及美国政府对西藏政策的沿革进行了系统性论述。[⑨]

第二，九世班禅返藏问题研究。民国时期西藏地方与中央政府关系若即若离，一些

---

① 黄博：《清代西藏的“阿里总管”体制》，《中国历史地理论丛》2020 年第 4 辑。

② 刘煜泽：《清至民国时期西藏烟草贸易研究》，《西藏民族大学学报》2020 年第 3 期。

③ 朱德涛：《颇罗鼐封号和用印考实》，《西藏研究》2020 年第 3 期。

④ 张科：《晚清少数民族赔命价管见——以清代循化厅司法档案为线索》，《中国藏学》2020 年第 2 期。

⑤ 狄方耀等：《西藏百年经济史》，厦门大学出版社 2020 年版。

⑥ 冯翔：《“五四”前后唐继尧对“西藏问题”的介入与支持》，《西藏研究》2020 年第 3 期。

⑦ 许详：《民初中英涉藏事务交涉之补证——基于“顾维钧档案”的研究》，《民国档案》2020 年第 2 期。

⑧ 张京品：《浅析民国初年朝野对西姆拉会议的反应》，《西藏研究》2020 年第 6 期。

⑨ 胡岩等：《美国人眼中的旧西藏》，中国藏学出版社 2020 年版。

官方委派人士和佛教徒赴藏活动，在沟通中央政府与西藏地方关系中发挥了重要作用。国民政府成立后，借助九世班禅返藏，积极谋求恢复对西藏的治权。然而，事情的发展并不顺利，拉萨当局百般阻挠，英国政府无理干涉，班禅返藏一事可谓一波三折。蒲生华探析了九世班禅迁徙兰州的主因。① 王海燕探讨了安钦呼图克图先后两次往返西藏与内地之间转告中央政府的涉藏政策及西藏地方政府的意见立场，国民政府封授其“普静禅师”名号。安钦呼图克图以非官方身份弘法讲经沟通汉藏文化，为汉藏双方意见立场的直接表达奔走往返两地之间，成为民国时期中央与西藏地方政府共同依托的僧侣使者。②

第三，民国时期西藏地方与中央政府关系研究。民国历届中央政府都强调“五族共和、民族平等”原则，并立法赋予西藏与内地各省同样享有平等的参政议政权利。杨娅、张静认为，在民国乱象丛生、政局动荡的特殊时期，西藏始终依法派代表赴中央参政议政，积极履行地方政府应尽的责任与义务。民国时期历次参会的西藏代表人数不断增多、身份来源逐渐变宽泛，参议活动始终贯穿反分裂斗争。西藏代表参政议政活动，加强了西藏与中央政府联系，抵制了帝国主义分裂活动；推进了西藏教育的发展，促进了汉藏文化交流交融；进一步开阔了西藏上层人物的视野，给西藏带来了近代生活的新鲜气息，有力地证明了民国时期西藏隶属于中央政府管辖的历史事实。③

第四，康藏冲突研究。民国时期康藏冲突是国内重要的政治和军事事件，关于第三次康藏冲突的爆发，2015 年张皓撰文认为 1930 年威尔入藏与第三次康藏冲突的爆发具有深刻关系，是英印政府制造康藏冲突的重要手段④。朱昭华通过分析第三次康藏冲突期间英国驻锡金政务官威尔的两次拉萨之行，得出康藏冲突的爆发并非威尔使藏唆使的结果，认为不应夸大英国政府在康藏冲突爆发中的作用，在康藏战争初期因藏军连连得手，英政府也乐见其成，到 1932 年战局出现转折，藏军处于劣势后，英政府便开始积极干预战事，一举扭转了多年下滑的英藏关系，并使西藏当局与南京中央政府的关系出现了明显倒退。⑤

第五，民国时期西藏的法律地位研究。一些境外反华势力与分裂分子杜撰“民国西藏独立论”，流毒甚广。曾皓认为，民国时期西藏地方所控制的人口与土地，所设立的地方政府，所拥有的行政权力都不是国家构成的要素。西藏不具有国家资格，不能作为国际法的主体。民国时期中国中央政府以多种形式对西藏宣示与行使主权，逐步恢复对西藏的统辖关系，有效制止了英国殖民者与西藏上层集团少数分裂势力图谋将西藏从中国分离出去的活动。这些国家权威行为足以证明中国对西藏拥有主权。因此，西藏不具有国际法主体地位，它只是中国的一个省级行政区域。⑥

---

① 蒲生华：《九世班禅迁徙兰州的主因探析》，《青海民族研究》2020 年第 3 期。

② 王海燕：《安钦呼图克图与民国时期汉藏关系研究》，《西藏大学学报》2020 年第 1 期。

③ 杨娅、张静：《民国时期西藏代表参政议政活动的特点及影响》，《西藏民族大学学报》2020 年第 1 期。

④ 张皓：《威尔入藏“访问”与第三次康藏冲突的爆发》，《史学集刊》2015 年第 5 期。

⑤ 朱昭华：《论英国政府与第三次康藏冲突的爆发》，《苏州科技大学学报》2020 年第 2 期。

⑥ 曾皓：《论国家资格理论在实践中的适用——以民国时期西藏为视角》，《时代法学》2020 年第 4 期。

此外，刘煜泽考察了民国时期西藏禁烟活动，1918 年、1927 年西藏开展了两次较大规模的禁烟，禁烟对象一度涉及西藏全体人民，主要禁止吸食与贩卖烟草，而 1927 年的禁烟取得了较显著的效果。① 裴儒弟研究了涉川边与西藏的人物殷承瓛，认为他上任后，积极经营川边，如查办“傅青云叛乱”事件、整治粮税积弊、管理宗教事务等，在一定程度上维护了川边稳定。② 高全孝采用文献分析法对民国时期西藏学校英语教育状况进行了概述③。喻永庆探究了民国时期蒙藏委员会创办中央大学蒙藏班的过程。④

综上所述，民国西藏治理研究既有在原有热点问题上的继续深化，也有新的领域的开拓，研究内容更加细化，研究成果数量总体呈平稳态势，不足之处是大量的藏文材料尚未整理出来，造成学界对藏文档案资料的利用还不够，民国西藏研究和当今现实问题紧密相连，需继续加强对“民国西藏独立论”的驳斥，加强对中印边界问题的根源追溯，加强对英国等帝国主义干涉中国西藏事务的研究，为当今的反分裂斗争提供历史依据和借鉴。

（二）2020 年当代中国西藏治理研究是重要的学术增长点，涉及多个领域，取得了显著的成果。

第一，国家治藏方略和反分裂研究。杨丹分析了自西藏和平解放以来，中国共产党在把握马列主义基本原理的前提下，紧密结合西藏地区社会发展实际，逐步建立并形成一套科学领导和治理西藏地方的制度安排与工作部署，极大地推动了西藏治理体系与治理能力现代化的发展历程⑤。西藏稳定是国家治藏方略的重要组成部分，王海洲、许智琴、宋德星著《西藏社会稳定与国家安全研究》全面梳理了西藏和平解放后影响“西藏问题”的主要因素，揭示了达赖集团和西方敌对势力在西藏问题上的本来面目和政治图谋，并就如何维护西藏社会稳定问题给出了对策性思考。⑥ 郭克范撰文深入揭露十四世达赖喇嘛的反动政治本质，对于加强对群众的教育引导，广泛发动群众参与反分裂斗争，形成维护稳定的铜墙铁壁，推动西藏社会稳定和长治久安具有重要的意义⑦。

第二，西藏乡村治理、振兴、发展等研究。宋爽、朱玉福、邓亚净、侯志茹、张鹏海等学者就乡村振兴发表了多篇论文。⑧ 宋爽在对西藏乡村金融发展现状和存在问题的

---

① 刘煜泽：《清至民国时期西藏禁止烟草问题研究》，《西藏大学学报》2020 年第 2 期。

② 裴儒弟：《1916—1917 年殷承瓛出任川边镇守使及其治边探析》，《西藏研究》2020 年第 2 期。

③ 高全孝：《民国时期西藏学校英语教育与英国殖民文化渗透述略》，《西藏民族大学学报》2020 年第 5 期。

④ 喻永庆：《民国时期蒙藏委员会与蒙藏教育的推进——以中央大学蒙藏班的创办过程为考察对象》，《中国边疆史地研究》2020 年第 4 期。

⑤ 杨丹：《中国共产党与西藏治理体系、治理能力现代化》，《西藏大学学报》2020 年第 2 期。

⑥ 王海洲、许智琴、宋德星：《西藏社会稳定与国家安全研究》，江苏人民出版社 2020 年版。

⑦ 郭克范：《剖析十四世达赖反动本质》，《西藏研究》2020 年第 S1 期。

⑧ 宋爽：《西藏金融支持乡村振兴的难点与改革路径》，《西藏民族大学学报》2020 年第 3 期；朱玉福、廉潘红：《西藏南伊洛巴民族乡乡村振兴战略实施情况调查与思考》，《西藏民族大学学报》2020 年第 2 期；邓亚净、杨文仙：《习近平德治观及其在西藏乡村治理场域中的运用》，《西藏研究》2020 年第 3 期；侯志茹、岳世聪：《乡村振兴背景下西藏地区文旅融合发展模式探究》，《西藏大学学报》2020 年第 3 期；张鹏海、张瑾、曹钧：《乡村振兴战略理念下工布响箭可持续发展探讨》，《西藏民族大学学报》2020 年第 2 期。

分析基础上，指出了当前西藏金融支持乡村振兴的难点及改革路径。[①] 邓亚净认为，以习近平德治观指导具体实践，对应构建适用于西藏乡村治理场域的德治路径实施框架，有助于推动实现西藏乡村善治。[②] 武力、孙丹、王蕾等著《新时期西藏乡村基层社会治理研究》，对西藏自治区7个地市，60多个县、100多个基层乡村进行全方位调研，以"强基惠民活动"为切入点，围绕基层社会治理主题，系统地梳理了西藏和平解放以后至2014年自治区基层社会治理结构的演变和取得的巨大成就，总结了中国共产党在少数民族地区基层社会治理方面的理论和经验[③]。方素梅通过对朗塞岭村和柳村半个多世纪以来社会变迁的历史过程进行总结和分析，梳理出两地经济社会发展的轨迹和模式，为了解和研究西藏其他乡村社会变革提供参考。[④]

第三，中印边境和中印涉藏问题研究。曾皓分析了中印边界争端中的西藏因素，英帝国及其殖民后的印度对中国西藏地方的侵略，是中印边界争端产生与发展的原因。[⑤] 张皓专门探讨印度如何阻拦西藏和平谈判的举行，如何阻拦西藏回到中华人民共和国祖国大家庭。中国政府的立场坚定不移，西藏回到中华人民共和国祖国大家庭，人民解放军进驻西藏保卫国防，驱逐帝国主义侵略势力出西藏，是"十七条协议"的核心。[⑥]

第四，西藏和平解放与西藏民主改革研究。西藏和平解放和西藏民主改革使西藏发生翻天覆地的变化，一是彻底粉碎了帝国主义分裂中国西藏的图谋，维护了祖国统一，使西藏回到了祖国的怀抱；另一个是推翻了封建农奴主阶级的统治，实现了百万农奴翻身解放，藏族人民当家做主，具有划时代的意义。2020年是昌都战役胜利70周年，杨力源、王小彬、李荟芹、徐万发、王昌为、梁俊艳、张云等撰文就昌都解放历史背景、意义及政权建设工作进行研究[⑦]。李蓉分析了中共中央西北局和西北军区在和平解放西藏进程中的历史贡献。[⑧] 张皓指出1949—1952年毛泽东对西藏问题的解决进行了高屋建瓴的构想和布局，为西藏的和平解放与稳定和发展做出了卓越贡献。[⑨]

---

① 宋爽：《西藏金融支持乡村振兴的难点与改革路径》，《西藏民族大学学报》2020年第3期。

② 邓亚净、杨文仙：《习近平德治观及其在西藏乡村治理场域中的运用》，《西藏研究》2020年第3期。

③ 武力、孙丹、王蕾等：《新时期西藏乡村基层社会治理研究》，中国社会科学出版社2020年版。

④ 方素梅：《西藏乡村五十年社会变迁：郎塞岭村和柳村的回访研究》，社会科学文献出版社2020年版。

⑤ 曾皓：《中印边界争端中的西藏因素》，《中国藏学》2020年第3期。

⑥ 张皓：《1949—1951年印度对中国西藏和平解放谈判之干涉》，《江苏师范大学学报》2020年第3期。

⑦ 杨力源：《昌都战役的历史背景、起止时间及重要意义》，《中国藏学》2020年第4期；李荟芹、王小彬：《20世纪50年代初昌都地区各宗人民解放委员会建政工作研究》，《中国藏学》2020年第4期；徐万发、柳欢：《昌都战役——西藏和平解放的转折点》，《西藏民族大学学报》2020年第4期；王昌为：《父亲王其梅与昌都的解放和建设》，《中国西藏》2020年第5期；梁俊艳、张云：《伟大的跨越，辉煌的成就》，《中国西藏》2020年第4期；中共昌都市委、昌都市人民政府：《伟大的历程辉煌的成就》，《中国西藏》2020年第5期。

⑧ 李蓉：《论中共中央西北局和西北军区在和平解放西藏进程中的历史贡献》，《西藏研究》2020年第4期。

⑨ 张皓：《毛泽东与西藏和平解放的前前后后（1949—1952）》，《党的文献》2020年第2期。

第五，对口援藏建设研究。对口援藏建设是全面建成小康社会的重要内容，是促进民族团结的重要途径。邓新星、马馨怡探讨了中华人民共和国成立70年来，中国共产党“长期建藏”思想的形成与发展。① 何一民、高中伟、廖羽含撰文认为依托国家中心城市成都建设西藏经济开发区（成都飞地），是目前解决西藏经济社会发展与生态环境保护之间矛盾的最佳选择方案之一。通过建设一个或多个内地经济飞地，培育西藏经济发展的内生动力，这样不但有助于加快西藏经济发展，也有利于西藏的生态环境保护，并增强西藏各族人民的向心力和凝聚力，另外也对保障西藏社会稳定和国家安全具有重要意义。②

第六，西藏与筑牢中华民族共同体意识研究。方晓玲、周娟、宋博瀚认为筑牢中华民族共同体意识的指导原则包括共同参与、综合发力原则，尊重共性与尊重个性相统一原则，始终保持社会和谐稳定原则，促进经济社会发展与促进人的发展相统一的原则，坚持长期规划与阶段性重点任务相统一的原则。西藏筑牢中华民族共同体意识的基本路径包括缩小与周边区域的经济差距，强化与祖国内地的文化“三交”，抓住青少年关键群体，建设更有向心力的党员干部队伍，发挥党员干部引领作用，管好用好各类媒体，加强“共同体意识”的社会宣传。③ 王巧从马克思共同体思想视角看，认为藏族融入中华民族共同体经历了三个阶段，得出藏族与其他各兄弟民族一道自觉推动中华民族共同体建设的结论。④

其他，西藏参与、融入“一带一路”建设研究。闫红瑛撰文指出西藏与尼泊尔开展金融合作的必要性，分析了制约西藏与尼泊尔金融合作的主要因素，并对加快双方金融合作提出了建议⑤。西藏全面建成小康社会研究。余志坤认为党的领导是西藏全面建成小康社会的根本保障，祖国大家庭是西藏全面建成小康社会的坚强后盾，社会主义制度是西藏全面建成小康社会的显著优势，西藏各族群众是实现全面建成小康社会的主体力量⑥。关于民族区域自治制度在西藏的实践研究。胡鞍钢、杨雁翔将研究视角拓宽到国际视野，通过将西藏自治区与我国周边南亚国家进行横向对比，对国际上一些对西藏评论的“杂音”进行回应，并力求用数据证明西藏取得的成就得益于中国特色社会主义制度，特别是民族区域自治制度优势。⑦

当代中国西藏治理研究体现了鲜明的学术与时代特点：当代西藏治理是西藏研究的

① 邓新星、马馨怡：《新中国70年：中国共产党“长期建藏”思想的形成与发展》，《西藏民族大学学报》2020年第3期。

② 何一民、高中伟、廖羽含：《新时代兴藏战略的路径选择——基于开放共赢原则下的“飞地经济”援藏模式研究》，《西南民族大学学报》2020年第12期。

③ 方晓玲、周娟、宋博瀚：《在西藏如何筑牢中华民族共同体意识：指导原则与路径》，《西藏研究》2020年第3期。

④ 王巧：《马克思共同体思想视域下藏族融入中华民族共同体的历史进程探析》，《西藏大学学报》2020年第3期。

⑤ 闫红瑛：《“一带一路”框架下加强中国西藏与尼泊尔金融合作的思考》，《西藏民族大学学报》2020年第1期。

⑥ 余志坤：《西藏全面建成小康社会的历史必然》，《西藏研究》2020年第2期。

⑦ 胡鞍钢、杨雁翔：《民族区域自治制度与西藏的实践——基于国际比较视角》，《中国藏学》2020年第3期。

重点，成果丰硕，随着“一带一路”倡议在西藏的实施和面向南亚陆路大通道建设，中国共产党的西藏治理、援藏工作、西藏地方对外开放史等研究领域是学者关注的重点领域，2020 年中印边境成为热点地区，中印涉藏问题成果呈现激增态势，相关学术研究将继续深入推进，为国家治藏、治边政策提供历史依据。不足之处：反对达赖集团分裂势力的斗争依然是当代西藏史研究的重要内容，相关研究仍需加强对国际“藏独”集团和反华势力涉藏谬论的批驳。此外，印度驻藏机构（1947—1962 年）和尼泊尔驻藏机构材料使用缺乏，缺乏将西藏放入整个中国边疆的视野的研究视角，更多是区域史和地方史研究，不可避免地出现西藏研究的碎片化。

四

2020 年值得关注的一件大事是中央召开了第七次西藏工作座谈会，这是党制定新时期西藏治理方略的里程碑。8 月 28 日至 29 日，中共中央总书记、国家主席、中央军委主席习近平出席该会，并发表重要讲话。习近平强调，面对新形势新任务，必须全面贯彻新时代党的治藏方略，坚持统筹推进“五位一体”总体布局、协调推进“四个全面”战略布局，坚持稳中求进工作总基调，铸牢中华民族共同体意识，提升发展质量，保障和改善民生，推进生态文明建设，加强党的组织和政权建设，确保国家安全和长治久安，确保人民生活水平不断提高，确保生态环境良好，确保边防巩固和边境安全，努力建设团结富裕文明和谐美丽的社会主义现代化新西藏。① 由于全球新冠肺炎疫情，很多涉及西藏的学术研讨会、调研活动也被推迟，例如原定于今年 8 月在北京举办的第七届北京国际藏学研讨会，延期至 2021 年 10 月举办。很多涉藏学术研讨会被改为线上，2020 年 7 月 13 日，联合国人权理事会第 44 次会议“云上边会”——“西藏社会发展与人权保障”国际研讨会在重庆西南政法大学召开，来自中国、巴基斯坦、尼泊尔等国家的相关专家，围绕“西藏脱贫成就与展望”及“西藏社会变迁与人权进步”两大主题进行发言、与会专家学者表示，西藏社会发展与人权保障取得的成就有目共睹。② 2020 年初，中国社会科学院中国边疆研究所新设立西藏研究室。研究室重点从事西藏历史与现实问题研究，承担中央有关部门以及院、所交办有关西藏研究的任务，接受政府与其他机构委托的研究任务、学术咨询，并提出政策性建议和咨询意见。2020 年 8 月 28 日，由中国社会科学院西藏智库和民族学与人类学研究所主办的第四届喜马拉雅区域研究国际研讨会在北京举行，论坛以“风险与合作”为主题，邀请中外专家围绕当前喜马拉雅区域及全球范围内的新冠肺炎疫情等人类面临的重大风险与挑战进行学术研讨。③ 为贯彻落实中央第七次西藏工作座谈会精神，促进西藏研究，中国社会科学院中国边疆研究所以“新时代西藏治理”为主题，于 9 月 7 日召开学术座谈会，来自中共中央党校（国家行政学院）、中国藏学研究中心、西藏自治区政府驻京办、北京师范

---

① 习近平：《全面贯彻新时代党的治藏方略 建设团结富裕文明和谐美丽的社会主义现代化新西藏》，2020 年 8 月 29 日，新华网。

② 赵觉理：《环球时报》，《“西藏社会发展与人权保障”国际研讨会举行，中外涉藏问题学者肯定西藏发展成就》，2020 年 7 月 17 日。

③ 王剑峰、刘欢：《第四届喜马拉雅区域研究国际研讨会综述》，《民族研究》2020 年第 5 期。

大学历史学院，以及中国社会科学院等多家单位16名专家学者参会。

本年度从“国家安全”方面来考量西藏问题，是一个新的视角。有学者就“西藏问题”，结合国家安全，进行长历史时段考察和宏大的全景式分析，多维度、多视角剖析了其产生的历史背景和催生其不断演变的国际政治生态，揭示其当代表现及实质内涵，实现正本清源，以期通过揭示新时期“西藏问题”的主要特征，对该问题在战略上进行把握和运筹，帮助寻求一项可行的、综合性的应对方略。①

总之，2020年度的中国国内西藏研究在全球新冠肺炎疫情状况下，依然取得了较为丰硕的研究成果，能够为新中国成立70年来西藏研究走向不断深化添砖加瓦。西藏研究在中国边疆学学科体系、学术体系、话语体系的建设中是不可或缺的一环，而且随着新时代中国特色社会主义的推进，中国逐渐成为国际上西藏研究的中心，西藏研究学科在中国边疆治理，边境地区的稳定和治藏方略的发挥方面起了积极作用。未来，中国的西藏研究将开启新征程、取得新进展！

① 王海洲等:《西藏社会稳定与国家安全研究》，江苏人民出版社2020年版。

2020年新疆研究述评

阿地力·艾尼*

2020年第三次中央新疆工作座谈会胜利召开，习近平总书记发表了重要讲话，“全面阐释了新时代党的治疆方略，全面部署了推动新疆社会稳定和长治久安的重点工作，是指导新时代新疆工作的纲领性文献，是做好新时代新疆工作的根本遵循。”① 习近平总书记提出依法治疆、团结稳疆、文化润疆、富民兴疆、长期建疆的新疆工作总目标，说明了我们党对新疆工作规律的认识不断得到提高。2020年的新疆研究，学术界在坚持正确的国家观、历史观、民族观、宗教观、文化观等重大政治原则的基础上，在新疆的历史和现实等方面进行了诸多富有成效的探索，使2020年新疆研究不论在数量上还是质量上都取得了值得总结的成绩。

一　新疆历史研究

（一）新疆政治史及历代治理新疆研究

经略边疆、处理民族关系问题是中国历史上各朝各代所面临的重要问题，马晓娟从历代正史中的民族关系视角对内地人士经略西域事迹做了较全面的梳理与探讨，试图总结内地人士经略西域微观层面的得失事迹，并认为经略西域的强弱与得失程度，就是一个朝代兴衰的晴雨表。②

汉代对西域地区的行政管理与职官建制，是边疆地方政治制度的重要内容，李楠对汉代西域边政的建置和运行、都护制度的历史沿革、西域地方政权的内部建制、文化软实力在西域治理中的应用以及西域屯戍与边防建设等问题进行了详细的探索。③ 李大龙在对匈奴和西汉于西域分别设置僮仆都尉、西域都护的时间、职责等问题进行探讨的基础上，认为诠释西域纳入多民族国家中国版图历史的标志是僮仆都尉还是西域都护体现着不同的话语体系，提出传统“自古以来”的说法似乎更符合多民族国家中国是中华

---

* 阿地力·艾尼：中国社会科学院中国边疆研究所副研究员。

① 范玉显：《新时代党的新疆工作基本路线——解读习近平总书记在第三次中央新疆工作座谈会上重要讲话精神》，《新疆社科论坛》2020年第5期。

② 马晓娟：《从历代正史民族关系微观视角看内地人士经略西域之得失》，《新丝路学刊（总第9期）》，社会科学文献出版社2020年版。

③ 李楠：《汉代西域行政制度与屯戍体制研究》，中国社会科学出版社2020年版。

大地上诸多政权和族群共同缔造的这一主流看法。[①] 李晓斌、王兴宇考察了东汉王朝在西北边疆的作为，认为东汉王朝在经略西北过程中体现了“华夷一体”“守在四夷”的边疆治理思想，发挥了西北民族在守土固边中的作用。[②] 张骞出使西域，使丝绸之路得以贯通，孟宪实探讨了张骞出使所谓的“不得要领”问题，认为张骞出使西域是人类历史大事件，欧亚大陆作为人类活动的主要舞台，开始走向最初的“一体化”，各个文明区和国家之间，政治联系由此启动，张骞出使西域、丝绸之路的开通是全球化第一期的起步。[③]

和氏为中古麴氏高昌国的世家大族之一，殷盼盼考察了和氏在张掖的发展历程及其由张掖迁往高昌的大致线索，认为迁入高昌的和氏在与张掖袁氏等河陇迁入的家族保持婚姻关系的同时，也与迁入高昌的敦煌汜氏建立了婚姻关系，和氏人物与高昌王室存在亲密关系。[④] 北庭都护府是唐王朝在天山以北地区设置的重要的军政管理机构，梁振涛认为唐王朝将北庭地区的民众分为“百姓”和“部落”两大类进行管理，唐王朝在北庭地区对不同民众所实行的是二元行政管理体制，这一体制的确立是唐朝在帝国范围内以正州县治编户齐民、羁縻府州管领蛮夷蕃胡的控制制度在北庭地区的实施。[⑤] 于阗是经略西域的战略要地，田海峰认为唐廷早期即开始对于阗的经略，并经历了从失去对于阗的战略主导地位到恢复在于阗的管辖秩序的过程。[⑥] 龟兹为唐安西都护府所在，也是唐朝经营西域的政治和军事中心，石云涛注意到唐诗中的“安西”意象，认为唐诗资料反映了龟兹在唐朝西域经营过程中的重要地位，反映了其在中西交通中的重要地位。涉及龟兹和“安西”的诗歌作品寄托了唐人复杂的思想情感，并认为在研究唐代西域史和唐人社会心态方面，唐诗具有独特的价值。[⑦]

元明时期的西域史具有其特殊性，是我国新疆历史的重要篇章之一。田卫疆认为元朝对天山南北地区的政治统一和军政管辖开辟了西域历史新纪元，尤其是进入西域地区的蒙古族曾对该地历史影响时间长达5个世纪之久，遗留下众多值得珍惜和认真探讨的历史遗产，作者还以中华文化视角对元明时期西域历史研究中若干重大问题进行了学术探索。[⑧] 明朝由于北部和西部面临着巨大的军事压力故而希望在西域站稳脚跟，维护帝国北部的战略安全。赵毅、杨维认为明廷在西域的经营明显消极、软弱，导致明朝在与北元漫长拉锯战中毫无战略威慑的优势。并认为明初西域策略的失误，是明中叶闭关绝贡、放弃西域的重要原因。[⑨]

---

① 李大龙：《如何诠释边疆——从僮仆都尉和西域都护说起》，《西南民族大学学报（人文社会科学版）》2020年第7期。

② 李晓斌、王兴宇：《东汉王朝对西北边疆治理策略研究》，《思想战线》2020年第5期。

③ 孟宪实：《张骞的“不得要领”与丝绸之路的开通》，《西域研究》2020年第4期。

④ 殷盼盼：《从河西张掖到西域高昌：麴氏高昌国和氏研究》，《西域研究》2020年第1期。

⑤ 梁振涛：《百姓与部落：唐代北庭地区的人群管理》，《文史》2020年第4辑，中华书局。

⑥ 田海峰：《唐代于阗经略研究》，《唐史论丛》第三十辑，三秦出版社2020年版。

⑦ 石云涛：《龟兹在唐朝西域经营中的地位——唐诗中的“安西”》，《黑河学院学报》2020年第12期。

⑧ 田卫疆：《关于元明时期西域历史研究的几个问题》，《西部蒙古论坛》2020年第2期。

⑨ 赵毅、杨维：《论明初西域经营策略——以关西七卫、西番诸卫比较为中心》，《辽宁师范大学学报（社会科学版）》2020年第1期。

清军在进军西域过程中，厄鲁特部与南疆回部不断出现“叛服”事件，杨益茂探讨了清代吐鲁番回部伯克莽噶里克归附清朝，不久又被清朝定为“叛清”头目被杀事件。认为莽噶里克作为清代吐鲁番地区的领导人，是一位维护回疆稳定、国家统一、忠于国家的代表，理应受到人们的尊敬和纪念。[①] 清政府将新疆地区纳入统治版图后，最终形成以军府制为中心的多元管理体制，佟文娟认为清廷亦曾筹划在新疆地区编设卫所，虽然这一筹划因种种原因最终未能实行，仍不失为清廷治理新疆过程中的一种有益探索。[②] 乾隆年间清朝平定回疆后在英吉沙尔设立办事大臣，王超对英吉沙尔驻扎大臣的变革进行了考辨，认为英吉沙尔设官的变革与总理回疆事务参赞大臣驻地的迁移有关。[③] 乾隆朝统一天山南路后，清廷为安置官员、驻扎旗营等军政需要，在天山南路的喀什噶尔、阿克苏等八处地方修筑或扩建新城。王耀利用近年刊布的满文档案，对清乾隆朝天山南路新城的修筑过程、城市形态等问题进行了考证，认为乾隆朝天山南路的新城建筑，是因应军事、政治等局势变化逐步发展而来。[④]

在清政府治理新疆过程中，和卓及其后裔之乱困扰清政府近百年，大和卓之子萨木萨克的逃脱，是造成和卓后裔之乱的原因之一。杨栋娟试图厘清史料中两萨木萨克的关系，进而探讨乾嘉两朝对萨木萨克的态度转变过程，以期加深对清王朝治理回疆特点的理解。[⑤] 陈柱认为康乾时期清出于对抗准噶尔的需要，对布鲁特表示了一定的重视，但清对布鲁特的早期认知多建立在传闻与单方面想象之上，所获关于布鲁特虚实难辨的情报，给清朝的西北边防决策和军事行动造成了误导和损害。[⑥]

道光年间，在复杂的国际、国内形势影响下，新疆地区的卡伦制度面临着众多的困局和冲击。马长泉、张春梅认为道光时期清朝统治者及时调整政策，整饬卡伦制度，增加卡伦数量，严格监督机制等，对以后卡伦制度的发展起到了较好的促进作用。[⑦] 清光绪年间，出现了大量关于坎儿井的民事纠纷，赵毅认为这些民事纠纷的解决，将民众、地方首领、地方官联系在一起，形成了族群间、官民间的一种良性互动。吐鲁番的族群多元复杂，使该地民事纠纷的处理呈现出国家法和民间习惯法相结合的地方特色。这种治理方式是该区族群长期以来经济文化交往的结果，亦是清朝在新疆所推行的“因俗而治”治理理念的具体体现。[⑧] 王启明对清代吐鲁番厅的历史嬗变进行了考察，认为吐鲁番直隶厅的历史嬗变正是清朝治理西北边疆社会在民政领域由“因俗而治”到边疆

---

① 杨益茂：《莽噶里克“叛清”案初辨》，《明清论丛》第十九辑，故宫出版社 2020 年版。

② 佟文娟：《乾隆朝筹划在新疆地区设立卫所始末》，《满语研究》2020 年第 2 期。

③ 王超：《清代英吉沙尔驻扎大臣的设立和变革考辨》，《中国边疆史地研究》2020 年第 4 期。

④ 王耀：《满文档案所见乾隆朝天山南路的新城修筑》，《历史档案》2020 年第 4 期。

⑤ 杨栋娟：《大和卓之子萨木萨克身世考》，《西域研究》2020 年第 1 期。

⑥ 陈柱：《传闻与想象：清朝对布鲁特的早期认知》，《中国边疆学》第十二辑，社会科学文献出版社 2020 年版。

⑦ 马长泉、张春梅：《道光朝新疆卡伦的整饬问题》，《内蒙古师范大学学报（哲学社会科学版）》2020 年第 1 期。

⑧ 赵毅：《基层社会的治理与互动：基于清末吐鲁番坎儿井民事纠纷的考察》，《西北民族论丛》第二十一辑，社会科学文献出版社 2020 年版。

与内地行政体制一体化的真实写照。[①]《中俄科塔界约》系1883年清政府与沙俄签订的不平等界约之一，何星亮根据清代相关史料、民族语言资料和在新疆的两次调查资料，以“清文译约”为根据，对《中俄科塔界约》作了较全面的研究和探讨。[②]

清末新疆建省是新疆历史上的里程碑，刘志佳认为建省过程中最突出的督、抚、将军关系问题，本质上是由新疆行省制度设置的不完善及行政层级的缺陷造成的，清廷也在不断地尝试内外均衡的调适机制以解决此问题。[③] 伊犁将军长庚在清末新政时期推动的新疆设督讨论，引发了朝野要员对西北边疆治理模式的争议。章成认为通过争议清廷最终延续了治疆旧制，重新布置了新疆的权力格局，造成了陕甘总督的更替，设议总督事件具有承前启后的重要意义。[④] 清末推行“新政”，时任新疆巡抚潘效苏实行了改练“土著”世袭兵的兵制改革，王淼认为新疆兵制改革不仅未达到预期效果，反而徒增耗费，为边疆安全留下巨大隐患。而后任巡抚联魁对新疆兵制进行的进一步调整和改革，使新疆兵制更趋成熟和完备。[⑤]

民国初年为解决财政危机，杨增新对税制进行了一系列变革和调整，周卫平认为这些措施的实施在一定程度上增加了新疆的财政收入，适应了当时当地的社会发展，具有一定的进步意义。[⑥] 盛世才治新时期，实行了一系列的新疆基层政权革新，陈芸、张皓认为盛世才的革新借鉴了中共基层民主建政经验，这些革新措施不仅健全了新疆基层政权体系，而且率先引入了中共政治民主化的措施，在一定程度上推动了当时新疆各项事业的发展。[⑦] 马仲英是新疆民国史上的重要人物，马仲英部中有不少共产党人，欧阳云梓考证出马仲英部的共产党来源不同，相互间也没有直接的组织联系。他们在马仲英部积极开展革命工作，对马仲英部的教育改造有一定成效，但也不够充分彻底。进入新疆后他们开展的一系列工作，维护了祖国的统一，同时为新疆的文教事业做出了一定的贡献。[⑧] 吴忠信为民国新疆史上承上启下的重要人物，杨增贵利用《吴忠信主新日记》等史料提出吴忠信始终将稳定作为主政新疆的追求，他在宗教、政治等诸多领域实施各种怀柔政策以补救盛世才统治造成的恶果，认为吴忠信的使命是将新疆从“六大政策的新疆变为三民主义的新疆”，实现新疆的中央化。并认为“三区革命”使他的主政并不成功。[⑨]

抗战时期中国共产党员、爱国民主人士和进步青年通过报刊、新疆学府、社会团体

---

① 王启明：《清代西北边疆厅的历史嬗变——以吐鲁番为例》，《中国边疆史地研究》2020年第2期。

② 何星亮：《晚清〈中俄科塔界约〉及其相关问题研究》，《社会科学战线》2020年第7期。

③ 刘志佳：《新疆行省制下督、抚、将军的改制探索》，《中国地方志》2020年第1期。

④ 章成：《清季新疆设督与治疆思路考析》，《近代史研究》2020年第4期。

⑤ 王淼：《清末新疆“遣客改土”与兵制改革》，《西北民族论丛》第二十一辑，社会科学文献出版社2020年版。

⑥ 周卫平：《杨增新时期新疆税务制度研究》，《中国边疆史地研究》2020年第4期。

⑦ 陈芸、张皓：《盛世才治新时期新疆农村基层政权建设体系中的中共特色》，《中国边疆史地研究》2020年第1期。

⑧ 欧阳云梓：《论马仲英部的共产党人》，《绍兴文理学院学报（人文社会科学）》2020年第9期。

⑨ 杨增贵：《1944—1946年吴忠信主政新疆述论》，兰州大学硕士学位论文，2020年。

和文艺活动等多种载体推动马克思主义在新疆的系统传播。依再提古丽·吾买尔认为这一时期马克思主义在新疆的传播呈现出宣传内容上时代性与先进性相结合，宣传手段上多样性与灵活性相结合，宣传效果上广泛性与民族性相结合等特点。新疆的各族先进知识分子和进步青年开始向马克思主义寻求救国救民的真理，为忠实于中华民族解放事业奠定了思想基础。[①] 1943 年至 1948 年国民政府就帕米尔未定界问题与苏联进行了旷日持久的磋商，冯建勇、钱骋阳通过对这一过程的考察认为尽管国民政府在涉及领土主权的问题上据理力争，但中苏两国悬殊的国力差距，国内连绵不绝的军事冲突及新疆地方的治理等问题影响着国民政府对该问题的决策。在收复失地与保全现有国土、安定内政的纠结中，国民政府对于收复帕米尔国土的立场态度亦不断发生变化。[②] 1943 年 4 月至 1949 年 9 月间美国在中国新疆迪化设立领事馆，闫自兵认为迪化领事馆的工作人员广泛搜集了各类情报，在第二次世界大战期间协调了中苏两国在新疆的矛盾，在冷战到来后积极策划反苏反共活动与分裂活动，这些活动适应了美国不同时期的战略需要，也开了美国插手新疆问题的先例。[③]

1950—1954 年，人民解放军在新疆开展大生产运动，取得了巨大的成就。陈国裕认为大生产运动堪称南泥湾精神的继承与发展，超过历代屯垦，对于安定西部边陲发挥了“定海神针”的作用，奠定了当代新疆屯垦事业的重要基础，新疆的现代农业、现代工业、现代基本建设事业也由此起步。[④] 中华人民共和国成立初期，新疆曾存在阿富汗侨民问题，张安、屠静芬利用外交部档案，对这一问题进行了梳理，认为中国成功解决在新疆的阿富汗侨民遣返问题，促进了中国与阿富汗关系的平稳发展，也为当前中国外侨问题的处理提供了丰富的历史智慧和现实启示。[⑤]

（二）新疆经济及社会文化史研究

尼雅遗址是汉晋时期精绝国故地，叶俊士利用出土文物和佉卢文文献，对精绝国的农业生产情况进行了梳理，认为当时精绝国建立了相对完善的农业生产管理体系和水利灌溉设施，开始使用铁犁牛耕技术，农作物品种相比以前更加丰富。并认为这些都是丝绸之路开通后，西域大开发和东西方文明交流的重要体现。[⑥] 于阗是古代西域丝路南道上的主要绿洲王国之一，朱丽双认为 10 世纪时于阗与其周边政权及中原地区存在广泛的物质交流网络。这种物质交流主要表现为与西域其他绿洲政权及中原政权的物质交流，与前者的物质交流形式主要是互赠礼品和直接贸易，与中原政权之间的物质交流，早期以进贡为主，10 世纪中叶以后则发生了从进贡到进贡和私易并行的变化，且私易

---

① 依再提古丽·吾买尔：《抗战时期马克思主义在新疆的传播研究》，《新疆地方志》2020 年第 2 期。

② 冯建勇、钱骋阳：《国民政府筹谋帕米尔问题始末》，《人文杂志》2020 年第 5 期。

③ 闫自兵：《美国驻迪化领事馆考述》，《新疆大学学报（哲学·人文社会科学版）》2020 年第 1 期。

④ 陈国裕：《解放初期驻疆人民解放军开展大生产运动历史回顾》，《新疆社科论坛》2020 年第 1 期。

⑤ 张安、屠静芬：《二十世纪五六十年代中国政府遣返新疆阿侨始末》，《新疆大学学报（哲学·人文社会科学版）》2020 年第 1 期。

⑥ 叶俊士：《汉晋时期西域精绝国农业生产考述》，《农业考古》2020 年第 4 期。

有超过进贡之势。①

长期以来国内外学术界将阿尔泰山与宋代以前汉语文献中的金山相等同，李树辉则认为阿尔泰山与宋代及其以前文献所记西域的“金山”无关，最早见于13世纪的文献所记载的阿尔泰一词由蒙古语演变而来，语义为“有黄金的地方”“有黄金的山”“金山”，是蒙古语对突厥语黄金高原、黄金高地的翻译，这种语源学的演变反映了当地不同族群的迁徙、变化进程。②

天山北路主要为游牧地区，至清代乾隆年间修建了大批城市，董红玲论述了天山北路城市的历史演变过程，认为清代天山北路城市群的形成和发展，是农耕文化与游牧文化长期矛盾、冲突、交流、融合的结果，是统一的多民族国家不断发展、巩固的标志。③ 吴轶群以伊犁、喀什噶尔为中心对清代边境城市进行了分析和研究，认为清代新疆边境地区城市的发展道路不同，但都经历了边疆政策变迁、边境变化、建置变迁等重要的历史演变，边境地区城市经过各阶段的发展，其功能由差异而趋同。④

咸丰年间，新疆财政问题日益凸显，刘锦增认为在应对新疆财政危机过程中，清朝中央政府逐步丧失了对新疆财政的绝对把控权，陕甘总督、新疆地方官员的财政自主权在不断扩大。咸丰年间新疆军费的供给问题，不仅对左宗棠西征筹饷有影响，也对建省后新疆军饷的供应体系有着深远影响。⑤ 李宁借助国家翻译实践的概念，梳理了国家翻译实践行为在清代新疆地区的具体体现，并对清代翻译活动的特点和社会功能做了总结，认为清朝新疆地区的国家翻译实践已经形成制度化趋势。⑥ 清代中晚期西北史地之学发展迅速，成为“显学”，刘景纯认为这一现象出现的原因既有偶然因素，也有时代因素，需要对相关著述的产生过程、具体内容、相互关系等进行深入分析，不能简单地以时代思潮和学术精神甚至“爱国情怀”等来对该现象作泛泛解释。⑦ 清代新疆“旗屯”体制中的典型为锡伯营，潘威分析了从清代至民国时期伊犁锡伯旗屯水利社会的不同功能和特点，认为清代锡伯旗屯水利成为基层社会有效贯彻国家边疆战略的重要路径，民国时期锡伯传统水利社会迅速瓦解，而水利崩溃造成的边疆地区贫穷、落后又使得国家边疆战略失去了落实的途径。⑧

汉族商帮是近代新疆社会中的一支重要群体，贾秀慧认为这一群体的活动不但推动了新疆融入近代文明生活的洪流，还增进了民族团结，维护了祖国统一，强化了新疆各族人民作为中华民族大家庭成员的心理认同感。⑨ 茶叶是新疆民众十分常见的日常生活

---

① 朱丽双：《10世纪于阗的对外物质交流》，《西域研究》2020年第1期。

② 李树辉：《“阿尔泰”语源、语义考》，《青海民族研究》2020年第4期。

③ 董红玲：《天山北路城市建设述论——以农耕文化和游牧文化的矛盾、冲突、交流和融合为视角》，《西域研究》2020年第4期。

④ 吴轶群：《清代新疆边境地区城市对比研究》，上海古籍出版社2020年版。

⑤ 刘锦增：《咸丰年间边疆财政的危机与应对——以新疆军费为例》，《中国经济史研究》2020年第1期。

⑥ 李宁：《清代国家翻译实践在新疆地区的体现》，《民族翻译》2020年第2期。

⑦ 刘景纯：《清代中晚期西北史地学认识的几个问题》，《中国历史地理论丛》2020年第4辑。

⑧ 潘威：《清代民国时期伊犁锡伯旗屯水利社会的形成与瓦解》，《西域研究》2020年第3期。

⑨ 贾秀慧：《近代新疆汉族商帮与新式休闲娱乐业的兴起发展述论》，《新疆地方志》2020年第1期。

用品，也是新疆大宗贸易商品，黄祥深对民国时期中央政府和新疆省政府处理新疆茶叶贸易问题进行了探讨，认为民国时期中央和新疆省两级政府始终无法从根本上改善新疆茶叶市场，导致商业利权外溢，威胁了新疆的商贸安全。①

20 世纪初期，有大量国人至新疆游历或考察，其中不少人留下了文字记录。成湘丽对这一时期新疆游历记录中的新疆形象进行了考察，认为 20 世纪 20 年代末在内地赴疆考察者笔下开始出现新疆作为文物宝库的文化形象，20 世纪 30 年代前期新疆形象更多地体现为关乎国家安危的战略要地和资源大省形象。② 邓缵先在新疆任职 17 年期间创作了大量反映新疆社会文化、政治经济面貌的旧体诗文，邹淑琴认为这些诗文在一定程度上还原了民国初期的新疆形象，是特定历史时期的新疆文化记忆，其中也蕴含着浓厚的家国情怀。③

（三）新疆民族与宗教史研究

焉耆为活跃在西域绿洲的粟特商人旅程中的重要一站，毕波对 9—10 世纪焉耆的粟特胡人进行了历时性考察，认为西域北道沿线绿洲的粟特胡人之间可能存在着一个网络，并与当地佛教团体之间存在商业合作关系。④ 学术界对中古时期粟特商人的活动情况颇多研究，白玉冬通过对前期学术成果的梳理及吐鲁番高昌故城出土 U5328 回鹘语文书的研究，认为直至 12—13 世纪粟特—回鹘商人仍然与草原游牧民存在着互动，并保持着商业往来。⑤

乾隆年间哈密维吾尔族农户西迁伊犁屯田，是清代伊犁回屯的重要组成部分。衡宗亮对西迁伊犁屯田的起因、经过、安置等相关问题进行了梳理，并对此次哈密维吾尔族西迁伊犁屯田的费用问题提出了新的看法。⑥ 清代康熙、雍正年间，一些哈密、吐鲁番维吾尔人迁居河西西部，直至乾隆中期绝大部分返回了故乡。王希隆、杨代成认为哈密、吐鲁番维吾尔人东迁，对清朝统一及巩固新疆有着深远影响，是统一多民族国家历史传统的重要体现。⑦ 白和卓是清代入居北京的维吾尔人群体中的重要人物，王东平利用档案资料对白和卓入居北京前后的相关史实进行了考察，认为白和卓在其父莽噶里克归附清朝的过程中发挥了积极的作用，他入居京师后，为清廷处理西域事务作出了贡献。⑧

---

① 黄祥深：《民国政府与新疆茶叶贸易研究》，《西北民族论丛》第二十辑，社会科学文献出版社 2020 年版。

② 成湘丽：《从“资源宝库”到“战略要地”——20 世纪初至 30 年代前期国人新疆游记中的新疆形象》，《石河子大学学报（哲学社会科学版）》2020 年第 3 期。

③ 邹淑琴：《邓缵先民初新疆诗文的文化记忆与家国情怀》，《新疆大学学报（哲学·人文社会科学版）》2020 年第 6 期。

④ 毕波：《粟特人在焉耆》，《西域研究》2020 年第 1 期。

⑤ 白玉冬：《12 — 13 世纪粟特—回鹘商人与草原游牧民的互动》，《民族研究》2020 年第 3 期。

⑥ 衡宗亮：《清代哈密维吾尔族西迁伊犁屯田新考》，《农业考古》2020 年第 4 期。

⑦ 王希隆、杨代成：《清前期哈密、吐鲁番维吾尔人迁居河西西部述论》，《民族研究》2020 年第 1 期。

⑧ 王东平：《清代维吾尔副都统白和卓事迹钩沉》，《新疆大学学报（哲学·人文社会科学版）》2020 年第 6 期。

沈琛对吐蕃和于阗之间的佛教交流进行了考察，认为双方真正意义上的交往始自8世纪上半叶，这种交流对吐蕃佛教产生了重要影响，于阗也受到吐蕃佛教化的王权观念的影响。[①] 方神庙是民间的宗教设施，清末流行于新疆南部，任子田、王小盾认为南疆地区的方神庙由来自湖南等地的新居民所建立，是乾隆以来战争和移民运动的产物，它为汉、维吾尔等不同民族所信奉，其神迹由发生在喀什等地的战争故事组成，因此，不再是区域性神祇而是地缘性神祇。城隍、定湘王、方神三者代表了清末新疆原生性宗教的三种基本形态。[②] 戚成海以《伊江汇览》中的记述为出发点，从“三清”的历史演变脉络及“三教”历史格局的演进进行分析，探讨了清代伊犁三清殿并置“三教”塑像的坛庙祭祀现象，认为这是清代中华传统文化在边疆地区传播和发展过程中特殊的历史现象。[③]

（四）新疆文献史料研究

回鹘文文书 xj 222 －0661. 09 收藏于中国文化遗产研究院，正反两面各书文字31行，是记录高昌回鹘历史的珍贵文献。杨富学、葛启航认为该文书所述高昌回鹘可汗率军收复焉耆、怛逻斯事，很可能是高昌回鹘发动的一次针对喀喇汗王朝势力东侵的反击战，并认为该文书断代应在11世纪中叶至1125年辽朝灭亡之前。[④] 阿依达尔·米尔卡马力、萨仁高娃对中国国家图书馆藏三件回鹘文文献进行了语文学研究，认为其中两件文献和兰州范军澍收藏回鹘文《华严经》属同一文献，故国家图书馆藏品应来自敦煌。另一件文献属于《大方广佛华严经海印道场十重行愿常徧礼忏义》，是其经名的译文，是该文献的首次发现和刊布。[⑤]

清代学者撰述了不少西北史地方面的文献，史念海先生认为清代学者十分关注西北史地问题，他们或整理史地文献，或撰写史地专著，或记述清廷在西北的武功，或记载中俄在西北的界务，产生了一批重要的著述，这些著述大都仍然具有重要学术价值。[⑥]

《清代新疆满文档案汉译汇编》是《清代新疆满文档案汇编》第1至10册的汉译与影印文件的对照版本，时间跨度为雍正八年（1730）至乾隆二十年（1755），内容相当丰富，涉及面极广，其中大多数为奏折，这些档案为清代新疆历史研究提供了十分珍贵的史料。[⑦]

《和卓传》是研究16—18世纪西域伊斯兰教黑山派、白山派的重要文献，聂红萍考证出作者穆罕默德·萨迪克·喀什噶里所受“奥斯曼”家族的影响而撰写此著中的

---

① 沈琛：《吐蕃与于阗佛教交流史事考述》，《西域研究》2020年第3期。

② 任子田、王小盾：《从方神庙看清末新疆的原生性宗教》，《西南民族大学学报（人文社会科学版）》2020年第10期。

③ 戚成海：《清代三清殿“三教”并置简论——以乾隆〈伊江汇览·坛庙〉为中心的探讨》，《文化学刊》2020年第7期。

④ 杨富学、葛启航：《回鹘文 xj 222 －0661. 09 文书若干问题新探》，《文献》2020年第5期。

⑤ 阿依达尔·米尔卡马力、萨仁高娃：《国家图书馆藏三件回鹘文〈华严经〉残叶研究》，《河西学院学报》2020年第6期。

⑥ 史念海遗著、王双怀整理：《清代学者对于西北史地之研究及其著述》，《历史地理研究》2020年第1期。

⑦ 吴元丰、厉声主编：《清代新疆满文档案汉译汇编》，广西师范大学出版社2020年版。

"奥斯曼"即汉文文献中的鄂对之子鄂斯瑞，并认为《和卓传》的成书时间是1778—1788年，而非以往学者认为的1768年前后。[①]《钦定西域同文志》是清朝官修的第一部清代新疆、青海、西藏的地名录和山水名录，乌云毕力格对此书的版本情况进行了考证，认为该书是非常优秀的语言田野调查资料记录，并认为《钦定西域同文志》的编纂是清朝政治上实现"一统无外"的结果，也是推行"同文之治"的产物。[②] 清代《西域图志》是中国古代编纂规格和学术水平最高的地方志文献之一，也是新疆历史文化的集大成之作，张瑛对《西域图志》进行了全面的研究，认为《西域图志》为新疆史及中亚史的研究奠定了基础，开启了清代西北史地研究之风，为全国地方史志的撰修树立了典范，具有深远的学术影响。[③]《回疆通志》一书为叶尔羌帮办大臣和宁所撰，李鹏翔、张华清利用满文档案资料探讨了《回疆通志》的版本问题及其史学价值，认为该书前半部分较多承袭前人成果，后半部分则与作者的实地考察密切相关，记载了当时回疆地区的物产、风俗、历史遗迹等方面的具体情况。[④]《新疆图志》是清末新疆布政使王树楠主持编纂的通志，史明文认为从目前多种影印本来看，其书存在底本单一、学术范式不完善、漏印错印时有发生等问题。[⑤]

俄国驻喀什第一任领事尼古拉·彼得罗夫斯基在任期间（1882—1903年），利用职务之便在我国新疆喀什及周边地区收集了众多的古代写本、木简、钱币、佛像及其他文物，韩莉、李林安认为彼得罗夫斯基所藏文物数量庞大，具有极高的学术价值，是研究新疆及中亚地区民族经济文化发展与宗教演变的极为重要的史料。对它们的研究奠定了俄国的中亚语文学与中亚古文字学基础，巩固了俄国在世界东方学和中亚研究领域的优势地位。[⑥] 1909—1910年俄国所谓奥登堡新疆考察队搜集了众多文献文物，但这批文献文物大多没有公布，郑丽颖利用俄文文献对奥登堡考察队的行程和这些文物文献的去处进行了钩沉，指出这批文献文物最终汇集到俄国人类学民族学博物馆，目前分别由亚洲博物馆（今俄罗斯科学院东方文献研究所）、艾尔米塔什博物馆、俄罗斯科学院档案馆等部门收藏。[⑦] 瑞典隆德大学图书馆目前收藏有近600函自南疆等地区收集来的手抄本文献资料，这批文献绝大多数是瑞典外交家贡纳尔·雅林捐赠。马凌云、王建平对这批文献的形成、内容和外观进行了概述，考察了其整理与研究的现状，阐释了对这批新疆

① 聂红萍：《鄂斯瑞与〈和卓传〉》，《西北民族论丛》第二十辑，社会科学文献出版社2020年版。

② 乌云毕力格：《〈钦定西域同文志〉若干问题考述》，《中央民族大学学报（哲学社会科学版）》2020年第1期。

③ 张瑛：《清代〈西域图志〉研究》，兰州大学出版社2020年版。

④ 李鹏翔、张华清：《和宁撰〈回疆通志〉考述》，《西北民族论丛》第二十一辑，社会科学文献出版社2020年版。

⑤ 史明文：《〈新疆图志〉影印本探析》，《新疆地方志》2020年第1期。

⑥ 韩莉、李林安：《俄国驻喀什领事彼得罗夫斯基与新疆文物外流》，《甘肃社会科学》2020年第3期。

⑦ 郑丽颖：《奥登堡考察队新疆所获文献外流过程探析——以考察队成员杜丁的书信为中心》，《敦煌学辑刊》2020年第1期。

少数民族文字手抄本文献进行研究的学术意义。①

此外，许建英主编的《中国边疆探察译丛》出版，其中第一本系贝亚德·泰勒编撰、李郁瑜译注《中亚纪行》，该书涉及19世纪后期中亚、英属印度西北边疆以及中国新疆喀什噶尔、叶尔羌等地，内容丰富，资料较为珍贵。②

（五）新疆考古及新疆历史地理研究

拜其尔墓地位于新疆维吾尔自治区哈密地区伊吾县，《新疆拜其尔墓地》一书是拜其尔墓地考古发掘报告，报告全面报道了2004—2005年拜其尔墓地的发掘资料，认为墓地主体年代在公元前1200—前500年，与哈密绿洲盆地的天山北路墓地、焉不拉克墓地等遗存属于同一考古学文化。③ 新疆鄯善洋海墓地的发掘有许多引人注目的发现，吕恩国认为从洋海墓葬出土的成套骑射、狩猎用具及丰富的毛纺织物、动物纹样和牲畜骨骼看，洋海人的生产方式以畜牧和狩猎为主。④

楼兰地区汉晋时期墓群在埋葬习俗和随葬品风格方面均体现出中原文化因素的影响，魏东认为以孤台墓地为代表的楼兰人群与尉犁县营盘墓地人群体现出更多共性，但两者间的差异度也说明在两个人群之间可能并不存在遗传学层面的密切沟通和交流。⑤ 冉万里对楼兰及其广大的周边地区发现的各类遗迹与遗物进行了初步整理，探讨了古楼兰及其周边地区在“丝绸之路”上的作用以及中原王朝对西域的经略。⑥ 塔里木盆地克里雅河下游散落着不少废弃的沙漠化的古绿洲，李并成对这些古绿洲的概况、留存的遗址遗物及历史演变进行了考察，认为沿河植被的砍伐破坏、河道的变迁以及战争的破坏等是古绿洲废弃和沙漠化的主要原因。⑦

对于古代月氏人西迁之前的故乡“敦煌、祁连间”的区位，长期以来的主流观点认为是在河西走廊西部。王建新、王茜通过对文献记载、出土文献资料、环境资料和考古资料的分析，认为今祁连山并非汉祁连山，汉代的祁连山应为东天山，月氏故乡不可能在河西走廊西部，应在以东天山为中心的区域。⑧

北庭都护府在唐代西域经营史上具有十分重要的地位，刘子凡对北庭属西海县进行了考证，认为文献中所见唐代北庭的西海县，就是北庭蒲类县在宝应元年前后改名而

---

① 马凌云、王建平：《瑞典隆德大学所藏新疆文献整理研究现状及其学术意义》，《青藏高原论坛》2020年第3期。

② 许建英主编《中国边疆探察译丛》，贝亚德·泰勒编撰、李郁瑜译注《中亚纪行》，社会科学文献出版社2020年版。

③ 新疆文物考古研究所等编著：《新疆拜其尔墓地》，文物出版社2020年版。

④ 吕恩国：《吐鲁番洋海墓地出土游牧民器物研究》，《吐鲁番学研究》2020年第1期。

⑤ 魏东等：《楼兰地区汉晋时期墓地的考察与初步认识——兼析楼兰孤台墓地的颅骨形态学特征》，《西域研究》2020年第3期。

⑥ 冉万里：《文明交流视野下的古楼兰及其周边——汉晋时期楼兰遗物中所见文化因素分析》，《考古学研究（十一）》，科学出版社2020年版。

⑦ 李并成：《塔里木盆地克里雅河下游古绿洲沙漠化考》，《中国边疆史地研究》2020年第4期。

⑧ 王建新、王茜：《“敦煌、祁连间”究竟在何处?》，《西域研究》2020年第4期。

来。[①] 田海峰考察了轮台与西海两郡县位置问题，认为轮台与西海的置地随着唐廷经营西域的不同阶段存在相应的调整。[②] 赤岸守捉为唐代安西都护府东部的首要军事屏障，闫雪梅通过考古调查和2008—2009年第三次全国文物普查期间的新发现，并结合历史文献，对赤岸守捉的具体位置进行了考证。[③] 冰岭道为乾隆平回之后为屯田伊犁而设的首条官方台路，王科杰对冰岭道的建置情形进行了考察，认为冰岭道的调整过程不仅反映了台站职能的变化，更体现了清廷对新疆统治思想的变迁。[④]

二　新疆当代问题研究

2020年9月25—26日，第三次中央新疆工作座谈会在北京召开。习近平总书记在座谈会中指出，在当前和今后一个时期，做好新疆工作，要完整准确贯彻新时代党的治疆方略，并提出依法治疆、团结稳疆、文化润疆、富民兴疆、长期建疆的新疆工作总目标。习近平对哲学社会科学工作者提出了新疆研究的新要求新任务，指出新疆自古以来就是多民族聚居地区，新疆各民族是中华民族血脉相连的家庭成员。要加强中华民族共同体历史、中华民族多元一体格局的研究，将中华民族共同体意识教育纳入新疆干部教育、青少年教育和社会教育，教育引导各族干部群众树立正确的国家观、历史观、民族观、文化观、宗教观，让中华民族共同体意识根植心灵深处。要促进各民族广泛交往、全面交流、深度交融。要坚持新疆伊斯兰教中国化方向，实现宗教健康发展。要深入做好意识形态领域工作，深入开展文化润疆工程。习总书记强调要以铸牢中华民族共同体意识为主线，不断巩固各民族大团结。努力建设团结和谐、繁荣富裕、文明进步、安居乐业、生态良好的新时代中国特色社会主义新疆。[⑤]

针对习近平总书记的重要讲话和指示，学者们从多角度进行了阐释，认为牢牢扭住新疆工作总目标，就要着力保持新疆社会大局稳定，要在事关长治久安的深层次问题上聚焦发力，新疆社会稳定和长治久安，是新疆2500多万各族儿女的根本利益所在，是全国14亿人民的共同意志所在。[⑥] 有学者认为要正确认识新疆历史，增强中华民族凝聚力。新疆的今天是从昨天发展而来的。一部新疆历史，就是一部多民族交往交流交融的历史。一要深刻理解中国历来是一个统一的多民族国家；二要深刻理解中国多民族大一统格局；三要深刻理解中华民族是一个命运共同体；四要深刻理解中华文化是各民族共同创造的；五要深刻理解中华民族精神是各民族共同培育的。在新疆历史研究过程中一要讲清楚新疆各民族对伟大祖国认同的历史传承；二要讲清楚新疆各族人民对中华民族认同的历史情结；三要讲清楚新疆各民族对中华文化的归属感与自豪感；四要讲清楚

---

① 刘子凡：《北庭西海县新考》，《新疆大学学报（哲学·人文社会科学版）》2020年第1期。

② 田海峰：《唐代轮台与西海置地新考》，《文博》2020年第1期。

③ 闫雪梅：《赤岸守捉考》，《丝绸之路研究集刊》第五辑，商务印书馆2020年版。

④ 王科杰：《清代新疆冰岭道建置考》，《中国历史地理论丛》2020年第2辑。

⑤ http://www.gov.cn/xinwen/2020-09/26/content_5547383.htm.

⑥《牢牢扭住新疆工作总目标——论学习贯彻习近平总书记在第三次中央新疆工作座谈会上重要讲话》，《人民日报》2020年9月29日第001版。

新疆各族人民对中国共产党的认同；五要讲清楚新疆各族人民对中国特色社会主义的认同。① 有学者认为中国统一多民族国家形成、发展的历史和现状，使构筑中华民族共有精神家园成为新时代我国思想文化建设的一项重要任务。中华民族共有精神家园是我国各族人民共同的情感依托和心灵归宿。构筑中华民族共有精神家园是夯实新疆社会长治久安的重要思想文化保障。② 此次会议首次提出“文化润疆”的新理念，牛汝极对此进行了阐述，认为“文化润疆”的基础是认同“中华民族”及其形成过程。“文化润疆”的目标是实现“三个超越和三个重塑”，一是超越民族，重塑公民；二是超越宗教，重塑精神；三是超越文化，重塑文明。③ 李建军提出文化润疆实施路径中需要把握的四个方向，即争取和凝聚人心、做好意识形态领域工作、坚持政治方向和中华视野的统一、让文物发声和让历史说话。④

新时代党的治疆方略是习近平新时代中国特色社会主义思想的重要组成部分，祝辉认为新时代党的治疆方略在逻辑建构、价值导向和部署举措当中蕴含着丰富的马克思主义立场、观点和方法。⑤ 新疆的稳定和发展离不开治理体系和治理能力的现代化，而治理体系和治理能力的现代化又离不开党中央的主导和推动，沈田认为党中央确定的新疆工作总目标是确保新疆实现稳定发展的根本遵循，实现新疆工作总目标是新疆地方治理的内生性要求，只有牢牢把握总目标，才能更加能动地开展工作。把握新疆工作总目标与治理体系和治理能力现代化的关系，成为一个新的实践和理论课题。⑥ 人民立场是习近平总书记在新时代治国理政的根本立场，祝辉认为新时代党的治疆方略是习近平新时代中国特色社会主义思想的重要组成部分，坚持以人民为中心的根本立场是贯穿于新时代党的治疆方略的灵魂，人民立场深刻回答了新时代治疆目标为了谁、治疆实践依靠谁、治疆成果谁共享等重要问题。⑦ 去极端化是推进国家治理体系和治理能力现代化、维护总体国家安全和落实新时代党的治疆方略的一项重要任务，顾华祥认为提高去极端化的法治化、社会化、智能化、专业化水平，推进治理制度创新和能力建设，是落实新时代党的治疆方略的重要举措。⑧

“东伊运”是针对中国的主要恐怖组织之一，是影响新疆长治久安的毒瘤，郑亮对“东伊运”的组织活动、形成的危害及其意识形态的演变进行了全面的分析，指出当前

---

① 马合木提·阿布都外力：《加强新疆历史研究铸牢中华民族共同体意识》，《新疆日报（汉）》2020年12月12日第4版。

② 田卫疆：《构筑中华民族共有精神家园夯实新疆社会长治久安的思想文化根基》，《新疆社会科学》2020年第6期。

③ 牛汝极：《文化润疆：让中华民族共同体意识更加牢固》，《人民政协报》2020年11月12日第8版。

④ 李建军：《实施文化润疆工程的重大意义、核心要义及路径》，《新疆日报（汉）》2020年12月12日第4版。

⑤ 祝辉：《新时代党的治疆方略：逻辑建构、价值导向、部署举措》，《克拉玛依学刊》2020年第1期。

⑥ 沈田：《论新疆工作总目标与治理体系和治理能力现代化的关系》，《新疆社科论坛》2020年第6期。

⑦ 祝辉：《论新时代党的治疆方略蕴含的人民立场》，《新疆社科论坛》2020年第1期。

⑧ 顾华祥：《治疆方略视域下去极端化法治路径研究》，《科学与无神论》2020年第2期。

“东伊运”受到“基地”组织的深刻影响，已经从一个民族分裂组织转变为一个民族分裂和全球“圣战”兼具的跨国恐怖组织。并认为新疆的反恐工作必须消除恐怖主义的意识形态根源，这样才能从根本上铲除“极端化”的土壤。[①] 范娟荣、李伟认为20世纪90年代以来，中国面临以“东伊运”为首的“东突”恐怖势力的威胁，经过多年的反恐和去极端化斗争，我国逐渐探索出一条符合自身国情、卓有成效的去极端化之路。然而当前极端主义依然在全球传播、肆虐，仅靠一国之力难以取得去极端化的根本性胜利。世界各国只有在取得普遍共识的基础上，加强国际反恐和去极端化合作，共同施策形成合力，才能从根本上遏制恐怖主义的滋生与蔓延。[②]

新疆伊斯兰教坚持中国化方向，进行中国化改造是历史必然，符合客观规律。努尔艾力·达伊木认为对新疆伊斯兰教的内容及其外延形式进行中国化改造和革新，即是用社会主义核心价值观引领其思想文化，用中华文化浸润，从而建立中国特色经学及符号体系，并消除内婚制、子女自动入教制，调整原有的寺坊结构，反对“族教一体”论等。[③] 对祖国的认同是新疆维护意识形态安全的重大问题，贾友军、蒲丽霞通过问卷调查，认为新疆各族受访干部群众对祖国的认知、态度以及行为取向积极正面，还有较少比例的人在对待祖国态度、行为认同上存在模糊认识。并建议要不断强化正确的祖国观教育，并将在校大学生和高校教师作为各类思想政治教育与实践引导的重点对象，避免“五个认同”教育口号化、碎片化。[④] 新时代党的治疆方略深入贯彻落实以来，新疆少数民族地区尤其是南疆地区发生了显著变化，闫韶华认为主要表现在少数民族文化现代化进程加快。具体表现为人们的穿着仪表由保守渐趋开放；婚姻观念方面自由恋爱深入人心；越来越重视子女的教育；宗教活动形式世俗化趋势明显；宗教对人们日常生活的影响力逐渐下降。[⑤]

蔡玉洁、李秀玉通过第五和第六次全国人口普查及新疆统计年鉴中的人口抽查数据，对新疆人口的性别结构、年龄结构、民族结构、学历结构及各结构之间的交叉关系分别进行分析和论述，发现新疆的人口增长速度高于全国，但新疆人口年龄结构逐渐从年轻型向成年型转化，新疆“人口红利”逐渐消失。[⑥] 热依拉·依里木利用入户调查及民间访谈等社会学方法，分析了新疆少数民族农村民间借贷纠纷的解决机理，认为当今新疆农村民间借贷纠纷解决路径的运作离不开与国家正式解纷系统和民间非正式解纷系统的交搭互动，这种非正式实践深刻反映出当今国家、村委会与民间权威三者之间在纠

① 郑亮：《从民族分裂到全球“圣战”——“东伊运”恐怖组织意识形态演变分析》，《民族研究》2020年第2期。

② 范娟荣、李伟：《反恐背景下的去极端化研究与思考》，《新疆师范大学学报（哲学社会科学版）》2020年第4期。

③ 努尔艾力·达伊木：《国家安全视阈下新疆伊斯兰教中国化研究》，《科学与无神论》2020年第5期。

④ 贾友军、蒲丽霞：《新疆各族干部群众对祖国认同的调查分析》，《新疆社科论坛》2020年第6期。

⑤ 闫韶华：《新疆少数民族文化现代化进程调查——以兵团第三师图木舒克市为例》，《云南社会主义学院学报》2020年第3期。

⑥ 蔡玉洁、李秀玉：《新疆人口发展状况浅析——基于全国人口普查数据的分析》，《和田师范专科学校学报》2020年第3期。

纷解决领域中的互动关系。[①] 张亚洲、杨俊孝基于南疆地区1386份微观调研数据的研究，发现土地流转可以显著提高农户的收入水平，认为土地流转并不会显著影响南疆农户的贫困脆弱性，提出加快南疆土地流转市场建设、强化新型经营主体的带动作用、完善农村社会保障体系的政策建议。[②]

新疆生产建设兵团是维护新疆社会稳定的重要力量，李淑敏从系统论角度探讨了兵团精神对推动新疆民族融合、社会稳定、长治久安的精神引导作用。[③] 王佩通过对新疆生产建设兵团一八五团害虫“小咬”对地方社会生活的影响等方面的考察，认为科学技术虽能有效防控蚊虫叮咬，但受国家边界的影响，蚊虫危害始终难以得到根除。边境社会的复杂性使得如小咬一般的危害防治问题变得复杂，进而影响到边境地区人们的社会生活。[④]

2020年新疆研究成果非常丰富，以上介绍只是其中有限的一部分，从这些成果中我们也能发现一些2020年新疆研究的特点。第三次中央新疆工作座谈会对哲学社会科学工作者提出的新要求新任务必将成为今后新疆研究的核心内容。

在2020年的新疆研究中，不论是新疆历史研究还是新疆当代问题研究，围绕新时代新疆工作总目标而展开成为主流。从新疆历史研究来看，虽然历朝各代各个方面都有所涉及，但还是集中在汉、唐、清等几个朝代，因为这几个朝代为经略新疆较为成功的时期，学者们希望通过对这些时期成功治理新疆的经验进行总结，为今天的新疆治理提供借鉴。在对新疆历史上政治、经济、社会、文化都几乎涉及的前提下，学者们仍偏重于新疆政治史的研究，尤其是清代新疆政治史的研究。学者们的研究视野也呈现多样化，既有对微观层面的深入研究，也有具有世界史眼光的宏观研究，这使2020年新疆研究的水平得以提高。史料是历史研究的基础，2020年新疆历史研究的一个突出特点就是众多新疆史料的多角度研究成果的出现，这也是新疆历史研究得以深化的重要原因。

2020年新疆当代问题研究方面，学者围绕新疆社会稳定、长治久安展开了多方面的论述，涉及中央治疆方略、新疆治理能力的现代化、去极端化等多方面亟待解决的问题，为这些问题的解决提供了智力支持。2020年新疆当代问题研究的另一个特点是出现了不少运用社会学、人类学等多学科方法探索解决新疆存在问题的论述，这使新疆当代问题研究呈现学术化和应用化相结合的特点，也使新疆当代问题研究走向深化。

2020年新疆研究也面临着研究内容不均衡的问题，从新疆历史研究来看，文化、民族、宗教史的研究明显少于政治史的研究，新疆当代问题研究也需要多维度地展开。新疆研究需要多学科、跨学科的介入，期待在今后的新疆研究中涌现更多的优秀成果。

---

① 热依拉·依里木：《地方性知识、民间权威与借贷纠纷解决——基于新疆乡村田野调查和典型案例的分析》，《原生态民族文化学刊》2020年第3期。

② 张亚洲、杨俊孝：《深度贫困地区土地流转的减贫效应研究——基于新疆南疆地区1386户农户调查实证》，《干旱区资源与环境》2020年第7期。

③ 李淑敏：《系统论视域下兵团精神认同的路径建构》，《兵团党校学报》2020年第5期。

④ 王佩：《边境虫害叙事——新疆一八五团的小咬与边境社会》，《西北民族论丛》第二十一辑，社会科学文献出版社2020年版。

学术活动

《边疆蓝皮书：中国边疆发展报告（2019）》发布会
第十届“中俄合作历史与前景”学术研讨会
藏文化传承与宗教信仰国际视频学术研讨会
2020 年海峡两岸南海问题学术研讨会
“边疆民族地区治理体系和治理能力现代化”云端论坛
清代索伦鄂温克戍边卫国历史文化学术研讨会
第八届边疆中国论坛暨“边疆研究中的国家观、历史观与民族观”学术研讨会
2020 年“南海问题专家线上峰会”
第四届喜马拉雅区域研究国际研讨会
中国边疆研究所落实中央第七次西藏工作座谈会精神研讨会
“西部大开发与民族地区社会治理研究”学术研讨会
首届青藏高原乡村振兴理论与实践学术论坛
北疆论坛 2020 暨第三届“内蒙古学”论坛
庆祝西北民族大学建校 70 周年暨第十一届全国卫拉特学学术研讨会
“全面小康与边疆治理”理论研讨会
新时代党的治疆方略研究暨学习贯彻第三次中央新疆工作座谈会精神研讨会
第四届中韩东北亚地区合作研讨会
中国民族史学会第 23 届学术年会
第三届“丝绸之路与敦煌历史文化”学术研讨会
“海帆寻踪：文化遗产视野下的海上丝绸之路”学术研讨会
“后疫情时代的中国与东南亚：机遇与挑战”学术研讨会
“第五届新疆北庭学术研讨会暨北庭故城考古四十周年纪念活动”召开
“中国蒙古史学会 2020 年会员大会暨明清以来蒙古社会文化变迁”学术研讨会
首届“海洋合作与治理论坛”
西南边疆与缅甸问题研讨会
中国民族学学会 2020 学术年会暨“新时代民族研究与铸牢中华民族共同体意识”联合学术大会
2020 年藏传佛教教义阐释工作研讨会
“西藏的脱贫攻坚与中国智慧中国方案”学术研讨会
“铸牢中华民族共同体意识的内涵、路径与目标”学术研讨会

"丝绸之路"沿线历史人口与区域社会学术研讨会
"丝绸之路"全球治理学术研讨会
"海洋地缘政治与全球海洋秩序"海洋发展战略 2020 年度学术研讨会
"海洋命运共同体"学术研讨会
登高望远画蓝图，谋划未来开新篇——藏学研究发展规划学术研讨会
"铸牢中华民族共同体意识的理论与实践"学术研讨会
中国海洋法学会 2020 年学术年会
中国亚太学会东北亚研究会 2020 年年会
第八届南海区域合作论坛
吉林省民族学会 2020 年年会暨东北亚民族关系学术论坛
"边疆发展中国论坛 2020"国际学术研讨会
东北亚地区形势研讨会（2020）
周边海洋安全合作研讨会
"新时代海洋强国战略与海洋文化前沿问题"学术研讨会
第四届中国与中亚人文交流与合作国际论坛
陆海统筹视野下的黄渤海区域环境治理 2020 年学术研讨会
"共同应对新形势下的恐怖主义"国际研讨会

【《边疆蓝皮书：中国边疆发展报告(2019)》发布会①】

2020年1月14日，中国社会科学院中国边疆研究所（以下简称“边疆所”）与社会科学文献出版社共同在北京发布首部《边疆蓝皮书：中国边疆发展报告(2019)》。发布会由边疆所党委书记刘晖春主持，社会科学文献出版社社长谢寿光、中国社会科学院科研局成果处处长曲建君出席会议并致辞。中国社会科学院学部委员、边疆所所长、边疆蓝皮书主编邢广程研究员，边疆所西南边疆研究室副主任、边疆蓝皮书执行主编吕文利研究员，以及部分作者对蓝皮书进行发布，边疆所副所长孙宏年研究员及有关专家和相关媒体记者参加发布会。

边疆蓝皮书共分为三大部分：总报告对中国边疆与周边国际合作进程以及“一带一路”建设状况进行深入分析，总结新中国成立70年来中国边疆治理的理论与实践；区域篇分为11个部分，分别对2018年黑龙江、吉林、辽宁、内蒙古、甘肃、新疆、西藏、云南、广西陆地边疆9省区以及新疆生产建设兵团和海南省的经济社会发展状况进行分析并提出对策建议；专题篇详细分析了“一带一路”六大廊道建设与周边地区发展的关系等。

邢广程认为，我国幅员辽阔、人口众多，边疆范围较广，各地区自然资源禀赋差异较大。边疆治理需要从国家主权、安全、稳定、发展、合作五个维度展开。新形势下，中国边疆出现新情况、新挑战，也展现出新机遇。中国的海疆和陆地边疆是“一带一路”的重要契合线，是中国与周边国家合作的重要平台，是中国与外部世界构建利益共同体、命运共同体和责任共同体的重要空间，是构建人类命运共同体的重要载体。我们需要在与周边国家和地区合作中共享发展红利，同时，注重管控风险，主动塑造和平稳定的周边环境。

吕文利指出，2018年中国边疆地区经济发展稳中有进，社会发展大局基本稳定，但整个边疆地区的经济发展速度普遍不快，相较而言，东北和西北边疆地区发展速度普遍较慢，西南边疆地区经济发展较快。边疆地区经济发展速度关乎中国东、中、西部地区协调均衡发展。总体来看，中国边疆地区大多数省（区）经济发展速度较慢，仍然制约着中国经济的整体发展。

姜瑞春认为，2018年辽宁省经济社会发展“稳中向好”，但结构性和体制性矛盾、人力资源流失、老龄化严重等问题依然存在。未来，辽宁省需要贯彻落实“创新、协调、绿色、开放、共享”的新发展理念，走出一条质量更高、效益更好、结构更优、优势充分释放的振兴发展新路。

范丽君指出，2018年内蒙古经济社会发展“稳中有进”，但新老经济增长方式转变尚未完成，区内东西发展不平衡并未根本改善，“一带一路”融入性发展不充分。有鉴于此，内蒙古需要转变发展理念，推动新旧动能转换，统筹区域经济社会协同发展，主动融入“一带一路”建设。

王小平表示，屯垦戍边是兵团的使命，也是新的历史条件下新疆特殊区情和独特的地缘政治斗争赋予兵团的重要职责。兵团要在事关新疆根本、基础、长远的问题上发力，就要发挥好调节社会结构、推动文化交流、促进区域协调、优化人口资源的作用，当好安边固疆的稳定

① 引自“神州九鼎公众号”，2020年1月28日。《中国边疆学年鉴》编辑部作了删改。

器、凝聚各族群众的大熔炉、先进生产力和先进文化的示范区。

初冬梅指出，“一带一路”六条经济走廊规划出台之后，中国边疆省区积极参与国际经济廊道对接和建设。整体来看，中国西北、西南边疆地区融入“一带一路”建设水平较低，且区域内差异较大；东北地区整体融入水平差距最小。有鉴于此，需要加强中国边疆地区之间战略协调，统筹边疆地区参与经济走廊建设，强化边疆地区内通外联功能。

总之，与会专家学者一致认为，新形势下中国边疆地区是中国通向世界的前沿地区。中国与世界深度合作必然借助边疆地区加以实现。边疆地区的发展状况直接影响中国周边外交战略布局和改革开放大局。在百年未有之大变局的时代背景下，《边疆蓝皮书：中国边疆发展报告(2019)》恰逢其时，有助于对中国边疆地区发展进行深度调查分析，准确把握边疆地区整体发展状况与发展趋势，为国家相关决策提供参考。

（撰稿：袁沙，中国社会科学院中国边疆研究所助理研究员）

【第十届“中俄合作历史与前景”学术研讨会①】

2020年6月2—5日，由中国黑河学院、俄罗斯布拉戈维申斯克国立师范大学联合主办，黑河学院外国语学院、黑龙江俄罗斯东欧中亚学会俄罗斯研究分会、黑龙江省中俄历史与文化学术交流基地，教育部国别与区域研究中心“黑河学院俄罗斯研究中心”、黑龙江省重点培育智库“俄罗斯远东智库”承办的第十届“中俄合作历史与前景”学术研讨会在线上俄罗斯 zoom 网络平台顺利召开。

俄罗斯阿穆尔州历史文化遗产保护中心、圣彼得堡国立大学、俄罗斯科学院远东分院、布拉戈维申斯克国立师范大学、波兹南密茨凯维奇大学、阿穆尔州图书馆、远东联邦大学、阿穆尔河畔共青城国立大学、萨哈林国立大学及中国北京大学国际战略研究院、黑河学院等10余所中俄高校50余位专家学者参加研讨会。

会议期间，北京大学国际战略研究院副院长关贵海教授、黑河学院远东研究院副院长彭传勇研究员、图书馆馆长宁艳红研究员、经济管理学院成榕副教授、理学院朱团教授分别就“新冠疫情后的俄中关系”“新冠疫情对中俄外交关系的影响与分析”“1949—2019年俄罗斯远东及西伯利亚地区华侨华人经济文化活动的田野调查”“黑龙江省黑河市自由贸易试验片区建设方案”“中俄高等教育合作及发展研究”等问题进行了交流。俄罗斯阿穆尔州历史文化遗产保护中心主任 Д. П. 沃尔科夫、俄罗斯科学院远东所俄中研究中心研究员 В. Е. 彼得洛夫斯基、圣彼得堡大学远东国家历史教研室主任 В. Н. 科洛托夫、俄罗斯高等经济学院欧洲与国际一体研究中心副研究员 В. Б. 卡申分别就“中俄联合考古成果《乌斯季伊万诺夫古墓手稿》”“2020年俄罗斯作为上海合作组织主席国期间上合组织发展的问题和前景”“21世纪初地缘政治冲突背景下俄中关系的特点”“当代中美关系研究”等议题进行了交流。

（撰稿：石金焕，黑河学院外国语学院俄罗斯研究所副研究员）

① 《黑河学院学报》2020年第8期。

【藏文化传承与宗教信仰国际视频学术研讨会①】

由中国藏学研究中心、中国西藏文化保护与发展协会和中国人权研究会联合主办的“藏文化传承与宗教信仰国际视频学术研讨会”于2020年7月15日在京召开。此次视频会是联合国人权理事会第44届会议的云上边会。视频会围绕我国涉藏民族宗教工作、中央第六次西藏工作座谈会以来西藏和涉藏工作重点省经济社会发展成果等议题展开深入交流研讨，达成诸多共识。

中国藏学研究中心的5位专家学者分别作主旨发言。藏医药研究所副所长、副研究员罗布扎西表示，近年来民族医药获得大力扶持，西藏藏医药突飞猛进，藏医药研究包括古籍整理、基础研究、临床研究、藏药研究等取得可喜成就。同时，现代医学科研思路和方法也在藏医药研究中得到广泛应用，为促进藏医药现代化、推动藏医学术发展起到积极作用。中国藏学出版社总编室主任南加才让表示，通过传承藏式药泥面具这一融合“民族文化、民间工艺文化、宗教文化、医学文化”的民族传统手工艺，让更多人感受到藏文化的博大精深，进一步了解我国在非遗传承保护和发展中的有关政策、产业支持和为培养接班人所做出的努力。中国藏学出版社编辑张宁表示，甘肃省甘南藏族自治州作为多民族杂居、多文化并存地区，在国家民族政策引导和支持下，通过各民族群众共同努力，不同民族之间交往交流交融，平等享受各项权利，共同发展，共享繁荣。历史研究所助理研究员魏文表示，面对新冠肺炎疫情，藏传佛教界表现出强烈的社会责任感和使命感，会同社会各界力量，积极作为，崇科学、重防控，体现了爱国护国、服从大局、守望相助的可贵精神，为促进民族团结、打赢疫情防控阻击战发挥了积极作用。图书馆馆员李慧表示，迪庆州是云南省唯一的藏族自治州，以香格里拉著称于世。近些年来，通过国家各项政策扶持，迪庆州从曾经的贫穷落后，到如今的经济文化繁荣、各民族团结和睦、宗教和顺、社会全面进步、生态环境良好、人民生活幸福，实现了历史性飞跃。

会议还邀请尼泊尔前驻拉萨总领事乌克雅伯、奥地利科学院亚洲人文与思想史研究所主任比尔格特·凯尔纳、意大利那不勒斯东方大学梵文语言与文学系教授弗朗西斯科·斯费拉、中国台北故宫博物院图书文献研究处研究员刘国威、中国台湾独立学者罗中展、奥地利作家鲁道夫·岚诗宝儿等分别作会议发言，肯定了本次云上边会的重要意义，对中国政府在民族宗教领域作出的重大努力和取得的显著成果表示肯定，就如何更好地传承发展藏文化、尊重保护宗教信仰自由发表了意见和建议。此外，法国女作家索尼亚·布雷斯勒作为观察员参会。

中国藏学研究中心社会经济所所长扎洛研究员、历史所所长张云研究员、当代所杜永彬研究员、历史所副所长冯智研究员、宗教所副所长拉先加副研究员等对发言内容进行评议。他们表示，发言专家学者以西藏和涉藏工作重点省在民族宗教工作方面取得的成果为切入口，充分展示了中国在民族宗教政策、理论研究、实践探索和未来发展等方面的重大成就，为世界更加真实、立体、全面地了解中国打开一扇文化窗口。会议讨论环节，各位受邀嘉宾结合自身的实践和学术研究经历发表了真知灼见。

---

① 中国藏学网，2020年7月15日，http://www.tibetology.ac.cn/zgzx/xsdt/detail/1319016.《中国边疆学年鉴》编辑部作了删改。

会议由中国藏学研究中心总干事郑堆主持。中国藏学研究中心、中国西藏文化保护与发展协会、中国人权研究会负责同志和来自中国、尼泊尔、奥地利、意大利、法国等国及我国台湾地区研究机构的近50名专家学者，通过线上线下方式参加了会议。

【2020年海峡两岸南海问题学术研讨会①】

2020年7月22日，由中国南海研究院与台湾政治大学台湾安全研究中心联合举办的“2020年海峡两岸南海问题学术研讨会”线上会议召开。会议为期一天，来自海峡两岸20多家学术机构的50余名专家学者围绕“当前南海形势研判”“中美关系与两岸关系分析”“台湾的南海政策及未来走势分析”“南海形势发展与两岸互动”等议题进行了研讨。本次会议是在新冠肺炎疫情给国际政治格局带来深刻影响，两岸关系、台海局势和中美关系面临深层次冲击，台湾岛内政治形势发生变化的背景下召开的。

中国南海研究院院长吴士存、台湾政治大学台湾安全研究中心主任刘复国分别致开幕辞。吴士存在发言中指出，当前南海形势正处在由“趋稳向好”向“动荡不安”变化的转折点。以美国为首的域外国家在南海的军事行动不断加码，越南、马来西亚、印尼等域内国家在争议地区的单边行动不断。与此同时，菲律宾南海仲裁案裁决死灰复燃，南海形势面临新一轮法理挑战。南海断续线是两岸秉持共同立场的纽带，是两岸南海权利主张的根本基础，应该在强化其历史法理地位的同时力争做到表述清晰化。当前，两岸关系进入“冰冻期”，民进党已经踏上了“台独”的不归路。两岸在南海议题上的互动也由马英九时代的“默契＋支持”倒退到了蔡英文时代的“南海各表”。台湾当局南海政策立场的软化令人担忧。在两岸官方沟通机制长期停摆的背景下，两岸南海问题研究学者更加有必要通过加强沟通和交流，为共同维护两岸的南海主权和海域权益做出努力。

刘复国认为，当前南海形势风云诡谲，台湾南海政策立场发生转变，中美之间就南海问题爆发局部冲突的可能性增加。针对美试图通过南海仲裁裁决全盘否定中国大陆及台湾在南海的权利主张，两岸学者尤须加强沟通，坚持立场。

“海峡两岸南海问题民间学术论坛”自2002年成立以来，迄今已在琼台两地轮流举办了18届。论坛作为两岸涉南海问题研究专家学者沟通合作的机制化平台，为促进两岸民间学术交流、共同维护南海权益、推动两岸南海合作做出了积极的贡献，受到了两岸各界的高度关注。

【“边疆民族地区治理体系和治理能力现代化”云端论坛②】

为深入学习贯彻党的十九届四中全会精神，贯彻落实习近平总书记关于边疆治理的重要论述精神，2020年7月31日，“边疆民族地区治理体系和治理能力现代化”云端论坛成功举办。

本次论坛由中国社会科学院中国边疆研究所与云南省社会科学院、中国（昆明）南亚东南亚研究院主办。来自北京、昆明、成都、西安等地的百余名专家学

---

① 中国南海研究院官网，2020年7月22日，http://www.nanhai.org.cn/dynamic-detail/35/9672.html.

② 中国社会科学院中国边疆研究所官网，2020年8月11日，http://bjs.cssn.cn/xwzx/xwzx_xwzx/202008/t20200811_5168404.shtml.《中国边疆学年鉴》编辑部作了删改。

者，线上、线下相结合，深刻总结新中国成立以来边疆民族地区治理经验，积极为推进新时代边疆民族地区的治理体系和治理能力现代化建言献策。

论坛由云南省社会科学院、中国（昆明）南亚东南亚研究院副院长黄小军研究员主持，分主旨演讲、专家交流两个阶段展开。中国社会科学院学部委员、中国边疆研究所所长邢广程研究员发表《对中国边疆治理体系和治理能力现代化的几点认识》主旨演讲。他指出，我国国家制度和国家治理体系具有多方面的显著优势，是我国边疆长治久安的重要保障。这些显著优势在我国边疆治理的理论和实践中得到充分体现。当前我国边疆、边界和周边国际环境出现一系列新情况、新问题和新挑战。这需要哲学社会科学工作者加强研究，致力于构建一个科学规范、运行有效的边疆治理体系，有效提升我国边疆治理能力，从而将我国治理体系的多种显著优势有效地转化为边疆治理的效能，进一步巩固边疆治理的根基、发挥边疆治理的优势、补齐边疆治理的短板。

云南省社会科学院、中国（昆明）南亚东南亚研究院党组书记、院长何祖坤研究员发表《边疆治理的根本遵循——学习习近平总书记关于边疆治理的重要论述》主旨演讲。他从坚持党的全面领导、维护国家统一和安全稳定、筑牢中华民族共同体意识、推动民族团结、加强依法治边、实现高质量发展、坚持以人民为中心、构筑生态安全屏障、构建周边命运共同体、坚持党建引领、推进边疆治理现代化等11个方面系统梳理和阐述了习近平总书记关于边疆治理的重要论述。

在专家交流阶段，《中国边疆史地研究》编辑部主任李大龙编审，中国社会科学院世界宗教研究所所长郑筱筠研究员，云南省社会科学院、中国（昆明）南亚东南亚研究院副院长陈利君研究员，陕西师范大学中国西部边疆研究院院长王欣教授，云南省社会科学院马克思主义研究院院长吴莹研究员，四川师范大学华西边疆研究所所长孙勇教授，中共云南省委党校（云南行政学院）公共管理教研部副主任王云强副教授，云南大学政府管理学院贺琳凯副教授共8位专家学者先后发言。专家们紧扣论坛主题，从新时代边疆民族地区治理的新形势、新任务出发，围绕完善边疆治理顶层设计、加强依法治边、实现边疆稳定和谐、探索具有中国特色边疆民族地区治理体系、印度治理绩效评估等议题，发表精彩的学术观点，为推进边疆民族地区治理体系和治理能力现代化提出具有建设性的建议。

中国边疆研究所副所长孙宏年研究员做论坛总结，表示论坛征集到50余篇高质量的学术论文，专家们聚焦主题，深入研讨，达到论坛为边疆民族地区治理献计献策的预期目标；期待国内学术界坚持理论与实践相结合，深入边疆民族地区一线调研，加强学术交流与协作，以更多、更优秀的科研成果，为我国边疆民族地区治理体系和治理能力现代化提供强有力的智力支撑。

（撰稿：袁沙，中国社会科学院中国边疆研究所助理研究员）

【清代索伦鄂温克戍边卫国历史文化学术研讨会[①]】

2020年8月15日，中国社会科学院中国历史研究院中国边疆研究所北部边疆研究室、内蒙古自治区鄂温克族研究会主

① 中国社会科学网，2020年8月17日，http：//ex. cssn. cn/zx/zx_gjzh/zhnew/202008/t20200817_5170450. shtml.

办，内蒙古自治区鄂温克族自治旗鄂温克族研究会承办的“清代索伦鄂温克戍边卫国历史文化学术研讨会”在内蒙古自治区鄂温克族自治旗开幕。参加本次会议的有来自北京、黑龙江、山东以及内蒙古自治区呼和浩特市、呼伦贝尔市、鄂温克族自治旗的专家学者约50人，会议共收到31篇论文。

与会学者围绕清代索伦鄂温克驻防呼伦贝尔历史文化研究，索伦鄂温克西迁和驻防新疆伊犁历史文化研究，清代和近代索伦鄂温克参加“保家卫国”战争研究以及索伦鄂温克传统生态文化、“生态戍边卫国”和经济社会发展等主题展开交流研讨。

鄂温克族是中华民族大家庭的一员，有着悠久的历史、独特的社会形态和灿烂的文化。有清一代，索伦鄂温克人驻防呼伦贝尔和新疆伊犁，戍守祖国北部和西部边疆，多次参加维护国家统一、领土完整和边疆安定的战争，为我国统一多民族国家的形成、巩固和发展做出了突出贡献，对我国边疆地区的开发建设、长治久安和繁荣发展发挥了重要作用。本次会议的宗旨，是贯彻落实习近平总书记发表的关于内蒙古经济社会发展、生态文明建设和民族团结进步一系列重要讲话精神，深化索伦鄂温克戍边卫国历史文化研究，弘扬索伦鄂温克戍边卫国精神，挖掘和发扬索伦鄂温克传统生态文化。

本次研讨会，是中国边疆研究所北部边疆研究室成立以来召开的一次重要的全国性学术会议。中国边疆研究所党委委员、副所长万建武在致辞中表示，举办这次研讨会，就是要充分发挥历史的“知古鉴今、资政育人”作用，通过宣传和弘扬索伦鄂温克戍边卫国精神，挖掘和发扬鄂温克族传统文化，进一步铸牢中华民族共同体意识，凝聚起边疆稳定发展的强大动力，为深入学习贯彻习近平总书记关于内蒙古工作重要讲话精神，特别是关于加强北部边疆治理、推进兴边富民的重要论述精神，提供强有力的学术支撑，为进一步推进中国边疆研究尤其是北部边疆研究提供学术动力和源泉。

（撰稿：阿拉腾奥其尔，中国社会科学院中国边疆研究所研究员；陈柱，中国社会科学院中国边疆研究所助理研究员）

【第八届边疆中国论坛暨“边疆研究中的国家观、历史观与民族观”学术研讨会①】

2020年8月22日，由上海市社科联《学术月刊》杂志社与云南大学民族学与社会学学院联合主办的第八届边疆中国论坛暨“边疆研究中的国家观、历史观与民族观”学术研讨会在云南大学召开。

本次论坛吸引了全国各地多所高校和科研机构的专家学者前来参会。来自中国社会科学院、复旦大学、四川大学、兰州大学、吉林大学、北京师范大学、华东师范大学、浙江师范大学、陕西师范大学、云南民族大学、云南大学等十余所院校的民族学、历史学及相关学科领域的30余位专家学者出席论坛。

论坛开幕式由云南大学民族学与社会学学院院长关凯教授主持，云南大学民族学与社会学学院党委书记李晓斌教授致辞，向与会专家学者介绍了云南大学民族史学科的建设与发展情况。

主旨报告阶段，复旦大学历史地理中心姚大力教授作《匈奴帝国与汉朝对匈关系的演化：关于早期北亚史的读书札

① 云南大学民族学与社会学学院官网，2020年9月3日，http：//www. msxy. ynu. edu. cn/info/1042/3868. htm.《中国边疆学年鉴》编辑部作了删改。

记》报告，复旦大学民族研究中心纳日碧力戈教授作《兼和相济：国家与民族辩证统一之道》报告，云南大学民族学与社会学学院王文光教授作《司马迁的民族思想与民族共同体谱系建构》报告，云南大学民族学与社会学学院方铁教授作《南诏的地缘政治观及其实践》报告。中国社会科学院古代史所定宜庄研究员担任评议人，对以上报告作了翔实精彩的评议。

小组讨论阶段，专家学者围绕“中华民族共同体与中华民族多元一体格局的理论建构”“历史研究中的文明叙事、国家叙事与民族叙事”“中国边疆社会多元形态的历史演进”“中国边疆社会的现代化转型与治理”“西南边疆的生态、族群与宗教信仰”“中国边疆族群的历史书写与文化比较”“边疆族群与跨境民族研究”“比较研究视域下的中国西北与西南边疆治理”“边疆族群知识与话语构建”“新时代的边疆族群的交流、交往与交融”等议题进行了深度交流与探讨。

自由讨论阶段由《学术月刊》杂志社编辑周奇先生主持，讨论主题为民族史研究与民族学学科发展。定宜庄研究员、姚大力教授、纳日碧力戈教授、王文光教授、方铁教授、李晓斌教授，以及云南大学民族学与社会学学院李志农教授、历史与档案学院刘正寅教授，华东师范大学历史系李磊教授、社会学院刘琪副教授，兰州大学历史学院张景平教授、陕西师范大学中亚研究中心黄达远教授、云南大学民族学与社会学学院覃延佳副教授等专家学者对“民族史研究与民族学学科发展”“民族史与民族学学科之间的关系及未来走向”“边疆研究中的视角、思路与范式”等若干学术理论问题和学科发展问题进行了充分、深入讨论，提出诸多建设性建议。

最后，关凯教授根据各组讨论情况向大会作总结报告，指出本次论坛讨论热烈，观点创新，内容兼具广度与深度；经过两天研讨，与会者对本次论坛拟定的议题予以回应，以跨学科、多视角、多维度的方法对中国边疆族群历史、现代国家建构的知识话语等进行了探讨，开拓了边疆研究的新视野、新取径、新方法。

【2020 年“南海问题专家线上峰会”①】

2020 年 8 月 22 日，南京大学中国南海研究协同创新中心和华中科技大学国家治理研究院共同主办的 2020 年“南海问题专家线上峰会”召开。会议邀请了海南大学国际海洋法与争端解决研究中心傅崐成主任、武汉大学中国边界与海洋研究院余敏友院长、海南省南海政策与法律中心常务副主任张良福教授、中央党校国际战略研究院樊吉社研究员、上海交通大学日本研究中心郑志华副教授、中国南海研究院海洋法律与政策研究所闫岩所长等专家学者一同出席。来自各有关机构和院校的 100 余名学者和学生在线旁听了会议讨论。

与会专家在发言和讨论中，就“南海问题在全球冲突中的布局”“南海问题在中美博弈中的位置”“南海问题在中国整体利益中的地位”“中国在南海历史性权利的内涵与法律价值”“从南海问题的历史演变看未来南海形势走向”“越南提起南海仲裁的现实威胁”“‘新冠肺炎’与南海战略局势新动向”以及“2020 年南海局势的总体发展”等议题，从政治、安全、外交和法律等层面，对南海问题的现状进行了深入剖析，对南海问题的未来发展进行了展望。与会专家一致认为，南

① 《2020 年“南海问题专家线上峰会”》，2020 年 8 月 26 日，https：//nanhai. nju. edu. cn/80/59/c5327a491609/page. htm.

海问题涉及我国的领土主权和海洋权益问题，关乎我国核心利益；我国在南海的权益具有充分的法理依据和历史基础；我国在过去一段时间内，在南海问题上保持了足够的隐忍和克制，对南海周边国家表现出极大的善意，有力地保障了地区和平与稳定，尽最大努力维护和实践了国际法秩序。

与会专家同时指出，由于美国开始采取具有敌意的对华政策，自 2012 年以来，南海局势因受到美国的不断搅动，开始呈现出较为明显的摩擦与对立。特别是进入 2020 年以后，伴随“新冠肺炎疫情”对全球秩序的冲击，美国的南海政策更为激进和不负责任，未来一段时间南海问题将变得更为敏感和凶险。我国须坚定信念，以合法和有效的方法，最大可能避免南海问题的失控与地区秩序的失序，以维护我国周边地区的和平与稳定，保障我国人民的安全与福祉。

【第四届喜马拉雅区域研究国际研讨会①】

2020 年 8 月 28 日，由中国社会科学院西藏智库和民族学与人类学研究所主办、中国社会科学院民族学与人类学研究所藏学与西藏发展研究室承办的第四届喜马拉雅区域研究国际研讨会在北京举行。本届论坛以“风险与合作”为主题，邀请中外专家围绕当前喜马拉雅区域乃至全球范围内的新冠肺炎疫情等人类面临的重大风险与挑战进行学术研讨。来自中国、美国、英国、印度、挪威、尼泊尔、日本等国以及我国香港、台湾地区的专家通过线上线下结合的形式参加了会议。

中国社会科学院国际合作局王镭局长指出，此次会议在全球防疫背景下召开，符合中国与喜马拉雅各国之间共同发展、共同进步的时代潮流，符合人民追求美好生活的意愿，是中国社会科学院促进国际交流、回应国际重大学术热点的一大举措。中国社会科学院科研局副局长王伟利认为，中国高度重视推动构建以合作共赢为核心的新型国际关系，打造可持续发展和共同繁荣的跨喜马拉雅人类命运共同体，共同推进“一带一路”建设。新冠肺炎疫情在全球肆虐，给世界经济发展造成极大冲击，国际交流受到严重影响。中国和喜马拉雅地区各国都面临同样的挑战，这促使各方进一步寻求合作，共同应对风险。

中国社会科学院西藏智库副理事长、民族学与人类学研究所所长王延中研究员指出，2020 年恰逢中国全面建成小康社会的最后决胜年份，尽管新冠肺炎疫情对旅游等产业带来一定冲击，但中国预期目标完全可以实现。即便在唯一的省级贫困区西藏自治区，绝大多数贫困县和乡村早在 2019 年底前已完成整体脱贫任务，剩下的小部分地区也将于 2020 年底前实现整体脱贫。

中国社会科学院民族学与人类学研究所王剑峰研究员提出，近现代西藏历史有两次大变革。第一次变革是西藏政治制度的变革，即 20 世纪 50 年代末中国共产党在西藏实施的民主改革，使西藏人民彻底废除农奴制和神权统治，获得当家做主的政治权利。第二次变革即 21 世纪中国实施的减贫行动，尤其是中央第六次西藏工作座谈会以来，扶贫攻坚取得决定性胜利，西藏人民消灭绝对贫困，过上温饱富足的小康生活，获得有尊严的生存权和发展权。

英国皇家亚洲协会独立学者罗格 · 克洛斯先生通过展示 1950 年代以前有关西藏风景、风情和环境的摄影作品，今昔对比，

① 中国社会科学院民族学与人类学研究所官网，2020 年 9 月 1 日，http://iea.cssn.cn/xshd/xshy_2781/202009/t20200901_5177426.shtml.《中国边疆学年鉴》编辑部作了删改。

揭示了西藏和平解放以来发生的巨大变化。

四川大学杨明洪教授认为，改革开放以来特别是中央第六次西藏工作座谈会以来，西藏治理绩效相当出色。治理效能提升是中央治理西藏成功实践的结果，体现了“以人民为中心”和“依法治理”的理念优势。

挪威奥斯陆大学国际法学者周勇提出，生态治理存在两种知识体系，一是以地方社群信仰为基础的精神治理体系，二是以国家立法为中心的资源治理体系，两种知识体系皆有价值，不可偏颇。保护青藏高原的生态环境不仅具有区域价值，更具有全球意义。中国政府高度重视青藏高原生态保护，在实践上依法治理，在科技上不断创新，同时充分发挥基层和草根的作用。至今，西藏大部分区域仍处于原生状态，青藏高原仍然是世界上生态环境最好的地区之一。

尼泊尔—中国凯拉斯文化促进会曹国锋认为，“一带一路”合作可能在疫情之后变得更为重要。中尼印经济走廊倡议作为“一带一路”倡议的组成部分，一度备受各方关注，目前进展如何，面临哪些挑战，需要深入研究。中国社会科学院中国边疆研究所副所长孙宏年研究员认为，近年来相关合作取得积极进展，尤其在互联互通领域进展很快。从中尼关系来看，自20世纪中期以来，两国互联互通进入“现代化时代”。中印关系虽有波折，但合作态势仍是主流。喜马拉雅区域各国应增强战略互信，汇聚战略共识，加强区域合作，尤其以区域内联合反恐、医疗卫生、减灾等为重点，有序拓展合作领域，先易后难，稳步推进互联互通。

西南政法大学吴喜教授认为丝绸之路素有“佛教之路”的美称，藏传佛教文化是古老丝绸之路上的绚丽色彩，“一带一路”倡议可赋予其新的时代内涵，进一步发挥其“连接互动”等功能，促进公共外交工作。

西藏大学久毛措教授提出“环喜马拉雅经济合作带”概念，这是西藏主动对接“一带一路”和“孟中印缅经济走廊”的重要举措。为此，应加强区域内国家间的智库合作，促进跨喜马拉雅区域风险共担、合作共赢。

日本东京大学名和克郎教授从跨境族群角度，进一步论证了国际区域合作的重要意义。基于对印度与尼泊尔跨境族群的分析，他认为近现代以领土、主权、公民为特点的民族国家建构，割裂了传统的族群村居，当地的公共服务、日常生活也受到影响，因此更需要跨区域互联互通。

云南大学李志农教授呼吁学界加强对中国海外藏胞的研究，切实了解这一群体构成的历史性、复杂性和多元性。中国藏学研究中心杜永彬研究员认为西方社会对藏传佛教的理解和认知经历“着魅”到“复魅”再到“祛魅”的演变，藏传佛教在海外传播发展过程中，表现出在地化、世俗化、现代化、精神化和网络化的特征。

尼泊尔人类学家拉雅·普拉萨·乌普里提教授基于对尼泊尔东部山村的观察，认为在新自由主义农业发展战略和相关政策的影响下，尼泊尔边远山区也受到资本主义的渗透，发展失衡，传统社会伦理趋于瓦解。

据悉，喜马拉雅区域研究国际研讨会暨西藏智库国际论坛自2017年开始已连续举办三次，主题分别为“共享与发展”“传统与变迁”“合作与发展”。本届论坛主题聚焦于“风险”，凸显了风险时代加强区域协调和国际合作的必要性、紧迫性和重要意义。这也是与会专家的共同期盼和重要共识。

（撰稿：刘欢，中国社会科学院民族学与人类学研究所助理研究员）

【中国边疆研究所落实中央第七次西藏工作座谈会精神研讨会[①]】

当今世界正经历百年未有之大变局，我国正处在实现中华民族伟大复兴的关键时期，我国内部条件和外部环境正发生深刻变化，西藏社会发展呈现新的时代特征。中央第七次西藏工作座谈会充分体现了西藏工作在党和国家工作全局中的重要地位。2020 年 9 月 7 日，为贯彻落实座谈会精神，促进西藏研究，中国社会科学院中国边疆研究所以“新时代西藏治理”为主题召开学术座谈会。来自中国边疆研究所、中共中央党校（国家行政学院）、中国藏学研究中心、西藏自治区政府驻京办、北京师范大学历史学院，以及中国社会科学院马克思主义研究院、世界历史研究所、历史理论所等多家单位的 16 名专家学者参会。

中国边疆研究所党委书记刘晖春、所长邢广程在会上分别致辞，认为习近平总书记的讲话对中国边疆研究和西藏研究具有重要指导意义，充分体现了以习近平同志为核心的党中央对西藏工作的高度重视，我们要坚持新时代党的治藏方略，全面贯彻党对西藏工作的方略、内涵、内容以及着眼点和着力点。

参会专家认为，中国共产党对治藏稳藏的规律性认识越来越深入，中央第七次西藏工作座谈会是党治藏方略里程碑式飞跃，中央把西藏发展和稳定，放到了一个宏观大视野下考虑，提出西藏工作要统筹国际和国内两个大局，符合新时代西藏治理的内在规律。有专家认为，从世界历史角度来看，建设好西藏，有利于处理好与印度以及南亚其他国家的关系，从而稳定我国西南边疆地区。还有专家从五个方面分析了中央第七次西藏工作座谈会的积极意义，认为习总书记的讲话对于铸牢中华民族共同体意识具有重要作用，从深层次上能够促进西藏的发展和稳定，有助于维护国家长治久安。

参会专家认为，从外交上看，“大国是关键，周边是首要”，中央第七次西藏工作座谈会精神有利于处理好与印度的关系和解决中印边界争端。另外，习总书记在座谈会上的讲话，有助于进一步铸牢西藏的稳定局面，促进西藏各民族之间的交流交往与融合，引导各族群众树立正确的国家观、历史观、民族观、文化观、宗教观，这内在地要求我们把维护祖国统一、加强民族团结作为西藏工作的着眼点和着力点。此外，中央始终把改善民生和凝聚人心作为西藏工作的出发点、落脚点，有助于推动西藏经济社会发展，有利于进一步提高西藏各族人民群众生活水平。

从自然环境看，青藏高原是中华民族的水塔，是国家重要的生态屏障，也是全球的气候屏障。专家们认为，中央第七次西藏工作座谈会有助于促进西藏生态环境保护工作，未来加大对高原科学考察、生态修复的投入与保护力度，是对历史负责，对人民负责，对世界负责。还有学者认为，中央第七次西藏工作座谈会，对推动西藏文化研究、整理与普及，推进藏传佛教中国化，促进藏传佛教与中国特色社会主义事业相适应具有重要意义。

总之，学者们一致表示，中央第七次西藏工作座谈会是对西藏工作的重大战略部署，西藏迎来重大发展机遇。我们要坚持以习近平新时代中国特色社会主义思想为指导，积极消化吸收座谈会精神，加快研究西藏的历史与现实问题，努力为党中央治藏稳藏建言献策。此次会议达到了预

① 中国社会科学院中国边疆研究所官网，2020 年 9 月 10 日，http：//bjs. cssn. cn/xwzx/xwzx_xwzx/202009/t20200910_5181455. shtml。

期效果。

（撰稿：郝思瑶，中国社会科学院大学中国边疆历史系研究生；张永攀，中国社会科学院中国边疆研究所研究员）

【“西部大开发与民族地区社会治理研究”学术研讨会①】

2020年9月17日至19日，“西部大开发与民族地区社会治理研究”学术研讨会暨2020年中国西南民族研究学会理事会、常务理事会会议在青海民族大学召开，会议由中国西南民族研究学会、青海民族大学主办，青海民族大学民族学与社会学学院承办。来自北京、广东、青海、西藏、四川、云南、贵州、重庆、福建、湖南、湖北11个省市自治区33位专家学者齐聚青海西宁，围绕新时代西部大开发形成新格局的路径，脱贫攻坚与民族地区乡村振兴，生态环境与长江、黄河流域可持续发展，文化变迁背景下民族地区社会治理的特点，以及其他民族问题研究等5大板块提交论文并进行研讨。

中国西南民族研究学会第十届四次常务理事会议由中国西南民族研究学会那金华会长和青海省社会科学院党委书记兼院长索端智执行会长主持。会议分两个阶段，第一阶段举行中国西南民族研究学会前会长袁晓文、前副会长尹虎彬学术生涯座谈会，四川大学李锦教授、四川省民族研究所罗凉昭研究员、中国社会科学院民族学与人类学研究所木仕华研究员对两位已故的学会领导相关生平及情况作了说明。随后与会专家自由发言，结合各自的角度，追忆缅怀袁晓文、尹虎彬的学术人生，铭记其道德文章，发扬光大其精神，推进学会工作向前发展。第二阶段讨论学会常务理事会的相关议题，李锦对学会章程修改等内容作了情况说明。依据学会章程，增选中国社会科学院民族学与人类学研究所丁赛副所长为研究会副会长。

“西部大开发与民族地区社会治理研究”学术研讨会在开幕式后分为五个论坛展开研讨。在“民族史与中华民族共同体”分论坛，与会学者议题涉及铸牢中华民族共同体意识、中华民族整体性探索、中华民族发展史、近代西方视野中的中国形象、万里茶道、青藏高原生态保护、边疆研究学术思想史等专题。在“民族文化与乡村振兴专题”分论坛，与会专家讨论了西南边疆跨境婚姻社会治理与法规建设对策研究、民族节日习俗文化空间构成与仪式调查、民族地区移风易俗与乡村发展、藏传佛教寺院管理模式、西南民族（族群）的认同阶序问题、乡村振兴与村落旅游开发等主题。在“社会发展与乡村振兴”分论坛，与会学者讨论了国家通用语言能力与西部民族地区农村劳动力非农就业关系，乡村振兴视角下的民族文化旅游与少数民族村寨建设的现代化，民族地区社会治理机制优化研究，边境口岸贸易的现状、特点及发展建议，以及粤港澳大湾区建设与广西民族地区的发展等问题。

会议期间，与会学者分享了西南民族研究领域的新成果、新思考，认为其不仅具有学术价值，而且具有现实资政意义。近年来西南民族研究更加注重西南边疆社会发展的现实需求，重点关注乡村振兴、扶贫成效、边境沿线跨境民族问题，“一带一路”建设中的民族、宗教、文化和安全等因素，结合实地调查开展理论和政策研究。其中，脱贫攻坚与民族地区乡村振兴、生态环境保护、社会治理等议题日

① 中国社会科学网，2020年10月6日，http：//sky. cssn. cn/zx/xshshj/xsnew/202010/t20201006_5191949. shtml。《中国边疆学年鉴》编辑部作了删改。

益为西南民族学界所重视，旨在为相关部门和学术机构提供实证性的研究案例和决策参考。

与会专家表示，在西南民族研究学科建设方面，西南民族研究界要认真学习和贯彻习近平总书记在哲学社会科学工作座谈会上的重要讲话精神，结合西南民族研究实际，推进西南民族研究的三大体系建设，立足西南边疆的客观国情，梳理历史上的经验和教训，结合实际优化政策实践，结合“一带一路”建设发挥地缘优势和自然资源、文化资源优势，实现西南边疆民族地区长治久安。

（撰稿：木仕华，中国社会科学院民族学与人类学研究所研究员；曾江，中国社会科学网记者）

【首届青藏高原乡村振兴理论与实践学术论坛①】

2020 年 9 月 19 日，由中国藏学研究中心、青海省社会科学院、青海省社会科学界联合会、祁连县委县政府联合举办的“首届青藏高原乡村振兴理论与实践学术论坛”在青海省海北藏族自治州祁连县开幕。

开幕式由青海省社会科学院副院长孙发平研究员主持，中国藏学研究中心科研业务办公室副主任李作泰，中共祁连县委副书记、政法委书记巴特，青海省社会科学界联合会常务副主席河生花致辞。

本次论坛既是哲学社会科学界全面贯彻落实中央关于乡村振兴重大战略部署和中央第七次西藏工作座谈会精神，有效衔接脱贫攻坚与乡村振兴战略，巩固脱贫成果，实现富民兴藏、凝聚人心的重大指示精神的务实举措；也是作为政府重要智库机构，围绕党的中心工作，靠前站位，主动作为，发挥理论研究优势，为党的十九大报告对乡村振兴战略提出的产业兴旺、生态宜居、乡村文明、治理有效、生活富裕的乡村振兴的总要求，共同围绕重大时政开展理论研究和观点探讨，服务经济社会发展大局的一项重要资政举措。

会议认为，2020 年是全面建成小康社会目标实现之年，是全面打赢脱贫攻坚战收官之年，也是实施乡村振兴战略的开局之年。乡村振兴作为当前中央治藏方略重要的战略任务，对哲学社会科学智库机构提出了时代命题。宏伟的目标需要坚定的行动去实现，美好的蓝图需要有科学的理论做支撑。要以习近平新时代中国特色社会主义思想为指导，坚持正确的政治方向和学术导向，强化现实问题研究，凝聚智慧，服务涉藏大局，为实现青藏高原乡村振兴事业高质量推进提供学术界的真知灼见和思考建议，发挥好哲学社会科学传承文明、创新理论、传播成果的重要作用。

中央第七次西藏工作座谈会明确赋予中国藏学研究中心新的职能和定位：将中国藏学研究中心建设成为国家涉藏高端智库，充分发挥其牵头协调全国藏学和涉藏外宣的重要平台作用。中国藏学研究中心将继续加强与地方政府和学术机构的交流合作，突出问题意识、决策导向，积极开展前瞻性、全局性、战略性课题研究和重点难点问题研究，为新时代涉藏工作提供更多高质量、有价值的决策咨询建议。

会议为期一天半，以大会主旨发言和分组讨论方式进行研讨交流，专家学者畅所欲言，咨政建言，凝聚思想共识。会后实地考察了祁连县乡村振兴试点村八宝镇白杨沟村及扎麻什乡郭米村。

---

① 中国藏学网，2020 年 9 月 19 日，http：//www.tibetology.ac.cn/zgzx/xsdt/detail/1319120。《中国边疆学年鉴》编辑部作了删改。

【北疆论坛 2020 暨第三届“内蒙古学”论坛①】

2020 年9 月19 日，北疆论坛2020 暨第三届“内蒙古学”论坛在内蒙古自治区乌兰察布市召开。本次论坛由内蒙古社科联和内蒙古师范大学联合主办，乌兰察布市社科联承办，内蒙古学研究会、察哈尔文化研究会和鄂尔多斯学研究会协办。内蒙古师范大学副校长王来喜出席会议并主持开幕式，乌兰察布市政协副主席闫煜东出席会议并致辞。

会上，内蒙古社科联党组书记、主席高慧广指出，内蒙古自治区是民族自治地方。多民族共同聚居和共同开发建设，是内蒙古区域问题的核心要素，这个核心要素的根本价值取向是铸牢中华民族共同体意识；并提出三点意见：一是铸牢中华民族共同体意识是新时代内蒙古继续发展进步的根本因素；二是在中华文化格局下发展互相辉映的民族文化；三是在各民族互相嵌入的社会结构和社区环境中发展和谐民族关系。

内蒙古社科联副主席朱晓俊主持上午的会议，并作了题为《面向新时代“内蒙古学”研究方向》的主旨发言。他以内蒙古学研究的原则和特点为出发点，从内蒙古学的定位、内蒙古学在全国发展大局中的潜力、内蒙古学研究的民族地区特点、内蒙古学研究要坚持以人为本和立足破解重大发展难题五个方面谈了自己对内蒙古学发展的思路。

内蒙古学研究会会长胡益华主持下午的会议，并作了题为《地方学研究如何突破——以内蒙古学构建为例》的主旨发言。他简单介绍了地方学研究现状，并以内蒙古学的构建为例，从谋求让地方学走出“小圈子”，成为“智囊团”；谋求让地方学研究拓宽“新视野”，体现“综合性”；谋求让地方学研究形成“聚力场”，产生“大影响”三个方面为地方学研究提出建议。

会上，15 位自治区内外专家学者围绕“新时代视阈下的‘内蒙古学’：交流与互鉴”作了发言。其中，北京学研究所所长张宝秀、广东暨南大学澳门学研究会会长叶农、北京联合大学海外中国学研究中心首席专家梁怡、张家口历史文化研究会会长陈韶旭等四位特邀嘉宾，分别作了题为《从北京学研究看地方学构建》《从澳门学研究看地方学构建》《历史题材的展陈与红色精神的传承——首届香山革命精神与历史文化理论研讨会有感》《立足实际循序渐进积极作为建设张家口地方学》的主旨发言。

内蒙古社科联系统专家学者、盟市社科联负责同志、乌兰察布市有关部门负责同志等90 余人参加了论坛。

【庆祝西北民族大学建校 70 周年暨第十一届全国卫拉特学学术研讨会②】

2020 年9 月19 至20 日，由西北民族大学主办，西北民族大学中国语言文学学部和中国蒙古学学会卫拉特学专业委员会共同举办的“庆祝西北民族大学建校 70 周年暨第十一届全国卫拉特学学术研讨会”在西北民族大学榆中校区顺利召开。来自北京、辽宁、内蒙古、新疆、青海、甘肃、河北等省市自治区高等院校、科研机构、社会各界的各民族学者 80 余人出席本次研讨会。

---

① 内蒙古师范大学官网，2020 年 9 月 21 日，http：//news. imnu. edu. cn/info/1011/8720. htm。《中国边疆学年鉴》编辑部作了删改。

② 西北民族大学官网，2020 年9 月29 日，http：//cmsx. xbmu. edu. cn/frontContent. action？siteId = 131&articleClassId = 3633&articleId = 53753。

会议开幕式由中国语言文学学部党委书记马巍巍同志主持。西北民族大学党委副书记、副校长、中国语言文学学部主任玉苏甫江同志，中国语言文学学部常务副主任文英教授，内蒙古自治区人大常委会阿拉善盟工作委员会原副主任、中国蒙古学学会卫拉特学专业委员会名誉会长赞德来先生，中国社会科学院古代史研究所内陆欧亚研究中心副主任、中国蒙古学学会卫拉特学专业委员会副主任青格力研究员在开幕式上致辞。

玉苏甫江同志向出席此次会议的各民族专家学者介绍了学校的基本情况。玉苏甫江同志在致辞中指出，今年是决胜全面建成小康社会、决战脱贫攻坚之年，是“十四五”规划开局之年，也是西北民族大学满载 70 年辉煌迈向新征程的一年，让我们紧密团结在以习近平同志为核心的党中央周围，以习近平新时代中国特色社会主义思想为指导，不断增强“四个意识”，坚定“四个自信”，做到“两个维护”，深化民族团结进步教育，铸牢中华民族共同体意识，加强各民族交往交流交融；希望与会专家学者围绕“铸牢中华民族共同体意识”这一主题，深入探讨，集思广益，形成一批能够服务国家战略、服务民族地区、有利于推动民族团结进步事业的科研成果，为铸牢中华民族共同体意识提供智力支持，使中国卫拉特学研究工作在中华民族共同体建设中发挥更大作用。

与会学者所作的主旨发言议题丰富多样，角度新颖，聚焦“卫拉特蒙古与丝绸之路沿线多民族历史文化交往交流交融”、卫拉特书面文学与民间文学、卫拉特蒙古档案文献等议题，介绍了各自最新研究成果，展开了热烈讨论，深入交换了意见。

会议闭幕式由中国语言文学学部副主任、中国蒙古学学会卫拉特学专业委员会主任孟开教授主持。大连民族大学黑龙教授做大会总结并致闭幕词。

【“全面小康与边疆治理”理论研讨会①】

2020 年 9 月 22 日，广西壮族自治区党委和求是杂志社在南宁共同举办“全面小康与边疆治理”理论研讨会，广西壮族自治区党委书记鹿心社和求是杂志社主要负责同志以及 300 余名理论工作者和实际工作部门负责同志参加会议。与会同志一致认为，党的十八大以来，以习近平同志为核心的党中央把边疆治理摆在极为重要的战略地位，出台兴边富民行动“十三五”规划等一系列重大政策举措，作出“强边富边”等一系列重大部署，为新时代边疆治理指明了方向、提供了遵循。在统筹“两个大局”的基础上推进边疆治理现代化。边疆治理体系和治理能力现代化是国家治理体系和治理能力现代化的重要组成部分。与会同志指出，边疆治理现代化要放在中华民族伟大复兴的战略全局中来实施，放在世界百年未有之大变局加速演进的趋势中来把握，把统筹“两个大局”的普遍性和边疆地区的具体实际结合起来，把面对新机遇新挑战的共同要求和本地区本行业的特殊要求结合起来，当前就是要与常态化疫情防控和构建新发展格局一体推进。注重完善乡村和社区治理体制。与会同志指出，推进国家治理体系和治理能力现代化是一项系统工程，发挥好自治的功能和作用尤为重要。要引导各类组织完善内部自治结构，构建有效的自治体制，推进治理现代化。把党建引领作为构建基层社会治理新格局的主

① 李艳玲、高天鼎：《“全面小康与边疆治理”理论研讨会综述》，载求是网 2020 年 10 月 19 日。

导力量，把简约高效作为完善乡村和社区治理体制的方向，把社会协同作为完善基层社会治理体制和格局的支撑，充分调动和发挥民族地区资源、乡贤、社会组织等方面作用，努力形成党的领导全面、体制机制简约、运行管理高效、多方协同治理、群众办事便捷的基层治理新格局。把生态优势转化为发展优势。与会同志指出，良好生态本身蕴含着无穷的经济价值，要盘活生态、自然、人文等要素，充分释放生态红利。建立健全以产业生态化和生态产业化为主体的生态经济体系，持续加大对传统产业的生态化改造。挖掘生态文化底蕴，打造生态经济品牌，推动文旅产业融合发展进入新境界。

【新时代党的治疆方略研究暨学习贯彻第三次中央新疆工作座谈会精神研讨会①】

2020 年 10 月 12 日，由中国社会科学院新疆智库、中国边疆研究所主办的“新时代党的治疆方略研究暨学习贯彻第三次中央新疆工作座谈会精神”研讨会在京召开。中国社会科学院副院长、党组副书记、新疆智库理事长王京清出席会议并讲话。中国社会科学院中国边疆研究所所长、新疆智库办公室主任邢广程主持开幕式。

王京清指出，习近平总书记在第三次中央新疆工作座谈会上的重要讲话内涵丰富、思想深刻，具有很强的政治性、思想性、理论性，是指导新时代新疆工作的纲领性文献。要深入学习领会习近平总书记的重要讲话精神，宣传阐释新时代党的治疆方略，积极构建新疆重大历史和现实问题研究的学术体系、话语体系，为推动第三次中央新疆工作座谈会精神的贯彻落实，建设团结和谐、繁荣富裕、文明进步、安居乐业、生态良好的新时代中国特色社会主义新疆提供强有力的学术支撑。

王京清指出，新时代党的治疆方略是我们党新疆治理理论认识和实践经验的集中反映，是创造新疆更加美好未来的根本保证。要深刻阐释新时代党的治疆方略的科学内涵、精神实质和基本要求，完整准确理解和长期坚持新时代党的治疆方略，确保新疆工作始终保持正确政治方向。要深刻阐释“依法治疆、团结稳疆、文化润疆、富民兴疆、长期建疆”的具体要求和内在联系，牢牢扭住新疆工作总目标，以推进治理体系和治理能力现代化为保障，多谋长远之策，多行固本之举，保持新疆社会大局持续长期稳定。要深刻阐释加强和改进党的领导的重要性，坚持“全国一盘棋”，切实把思想和行动统一到党中央关于新疆工作的决策部署上来，奋力建设新时代中国特色社会主义新疆。

与会学者表示，习近平总书记的重要讲话科学回答了新形势下新疆治理的一系列重大理论和实践问题，为贯彻新时代党的治疆方略提供了重要遵循，为掌握新疆工作的主导权、主动权、话语权提供了重要思路，也为学术界深入开展新疆历史和现实问题研究点明了题目、指出了方向。要紧密结合各领域的学术研究，深入阐释习近平总书记关于新疆工作的一系列重要思想、重要观点和重要论断，为推动新时代党的治疆方略不断深入人心、更好指导实践，发挥哲学社会科学工作者不可替代的重要作用。

来自中共中央宣传部、中共中央统一战线工作部、中央党史和文献研究院、中国社会科学院、中央民族大学、中国现代国际关系研究院等单位的 10 位专家

① 中国社会科学网，2020 年 10 月 16 日，http：//www.cssn.cn/zx/bwyc/202010/t20201016_5195007.shtml。

学者发言。中国社会科学院新疆智库专家、在京高校和科研机构的100余名学者与会。

（撰稿：王春燕，中国社会科学网—中国社会科学报记者）

【第四届中韩东北亚地区合作研讨会①】

2020年10月16日，吉林大学东北亚研究院、东北亚研究中心、朝鲜韩国研究所与韩国东西大学东亚研究院、中国研究所联合举办了第四届中韩东北亚地区合作研讨会，此次会议主题为"朝鲜半岛局势及中国与朝鲜半岛关系"。会议以线上模式进行，中国驻釜山总领馆郭鹏总领事通过视频方式致开幕辞。吉林大学东北亚研究院院长于潇教授和韩国前驻华大使、东西大学东亚研究院院长辛正承教授也分别致辞，东北亚研究中心副主任、朝鲜韩国研究所所长张慧智教授主持会议并作总结。

来自吉林大学东北亚研究院、行政学院，山东大学东北亚学院，韩国东西大学、峨山研究院、仁济大学、釜山研究院、韩中未来研究院等机构的近20余名学者、前外交官参加了会议。会议就"朝鲜半岛局势发展前景""中国与朝鲜半岛关系"两个议题展开了讨论。

此次会议是2017年5月东北亚研究院与东西大学中国研究所签署合作备忘录后第四次联合举办的学术会议，会议在新冠肺炎疫情影响下能够顺利召开，双方均表示十分满意，并强调要继续加强两个机构间持久、深入的合作。

【中国民族史学会第23届学术年会②】

2020年10月17日，中国民族史学会主办、青海民族大学民族学与社会学学院承办的中国民族史学会第23届学术年会在西宁召开。本次会议为期两天，主题为"凝聚与发展：中华民族共同体的历史进程"。来自中国社会科学院民族学与人类学研究所、中国边疆研究所、中国社会科学院大学、中国人民大学、北京师范大学、中央民族大学、南京大学、四川大学、厦门大学、中山大学、吉林大学、兰州大学、华中师范大学、陕西师范大学、云南大学、新疆大学、内蒙古大学、东北大学等科研机构与高等院校的210位学者报名参会，提交论文140余篇。受疫情影响，本次年会采用线上、线下相结合的方式进行。

大会开幕式于17日上午举行。青海民族大学副校长马成俊教授，中国社会科学院民族学与人类学研究所党委书记赵天晓，中国民族史学会常务副会长兼秘书长、云南大学历史与档案学院刘正寅研究员分别致辞。开幕式由青海民族大学民族学与社会学学院杨虎得教授主持。

开幕式后，大会进行学术主旨报告，分17日上午和18日下午两个时段。第一时段主旨发言有七场，由中国民族史学会副会长、陕西师范大学中国西部边疆研究院院长王欣教授主持，中国民族史学会副会长、南京大学华涛教授报告《抗战期间回族展现中华民族共同体意识的理论路径》，中国民族史学会副会长、华中师范大学刘玉堂教授报告《西汉对匈奴和亲政策的学术史考察》，中国民族史学会副会长、吉林大学程妮娜教授报告《金初

---

① 吉林大学东北亚研究院官网，2020年10月20日，http://nasa.jlu.edu.cn/info/1006/7701.htm。

② 中国社会科学网，2020年10月23日，http://ex.cssn.cn/zx/bwyc/202010/t20201023_5199373.shtml。《中国边疆学年鉴》编辑部作了删改。

女真皇族与宗室博弈考论——以国伦勃极烈的家族为中心》，刘正寅研究员报告《别失八里：明人的西域认知与话语》，中国民族史学会副会长、中国社会科学院中国边疆研究所李大龙编审报告《农耕王朝对“大一统”思想的继承与发展》。青海民族大学民族学与社会学学院副院长张科教授围绕“汉裔土司”何以发生展开学术探讨。第二时段主旨发言有三场，由青海民族大学文学与新闻传播学院书记先巴教授主持，王欣教授报告《中华民族共同体与人类命运共同体》，中国民族史学会副会长、兰州大学西北少数民族研究中心副主任杨文炯教授报告《铸牢中华民族共同体意识：新时代中国民族史话语的主旨》，中国民族史学会副秘书长、中国社会科学院民族学与人类学研究所彭丰文研究员报告《历史记忆的整合与北魏多民族国家认同的建构——铸牢中华民族共同体意识的历史经验探究》。

17 日下午至 18 日上午，大会分成七个会场线上线下同时进行，分别围绕中华民族共同体的形成与发展、中华民族共同体意识的历史考察、历史上民族交往交流交融、中国历史上的民族观念与认同、中国统一多民族国家的历史进程、中华民族共同体的理论研究、民族史研究的理论创新与学科建设等议题展开研讨，由相关学者进行点评。

18 日下午，大会总结和闭幕式由青海民族大学民族学与社会学学院贾伟教授主持。分论坛分别由南京中医药大学刘波儿、西华师范大学叶凯、四川大学邹立波、曲靖师范学院宋南争、云南省博物馆王珺、西南大学李文学、大理大学何畏作总结发言。然后由刘正寅作大会总结，他认为本届年会是一次非常成功的学术会议，体现了新时代中国民族史研究的新风尚、新面貌和新气象，不仅反映了多视角、多领域的交流对话，而且青年学者表现突出，展示出中国民族史研究的美好未来；会议研讨热烈而深入，体现出鲜明的前沿性和创新性，不仅在民族史研究多领域之间以及民族史学与人类学、社会学等相关学科之间表现出跨领域、跨学科交叉的特征与研究理论和方法的互相借鉴，而且选题视角新颖，同时注意文献的历史书写分析，注重传统文献与田野调查相结合；年会紧紧围绕中华民族共同体凝聚发展这一具有重大理论意义和现实意义的问题展开，研讨深入，精彩纷呈，充分显示出中国民族史学会在中国民族史方面的主导和引领作用。

（撰稿：肖超宇，中国社会科学院民族学与人类学研究所助理研究员；朱羿、曾江，中国社会科学网记者）

【第三届“丝绸之路与敦煌历史文化”学术研讨会①】

2020 年 10 月 17—18 日，第三届“丝绸之路与敦煌历史文化”学术研讨会在甘肃省敦煌市举行，来自中国社会科学院、复旦大学、兰州大学、西北大学、西北师范大学及敦煌研究院等 20 多所高校与科研机构近 60 名专家学者参加会议。

会议共有 40 多篇论文在会上宣读。丝绸之路在敦煌留下深厚的文化遗产与丰富的历史印记，敦煌文化也在中西文化长期融合的过程中形成独具特色的地域文化。与会学者论文紧紧围绕会议主题，涉及内容广泛，主要有敦煌汉简、敦煌文物与考古、敦煌历史地理与艺术宗教、敦煌遗书与敦煌学、石窟文化、丝绸之路与中

① 《中国社会科学报·社科院专刊》2020 年 10 月 23 日总第 533 期。《中国边疆学年鉴》编辑部作了删改。

西交通等问题。

西北师范大学研究员李并成认为敦煌文化是一种在中原传统文化主导下的多元开放文化，融入不少来自中亚、西亚、南亚和中国多地民族文化成分和营养，呈现出“你中有我，我中有你，各美其美，美美与共”的文化融合发展底色和格局，绽放出开放性、多元性、浑融性的斑斓色彩。当前中国“一带一路”建设的伟大进程中，其丰厚的文化财富、富有创新性的文化精神，使其成为互学互鉴、共建共享、互利共赢的文化交流交汇交融重镇与高地。

敦煌研究院研究员杨富学考察了晚唐五代曾在敦煌活动的归义军政权中的人伦悲剧，表示晚唐五代之乱世，传统儒家之伦理道德荡然无存，权力斗争异化人性，导致悲剧一再发生。

敦煌市博物馆馆长石明秀则考证了敦煌白马塔的历史，通过对白马塔名与鸠摩罗什生平行状进行梳理，剥离了史家附加其上的粉饰与神话，指出现今盛传该塔与译经大师鸠摩罗什所骑白马之渊源有违历史真相，致使对该塔建筑时代、渗透其中的佛教文化产生误读。

西北大学青年学者黎镜明研究了东汉时期敦煌的地位，认为东汉尤其是东汉中晚期，在汉帝国对西域的管控意愿和管控能力明显弱化甚至缺失时，敦煌郡在应对西域危局中发挥了巨大作用。

新乡学院教授王连旗研究了先秦至南北朝时期西北地区丝绸之路的开辟与发展，认为丝绸之路有力促进了沿线各民族之间的交流和发展。各民族间经贸往来频繁，获得不同程度的发展，呈现出融合的趋势。认识这一时期陆上丝绸之路的发展脉络，有利于从宏观上把握当今“一带一路”建设同古代丝绸之路的联系。

本次研讨会由中国社会科学院历史理论研究所海外中国学研究室、西北师范大学历史文化学院与敦煌市博物馆联合举办。会议论文将公开结集出版。

（撰稿：张德明，中国社会科学院历史理论研究所副研究员）

【“海帆寻踪：文化遗产视野下的海上丝绸之路”学术研讨会①】

2020 年 10 月 17—18 日，由中国航海博物馆、上海师范大学、中国航海学会航海历史与文化研究专业委员会、中国博物馆协会航海博物馆专业委员会联合主办的“海帆寻踪：文化遗产视野下的海上丝绸之路”学术研讨会在上海师范大学顺利召开。来自北京、上海、重庆、黑龙江、山东、江苏、浙江、江西、福建、广东等地高校、博物馆及科研机构的近 50 位专家通过线上线下结合的方式齐聚一堂，从“海丝”器物与考古、“海丝”贸易与制度、“海丝”航路与文献、“海丝”文化与社会等诸多角度进一步阐释文化遗产视野下的“海丝”历史与文化。

在“海丝器物与考古”议题研讨中，学者们聚焦“海丝”遗存，结合考古发现与博物馆展览诠释，探讨了漆器、玻璃、植物物种等“海丝”文化交流中“物质交流”这一核心话题。“海丝贸易与制度”议题中，学者们结合新近发现的史料文献以及开展的田野调查，就宋代海外贸易政策以及古代宁波港、双屿港、广州商行、旧海关等论题展开了颇具新意的阐述。“海丝航路与文献”议题中，研究人员以英、日、荷、希腊等多语种史料、多维度视角，探究“古代海上丝绸之路”航线的空间分布与拓展。“海丝文

① 《航海》2020 年第 6 期。

化与社会”议题中，与会者分别从艺术史、人口史、城市史等角度就“海丝”带来的口岸城市跨文化艺术、社会公共空间、华人组织与制度、华工运动等进行研讨，呈现了“海丝”主题下丰富多元的文化交汇图景。

海上丝绸之路是古代东西方人们基于商贸需求、以传统航海方式开辟的海上交通网络，是促进中国与海外各地物质互通、人员流动、文化交汇的重要纽带。以古代海上丝绸之路而展开的东西方文化交流互鉴，为世人留下了丰厚的文化遗产。这不仅体现于“海丝”沿线国家各种器物与史迹遗存中，也广泛融汇在“海丝”沿线各国的社会文化里。“海帆寻踪：文化遗产视野下的海上丝绸之路”学术研讨会以物事探讨“海丝”、以研讨搭建平台，会议的顺利举办，不仅展示了馆校合作的默契，也体现了合力助推上海对接国家“一带一路”建设的潜力。

近年来，中国航海博物馆通过馆校合作办会、优势资源共享，进一步推动海洋史研究的交流合作，提升上海这座全球海洋中心城市的海洋文化影响力。站在新的历史起点，中国航海博物馆有责任和义务，与社会各界人士、机构、团体携手并进，在“海丝”历史与文化研究领域开掘新资源、开辟新思路、开创新局面，共同为助力“海洋强国”战略、“21 世纪海上丝绸之路”建设谱写新篇章。

（撰稿：海博宣）

【“后疫情时代的中国与东南亚：机遇与挑战”学术研讨会①】

2020 年 10 月 24 日，由江苏省历史学会东南亚研究分会主办，南京大学中国南海研究协同创新中心承办的“后疫情时代的中国与东南亚：机遇与挑战”学术研讨会在南京大学鼓楼校区召开，来自上海、南京、昆明、苏州、常州、厦门、桂林、信阳等地近 50 位专家学者参会。

江苏省历史学会东南亚研究分会会长、南京大学中国南海研究协同创新中心研究员成汉平教授主持开幕式。南京大学中国南海研究协同创新中心执行主任、国际关系研究院院长朱峰教授致开幕词和欢迎词，江苏省历史学会秘书长、江苏省社科院历史研究所原所长杨颖奇教授，原解放军国际关系学院院务部部长、江苏省历史学会东南亚研究分会代理秘书长周国平分别致辞。

会议主旨发言由南京大学历史学院陈晓律教授主持，朱峰教授、苏州大学国际问题研究所所长钮菊生教授、上海交通大学国际与公共事务学院郑华教授分别作主旨发言。

江苏省历史学会东南亚研究分会副会长、南京大学历史学院郑先武教授主持会议主题发言，陈晓律教授、海军指挥学院军事战略学张晓林教授、南京大学历史学院于文杰教授、复旦大学国际问题研究院副院长祁怀高副研究员、华侨大学马来西亚研究中心主任钟大荣副教授分别就“帝国迷梦与梦幻帝国”“南海问题与周边国家动态”“风俗、文化与安全：关于中巴合作与海上丝绸之路问题的一点探索”“中国与东南亚的海上非传统安全合作整体架构构建探析”“新冠疫情下的马来西亚内政及中马关系”进行了主题发言。

下午会议分为三个议题进行研讨，郑华教授主持议题“‘印太战略’背景下中国与东南亚国家间的关系”，郑先武教

① 南京大学中国南海研究协同创新中心官网，2020 年 11 月 4 日，https：//nanhai. nju. edu. cn/a3/12/c5319a500498/page. htm。《中国边疆学年鉴》编辑部作了删改。

授、上海外国语大学南亚东南亚研究中心执行主任冯超副教授、南京大学中国南海研究协同创新中心杨泽军研究员、云南农业大学外语学院教学办公室主任朱贵平翻译、江苏省委党校世界经济与政治教研部刘艳峰讲师分别就“中美全面竞争背景下的澜湄合作：现实观照与历史镜鉴”“美越关系新动向及对我之影响”“美国‘印太战略’对中国与东南亚国家关系的影响”“中美博弈背景下泰国南海政策调整动向分析”“印度印尼战略互动新态势及前景”等主题发言。

钮菊生教授主持议题“后疫情时代的中国与东南亚合作”。广西师范大学历史文化与旅游学院范丽萍教授、信阳师范学院法学与社会学学院副院长张义明教授、常州大学泰国文化研究中心刘琪研究员、江苏海事职业技术学院士官学院院长袁周分别就“中国菲律宾新冠疫情下的合作刍议”“从中柬自贸协定看后疫情时代中国与东南亚合作”“‘一带一路’倡议下中泰铁路面临的挑战”“加强军事合作交流、促进南海和平稳定”等主题发言。

于文杰教授主持议题“后疫情时代的东南亚区域治理”。南京工业大学海外教育学院薛莉清副教授、南京大学中国南海研究协同创新中心张诗奡助理研究员、泰国玛希隆大学亚洲语言与文化研究所曾伟富博士研究生分别就“南海问题背景下的新马华人”“菲律宾的南海法律策略演变问题”“台湾在泰国积极‘口罩外交’为几何”等主题发言。

在讨论环节，各位代表就后疫情时代的中国与东南亚相关科研等问题进行了深入交流互动，成汉平教授就研讨会进行了总结发言。

【“第五届新疆北庭学术研讨会暨北庭故城考古四十周年纪念活动”召开①】

2020 年 10 月 24 日，“第五届新疆北庭学术研讨会暨北庭故城考古四十周年纪念活动”在中国历史研究院召开。来自中国社会科学院考古研究所、新疆维吾尔自治区社会科学院、新疆维吾尔自治区文博院等单位的 70 余位专家学者出席会议。中国社会科学院考古研究所所长陈星灿，中国社会科学院考古研究所研究员孟凡人，新疆昌吉州党委副书记、州长金之镇出席会议并致辞。出席会议的嘉宾还有中国社会科学院考古研究所研究员孙秉根，新疆社会科学院副院长、研究员刘国防，新疆昌吉州党委常委、宣传部部长李翠玲，新疆文物考古研究所所长李文瑛，新疆昌吉州文学艺术界联合会党组副书记、主席陈立荣，新疆昌吉州吉木萨尔县委书记李刚，中国文物学会世界遗产研究会委员、北庭学研究院院长郭旃，国家文物局文物保护与考古司世界遗产处副处长邵军等。会议开幕式由中国社会科学院考古研究所副所长朱岩石主持。

陈星灿向各位领导、专家、学者和媒体朋友们表示热烈的欢迎和衷心的感谢。会议适逢第三次中央新疆工作座谈会胜利召开，以及习近平总书记在中央政治局第二十三次集体学习时针对考古工作发表重要讲话。北庭故城遗址作为世界文化遗产和国家考古遗址公园，不只是研究和展示新疆历史文化信息的场所，更是新疆历史发展、宗教演变和民族发展的实物见证。以北庭为核心的城市体系是丝绸之路上一个连接东方与西方、草原与绿洲的重要节点和枢纽，是展示中华文明的灿烂成就和中华民族对世界文明重大贡献的珍贵文化

① 中国考古网，《“第五届新疆北庭学术研讨会暨北庭故城考古四十周年纪念活动”在中国历史研究院召开》，2020 年 10 月 24 日，https：//user. guancha. cn/main/content？ id＝400043。

遗产。他指出要做好考古发掘工作和保护展陈工作，对北庭历史文化进行更加深入、广泛的发掘和阐释，形成更多更有价值的研究成果，不断丰富北庭学的内涵。他希望通过研讨会使与会学者从中华文明和世界史的角度观察北庭历史，推进北庭学术研究向更高层次发展，向国际社会阐释中华文明的灿烂成就和对人类文明的重大贡献。最后他祝愿全体参会的专家学者能够在此次会议中探讨学术、增进交流、开拓视野，并预祝会议圆满成功。

北庭学由北庭故城遗址而得名，它的相关研究成果既是对新疆历史、文化、民族、宗教的回顾，也是对丝绸之路沿线经济、社会、发展历史的真实再现。2016年北庭学研究院成立以来，已经成功举办了4届北庭学术研讨会，先后形成70余篇学术论文，出版了《北庭学研究》《北庭史论集》《北庭钱币研究》等系列图书，为北庭学的建立和发展奠定了坚实基础。金之镇对各级政府、各位专家学者的支持，媒体及各界朋友的宣传推介表示衷心的感谢。他表示此次会议的目的是用现代的眼光和全新视角，进一步全方位梳理、研究北庭故城和古代北庭地区的历史文化，让历史发声，让文物说话，全面阐释北庭故城的历史和现实价值。他相信通过此次研讨会，会有更多的专家学者关注新疆，也希望各位专家学者群策群力，推动北庭学研究进入一个全新的阶段。孟凡人表示北庭考古四十周年是一个值得纪念的事件，他回顾了北庭故城的考古历史，表示北庭故城和佛寺考古的考古条件在四十年间不断改善和完善，取得较为理想的成果。他对这么多后起之秀和希望之星齐聚一堂感到十分震撼和激动，他认为这预示着北庭考古和北庭考古学将大有作为。他希望与诸位学人在共创中国特色、中国风格、中国气派的中国考古学和北庭考古学、北庭学的道路上做出贡献。北庭故城久负盛名，是唐代北庭大都护府所在地，扼守丝绸之路北道要冲。40年前中国社会科学院考古研究所取得了北庭考古的重大收获。2016年，吉木萨尔县成立了北庭学研究院，北庭故城遗址的工作得以全面展开。此次会议主要目的就是围绕“一带一路”、世界文化遗产的保护、北庭历史与边疆治理、中华民族共同体历史研究、北庭故城考古价值阐释等主题开展学术交流和研讨，进一步加强新疆若干历史问题研究，让历史发声，让文物说话，筑牢中华民族共同体意识和中华文化根基，持续落实文化润疆。

本次会议由中国社会科学院、国家文物局、中国历史研究院指导，中国社会科学院考古研究所、新疆维吾尔自治区社会科学院、新疆维吾尔自治区文博院、新疆维吾尔自治区文物局、新疆昌吉回族自治州人民政府主办，中国社会科学院考古研究所边疆民族考古研究室、新疆昌吉州文学艺术界联合会、新疆昌吉州吉木萨尔县人民政府承办。

【“中国蒙古史学会2020年会员大会暨明清以来蒙古社会文化变迁”学术研讨会①】

2020年10月31日，由中国蒙古史学会，内蒙古大学蒙古学研究中心、蒙古历史学系联合主办的“中国蒙古史学会2020年会员大会暨明清以来蒙古社会文化变迁”学术研讨会在内蒙古自治区呼和浩特市召开。来自北京、西藏、吉林、陕西、山西、河北等省市自治区以及内蒙古各地的学者、学生和史学爱好者近150

① 内蒙古大学官网，2020年11月1日，https：//mgxzx. imu. edu. cn/info/1067/1981. htm。《中国边疆学年鉴》编辑部作了删改。

人参加了会议。会议组共收到60篇学术报告，53人到场。

会议由开幕式、主题发言、分组讨论和闭幕式组成。开幕式由中国蒙古史学会秘书长乌云格日勒研究员主持。中国蒙古史学会会长、中国人民大学乌云毕力格教授，中国蒙古史学会副会长、内蒙古大学宝音德力根教授致欢迎辞。中国蒙古史学会挂靠单位负责人、内蒙古大学副校长额尔根巴雅尔教授致辞，向到会专家学者介绍内蒙古大学历史学科建设情况，对中国蒙古史学会开展的学术活动给予高度评价。

主题发言由5位专家做报告，中国蒙古史学会副会长、内蒙古大学苏德毕力格教授主持。宝音德力根教授报告《窝阔台诸皇后事迹补考》，通过《史集》《元史》《黑鞑事略》和碑刻史料相互印证，对窝阔台汗诸皇后事迹进行梳理，指出史料的漏误，得出新的结论；乌云毕力格教授报告《青海新发现的元代八思巴文金虎符考述》，对新发现的金虎符暂命名为“秀麻元代八思巴蒙古文金虎符”，认为它可能是元代吐蕃等处宣慰司高级军官宣慰使兼都元帅的信物，应归必里万户府达鲁花赤或万户所有。张永江教授报告《明清易代中的蒙古动向及其影响》，从长时段和宏观视角对东北亚明朝、蒙古、女真（满洲）及朝鲜四方关系变动和力量消长作了回溯，认为蒙古不仅是满洲代明的辅助因素，也是明清易代的决定性因素，清代大一统也终结了各蒙古区域社会分隔发展的趋势，使其在实质上再度整合为一。玉海副研究员报告《清代铁木哥斡赤斤后裔家谱考述》，通过考证清代《喀喇沁左旗东哨十家子武氏家谱》，揭示成吉思汗幼弟铁木哥斡赤斤后裔有关史实，对北元东道诸王及其历史做了重要补充。张建军教授报告《1931年国民代表会议前后的蒙古籍代表》，利用已刊档案和时政公报等文献，对1931年国民代表会议期间蒙古籍代表的选举及其议案进行了深入细致的梳理。

分组讨论会上48位专家学者分为三组展开热烈讨论。第一组是“北方民族与蒙古古代史”组，由中国社会科学院乌云高娃研究员担任组长，13位专家作报告，有从文献学角度考证人物、地名的，有从文化史角度开展讨论的，也有考古、图像资料与文献互证和讨论的。归纳报告特点，一是从《元史》《元朝秘史》等熟悉史料发现新问题；二是将传统文献以新的视角解读，得出新结论。第二组是“清代蒙古史”组，由吉林师范大学吴忠良教授担任组长，17位专家作报告，有解读、介绍文献，分析其研究价值的；有探讨行政区划、旗界和游牧地变迁的；有研究民族关系、民族问题的；还有对某个研究领域进行学术史总结的。第三组是“近现代蒙古史”，由内蒙古大学娜荷芽副教授担任组长，13位专家作报告，有以人物为中心的研究，有介绍史料的，有文化史方面的研究，有蒙古族传统医药及传统文化研究，还有现代国际关系研究。

大会闭幕式由张永江教授主持，三个组组长分别对各组学术讨论做总结报告。学会会长乌云毕力格教授号召学界同仁对从2021年由不定期刊物改版为半年刊的学会刊物《蒙古史研究》关注和投稿。

（撰稿：乌云格日勒，内蒙古大学蒙古学研究中心研究员）

【首届“海洋合作与治理论坛”①】

2020年11月5日，由中国南海研究

① 《首届“海洋合作与治理论坛”在海口举行》，2020年11月5日，http：//www.nanhai.org.cn/dynamic-detail/35/10106.html。

院、中国—东南亚南海研究中心、中美研究中心和加拿大阿尔伯塔大学中国学院联合主办的首届“海洋合作与治理论坛”国际学术研讨会在海口举行。来自28个国家和地区的500名专家学者、驻华外交官、前政要及部分涉海国际组织代表以线下、线上相结合的方式与会。

中国南海研究院院长吴士存作开幕致辞。菲律宾前总统阿罗约、清华大学战略与安全研究中心主任傅莹、国际海底管理局秘书长迈克尔·洛奇先后在开幕式上作主旨发言。吴士存在致辞中指出，在世界各国致力于抗击新冠肺炎疫情、推动经济复苏的特殊时期，共同探讨应对当前全球海洋治理体系面临的挑战，促进海洋可持续发展，具有现实而深远的意义。当前人类社会正经历着前所未有的海洋环境危机，包括海平面上升、渔业资源枯竭和海洋垃圾污染等问题。然而，“逆全球化”思潮也正从美国向世界各地蔓延，并延伸至海洋领域，抑制了全球海洋合作的意愿和动力，冲击了基于多边主义原则的全球海洋治理体系。如何逆势前行、有效维护基于多边主义的全球海洋治理体系，是当前开展全球海洋合作与治理的首要问题。论坛旨在建立一个关注全球海洋问题、探讨海洋治理、推动国际海洋合作的国际学术平台，并通过这个平台，向全球海洋治理和合作发出“南海声音”，提供“南海经验”和“南海方案”，为实现联合国“2030年可持续发展议程”之“保护和可持续利用海洋和海洋资源以促进可持续发展”，并推动构建海洋命运共同体，贡献我们的智慧和力量。

阿罗约在主旨演讲中表示，中菲两国地缘相近，双边关系非常重要。南海争端只是两国关系的一部分，双方应综合考量两国在经济、政治、文化等各领域的需求并开展合作，才能真正达到互利共赢。阿罗约回顾了菲律宾与中国、越南在南海开展三方联合海洋地震合作的成功经验，认为共同开发无损相关方权益主张，并呼吁南海沿岸国加强渔业资源养护、海洋环境保护等功能性领域的合作，推动海洋命运共同体建设。

傅莹在演讲中提出，新冠肺炎疫情的暴发提醒我们，全球治理亟待完善，国际协调机制的效率亟待提升，在海洋治理领域也是如此。多边主义是国际社会探寻应对新问题、新挑战的必由之路。海洋合作与治理的最终目标应该是人与海洋的和谐共存，根本目的在于服务于人类的共同福祉，这离不开地区和平与稳定的保障。南海地区国家需要秉持更加宽阔的、超越“你输我赢”零和博弈的海洋视野，更多思考共赢和协同发展。傅莹阐述了中国在南海问题上的政策主张，强调中国提出的“双轨思路”是解决南海问题最为现实、可行的办法。

洛奇在发言中介绍了国际海底管理局在国际海底区域矿产资源勘探开发、环境保护以及确保国际海底资源开发造福全人类等方面所做的工作和相关措施，并强调在国际海洋治理领域推行多边主义和加强国际合作的重要性。洛奇表示赞同中国国家主席习近平多次提出的“要秉持共商共建共享的全球治理观，以确保所有国家平等享有发展权利和机会，遵守同样规则”。

本届论坛为期两天，与会代表围绕全球海洋治理与区域实践、当前南海形势与热点问题、海上安全合作与风险管控、南海区域秩序构建、海洋合作的现状与前景、海洋前沿问题研究和海洋治理能力建设、海洋治理新思路与新倡议等议题进行了深入探讨。

【西南边疆与缅甸问题研讨会①】

2020 年 11 月 7—8 日，中央民族大学科研处、云南社会科学院缅甸研究所、中央民族大学历史文化学院、国家民委“一带一路”国别和区域研究中心—缅甸研究中心联合举办西南边疆与缅甸问题研讨会。会议在中央民族大学民族博物馆会议室召开，军事、外交、空间技术、历史等领域 30 余名专家学者参加研讨，部分学者远程线上参会。

与会学者从历史、现实等角度对缅甸问题、中国与西南其他周边国家关系、西南边疆地区历史文化等议题开展对话交流：就缅甸问题各抒己见，对缅甸国情与发展趋势做出分析和研判，分析缅甸对华态度，对中缅间官方合作与民间往来进行探析；就中国与西南其他周边国家关系，讨论了中国与缅甸、印度、不丹等国的领土边界问题；另外还探讨了西南边疆的多个历史与文化问题。

【中国民族学学会 2020 学术年会暨“新时代民族研究与铸牢中华民族共同体意识”联合学术大会②】

2020 年 11 月 7—8 日，由中国社会科学院铸牢中华民族共同体意识研究基地、云南大学、中国民族学学会主办，云南大学民族学与社会学学院承办的中国民族学学会 2020 学术年会在昆明召开。会议由两部分组成：第一部分为昆明现场会议，套开“中国民族研究社团 2020 年联合学术大会——新时代民族研究与铸牢中华民族共同体意识”，第二部分为线上会议，以视频方式召开。来自中国社会科学院、北京大学、清华大学、复旦大学、南开大学、中山大学、四川大学、云南大学、中央民族大学等高校和科研院所的 400 余名专家学者参加了本次盛会。

开幕式上，中国民族学学会会长、中国社会科学院民族学与人类学研究所所长王延中研究员致辞，指出铸牢中华民族共同体意识对民族工作和民族研究有着重大意义，应充分认识其本质内涵、价值意蕴和重大意义，紧紧围绕时代命题，通过扎实细致的调查研究和多学科、多机构、多领域的协同创新，推进中国特色民族学尤其是新时代民族理论的创新发展，为新时代民族工作及党和国家工作全局服务。

昆明分论坛主会场，中国民族学学会副会长、宁夏大学李伟教授，中国民族学学会副会长、中国社会科学院民族学与人类学研究所张继焦研究员先后作“铸牢中华民族共同体意识的叙事逻辑”“中国民族学的新古典‘结构—功能论’”的主旨发言，云南省社会科学院李永祥研究员进行评议。

昆明分论坛两个分会场同时进行。第一分会场上半场由云南财经大学陈刚教授主持，云南大学马翀炜教授评议。中央民族大学吴楚克教授、云南师范大学和跃教授及云南省社会科学院李红春研究员、朱佶丽副研究员分别围绕马克思的国家观与习近平治边思想的关系、乡村振兴公益基金项目对农村经济发展的影响、滇西北散杂居民族的交往交流交融、老挝苗族宗教信仰等主题发言。下半场由云南大学高志英教授主持，复旦大学纳日碧力戈教授评议。中国社会科学院民族学与人类学研究所宋小飞副研究员、云南民族大学左邱宇副教授、河南大学艾少伟教授、云南省社会科学院罗丹副研究员分别围绕佤族节日

① 中央民族大学历史文化学院官网，2020 年 11 月 12 日，https：//news. muc. edu. cn/info/1012/18682. html。

② 中国社会科学网，2020 年 11 月 13 日，http：//www. cssn. cn/mzx/mzxtpxw/202011/t20201113_5216428. shtml。《中国边疆学年鉴》编辑部作了删改。

文化的赓续与创造、民族地区易地扶贫搬迁、民族地理与推进中华民族共同体建构、哈尼梯田灌溉社会的族群及共生逻辑等主题发言。

第二分会场上半场由云南民族大学黄彩文教授主持，广东技术师范大学骆桂花教授评议。云南大学杨明洪教授、云南省社会科学院王俊研究员、云南财经大学曾军博士、昆明理工大学郑佳佳副教授分别围绕中国边疆治理现代化的经验与启示、城市化进程中昆明白族文化传承与创新、“一带一路”倡议对少数民族地区企业的影响、斯里兰卡“珍珠”与“泪滴”两种不同国家形象等主题发言。下半场由云南大学周建新教授主持，云南大学杨明洪教授评议。云南省博物馆沈宁副研究馆员、云南民族大学李全敏研究员、大理大学杨艳副教授、云南大学罗英分别围绕博物馆对民族想象共同体构建的作用、跨境民族廊道的地方空间与记忆、脱贫致富进程中多元性的现代内嵌、乡村文化振兴与“贺号”习俗等主题发言。

除了昆明分论坛之外，会议还开设六个线上分论坛，共召开了30场研讨会，340余名专家学者和学生在线参与了会议，就新时代中国特色民族学话语体系建构和方法创新，铸牢中华民族共同体的理论基础，民族文化、生态文明与民族地区发展，交往交流交融与民族发展，乡村振兴、民族地区社会治理与社会稳定，跨境民族问题研究，民族学与“一带一路”倡议等主题进行了广泛而深入的学术交流。

（撰稿：赛音，中国社会科学网记者；孔敬，中国社会科学院民族学与人类学研究所副研究员；王昊午，中国社会科学院民族学与人类学研究所助理研究员）

【2020年藏传佛教教义阐释工作研讨会①】

2020年11月12日，由中国藏学研究中心和中国藏语系高级佛学院共同举办的“2020年藏传佛教教义阐释工作研讨会”在中国藏学研究中心召开。研讨会围绕“坚持中国化方向，奉献社会，利益人群”主题展开，藏传佛教界高僧和藏传佛教研究方面的专家学者共100余人参会。

中央西藏工作协调小组办公室副主任斯塔，全国政协常委、中国佛教协会副会长、中国佛教协会西藏分会会长班禅额尔德尼·确吉杰布出席开幕式并讲话。中国藏学研究中心总干事郑堆、中国藏语系高级佛学院常务副院长张奇在开幕式上致辞。会议由中国藏学研究中心党组书记陈宗荣主持。

斯塔指出，藏传佛教教义教规阐释是藏传佛教自身健康发展的内在要求，是一项重要基础性工作。他对进一步做好藏传佛教教义阐释工作提出三点希望。一要顺应时代要求，坚持正确方向。深入学习领会习近平总书记在中央第七次西藏工作座谈会上重要讲话精神，始终坚持藏传佛教中国化方向，以社会主义核心价值观引领、用中华优秀传统文化浸润，对教规教义作出符合时代发展进步的阐释。二要突出问题导向，给出现实解答。藏传佛教界只有注重服务社会，回答人们关心的问题，解决社会现实中突出的问题，才能使教义阐释工作富有生命力。藏传佛教界人士是教义阐释的主体，要按照习近平总书记提出的“四条标准”的要求不断提高自身素质，全面、深入、准确地向信众阐释藏传佛教的教规教义。三要加强统筹设

① 中国藏学网，2020年11月13日，http://www.tibetology.ac.cn/zgzx/xsdt/detail/1319144。《中国边疆学年鉴》编辑部作了删改。

计，做好工作协调。中国佛教协会、中国藏学研究中心、中国藏语系高级佛学院要发挥各自优势，互相支持配合。佛教协会要广泛发动寺庙僧尼积极参与，推动教义阐释工作成果形成共识；中国藏语系高级佛学院要牵头各级藏语系佛学院，把教义阐释与教学工作紧密结合起来，不断完善三级学衔制度体系；中国藏学研究中心要研究教义阐释工作的整体规划，发挥涉藏高端智库作用，坚持继承与创新相统一，坚持研究与运用相贯通，加强牵头协调全国藏学研究，统筹全国藏学界研究力量，做好教义阐释这篇大文章，逐步形成具有中国特色、符合时代发展要求的藏传佛教思想体系，夯实藏传佛教与社会主义社会相适应的思想基础。

班禅表示，藏传佛教界要自觉学习贯彻中央第七次西藏工作座谈会精神，推进藏传佛教中国化。希望藏传佛教界珍惜时代机遇，常怀报恩思想；找准时代定位，努力服务社会；以“政治上靠得住、宗教上有造诣、品德上能服众、关键时起作用”为标准，担负时代重任；促进藏传佛教与社会主义社会相适应，坚持藏传佛教中国化方向，积极融入时代发展。

郑堆和张奇分别介绍了中国藏学研究中心和中国藏语系高级佛学院开展工作情况。中国藏学研究中心积极发挥涉藏高端智库作用，完成了对藏传佛教教义的整体概览性研究，取得总计百万余字的藏汉文研究成果，并公开出版和发行，为藏传佛教教义阐释工作作出了示范，起到了引导和推动作用。中国藏语系高级佛学院逐步完善制度机制，加大藏传佛教高级僧才的培养力度；积极组织藏传佛教界高僧大德深入挖掘藏传佛教教规教义中有利于时代发展和社会进步的内容，作出通俗易懂、与时俱进的解释，对推进藏传佛教中国化，引导藏传佛教与社会主义社会相适应起到了积极作用。

2011 年以来，藏传佛教教义阐释工作研讨会已召开 10 次。此次藏传佛教教义阐释工作研讨会以大会发言和分组讨论的形式展开，就如何挖掘、整理和弘扬藏传佛教教规教义中的积极因素，促进藏传佛教与社会主义社会相适应，以及如何进一步做好教义阐释工作等内容进行了深入研讨和交流。

【“西藏的脱贫攻坚与中国智慧中国方案”学术研讨会①】

2020 年 11 月 18 日，“西藏的脱贫攻坚与中国智慧中国方案”学术研讨会在京举行。中国藏学研究中心党组书记陈宗荣出席会议并讲话，总干事郑堆主持会议。来自中国社会科学院、中央民族大学、中国农业大学等高校和科研机构近 60 名专家学者参加了研讨会。

陈宗荣指出，党中央历来将西藏工作放在党和国家全局的高度来精心谋划，改革开放以来，党中央召开了七次西藏工作座谈会，根据每一阶段的时代特点和国内外形势，对西藏工作作出周密部署，推动西藏各方面工作不断走上新台阶。党的十八大以来，以习近平同志为核心的党中央召开两次西藏工作座谈会，进一步总结、提炼党的西藏工作规律，形成了新时代党的治藏方略。正是在党中央坚强领导和党的正确方针政策指引下，西藏的脱贫攻坚工作才能得以顺利推进，取得历史性成就。

陈宗荣强调，要全面深入地总结西藏脱贫攻坚经验，讲好中国西藏减贫故事。我国脱贫攻坚的伟大实践中蕴含着丰富独

① 中国藏学网，2020 年 11 月 19 日，http：//www.tibetology.ac.cn/zgzx/xsdt/detail/1319150。《中国边疆学年鉴》编辑部作了删改。

特的减贫智慧和经验，亟待构建具有中国特色的减贫学理论，将中国减贫的伟大实践上升为人类共享的理论，不断提升贫困治理国际话语权，讲好中国脱贫攻坚故事，让世界读懂中国脱贫攻坚的伟大实践，为构建人类命运共同体贡献智慧和力量。中国藏学研究中心将继续加强中央涉藏高端智库建设力度，发挥牵头协调全国藏学研究作用，进一步创新合作交流机制，促进科研成果转化能力，为构建西藏脱贫攻坚理论体系和话语体系做出应有贡献。

研讨会中，中央民族大学藏学研究院院长苏发祥教授、中国社科院民族学与人类学研究所王剑峰研究员、中国藏学研究中心社会经济研究所所长扎洛研究员、中国农业大学人文与发展学院副院长左停研究员分别作了《全面推进西藏文化旅游产业，促进互嵌式就业，实现西藏可持续性发展》《以文化资本助推西藏持续减贫巩固扶贫成果》《西藏的脱贫攻坚与中国智慧中国方案》《贯彻新发展理念，实现青藏高原地区高质量脱贫——基于青海涉藏地区的经验总结》的主旨发言。

此后，中国藏学研究中心社会经济研究所副所长格桑卓玛研究员、社会经济研究所杨涛副研究员，中国社科院民族学与人类学研究所方素梅研究员、社会学研究所何蓉研究员、经济研究所王琼副研究员，中国藏学研究中心社会经济研究所次仁央宗研究员、李健副研究员分别以《从数据变化看西藏脱贫攻坚目标的达成》《以志智双扶推动西藏脱贫内生动力的形成》《西藏林芝市墨脱县产业扶贫的观察和思考》《性别、劳动伦理与经济发展的中国方案》《江孜县农民转移就业的一些观察》《扶贫重在扶智扶志——西藏文化扶贫小议》《西藏和涉藏州县创新性小微型发展与脱贫攻坚》为题作了大会发言。

会议由中国藏学研究中心、中国西藏文化保护与发展协会主办，中国藏学研究中心科研业务办公室、社会经济研究所承办。中国藏学研究中心副总干事华彦龙、中国西藏信息中心主任公保、西藏驻京办事处二级巡视员喻云玲等出席会议。

【“铸牢中华民族共同体意识的内涵、路径与目标”学术研讨会①】

2020 年 11 月 21 日下午，中国人类学民族学 2020 年年会专题会议之一“铸牢中华民族共同体意识的内涵、路径与目标”在贵州师范大学花溪校区以线下线上方式同步召开。本次会议由中国人类学民族学研究会主办，贵州师范大学历史与政治学院、贵州师范大学中国—东盟文化研究中心、贵州师范大学内陆民族地区治理研究中心、贵州师范大学新时代贵州文明实践协同研究中心联合承办，来自中国社会科学院、云南大学、天津师范大学、广西民族大学、内蒙古财经大学、楚雄师范学院、贵州大学、贵州财经大学、贵州民族大学、黔西南州委党校、贵州师范大学等十余所高校和科研院所的 100 多位专家学者和研究生参会。

会议开幕式由贵州师范大学历史与政治学院党委书记廖光珍教授主持。国家民委民族理论政策研究室副主任张俊豪代表会议主办方致辞，重点说明了本次会议主题对于深入学习贯彻党的十九大和十九届二中、三中、四中、五中全会精神，推动我国国家治理体系和治理能力现代化的重要意义。贵州师范大学副校长乙引教授代表学校致欢迎辞，介绍贵州师范大学建校

① 贵州师范大学官网，2020 年 11 月 23 日，https：//lzxy. gznu. edu. cn/info/1096/4010. htm。《中国边疆学年鉴》编辑部作了删改。

历史、办学规模、学科建设以及科研水平等情况。历史与政治学院院长陈华森教授向与会专家表达了欢迎和感谢之情，介绍了学院的发展历程以及政治学博士学位点的建设状况。随后，本次专题会议主席、贵州师范大学原副校长徐晓光教授结合个人的研究经历说明了会议主题“铸牢中华民族共同体意识”的研究路径和现实意义。

开幕式后，与会专家学者从“理论阐释”和“实践探索”两个视角对“铸牢中华民族共同体意识”的相关问题进行了深入探讨。参加“铸牢中华民族共同体意识的理论阐释”小组报告的学者分别分析了民族团结进步事业的基础性、中华民族共同体建构中的领土空间建设、中华民族共同体意识的现代性内涵、中华民族共同体建设的机制、铸牢中华民族共同体意识的方法论基础，及国家治理视野下国门教育的内涵、功能及政策等理论问题。参加“铸牢中华民族共同体意识的实践探索”小组报告的学者则分别探讨了以社会建设为中心铸牢中华民族共同体意识的路径、广西壮族国家认同的生成路径、中华民族共同体意识的外化模式与规范互嵌、铸牢中华民族共同体意识的话语创新与制度优化、文化治边时代铸牢中华民族共同体意识的必要性、新中国通过推广普通话塑造国家认同的机制与特征、中国民族自治政策从土官制度到民族区域自治制度的演变历程等实践议题。专题报告结束后的交流讨论阶段，与会专家学者和研究生针对报告内容提出了各自的疑问，报告嘉宾分别进行了详细深入的解答与回应。

闭幕式上，两个小组的代表分别对各自小组的研讨进行了总结。陈华森院长代表本次专题会议承办方以“感受、感谢和希望”三个关键词作了会议总结发言。本次专题研讨会上，与会人员围绕“铸牢中华民族共同体意识”这一会议主题，探讨了研究的热点和前沿问题，分享了各自的研究心得，进行了广泛而卓有成效的交流，取得了丰富的学术成果。

【“丝绸之路”沿线历史人口与区域社会学术研讨会】

2020 年 11 月 21—22 日，由复旦大学历史地理研究中心主办、复旦大学“历史 GIS 与数字人文研究”青年融合创新团队承办、国家社科基金重大项目（18ZDA188）复旦大学“海上丝绸之路研究”团队、国家社科基金重点项目（20AZS020）“丝绸之路中国段回族历史人口研究”团队以及复旦大学传世项目中国移民史研究团队共同协办的“‘丝绸之路’沿线历史人口与区域社会学术研讨会”在上海召开。来自中国科学院、复旦大学、南京大学、中国人民大学、暨南大学、厦门大学、河南大学、北京师范大学、南京师范大学、陕西师范大学、华南师范大学、山东师范大学、西北大学、华东理工大学、北方民族大学、宁夏社会科学院、新疆大学、苏州大学、山西大学等国内 20 余所高校和科研院所的 60 余位专家学者共济一堂，就“丝绸之路”沿线的历史与人口、民族与社会、区域与开发、数字人文与历史 GIS 等相关议题进行了广泛深入讨论。

21 日上午，大会举行开幕式及主题报告。路伟东教授主持开幕式并致开幕辞。接着，复旦大学文科科研处副处长罗长远教授致辞，并同复旦大学历史地理研究中心副主任杨伟兵教授、“历史 GIS 与数字人文研究”青年融合创新团队负责人路伟东教授共同主持了“数字禹贡”网站开通仪式。

大会主题报告分上下两场。上半场由复旦大学历史地理研究中心安介生教授主持。路伟东教授代复旦大学文科资深教授葛剑雄教授宣读《丝绸之路的历史地理背景》一文；陕西师范大学西北历史环境与经济社会发展研究院院长王社教教授报告了蒙元时期关中地区的农业生产情况；北方民族大学民族学学院丁明俊教授认为“回回”不单是回纥的音转，回纥也是回族族源中最主要的组成部分之一；复旦大学历史地理研究中心樊如森教授探讨了中日外贸枢纽港的空间位移与近代东北亚市场的整合状况。主题报告下半场由樊如森教授主持。中国科学院地理科学与资源研究所郑景云研究员探析了过去两千年中国冷暖变化与人口波动的互动情况；暨南大学中外关系研究所马建春教授展现了元代杭州西域移民社区形成的过程及影响；路伟东教授以《熟悉与陌生之间：中国回族人土著化过程中的精神投向与现实呈现》为题发表报告。

大会主题报告结束后，与会学者分为十组，就“丝绸之路”沿线地区的人口史、移民史、民族史、边疆史地、区域社会、经济开发、数字人文、历史 GIS 等若干议题进行专场讨论，共计 42 场报告。

22 日傍晚进入闭幕式，由杨伟兵教授主持。各分组代表就本组讨论议题进行简短总结；葛剑雄教授来到会场致辞，从“丝绸之路”研究应该注意的若干问题出发，认为历史介于科学和人文之间，首先要保证事实部分的正确性，结论自可各有千秋。最后，路伟东教授发表闭幕致辞。

总体来看，本次研讨会有如下几个特点：其一，在研究视野上，既有对传统华夷天下观的再审视、再评估，也有对不同历史观在当下民族史研究领域映照的差异化分析，展现了对具体研究观念和整体学科发展的不同层次关切；其二，在空间范围上，会议提交论文所涉空间范畴不仅涵盖国内海陆“丝绸之路”沿线地区，更有多篇涉及域外丝路沿线，大大拓展了研究视阈；其三，在学科背景上，与会学者不但来自历史、民族、社会、经济等人文社科领域，也来自建筑、地理、计算机等理工科领域；其四，在研究主题上，主要涉及西北史地、回族人口、历史民族文化以及历史 GIS 和数字人文等领域，讨论的跨学科交叉性和参会学者的学科融合意识非常显著。

（撰稿：路伟东，复旦大学历史地理研究中心教授；桑弘毅，复旦大学历史地理研究中心硕士生；张鹏程，复旦大学历史地理研究中心博士生）

【“丝绸之路”全球治理学术研讨会①】

2020 年 11 月 21—22 日，“丝绸之路”全球治理学术研讨会暨第四届全国高校“全球治理概论”教学研修班在西安交通大学举办。来自清华大学、北京大学、香港大学、中央党校（国家行政学院）、中国政法大学、吉林大学、中山大学、兰州大学、中国社会科学院、中国现代国际关系研究院、辽宁师范大学、陕西师范大学、西安外国语大学、西安交通大学等 10 余机构的 20 多位专家学者参加会议。西安交通大学党委常委、副校长荣命哲，陕西省自贸办副主任翟北秦，中央党校国际战略研究院副院长吴志成出席开幕式并先后致辞，中国政法大学全球化与全球问题研究所名誉所长蔡拓、西安交通大学亚欧研究中心主任李树茁等近 20 位教授和相关研究专家参加了研讨会及研修班。

开幕式上举行了西安交通大学亚欧研究中心的揭牌仪式。荣命哲指出亚欧研究

① 科学网，2020 年 11 月 25 日，http：//news. sciencenet. cn/htmlnews/2020/11/449120. shtm? id = 449120。《中国边疆学年鉴》编辑部作了删改。

中心是为进一步提升西安交通大学“服务国家重大战略需求、服务地方经济发展”水平，在多方共同努力下成立的。他表示，新冠肺炎疫情使人们深刻认识到，全球治理成为关乎人类生存和发展的关键议题，在这一时刻举办全球治理学术研讨会恰逢其时，他期待与会专家和学者能够畅所欲言，为全球治理贡献学术智慧。

吴志成指出亚欧大陆在本次疫情下受到严重冲击，亚欧研究中心的成立适逢其时，将为国家人才培养和学术研究作出积极贡献，众多学者汇聚在西安交通大学，两天三件事，都是学术共同体的大事、喜事。

揭牌仪式后，参会代表围绕“全球治理的理论与实践”“‘一带一路’与对外开放”“亚欧合作及其未来前景”3 个议题展开研讨。

11 月 22 日，第四届全国高校“全球治理概论”研修班圆满举行。本次研修班邀请了北京大学政府管理学院院长俞可平，中国政法大学全球化与全球问题研究所名誉所长蔡拓，中央党校国际战略研究院副院长吴志成，香港大学社会学系主任、西安交通大学讲座教授方伟晶进行授课。来自全国各地高校科研院所 50 多位青年教师到场参加，还有 100 多位教师在线上同步学习。

（撰稿：张行勇，中国科学报记者）

【“海洋地缘政治与全球海洋秩序”海洋发展战略 2020 年度学术研讨会①】

2020 年 11 月 26 日，“海洋地缘政治与全球海洋秩序”海洋发展战略 2020 年度学术研讨会在京召开。会议聚焦全球海洋治理前沿问题，通过政治、安全、法律、环境等多角度解读，深刻解析了当今复杂多变的国际形势下全球海洋秩序的发展与重构，并寻求积极应对全球性海洋问题的途径和方案。

会议分为“海洋地缘政治：历史、现状与未来”“全球海洋治理与海洋秩序”两个议题。近 20 位专家学者围绕地缘政治与海洋秩序，相关国家海洋战略，全球海洋治理热点问题包括极地、大洋、外大陆架、海洋垃圾、海洋保护区、公海渔业、“区域”矿产资源等作了报告，与会代表开展了热烈而深入的学术研讨。会议促进了学术观点的交流启发，为海洋地缘政治与全球海洋秩序相关研究提供了新见解和新思路。

自然资源部海洋发展战略研究所所长张海文指出，研究地缘政治不是为了重复历史，而是以史为鉴，分析当代国际海洋秩序形成的历史背景和主要驱动因素，研判当前海洋领域诸多新规则谈判进程对现今海洋秩序的影响以及这些新规则对构建全球海洋新秩序的作用，探讨中国在新时代海洋秩序构建中的战略定位、方向和目标，研讨全球海洋治理热点及发展趋势。

会议由自然资源部海洋发展战略研究所主办，来自外交部、自然资源部、国家林业和草原局、国家海洋局极地考察办公室、中国大洋事务管理局等部门相关领导，来自自然资源部第二海洋研究所、自然资源部第三海洋研究所、海军指挥学院、中国人民大学、清华大学、浙江大学、武汉大学、上海海洋大学等 20 家单位的专家参加了此次会议。

---

① 央视网，2020 年 11 月 27 日，http：//jingji. cctv. com/2020/11/27/ARTIAsKJCdUVu5iJdZ7I0rqy201127. shtml。

【“海洋命运共同体”学术研讨会[①]】

2020年11月27日，自然资源部海洋发展战略研究所与海军指挥学院在京联合举办“海洋命运共同体”学术研讨会。来自中国南海研究院、军事科学院、海军指挥学院、中国社会科学院亚太所等单位专家，聚焦构建海洋命运共同体与推进全球海洋治理、共建海上丝绸之路等重大理论问题，结合中日关系、中国—东盟合作等双多边合作进展，探讨推动构建海洋命运共同体、积极参与全球海洋治理的途径和策略。会上，各学者分别就“中国周边海洋问题与全球海洋治理”“新技术革命与海洋安全治理”“中国致力构建海洋命运共同体的路径思考”“海洋命运共同体视域下的中日关系走向”“海洋命运共同体指导下推动构建丝路海洋秩序思考”“海洋命运共同体背景下中国推进东盟全方位合作”等问题作了发言。

【登高望远画蓝图，谋划未来开新篇——藏学研究发展规划学术研讨会[②]】

2020年11月27日，中国藏学研究中心召开“藏学研究发展规划学术研讨会”，邀请有关科研机关藏学专家、西藏和涉藏工作重点省的统战部门有关负责同志等60余人，共同探讨新时代藏学研究发展方向、重点内容、奋斗目标，规划“十四五”藏学研究工作。

开幕式由中国藏学研究中心总干事郑堆主持，党组书记陈宗荣致辞。他提出谋划新时代藏学研究发展规划，要认真贯彻党的十九届五中全会精神和中央第七次西藏工作座谈会精神，认清形势、把握大势、牢记使命、明确责任。首先，要认清大背景；其次，要明确大方位；第三，要把握大方向；第四，要研究大问题；第五，要奉献大智慧。面对“两个大局”，关键要看我们是否有识变之智、应变之方、求变之勇。要强化战略思维，保持战略定力，把谋事和谋势、谋当下和谋未来统一起来，应对情势发展变化，加强对中远期的战略谋划，掌握战略主动权。

围绕会议主题，与会专家学者展开热烈讨论，一致认为，要从全局的高度充分认识做好新时代藏学研究的重大意义，把发展藏学研究作为战略任务摆在重要位置，切实担负起历史责任，不断提高学术科研水平。中国藏学研究中心要当好国家队、领头雁，进一步发挥牵头协调作用，推进涉藏高端智库建设，加强协调引导，搭建更多的交流合作平台，推动形成跨地区、跨领域、跨学科的重大涉藏问题联合攻关，在治藏稳藏兴藏方面贡献更多智慧和力量。

中央民族大学周润年教授、中国西藏信息中心主任公保、中央民族大学喜饶尼玛教授、西藏自治区社科院院长索林、青海省社科院副院长孙发平、青海省社科院研究员陈玮、中国社科院民族学与人类学研究所所长王延中、西藏大学教授次旦扎西、西藏民族大学校长刘凯、兰州大学青藏高原国际交流中心主任毛生武、甘肃省藏学研究会秘书长杨勇、四川省社科院研究生院副院长柴剑峰、兰州大学教授阿旺嘉措、云南省迪庆州藏学研究院党委书记和树军和青海省藏传佛教研究中心主任完玛冷智，分别以“加强爱国主义教育，推动藏学研究发展创新”“用好藏学研究成果，讲好新时代西藏故事”“深入学习

① 《海洋命运共同体学术研讨会在京顺利举办》，2020年11月30日，http：//www. cimamnr. org. cn/info/1364。

② 中国藏学网，2020年12月9日，http：//www. tibetology. ac. cn/zgzx/xsdt/detail/1319165。《中国边疆学年鉴》编辑部作了删改。

贯彻习近平总书记重要讲话精神，进一步做好新时代藏学研究工作”“以习近平新时代中国特色社会主义思想为指导，积极探索构建中国特色西藏特点哲学社会科学和藏学研究体系”“贯彻中央第七次西藏工作座谈会精神，谋划和推动新型智库建设高质量发展”“全面贯彻‘七次会’精神，大力开展涉藏州县社会治理研究”“藏学研究与铸牢中华民族共同体意识”“以‘七次会’精神为指引，推动藏学研究创新发展”“明确主攻方向，聚焦重点任务，为贯彻落实‘七次会’做贡献”“把‘两个大局’战略判断下的西藏总体国家安全纳入新时代藏学研究的拓展视野”“以‘七次会’精神为指引，有效解决甘肃涉藏州县存在的问题” “以四个‘确保’把握党的治藏方略新变化”“藏学研究需要深刻理解西藏在国家战略中‘四个重要’定位”“以‘铸牢中华民族共同体意识’为主线，进一步强化优化迪庆藏学研究工作”“关于新时代藏学研究发展规划的若干侧重点”为题作了发言。

大家表示，面对西藏工作进入新的历史阶段，制定好藏学研究“十四五”规划，不仅是中国藏学研究中心的大事，也是推动全国藏学研究持续发展的大事。本次学术研讨会聚焦藏学科研方向，谋划发展规划，从不同侧面探讨新时代藏学研究发展格局、发展思路和重点任务等问题，对全国藏学机构做好发展规划具有重要借鉴意义，是一次理论与实践、继承与发展、谋划与动员紧密结合的学术盛会。

中国藏学研究中心副总干事华彦龙作了会议总结。中央统战部派员参会指导。中国藏学研究中心党组成员、各部门负责人以及有关专家学者参加会议。

【“铸牢中华民族共同体意识的理论与实践”学术研讨会①】

由中央民族大学主办的“铸牢中华民族共同体意识的理论与实践”学术研讨会2020年11月27至28日在京举行。全国多所高校及研究机构的专家学者围绕在新时代如何凝心聚力铸牢中华民族共同体意识展开研讨。

此次会议吸引了来自相关政府部门代表以及中国社会科学院、北京大学、清华大学、中国人民大学、兰州大学、中央民族大学、中南民族大学、西南民族大学、西北民族大学等全国10多所高校及研究机构的代表参会。

在两天时间里，专家学者围绕“铸牢中华民族共同体意识”“城乡发展与乡村振兴”“美美与共与中华民族共同体”等多项议题展开深入研讨。专家一致认为，在新时代的民族研究中，需从理论与实践中深入理解铸牢中华民族共同体意识的深刻内涵，把握民族研究与民族工作的新方向，大力推动构建具有中国特色、中国风格、中国气派的民族研究学科体系、学术体系和话语体系。

与此同时，“中央民族大学铸牢中华民族共同体意识研究基地”也正式揭牌。据悉，这一基地将重点开展铸牢中华民族共同体意识的理论与实践体系研究、新时代教育与铸牢中华民族共同体意识研究，致力于将铸牢中华民族共同体意识精神落实到民族研究、民族教育、民族工作实践、社会治理体系与治理能力现代化等层面，大力推动民族研究学科体系、学术体系和话语体系建设，以民族领域重大理论实践问题为方向，服务国家战略和民族团结进步事业。

中央民族大学党委书记张京泽表示，

① 新华网，2020年11月30日，http：//www.bj.xinhuanet.com/2020－11/30/c_1126801290.htm。

民族院校始终立足于服务国家战略和民族团结进步事业，在不同历史阶段为深化中华民族共同体意识发挥了不可替代的作用。“中央民族大学铸牢中华民族共同体意识研究基地”将以铸牢中华民族共同体意识为主线开展教学科研、决策咨询、社会服务等工作，为实现中华民族伟大复兴的中国梦培养人才，提供智力支撑。

（撰稿：魏梦佳，新华社记者）

【中国海洋法学会 2020 年学术年会①】

2020 年 11 月 28 日，中国海洋法学会在北京召开 2020 年学术年会。来自高等院校、研究机构、实务部门的 60 多名代表现场参会，另有来自 32 个省市的 996 名学会相关人员通过线上观看方式参与了此次会议。

开幕式由中国海洋法学会会长、国际海洋法法庭前法官高之国和中国政法大学国际法学院党委书记顾永强共同主持。中国政法大学副校长冯世勇教授介绍了中国政法大学海洋法学科建设、人才培养成果及未来发展规划。外交部边界与海洋事务代表杨仁火参赞与中国海洋法学会副会长吴慧教授分别就近年来我国海洋周边形势、热点问题和海洋法学发展进行了阐述与交流。

学术年会主要围绕“国际海洋法治的新形势与新发展”“建设海洋强国”“构建海洋命运共同体”“海洋权益与争端解决”四个议题展开交流。会长高之国指出，本届年会议题内容丰富前沿、紧扣时代主题与海洋热点问题，参会学者积极踊跃，提交论文数量、发言质量、讨论交流水平均有大幅提升，主要得益于党的十八大、十九大以来党和国家对海洋工作的高度重视以及国民海洋意识的不断提高。希望中国海洋法研究会能在海洋法治研究和实践工作中取得新的更大的成就，为加快建设海洋强国、构建海洋命运共同体做出新的更大的贡献。

【中国亚太学会东北亚研究会 2020 年年会②】

2020 年 11 月 28 日，中国亚太学会东北亚研究会主办、吉林大学行政学院承办的中国亚太学会东北亚研究会 2020 年年会暨“后疫情时代东北亚区域合作的现状及前景”研讨会在长春召开。来自中国政法大学、国际关系学院、外交学院、浙江大学、中山大学、山东大学、延边大学、辽宁大学、东北财经大学、吉林大学，以及社会科学文献出版社等单位的近 50 名专家学者参会。

大会分设东北亚大国关系与地区安全、东北亚区域经济合作与自贸区建设、东北亚人文社会交流与互信构建三个议题。吉林大学行政学院副院长于海洋主持开幕式，吉林大学社会科学处处长、人才工作办公室主任姚毓春致开幕辞，吉林大学行政学院院长张贤明致欢迎辞，中国亚太学会东北亚研究会会长、山东大学亚太研究所所长杨鲁慧致辞。

上午大会主旨演讲，由东北财经大学国际经贸学院院长姜文学主持，中国社会科学院学部委员、中国亚太学会东北亚研究会学术顾问张蕴岭，外交学院原院长、中国外交部外交政策咨询会委员秦亚青，吉林大学行政学院教授刘雪莲先后发表演

---

① 《中国海洋法学会 2020 年学术年会在京举办》，2020 年 12 月 4 日，http：//www. legaldaily. com. cn/Education_Channel/content/2020 - 12/04/content_8373863. html。

② 中国社会科学网，2020 年 12 月 9 日，http：//www. cssn. cn/gjgxx/gj_bwsf/202012/t20201209_5230526. shtml。《中国边疆学年鉴》编辑部作了删改。

讲。张蕴岭指出，东北亚面对“百年大变局”，需要解决三个问题：疫情与后疫情的问题，权势的转移问题，以及东北亚的走向问题。未来中国如何走出东北亚困局，关键在于安全性的构建，即积极与周边国家开展合作，建设卫生、发展、安全领域的“命运共同体”而非空谈倡议，发挥自主性。秦亚青就新冠肺炎疫情背景下全球安全的变化与东北亚安全的走势发问，提出“安全文化”概念，强调当下正面临着全球安全文化的危机和倒退，又指出当下的裂解可能预示着更加开放的全球性安全实践和更加合作的安全文化的形成。因此要坚持人类命运共同体的理念，推动以共同安全、合作安全为核心的新安全观，加强塑造东北亚安全利益共同体的政治意愿。刘雪莲则回归传统，将国家安全与国家韧性的关系娓娓道来，指出安全泛化以及人们长期以来对非传统安全的热衷，弱化了传统安全问题的研究；总体国家安全观研究还不深入，同质化，未形成体系。提出要从实力基础、组织保障、技术支持、社会协调四方面入手，构建中国在东北亚的韧性空间。

下午三个同步论坛，吉林大学行政学院郭锐、中山大学国际关系学院姜鹏、东北师范大学政法学院张东宁、辽宁大学国际经济政治学院李家成、浙江大学韩国研究所千勇、外交学院亚洲研究所苗吉、中国政法大学政管学院学者王卓宇、山东大学亚太研究所赵玙佳围绕东北亚大国关系与地区安全议题发言。东北财经大学国际经济贸易学院姜文学、山东大学亚太研究所李淑俊、东北财经大学国际经济贸易学院蓝天基、山东大学东北亚学院李冬新、辽宁大学东北亚研究院戴利研、延边大学王晓波、延边大学赵立新、吉林大学东北亚研究院学者张慧智、山东大学经济学院副研究员胡浩然围绕东北亚区域经济合作与自贸区建设议题发言。济南市委党校胡爱敏、山东大学亚太研究所钟诚、《东北亚论坛》编辑部许佳、吉林师范大学马克思主义学院刘铭赜、延边大学朴龙国、国际关系学院丑则静、中国政法大学政治与公共管理学院张壹铭围绕东北亚人文社会交流与互信构建议题发言。

闭幕式由吉林大学行政学院教授姚璐主持，辽宁大学国际经济政治学院副教授李家成、东北财经大学国际经济贸易学院副教授蓝天、山东大学东北亚学院讲师崔明旭分别对三个同步论坛进行总结，刘雪莲教授对大会进行总结。

【第八届南海区域合作论坛①】

2020 年 12 月 4 日，第八届南海区域合作论坛“国际和区域海洋安全秩序构建与治理”学术研讨会在海南文昌举行。来自中国国际问题研究院、自然资源部海洋发展战略研究所、中国社会科学院、北京大学、海南大学等单位的 90 余位专家学者围绕国际和周边海洋安全形势、国际海洋安全秩序构建与治理、海洋安全共同体理论与实践、南海区域治理与合作等议题进行了全面深入的讨论。

【吉林省民族学会 2020 年年会暨东北亚民族关系学术论坛②】

2020 年 12 月 5 日，吉林省民族学会 2020 年年会暨东北亚民族关系学术论坛在吉林外国语大学举行。会议由吉林省民

---

① 《第八届南海区域合作论坛在海南文昌举行》，2020 年 12 月 4 日，http：//www. hq. xinhuanet. com/news/2020 - 12/04/c_1126821890. htm。

② 吉林外国语大学官网，2020 年 12 月 8 日，http：//www. jisu. edu. cn/info/1019/4177. htm。《中国边疆学年鉴》编辑部作了删改。

族学会主办，吉林外国语大学和吉林省民族宗教研究中心承办。来自国家民委、中国社会科学院、吉林省民委、吉林省社会科学院、吉林省社科联、吉林大学、东北师范大学、延边大学、吉林外国语大学、吉林省民族宗教研究中心等20余家机构的130余位专家学者、民族工作者参加会议。

会议开幕式由吉林省民族宗教研究中心主任谭东广主持，吉林外国语大学副校长邱鸣在开幕式上致欢迎辞。吉林省民委一级巡视员安玉杰、吉林省社科联学会处处长王峰分别致辞，国家民委政策研究室副主任王海青出席会议并发表讲话。吉林省民族学会会长谭东广作学会年度工作报告。

东北亚民族关系学术论坛上，中国社会科学院研究员、中国世界民族学会会长赵天晓，中国社会科学院研究员、中国世界民族学会副会长田德文，中国社会科学院研究员、中国世界民族学会副会长刘泓，延边大学教授朴今海，吉林省社会科学院研究员金美花分别以《铸牢中华民族共同体意识开创民族研究工作新局面》《构建命运共同体的欧洲经验》《解读新冠病毒疫情下“种族歧视”的表象》《文化多样性视域下东北地区人口较少民族非物质文化遗产的保护与传承》《吉林省对俄经贸合作的现状分析》为题作主旨发言。

论坛设置五个分会场，学者们围绕民族地区乡村振兴与旅游发展、东北少数民族交往交流交融、东北亚区域民族关系、少数民族非物质文化遗产保护、满族说部与萨满文化研究、少数民族古籍整理等主题，从理论与实践、历史与现实、宏观与微观等多重视角进行了发言，就相关问题展开深入交流。

大会闭幕式由吉林省民族学会副会长孙运来主持，吉林省民族学会会长谭东广作总结发言。谭东广表示，在本届年会上，各位专家学者凭借深厚的理论功底和敏锐的学术眼光，展开了多维度、深层次的对话交流，积极探索民族研究的新视野、新方向，共享民族研究领域的丰硕成果，为提升民族文化自信、推动民族地区经济社会发展提供了有益参考，为全力铸牢中华民族共同体意识、推动吉林省民族工作的创新发展提供了重要智力支持。

与会学者表示，此次会议主题鲜明、思想活跃、研讨深入、收获颇丰，通过聆听会议和参与研讨，更加深刻地理解了铸牢中华民族共同体意识的历史地位和重要意义，进一步增强了民族学研究者的责任感和使命感，必将坚定不移地贯彻落实党的十九大精神、习近平新时代中国特色社会主义思想和中央民族工作会议精神，在民族学研究领域深耕钻研，奋力开创新时代民族理论政策研究的新局面。

【“边疆发展中国论坛2020”国际学术研讨会①】

2020年12月11日，由教育部人文社会科学重点研究基地中央民族大学中国少数民族研究中心、少数民族事业发展协同创新中心组织的“边疆发展中国论坛2020”在中央民族大学召开。作为国际学术论坛，本次论坛的主题为“中国与世界：推动文明交流互鉴”，来自中国社会科学院民族学与人类学研究所、中国藏学研究中心、清华大学、北京大学、中国人民大学、中央民族大学、北京外国语大学、厦门大学、云南大学、兰州大学、陕西师范大学、青海民族大学和喀麦隆、叙

① 中央民族大学中国少数民族研究中心官网，2020年12月14日，https：//tjcz. muc. edu. cn/info/1043/1570. htm。

利亚、墨西哥等国家的专家学者参加了论坛。

中央民族大学副校长麻国庆教授致开幕词。他强调，中央民族大学此时举办“边疆发展中国论坛”，并以“中国与世界：推动文明交流互鉴”为主题，体现了习近平总书记构建文明新秩序的倡议和建设“人类命运共同体”的思想。当今世界，人类生活在不同文化、种族、肤色、宗教和不同社会制度所组成的世界里，但是又面临着发展经济、环境治理、公共卫生、国家安全等诸多共同的问题。对待不同文明，我们需要比天空更宽阔的胸怀，同时也需要从不同文明中寻求智慧、汲取营养，携手解决人类共同面临的各种挑战。中央民族大学不仅拥有 56 个民族的师生，还接收来自数十个国家的师生，包括访问学者交流学习，既是促进中国国内各民族美美与共的载体，也是联系世界各国人民、各种文化的桥梁纽带之一。他希望，通过本次论坛的举办，中央民族大学能与国内外学术界在上述领域进一步加深研究与交流合作。

大会主旨发言阶段，中国社会科学院学部委员邢广程研究员、中央民族大学副校长麻国庆教授、中国社会科学院民族学与人类学研究所王延中研究员、清华大学汪晖教授、清华大学刘迎胜教授、厦门大学高畅（Augustin F. C. Holl）教授分别围绕中国边疆治理的显著优势和治理效能、人类学视野下的岛屿与社会、国民意识塑造在铸牢中华民族共同体中的基础作用、民族研究的超民族视角、古代北方民族在中国历史上的作用以及学术研究与当代世界治理等内容分享了各自的研究成果。

本论坛开设三个分论坛，与会学者结合跨文化交流与人类社会发展、族群互动与民族国家构建、边疆治理的历史与现实等方面进行了广泛而深入的交流。

“边疆发展中国论坛”是中央民族大学打造的高水平国际学术论坛，迄今为止已经举办五届，受到国家民委、教育部、国务院发展研究中心等单位的大力支持。第一届至第四届的主题分别为“发展方式变革与机制创新”“百年中国边疆民族宗教治理：经验回顾和现实思考”“新丝路·新思路”“构建人类命运共同体：共生·共建·共享”。本届论坛的主题与前四届一道，积极反映了我国政府的政策主张和国际社会的关切。

【东北亚地区形势研讨会（2020）①】

2020 年 12 月 12 日，由山东大学东北亚学院、山东大学国际问题研究院主办的东北亚地区形势研讨会（2020）在山东大学威海校区顺利召开。来自国内 15 所高校科研单位的 21 位专家学者与近 600 名青年学生参会。会议设三个议程，采取线上线下结合、主题发言与讨论多维互动的形式。与会专家学者围绕当前大国关系和中国周边外交、东北亚地区问题以及朝鲜半岛问题发表观点并展开讨论。

本次会议由山东大学东北亚学院副院长、山东大学国际问题研究院副院长张景全教授主持。山东大学威海校区党工委副书记、东北亚学院院长赵玉璞出席开幕式并致辞。中国社会科学院学部委员、山东大学国际问题研究院院长张蕴岭作主旨演讲，总结了东北亚由过去、现在到未来经历的五个“变”。

会议第一议程主题为“当前大国关系与中国周边外交”。中国社会科学院学部委员、中国边疆研究所所长邢广程研究员，中国社会科学院日本研究所所长杨伯

① 山东大学东北亚学院官网，2020 年 12 月 15 日，https：//snea. wh. sdu. edu. cn/info/1064/5452. htm。《中国边疆学年鉴》编辑部作了删改。

江研究员，复旦大学国际问题研究院赵明昊研究员，山东大学亚太研究所所长杨鲁慧教授，吉林大学东北亚地缘政治经济研究所所长刘雪莲教授，外交学院国际关系研究所副所长凌胜利副教授，吉林大学行政学院副院长于海洋教授，东北师范大学政法学院副院长詹欣教授，四川大学历史文化学院李若愚副研究员分别以“俄罗斯在东北亚的政策调整”“美国大选后东北亚地区形势”“疫情背景下美国‘印太战略’的进展”“后疫情时代中国周边东北亚格局调整的思考”“中国周边外交的大国性思考”“2020年的东北亚地区安全形势与美国因素”“美国智库视野下美中关系：问题、趋势与应对”“中国与美俄核军控协议：对策与展望”“疫情应对视角下对‘令和’日本之观察”为题进行主题演讲。

会议第二议程主题为“东北亚地区政治、经济、安全问题”。山东省委政策研究室省委决策咨询委员会办公室副主任姚军、华侨大学国际关系学院院长林宏宇教授、上海社会科学院国际问题研究所副所长李开盛研究员、大连理工大学亚太与全球战略研究中心崔戈教授、吉林大学行政学院宫笠俐教授、吉林大学东北亚研究院王箫轲副教授分别以“把山东省打造成为东北亚地区一体化发展的桥头堡”“百年大变局下的东北亚区域大国博弈”“拜登东亚政策对地区合作的影响”“《区域全面经济伙伴关系协定》下中日韩经济一体化合作路径”“海洋命运共同体视域下的东亚海洋安全信任机制构建”“角色冲突与韩国对日政策的调整”为题发表主题演讲。

会议第三议程主题为“朝鲜半岛问题的新发展”。天津外国语大学国别和区域研究院院长姜龙范教授、上海外国语大学朝鲜半岛与亚太战略研究中心主任王星星教授、中国社会科学院美国研究所李枏研究员、南开大学周恩来政府管理学院韩国研究中心李春福副主任、吉林大学东北亚研究院俄罗斯研究所副所长徐博副教授、延边大学国际政治研究所所长朴东勋副教授分别以“特朗普执政时期美朝关系评估及未来展望”“美国新政府涉朝问题决策智囊研究”“新一轮朝美互动的形态与展望”“‘战略忍耐’还是‘极限施压’：拜登政府对朝政策展望”“俄罗斯对朝鲜政策演变的思考框架辨析：国内政治、地缘关系与对外政策”“疫情背景下朝鲜对外政策调整及走向”为题发表主题演讲。

会议设提问环节，青年学生就关心的议题向与会专家学者积极提问，专家学者都认真详细地解答了学生的问题。最后，张景全教授进行会议总结，强调要把握东北亚区域研究的时代特征、理论政策结合的路径特征、国别区域研究的多维特征，山东大学东北亚学院与国际问题研究院会在广大国内外学者的支持下，坚持走学科交叉、特色发展的人才培养与智库建设之路，为建设中国气派的国际问题教学与科研团队做出应有贡献。

【周边海洋安全合作研讨会①】

2020年12月17日，自然资源部海洋发展战略研究所与中国现代国际关系研究院在京联合举办周边海洋安全合作研讨会。来自主办单位以及中国社会科学院、中国国际问题研究院等机构的专家学者深入分析我国周边海洋安全的最新形势，研判存在的问题和面临的挑战，探讨加强海洋领域合作的举措。会议认为，百年未有

① 《我所和中国现代国际关系研究院联合举办周边海洋安全合作研讨会》，2020年12月22日，http：//www.cimamnr.org.cn/info/1372。

之大变局遭遇新冠肺炎疫情，世界格局加速调整，应坚持构建合作共赢的海洋命运共同体，拓展蓝色伙伴关系，加强在海洋科技发展和海洋生物多样性养护等方面的合作。

【“新时代海洋强国战略与海洋文化前沿问题”学术研讨会①】

2020 年 12 月 18 日，由中国海洋大学国际事务与公共管理学院（简称“国管学院”）、教育部人文社科重点研究基地——海洋发展研究院“海洋治理与中国”学术团队主办，国家社科基金“新时代海洋强国建设”重大专项“海洋强国战略下的海洋文化体系建构研究”课题组承办的第二期“海洋治理青岛论坛——新时代海洋强国战略与海洋文化前沿问题”学术研讨会成功举办。本次论坛采取线下与线上腾讯会议的形式举行。

论坛开幕式由国管学院副院长孙凯教授主持，中国海洋大学文科处席静副处长与国管学院院长王琪教授致辞。

主旨论坛由国管学院教授、国家社科基金“新时代海洋强国建设”重大专项首席专家姜秀敏教授主持，孙吉亭、修斌、王琪、方堃、刘迎春五位教授分别围绕“海洋文化与海洋渔业高质量发展”“东亚文化交流史与海洋文化交流”“中国参与全球海洋治理：从理念到行动”“百年来海洋变迁的特征与未来海洋变迁的趋势”“中外海洋文化交流：从外国人译介中国古代造船与航海说起”等问题发表主旨演讲。金永明教授作了点评。

主题报告分两场，上半场由中国海洋大学教育系主任王海涛教授主持，中国海洋大学刘敏博士、宋宁而副教授，大连海事大学洪刚副教授，中国海洋大学赵宗金副教授分别围绕“互惠交往与海洋命运共同体建构”“海神信仰体系与海洋文化——基于田横镇周戈庄村‘龙王—妈祖’信仰的调查”“文化自觉视域下的中国海洋文化理论研究”“海洋强国战略与海洋教育”等问题发表主题报告。下半场由姜秀敏教授和孙凯教授主持，来自北京师范大学、中国海洋大学、烟台大学、山东青年政治学院等院校的师生分别从海洋产业结构、海上丝绸之路典籍文化翻译、海外撤侨运动中的国家认同、海洋治理结构的府际差异等主题，进行了跨学科、多角度的学理探讨与实证分析。上海社科院胡志勇研究员与中国海洋大学国管学院院长助理王刚教授分别进行点评。

最后，孙凯教授对本次论坛作了总结，海洋治理青岛论坛（第二期）圆满落幕。本次论坛为全国各高校关注海洋强国战略和海洋文化问题的专家学者搭建起学术交流与合作的平台，就百年大变局下的海洋治理与海洋文化问题各抒己见，展开广泛讨论，关注时政要点，立足学术前沿，进行思想碰撞，为新时代海洋强国建设提供智力支撑和理论积淀，将对海洋强国及海洋文化的建设与发展起到积极推进作用。

【第四届中国与中亚人文交流与合作国际论坛②】

2020 年 12 月 18—20 日，第四届中国与中亚人文交流与合作国际论坛在兰州召开。本次论坛由中国社会科学院中国边疆研究所、西北师范大学、敦煌研究院、

① 中国海洋大学官网，2020 年 12 月 19 日，http：//siapa. ouc. edu. cn/2020/1219/c17594a310201/page. htm。《中国边疆学年鉴》编辑部作了删改。

② 《中国社会科学报·社科院专刊》2021 年 1 月 15 日总第 544 期。《中国边疆学年鉴》编辑部作了删改。

吉尔吉斯国立大学、哈萨克斯坦塔拉斯国立大学联合主办，由西北师范大学中亚研究院、河西走廊研究院、历史文化学院，敦煌研究院丝绸之路与敦煌研究中心，吉尔吉斯国立大学吉中“一带一路”研究中心承办。来自中国社会科学院、中国人民大学、北京师范大学、西北师范大学、哈萨克斯坦塔拉斯国立大学、吉尔吉斯国立大学、乌兹别克斯坦塔什干国立东方大学等国内外高校和科研机构的60多位专家学者通过线上线下结合的方式，围绕丝绸之路文明交流、当代中国与中亚人文交流、丝绸之路文化遗存与价值、丝绸之路学的构建等主题展开深入探讨。

西北师范大学校长刘仲奎、中国社会科学院中国边疆研究所研究员周卫平、敦煌研究院敦煌文献研究所所长杨富学、哈萨克斯坦塔拉斯国立大学校长萨热别科夫、吉尔吉斯国立大学校长卡纳特出席开幕式并致辞。西北师范大学副校长田澍主持开幕式。

周卫平认为，中亚地区近年来社会治理面临的现状与问题、获得的治理经验，对当前我国西北地区破解社会治理难题有很大的帮助。中亚五国与中国西北地区在社会治理中的良性互动，有助于双方产生良好效益，共促区域和谐与安宁。

萨热别科夫表示，“一带一路”倡议的提出对加强沿线各国人民之间的联系，培养专业化人才，确保政治协调、贸易畅通、资本自由流动、基础设施的互联互通等意义重大。丝绸之路沿线各国有着千丝万缕的联系，尤其在教育领域的交流和合作历史悠久、前景广阔。各国应积极参与到教育和企业发展上来，共同努力推动“一带一路”建设，这对于新时期丝绸之路沿线国家的发展都是很好的机遇。

与会专家就中国与中亚通过人文交流构建“好邻居”“好朋友”“好伙伴”的“三好”关系、敦煌文化的当代意义、丝绸之路上的疾病传播与防治、新冠肺炎疫情与中亚经济发展、中国与中亚旅游资源开发、中亚历史与政治演变、丝绸之路学的构建等具体问题展开讨论，并就如何进一步加强中国与中亚人文交流提出意见和建议。

中国社会科学院俄罗斯东欧中亚研究所研究员李建民以“疫情”“衰退”“动荡”为关键词，从中亚国家的疫情、疫苗情况，疫情影响下中亚国家的经济发展及社会情况，中亚国家的内外部矛盾及中国与中亚国家合作的不平衡特点等角度入手，介绍了当前中亚国家发展的总体形势。李建民认为，中国与中亚国家的未来合作，需要创新思路，拓展区域合作领域。

兰州大学土库曼斯坦研究中心主任王四海认为，在当今复兴丝绸之路的背景下，作为古丝绸之路的心脏，土库曼斯坦应优先考虑交通和能源发展战略。

田澍表示，人文交流是中国与中亚关系的支柱之一，对夯实民意基础和筑牢社会根基具有不可替代的作用。只有志同道合，才能共建“一带一路”。民心相通是“一带一路”建设的重要内容，要真正建成“一带一路”，必须“在沿线国家民众中形成一个相互欣赏、相互理解、相互尊重的人文格局”。

宁波大学人文与传媒学院教授尚永琪从站姿、着装、发型等角度对河西石窟金塔寺东窟的提婆达多造像进行了考察，认为提婆达多作为菩萨身或未来的天王佛身形象的出现，是造像者照搬了犍陀罗地区造像中的提婆达多造型，是辨识特殊人物而形成的一种图像表达。

西北师范大学历史文化学院研究员李并成对敦煌在丝绸之路上的历史地位进行了重新认识，认为敦煌不仅是丝绸之路上极为重要的枢纽重镇，而且是中国历史上率先对外开放的前沿之地，敦煌的发展应该释放其“外交潜能”，服务“一带一路”建设。

此外，北京师范大学历史学院教授张建华对吉尔吉斯斯坦作家艾特玛托夫的作品进行了解读。杨富学对元朝疫病的流行情况、色目人对元代医学及中华医学所产生的影响进行了梳理。

（撰稿：朱羿，中国社会科学网记者）

【陆海统筹视野下的黄渤海区域环境治理2020年学术研讨会①】

2020年12月20日，由大连海事大学黄渤海研究院和大连海事大学法学院主办，大连海事大学海洋法治与文化研究院协办的“陆海统筹视野下的黄渤海区域环境治理2020年学术研讨会”在大连海事大学凌水国际会议报告厅成功举行，受新冠肺炎疫情影响本次学术研讨会以现场会议和网络会议结合的形式举办。

中国海洋法学会高之国会长、大连海事大学航运发展研究院李肇坤院长、大连海事大学法学院初北平院长、宁波大学东海研究院钭晓东院长、厦门大学南海研究院施余兵副院长、中国南海研究院海洋法律与政策研究所闫岩所长、西南政法大学国际法学院周江副院长、海南大学法学院张良福教授、上海政法学院人工智能法学院杨华院长、大连海事大学法学院韩立新副院长、上海海洋大学海洋文化与法律学院唐议院长、上海交通大学法学院极地与深海研究中心常务副主任薛桂芳教授、中国海洋大学白佳玉教授、海南大学法学院张丽娜教授、王秀卫教授，大连海洋大学裴兆斌教授、大连海事大学黄渤海研究院名誉院长邹克渊教授、大连海事大学黄渤海研究院张晏瑲院长、大连海事大学法学院阎铁毅教授等30多位专家学者通过线上与线下相结合出席研讨会。

高之国会长主持了本次开幕式。恰逢大连海事大学黄渤海研究院揭牌成立，在开幕式中，李肇坤、初北平分别致辞。宁波大学东海研究院、厦门大学南海研究院、中国南海研究院、西南政法大学国际法学院、海南大学法学院、上海政法学院人工智能法学院等单位发来贺信，祝贺大连海事大学黄渤海研究院成立，并预祝本次学术研讨会成功举办。

本次研讨会共分为五个单元，分别从海洋生态环境、环渤海海洋环境治理的经验、海洋保护区构建相关议题、海岸地带综合治理、海洋空间规划等五个方面展开深入讨论。邹克渊名誉院长在总结发言中表示，各位专家学者以不同角度为着眼点，为黄渤海区域环境治理从整体框架方面以及细节处理方面提出了务实的宝贵意见。通过本次学术研讨会，可以促进已有政策落地，扩展未来制度建设思路，共同为环渤海区域的美丽环境做出贡献。

【“共同应对新形势下的恐怖主义”国际研讨会②】

由中国国际问题研究院主办的“共同应对新形势下的恐怖主义”国际研讨会于2020年12月22日在北京举行。会议采用“线上+线下”形式召开，由中国国际问题研究院荣鹰副院长主持。外交部副部长罗照辉发表主旨讲话，就推进国际反恐合作强调中方政策主张。

---

① 大连海洋大学海洋法律与人文学院官网，2020年12月21日，http：//fxy. dlou. edu. cn/2020/1221/c4099a118555/page. htm。

② 国际在线网，http：//news. cri. cn/baidunews - eco/20201223/864361c7 - d725 - a7cf - 8204 - 5956d01ac5c1. html。《中国边疆学年鉴》编辑部作了删改。

罗照辉表示，全球反恐取得重要进展，但恐怖活动持续猖獗，滋生恐怖主义土壤依然存在。反恐共识不牢固，未能形成可持续战略。个别国家奉行单边主义和霸凌行径，将反恐政治化、工具化，严重干扰国际反恐合作，值得高度警觉。国际反恐合作任重道远，只能加强，不能削弱。反恐应当坚持多边主义，坚持综合施策，坚持统一标准，坚持开放包容。

罗照辉就推进国际反恐合作强调四点政策主张：一要坚定捍卫国际共识。团结合作是应对恐怖主义最有力武器，应跳出小圈子和“零和博弈”思维，始终站在国际正义一边，旗帜鲜明反对损害和侵蚀国际反恐共识的单边、利己和霸凌行径。二要积极采取有效行动。支持联合国发挥中心协调作用，支持各方深入沟通立场，强化行动协调，创新应对手段，综合施策，着力解决突出难题。高度重视疫情对反恐影响，防止恐怖组织利用疫情煽动和实施恐怖活动。三要坚持统一标准。采取零容忍、无差别态度，不论恐怖分子身在何地、打着什么旗号，都必须坚决予以打击。应摒弃意识形态偏见，坚决反对“双重标准”。不能将恐怖主义与特定国家、民族和宗教挂钩。四要坚决铲除恐怖土壤。标本兼治，促进发展中国家的经济社会发展，切实减轻和消除贫困。大力支持发展中国家提升反恐和去极端化能力，加大交流互鉴，为国际反恐提供有力智力支持。

与会各方围绕“疫情下国际地区反恐安全新形势及新挑战”“各国反恐关切和经验做法”“深化反恐国际合作的正确路径”进行了深入讨论。中国社会科学院学部委员、中国边疆研究所所长邢广程研究员就“疫情下国际地区反恐安全新形势及新挑战”进行发言，指出当前疫情使国际反恐形势更趋复杂严峻，国际社会应加强团结，共同应对包括恐怖主义在内的非传统安全挑战。与会各方予以积极回应，一致认为应始终秉持多边主义，坚持统一标准，坚持综合施策，反对“双重标准”和将反恐政治化，凝聚更大合力。

此次会议是中国国际问题研究院首次举办以反恐国际合作为主题的国际研讨会。来自中国、俄罗斯、法国、埃及、巴基斯坦、阿联酋、马来西亚、印度尼西亚、哈萨克斯坦、吉尔吉斯斯坦、塔吉克斯坦、阿富汗、叙利亚等13国政府官员、反恐研究机构负责人及反恐领域知名专家学者参会。外交部涉外安全事务司司长白天致闭幕辞，中国国际问题研究院徐步院长作会议总结。

（供稿：陈柱　张永攀　侯毅　李欣　孙宏年　阿拉腾奥其尔）

新书选介

一　2020 年中国边疆理论研究
二　2020 年东北边疆研究
三　2020 年北部边疆研究
四　2020 年西北边疆研究
五　2020 年西藏研究
六　2020 年西南边疆研究
七　2020 年中国海疆与海洋史研究

一　2020年中国边疆理论研究

【胡汉中国与外来文明（五卷本）】

葛承雍　生活·读书·新知三联书店2020年版。

该书共分为交流卷、民族卷、艺术卷、宗教卷、胡俑卷五卷，55万余字。民族卷围绕“胡貌汉魂与异域文明”主题，积极探索汉唐时期胡汉之间的冲突与交融，从不同角度进行前沿性研究；艺术卷围绕“唐风胡俗与丝路艺术”专题，选择当今学术前沿的课题，按照文化遗产的流传线索，考察新近考古发掘出土的珍贵文物；宗教卷围绕“唐三夷教与外来信仰”主题，对北朝隋唐时期各种宗教错综复杂的图景进行考察；胡俑卷则围绕“唐人胡俑与外来文化”专题展开。该书内容丰厚，篇幅宏大，展现了民族、艺术、宗教等多学科文化，体现了不同学科的优势和相互融合的最新理论成果。

【疆域·权力·人群——隋唐史诸题专论】

李鸿宾　人民出版社2020年版，128.1万字。

该书系中央民族大学历史文化学院策划出版的“中央民族大学史学经典系列”丛书之一，由“专题论述”和“学术评论”两个部分组成。“专题论述”十三篇，集中表现疆域、族群、朝廷（国家）政治三者之间的关系以及如何理解和解释这种关系；“学术评论”五篇是作者阅读同道学术作品后产生的想法和感觉，内容涉及中外学者的多部研究佳作。该书对深化隋唐国家特质的认识和学界研究的新趋势具有一定的意义。

【丝路五道全史】

杨富学主编　山西出版传媒集团·山西教育出版社2019年版，110万字。

该书为一部通史性的丝绸之路史著作，分上、中、下三册，共16章。通过对陆路丝绸之路、海上丝绸之路、西南丝绸之路（包括唐蕃古道、茶马古道）、草原丝绸之路（包括“回纥道”）和东北亚丝绸之路“丝路五道”的全面梳理，旨在反映历史上中西方经济文化交流，强调丝路五道在各个历史时期的不同特点和总体历史脉络。本书注重考古资料、西北少数民族古文字资料和考察资料的整理搜集，同时对丝绸之路沿线地区大月氏、粟特、吐蕃、回鹘、大食、波斯、契丹、女真、蒙古等民族的活动及其对丝绸之路的贡献做了研究。该书是对丝绸之路历史的全面、系统梳理，对于丝绸之路的整体历史和区域史研究都具有参考价值。

【中国陆地边疆治理体系和治理能力现代化研究】

吕朝晖　人民出版社2020年版，30.5万字。

本书立足于新时代条件下边疆地区面临的特殊治理生态，紧紧围绕“边疆治理现代化”这一中心论题予以层层破解，分别回答“边疆治理体系现代化”和“边疆治理能力现代化”这个“一体之两面”的重大理论与现实问题。关于边疆治理体系现代化的建构，具体从边疆治理价值理念体系、组织结构体系、制度政策体系、技术方法体系等四个层面的现代化予以破解，其中，边疆治理价值理念体系的现代化，回答的是边疆治理现代化的根本方向与行动指南问题；边疆治理组织结构体系的现代化，回答的是组织和推动边疆治理现代化的责任主体与参与主体问题；边疆治理制度政策体系的现代化，回答的是以什么样的游戏规则与行动准则来落实和实施边疆治理现代化的问题；边疆治理技术方法体系的现代化，回答的是以什么样的手段和工具高效实现边疆治理现代化的问题。在此基础上，进一步回答适应边疆现代化进程、匹配边疆治理体系、接近边疆治理规律、符合边疆社会需求的优质边疆治理能力结构。

【2020 中国边疆经济发展年度报告】

李光辉　中国商务出版社 2020 年版。

该报告是在已连续出版 3 年的《中国沿边开放发展年度报告》基础上更名而成。今年的《年度报告》将研究的范围进一步扩大至中国边疆九省区；研究领域进一步聚焦于边疆经济，具体解读和研究方向涵盖经济发展、对外贸易、利用外资、国际经济合作以及边疆经济政策等方面。报告分为四部分。第一篇为总报告，旨在为中央和地方的政策制定者、企事业单位决策者以及相关领域研究者提供关于中国边疆经济发展的现状、开发开放的基础数据、基本事实、趋势判断和政策建议；第二篇为专家论文，旨在与读者分享有关专家对中国边疆经济开放发展问题的深度剖析；第三篇为专题研究，试图为读者提供新的研究成果；第四篇为周边国家形式与对外开放政策解读，旨在为读者介绍周边国家形势、发展情况及与我国经贸合作现状，为我国边疆地区经济发展提供借鉴。

【边境安全风险防控机制研究】

唐超　中国人民公安大学出版社 2020 年版。

本书共分为九章内容：第一章绪论，主要阐述本研究的目的和意义以及国内外研究进展等内容；第二章边境安全风险防控中的矛盾，主要介绍边境安全风险的发展态势、边境安全风险的潜在危害性、边境安全风险复杂化的原因、边境安全风险防控中存在的问题等内容；第三章边境安全风险防控机制构建的理论研究，主要介绍边境安全风险防控机制构建的理论依据、新时代要求全面建成中国特色的边境安全风险防控机制；第四章边境安全风险防控机制构建的经验与借鉴，主要介绍我国典型边境安全风险防控机制创新的经验、境外边境安全风险防控模式对我国的启示；第五章边境安全风险防控机制构建思路，主要介绍边境安全风险防控机制构建的指导思想和原则、边境安全风险防控机制构建的总体目标、边境安全风险防控机制构建的基本架构；第六章边境安全风险的预防机制，主要介绍边境安全风险评估研判机制、边境安全风险的预警机制等；第七章边境安全风险的控制机制，主要介绍边境安全风险化解转化机制、边境安全风险合作协同机制；第八章边境安全风险防控的保障激励与研究发展，主要介绍边境安全风险防控的保障激励机制、边境安全风险防控的研究发展机制；第九章研究结论。

二　2020年东北边疆研究

【高句丽战争史研究】

杨秀祖著　吉林大学出版社2020年版，42万字。

该书全面记述了高句丽自建国直至灭亡各个时期的军事扩张活动及战争，是对高句丽政权705年间军队与战争的全面研究。书中对高句丽军队士兵构成、武器装备、防御工事、战术战法以及大小数百次战斗进行了综述，分析了高句丽军队在高句丽政权存在过程中发挥的作用，从中国古代历史和东北亚地区历史发展的客观角度对高句丽军队与战争进行了解读。

【流域文明视野下的东北历史与文化】

王禹浪、王天姿、吴博、王俊铮著　中国社会科学出版社2020年版，39.9万字。

本书以东北流域史和流域文明的视角来解读东北地区的古代历史与文化，特别是立足于东北的自然地理环境，提出了东北流域文明的概念。流域文明的视野重新整合了跨国区域之间的联系，促进各国在挖掘历史、进行文化建设方面进行广泛的合作。本书汇集了作者多年来对东北流域文明的研究成果，对牡丹江、乌苏里江、拉林河、绥芬河、浑江等东北流域的历史、文明、民族、文化遗产、旅游资源等进行了有序的研究。同时对肃慎、秽貊、东胡等东北古代民族进行了系统的学术史爬梳，基本厘清了学术界对上述族体的研究脉络、考古新发现和主要成果的概况。

【近代中国东北路矿资源流失问题研究】

李雨桐著　中国社会科学出版社2020年版，26.5万字。

本书研究的核心是近代中国东北铁路与矿产资源问题，通过梳理近代中国东北铁路、煤炭、铁矿、金矿资源发展的背景、概况，分析发展过程中呈现的特点，概括日本对于中国东北资源调查与掠夺的过程，总结经验、启示，在此基础之上进行比较分析，揭露日方所得利润及东北资源流失的去向问题，以期为日本侵华史提供更有利的佐证。在研究过程中，以原始档案为立足点，以调查数据为第一依据，将历史学与经济学研究相结合，同时实现对满铁调查部的史料从东北资源流失去向的角度进行整理，以期为日后的研究做好积累。本研究以史为据，梳理近代东北路矿资源的发展演变；以史为基，把握近代东北矿产资源的流失方向；以史为鉴，为中日关系健康发展注入理性。

【经济高质量发展视域下东北地区对外开放研究】

张志元著　东北大学出版社2020年版，20万字。

本书研究和探讨经济高质量发展视域下东北地区对外开放的有关问题，包括东北地区对外开放研究的理论基础、东北地区经济发展状况分析、东北地区对外开放的制约因素、经济高质量发展视域下东北地区对外开放成效分析、经济高质量发展视域下东北地区对外开放的战略选择和实施路径等内容。该书结构设计合理，内容介绍详实，语言表达通顺，对于东北老工业基地全面振兴、全方位振兴研究具有理论和实践意义。

【中国东北地区发展报告（2019）】

李万军主编　社会科学文献出版社 2020 年版，46.3 万字。

振兴东北老工业基地战略实施以来，东北三省保持着高速的经济增长，各项社会事业发展也稳步推进。当前，全国由经济快速发展阶段转入结构性调整阶段，面对经济下行压力与全面深化改革的需求，东北三省积极迎接挑战，把握机遇，经济社会各项指标取得稳步发展，新一轮东北全面振兴工作即将展开。进入 2019 年，在国内由经济快速增长期转入结构改革调整期的背景下，东北地区面临着经济下行，与发达地区差距加大，就业压力增大的局面，同时也迎来产业结构升级调整，区域协调联动优化，建立开放型经济模式等挑战。结合 2019 年东北地区经济和社会发展的新情况，本书提出了东北三省深化改革、促进新一轮振兴发展的对策建议。

三　2020 年北部边疆研究

【5—6 世纪北边六镇豪强酋帅社会地位演变研究】

薛海波　中华书局 2020 年版，38 万字。

本书通过对北边六镇豪帅群体社会地位在北朝演变的考察，就北边六镇暴动，尔朱荣集团崩溃，北魏分裂与灭亡，西魏北周关陇集团、东魏北齐统治集团内部关系，杨坚建隋等北朝后期政治史的重要问题，均提出了具有较高学术价值、创新性的观点。为学界深入认识北魏离散部落、孝文帝汉化改革影响、六镇暴动的原因与性质等重要问题提供了新的思考途径。

【中国古代北方民族与佛教】

孙昌武　中华书局 2020 年版，48 万字。

本书集中探讨我国历史上的十六国、北魏、西夏、辽、金、元、清这些北方部族建立的政权的佛教政策、佛教发展状况，以及佛教在文化交流、民族融合方面所起的作用，凸显了佛教从理论、实践诸多层面为民族平等、民族交流、民族融合所提供的依据和动力。

【合为一家——十六国北魏时期的民族认同】

吴洪琳　社会科学文献出版社 2020 年版，19.5 万字。

十六国北魏时期是中国历史上民族融合的重要时期，也是多元文化激荡的时期，各民族之间的互动非常频繁，混居杂处、冲突融合得到了充分展示。本书分为“十六国时期的民族认同”“北魏造像中的民族认同”两大部分，通过详细解读汉赵国号的取舍，赫连勃勃的民族心态，吐谷浑的“中国”认同观，云冈、龙门等石窟造像中所表现出来的胡汉服饰、姓氏、供养人形象的相互渗透等内容，勾勒出十六国北魏时期各民族之间相互认同的进程。

【《辽史》探源】

苗润博　中华书局 2020 年版，37.6 万字。

本书希望重新对元修《辽史》的史源问题加以全面检讨，其中的学术旨趣主要有三：其一，系统深入地考证《辽史》各部分的文本来源、生成过程、存在问题及史料价值，力图呈现《辽史》本身的生命历程，尤其注重对元朝史官编纂建构的叙述框架加以离析，开辟出全新的问题空间；其二，将《辽史》放置在整个中国古代正史文本生成、流变的大背景下，凸显其所具有的普遍性与特殊性意义，推动正史史源研究走向精耕细作；其三，透过《辽史》这一典型个案，对传统的史源学研究作方法论层面的反思，探索历史学视野下文本批判的可能路径。

【从西郊到南郊——北魏的迁都与改革】

康乐　北京联合出版公司 2020 年版，32 万字。

“西郊”与“南郊”指的是两种不同

的国家祭典——“西郊”是拓跋人的祭天大典，代表北亚草原游牧文化的一支；“南郊”则是汉族王朝国家祭典的核心，同样也是祭天仪式。从西郊到南郊，意味着游牧之俗向华夏之风的转变。在北魏史的研究中，孝文帝的汉化改革历来为史家所重视。本书追根溯源，从嘎仙洞鲜卑石室的发现讲起，对北魏内部势力进行细分，极具创见地提出“代人集团”这一重要概念，指出其居于北魏政权的核心地位，再以统计学的方法，揭示改革前后各方势力的消长。在讲述孝文改革之前，作者首先回顾了文明太后的崛起之路与统治手段，她推动的俸禄制、三长制、均田制，实为孝文奠定了坚实的基础。而对于孝文改革，作者则详人所略，另辟蹊径，敏锐地抓住以祭典为代表的礼制改革，并着力探讨孝道与北魏政治间的关系。

【辽代金银器研究】

王春燕　科学出版社 2020 年版，37 万字。

本书旨在全部收集已发表的辽代金银器资料、并利用内蒙古国有馆藏珍贵文物数据库资料、结合亲自测拍采集部分资料的基础上，对辽代金银器资料进行全面梳理。横向上通过严格的类型学研究，构建起辽代金银器总的构成体系，纵向上向阶段性特征、社会属性、文化因素、艺术风格延伸，多角度揭示出辽代金银器的总体面貌。

【满大人的荷包——清代喀尔喀蒙古的衙门与商号】

赖惠敏　中华书局 2020 年版，40.2 万字。

本书旨在探讨喀尔喀蒙古地方财政，最重要的是关注清朝如何针对蒙古这一特殊地方与族群实施统治。清朝统治喀尔喀蒙古花费相当少的经费，却能有效地治理，得力于商人的协助。商人具备天时、地利、人和三方面的优势，通过本书可了解当时官商互动的真实情形。

【清代乾隆朝归化城土默特刑案研究】

张万军　商务印书馆 2020 年版。

本书主要以清代乾隆朝归化城土默特地区刑案档案当中的七十多个刑案为研究对象，以实证研究为基础，并通过统计分析等多学科研究方法，实证分析大量的具体刑案来演绎出相关论点，试图从多角度、多层次来还原清代归化城土默特地区的刑事司法实践。本书分析了文本中的法律与实践的具体差异，展现该时期政治、经济、社会、法制的实际状况。本研究依据内蒙古土左旗档案馆所藏清代乾隆朝归化城土默特刑事司法档案，对清代边疆地区基层刑事司法实践进行实证分析，试图通过“深度描写”的方法，分析清代乾隆朝刑案中当事人和司法官吏诉讼角色的互动，阐明其中的利益纠葛，力图真实再现清代边疆基层司法实践中的法律场景。

【水利、移民与社会——河套地区的历史人类学研究】

杜静元　中国社会科学出版社 2020 年版，27.2 万字。

水利社会史的研究多集中于成熟的农业社会，本书却关注在农牧交错地带由于民间大型水利开发而形成的新的农业社会。河套地区的特殊性早已被顾颉刚、侯仁之等学者发现，本书在长期田野调查的基础上，围绕从 19 世纪下半叶延续至今的水利开发过程和移民社会的形成发展过程来展开研究。本书试图回答不同社会组织、信仰和地域文化如何被整合于社会和文化变迁过程中，即从牧业到农业的变迁过程、移民从迁出地到迁入地的社会变迁过程和汉族文化与蒙古族文化如何相互融合的变迁过程。这三个变迁过程不仅仅是在一个横切面上的描述，而是从背景、动力、发生机制、运行机制等角度进行纵向的中观层面的区域性、过程性研究，即在这样一个宏大的历史叙事中构筑起人们对当地社会的历史想象。对水利、移民与社会三者关系的研究贯穿全书，不仅有抢救资料的价值，更有如何实现从个案研究走向中层研究的方法论上的思考。

四　2020年西北边疆研究

【文明的边疆——从远古到近世】

张国刚　中信出版社2020年版，22.9万字。

本书是一部丝路文明新解。书中从大范围、长时段、历史纵深的角度考察欧亚各民族在丝绸之路上的文明交往，将这段长达三千年的历史划分为四个宏大的篇章：从史前丝路到凿空之举，远古的东方与西方首次相遇；汉唐时期诸神入华，四大文明体系在西域边地汇流，开始形成多元贸易和文化交流网络；宋明之际，香药东来、瓷器西去，华夏物产经由海上丝路到达西亚，远迄欧洲；至晚明盛清，传教士东来，拉开了中国与欧洲从想象异邦走向东西之辩的文明互鉴的帷幕。至此，丝绸之路终将亚非欧三大洲，亦即近代以前的文明世界紧密联系起来。

【争霸西州——匈奴、西羌与两汉的兴衰】

薛小林　社会科学文献出版社2020年版，30万字。

本书通过对两汉西州经略的研究，透过中央政府之西州战略的制定、执行和最终效果，力图从中窥视整个帝国政治、社会、经济、军事的具体状况和特质。从更宽广的意义上看，“西州”亦是农耕与游牧两大文明体战争、和平与贸易的舞台，是双方历史演进的动力机，两大文明在这一地带持续的互动促使各自内部发生了重大的变化，影响了历史的走向与进程，我们通过“西州”这个视窗，庶几可以稍稍进入汉代历史之内部，同时也跳出中原，以更宽广的视野考察农牧互动、边缘与中央。

【吐鲁番出土墓志汇考】

张铭心　广西师范大学出版社2020年版，29万字。

本书收录吐鲁番出土的高昌墓志，起自东晋十六国，止于唐末。全书分“高昌郡·高昌国时期墓砖”“唐西州时期墓砖”“附属资料”三部分，每部分按照墓志纪年先后为序排列。墓志先列录文，后附考释与参考文献的出处，并著录人名、墓志纪年、砖质、书写形式、尺寸、出土年代、出土地及收藏地。其中“附属资料”特别收录与高昌或唐西州有关而非吐鲁番出土之墓志十余件。另附“索引”，有铭文内容的人名、地名、官名官号、墓葬编号等项索引，极便检索。

【西暨流沙——隋唐突厥、西域历史研究】

吴玉贵　上海古籍出版社2020年版，23.4万字。

本书是作者有关突厥、回鹘、突骑施以及隋唐与西域关系的专题性文集。书稿“突厥”编，就史书中对东西突厥的记载、记入史籍的几个突厥首领（阿史那弥射、阿史那贺鲁）的事迹、出土文书中的突厥进行了探索。“西域”编则对史书中有关回鹘、突骑施、高昌、伊吾、吐蕃与隋王朝、唐王朝的关系以及目前尚令人困扰的问题进行了钩稽。“胡人与胡风”编则考察了粟特胡人安氏家族、杜甫“观兵”诗和白居易“毡帐诗”中的胡风等历史史实和社会风尚。“附录”则梳理了隋朝与西域关系。

【唐诗镜像中的丝绸之路】

石云涛 中国社会科学出版社 2020 年版，91.9 万字。

唐诗中存在大量丝绸之路研究的资料，丝绸之路绿洲路、草原路、海上丝绸之路、南方丝绸之路都在唐诗中有着形象而生动的表现。本书研究的重点是把唐诗作为史料，探讨唐代丝绸之路盛衰在唐诗中的反映，同时也揭示丝绸之路和中外交流的发展对唐诗繁荣起到的推动作用。本书展现了唐诗画卷中的丝路起点城市长安，丝绸之路之陇右道、河西道、西域南道和北道、草原路、吐谷浑之路、唐蕃古道，南方丝绸之路之安南道、五尺道、灵关道和滇缅道，海上丝绸之路的壮丽图景。唐诗见证了丝绸之路各条路线的盛衰变化，从唐诗描写中可以感触唐人丰富复杂的情感心态。

【黑水城出土宋代汉文社会文献词汇研究】

邵天松 中华书局 2020 年版，26 万字。

黑水城文献是我国古丝绸之路沿线一次重大的出土文献发现。其中的宋代汉文社会文献年代明确、内容广泛、用语通俗，是近代汉语研究的宝贵语料。本书以黑水城出土宋代汉文社会文献中的词汇为研究对象，分别从历时层面及共时层面对黑水城宋代汉文社会文献中不同性质、不同使用层次的词语进行统计分析，勾画出其词汇系统的总体特征。同时将传统训诂学理论、考据学方法与现代语言学理论方法相结合，考察其中的新词新义、疑难字词以及不同语义场中的特色词汇。此外，本书还将词汇研究与考察文献的社会历史、典章制度、人情风俗等背景紧密结合，对于进一步了解“一带一路”沿途的社会历史、文化语言、人情风俗等均有所帮助，对于汉语词汇史的建构、汉语辞书的编纂修订均有一定的学术价值及应用价值。

【出土文献所见汉传佛教在西夏的传播及影响】

樊丽沙 中国社会科学出版社 2020 年版，19.1 万字。

汉传佛教对西夏佛教的发展和兴盛影响深远。西夏先后六次从宋朝求得《大藏经》并译成番文本。形成于隋唐时期的禅宗、净土宗、华严宗、天台宗等佛教宗派在西夏境内并存，这些宗派为印度佛教所无，是佛教完成中国化进程的重要标志。此外，形成于中原的观音信仰、弥勒信仰、地藏信仰及儒家孝悌思想也十分流行。西夏佛教文化中融合了较多汉文化因素，佛教信徒娴熟驾驭汉语文，中原佛教典籍常用术语也被广泛吸收。传统史料和考古资料表明，早期西夏佛教如同回鹘佛教一样，也是汉传佛教在西夏地区的翻版，是汉文化影响西夏民族文化的范例。尽管中原王朝与西夏政权间长期存在敌对关系，但战争并没有割断各民族间的文化联系。

【清代新疆边境地区城市对比研究——以伊犁、喀什噶尔为中心】

吴轶群 上海古籍出版社 2020 年版，22 万字。

本书为新疆边境城市史的研究著作，将边境城市作为区域城市和独特的城市类型，使用区域研究和对比研究的方法，重点以伊犁、喀什噶尔为中心进行分析研究。作者认为清代新疆边境地区城市的发展道路不同，都经历了边疆政策变迁、边境变化、建置变迁等重要的历史演变，一同叠加在新疆边境地区地理空间发展历史上。伊犁城市主要是受到边疆政策变化的因素影响，喀什噶尔则以传统城市经济发展和清政府的政治军事建置为合力，推动城市发展。新疆建省以后，伊犁和喀什噶尔城市职能不断完善，都发展为边境综合职能城市。在这对比过程中可以发现：边境地区城市经过各阶段的发展，其功能由差异而趋同。

【抗战时期中共对根据地社会生态改造研究】

董佳　江苏人民出版社 2020 年版，19.5 万字。

本书主要通过以下三个问题来深入分析抗战时期中共陕甘宁和晋西北根据地复杂而多元的社会变迁史。（1）是以生产力革命为目标的中共革命为何会造成农民分家、地权分散、村界清晰，并导致传统乡村家庭小农经济固化这个悖论式的后果的；（2）是中共通过民主选举、统一战线和民生建设，如何实现一面积极推进政权的一元化革命化，一面又如何令农民相信边区政权是民主和合宪性的，并最终在和国民党的政治竞赛中建构起中共宪政民主的进步政治形象，取得政治合法性和道义制高点的；（3）是中共如何通过农民劳动互助和农村合作社撬动农村既有社会结构，占领农村公共社会空间，挤走社会各种中介力量，并通过批评与自我批评、群众斗争、悔过自新等方式，深入农民精神世界，最终使原本自然分散的农村改造为组织化、行政化的革命新社会的。通过上述三个方面，来真实再现根据地社会经济面貌及其演变的整体轨迹、丰富我们对于革命与战争背景下内陆偏远地区现代化的理解。

五　2020年西藏研究

【西藏政教合一制度史略】

尕藏加　社会科学文献出版社2020年版，25万字。

本书根据丰富的藏文和汉文资料，系统梳理了西藏政教合一制度的起源、形成和发展历史，尤其对元朝时期的萨迦达钦法王政权、明朝时期的帕主第悉法王政权、清朝时期的噶丹颇章和噶厦政府等西藏地方历次兴衰更迭的政教合一政权进行了较为明晰的论述；同时，对清代活佛转世与政教合一制度作了比较全面的阐述。本书呈现了西藏地方政教合一制度的演进历史和基本面貌，揭示了不同时期的西藏地方政教合一政权的结构、特征和作用。

【九世班禅传略】

喜饶尼玛、韩敬山　五洲传播出版社2020年版，15万字。

本书全面介绍了清末民国九世班禅的生平掌故。书中利用历史文献、典籍、档案资料等，真实展示了九世班禅的成长经历和政治、宗教活动，包括在西藏地方和内地的活动，展示了他一生为维护祖国统一、民族团结而努力。

【西藏社会稳定与国家安全研究】

王海洲、许智琴、宋德星　江苏人民出版社2020年版，36万字。

本书严格基于国家政策和历史事实，全面梳理了影响西藏问题的主要因素，揭示了达赖集团和西方敌对势力在西藏问题上的本来面目和政治图谋，并就如何维护西藏社会稳定问题给出了对策性思考。

【新时期西藏乡村基层社会治理研究】

武力、孙丹、王蕾　中国社会科学出版社2020年版，41.2万字。

该书梳理西藏自和平解放前至今的乡村基层社会治理历程，并在调研资料的基础上，就跨越式发展、党政组织、全面建设小康社会、国家安全屏障与乡村社会治理分章节做了专论。

【西藏人口转变研究】

杨帆　西南财经大学出版社2020年版。

本书梳理了和平解放以来西藏自治区人口出生率、人口死亡率和人口自然增长率变动的历史轨迹，分析其背后的发生机制，基于相关参数对西藏未来一段时间人口变动趋势进行预测，分析了人口转变在西藏经济发展、家庭和社会变迁等方面的作用，并就进一步调整和完善西藏人口政策提出了建议。

六　2020年西南边疆研究

【西南古代民族关系史稿】

刘复生　上海古籍出版社2020年版，32万字。

西南民族众多，历史上迁徙频繁，冲突和融合交织，民族关系及其演变十分复杂。本书研究对象涉及地域包括今四川、重庆、云南、贵州、湖南以及鄂西、广西等地。全书分西南古国的民族关系、藏缅语民族的南迁与演变、廪君与盘瓠族的演变、板楯蛮与西南濮僚民的衰微、“僰国”地区的民族变迁、唐宋时期西南诸族的民族关系问题、从道制到羁縻州制、元明时期的土司制度八章，以民族迁徙、交往、冲突与融合为重点，以问题研究为导向，探讨我国西南地区复杂的民族关系历史。

【僧侣·士人·土官：明朝统治下的西南人群与历史】

连瑞枝　社会科学文献出版社2020年版，44万字。

该书以僧侣、士人、土官为对象，广泛利用各种资料，以不起眼的小人物和事件切入，以社会学的视角，描述地方社会形态、群体生活面貌及其历史演变过程，以此来展现王朝秩序的构建和明代云南边疆的历史。

【抗战建国与边疆学术：华西坝教会五大学的边疆研究】

汪洪亮　中华书局2020年版，28万字。

华西坝教会五大学，是抗战时期华西协合大学与西迁至此的金陵大学、金陵女大、齐鲁大学、燕京大学等五所教会学校的合称。本书以华西坝上五校联合办学为中心，探讨了联合办学史，并注重探讨了其边疆研究的开展，揭示其边疆服务、边疆认识以及边疆研究学科化的努力。

【顺治至乾隆时期清朝政府对云南的开发和治理】

马亚辉　科学出版社2020年版，17万字。

该书主要以顺治、康熙、雍正、乾隆时期对云南的开发和治理为切入点，重点论述这四位帝王对云南社会进行治理的历史发展过程，以及其对云南社会的稳定和发展所起到的重要作用。在此基础上，从不同视域对顺治至乾隆时期清朝政府对云南的开发和治理事宜进行分析，内容涉及政治、民生、军事、法制、赈恤、巡阅、城垣等诸多领域。

【云南考古学通论】

李昆声　云南大学出版社2020年版，53万字。

该书以通论的形式将云南古猿、旧石器时代、新石器时代、青铜时代、早期铁器时代、东汉至隋（南诏大理）、元明时期的考古资料进行系统全面的梳理、总结。

【云南民族发展史纲要】

李晓斌　云南大学出版社2020年版，32万字。

该书分九章，讲述了从先秦时期到中华人民共和国成立后云南民族发展的历史，将历代对云南的治理和建制，与地方民族关系、民族发展演变结合起来进行探讨，是有关云南民族发展史的最新综合研究。

七　2020年中国海疆与海洋史研究

【中国海域史（全五册）】

张海鹏总主编　上海古籍出版社2020年版，206.9万字。

该书由中国史学会原会长、中国社会科学院学部委员张海鹏教授担任总主编。该书由五卷本《总论卷》《渤海卷》《黄海卷》《东海卷》《南海卷》构成，总字数206.9万字，历时7年完成，国内高校、科研机构40余人参与撰写工作。各海域的分卷则从具体角度论述自身各具特点的变迁历史。

【清代内外洋划分及其管辖权研究】

王宏斌　中国社会科学出版社2020年版，59万字。

该书对清朝的内、外洋管理做了综合性研究，并就清代的“内洋”“外洋”与当时西方国家的“内海”“领海”概念做了对比，对清代内洋、外洋的行政、军事、治安管辖，水师巡洋会哨制度，清代水师职能等做了探讨。

【珠崖：12世纪之前的海南岛】

［美］薛爱华（Edward Hetzel Schafer）著，程章灿、陈灿彬译　九州出版社2020年版，13.7万字。

该书着重描述12世纪之前海南岛的开发历史，是关于这一地理区域的专题研究。全书共分五章，分别从历史、自然、居民、交通及中央王朝贬谪之士等五个方面，探讨了宋代及宋以前海南岛的情况。

【山海故人：明清浙江的海疆历史与海岛社会】

谢湜　北京师范大学出版社2020年版，16.3万字。

从宋元到明清，王朝海疆经略的转变对中国东南海域社会产生了深刻的影响。该书以岛述史，尝试串起东南沿海社会的历史之链，以历史人类学视角将历代海疆治理政策与地方社会演变结合进行叙述，展现了海疆历史与海岛社会的复杂面相。

【从船政到南北洋——沈葆桢李鸿章通信与近代海防】

陈悦　福建人民出版社2020年版，28.7万字。

该书辑录1873年至1879年沈葆桢与李鸿章之间通信中涉及船政建设、1874年保卫台湾的活动、第一次海防大筹议、船政人才北调、北洋水师筹建等重大历史事件的内容，对每通书信进行点校，对所涉及的人物、事件以及书信产生的历史背景进行考订研究，深入地展现出清末很多海防政策、战略产生的经过，以及近代海防的历史。

论文撷英

一　2020年中国边疆研究论文摘要

中国边疆理论研究

【试论中国边疆学“三大体系”建设】

李大龙：《中国边疆史地研究》2020年第2期。

中国边疆学学科建设是近年来中国边疆研究学界关注的重点，文章认为中国边疆学具有独立学科的特点，中国边疆历史（基础）学和中国边疆应用（现状）学构成其学术体系，其下以区域构成研究方向，而话语体系则由中国边疆、多民族国家中国形成与发展、东亚传统“天下秩序”形成与发展、中国传统治边思想及其实践、海疆与海洋、中国边疆学学科六个方面的话语体系建设构成基本内容。作者进而从四个方面对当前中国边疆学面临的问题阐述了自己的看法，并认为将以少、散、乱为特点的研究队伍“团结凝聚”为“中国边疆研究学术共同体”是中国边疆学“三大体系”建设和中国边疆稳定与发展的现实需求。

【中国边疆学的新时代特征和知识原理】

吴楚克、赵环宇：《云南师范大学学报（哲学社会科学版）》2020年第1期。

该文认为，中国边疆学理论建设必须在马克思主义基本原理指导下，充分体现习近平新时代中国特色社会主义思想的理论特征。而这意味着中国边疆学理论建设须完全走出中国近代史的阴霾，思考人类命运共同体的问题；不仅要守土固疆，而且要通过“一带一路”走向世界；不仅要实现中国梦，而且要给世界上发展中国家提供中国智慧和中国方案。在此基础上，作者阐述了中国边疆学理论创新发展的理论脉络，指出构成中国边疆学知识原理的方向和内容，即进一步明确马克思主义与中国边疆学的关系，沿着边疆研究的中国方向，构筑以中国地缘政治学为核心内容的中国边疆学。

【习近平总书记关于边疆治理重要论述的逻辑体系】

李庚伦：《广西社会科学》2020年第1期。

该文认为，习近平总书记关于边疆治理的重要论述，生成于历史时代背景的变迁、人民现实需求的高涨和边疆复杂问题的凸显，源自对马克思主义国家学说、中国共产党边疆治理思想、王朝国家治边理念的理解和哲学升华，从战略定位、理念确立和规律总结等方面对边疆治理进行了科学论证和经验总结，从组织领导、战略规划、系统治理、重点着力等方面提出实践举措。

【中国与周边命运共同体视域下的边疆治理初探】

孙宏年：《云南师范大学学报（哲学社会科学版）》2020年第5期。

构建人类命运共同体思想为世界发展和人类未来指明了前进方向。构建中国与周边命运共同体是构建人类命运共同体的重要组成部分，中国边疆地区则在其中发挥着独特的作用。该文指出，当前，世界正经历百年未有之大变局，中国周边地区出现新变化、新挑战，中国与周边国家迫切需要加强合作、加快构建命运共同体的步伐，而中国边疆地区则需要创新治理、加快发展，以夯实其安全、经济、民意基础。

【封、疆、界：中国古代早期对于域界的表示】

鲁西奇：《史学集刊》2020 年第 1 期。

该文指出，甲骨文、金文以及秦楚瓦文、简牍中所见的“封”（“丯”）乃是人工堆筑的土堆，其上或植有树木；“封”多沿着道路设置，用以表示其地域之归属；田地中的“封”则置立于田畔或阡道上，用于标识田地的归属。金文与秦楚简牍中所见的“疆”、“畺”或“彊”，则是人为地划出的界线，它可以但并不必然表现为自然或人为的地理事物。“界”也是一种人为的划分，却有具体的自然或人为的地理事物作为标识；用于表示“界”的地理事物主要有关、垣、离、格、堑、封、刊、坞、虎落、天田、立石等人为的地理事物，以及山、川等自然地理事物。

【榫卯：走廊与中国疆域的形成与发展】

李大龙：《广西民族大学学报（哲学社会科学版）》2020 年第 3 期。

在综合分析国内学界走廊研究的基础上，该文认为，不同学科对走廊的界定不同，研究目的各异，费孝通先生倡导走廊研究的根本目的是诠释中华民族的形成与发展。进而作者对民族学界提及的六大走廊做了具体分析，并提出可以用“榫卯”来重新阐述这些走廊在多民族国家中国疆域形成与发展、中华民族形成与发展过程中的重要作用。

【清代疆域“大一统”观念的变革——以《大清一统志》为中心】

李金飞：《中国边疆史地研究》2020 年第 2 期。

该文指出，“大一统”是秦汉以降历代王朝遵循的治国理念，也是封建君臣追求的至高目标。疆域统一成为“大一统”内涵的重要元素。清代以前，受“华夷之辨”思维的影响，历朝构建的“大一统”疆域观未包括边疆地区尤其是长城以外的“三北”。至清代，始突破“华夷之辨”，把边疆地区纳入“大一统”疆域内，实现了“中外一家”局面下真正的国家“大一统”。三部《大清一统志》的编纂以昭示“一统之盛”“一统无外之盛”为宗旨，是清代疆域“大一统”观念变革的重要体现。

【中国边疆跨境非传统安全：挑战与应对】

谢贵平：《国际安全研究》2020 年第 1 期。

中国边疆邻国众多、民族多样、文化多元，地缘政治与周边环境复杂。在深度全球化时代，各国利益相互镶嵌，安全互依互保。随着中国全面扩大对外开放以及“一带一路”倡议的推进，边疆跨境非传统安全问题愈加复杂多元，互为关联，关涉政治、经济、文化、生态、公共卫生等诸多领域，涵盖地缘、认同、利益与网络等不同安全场域，并融入周边安全、国际安全与人类安全问题之中。在新形势下，边疆跨境非传统安全及其治理呈现出越来越多的新问题，该文指出，只有以总体国家安全观为指导，促进国际与国内相涉行为体之间的协同共治，加强边疆跨境非传统安全全方位、多层次的体系性治理，才能有利于推进维护总体国家安全。

【论主权国家边疆的临界性、边缘性和交集性】

罗中枢：《四川大学学报（哲学社会科学版）》2020 年第 3 期。

主权国家及其主权、领土、边界和时空表现是框定其边疆内涵、形态和特征的根本依据。临界性（靠近边界并随边界的变化而变化）、边缘性（不断解构和再造的多维度重叠的边沿或前沿）、交集性（诸多要素、关系和势力在其中相遇、融合、共生）交织在一起，凸显出边疆区别于非边疆的显著特征，对于揭示边疆的本质起着决定性作用。主权国家的边疆在较严格的意义上指靠近边界的边缘性领土；在较宽泛的意义上指复杂矛盾关系所形成的国家主权、利益、能力所及的边缘性场域。从最一般意义上说，边疆是“我”与“他者”既相互区别、冲突、对抗又相互影响、互动、互构的一种场域、关系或过程。该文认为，抓住了“交汇处”这一规定性，也就抓住了一般边疆概念的核心意蕴。

【边疆治理现代化进程中的党建治边方略】

方盛举、刘华林：《云南社会科学》2020 年第 3 期。

该文认为，边疆党建作为实现边疆的良政善治的系统化和工具化的方法和策略时，可被称为党建治边方略。实施党建治边方略有利于促进边疆治理高效化、协同化、法治化、民主化，这和边疆治理体系和治理能力现代化的目标具有完全的一致性。实施党建治边方略需从“边疆党建”和“边疆党治”两个环节入手，从政治进路、组织进路和文化制度进路三条路径出发。在“边疆党建”环节中，边疆党组织对组织本身的前提要素进行政治建设、对结构要素进行组织建设、对效率要素进行文化和制度建设。在“边疆党治”环节中，边疆党组织对边疆治理进行全面的政治领导、组织领导和思想领导。

【试论边疆的“二重属性”】

杨明洪：《新疆师范大学学报（哲学社会科学版）》2020 年第 2 期。

该文认为，“边疆属性”是边疆的本质规定性，依据唯物辩证法和唯物史观的认识，有“二重属性”即“自然属性”和“社会属性”，而“自然属性”与“社会属性”又在边疆中处于对立统一关系，并因国家形态和边疆本身形态而出现强弱演化趋势。“边疆属性”与“边疆性”是有重要区别的，“边疆属性”是指边疆的本质，而“边疆性”则是边疆的特征。边疆的“二重属性”为人们理解“边疆实在论”奠定了基础。从边疆的“二重属性”自然可以推导出“边疆实在论”。将一般边疆的属性与“中国边疆”的属性区别开来，不能用“中国边疆”的概念去简单地替代一般意义上的“边疆”概念，更不能用历史上的“中国边疆”概念去概括一般意义上的“边疆属性”。

【全球史视野与国家史观念：近代边疆史研究的两个维度】

段金生：《中国边疆史地研究》2020 年第 1 期。

近代边疆研究日益引起学术界广泛关注，既是学术研究内在学理自然发展之结果，也与当代社会各界关注边疆问题的历史性反思有着密切关联。该文指出，对近代边疆史的研究，既不能割裂其与古代边疆史的延续性，也不能拘泥于断代史的话语诠释；既不能忽略边疆问题的殊相，也不要陷入地方史的思维；既要有纵向的深入思考，也要有横向的宽广视野。须从整体思维出发，在全球史视野下审视近代中国边疆问题与全球化进程中国际秩序重构的复杂关系，以国家史观念从全局上把握近代边疆问题与中国国家建设之间密切不可分割的互动关系。

【“问题”与“主义”之变奏：近代以来中国边疆学构筑的回顾与前瞻】

汪洪亮：《中国边疆史地研究》2020年第4期。

中国边疆学术源远流长，近代以来历经三次边疆研究高潮。民国以来，不少学人致力于边疆研究的学科建设，持续呼吁构筑中国边疆学，形成了多种学科建构话语。中国边疆研究的发展历程及其学科构筑的实践，贯穿了“问题”与“主义”之变奏。该文指出，在百家争鸣的当下，研究者应在保持各自思考的基础上逐步寻求会通。

北部边疆研究

【中国北方农牧交融与畜牧业起源发展进程的思考】

魏坚、冯宝：《西域研究》2020年第4期。

该文选取内蒙古中部、辽西和新疆北部地区作为研究对象，在归纳考古发掘材料的基础上，利用动、植物考古以及环境考古和体质人类学研究的最新成果，结合碳十四测年和DNA检测数据，以更为广阔的蒙古高原和欧亚草原的视野，探讨了中国北方农牧交融和畜牧业起源，认为：从早期以采集和狩猎为主的大型聚落，到采集和狩猎存在下的农业聚落的繁荣，再到农耕的衰退和畜牧业经济的最后形成，这一发展进程是生态环境变迁、文化适应和古代族群的迁徙等因素交互作用的结果。

【争膺天命：北魏华夏天神祭祀考论】

赵永磊：《历史研究》2020年第4期。

华夏郊天礼是北魏膺承天命与彰显正统性的重要仪式。该文指出，道武帝通过行华夏即位礼与郊祀礼来彰显正统性，与十六国无本质区别。天兴初年设立的郊祀制度与郑玄礼说并不完全契合，且明显有异于两晋十六国所从王肃“郊丘合一”说，传达出与东晋争衡的明显姿态。孝文帝依托郑玄“郊丘为二”说改定郊祀制度，实现郊祀礼由有司摄事到皇帝亲祀的转变，并废止西郊郊天的鲜卑旧礼，最终确立华夏郊天礼的独尊地位。迁都洛阳后，孝文帝通过行圆丘祭礼宣示天命在魏，与南朝争夺正统的态势臻于极盛。北魏正统观念主要表现出仿魏承汉与承继西晋两个面相，其郊庙制度更近于曹魏明帝景初元年以后之制，在一定程度上折射出北魏超越两晋南朝、直追曹魏的心态。

【契丹社会组织与耶律阿保机建国】

杨军：《中国边疆史地研究》2020年第2期。

该文指出，契丹建国前的社会组织，弥里指河的流域、优质牧场，石烈指强大宗族控制下的各牧场，都已经是地缘组织。涅里重组契丹八部，是以曾经掌权和现在掌权的部落权贵宗族及其姻亲宗族分别控制仅存的十二个石烈，部也已具有一定的地缘性。“二府”分别出自迭剌部和楮特部，是管辖契丹八部的组织。阿保机改造“二府”，使之成为统辖契丹八部的中央机构，并使与之对应的部、石烈、弥里成为地方行政机构，由此构建起契丹国家。

【12—13世纪粟特—回鹘商人与草原游牧民的互动】

白玉冬：《民族研究》2020年第3期。

12—13世纪，活跃在中国北方的商人主要是信奉景教和佛教的粟特—回鹘商人，另包括一小部分穆斯林商人。该文认为，克烈部人脱不花投奔铁木真，表明金朝的萌古乣是设置在汪古部地界内的，当时的汪古部和蒙古部之间有着密切往来。回回商人阿三是假借商人名分，经汪古部推荐投奔铁木真的。镇海是通汉、蒙古、回鹘、波斯等多种语言文字的回鹘商人，他可能在华北地区行商时，通过蒙金之间的榷场交易结识了铁木真。吐鲁番高昌故城出土 U5328 回鹘语文书反映，12—13世纪粟特—回鹘商人仍然在与草原游牧民进行着交易。

【辽代生女真属部官属考论】

程尼娜：《兰州大学学报（社会科学版）》2020 年第 5 期。

生女真属部官属由生女真部族节度使、国相、都统、详稳及其他近僚集团成员、官属成员所构成，国相是景祖乌古乃参照辽朝属国属部的官职而设立的，是节度使所倚重的辅弼人物。在辽朝属国属部体制的运作下，生女真属部官属担负着为辽朝经营“鹰路”的职责，同时也听从朝廷与地方政府的指令，从事各种军政事务。生女真部族节度使作为属部长官，以经营“鹰路”的名义，征服异己，扩大势力范围。该文指出，在统一生女真诸部的过程中，官属的主要成员也逐渐为节度使的家族、宗族所垄断，女真社会逐步由简单的酋邦发展为高级复杂的酋邦，进入建立国家的前夜。

【跨越地理环境之路——明清时期北方地区的游牧社会与农商社会】

鱼宏亮：《文史哲》2020 年第 3 期。

该文利用明清以来中央和地方档案、土地契约、地名志、中外考察记等史料，还原了明清时期内地与蒙古地区人民跨越长城、河套等地理界限，在农业与贸易等方面进行的历史悠久与规模宏大的双向交流，以及移民、技术与文化传播的历史画面。作者指出在一个环境与民族多样的国度中，地理环境等自然差异从来没有成为人群交流与融合的阻断因素。相反，人类社会的发展正是一部突破环境局限的历史。“内陆亚洲”“长城带”等西方史学理论的提出受到近代民族主义的影响，将其应用到中国史的研究中存在着明显的错误和缺陷。

【多维视角下的“长城区域社会”论】

翟禹：《中国边疆学》第 12 辑，社会科学文献出版社 2020 年版。

该文提出了一个新的概念——“长城区域社会”，旨在通过这个新的表述对有关问题进行一些学理上的总结和认识，从边疆的基本概念和使用内涵的角度对长城区域社会进行分析，将边疆视角作为长城研究的宏大背景。作者通过明蒙关系史上的一些文献记载，对长城区域社会中的最初人群的形成进行了微观的思考，认为有许多汉族移民、蒙古部落进入长城地带生存，逐渐形成了一个独特的长城区域社会。这个社会迥异于农耕文化区和游牧文化区，是介于两者之间的一个综合性的复杂文化地带。这个长城区域社会具有一些基本特征，例如长期的军事对峙、模糊的政治边界、复杂的族群构成、独特的社会文化和丰富的历史文化遗产。

【商民、商贸与边疆：晚清库伦地区的内地商民研究】

柳岳武：《近代史研究》2020 年第 4 期。

为确保蒙旗生计不受影响，清廷曾颁布禁令，禁止内地商民前往蒙古地区；后为应对西北用兵、蒙疆设治，又允许领票商民前往蒙古地区。内地商民的到来，不仅在外蒙古地区形成了从事批发、放贷业务的西帮和从事零售业的京帮，还建构起以库伦为中心的内外贸易网络。库伦地区的内地商民的商贸活动经历了一个由兴到衰的过程。作者认为，外蒙古地区内地商民的存在，对维系清廷在蒙疆的统治、活跃库伦与内地的经贸往来，乃至发展亚欧间的“陆上丝路”，曾发挥过不可替代的作用。但从边疆治理角度看，清廷的蒙疆商民管理政策又存在严重不足。

【从阿拉善旗专员到军事专员：南京国民政府介入蒙旗地方政治的尝试】

杨钧期：《中国边疆史地研究》2020年第1期。

为防止日本侵略势力的渗透，南京国民政府创设了阿拉善旗专员制度。因专员在派驻过程中，遭遇层层阻碍，最终被迫改置为军事专员，权责缩减。该文认为，专员制度作为南京国民政府介入阿拉善旗地方政治的首次尝试，其尴尬境地也反映了在缺乏稳定环境与足够控制力的条件下，边疆政治整合所面临的困境。军事专员虽远未实现其设置的预期目的，但客观上有利于加强中央与阿拉善旗地方联系，从而有效地维护了边疆主权与统一。

东北边疆研究

【唐代黑水都督府的历史地理学考察】

王禹浪、王俊铮：《历史地理研究》2020年第4期。

唐开元年间先后在渤海北境、黑水靺鞨地方设置勃利州、黑水军、黑水都督府。作者从文献与考古材料双重视角入手，对与黑水都督府建置有关的勃利州（渤州）、黑水靺鞨道、渤海都督府、安静都督府、黑水靺鞨思慕部等问题进行梳理和考索，又结合渤海与黑水靺鞨军事对抗导致黑水靺鞨自牡丹江中下游不断北移的历史背景，再考黑水都督府的具体地望。研究渤海都督府、安静都督府辖区以及黑水靺鞨思慕部相对位置关系，又考虑其为具有地区战略意义和扼守渤海上京以北、贯穿南北黑水靺鞨交通孔道的军政重镇，作者认为萝北县江岸古城当为唐开元年间设置的黑水都督府治所所在。

【安东都护府别议】

杨军：《陕西师范大学学报（哲学社会科学版）》2020年第6期。

唐灭高句丽后，在今辽宁桓仁、宽甸、凤城一线以南的高句丽故地共设9都督府、42州、100县，在此以北的辽东地区设辽东州都督府（下辖州县）；在百济故地设熊津都督府，在新罗设鸡林州大都督府，皆隶属于安东都护府。但由于高句丽故地的叛乱，该文认为，此都护领兵镇守下的羁縻都督府州体制未能完全贯彻；叛乱平定后，安东都护府内迁，辖区实与辽东州都督府重合，形成直属城傍羁縻州并监管辽东州都督府的局面。营州之乱后，大祚荣东奔建国，高句丽故都国内城附近地区皆为其控制，唐朝因而裁撤安东都护府和辽东州都督府，另设安东都督府，并以高句丽王室后裔任安东都督，转行羁縻都督府体制。此后虽然恢复安东都护府建置，但迁徙至平州、营州境内，已成为领兵押领契丹、奚的机构，性质、职能皆与此前大相径庭。

【清朝对东北滨海边疆地区的开拓与经营——以康乾时期边民群体霍集珲的活动为中心】

陈诗兰、刘晓东：《古代文明》2020年第4期。

霍集珲是指携带规定数目皮毛前往北京成功求娶八旗女子为妻的边民，集“清廷女婿”、“清廷代言人”及“丝貂商人”等多重身份于一体。霍集珲齐尔巴努及其孙戴柱，在康雍时期东北滨海边疆地区的开拓进程中，分别替清廷招抚了库页岛上的依对乡、西奥部之人。乾隆七年

(1742) 七月，在黑龙江下游流域的齐集乡发生一起因霍集珲的经济纠纷引发的仇杀事件。该文认为，对这起边民仇杀案的审理，不仅体现出乾隆年间清廷对东北滨海边疆地区的有效管理，还彰显出在处理边民事务时“因俗而治”的管理策略。缘于清廷在该地未设置强有力的管理机构，日俄势力方能在清朝国力衰退之时入侵得逞。

【行政建制视角下的渤海上京城营建时序研究】

宋玉彬：《中国边疆史地研究》2020年第3期。

长期以来，关于渤海上京城宫城、皇城、郭城的营建时序，学术界始终存在认知分歧。文章以文献中留存的渤海国行政建制为切入点，同时结合新时期的考古发现，对渤海上京城三重城建置的营建时序进行了全新的学术解读。

【申遗以来我国高句丽考古的主要发现与研究】

魏存成：《中国边疆史地研究》2020年第3期。

21世纪初，中国高句丽世界文化遗产申报成功，由此我国的高句丽考古工作进入一个新的发展时期。文章比较全面地介绍了申遗期间和申遗之后近20年来辽宁、吉林两省通过多项调查发掘所取得的主要发现和收获，并对此时期国内所开展的各类研究进行了系统总结和评述，最后对今后的工作提出了建议。

【渤海立国者“东奔”“保阻”始居之地的文献学考察】

刘晓东：《北方文物》2020年第5期。

该文通过对《旧唐书·渤海靺鞨传》和《新唐书·渤海传》及相关史料的文献学考察，进一步厘清了渤海立国者“东奔”“保阻”史实的具体过程，得出了渤海立国者“东奔”“保阻”始居之地应是“桂娄故地”，亦可称“高丽故地”，但绝不是“挹娄故地”。而改《旧唐书》“桂娄”故地为“挹娄”故地，应该是《新唐书》作者认识上的时序错位。渤海立国者应先是居“桂娄故地”立国，后来才渐次向北扩展，并把王城迁徙到“挹娄故地”。

【晚清蒙古清丈增租下的利益博弈——以光绪年间“农安惨案”为中心】

付永正：《中国边疆史地研究》2020年第2期。

光绪年间放垦迎来全面开放时期的前夕，在蒙古王公、清廷、领荒佃户三股势力之间利益博弈尤为激烈的郭尔罗斯前旗，因增夺地租的社会矛盾最终引发一场暴力武装冲突，即“农安惨案”。该惨案是晚清蒙古地方全面放垦前各涉事利益群体围绕增夺地租进行利益博弈的典型事件。该文认为，农安惨案的发生清廷负有责任，此外惨案发生前民间和平请愿聚会被当地“教匪”利用，演变成对抗清廷的武装斗争也是一个重要原因。

【《三国史记》“国内”与“国内城”解析】

苗威：《安徽史学》2020年第5期。

《三国史记》是东亚重要汉籍，但该文认为其个别叙述或简略或含混，以高句丽前期都城所在区域“国内”较为典型。其在《高句丽本纪》中的表述准确，《地理志》则有讹误，同时对置于国内的数座都城沿革没有明确勾勒。“国内”是鸭绿江北、浑江东的地区名称，早在战国就有土城的修筑。公元1世纪，高句丽迁都于此之后，先后在这一区域营建或翻修尉那岩城、京都、丸都城、平壤等都城。其中战国土城的旧址历经数次重修，名字次递是京都、平壤以及国内城，解释文本时需要审慎考辨。

【是酋邦，还是国家？——再论金朝初年女真政权的国家形态】

程尼娜：《陕西师范大学学报（哲学社会科学版）》2020 年第 4 期。

关于金朝太祖、太宗时期政治、社会制度是国家形态，还是前国家形态——酋邦（军事部落联盟、部族制），学界有两种截然不同看法。该文指出，学界相关研究中使用最为频繁的史料存在着解读失误和运用不当的问题。作者认为，金朝初年已经形成基于武力的制度化政治结构的形式和基于地缘关系的社会凝聚机制，具备国家的基本要素。女真人建立的金朝，在太祖、太宗时期已经是一个多民族国家，不是单纯的女真人酋邦（或部族体制），也不是包含了多民族的酋邦（或部族体制、或部落联盟）。

【重塑边疆：鸭绿江右岸的林木采伐、森林交涉与边疆秩序】

池翔：《重庆大学学报（社会科学版）》2020 年第 5 期。

17 世纪以来，清朝统治者在封禁政策和中朝宗藩关系的影响下，在柳条边和鸭绿江之间保留了大量的森林地带。保留森林区域的目的之一是通过隔离鸭绿江两岸的居民往来以维持一个中朝间的缓冲区，展现清朝“柔远之仁”。然而，19 世纪末，中国东北成为全球势力交锋和竞争的场所。该文指出，在沙俄的压力和国内饥荒的困扰下，清政府实施了一系列新的政策，鼓励移民，并开放鸭绿江森林用于商业伐木。与此同时，日本为了应对国内的马尔萨斯陷阱，将朝鲜半岛和清朝的东北视作扩张目标。日本在甲午中日战争和日俄战争中的胜利，不仅巩固了其在东北亚的地位，也为其对鸭绿江森林的军事控制和资源管理铺平了道路。

【柳条边始建年代考略】

管书合：《中国边疆史地研究》2020 年第 3 期。

该文认为，柳条边的始建东段应该上溯到天聪七年（1633）清人在碱场、通远堡等地的“筑城修边”，再经崇德三年（1638）的扩边而大致成形，主要是作为军事防线，同时兼具防止人口逃亡和朝鲜人越境的功能；西段则始自崇德初年从屏城到法库门之间边栅的设置，是清人为了加强对辽河套的直接控制及处理蒙古事务而设。这两段边与同时期出现的“栅门”、边栅等地理界限，重新构建了清人统治的核心区域，并以此“画定内外”，由此奠定了清初对东北地区基本政策，影响了东北地区后来的历史进程。

【“后扶贫时代”东北边疆民族地区返贫预警机制研究】

沈权平：《北方民族大学学报》2020 年第 6 期。

在东北边疆民族地区贫困治理过程中，返贫现象的存在拉低了脱贫成果和扶贫质量。返贫现象的背后是在乡村凋敝未能得到改善的情况下脱贫人口抗险能力问题依然存在。治理返贫的关键是先前预防。根据东北边疆民族地区返贫现象的形成机理，该文指出，构建常规预警和源头预警相结合的返贫预警机制，是彻底消除贫困，巩固东北边疆民族地区脱贫成效的关键。

【东北建设成为对外开放新前沿的现实基础与路径选择】

胡伟、夏成、陈竹：《经济纵横》2020 年第 2 期。

进入经济新常态以来，东北地区经济

下行压力持续增加，体制机制改革滞后、结构性矛盾等问题加速凸显，急需进一步通过深化开放，为发展注入新动能，以开放促改革、促发展。随着东北亚深度合作的外部环境遇暖，“一带一路”建设不断取得新突破，正推动东北地区成为向北开放的主阵地，为东北全面振兴持续注入发展新动能。该文认为，为推动东北地区打造对外开放新前沿，应率先推动开放型经济体制机制创新，创新自由贸易试验区建设与发展模式，着力建设面向东北亚的跨境大通道，积极探索东北亚区域合作新模式，以特殊政策推动沿边开发开放。

中国海疆与海洋史研究

【明代东南沿海士绅与海疆治理——兼论明代月港部分开禁政策蓝本的构画】

黄友泉：《中国海洋大学学报（社会科学版）》2020 年第 2 期。

倭乱期间，以谢彬为代表的部分东南沿海士绅以其经验与智识，在助官弭定月港“二十四将”叛乱及推动海禁政策调整等海疆事件中发挥了特殊而重要的作用。该文认为，实践表明：明代东南沿海士绅有着多重身份与多元诉求，在不同海疆形势与政策环境下，呈现出差异化的态度、立场与作为，是影响明代东南海疆治理达成的重要社会力量之一，而官绅间的良性互动为实现海疆治理的有序化及海疆政策的合理化创造了有利条件。

【“封禁之故事”：明清浙江南田岛的政治地理变迁】

谢湜：《中山大学学报（社会科学版）》2020 年第 1 期。

该文指出，从明朝初年至清代前期，王朝对浙江海岛的政策经历了强制徙民，厉行肃清，再到永远封禁的三番转变，反映了王朝面临内外形势调整海疆经略的曲折过程。关于封禁岛的开禁问题，在乾隆年间垦荒裕国的舆论环境中被带出，随后则一直徘徊于开荒利弊和行政负担的辩论之间。官府除了在部分海岛设立常规行政建置，对于其他海域往往选择宣称疆域权力，同时保持远观式的监视，以节省行政成本。到了 18 ~ 19 世纪，不少官员在有关浙江海岛开禁的辩论中，不再泛谈私垦之害，而是在实地调查中较为清晰地统计私垦土地所承载的实际人口规模，以求建立常规行政管理，将资源分配与人口控制结合起来。随着鸦片战争爆发、边疆危机凸显，东南海岛的迁弃问题，在国难之际上升为国家疆域安全层面的宏大议题。19 世纪后期，随着筹办海防过程中“先招民耕作以实其地”等观念的渐入人心，海岛垦复和人户管理最终归入地方行政事务范围的讨论，传统疆域型国家对于领土和人口的治理观念和政策逐渐清晰。

【马六甲海峡崛起的历史逻辑——郑和七下西洋七至满剌加考实】

万明：《太平洋学报》2020 年第 3 期。

历史上的马六甲海峡名不见经传。国际上习惯以马六甲称呼该海峡，是以海峡得名于著名国际贸易港口马六甲（Melaka，原称 Malacca），即今马来西亚马六甲州首府马六甲市。马六甲是满剌加的音译，由满剌加衍变而来，是海峡专有称呼，始自 15 世纪初满剌加王国的兴起，并逐渐形成重要国际贸易港口城市。满剌加王国兴起与海峡崛起密不可分，海峡崛起与郑和七下西洋有着紧密联系。迄今一般认为郑和下西洋五次到达满剌加，也就是从第三次下西洋算起，这一问题因《明实录》失载郑和第一次下西洋出发时间，同时也失载首次前往满剌加赍诏封王的使臣之名，形成悬案一直没有解决。郑和七下西洋每次必到满剌加，确定为七次，需要进行全面考证，以彰显海峡的重要。郑和第一次下西洋就消除了海峡的海盗问题，为海峡安全建立保障，对于海峡崛起发挥了至关重要的作用。从全球史的视野出发，该文认为，学界对郑和下西洋的研究，不仅是在追踪明代中国揭开人类大航海序幕的轨迹，还涉及如何看待和理解全球史的重大问题。郑和下西洋如何改变了世界，对此可以从满剌加海峡的崛起来理解。

【《东西洋考》中的南海地名、针路及其来源】

刘涛：《南海学刊》2020 年第 4 期。

该文围绕张燮《东西洋考》所记南海地名、针路及其史料来源发现，地名方面，基本厘清未注明的地方志版本问题，还原张燮的资料取舍的过程以及增删、改动的内容；针路方面，虽然部分内容与《顺风相送》相同，却来自不同母本，并不只是参考《顺风相送》编写而成。张燮是藏书家，又获得亲友提供的地方志资料，并提出针路的参考意见。张燮所记针路或有错误，但不能仅归咎于张燮文人出身未航行海外，而是针路簿流传过程中颇为常见的现象。

【从岛陆到洋面：明清时期中朝对黄海北部海界认知及演进】

高志超：《中国历史地理论丛》2020 年第 3 期。

明清时期中朝官民在黄海北部海域日益频繁的海洋活动，使双方对该海域的海界有了日渐明晰的认知。19 世纪中叶以前，无论是志书作者还是航海官员，中朝双方的这一认知均主要集中于黄海北部海域“岛陆”的归属上。为保障岛屿安全进行的水师巡洋和由此形成的内海、外洋的区分，使洋面界域有了模糊认知，但相较“岛陆”，该海域“水空间”部分仍保持“公共水资源”属性。该文指出，近代以来随着中朝海疆危机的加深和海洋资源依赖性的增强，洋面归属问题提上日程。在此背景下，双方据《万国公法》将领海从“公共水资源”中剥离出来，并以《中朝商民水陆通商章程》作为对方渔民在各自领海从事渔业活动的行为规范。

【清代八旗水师与海防体系】

潘洪钢：《福建论坛（人文社会科学版）》2020 年第 3 期。

在清代海防体系的研究中，八旗水师的兴衰及其与海防的关系鲜有关注。在“首崇满洲”和“国语骑射”的国策之下，与陆路建立以八旗驻防为中心的军事体系一样，清统治当局也曾有过建立以八旗水师为中心的海防体系的实践。从东北到天津、福州直至广州，八旗水师曾经作为海防体系的核心而存在，这是以八旗为基础的清政权稳固的根本性要求。该文认为，八旗水师的兴衰与清代海防成败同步，对清代海防建设产生了重要影响。

【20 世纪 30 年代日本对我国南沙群岛政策的演变】

冯军南、华涛：《中国边疆史地研究》2020 年第 1 期。

20 世纪 30 年代，日本对中国南沙群岛政策呈现出阶段性变化。1933 年“九小岛事件”发生之际，日本在对外政策中坚持“协调外交”路线，与法国达成妥协，实现共存。1936 年当“南进”政策成为日本的国策时，向中国南沙群岛的扩张成为日本实施向外南洋扩张计划中的一部分。随着日本军部逐渐主导国家对外决策及国际局势的新变化，日本外务省从极力反对海军省的行动演变为积极献策，一致主张驱逐法国势力，武力侵占中国南沙群岛。1939 年 3 月末，日本将中国南沙群岛非法“编入”领土。该文指出，20 世纪 30 年代日本对中国南沙群岛政策演变是日本外务省、海军省基于国内政治与国际时局综合考量，也是他们分歧、折冲、平衡的结果。

【毛泽东关于中国海疆战略的重要思想】

李欣：《党的文献》2020 年第 6 期。

在领导中国共产党和中国人民反抗侵略、争取解放和探索社会主义建设道路的过程中，毛泽东对中国海疆安全、海疆维权、海防建设、海疆治理等问题进行了持续深入的思考和谋划，提出了一系列关于中国海疆战略的重要思想。毛泽东从陆海统筹的战略高度思考中国海疆问题，坚决捍卫国家领土领海主权，强调要建设强大的海防和一支符合海防需要的强大的海军，指导建立海疆治理制度体系，统筹推进沿海地区建设。该文指出，毛泽东关于中国海疆战略的重要思想，对于今天推进新时代中国海疆治理和国家安全工作，具有重要启示意义。

【新中国成立以来中国南海维权方式的演进】

栗广：《党史研究与教学》2020 年第 3 期。

中华人民共和国成立以来，中国一直十分重视南海权益，并竭力维护之。该文指出，在不同时期，中国针对南海地缘形势并结合自身实力，通过不同方式维护南海权益。20 世纪五六十年代，中国军事实力较弱，且处于美国为首的西方国家的封锁、包围之中，维护南海权益的手段十分有限，主要以外交方式维护主权。20 世纪七八十年代，随着综合国力的增强，在南海权益遭到有关国家的侵犯之后，中国一方面与美国、菲律宾等国进行交涉，与之达成谅解；另一方面，在与南越政权、越南交涉无果且对方继续侵犯南海权益的情况下，中国又不得不在南海进行自卫反击，收复了西沙群岛、维护了南沙权益。20 世纪 90 年代以来，在中国综合国力迅速提升、美国及其支持的有关声索方不断在南海向中国发起挑战的情况下，中国通过综合运用外交、法律、加强治理等多种手段，有力地维护了中国合法权益和南海和平稳定。

【中华人民共和国成立后我国南海诸岛史地研究述评】

侯毅：《南海学刊》2020 年第 4 期。

中华人民共和国成立后，中国南海诸岛史地研究在以韩振华为代表的老一辈学者的推动下，经过 70 余年的发展，取得了显著的成绩，成为中国边疆史地研究中的显学。该文回顾了中国南海诸岛史地研究发展历程，对中国南海诸岛史地研究的主要成就和学科建设进行梳理总结，认为当前南海形势复杂多变，维权形势更为严峻，南海诸岛史地研究应因应时代需求，在服务国家维权斗争、学科建设和话语体系建设方面作出更多贡献。

【海洋法公约“历史性”话语体系及其南海历史权利认知意义】

宋培军：《思想战线》2020 年第 1 期。

在联合国文件和国际判例中，大致而言，内水、领海、毗连区、专属经济区、大陆架是主权程度递减的海洋区域范畴，“历史性海湾”“历史性水域”“历史性所有权”“历史性权利”则是递增包含关系的“历史性”（historic）话语体系。在《联合国海洋法公约》中，仅仅使用了“历史性海湾”“历史性所有权”两个概念。“历史性海湾”一词，早在英美北大西洋海岸渔业案判词中已经出现，但当时存在很大争议，美国海湾就不被认为是“历史性海湾”，而是“历史海湾”。当这一概念被应用于中美洲丰塞卡湾时，“历史性”是包含西班牙独占该湾的近代殖民历史在内的。该文认为，中国对南海的历史权利主张，也要像美国的民族国家肇造那样，把南海界定为历史水域，进而注意剔除“历史性”话语的近代殖民历史的一面。南海九段线的首要内涵是“国家军事战略前沿底线”，这是“历史中国”内历史疆域、外历史性版图的疆域—版图结构决定的，重塑当代中国作为一个历史性国家在“一带一路”起点上负责任大国的新时代形象，也要肇基于此。

【论历史性权利在海洋划界中的作用】

李永、张丽娜：《中国边疆史地研究》2020 年第 1 期。

历史性权利在海洋划界中作用的法律基础既包括条约法也包括国际习惯法。历史性权利分属不同的法律基础，使其在海洋划界中发挥不同的作用。以《联合国海洋法公约》为代表的条约法，规定了历史性所有权或历史性海湾在领海划界中的优先作用，明确了历史性所有权、历史性水域在海洋划界争端解决程序中具有任择性例外的作用，并确立了历史性捕鱼权在群岛水域划界中具有特别适用的功能；而国际习惯法确立的历史性权利规则在海洋划界中的作用，虽然目前国际法上尚无明确规定，但在国际实践上，其主要以并行适用方式发挥作用。该文指出，历史性权利在海洋划界中的不同作用，为未来我国与周边国家尤其是南海周边国家海洋划界提供国际适法导引。

【印太战略视角下南海问题国际化的特点与前景】

齐皓：《南洋问题研究》2020 年第 3 期。

2017 年以来，在美国出台印太战略前后，南海问题出现了新一轮“国际化”趋势，美国等域外国家不断加强在南海的军事存在，以更加灵活多元的方式协调在南海的安全合作，试图在“法理”与安全层面对中国施加更大的压力。它们加强在南海军事存在的行径，将提高海上军事对峙与冲突的概率，刺激南海国家已经趋缓的权利主张，为南海相对稳定的局势增加新的变数。该文认为，尽管美国等域外国家对南海问题存在一致的原则共识，但仍面临一些严重的障碍，战略层面上各国对印太战略的目标存在分歧，政策层面表现为介入方式的分歧，介入能力的不足，以及如何继续获得东盟国家的支持等问题。鉴于新一轮“南海问题国际化”带来的挑战及问题，中国需要对南海的安全形势作出全面细致的评估，在坚守国家主权及安全利益的同时，管控南海对峙及冲突风险，继续与东盟国家发展稳定可预期的合作关系，减少“域内外国家军事安全互动”对稳定南海局势的负面影响。

西南边疆研究

【论历史时期西南疆域空间结构的多元属性和流动特征——兼论中华民族共同体建构的“边疆视角”】

尹建东：《云南师范大学学报（哲学社会科学版）》2020 年第 3 期。

该文指出，空间结构应是用以探讨西南疆域社会及其关系格局演变的叙事单位。首先，地理生态环境的非均质性与多样性，对西南边疆社会文化面貌及疆域空间的形成起到了形塑作用；其次，历史上不同人群的长期活动，构成了西南疆域内部和外部不同层次的“中心—边缘”关系及其互动；最后，西南疆域空间稳定性和流动性的两个面向，反映了西南疆域社会结构的生成机制及动态变化特点。空间结构研究的方法论意义，在于弥补了传统开发治理史单向度“线性历史”叙事模式的不足，提供一个更加多元、多层次的叙述结构，可以从中获得有关该区域历史发展变迁整体性的理解和认识，凸显出以环境、族群和疆域空间为主题的“复线历史”的叙述特征。此外，这一研究取向还有助于把讨论的议题进一步延伸到西南边疆地区如何进入统一多民族国家疆域空间的问题上来，进而形成一个具有逻辑性和结构性的叙述框架，为当前学术界所关注的中华民族共同体形成问题，提供一种“边疆视角”和阐释路径。

【南诏大理国与吐蕃及东南亚地区的茶叶贸易初探】

张海超：《农业考古》2020年第2期。

南诏大理国时期云南的茶叶生产趋于繁荣，将茶运往藏区销售并销售到以安南为主的东南亚地区成为王国重要的贸易活动。南诏大理国将茶叶产区的诸多民族置于统一的管辖之下，保证了产地与市场之间的有效联系；茶叶贸易不仅维持着茶马古道交通网络的存在，云南也借此强化了与西藏以及东南亚的政治文化交流。该文以茶叶及其对外贸易为媒介进行讨论，旨在揭示南诏大理国的经济与社会状况，深化对中国西南边疆发展历程的理解。

【北宋中期中央政权治理广西政策的调整】

梁琛：《广西民族师范学院学报》2020年第1期。

该文指出，针对之前中央政权治理广西政策上的缺失，北宋中央政权在对广西的治理政策上进行了一些调整，这主要体现在：法制上调整相对过度的“羁縻之道”政策，军事上实行建立广西边防新体系的政策，经济上实行财政安抚、减少赋税和开禁互市的政策，文化上实行建立学校、行礼义教化的政策。这些政策是对北宋前期原有政策的调整。这些调整后的治理政策对于抵御外敌、巩固边防，安抚边民、稳定社会，发展教育、促进经济发展等各方面都起到了积极的作用。

【元初八番顺元地区管辖权变动问题研究】

伍磊：《中国边疆史地研究》2020年第3期。

元朝改变了宋代对八番顺元地区宽松羁縻的治理模式，推行较为严格的宣慰司、土官制度和与内地一致的镇戍制度。在征服八番顺元地区的过程中，川、滇、湖三省围绕其管辖权问题，展开了一番争执。元廷以军政制度推行和地方稳定为考量，以行省力量投送水平为依据，先将八番顺元地区划归四川行省，后短暂划归三省交替管辖，最后划归湖广行省。该文指出，元廷对八番顺元地区的治理模式，在由羁縻制向土官土司制转型过程中，推行宣慰司、镇戍制等军政制度时，与该地区特殊的政治地理环境不断磨合，是管辖权出现复杂变动的主要原因。

【元朝广海选制度初探】

贾建增：《中国边疆史地研究》2020年第2期。

广海选制度是元朝在南部边疆推行的一种特殊的官员铨选制度，与南部边疆地区的自然和社会经济条件有密切的关联，也与当地的战略地位有关。广海选制度下，特使的委派、官员的铨选均有相应的制度规范。广海选制度在实际运行中出现了一些问题，元朝也适时对其进行了调整。该文指出，广海选制度是元朝蒙古统治者汉法政策的内容之一，反映了蒙古统治的特点。

【明朝对云南地区的统治与经营】

方铁：《曲靖师范学院学报》2020年第5期。

明朝统治时间长达277年，是历史上

影响深远的王朝。明朝统治云南地区，恪守“宽猛适宜”的原则，先后派驻大量军队，以卫所的形式驻守各地，并命卫所将士携带家眷就地屯田，使云南社会、经济、文化有很大的发展。

【边地秩序：明代云南西南边疆地区的“内”、“外”之别】

刘建莉：《中国边疆史地研究》2020年第3期。

该文指出，有明一代，云南西南地区一直存在“内”“外”之别。从明初的“版图之外”“三江之外宜土不宜流，三江之内宜流不宜土”，到明中期的“远近之夷”，再到明末的“内外之夷”，“内”“外”观念在发展，视角也在不断变化。在经历了“麓川之役”和明缅战争之后，地方士人对“内”“外”土司的划分也发生了变化。从明初到明末，随着边地秩序的确立及重塑，“内”“外”的含义不断变化，呈现出动态和多元的特征。

【明初广西置废军民指挥使司考论】

蔡亚龙：《中国边疆史地研究》2020年第3期。

军民指挥使司是明朝设置在西部边疆地区兼管军民的特殊军卫。洪武末年广西一度设置军民指挥使司，庆远、南丹、奉议三处军民指挥使司仅历数载便尽数废止而降为普通军卫，龙州军民指挥使司胎死腹中，“浔州军民指挥使司”更是子虚乌有。该文指出，广西土官制度旺盛的生命力、明廷政策推行上定力不强、广西战略格局的变化、烟瘴肆虐等，是促使军民指挥使司在广西昙花一现的主要因素。军民指挥使司作为明朝早期改变桂西地区土官专治局面的尝试，对拓宽“改土归流”的研究视野、思考边疆民族地区“内地化”的明代特色均有启发意义。

【土官纷争、边疆治理与社会变迁——以明代中期广西岑氏家族为中心】

谢宏维、秦浩翔：《广西民族研究》2020年第1期。

经过历代经营，岑氏家族于明代成为广西势力最大的土官世家。明代中期，广西岑氏土官家族纷争频繁，共爆发了四次大规模武装冲突。随着纷争的逐渐加剧，国家应对政策也随之不断转型，经历了以调停为主到剿抚并用，再到武力平叛，最后回到招抚的转变。该文指出，土官频发的纷争和国家的治理对边疆社会产生了影响，主要体现在国家对土司控制力的下降、土司权力格局的演变、土司社会的长期动荡以及经济发展迟滞等方面。

【明清以降中国南部边疆地区的国家整合方式研究】

杜树海：《西北民族研究》2020年第1期。

该文认为，从中国南部边疆研究的个案经验与国家整合的研究理路出发，可以总结明清以降边疆地区国家整合的五种方式，即地缘血缘想象、文化地景塑造、礼法话语建构、资源/人员流动与信仰仪式统合。具体而言，边地人群通过族谱书写、口传故事等形成了王朝国家内部地缘与血缘一统性的想象；文化地景塑造不仅体现了当地人的审美态度与情感，还凝聚着国家的意识形态与民众的国家认同；礼法话语建构揭示出边地上层对于“大一统”礼法制度的学习与实践；资源/人员流动说明了王朝国家后期日益频繁的物资、人员与信息流动对于国家整合的促进；信仰仪式统合则显示了“大一统”文化元素在地方文化层级与体系中的优势地位。国家整合的一个结果是地方文化具有了层次性。

【乾隆朝中缅战争前后的贸易变动与宗藩关系】

马琦、余华：《中国边疆史地研究》2020 年第 3 期。

清代中期的中缅关系曾因战争出现过显著的变化，通过考察战争前后中缅贸易的变化过程，该文认为缅甸迫于贸易制裁的压力而主动恢复中缅宗藩关系，清朝实现了军事征战没有达成的目的。

【再造“土司”：清代贵州“新疆六厅”的土弁与苗疆治理】

卢树鑫：《近代史研究》2020 年第 1 期。

该文指出，土弁作为清代贵州“新疆六厅”基层社会的管理者，其职权和世袭身份的获得并非来自中央王朝的授职、任命，而是地方流官的委任，是地方政府基于苗疆治理实际而进行的制度性创造。随着苗疆经济的发展，苗寨头人成长并部分取代了土弁的管理职权。咸同兵燹后，清廷为强化苗疆治理，拟废革土弁，终因地方督抚的妥协和地方官的回护而搁置，显示出清代贵州苗疆治理体制的特殊性与西南边疆地区内地化进程的曲折。

【明清地图中的“苗疆”与“生苗”】

席会东：《中国历史地理论丛》2020 年第 1 辑。

明清时期，湖南、贵州、广西等省区交界地带是尚未被纳入王朝直接管辖之下的“生苗”聚居区，也被称为“苗疆”，属于明清王朝的“内在边疆”。明代中期以来，明廷在以湘西凤凰腊尔山为中心的苗疆地区设立卫所、营寨，修筑苗疆边墙，隔绝“生苗”和“熟苗”，加强对内在边疆的控制。明嘉靖《麻阳图》和万历《楚边图说》表现并强化了“苗疆”的存在。清代苗疆内在地缘结构改变，黔东南、桂东北取代湘西成为“生苗”聚居中心，康熙、雍正初年的疆域图中绘有三块“生苗”空白区，标明了清王朝疆域内的“化外之地”和“内在边疆”，反映了清王朝的“疆域观”和“族群观”。随着雍正朝经略西南、开拓苗疆和改土归流，清王朝国家权力的空白地带——“生苗”区域逐渐减少并被代之以正式的国家政区，作为“内在边疆”的苗疆最终消失于清王朝的版图之中。该文指出，疆域图生动表现了清王朝统一的深化和国家的内在拓展。

【清中后期西南边疆田赋蠲缓与国家财政治理】

李光伟：《史学月刊》2020 年第 2 期。

清代西南边疆田赋虽在国家财政收入中占比不大，但关系国计民生，事涉边疆安全与稳定发展。清廷对其财政治理主要表现在应对灾荒与战乱的田赋蠲缓、减轻民众赋税负担的普免积欠和整治田赋征缴积弊。1799—1911 年清廷蠲缓云南田赋总额近乎免除该省 17 年田赋之额征，其中荒田赋额占蠲缓总额的 95%，且历经多年未能规复。户部认为外省田赋征缴积弊严重，清廷因此加强财政治理，在西南边疆推行钱粮征信册制度，但受多种因素困扰，实行十年收效甚微。该文指出，尽管地方官员多否认田赋征缴积弊，但西南边疆普遍存在土地清丈未行、册籍缺失不实、制度执行走样、例荒例灾捏报、官吏因循疲玩等弊端，且延续至民国时期。

【清末民初广西的弹压委员与改土归流】

郭红、郭嘉：《中国边疆史地研究》2020 年第 2 期。

光绪中期至民国十八年（1929）是广西土司地区改土归流的关键时期，在此期间土司地区的行政长官经历了土官—弹压委员—县知事（县长）的转变历程。

弹压委员的设置，是这一变革期的关键。弹压委员被设立以后，当地在行政区划地理单位上仍以旧有的土司地方相称，但却为之后改设为正式政区奠定了行政与地理上的基础。弹压委员地位不高，又受到已废土官势力及承审州、厅、县的内外制约，加之清末民初的时局，其在土司地方施政艰难，但在一定程度上促进了当地的发展及与外界的交流。该文认为，在废土设县之时，弹压委员又成为积极推动者，使得土司地区最后可以正式设置、合并为县，完成近代广西政治地理上的大变革，巩固了西南边疆。

【政治区域化的流变——北京政府时期西南边疆滇、川、黔地方政治关系研究（上）】

段金生：《西北民族论丛》第 21 辑，社会科学文献出版社 2020 年版。

辛亥革命爆发后，唐继尧借援黔之机控制了贵州军政大局，此后“黔附于滇”成为 1920 年之前滇、黔政治关系的主要特征。1920 年之后，伴随南北政治形势的变化，滇、川、黔三省地方政治秩序再次重组。伴随唐继尧统治的日益衰弱，滇、黔地方政治发生分化，袁祖铭对唐继尧的反对，是贵州第二代地方实力派对原有滇、黔政治关系的挑战；滇、黔地方关系新的变化情形日益明显，总体上表现出一种由此前的政治同盟关系向彼此猜忌并对立的关系发展。护国运动之前，滇、川关系就因滇军入川产生矛盾；护国运动后蔡锷督川时期，尚能维持滇、川关系的暂时平稳；蔡氏离职后，形成了滇黔联合控制四川但彼此又相互博弈，同时四川地方势力又不断反对滇黔的政治景象。在 20 世纪 20 年代初期，滇黔势力逐渐退出四川，但四川仍然陷于纷争形态。该文指出，总体上，自护法运动之后，长期交织的滇、川、黔三省政治逐步走向分解形态，以往密切的复杂影响关系逐渐减弱，开始出现由“西南”区域政治集团势力向省域势力发展的趋势。这一趋势的出现，也预示着南北对峙下的新的政治形态的逐步发展。南京国民政府成立后，滇、川、黔三省实力派向省域力量转变，不复“区域集团势力”之面相。

【边疆开发视域下“新理想、新社会、新制度之创造与实验”——以民国云南开蒙垦殖局为中心】

罗群：《中国边疆史地研究》2020 年第 2 期。

该文指出，民国时期垦殖作为开发边疆的重要举措，关乎国安民利。抗战时期云南边地垦殖受到从中央到地方政府的高度重视，体现了中央与地方的双向互动与博弈。而开蒙垦殖局的设立与发展，可谓是此种边疆开发过程中为实现化边疆为内地、“从新建设农业”的“新理想、新社会、新制度之创造与实验”，具有浓厚的制度创新色彩。

西藏研究

【《隋书·附国传》与早期吐蕃史相关问题】

李宗俊、梁雨昕：《西藏大学学报（社会科学版）》2020 年第 4 期。

该文指出，尽管《隋书》为唐初史官魏徵等撰修，但《附国传》的史料却并非出自魏徵等之手，而是出自隋裴矩《西域图记》，因之史官及后世学者多没意识到附国即吐蕃；《北史·附国传》与《新唐书·附国传》均是对《隋书·附国传》的继承或删节；附国之名并非真正的国名，而仅是一种俗称。“吐蕃”一词的发音应该是吐蕃人在原来称号的基础上，附会或因赐姓而自称“秃发”或

“拓跋”而来；隋唐之际，客观上给吐蕃的兼并战提供了绝佳机会，其间吐蕃因忙于内部的兼并战争或赞普易代而汉籍无闻。但贞观八年（635）前后的唐蕃互动，正如同大业四年（605）、五年（606）的隋与附国的互动一样，为该时期唐朝为攻灭吐谷浑而与吐蕃的呼应结盟。

【唐蕃接触中的河西九曲】

杨长玉：《中国史研究》2020 年第 3 期。

作为唐蕃关系史中最重要的事件之一，吐蕃以“金城公主汤沐邑”的名义取得河西九曲之事颇受学界关注，但相关史实尚有待发之覆。该文认为，取得河西九曲，是吐蕃自高宗麟德二年（665）以降就汲汲以求的目标，这一目标的实现经历了近半个世纪。根据中宗神龙二年（706）盟誓的规定，河西九曲作为“闲壤”存在于唐蕃之间，此后数年在唐朝西境安全方面发挥了重要作用。玄宗执政初期，吐蕃趁唐朝内政不稳之机及双方和好的态势，取得对河西九曲的控制权，打破了神龙之约。随后，吐蕃为使自身对河西九曲的占领合法化，并趁机获取更多利益，向唐朝提出重新会盟定界的要求。玄宗虽应允会盟，但在疆界问题上，坚持回到神龙盟誓所规定的状态。双方就这一问题进行交涉，难以达成一致，开元二年（714）的河源议界及随后的一系列事件，就是在这一背景下展开的。

【吐蕃“玛冲”（rMa Khrom）、“廓域”（Kog Yul）地望考辨】

妥超群：《中国边疆史地研究》2020 年第 1 期。

吐蕃“玛冲”即唐代开元初吐蕃进入青海地区的军事政治中心，其地望问题学界还未有令人满意的研究结果，该文通过汉藏文献对勘和对前人“kog yul”研究的纠误，认为“玛冲”地望可定为今青海贵德。

【论萨毗地区的吐蕃势力及其与归义军政权的关系】

陆离：《西藏大学学报（社会科学版）》2020 年第 1 期。

该文指出，吐蕃在“安史之乱”以前已经占领了萨毗城，并设置了萨毗军当道节度，亦即 khrom（军镇）。“安史之乱”爆发后，鄯善地区全部为其占领，吐蕃在这里设有萨毗地区节度使（khrom），归属吐蕃东道节度使和德伦盟会（bde blon vdun tsa）管辖。萨毗地区节度使最高长官将军（dmag dpon）仍然驻于萨毗城，在播仙、石城、新城等地派驻官员对这些地域进行管理。晚唐张氏归义军时期，吐蕃萨毗地区节度使政权被称为璨毗或璨微，与归义军进行通使往来，于阗独立后也通过萨毗地区节度使辖境进入敦煌等地。张氏金山国时期，张承奉曾派兵征讨璨微。此后的曹氏归义军时期，吐蕃萨毗地区节度使残余势力仍然与仲云部族一起占据着鄯善地区。

【唐代拨川的地望和词源】

李勤璞、伍金加参：《西藏大学学报（社会科学版）》2020 年第 4 期。

“拨川”唯一一次见于 724 年唐朝廷对禄东赞孙子、吐蕃归化者论弓仁的殁后爵封“拨川郡王”，乃吐蕃地面跋布川（藏语 bal-po）的别写和省称。跋布川包括疋播城（phying-ba）及其以南，雅砻河平阔的河谷平原（yar lha sham-povi chu rgyud）以及往西往南更广远的地域。拔布海系唐人依汉语“跋布川”命名，即雅砻河西侧大湖 gri gu mtsho（哲古错），后者唐代名称是 * brivu mtsho（哲乌川），周遭地区当时称 bal poe brivu tang（跋布之哲乌川)。该文认为，吐蕃（bod）地域广大、地形多样，不会认为它是“川”而称之“拨（蕃）川”，拨川的拨字跟藏语 bod 一词无关。

【麝香之路：7—10 世纪吐蕃与中亚的商贸往来】

沈琛：《中国藏学》2020 年第 1 期。

文章通过对伊斯兰史料与藏汉文史料的梳理，结合青藏高原的考古发现，对吐蕃与中亚的商贸往来进行了研究。吐蕃输往中亚的商品主要是麝香，因而这条商路又被称为麝香之路。动物皮毛、盾牌、盔甲、金银器等吐蕃商品也在伊斯兰世界非常知名。中亚输往吐蕃的商品包括金银器、织锦、香料等。吐蕃与中亚贸易路线主要有海上和陆上两条，前者须通过西北印度到达印度洋港口提飑，与海上丝绸之路汇合；陆路经拉达克、大小勃律，经大食之门到达呼罗珊、粟特、阿拉伯。粟特商人、大食商人、犹太商人都曾活跃于麝香之路上。

【洛门塘历史研究】

达瓦次仁、次仁欧珠：《西藏研究》2020 年第 2 期。

该文指出，今天位于尼泊尔西北地区的木斯塘地区在历史上被称为洛门塘，自古以来就有藏族祖先居住和生活，是喜马拉雅藏文化区的重要组成部分。象雄和吐蕃时期，该地区的政治中心位于悉立。自 15 世纪以来，洛王室建立了地方政权，与中国西藏地方政府保持紧密联系，并向噶厦缴纳年税。然而，廓藏战争后，洛门塘被廓尔喀占领，从此该地成为尼泊尔的一个县。

【宋代邈川亚然家族考述】

齐德舜：《西藏大学学报（社会科学版)》2020 年第 1 期。

该文指出，北宋时期，亚然家族牢牢占据青唐吐蕃政权的门户邈川，协助唃厮啰两次建立河湟吐蕃地方政权，成为能够左右河湟吐蕃政权大局的三大部族之一。亚然家族后来与唃厮啰家族分道扬镳，成为西夏党项政权、唃厮啰青唐吐蕃政权、北宋政府三方经略西北必须大力争取的一支中间力量。北宋后期，宋军发起两次河湟之役，亚然家族战败后失掉对邈川大本营的控制，家族后裔自此散居于湟水流域。元明时期，亚然家族为宗喀十三族之一并被改称瞿昙寺族，后来又改称卓仓藏族，成为卓仓藏族的先民之一。

【历史上安多地区蒙古族与藏族融合现象述略】

秦永章：《西藏大学学报（社会科学版)》2020 年第 3 期。

该文指出，13 世纪伴随着蒙古人的西征南下，大量的蒙古人通过各种形式迁移到甘青安多地区，随之与当地藏族开始了广泛的接触和互动，并发生了蒙藏民族相互融合的现象。由于蒙古族迁入的人口规模较小，其在周围藏族文化的长期浸融和影响下，显示出以蒙古族融入藏族为主的特点。历史上安多地区蒙藏民族融合的众多史实和案例表明，安多地区是多元一体的中华民族形成过程中的一个重要“民族历史区域”。

【乾隆皇帝与颇罗鼐家族——以西藏档案馆蒙古文档案为中心】

乌云毕力格：《中国藏学》2020 年第 1 期。

文章利用作者自己整理翻译的西藏档案馆藏蒙古文档案，探究乾隆皇帝和西藏郡王颇罗鼐父子之间的蒙古文往来文书，主要论证了清朝在探索治藏政治制度的过程中，如何与颇罗鼐家族互动的问题。文章认为，清朝与西藏地方世俗精英的合作取得了良好的效果，为建立西藏政教合一制度积累了经验，提供了条件。

【德尔智与十三世达赖喇嘛晋京期间史事探析】

冯翔：《中国边疆史地研究》2020年第4期。

德尔智是近代藏事研究中一个绕不过去的角色，他对十三世达赖喇嘛有着长期的重要影响，也始终得到十三世达赖喇嘛的信任。该文利用多语种史料，对十三世达赖喇嘛晋京期间一些史事及德尔智的活动进行详细考察，不仅有助于弄清德尔智在近代西藏事务中扮演的角色，也有助于辨析十三世达赖喇嘛政治态度的变化过程。

【晚清循化厅藏族部落纠纷的解决形态】

马成俊：《中国边疆史地研究》2020年第4期。

乡老讲息与官府断结相结合是晚清循化厅藏族部落纠纷解决的重要方式之一。这一纠纷解决方式的基本形态为：部落纠纷发生后，两造或其中之一告诉到官；官府进行查处，乡老或受命或主动居中调解；两造或其中之一对乡老调解与官府查处或抗拒不遵，或翻案滋闹，甚或武力反抗；最后官府以兵威慑服两造接受审判。在官府判决过程中，乡老讲息两造纷争，形成评议，官府以此为基础断结纠纷。该文认为，这一纠纷解决形态从根本上来讲是由当地社会结构与文化传统决定的，反映了传统藏族聚居区部落纠纷解决方式与秩序形成的多样性与复杂性。

【《西宁青海番夷成例》实效问题探析】

张科：《中国边疆史地研究》2020年第4期。

《西宁青海番夷成例》的内容源于《理藩院律书》，后又增加两条，是清朝在羁縻为政的总体框架内，以“因俗而治”为理念，针对青海、甘肃及四川部分地区的藏族与青海的蒙古族实施的法律规范。由于其施行的区域面积较大、族类繁多、风俗各异，且文本粗疏，与《大清律例》、蒙古律例及“番例番规”的竞合致使其在司法实践中没有很好地实施。该文指出，《西宁青海番夷成例》的实施效果，在一定程度上反映了清朝边疆民族立法的成败得失，也为当今少数民族聚居区的法制建设提供了一种历史镜鉴。

【晚清循化厅民间“细故”的审理与调解】

杨红伟、张蓉：《中国边疆史地研究》2020年第4期。

晚清循化厅大量的“细故”案件绝大多数止步于诉讼程序的“中间阶段”，经由民间调解的主动或被动介入和息具结。该文认为，多重因素合力下循化厅衙门对此情形乐见其成。面对高昂的诉讼成本，“两造”经过切实的利益考量通常也会在对簿公堂前息事宁人。虽然“细故”这类争讼由民间调节根植于地方传统，也是行之有效的，但民间社会缺乏强有力的共同体将所有纠纷在内部化解，仍需凌驾于各分散主体之上的权威，因此官府的力量不可或缺。

【1890年《中英会议藏印条约》谈判中的中锡边界交涉】

吕昭义、陶亮：《中国边疆史地研究》2020年第2期。

在英国发动第一次侵藏战争前，中锡间以分水岭以外的日纳为界，并不存在边界争议。该文认为，中锡边界争端的根源在于英国和英属印度武装打开西藏通商门户的战略意图与行动，引发边界争端的隆吐归属争议不过是英国和英属印度发动侵藏战争的托词。《中英会议藏印条约》是强权政治的结果。该条约“以分水岭划界”，将日纳宗划入英国保护下的锡金，是英国和英属印度提出并压迫中方接受，中国作出了重大妥协而达成的。该条约是一个不平等条约，但该条约中的“分水岭划界”是双方认同的。

【清末史料中的哲孟雄名称与部族考订】

张永攀：《中国边疆史地研究》2020年第4期。

清代中后期，锡金在汉文史料中先后出现“者木戎”“白木戎”“哲孟雄”“巴赖忠”四个称呼，此后逐渐统一为“哲孟雄”。清代汉文方志《西藏志》《卫藏通志》对其部族情况有所提及，但较为简略。直到19世纪末期，英属印度方面对锡金部族构成进行了调查。根据彼时资料，哲孟雄部族主体包括布提亚人、利普查人、林波人、穆尔米等部族，且这些部族在形成发展过程中，大多与藏族和西藏有着密切关系，但哲孟雄部族在发展中并未跨越今中印边界进入西藏地区。

【《藏行纪程》所载滇藏交通研究】

张钦：《中国边疆史地研究》2020年第1期。

《藏行纪程》详细记载了康熙末年杜昌丁自云南昆明至西藏洛隆宗的往返行程，是《三省入藏程站记》《西藏通览》《西藏新志》《西藏志》等书滇藏交通部分的直接或间接资料来源，是研究清代滇藏交通的珍贵史料。文章通过对道路沿线地名的考证和梳理后发现该书多处地名顺序有误；该道路只在康熙末年及雍正年间用兵西藏时设过台站，其间屡设屡撤，云南的驿道也未延伸至西藏，将其称为滇藏驿道并不恰当；与之相比，《藏纪概》所载滇藏台站更加准确和权威。

【珞巴族研究新论】

李金轲、马得汶：《中国边疆史地研究》2020年第3期。

由于分布在中印边界地区的原因，有关珞巴族的研究存在诸多限制因素。文章在综合中外文文献的基础上，利用一些新的数据资料等，对珞巴族部落构成状况、珞巴族人口总量以及珞巴族各部落的社会生活做系统探讨。

【1949—1951年印度对中国西藏和平解放谈判之干涉】

张皓：《江苏师范大学学报（哲学社会科学版）》2020年第3期。

该文指出，西藏和平解放是中国国家统一的重要一环，印度却企图将西藏变为中印之间“缓冲区”而横加干涉。1950年初噶厦派出代表团取道印度赴京，印度阻拦并要求在新德里谈判，致使代表团直至10月仍未离开印度。人民解放军发起打开西藏和平解放大门的昌都战役，印度却指责是阻止和平谈判。西藏和平解放谈判是大势所趋，印度无力阻拦。在谈判进行时，它虽然承认西藏是中国领土不可分割的一部分，但是反对人民解放军进驻西藏。中国国家统一和驱逐帝国主义侵略势力出西藏，是新中国政府坚定不移的方针，包括印度在内的任何侵略势力阻拦不了西藏和平解放谈判的举行与“十七条协议”的签订，阻拦不了人民解放军进驻喜马拉雅山边防。

西北边疆研究

【“丝绸之路”概念的提出与拓展】

徐朗：《西域研究》2020年第1期。

西方古典作家曾记载东汉时期马其顿商人来华一事。德国地理学家李希霍芬不仅据此复原了这些商人所行的路线，还将这条横跨欧亚大陆、连接东地中海地区与黄河流域的陆上商路命名为“丝绸之路”。这一术语反映出丝绸在古代中西贸易中的重要地位。该文指出，李希霍芬虽然最先使用“丝绸之路”一词，却并未将它作为研究重点，而且他认为丝绸之路具有明显的年代局限性。但李希霍芬之后的学者如赫尔曼、斯文·赫定等则直接继承了“丝绸之路”的说法，并推动了这一术语内涵、外延的丰富、扩大，至今已成为古代欧亚大陆东西方之间海陆交通要道的总称和文明交流的代名词。

【中古入华胡人墓志的书写】

荣新江：《文献》2020年第3期。

该文指出，从北朝末年开始，入华的胡人开始采用中国传统的土葬方式埋葬，同时也开始使用墓志，到唐朝时这种做法已经非常普遍，因此流传下来大量的中古时期胡人的汉文墓志。但胡人采用这种中国传统的书写方式，也经历了一个复杂的过程。大体上来看，最初的胡人不具备写刻墓志的操作技能，因此是交给当地的汉人书者。随着自我民族意识的增强，有些胡人首领墓志也采用胡汉双语来书写，有些可能是胡人自己书写，以致有粟特语影响的写作痕迹。但入华胡人的主体发展方向是一步步汉化，所以书写汉文墓志遂成惯例，而且大多数是由所在地的汉人文士书写的，于是产生一些相互抄袭、内容雷同的墓志。到了盛唐时期，胡人后裔中出现了一些接受正规汉文化教育的人，由这样的人士来书写胡人墓志，成为一些胡人首领倾向的做法；而采用胡汉双语来书写墓志的做法又见行用，并且一直延续到晚唐。

【佛教汉文文献所见唐朝疆域变迁】

王义康：《中国边疆史地研究》2020年第1期。

文章将唐代佛教汉文文献中所见唐北部、西部疆域变化的有限资料，结合正史记载进行了诠释。认为唐前期北部、西部疆域大幅伸张与收缩，各方政治、军事力量的消长贯穿始终。唐朝是以政治归属来判定版图所至，即以政治控制为依据，政治势力所及地区即为唐版图。今天考察中国古代王朝疆域不能脱离特定的历史背景，应该遵循古代疆域观念予以判定，唯有如此才能对唐朝疆域的形成与变化给出合理的解释。

【吐蕃与于阗佛教交流史事考述】

沈琛：《西域研究》2020年第3期。

该文指出，有关于阗的藏文文献中揭示了两地佛教交往的历史传说，但双方真正意义上的佛教交往始自8世纪上半叶，金城公主入藏时期一批于阗僧人来到吐蕃避难。吐蕃统治于阗时期，一些于阗僧人被征召到吐蕃本土，将部分于阗佛典与教法史翻译为藏文，并对吐蕃佛教产生了重要影响。于阗佛寺需要向吐蕃镇守军缴纳粮食，寺户需要到各个烽燧与吐蕃士兵一起戍守，客观上促进了基层的佛教交往。部分吐蕃僧人也到达于阗东部佛寺，并带来某些古藏文佛典。吐蕃王朝崩溃之后，于阗宫廷仍有吐蕃人存在，吐蕃佛教化的王权观念也为于阗所继承。

【论西夏对中国的认同】

史金波：《民族研究》2020年第4期。

西夏与同时代的宋、辽、金三个王朝一样，对中国表现出高度认同。传统历史文献记载，西夏攀附元魏，追认唐朝，以宋、辽为宗主国，尊称宋朝为“大汉”，以唐尧、汉祖为榜样。近代出土的西夏文献记录了西夏对中原王朝不同场合以民族、地域方位或朝代名称呼，反映出中国内部各王朝共存的现实，同时显示出西夏对外自量、境内自尊的心态。该文认为，西夏对古代中国帝统的认可，证明其自认为是中国历史的继承者之一。特别是西夏对中国传统文化多方面的学习、继承——包括尊崇儒学，实行科举；继承中华法系，仿效中原官制；继承德运传统，设置年号、尊号等；借鉴汉文创制西夏文，翻译中原典籍和佛经；学习中原文学艺术、礼仪习惯；弘扬中原科学技术等——表现出对中国的高度认同。西夏还淡化“华夷”界限，把党项族纳入“中华”范畴。辽夏金对中国的认同加强了民族间的大融合，为元朝高度认同中国，并以中华正统身份承袭中国做了思想、理论和实践的准备，打下了厚重的基础。

【西辽对中华文化在西域传播的作用】

张先革、李朝虹、潘志平：《新疆大学学报（哲学·人文社会科学版）》2020年第2期。

契丹是中国古代北部的少数民族，也是高度中原化的民族。西徙契丹于1132年在巴拉沙衮建立政权，在西域地区建立了疆域辽阔的西辽帝国。西辽政权将中原政治制度引入西域地区并和西域当地的统治方式相结合，确立了中原政治制度在西域的主导地位。该文指出，西辽以国家政权为依托，促进了中原政治文化、器物制造文化、社会风俗文化等在西域地区的传播，推动了西域各民族文化同中原文化的融合，对西域地区产生了深远的影响。文化上的中华属性以及同中原地区密切的联系，都说明了西辽是中华民族的一部分。

【元明时期河湟地区新诸族族体形成共性问题研究】

陈文祥：《中国边疆史地研究》2020年第3期。

该文指出，元明时期河湟地区新形成的几个民族在族体形成上有着鲜明的共性特征，主要体现在自然地理环境和社会人文环境共性、族体形成的宏观制度共性和族体形成的模式共性。特殊的自然和人文环境是诸族形成的基础性条件，而社会制度是诸族实现内部整合和凝聚的黏合剂。基于此，河湟地区新形成诸族才能形成稳定的文化凝核，并以此为基础不断滚动，吸收多元民族因素并凝聚出新的“一主多元”族体雪球。

【河西走廊：明朝成功管控西北边疆的锁钥】

田澍、胡睿：《中国边疆史地研究》2020年第4期。

面对唐朝丧失河西走廊的深刻历史教训和安史之乱以后河西走廊多民族交融的重大变化，明朝因时制宜，创新管理体制，对河西走廊采取了全新的管控模式，使其在国家安全和对外交流中发挥着积极作用，稳定了西北边疆地区，消除了动乱的根源。该文认为，明朝对河西走廊治理能力之强和管控时间之久，远远超过了汉、唐时期，成效明显，为清朝进一步强化对西北边疆的控制奠定了坚实的基础。

【清代学者对于西北史地之研究及其著述】

史念海遗著、王双怀整理：《历史地理研究》2020年第1期。

抗日战争爆发后，中国边疆问题日趋严重。史念海先生与他的老师顾颉刚先生十分重视对边疆史料特别是西北史料的收集和整理，史先生写下了这篇文章，旨在揭示中国疆域沿革的历程，以激发国人的抗日热情。史先生认为：清代学者十分关注西北史地问题，早在乾嘉时期，即有人致力于西北史地之研究；乾嘉之后，西北边疆多事，探讨西北史地的人日益增多。他们或整理史地文献，或撰写史地专著，或记述清廷在西北的武功，或记载中俄在西北的界务，产生了一批重要的著述。这些著述，大都仍然具有重要学术价值。

【清代雍正、乾隆时期制度性“回民”身份的形成过程及其执行效果】

温春来、周煦阳：《青海民族研究》2020 年第 1 期。

从雍正朝中期开始，清代制度中逐渐形成了一个“回民”身份。适用该身份的人群即回族。在这一过程中，“回民”这一身份从只有民间日常生活意义，逐渐附加上了国家制度的意义。这一制度化身份主要体现在治安方面，与保甲制度紧密关联。此过程始于甘肃，由保甲组织中的特别管制办法开端，进而逐渐发展出特别登记、统计、刑例等规定和具体举措，并普及全国。这一过程以多次具体事件为契机推进，至乾隆朝基本完成。该文指出，由此形成的制度性“回民”身份有着污名化特征，但因保甲制度缺乏实效而流于形式。

【杨增新时期新疆税务制度研究】

周卫平：《中国边疆史地研究》2020 年第 4 期。

民国初年，由于时局动荡，民国政府无暇西顾，作为新疆财政命脉的“协饷”断绝。为了解决财政危机，杨增新对税制进行了一系列变革和调整。他重建了税收机关，确定了税收种类及缴纳方式，制定了主要税种的税收规则，并根据实际情况开始对外国人征税。该文认为，这些措施的实施在一定程度上增加了财政收入，适应了当时当地的社会发展水平，具有一定的进步意义。

【盛世才治新时期新疆农村基层政权建设体系中的中共特色】

陈芸、张皓：《中国边疆史地研究》2020 年第 1 期。

盛世才治新时期，新疆局势渐趋稳定后，他效仿中共基层民主建政做法，使新疆基层政权革新初步凸显中共政治民主化色彩。在县级政权，盛世才效仿中共民主集中制原则，设置县政务委员会，民主议决与执行；在县级以下政权建设中推行区村制、民主选举区村长、实施村代表会制。该文指出，通过借鉴中共基层民主建政经验，盛世才不仅首次健全了新疆基层政权体系，而且率先引入了中共政治民主化的措施，这也在一定程度上推动了当时新疆各项事业的发展。

二　2020年边疆研究论文选刊

再议中国边疆学构筑与中国边疆治理研究的深化

马大正*

《云南师范大学学报》自2008年第5期始，推出“中国边疆学研究”学术专栏，这是国内学界创办的首个以“中国边疆学”为命题的学术平台，至今已十一个年头，其间发表了近200篇学术论文。从内容言，既有边疆理论的探究，更多的是对中国边疆治理从历史到现状宏观与微观的研究；从理论和方法言，涉历史学、政治学、管理学、社会学、人类学、民族学等诸多学科，充分显示了中国边疆学是一门综合性交叉学科的特点；从研究功能言，既有直面当代边疆治理的应用研究、对策研究，也有“以史为鉴”对古代边疆治理的经验总结和教训反思。可以说《云南师范大学学报》设置的“中国边疆学研究”学术专栏，既是中国学人边疆研究的一个重要平台，也是当代中国边疆研究热潮形成的重要推动力之一。

但是，当人们通览“中国边疆学研究”学术专栏刊发的论文后，一个欠缺却是明显的，即正面论及中国边疆学构筑的论文不多，甚至可以说很少。据我不完全统计，11年来正面论及中国边疆学构筑的论文不超过10篇，全部刊发以论述中国边疆学构筑论文的专栏只有2期（2008年第5期、2019年第1期）。

近读周平《当前边疆研究的审视与反思（代主持人语）》（《云南师范大学学报（哲学社会科学版）》2019年第5期），文章对“边疆研究在快速发展中出现一些需要引起注意的问题”的反思，以及必须认真面对问题的四点思考，颇受启发。

愚以为，在“中国边疆学研究已成为学界研究的热点，有关中国边疆学构筑研究，学人宏文迭出”① 的今天，如下三端在学人探研中应给以更多的关注，以期形成基本共识。

一是，对边界、边境、边疆、中国边疆内涵与外延的界定，如果甲说的边疆与乙说

---

* 马大正，中国社会科学院中国边疆研究所研究员，国家清史编纂委员会副主任。

① 马大正：《中国边疆学构筑是当代中国学人的历史担当》，《云南师范大学学报（哲学社会科学版）》2019年第1期。

的边疆并不是一回事，甚至完全不同，少了一个共同的基础，讨论就变得毫无意义。[①]

二是，一定不要忽视甚至忘记中国边疆学是研究极具中国特色中国边疆从历史到现实所有问题的综合性交叉学科，基于此，“学习和借鉴西方的知识和理论具有重要的意义，但这并不成为在研究中以西方理论或观点为圭臬的理由”[②]，一定不要忘记中国特色的根本。

三是，吁请同仁关注中国边疆学构筑进程中值得重视的四个节点[③]，并进行宏观与微观相结合的深入研究。四个节点简言之是：对前人研究成果的继承和创新；中国疆域理论的探究；中国边疆治理理论与实践的研究；依托边疆历史，面对边疆现实的责任担当。

对边疆治理理论与实践研究的深化，我想再表述如下两点思考，或者说可以从两个角度进行研究的深化。

一个角度是继承中创新的视角。所谓继承中创新，是对以前的研究成果进行深化研究。当然，以前的研究成果已经是很丰富了，但是丰富了不代表研究已到尽头了，有些问题，还需要大家共同努力，不断深化研究。试举以下几个问题。

（1）因俗而治的问题。因俗而治是民族政策研究中一个重要命题，成果很多，专著也很多。过去主要讲因俗而治在治理边疆中的积极方面，这应该肯定，但是，因俗而治有没有因俗过度而对国家边疆的治理造成负面影响？所以，因俗过度这个问题应该引起大家的重视。

（2）民族起义。有清一代的民族起义很多，对于民族起义应该实事求是地进行分析和评价，不能简单因为反清、反封建统治就认为它都是革命。我们不能美化清朝的封建性，但是在国家治理层面上，也不能丑化清朝治理的合理性。过去因为革命史观，对于所有的反清运动都认为是革命；现在对这个问题应该在国家治理大视角下进行实事求是地再研究、再评价。在涉此问题研究中，理论上有两点需要突破：一是，“造反有理”与国家治理实施、维护社会稳定，即使是封建王朝时期也均有其正当性和合理性，两者之间如何找到理论阐述的平衡点；二是，历史上以少数民族群体为主的反抗斗争，其阶级性与民族性之间如何找到理论的平衡点。

（3）边疆大吏的素质和作用。这方面过去研究不够。以前对于清朝的边疆治理，我们往往肯定其有正当性一面，但是在此前提下也有失误，哪些失误是时代性的，哪些失误是由于阶级利益所决定的，哪些失误是因为当时的条件难以克服的？也就是时代局限。对于清晚期，我们往往否定的多，肯定的少。但是晚清收复新疆，除了左宗棠之外，如果没有以慈禧太后为代表的最高统治层的支持，左宗棠也做不成抬棺西征的壮举。虽然清晚期有一系列的卖国和丧权辱国行为，但是在治理边疆上也有亮点，在边疆设立行省，比如在新疆建立行省就是一个亮点。这样的问题，也值得我们在前人研究的

---

① 马大正：《中国边疆学四题》，载邹建达、许建英主编《中国边疆学构筑文集》，社会科学文献出版社 2019 年版，第 3—4 页；周平：《当前边疆研究的审视与反思（代主持人语）》，《云南师范大学学报（哲学社会科学版）》2019 年第 5 期。

② 周平：《当前边疆研究的审视与反思（代主持人语）》，《云南师范大学学报（哲学社会科学版）》2019 年第 5 期。

③ 马大正：《中国边疆学四题》，载邹建达、许建英主编《中国边疆学构筑文集》，第 4 页。

基础上进一步深化。

（4）对藩属制度、朝贡体系怎么在前人研究的基础上，引入新的学科理论和方法，放在东方社会视角下，不要拿西方学者的民族国家的理论来套，否则会越理越乱。这两个问题，现在成果也很多，但是我觉得还可以继续深入。

另一个角度就是开辟新视角。在我看来，下面这几个问题，应该引起更大的重视，下更大的力气，进行宏观和微观相结合的研究。

（1）当代中国人继承了先辈留下的两大历史遗产：一是统一多民族的中国；二是多元一体的中华民族。这两大历史遗产是祖先留给我们的，也是我们现今中国人要面对的，在现实生活中也是当代中国人历史认知的基点。两大历史遗产的形成及其重要性和战略地位，我觉得现在的研究远远不够。

（2）我们统一多民族中国的疆域形成、发展、奠定及其历程和规律的研究，可以从点到面，正面谈我们的认识，建立我们自己的理论体系、话语体系。

（3）对多元一体的中华民族的形成和发展，同样也需要把历程和规律讲清楚。举个例子，我们在撰写清史的过程中，关于清兵入关，就有人把满族看作外国人，与日本人侵略中国相同看待。二者完全不同的。满族是中华民族的一员！当然我们不隐晦清兵入关战争中的屠杀。

这三个大题目，我们如果可以讲清楚，对于我们建立学术体系、学科体系、话语体系会有重要帮助。我们不奢望西方各类人士认同我们，但是我们要把话语体系放到世界上去。

除此之外，我们还必须应对来自西方学术界的挑战。就说“新清史”问题吧，“新清史”并不新，之所以能热，是我们中国一些学人炒起来的。“新清史”代表人物欧立德的四个基本观点：第一强调清朝是少数民族建立的非汉的正统王朝，主张划清清朝与汉族王朝的界限；第二强调清代满洲的族群认同和对满洲特色的研究，反对满洲被汉化的说法；第三提倡以族群—边疆的视角和新的理论框架来重新审视清代的历史；第四提倡采用满文、蒙古文、藏文、维吾尔文的文献来研究清史。这是欧立德自己归纳的“新清史”的四个基本点。我觉得这四点，除了第四点我们一直在这么做，其他三点都值得商榷。欧立德引出的理论和对历史事实的叙述，挑战了中国人对历史认知的底线，挑战了统一多民族国家的历史存在，挑战了多元一体民族的客观实际。我们现在急需在理论上进行阐论，要建立起我们自己对统一中国和多元一体中华民族历史叙述的理论框架和体系，但要防止政治化，要在学术范围内讨论、辩论。

最后，我想借我在《中国边疆学四题》结尾的一段话作为结束语：

中国边疆学构筑，需要学人扎实的研究，持之以恒的决心，锲而不舍的信心，一步一个脚印，即古语所云：九层之台，起于累土；千里之行，始于足下。已经有了一个好的开头，理想之结局会成为现实！

（原载《云南师范大学学报（哲学社会科学版）》2020 年第 1 期）

笔谈二：夯实构建中国边疆学的基础

李国强*

在几代学人不懈努力下，中国边疆学学科建设步入了快速发展轨道，一门以中国边疆为研究对象的独立知识体系正在建构、正在培育、呼之欲出。近年来围绕中国边疆学所展开的互动交流、学术讨论十分热烈，有关研究成果超过以往任何一个时期。可以说，构建“中国边疆学”已经从“呼声”转化为学科建设的具体实践，成为边疆研究学术界的共同目标和任务。

关于中国边疆学学科建设，学术界提出了多种观点，可谓异彩纷呈，呈现出“百花齐放、百家争鸣”的良好态势。但是在众说纷纭中，中国边疆学学科建设的诸多命题似乎重新变得混沌起来，比如学科定位问题、学科内涵问题、学术体系框架问题等等，思想在不断深化的同时，认识差异却有不断加大的趋向。尽管认识上的不一致是十分正常的现象，尽管各种观点理应得到尊重，但“不忘初心，方得始终”，在构建中国边疆学的讨论中，我们不能忽视提出这一命题的初衷，更不能迷失这一命题的方向。因此，始终清晰认识中国边疆学的理论起点、逻辑起点和实践起点，这是我们把握“初心”的根基；始终准确定位中国边疆学的学科目标、学科任务、学科宗旨，是我们“牢记使命”的关键；始终牢牢把握中国边疆学的时代背景、时代要求、时代方向，是我们“继往开来”的前提。唯有如此，才能使中国边疆学的建设基础更牢固，才能使中国边疆学的发展航向不偏离。

中国边疆学建设正处在一个定向定位的关键点，在这个节点上，需要回到原点加以冷静观察，更加科学地回答什么是中国边疆学、为什么要构建中国边疆学、要构建一个什么样的中国边疆学等一系列基础性问题。同时，还要从中国边疆学的性质、体系、结构、功能，从中国边疆学的理论、方法、手段、工具等问题入手，牢牢把握中国边疆学学科建设的核心要义，进一步清晰地辨析中国边疆学的主体内涵和学术外延。

在此，简要和大家分享3个方面的问题。

一是，什么是中国边疆学。

界定中国边疆学，是建构中国边疆学最基本也是最重要的环节之一。依据科学性、实用性、简明性、兼容性、扩延性、唯一性六个原则，从边疆研究对象、研究特征、研究方法、学科的派生来源、研究目的、目标六个方面加以细致梳理、客观归纳、科学总结，才能更好地认知什么是中国边疆学，才能更好地探究中国边疆学的学理属性。

中国边疆学是哲学社会科学中一门以中国边疆为研究对象的独立知识体系。它包含的第一个要素是“中国边疆”。中国边疆学把中国陆地边疆和海洋边疆作为整体进行全

---

* 李国强，中国社会科学院中国历史研究院副院长、研究员、博士生导师。

面考察，研究边疆起源、演进的规律以及国家治理边疆的全过程。它包含的第二个要素是“独立知识体系”。边疆研究的理论或知识基础，决定了中国边疆学所具有的独立性，它包含了中国边疆从无疆无界，到有疆无界，到有疆有界发生、发展的全部历史；它包含了国家边疆治理从无到有、从初级到高级、从简单到复杂的全部进程。在空间格局上，涵盖我国所有边疆地区；在时间脉络上，覆盖中国边疆由古至今的全时段。通过对边疆历史和边疆现实多层次、宽领域的学术考察，揭示中国统一多民族国家发展的客观规律，诠释国家历史疆域与国家领土形成演变的时代轨迹，凝练边疆治理与边疆发展历史嬗变的内在精髓。

二是，为什么要构建中国边疆学。

构建中国边疆学，是理论创新的必然，是时代发展的必然。我们之所以要构建中国边疆学，在我看来，其目的在于通过强化边疆问题的整体性研究、综合性研究，以更加完整、规范的学术体系、理论架构，实现边疆学理论研究的三个核心目标：一是探寻我国边疆形成、发展、变化的历史进程，为科学阐释中国统一多民族国家的必然性、合理性和合法性提供理论基石；二是探寻我国边疆治理的历史脉络，在思想、制度、手段、方式等多个层面追溯历史根源、阐释时代表征、破解现实难题，为我国边疆治理体系和治理能力现代化建设提供理论支持；三是探寻我国边疆开发经营的历史轨迹、当代进程、未来方向，为边疆长治久安和可持续发展、为实现边疆人民的福祉提供理论支撑。

基于上述思考，近年来中国边疆研究所持续加大构建中国边疆学的力度，不仅把它作为学科建设的核心目标，而且在中国社会科学院的支持下，中国边疆学被纳入“登峰战略”中，集中优势学科资源，整合优势学科力量，展开中国边疆学学科建设的基础性工作，希望通过扎实、务实的工作，拿出我们构建中国边疆学学科体系化的成果。

三是，构建一个什么样的中国边疆学。

习近平总书记在哲学社会科学工作座谈会上的重要讲话，为我们加快构建具有中国特色的边疆学学科指明了前进方向，明确了具体要求。按照习总书记对中国特色哲学社会科学的指示精神，构建中国边疆学应围绕三个体系来展开。

首先，遵循学术规律，着力于中国边疆学学科体系创新。所谓学科体系，指的是对专业学科门类整体设置的系统化。学科是学术发展到一定时期的产物，它往往既体现社会实践的状况，也反映学术的进展。学科体系的科学性和完整性，是中国边疆学建设的前提，也是中国边疆学持续进步的重要依托。任何一门学问的体系化，首先是源于学问自身由碎片化向整合化提升的内在驱动。打造中国边疆学，必须按照边疆研究的基本属性，注重多学科有机结合、彼此交融，注重多学科研究手段和研究方法相互渗透；必须按照边疆研究的学术规律、形成具有时代特点、内涵多样、结构合理、立足前沿、适应国家需求的学科体系。

其次，合乎学术规范，着力于中国边疆学学术体系创新。所谓学术体系，指的是学术研究的系统化，其中既包括学术思想、理论观点的系统化，也包括学术标准、研究方法和科研手段的系统化。学术体系是中国边疆学的基本内核，也是中国边疆学的核心支撑。没有科学完备的学术体系，边疆学将是缺乏宏观性、系统性和整体性的低层次理论研究。建立完善的中国边疆学学术体系，必须准确把握边疆研究的特性，从廓清其内涵、学术范畴入手，建立起边疆研究的学术结构，形成边疆研究的学术规范。同时，不断创新学术思想，努力提出有客观依据、经得起实践和历史检验的原创性学术观点。

最后，顺应时代要求，着力于中国边疆学话语体系创新。所谓话语体系，是指一整套表述一种思维系统的语言系统。话语体系承载着特定思想价值观念，关乎价值表达、思想影响和真理传播等重大问题，是一个国家在国际舞台上确立话语权的前提和基础。话语权的创立者法国人米歇尔·福柯指出："话语是权力，人通过话语赋予自己权力。"构建中国边疆学话语体系，是其理论价值和实践价值得以有效提升的重要环节。任何话语体系都有其政治立场，中国边疆学话语体系也不例外，对内它关系到边疆主流意识形态话语权，关系到马克思主义在边疆学研究领域的主导地位；对外它关系到中国边疆学在国际上的话语权力和话语能力，关系到中国边疆学在国际学术界的影响力和辐射力。构建中国边疆学话语体系至少应把握四个要素：一是必须坚持以马克思主义为指导，坚持以人民为中心的基本立场；二是要坚持"不忘本来、吸收外来、面向未来"的科学方法；三是要注重从学理性、通识性、公约性上打造出作用于构建中国边疆学话语体系的新概念、新范畴、新表述；四是要努力建构具有原创性、标识性的中国边疆学核心理论，这是构建中国边疆学话语体系的决定因素。

在学者们的辛勤耕耘和孜孜以求中，中国边疆学学科建设迎来了大发展和大繁荣的时期，中国边疆研究正在成为当代哲学社会科学中富有朝气、充满活力的学科。尽管中国边疆学已经具备了独立"学科"的若干特征，但是中国边疆学的学科构建并未完成，究其原因，恐怕在于我们对中国边疆学"共同理论基础或研究领域相对一致的学科集合"的认识还不透彻，在中国边疆学研究对象、理论体系、知识基础、研究方法等问题上的思考还不够深入。关于"中国边疆学"学科的讨论势必还将继续，思想碰撞势必还将延续，中国边疆学学科建设必将在学术交流、思想互动中得以推进。

（原载《云南师范大学学报（哲学社会科学版）》2020 年第 1 期）

新时代边疆治理现代化研究：内涵、价值与路向*

青　觉　吴　鹏**

党的十八届三中全会指出，“全面深化改革的总目标是完善和发展中国特色社会主义制度，推进国家治理体系和治理能力现代化”①。这是党的文件中首次提出推进“国家治理体系和治理能力现代化”这一时代命题。2019 年 10 月 28 日至 31 日召开的党的十九届四中全会，对坚持和完善中国特色社会主义制度、推进国家治理体系和治理能力现代化作出了重大战略部署，这是党的历史上首次用一次中央全会专门研究坚持和完善中国特色社会主义制度、推进国家治理体系和治理能力现代化问题，可见其重大意义。推进国家治理体系和治理能力现代化，是中华五千年政治文明发展史之内在机理，与中国共产党与生俱来的能力品质，彼此之间交流融汇与自觉契合的必然选择。《孟子·离娄上》曰：“得天下有道：得其民，斯得天下矣。得其民有道：得其心，斯得民矣。”人民民主专政的国体性质，决定了执政党治理国家应该要得到人民的认可，从这一初心出发，也就必须要努力提升国家治理水平、让国家有能力。

边疆的安全与稳定、繁荣与发展，历来是一个主权国家繁荣稳定的指示器与风向标。“治国先治边”，对于边疆的治理，是多民族统一国家治理活动的一项重要内容。党的十八大以来，习近平总书记多次深入边疆地区调研和召开专门会议，发表了一系列重要讲话，将边疆治理提升到前所未有的战略高度，不仅充实和完善了党的治藏、治疆方略，而且为新时代补齐边疆治理短板、充分发挥边疆在国家发展中的战略支撑作用指明了方向，提供了基本遵循。习近平总书记关于边疆治理的重要论述，既是对党的历代领导人边疆治理战略思想的继承和创新，也是对当前我国边疆治理实践系统反思的重要理论成果，对新时代我国边疆治理乃至整个国家治理都具有重要的指导意义。② 中国特色社会主义进入了新时代，边疆治理也需要推进现代化。边疆治理现代化是一项涉及多重维度的综合性系统工程。③ 边疆治理转型与重构的最终实现，有赖于国家层面边疆治

---

* 本文系研究阐释党的十九大精神国家社科基金专项课题“中华民族共同体意识研究”（项目编号：18VSJ092）的阶段性研究成果。

** 青觉，中央民族大学中国民族理论与民族政策研究院院长、教授、博士生导师；吴鹏，中央民族大学中国民族理论与民族政策研究院民族政治学专业博士研究生。

① 《中共中央关于全面深化改革若干重大问题的决定》，人民出版社 2013 年版，第 3 页。

② 参见丁忠毅《十八大以来习近平关于边疆治理的重要论述研究》，《社会主义研究》2019 年第 1 期。

③ 参见吕朝辉《论边疆治理现代化的若干关键维度》，《新视野》2019 年第 1 期。

理战略的构建。因此，必须在国家层面构建一个统领全局的边疆治理战略。① 治理结构重组、治理体系重构与治理能力重塑，是边疆治理现代转型的逻辑选择。② 边疆治理现代化就是指边疆治理行动及其过程逐渐符合法治化、民主化、科学化、标准化等治理现代化特征要求的正向演进。③ 边疆治理现代化之内涵指征，与国家治理现代化的远景目标深度相契，即是要“构建系统完备、科学规范、运行有效的制度体系，加强系统治理、依法治理、综合治理、源头治理”。与此同时，我们也应当看到，边疆治理现代化，虽然镶嵌在国家治理现代化的语境和框架之中，但并不只是单方面仰赖于国家治理的价值赋予与路径指导，它同样也是构成国家治理之内在有机性与丰富内涵的重要组成部分。“当代中国的边疆治理也在国家治理和国家发展中扮演着重要的角色。长期边疆治理中形成的治理方式和治理文化，已经成为国家治理文化的重要组成部分。”④ 因此，新时代的边疆治理现代化，建基于国家治理体系与治理能力现代化之上，是党和国家在对既往边疆治理行动细心梳理的基础上，结合当今国内国际环境变化和时代发展要求对于边疆治理事业的“推陈出新”。

一 边疆治理现代化：国家治理从“制度优势”到“治理效能”的应然逻辑

在探讨边疆治理现代化时，应先把握其所存立的宏观环境与时代背景，即需要结合对于国家治理现代化内涵要义的具体分析加以领悟。中共十九届四中全会指出，要“加强系统治理、依法治理、综合治理、源头治理，把我国制度优势更好转化为国家治理效能”⑤。从“制度优势”到“国家治理效能”这一思路出发，推进边疆治理现代化，不只是反映了新时代边疆建设之关注点的转移，更是国家政治发展主导性价值之良性演进过程在边疆社会的具体表达。无论是从建构“强边疆”与落实边疆治理制度优势的方面考虑，还是就呼应国家发展诉求与向世界提供边疆治理中国方案的需要而言，抑或是从推进边疆社会相关治理事业之政策配套与强化其实践功能的角度进行深度分析，这一逻辑转化都显得尤为必要和精准。

（一）建构“强边疆”与落实边疆治理制度内在优势的必然选择

新时代推进边疆治理现代化是建构“强边疆”与落实边疆治理制度内在优势的必然选择。

---

① 参见周平《论我国边疆治理的转型与重构》，《云南师范大学学报（哲学社会科学版）》2010年第2期。

② 参见姚德超、冯道军《边疆治理现代转型的逻辑：结构、体系与能力》，《学术论坛》2016年第2期。

③ 参见吕朝辉《合力治边：助推边疆治理现代化的重要方略》，《中南大学学报（社会科学版）》2019年第4期。

④ 周平：《边疆发展须要国家战略的推动》，《中国边疆史地研究》2019年第2期。

⑤ 《中共中央关于坚持和完善中国特色社会主义制度 推进国家治理体系和治理能力现代化若干重大问题的决定》，人民出版社2019年版，第5页。

其一，从国际政治的角度来看，对于“强国家”的建构，是解决当今世界混乱与暴力问题、确保国际秩序稳定与安全的题中应有之义。“主权国家仍然是能够实施法律统治的唯一权力渊源，而另一方面，弱国家和失败国家已经成为今天世界不稳定的最主要因素之一，因此需要基于独立的主权国家上构建规范的国家制度以提升国家能力。”① 而要建构“强国家”，相应就必须要建构起一个足以为“国家”提供护卫与屏障的“强边疆”。

其二，从国家能力建设的角度来看，推进边疆治理现代化，是现代国家建设的一项基本任务，边疆治理能力的提升与国家整体治理目标以及治理效果的达成密切相连。“基础性国家能力包括强制能力、汲取能力、濡化能力、国家认证能力、规管能力、统领能力、再分配能力、吸纳与整合能力八个方面，没有必要的国家基本制度建设，就没有基础性的国家能力，就谈不上国家治理。”② 边疆治理能力作为基础性国家能力的具体呈现，推进其治理现代化对于实现国家治理现代化具有重要意义。

其三，从“国家制度—现实效用”之内在转化的角度来看，推进边疆治理现代化，是释放边疆治理制度内在优势并使之真正转化成为边疆治理现实能力的必要步骤。“国家治理能力其实是协调国家权力关系的能力，它由体制吸纳力—制度整合力—政策执行力构成，作为一种祛价值化的实践性理论，具有系统性、分层性和非对称性的特征。不同于比较政治学前 60 年流行的意识形态化的必然是‘制造问题’的研究范式，国家治理能力理论的追求是为了‘解决问题’。”③ 也即是说，构建先进的政治制度，只是现代国家建设的第一个步骤，接下来必须要考虑如何将之落地并实行有序持久运行的问题，我国边疆治理制度之内在优势，只有在转化为具体的边疆治理效能时才具有实际意义。

（二）呼应国家发展诉求与向世界提供边疆治理中国方案的现实需要

从历史演进的脉络观之，“治理”之具体意涵，是一个历久弥新的并根植于现实社会具体发展需求的有机概念。“治理”一词，最早出现于古希腊城邦政治之中，在古希腊语中解释为“掌舵”，带有“控制”“引导”之意。1989 年，世界银行首次运用“治理危机”一词来描述当时非洲一些国家的危机状况，其后治理的含义不断被扩展丰富，经过诸多学人的阐释与探讨，终于在 20 世纪 90 年代以后成为世界政治领域的两大经典“话语”之一。一般将“治理”定义为：“各种公共的或私人的机构管理共同事务的诸多方式的总和，是使相互冲突或不同的利益得以调和并且采取联合行动的持续的过程。”④

而对于“国家治理”，则须放置在中国语境的政治运行实践与现实治理行动中才能予以深刻理解。“关于‘治理’中具有的中国特色的政治属性、社会制度、社会价值观

---

① ［美］弗朗西斯·福山：《国家构建：21 世纪的国家治理与世界秩序》，黄胜强、许铭原译，中国社会科学出版社 2007 年版，第 2 页。

② 王绍光：《国家治理与基础性国家能力》，《华中科技大学学报（社会科学版）》2014 年第 3 期。

③ 杨光斌：《关于国家治理能力的一般理论——探索世界政治（比较政治）研究的新范式》，《教学与研究》2017 年第 1 期。

④ 吴志成：《西方治理理论述评》，《教学与研究》2004 年第 6 期。

等，就是指针对中国特有的问题来治理。国家治理就是中国的话语，不是要跟西方比概念有多创新，而是要解决中国特有的现实问题，以问题为导向把国家建设得更好。”[①]国家治理这一取径，既是几代中国共产党人探索奋斗之历史过程的叠累呈现，也是中国特色社会主义制度的经验凝练与智慧结晶。以问题为导向、解决现实问题，在此基础上不断推进中国特色社会主义事业，从而更好地服务于国家发展需要和人民大众，是隐含在国家治理实践轨迹之下的价值追求与存在使命。

因此，在中国特色社会主义进入新时代这一时代背景下，推进边疆治理现代化，也是建基于国家建设内在发展诉求与向世界提供边疆治理中国方案的双重考量之上。

首先，就本体论层面而言，推进边疆治理现代化，是我国边疆建设事业之螺旋式上升过程所必然要经历的“飞跃”步骤。国家作为一个有机生命体，在其生长的各个阶段面临着不同的成长难题，与此同时也相对应地要完成各个具体阶段的成长任务。在国家建构的一般生命历程和发展轨迹中，随着国家政权的不断稳固，以及国家能力的不断提升，国家能力已经足以胜任保护社会成员不受侵犯以及维持社会和平与秩序的需要，此时就需要更进一步，把国家的各项治理行为规范在法制化的轨道之上，从而追求国家合法依规运行的长治久安状态，并使社会公民在与国家的具体互动时，能够将其主观感受与内在化的情感心理认同联结起来，自觉形成一种对于国家的政治认同。边疆作为国家生命体的有机组成部分，也相对应地需要循着这一进路实现自身治理的“更新迭代”。

其次，推进边疆治理现代化，也是凝结中国当代边疆建设发展成果，使之在与欧美主流政治文明对话过程中更加自信的现实需要。“基于中国历史文化和现实政治的‘国家治理’是一个好概念。‘国家治理’概念在世界政治中的优势不仅来自中国良好的政治实践，更重要的是这个概念本身真实地反映了国家政治的方方面面。用‘国家治理’与西方鼓吹的自由民主对话，不但能使国际社会更容易理解中国，也更能彰显中国发展的优势所在。”[②] 作为“国家治理现代化”一个重要组成单元的“边疆治理现代化”，是中国贡献给全世界和人类命运共同体的关于“边疆建设”与“边疆治理”的精华内容，它可使全球不同国家地区、不同族群以及不同文化下人们对于“边疆治理”的理解更加丰富、具象，并在深化认知的同时为其提供道路选择与方法论指导。

（三）推进边疆治理事业政策配套与强化实践功能的自在延伸

新时代中国边疆治理事业千头万绪，因此把握其最核心的部分和本质性内容，梳理出一条贯穿当代边疆治理实践的指导性脉络，就显得尤为关键，也唯有这样，才能合理调配资源，并使之在全局范围内有条不紊地协调推进，形成全社会有序联动的综合治理格局。而就其体系框架来看，边疆治理在边疆社会各项事业中无疑居于最高序列，“制度”既是从社会中孕育而生，又为社会提供了根本性的规范性话语，因而在现实条件下，边疆治理的现代化，无疑是边疆地区其他事业之现代化得以开展的首要基础性

① 王雅婧：《中国共产党是现代国家治理体系构建的主导者——访北京大学国家治理研究院副院长燕继荣》，《中国纪检监察报》2019 年 10 月 28 日。

② 杨光斌：《“国家治理体系和治理能力现代化”的世界政治意义》，《政治学研究》2014 年第 2 期。

条件。

进一步来说，边疆社会各项具体事业现代化之内在动力与诉求纷纷涌现，但如何落实为实践行动以及厘清彼此间关系，却需要有一种外在统辖性机制予以确保。因此，从这个维度看，推进边疆治理现代化，也是当前正如火如荼推进开展的边疆社会各项事业亟须落实政策配套与强化实践功能这一内在诉求的自在延伸，正是因为有了来自边疆社会各个层面、各个领域的治理诉求，边疆治理现代化才会日渐显现出它的形貌。与此同时，应当引起我们关注的一点是，推进边疆治理现代化，本身也是一个宏观性命题，为了确保其最终目标的达成，也需要进一步细化领域和实化功能，而不能大而化之地一概而论。从这个思路出发，作为边疆治理现代化具体组成部分的边疆社会各项治理事业，也即是边疆各个具体区域、领域和具体环节的治理现代化，也应适时予以关注并在此基础上有序展开。

二　边疆治理现代化：新时代国家发展与安全的全新命题

“边疆”之具体范畴与内涵指向，往往需要根据特定历史时期内政治、经济、文化、社会与自然等诸多因素的变动状况，进行综合化、系统化的具体分析。一般而言，边疆作为主权国家的一个下辖区域，以国家权力的构建和治理行为的延展为其存在前提。边疆问题虽然发生和主要作用于边疆地区，但其后续的影响以及由之产生的衍生性问题，却并不只局限于边疆这一范畴之内，对于边疆问题的妥善、有效解决，不仅关系到国家的主权和领土完整，也关系到国家的和谐稳定与民族的发展前途。因此，对于主权国家而言，边疆问题绝不是一隅之暂时性问题，而是事关全局发展的根本性战略问题。所谓“边疆治理”，一般而言，就是指运用国家权力，有序调动、统筹国家和社会各方面资源，解决边疆问题之过程的综合呈现。所谓边疆治理现代化，其衡量标准或主要标志大体上涉及治理主体的多元化、治理资源的多样化、治理原则的法治化、治理思维的系统化、治理方式的科学化、治理过程的民主化、治理机制的协同化和治理业绩的高效化。[①] 也就是说，新时代推进边疆治理现代化，既是对既往边疆治理事业的继承与发展，也可为国家战略的推进提供有力支撑，并有效回应当前快速变动的外在环境以及其所遭遇的现实挑战。

（一）边疆治理现代化是对既往边疆治理事业的继承与发展

传统的边疆治理，更多是作为国家的一种从属性治理而存在，其对于自身治理诉求的关注度不够，也没有充分发掘本身所蕴含的发展潜能。梳理中华人民共和国成立几十年来我国边疆治理事业的轨迹与经验，不难发现，传统的边疆治理，虽然其在不同区域、不同阶段的具体治理实践形态迥异，但仍然呈现出以下几个一般性特征。

第一，传统边疆治理在治理方式上坚持了“族际主义”的趋向，即将边疆更多视为少数民族聚居的地方，并根据民族身份和民族差异性诉求进行利益分配以及有针对性地开展治理行动。但是，由于不同民族间的诉求往往存在着差异，治理行动很容易带有

---

① 参见吕朝辉《合力治边：助推边疆治理现代化的重要方略》，《中南大学学报（社会科学版）》2019 年第 4 期。

“短期化”、“片面化”和“碎片化”倾向，甚至会自相矛盾。

第二，在传统边疆治理过程中，国家力量发挥了关键性作用，边疆治理行动主要是通过国家力量进行，国家是推进边疆治理的唯一主体，边疆治理政策的制定、执行与评估，都是基于国家力量组织展开。这种由上而下的治理模式，既不对等也缺乏效率，而国家力量的“单一化”与其在边疆地区的“薄弱化”相交织，也进一步加剧了传统边疆治理的困境。

第三，传统的边疆治理在国家政治生活中居于次要位置，它主要是服务于国家核心区域的利益和诉求，治理行动主要是围绕着国家核心区域的治理需要而展开，即更加强调作为“整体”性利益以下之“部分”的身份归属。在这种情况下，边疆社会自身的利益诉求很容易被置换和忽略。

（二）边疆治理现代化为新时代国家战略的推进提供有力支撑

推进边疆治理现代化，即可呼应新时代国家战略和发展布局的新背景与新需求。新时代边疆在我国总体战略中的地位、角色更加突出，边疆的安全、稳定与繁荣，对于我国整体安全、稳定和繁荣具有重要作用，边疆治理现代化，有利于为新时代国家战略的持续稳步推进提供现实支撑和营造良好环境。

首先，从古至今，边疆既是我国多民族生息繁衍的地方和中外文化交流的要道，也是国家统一安定和分裂动乱相互交错的叠加地区。从现实角度来看，我国边疆地区领土面积广袤，边境线漫长，既是多民族聚居区，也与众多国家相接壤，在我国整体国家安全与发展中具有极其重要的战略地位。国家安全与国家利益息息相关，当国家利益受损，身处其中的人们会立即感受到一种非安全的状态，这是任何形态的国家都通用的逻辑。进入民族国家时代以来，国家安全问题更加与民族利益问题、国家利益问题勾连起来。①

其次，伴随着“一带一路”倡议的提出和深入推进，越来越多的国家和地区，跨越国界实现人员、物资与文化的频繁交流与密切沟通，边疆逐渐成为对外开放的前沿地区和经济社会发展的新的增长极，保持边疆社会稳定和繁荣发展，对于推进“一带一路”倡议，构筑周边国家命运共同体，使之和睦友好、共谋发展，具有重要价值和现实意义。除此之外，推进边疆治理现代化，也有利于释放边疆社会发展潜能，可以为边疆的建设开发注入新的生机与活力，从而为党和国家的一系列发展战略如兴边富民行动等带来巨大助推力。

（三）边疆治理现代化可以回应时代发展的现实需要与急切问题

推进新时代的边疆治理现代化，之所以显得如此重要与迫切，也与当前快速变动的外在环境以及其所遭遇的现实挑战紧密相关。就国际层面而言，民族主义潮流在世界范围内进入了一个活跃周期，这对主权国家的政治选择与治理行动产生巨大影响。就国内环境来说，中国社会正处在一个转型期，计划经济时代建立起来的各种社会组织关系和分配制度，在市场经济体制下正处于不断调适重组之中，民族的类别作为一个重要的分配指标，也涉及社会资源的分配环节，不同民族间的利益竞争逐渐显现出来；而传统的

---

① 参见青觉《沿边民族地区发展与国家安全良性互动的建构：可持续发展与可持续安全的交汇》，《兰州学刊》2016 年第 9 期。

集体生活的瓦解，也加剧了普通社会成员的“原子化”倾向，并为社会共同体意义上的“有机团结”① 带来潜在威胁。客观来看，边疆地区不仅是传统国家治理的薄弱环节，也是各层面压力汇聚的集中受力点，推进边疆治理现代化，就是要解决具体表现于边疆之上的各种复杂问题，从而建立在现实治理过程中有效纾解从“边疆”到“国家”的压力传导机制。

三　边疆治理现代化：边疆事务逻辑演化的历时性背景与内在动能

中国边疆治理的具体实践，大致是循着一个由“族际主义的一元治理模式”到“区域主义的多元治理模式”之演进脉络而不断向前推进。② 根据社会现实需求与边疆的时代性特征，适时实现边疆事务的逻辑切换与路径更新，将有助于边疆“发现它自己”。

（一）中华人民共和国成立以来的边疆治理实践：以“物质”供给为主导的外在施力与高层行动

在中华人民共和国成立以来的很长一段历史时期内，以“物质”供给为主导的外在施力与高层行动，构成了国家对于边疆议题的核心逻辑和指导性观念。也即是说，它更多注重的是单方面的外在施力，以及对单一性的“物质”层面的外在供给。这种逻辑和指导性行动的优势在于，它能够以很高的效率集中调配资源，并按照建设者的主观意志进行跨区域输送，从而在较短的历史时期内，快速扭转某一地区或者社会某一方面发展落后和资源短缺的局面。这对于中华人民共和国成立初期，我国边疆地区尤其是少数民族聚居区经济社会各方面发展都很落后的现实国情，具有巨大的调节功能和现实作用。而数十年一以贯之的开展推进，也为我国边疆地区的建设开发做出了重要贡献。但是，随着社会主义市场经济的不断推进以及社会转型的持续深化，社会成员个体禀赋与发展需求的差异开始显露出来，整齐划一的基础性资源供给和“一视同仁”的集体性回应，难以再满足社会成员的异质性需求与多元化需要，以“物质”供给为逻辑主线的边疆发展事业，不可避免会遭遇社会治理效益的边际递减。与此同时，运用中央政府政治权力单方面调配资源这一路径依赖，也忽略了边疆治理内生性动力的培育和生成，难以支撑边疆发展事业在规范化轨道上的可持续运行与自觉进化。在这种背景下，人民日益增长的美好生活需要和不平衡不充分的发展之间的矛盾，作为一种深层次扭曲关系的外化性呈现，也就开始变得越发明晰。

（二）新时代边疆治理现代化：“本体性”价值的复归与实践路径的“整体性”嵌合

新时代边疆事务需要实现从“一元治理”到“多元治理”的逻辑切换与路径更新。

---

① ［法］埃米尔·涂尔干：《社会分工论》，渠东译，生活·读书·新知三联书店 2013 年版，第 136 页。

② 参见李俊清、黎海波《中国的跨界民族与边疆公共事务治理》，《公共管理学报》2015 年第 1 期。

新时代的边疆治理现代化，将更加注重从“下”到“上”分享输送，推进“边缘—核心”双向互动，实现区域治理与国家总体治理的有机结合。也即是说，边疆将会从“泛中心化”的语境中“脱嵌”出来，在“去中心化”的过程中完成自我意义的重新确认和再塑造。它将不仅是一个“边缘性”的话语，而是变成一个蕴含生机与创造活力的具有标识意义的前沿领域，与之相关联的偏僻、贫穷、落后等消极概念将得到改观。新时代边疆治理现代化，将在巩固“国家视野”的基础上，更加致力于对本体论价值的发掘与找寻，并建立一个与“国家视野”相呼应的“自我视角”，从而实现从“要我发展”到“我要发展”的认知飞跃。在新时代国家治理的整体布局中，边疆治理将会发挥巨大的功能性作用，它不仅构成了国家治理这一循环链条赖以持续稳固运转的物质基石，也是国家治理之治理追求在道德价值层面得以存立的要素补充。从实践论层面而言，推进边疆治理现代化，也将有助于促成新时代中国特色社会主义治理事业“整体”与“部分”、“共性”与“个性”、“普遍性”与“特殊性”的互鉴与互补，从而实现区域性治理与国家整体性治理的有机结合。

（三）边疆治理现代化的时代要义：“以人民为中心”与夯实基础资源

首先，新时代的边疆治理现代化，应从以下两个进路确认自己。第一是深化问题导向意识、坚持务实的实践风格，也就是与新时代国家治理的内在取径相一致，以解决关涉国计民生的实际问题为宗旨，不断克服困难，使治理行动化归于“为人民服务”的价值基座之上。第二是站在更广阔的历史视角下把握“知识性”内容，边疆治理现代化，并非凭空重构一套逻辑和实践体系，而是更加注重对既往治理活动的研究和归纳，细心梳理前期成果，吸取有益历史经验，并将其中的精华部分凝练、上升成为中国特色社会主义治理制度的组成内容，从而实现其在实践意义上的“历久弥新”。以存在论的视角观之，这一取径的深刻内涵还在于，它把已经过去了的“历史”，与我们期盼着的“未来”，跨越时间域，放置于正在发生的“现实”这一维度上实现共振与对话。

其次，推进边疆治理现代化，需要遵循“以人民为中心”的主旨脉络。民惟邦本，本固邦宁，人民群众是历史的创造者，推进新时代边疆治理现代化，最根本之原动力是为了呼应人民的心声，解决人民面临的实际困难与现实问题，维护人民的公平发展权利与利益，因此，要坚持“以人民为中心”的基本路向，推进边疆治理社会化、基层化、群众化，深化新时代边疆治理之共融、共富、共享、共建属性，不断保障和改善民生、增进人民福祉、为人民服务。要始终做到为了群众、相信群众、依靠群众、引领群众，深入群众、深入基层。[①] 要将“以人民为中心”的价值内涵与实践动力作用于“实现中华民族伟大复兴的中国梦”这一时代进程，通过治理目的、治理主体、治理过程以及治理成果共享的人民性来实现“一个民族都不能少”的发展目标。[②]“人民”之具体范畴，既是指向边疆地区生息繁衍的各民族成员，更包含“紧紧抱在一起”之中华民族全体成员。“以人民为中心”，不仅厘清和明晰了新时代边疆治理基本的历史方位与价

① 参见《中共中央关于坚持和完善中国特色社会主义制度 推进国家治理体系和治理能力现代化若干重大问题的决定》，第8页。

② 参见青觉《“以人民为中心”：新时代民族事务治理的情境与路径》，《中南民族大学学报（人文社会科学版）》2019年第5期。

值依循，也预示了其在今后实践过程中的发展轨迹。

最后，推进边疆治理现代化，其内生动力还来源于以下两个方面：一是现代国家建设的内在需求，边疆治理现代化应致力于服务统一多民族国家的巩固与发展事业；二是持续推进中华民族共同体建设之现实需要，推进边疆治理现代化，对于维护多元一体中华民族的团结凝聚具有重要意义。在治理主体上，边疆治理现代化应是中央政府、边疆地方政府以及社会组织三者之间的有机协调与共同施力，因而在治理过程中，促成国家权力与社会力量之间的有机结合和交互共生将变得尤为关键。边疆治理现代化，也是对各类基础性治理资源的综合利用与统筹配置，与以往只依靠行政资源的单方面推动不同，新时代的边疆治理将是一个政治、经济、文化、社会等诸要素之间协调互补的系统工程，其具体的实践过程，也必然是全方位、多层次、立体化之治理图景的有机呈现。从这个意义上考察，治理资源是否得以充分挖掘与有效利用，将是衡量新时代边疆治理具体治理成效的一个关键性指标。

综上所述，新时代的边疆治理现代化，并不是一个“理念”与“意识”所搭建的空中楼阁，它应该既是一个概念性的实体，也是一个物质性的实体，这不仅有赖于对鲜明时代风格的夯实与深化，也需要牵涉到对诸多基础性资源的协调配置与有机组合，只有充分保障和发掘这两方面动力机制，才能使新时代边疆治理之现代化治理图景落地为实。

四　边疆治理现代化：“以人民为中心”的基本路向与价值追求

实践证明，中国特色社会主义制度和国家治理体系是以马克思主义为指导、植根中国大地、具有深厚中华文化根基、深得人民拥护的制度和治理体系。[①] 党的十九届四中全会就如何推进国家治理现代化已经做出了明确具体部署，围绕这些部署，本文认为，新时代的边疆治理现代化可从以下几个方面思考谋划并推进展开。

（一）坚持和完善繁荣发展社会主义先进文化的制度，巩固边疆各族人民团结奋斗的共同思想基础

发展社会主义先进文化、广泛凝聚人民精神力量，是国家治理体系和治理能力现代化的深厚支撑。[②] 新时代边疆治理现代化，需要统筹中央政府、地方政府、地方社会组织等多个治理主体，以形成社会整体环环相扣、系统推进的有机治理局面。如何协调各治理主体之间的认知与行为，是需要解决的首要问题。众所周知，社会良性治理关系的建立离不开共同的精神基础，边疆治理现代化在实践过程中的多维联动，也有赖于各治理主体彼此相契的共同心理文化认同。更进一步来说，社会各治理主体彼此间形态各异的思维理念与行动偏好，需要有一超越“浅层次”之现实存在的文化价值体系予以指引和规范，进而达成共识、形成合力。

---

① 参见《中共中央关于坚持和完善中国特色社会主义制度 推进国家治理体系和治理能力现代化若干重大问题的决定》，第2—3页。

② 参见《中共中央关于坚持和完善中国特色社会主义制度 推进国家治理体系和治理能力现代化若干重大问题的决定》，第22页。

首先，需要铸牢中华民族共同体意识，巩固全体人民团结奋斗的共同思想基础。铸牢中华民族共同体意识，培育中华民族共有精神家园，也是为社会个体设置了一个可供参照的价值准线与可供依赖的精神归属，从而使其个人行动与时代呼求无缝衔接。中国共产党作为坚定的马克思主义的继承者和实践者，必将进一步完善和发展边疆治理的国家战略，并将边疆治理的方略融入中华民族共同体建构的内核中。① 铸牢中华民族共同体意识，还必须坚持以马克思主义为指导，积极汲取习近平新时代中国特色社会主义思想最新成果，凝神聚力，并将之运用于实践当中。在新时代的边疆治理中，应当坚持马克思主义在意识形态领域指导地位的根本制度，全面贯彻落实习近平新时代中国特色社会主义思想，健全用党的创新理论武装全党、教育人民工作体系。②

其次，要继承发扬社会主义先进文化。就边疆治理角度而言，良序政治和高效治理机制的建立，离不开社会成员对于公共事业和政府施政行为主动积极、深刻且正面化的社会认知。特定地区自上而下的政治设计和顶层构想，必须依靠地方基层的社会文化组织才能得以实现。③ 在新时代边疆治理的实践中，必须将内在之社会文化氛围的营造与外在的具体治理行动进行有机结合。要加强爱国主义、集体主义、社会主义教育，实施公民道德建设工程，推进新时代文明实践中心建设。④ 要传承发展中华优秀传统文化，大力实施中华优秀传统文化传承发展工程，推动中华优秀传统文化融入国民教育、道德建设、文化创造和生产生活。更进一步，在凝练形成了卓越的边疆文化后，还需要把其从抽象的观念形态、思想形态内化为各族群众的情感认同、内心信念和思维方式，并进一步外化为各族群众的行为自觉和行为习惯，化育成为弥漫于整个边疆社会的良好风尚。⑤

（二）坚持和完善社会主义基本经济制度，推动边疆地区经济高质量发展

新时代的边疆治理，应当要根植中国大地、做实事，切实服务于边疆实际问题的解决。而在当前，边疆地区最为迫切的，即是需要改变经济社会依然落后的局面。边疆治理既是国家战略，也是民生事业，因此要不断致力于人民生活水平的提高，满足人民日益增长的美好生活需要，这其中最为基础和关键性的，就是要促进边疆地区的经济社会发展。经济是社会政治、文化等上层建筑的基础，经济发展水平，也是衡量社会发展水平的最直观因素和最重要标准。从人类演进的历史维度来看，经济潜藏于人类的社会关

---

① 参见李春晖、丁瑞雪《中国共产党边疆治理中的中华民族共同体意识》，《民族教育研究》2019 年第 4 期。

② 参见《中共中央关于坚持和完善中国特色社会主义制度 推进国家治理体系和治理能力现代化若干重大问题的决定》，第 23 页。

③ 参见［美］杜赞奇《文化、权力与国家：1900—1942 年的华北农村》，王富明译，江苏人民出版社 2003 年版，第 25 页。

④ 参见《中共中央关于坚持和完善中国特色社会主义制度 推进国家治理体系和治理能力现代化若干重大问题的决定》，第 23 页。

⑤ 参见方盛举《我国陆地边疆的文化型治理》，《思想战线》2017 年第 6 期。

系当中，经济体系嵌入在社会关系之下。① 要实现社会整体治理局面的有条不紊，就必须重视经济因素在其中的作用和功能，将经济社会发展事业作为一个子系统，嵌入社会总体治理体系之中。也即是说，要把促进经济社会发展，视为新时代边疆治理整体性活动的有机组成部分，使经济社会发展服务于新时代边疆治理事业，让经济社会发展的成果真正为边疆社会全体成员所共享。

第一，必须坚持社会主义基本经济制度，充分发挥市场在资源配置中的决定性作用，更好发挥政府作用，全面贯彻新发展理念，坚持以供给侧结构性改革为主线，加快建设现代化经济体系。② 积极推进边疆经济社会发展事业，要把各族人民对美好生活的向往作为奋斗目标，确保少数民族和民族地区同全国一道实现全面小康和现代化。第二，要大力实施乡村振兴战略，完善农业农村优先发展和保障国家粮食安全的制度政策，健全城乡融合发展体制机制。构建区域协调发展新机制，形成主体功能明显、优势互补、高质量发展的区域经济布局。第三，应当实现边疆治理与“兴边富民”行动的协调推进与有机结合。开展“兴边富民”行动要兼顾“国内”与“国外”两个层面的问题，既要重视解决我国边疆地区的发展，也要充分利用与周边国家的有利条件，实现资金、技术、资源、人员的互补。③

（三）坚持和完善统筹城乡的民生保障制度，满足边疆各族人民日益增长的美好生活需要

在新时代边疆治理的具体推进过程中，还应当坚持和完善统筹城乡的民生保障制度，满足边疆各族人民日益增长的美好生活需要。要创新公共服务提供方式，鼓励支持社会力量兴办公益事业，满足人民多层次多样化需求。④ 健全联系广泛、服务群众的群团工作体系，推动人民团体增强政治性、先进性、群众性，把各自联系的群众紧紧团结在党的周围。⑤ 因此，需要建构新时代边疆群团工作体系，充分发挥社会组织在边疆治理现代化过程中的三大作用。

第一，党和政府的助手。社会组织本身所具备的软约束机制和长于专一研究的优势，有助于打破边疆地区政府各部门之间的藩篱，使社会公共资源可以跨越具体部门、区域和社会群体的局限自由流动，从而实现其在边疆更广阔社会场域的高效率、精准化和无差别覆盖。除此之外，社会组织可以发挥自身专长，为党和政府大政方针的制定提供技术支持和智力参谋，并持续追踪政策实施情况，对政策效果进行评估分析，提高党

---

① 参见［英］卡尔·波兰尼《大转型：我们时代的政治与经济起源》，冯钢、刘阳译，浙江人民出版社 2007 年版，第 50 页。

② 参见《中共中央关于坚持和完善中国特色社会主义制度 推进国家治理体系和治理能力现代化若干重大问题的决定》，第 18—19 页。

③ 参见何晓芳、孙肖《论新发展观、新安全观视阈下的边疆战略演变与兴边富民行动》，《黑龙江民族丛刊》2014 年第 6 期。

④ 参见《中共中央关于坚持和完善中国特色社会主义制度 推进国家治理体系和治理能力现代化若干重大问题的决定》，第 26 页。

⑤ 参见《中共中央关于坚持和完善中国特色社会主义制度 推进国家治理体系和治理能力现代化若干重大问题的决定》，第 8 页。

和政府治理行为的科学性；可以弥补政策失灵，及时补位，解决党和政府难以处理或者处理成本过高的问题，做到到位而不越位，帮忙而不添乱。

第二，人民的贴心人。社会组织来自民间，与人民联系密切、沟通顺畅。目前，边疆地方政府在文化教育、医疗卫生、贫困帮扶、社会救助等公共服务方面成绩显著，但仍有比较大的提升空间，社会组织借助自身“非营利”的性质和平台，可以获得社会捐助、汇聚社会关怀，并将之有针对性地传递给受助对象，真正做到扶民之贫、救民之困、解民之难。

第三，政府与群众间上传下达的桥梁。社会组织借用其与边疆社会各群体之间普遍、密切联系的优势，以及作为社会第三方力量“价值中立”的立场，可以获得政府与群众的双重信赖。一方面，社会组织将政府政策传达、解释给普通群众，有利于促进其对国家政策的理解和认同；另一方面，社会组织又可以实时反映边疆各族人民呼声，并通过自身渠道上陈民情、表达民意，从而增进政府和群众间的通畅交流、互信互利与有机共生。

（四）坚持和完善生态文明制度体系，促进边疆地区人与自然和谐共生

生态文明建设是关系中华民族永续发展的千年大计。必须践行绿水青山就是金山银山的理念，坚持节约资源和保护环境的基本国策，坚持节约优先、保护优先、自然恢复为主的方针，坚定走生产发展、生活富裕、生态良好的文明发展道路，建设美丽中国。[①] 我国的资源分布呈现出“西多东少”的特点，边疆地区是国家发展的重要空间依托、资源依靠。我国边疆地区地理位置特殊，面积广袤，拥有丰富的源头性生产要素，在全国生态系统中占有突出的地位，对全国经济和社会发展全局起着生态屏障的作用。[②] 与此同时，边疆地区既是资源富集区，也是生态脆弱区。因此，新时代推进边疆治理现代化，就需要在治理的过程中，更加注重环境保护与生态治理，进一步完善生态文明制度体系，促进边疆地区人与自然和谐共生。这要求边疆地区尽可能地合理利用边疆资源禀赋条件实现“三大效益”相统一，转变生产生活方式以促进资源高效利用，健全生态补偿机制以提高治理主体积极性，以及充分利用国际资源开展合作治理等推进生态治理，维护国家安全。[③]

五 结语

时代之潮，浩浩荡荡，每一时代都有其要回应的特殊命题，每一时代也都要找寻其所存立的历史方位。“为政而不行，甚者必变而更化之，乃可理也。”[④] 新时代的边疆治理现代化，必然是在继承和发扬我国历代边疆治理制度与经验的基础上，不断推陈出新

---

① 参见《中共中央关于坚持和完善中国特色社会主义制度 推进国家治理体系和治理能力现代化若干重大问题的决定》，第 31 页。

② 参见中共云南省委宣传部课题组《生态文明与民族边疆地区的跨越式发展》，《云南民族学院学报（哲学社会科学版）》2002 年第 6 期。

③ 参见林丽梅、郑逸芳《我国国家安全视阈中的边疆生态治理研究》，《探索》2016 年第 4 期。

④ 《汉书》卷 56《董仲舒传》。

和发展深化的产物。从现实功用上看，边疆治理现代化为“一带一路”倡议及“兴边富民”行动的稳步推进，构筑了一个良好的外部环境，也为边疆地区各族人民的美好生活向往和“自由而全面的发展”，提供了强而有力的现实依托。从事物之动态演进的视角看，边疆治理现代化既是中华民族共同体建设不可或缺的重要制度性支撑，也为统一多民族国家的巩固与发展注入绵延不断之内生动力。边疆既是国家之边疆，也是人民之边疆，更是“本体”之边疆，以历史的纵深视线观之，新时代我国边疆治理现代化事业，将是地方性知识①、国家性规划、人民性归属之价值逻辑与行为框架的有机统一。在此指引下，我们需要结合历史与现实、理论与实践等多维度关系，加强对于边疆治理现代化的关注与研究，注重对于边疆治理现代化理论与实践路径的探索与拓展，以确保我国边疆社会稳定与长治久安之治理图景深度实现，切实维护国家整体利益与发展繁荣。

（原载《中国边疆史地研究》2020 年第 1 期）

① 安富海：《论地方性知识的价值》，《当代教育与文化》2010 年第 2 期。

中国疆域诠释视角：从王朝国家到主权国家[*]

李大龙[**]

从《汉书·地理志》概述西汉“大一统”王朝疆域到21世纪的今天，有关中国疆域形成与发展的诠释取得了丰硕的成果，迄今走过了四个不同时期。从汉代的《汉书·地理志》到清代的《一统志》等地理、历史杰作，主要对中国疆域的形成与发展进行了记述；从18世纪末以后的西北舆地学到20世纪三四十年代专门性著作涌现，这一时期是关于中国疆域问题近代新型研究的兴起；从20世纪50年代“历史上中国疆域”的大讨论到21世纪初《中国古代疆域史》和《中国近代边界史》的出版，这一时期是中国疆域史深入研究时期；最近十几年，学界关于此方面的研究有了长足的进步，难能可贵的是，已有一些成果对中国疆域形成与发展的理论进行了有益的学术探讨。但是，这些成果多数是按照王朝沿革的顺序对历代王朝的疆域作具体阐述，少有学者对历代王朝疆域的内在关联等问题作出深入的学理性研究。

关于中国疆域的形成与发展，仍有一些问题需要探讨，如历代王朝的建立者不同，疆域多以中原地区为中心盈缩不定，为何这些王朝的疆域被认为是中国疆域的组成部分，其内在逻辑是什么。国内疆域史著作对于这些问题尚没有给出完善的学理性解答。这也是国外学界“长城以北非中国”等错误观点①肆意流行，并以此为依据来解构中国以历代王朝疆域为中国疆域的传统叙述体系的重要原因之一。

当今世界，尽管国家领土主权可以通过国际法得到一定程度的保障，但领土和海洋权益的纷争依然是影响国与国关系的重要因素。我国提出的“一带一路”倡议虽然得到了世界上很多国家的积极响应，但要实现包括“民心相通”在内的“五通”，进而构建“人类命运共同体”，必须有中国特色疆域形成与发展理论的话语体系做学理支撑。中国疆域话语体系的建构，必须要以前人的研究成果及其理论为基础，但仅仅在历代王朝历史语境基础上构建起来的叙述体系，往往会受到“民族国家”理论的冲击，不仅被扣上了“大汉族主义”的帽子，而且很难得到国内外学界的广泛认同。因此，我们要实现在此研究领域的理论创新，必须突破王朝国家理论和“民族国家”理论的束缚。

---

* 本文为中国社会科学院长城学者资助项目“政权建构与族群凝聚”阶段性成果。

** 李大龙，中国社会科学院中国边疆研究所编审、博士生导师。

① 国外学界长期存在从“民族国家”视角探讨中国历史的做法，认为历史上的中国是“汉族王朝”，其疆域局限于长城以内。如法国学者勒内·格鲁塞的《草原帝国》（蓝琪译，商务印书馆1998年版），美国学者狄宇宙的《古代中国与其强邻：东亚历史上游牧力量的兴起》（贺严、高书文译，中国社会科学出版社2010年版）等都是在“中国”之外阐述中国北部草原地区的历史。

只有这样，才能真正实现研究方法的创新，才能从传统王朝国家向主权国家转变的全新视角，从学理的层面对中国疆域的形成与发展及其理论展开深入研究，从而构建具有中国特色的疆域形成与发展的话语体系。

一 传统疆域研究理论与方法的检视

有关中国疆域形成与发展的研究有着悠久历史，也取得了丰硕成果。考察已有论著，由于理论和方法不同，其叙述体系也存在差异，可以分为以历代王朝疆域为中国疆域的叙述体系，以18世纪50年代到19世纪40年代鸦片战争前清代中国版图为中国疆域的叙述体系，以中华人民共和国疆域为基础上溯历史上中国疆域范围的叙述体系，等等。由于不同叙述体系之间存在着较大的差异和分歧，从而在一定程度上制约了这一问题研究的进一步深入。为便于讨论，笔者对主要的几种叙述体系先作一简要概述。

（一）以历代王朝疆域为中国疆域的叙述体系

就已有疆域史著作而言，无论是在20世纪三四十年代还是在21世纪初期出版的通论性著作，尽管在细节上存在一些差异，但基本是以历代王朝疆域为中国疆域来构建叙述体系。

20世纪三四十年代的疆域史著作采取的叙述理论和方法可以顾颉刚、史念海《中国疆域沿革史》为例进行说明。该书于1938年出版，其后屡次再版，影响较大。该书第1章为绪论，作者开篇即言："在昔皇古之时，汉族群居中原，异类环伺，先民洒尽心血，耗竭精力，辛勤经营，始得今日之情况。"进而论及黄帝"化野分州"后历代沿革之盛衰，言明撰写该书时中国所面临的"强邻虎视，欲得我地而甘心"的境况。其后所列章节除第2章名为"中国疆域沿革史已有之成绩"、第25章名为"鸦片战后疆土之丧失"外，其余各章都以王朝疆域为名，阐述了历代王朝的疆域。且不论《中国疆域沿革史》以"汉族"为切入视角是否符合中国疆域发展的实际，由章节结构即能清晰看出，该书是以历代王朝疆域为主要内容的叙述体系。同时期的其他疆域史著作虽然在内容和章节设置方面有所差异，但基本上也采用了这种叙述方式。如夏威的《中国疆域拓展史》[①] 分列9章，其中7章阐述了历代王朝的疆域。最后虽然以"总论"为题，采用扩张、缩减、统一、分裂、概述来归纳中国疆域形成与发展的特点，但并没有脱离以历代王朝疆域为中国疆域的叙述体系。

当然，也有一些著作试图突破这一叙述体系，如童书业所著《中国疆域沿革略》[②] 采用了以"历代疆域范围"、"历代地方行政区划"和"四裔民族"三篇建构中国疆域的叙述体系。虽然依然以历代王朝的疆域范围概述中国疆域沿革，但该书却以传说中之州服制、郡县之始起、郡县制之确立及郡国并行制、州制之成立、州制之演变及没落、道府制之成立、道制之转变——路制和省制之始起及完成，来论述历代王朝政区之沿革和拓展；从云贵高原、青藏高原、蒙新高原和东北地带4个不同地域，分述苗族、越族、濮族、羌族、藏族、匈奴、鲜卑、西域塞种、突厥、蒙古、貉族、肃慎等族群的

---

① 夏威：《中国疆域拓展史》，文化供应社1941年版。

② 童书业：《中国疆域沿革略》，开明书店1946年版。

历史。

中国学界20世纪50年代开始的关于"历史上的中国疆域"大讨论，其中心话题同样是历代王朝的历史是否能够代表整个中国历史这一基本问题，这一讨论也可以看作童书业《中国疆域沿革略》所探讨问题的延续，不仅影响到中国通史类著作，也对中国疆域史著作的叙述体系构成一定影响。如刘宏煊在《中国疆域史》"绪论"中明确表示："中国疆域史作为一门历史科学，其研究对象就是中国历史疆域形成、发展的进程及其规律。这就提出了一个问题，即以何时的中国疆域定为正式形成的中国历史疆域。如果我们不能预先对此给予科学界定，我们就无法确定中国疆域史研究的范围，也无法真正确立中国疆域史的研究对象，自然谈不上系统阐释了。"[①] 从章节设置看，该书对中国疆域形成与发展的叙述体系有所创新，以"中国远古民族和夏、商、周疆域"、"中国疆域的初步形成"、"中国疆域的进一步发展"、"中国历史疆域的正式形成"和"为捍卫祖国疆域完整统一而斗争"来阐述中国疆域形成与发展的轨迹。其中，"中国疆域的初步形成"从春秋战国开始叙述；"中国疆域的正式形成"则从五代开始叙述，重点阐述了元明清三朝对边疆的经营及其疆域情况。

分阶段的叙述方式也常见于具体阐述中国疆域的论著中。如马大正在《中国疆域的形成与发展》一文中认为："中国疆域的形成经历了数千年的时间，发展道路十分漫长、曲折，可以分作形成、发展、奠定、变迁四个阶段。"秦汉时期为形成阶段，隋唐至元为发展阶段，清代为奠定阶段，清中叶至民国为变迁阶段。[②] 在分阶段的基础上，也有专门性著作依然沿用历代王朝疆域作为中国疆域来构建中国疆域形成与发展的叙述体系，如林荣贵主编的《中国古代疆域史》。[③] 该书分为上、中、下3卷，字数多达161万余字。虽然该书在前言和结构上对中国古代疆域的形成与发展作了说明和阶段划分，但依然采取了将历代王朝疆域作为中国疆域的叙述体系。

按照时间顺序，以历代王朝的疆域作为中国疆域的叙述体系之所以成为中国疆域史研究的传统，主要受到以《史记》为开端的"正史"系统的影响。司马迁的《史记》虽然没有设置《地理志》对西汉王朝的疆域进行记述，但其中的《河渠书》以大禹治水为开端阐述西汉的河流山川。《汉书·地理志》在此基础上直接将西汉的疆域源头对接到了传说中的"九州"，并将其视为夏、商、周、秦疆域的延续与发展。其后的各类史书，多设置《地理志》详记王朝的疆域及其行政区划沿革，这些详略不同的记述为元代《一统志》的出现提供了基础。同时，将这些记述整合在一起，构成了对中国疆域形成与发展叙述体系的主要内容，并且是以中原地区为中心的。但是，这种以历代王朝疆域作为中国疆域的叙述体系存在一个严重缺陷，即历代王朝的疆域基本是以直接统治区域为主体，而对于政区之外"夷狄"分布的区域，由于王朝一般实施"羁縻"统治方式，故往往不在叙述体系之内。因此，该体系叙述的疆域不仅难以涵盖中华大地，且与王朝的实际控制区域也存在一定差距。童书业的《中国疆域沿革略》试图用一种全新的方式对中国疆域进行叙述，但遗憾的是其基本框架依然没有改变，依然囿于王朝国家理论体系。

---

① 刘宏煊：《中国疆域史》，武汉出版社1995年版，"绪论"第4页。

② 马大正：《中国疆域的形成与发展》，《中国边疆史地研究》2004年第3期。

③ 林荣贵主编：《中国古代疆域史》，黑龙江教育出版社2007年版。

（二）以18世纪50年代到19世纪40年代鸦片战争前清代中国版图为中国疆域的叙述体系

以历代王朝疆域为中国疆域的叙述体系，是难以对中国疆域的形成与发展进行准确而全面阐释的。谭其骧正是认识到这一点，因此他在编绘《中国历史地图集》时提出："我们是拿清朝完成统一以后，帝国主义侵入中国以前的清朝版图，具体说，就是从18世纪50年代到19世纪40年代鸦片战争以前这个时期的中国版图作为我们历史时期的中国的范围。"[①]《中国历史地图集》出版后，受到学界的好评，谭其骧所提出的以18世纪50年代到19世纪40年代鸦片战争前清代中国版图为基础的中国疆域形成与发展的叙述体系也得到不少学者的响应。譬如，葛剑雄在其《中国历代疆域的变迁》一书中表明了类似的观点："应该以中国历史演变成一个统一的，也是最后的封建帝国——清朝所达到的稳定的最大疆域为范围。具体地说，就是今天的中国加上巴尔喀什湖和帕米尔高原以东，蒙古高原和外兴安岭以南的地区。"[②]

应该说，18世纪50年代到19世纪40年代鸦片战争前清朝的疆域和之前历代王朝相比，疆域范围更为广阔，同时又有清朝编撰的《一统志》作为学术支撑，因此，以18世纪50年代到19世纪40年代鸦片战争前清代中国版图为中国疆域的叙述体系，较之以历代王朝疆域为中国疆域的叙述体系更具说服力。但是，该叙述体系没有充分体现出边疆在中国疆域形成和发展中的重要作用，尤其是谭其骧提出的以中华人民共和国疆域范围为基准分割某些边疆政权归属的见解[③]，备受中、韩、朝一些学者的质疑，很难形成广泛共识。

（三）以中华人民共和国疆域为基础上溯历史上中国疆域范围的叙述体系

1951年，白寿彝发起了"历史上的中国疆域"的大讨论，提出了"用中华人民共和国的国土范围来处理历史上的国土问题"的观点，[④] 他主编的《中国通史》也贯穿了这一主导思想。当时"很多学者都参与了这次大讨论，多数与白寿彝的观点较为一致"[⑤]。自此，持这一观点的关于中国疆域形成与发展研究的论著开始不断涌现，以中华人民共和国疆域为基础上溯历史上中国疆域范围的叙述体系也逐渐形成，并成为中国疆域研究的重要叙述体系之一。

这一叙述体系得到很多学者的赞同和实践，有的学者还从新的视角对其进行了补充和修正。譬如，翁独健从民族关系史的角度提出了自己的观点，认为："不能再像古代史学家那样把中国的范围局限于夏族或汉族建立的国家，也不能再把它与汉族居住区等同起来了，而应从我国多民族出发，从我国今日的领域出发。"[⑥] 因此，在其主编的《中国民族关系史纲要》中，将活动在中华人民共和国疆域内的民族或政权的历史视为

---

① 谭其骧：《历史上的中国和中国历代疆域》，《中国边疆史地研究》1991年第1期。

② 葛剑雄：《中国历代疆域的变迁》，商务印书馆1997年版，"引言"第6页。

③ 谭其骧：《历史上的中国和中国历代疆域》，《中国边疆史地研究》1991年第1期。

④ 白寿彝：《论历史上祖国国土问题的处理》，《光明日报》1951年5月5日，《历史教学副刊》第6号。该文后被收入白寿彝《学步集》，生活·读书·新知三联书店1962年版，第1—3页。

⑤ 达力扎布主编：《中国民族史研究60年》，中央民族大学出版社2010年版，第39页。

⑥ 翁独健主编：《中国民族关系史纲要》，中国社会科学出版社1990年版，第6页。

中国历史的组成部分，活动于疆域外的民族或政权的历史是否属于中国历史组成部分，则视其和当时王朝关系的具体情况而定。如果该民族或政权归属当时王朝管辖或与之联系密切，则将其纳入叙述范围，反之则不在叙述范围之内。具体而言，就是“生活在今天中国疆域内的民族以及历史上生活在今天疆域内而今天已经消失了的民族都是中华民族的组成部分，他们的历史（外来民族迁入之前的历史另作别论）都是中国历史的组成部分，他们在历史上活动的地区及其建立政权的疆域也都是中国历史上疆域的组成部分。按照这一原则，结合历史上中原政权与边疆民族及其政权的隶属关系，以及边疆民族对中华思想文化的心理认同等条件综合考查，不难对中国历史上的疆域问题得出比较正确的结论”①。

但随着21世纪兴起的对中国疆域形成与发展理论的探索，这一叙述体系并没有如一些学者所预想的那样，简单而容易地得出“比较正确的结论”。同时，也有一些学者对此提出质疑，认为中华人民共和国的疆域，是被近代殖民势力“蚕食鲸吞”之后的结果，不能真实反映历史上中国疆域的发展情况。“能不能就用今天中华人民共和国的领土为范围呢？显然也不妥当。由于100多年来帝国主义的侵略和掠夺，中国已有100多万平方公里的土地被攫取。”②

（四）21世纪对中国疆域形成与发展叙述体系的理论探讨

进入21世纪后，随着对中国边疆研究热潮的持续高涨，一些学者对中国疆域形成与发展的叙述体系进行了探讨，并提出了新的见解。以下几位学者的观点值得关注。

1. 杨建新“一个中心、两种发展模式”的观点

杨建新从“中国”一词含义的探讨出发，将中国疆域的形成与发展途径总结为“一个中心、两种发展模式”。他认为：“一个中心”是指“中国的中原地区”。“在整个中国疆域的形成过程中，中原地区，也就成为中国疆域形成过程中，最具吸引力、最具凝聚力的中心。”“开拓模式，就是以中原为基础，以中原地区的政权为核心，主动以政治、经济、文化等和平手段为主，不断扩大中原政治、经济、文化的影响力，经过多年的经营和开拓，使边疆地区与中原建立不可分割的联系，最终成为统一的中国疆域。……嵌入式，即在中国疆域形成过程中，不断有新的民族和政权主动嵌入正在形成和发展的中国版图之中，并与中国其他民族和地区形成密切的政治、经济、社会、文化和族体方面的联系。”③

将“中原地区”视为中国疆域形成与发展的“中心”已得到学界普遍认同，而将以“中原地区”为基础的“开拓”和“新的民族和政权主动嵌入”视为中国疆域发展的两种模式，则是一种全新的见解，能否得到学界认同，还需要时间的检验。

2. 赵永春由“复数”到“单数”的观点

赵永春也着眼于“中国”一词，提出从“复数”中国到“单数”中国的视角来认

① 赵永春：《关于中国历史上疆域问题的几点认识》，《中国边疆史地研究》2002年第3期。
② 葛剑雄：《中国历代疆域的变迁》，“引言”第6页。
③ 杨建新：《“中国”一词和中国疆域形成再探讨》，《中国边疆史地研究》2006年第2期。

识中国疆域的形成与发展。他认为："中国古代不仅存在少数民族及其政权自称'中国'的现象，也存在一些当时没有自称'中国'而被后来继承者称为'中国'的现象……这些复数的'中国'经过秦汉、魏晋南北朝、隋唐、辽宋夏金的发展，到了元朝统一全国开始过渡为单数'中国'，明朝时期，元朝所形成的单数'中国'又出现一些反复，到了清朝统一全国，复数'中国'又重新转化为单数'中国'，统一的多民族的'中国'及其疆域最终形成和确立。"①

同样是从"中国"一词切入，赵永春的观点为我们提供了不同的思路和视角。必须指出的是，尽管赵永春在著作中作出了"主张'以今天中国疆域所包括的民族为出发点去上溯中国各个民族的历史和疆域'，动态地去认识中国各个历史时期的不断发展变化的疆域"的说明，但他的这一观点更适合阐述清朝统一全国之前中国疆域形成与发展的历史，而不能完全涵盖中国疆域形成与发展的全部历程。

3. 李大龙"自然凝聚，碰撞底定"的观点和周平"民族国家"观点

同样是关注"中国"一词的出现与演变，李大龙将其与中国传统的"天下"一词对应，将1689年清朝和沙皇俄国签订的《尼布楚条约》视为中国疆域从传统王朝国家开始向主权国家转变的开端，进而提出了用"自然凝聚，碰撞底定"来概括中国疆域形成与发展的认识观点，并在系列论文的基础上整合出版了《从"天下"到"中国"：多民族国家疆域理论解构》。该观点试图突破"民族国家"理论的束缚，从王朝国家向主权国家转变的视角，总结中国疆域形成与发展的规律。

周平主编的《中国边疆政治学》着眼于对中国边疆的现实观照上。他认为"边疆作为一个特定的地理区域，是从国家的角度来界定的，它的特性是国家赋予的"，进而从国家形态上审视中国疆域："在中国国家形态演变的历史上，秦代就是典型的王朝国家。直到最后一个王朝被辛亥革命推翻，各个统一的王朝，都是典型的王朝国家。从秦到清，中国都处在王朝国家时代。最后一个王朝的覆灭，既标志着中国王朝国家历史的结束，也意味着构建民族国家进程的开启。新中国的成立，标志着中国民族国家构建的基本完成。中华人民共和国就是中华民族的民族国家。"②

从王朝国家向主权国家转变与从王朝国家向民族国家转变的观点虽然都观照了中国国家疆域性质的转变，但两者仍有较大差别：一方面，前者舍弃了"民族国家"视角，应用了"主权国家"理论，后者则从"民族国家"视角出发；另一方面，前者将《尼布楚条约》的签订视为中国从王朝国家转变为"主权国家"的开始，后者则将历代王朝发展的结果视为"构建民族国家进程的开启"。两种观点的差异，主要在于对中国疆域属于"主权国家"还是"民族国家"疆域的判断不同。当前学界对"民族国家"的"民族"一词在理解上分歧很大，用"民族国家"不仅难以准确解释中华大地上族群凝聚的历史，更无法取得广泛认同。"中华人民共和国就是中华民族的民族国家"的结论，与中华人民共和国成立后经过民族识别确立了56个民族，并制定《中华人民共和国民族区域自治法》保障其各项权利的实际情况难以吻合。因此，从"民族国家"的

① 赵永春：《从复数"中国"到单数"中国"——中国历史疆域理论研究》，黑龙江教育出版社2014年版，第99页。

② 周平主编：《中国边疆政治学》，中央编译出版社2015年版，第51页。

视角来阐释中国疆域形成与发展的叙述体系面临更多挑战。

总之，哪种叙述体系更能客观而全面地阐释中国疆域形成与发展的实际情况，还有待学界进一步深入探讨。但很多学者在这方面所进行的大量研究工作和辛勤付出，是值得充分肯定的。

二　《威斯特伐利亚和约》与“主权国家”理论的形成

在有关中国疆域形成与发展的研究中，目前主要有“王朝国家”“民族国家”和“主权国家”三种不同的概念，进而形成了不同的叙述体系。分析三种概念之间的差异，有助于我们选择更适合阐述中国疆域形成与发展的理论视角。

（一）“王朝国家”、“民族国家”和“主权国家”三种概念的差异

从“王朝国家”视角阐释中国疆域的形成与发展，是史学界传统的研究方法。尽管尚未有学者对“王朝国家”概念作出明确的学理阐释，但从具体使用看，王朝国家主要用于指称清朝及其之前的中国历代王朝。考察东亚尤其是中华大地上存在的历代王朝疆域，可以看出在“普天之下莫非王土”观念的影响下，王朝国家基本都以中原地区为核心区域，“有疆无界”①，且疆域盈缩无常，是其突出的特点。历代王朝在时间上前后相继，众多古代通史和断代史类的论著对这些王朝国家的历史有大量记载，史料丰富。这也是众多疆域史著作选择以历代王朝疆域为中国疆域形成与发展叙述体系的主要原因。

“民族国家”的概念源自“nation state”。该词最早出现在欧洲，本意是指“出现于西欧的那种摆脱中世纪和教权控制过程中所诞生的现代主权国家”。但在这一过程中，“民族的形成与国家的创立并头齐进，并且基本具备了民族与国家同一的形态，因此被称为‘民族国家’”。由于“真正的民族国家应当是一个国家一个民族、一个民族一个国家”②，所以这一概念迎合了殖民地国家“独立”运动的需要而被广泛使用。③ 但也有学者指出，“欧洲民族（国家）的产生与资本主义生产方式的产生和发展密切相关。民族国家是资本主义生产方式运动的结果”④，甚至在很大程度上，民族国家只是作为争取“独立”的口号而已。在历史和现实中存在的“民族”和“国家”完全对应的“民族国家”并非常态，所以有学者提出了“民族国家到底是一种理想中的国家形式还是一种现实的国家形式”⑤ 的疑问。

近代以来随着“西学东渐”“民族国家”理论传入中国，对清末的国家建构理论产生了较大影响。值得深入思考的是，在我国学界尽管有学者提出了“民族国家”是理

① 相关讨论参见毕奥南《历史语境中的王朝中国疆域概念辨析——以天下、四海、中国、疆域、版图为例》，《中国边疆史地研究》2006 年第 2 期。

② 姜鹏：《民族主义与民族、民族国家——对欧洲现代民族主义的考察》，《欧洲》2000 年第 3 期。

③ 参见钱文荣《〈联合国宪章〉和国家主权问题》，《世界经济与政治》1995 年第 8 期。

④ 王沪宁：《国家主权》，人民出版社 1987 年版，第 106 页。

⑤ 宁骚：《论民族国家》，《北京大学学报（哲学社会科学版）》1991 年第 6 期。

想还是现实的疑问，但这并没有影响到大家对“民族国家”概念的广泛讨论。对于“民族国家”，我国学界的分歧并不是“民族国家”概念的本身，而是在“民族国家”理论中“民族”概念的界定上。学界关于此问题的大讨论始于20世纪50年代，但迄今仍存在较大分歧。[①]受“民族国家”理论的影响，《中国疆域沿革史》就是从“汉族”视角切入，将“民族国家”中的“民族”与“汉族”对应。但历代王朝的建立者并非都源自“汉族”，这已是学界的共识。所以，从“民族国家”的视角审视中国历代王朝疆域的形成与发展不可能得出一个全面正确的认识。也有的学者为了规避对“民族国家”之“民族”认识上的严重分歧，提出了“国族”概念，认为“国族是民族国家的根基。但国族并非民族群体自然演进的结果，而是政治构建的产物”[②]。

国内学界关于“民族国家”概念的讨论中，有两种观点值得商榷。一是尽管不少学者将“民族国家”理论的源头上溯到了17世纪的《威斯特伐利亚和约》，但同时期在欧洲大陆已经建立了主权国家。而“民族国家”理论产生于18世纪，在时间上大大晚于主权国家。二是一些学者虽然使用“民族国家”概念，但在对中国疆域的研究中并没有严格区分“民族国家”与“主权国家”，所谓的“民族国家”实际上是“多民族国家”，于是就有了“民族国家并非单一民族国家，而是建立在民族对国家认同基础上的主权国家”[③]的解释。“主权”是构成当今“国家”的最关键要素，无论是“单一民族国家”还是“多民族国家”，从理论上都属于“主权国家”。一些学者提出“国族”的概念，其目的就是要解决这一问题，但要在“民族国家”的语境下对“国族”作出合理的学理阐释，是不可能实现的。

“主权国家”是指称近代以来相邻国家通过外交谈判，签订条约并竖立界碑明确疆域范围，拥有“主权”的国家。当今世界200多个国家和地区中，主权国家是基本样态。“主权国家”理论的产生，是与近代以来主权国家逐渐成为世界政治格局的基本组成部分相吻合的。“主权国家”理论对中国疆域研究的影响，虽然没有“王朝国家”和“民族国家”理论明显，但国内学界在研究古代中国疆域问题的论著中也有不同程度的运用。譬如，一些学者认为西域、西藏等边疆地区融入中国疆域的一个重要标志，就是中央王朝设置机构对这些地区实施了“有效管辖”，其理论依据就是“主权国家”理论。如“元朝西藏地方纳入中央王朝行政管辖之后，历代中央政府一直对西藏实施着有效的管辖”[④]是目前学界的主流认识。但是，依据这一理论认定古代政权及其疆域归属，是否符合历史实际仍需深入探讨。

（二）《威斯特伐利亚和约》与主权国家理论的形成

“主权”的概念和理论产生于17世纪的欧洲。学术界一般将其源头追溯到《威斯特伐利亚和约》的订立。1648年，来自欧洲16个国家、66个神圣罗马帝国名义下的王国的109位代表，参加了在威斯特伐利亚地区的奥斯纳布鲁克和明斯特两个小城召开的

---

① 有关“民族”概念的讨论曾经出现过数次全国范围的高潮，也出现了诸多不同的观点，可参见金炳镐主编《中国民族理论百年发展：1900—1999》，辽宁民族出版社2008年版，第458—504页。

② 周平：《民族国家与国族建设》，《政治学研究》2010年第3期。

③ 周平：《对民族国家的再认识》，《政治学研究》2009年第4期。

④ 张云、石硕主编：《西藏通史·早期卷》，中国藏学出版社2016年版，“总序”第1页。

和会，分别达成了《神圣罗马皇帝与瑞典女王以及他们各自盟国之间和平条约》和《神圣罗马皇帝与法兰西国王以及他们各自盟国之间和平条约》，它们被统称为《威斯特伐利亚和约》。该和约订立的基本原则是：

> 为了基督教、普遍的和平以及永久、真正和诚挚的和睦，各缔约方应努力保障他方的福祉、荣耀与利益，因而为神圣罗马帝国下的和平与友谊、法兰西的繁荣，增进良好与诚信的睦邻关系。（第1条）永远宽恕在战争中各自无论何时何地所做所为，不再以任何方式加害或不允许加害他方，并完全废止战前或战时所为。（第2条）各方和睦相处，永不为敌。（第3条）今后如发生神圣罗马帝国与法兰西之间的争端，双方均应恪守义务不再相互为敌。（第4条）涉及双方争端应约定仲裁员解决，或以条约结束该争端。（第5条）在和睦相处的基础上，各国充分享有其权利。（第6条）应恢复原状的占有领地，即便有合法的例外理由，也不应阻碍恢复原状，而由法官裁定。（第7条）裁定领地占有者及恢复原状的范围应根据先有的一般规则，并为以后的重要案件提供依据。（第8条）神圣罗马帝国下各国君主权利应予恢复。（第9、10条）

分析和约的具体条款可以看出，其订立的主要目的是确立法国的霸主地位以及各国的边界，以结束欧洲长达30年的战争，学界普遍认为："威斯特伐利亚和会及其签订的和约是现代的实在国际法，即现代国际条约的起点。该和约是为了调整欧洲各国，主要是法国、瑞典、奥地利、西班牙等国的关系，确立法国的霸主地位。""和约承认德意志各诸侯国享有独立的主权，承认了荷兰、瑞士为独立国，在实践上第一次肯定了格劳秀斯在《战争与和平法》中所提出的国家主权、国家领土与国家独立等原则是国际关系准则。"[①] 纵观欧洲发展史，该和约的订立促成了法国、德意志、荷兰等主权国家的出现，其摆脱了神权的控制，明确了各国的边界。

《威斯特伐利亚和约》的影响不仅仅限于17世纪之后的欧洲，对近代以来国际社会的影响也是深远的。"该条约明确规定了主权原则，建立了近代国家体系，划分了欧洲国家的界限，从而体现出国际法是列国间而非列国上之法，是近代国际法的历史起点。"[②] 因此，该和约被学界被视为"主权国家"理论形成的源头。

需要特别指出的是，《威斯特伐利亚和约》带给欧洲政治格局的变化是由traditional states向nation state的转变，前者一般被视为"传统国家"，后者则被视为"现代国家"。但"主权国家"理论传入中国后，如何认识nation state，给出一个对应的汉语词汇，一度是困扰梁启超、顾颉刚、吴文藻、费孝通等前辈学人的难题，并在1939年引发了有关"中华民族"的大讨论。尽管现在我国相关政府部门不再将"民族"英译为"nation"，而是用汉语拼音"minzu"表示，但学者一般还是将nation state汉译为"民族—国家"，或直接译为"民族国家"。国外诸多讨论"民族国家"理论的著作中，安

① 张乃根：《国际法原理》，复旦大学出版社2012年版，第16—20页；另参见黄德明《〈威斯特伐利亚和约〉及其对国际法的影响》，《法学评论》1992年第5期；李明倩《〈威斯特伐利亚和约〉与近代国际法》，商务印书馆2018年版；等等。

② 李明倩：《〈威斯特伐利亚和约〉与近代国际法》，"绪论"第5页。

东尼·吉登斯的《民族—国家与暴力》一书在国内影响力较大，其中将“nation state”界定为：“民族—国家存在于由他民族—国家所组成的联合体之中，它是统治的一系列制度模式，它对业已划定边界（国界）的领土实施行政垄断，它的统治靠法律以及对内外部暴力工具的直接控制而得以维护。”① 但是，从《威斯特伐利亚和约》带给欧洲历史政治格局的变化来看，和“国家”对应的词语应该是中文的“国民”而非“民族”，因此，笔者认为将“nation state”汉译为“国民国家”更准确。这一方面符合安东尼·吉登斯的原意，另一方面也符合欧洲历史发展的实际。因为“国民”和“民族”尽管都属于人类共同体性质的概念，但二者在涵盖范围上往往并不重合，既有联系也有区别。“国家”和“国民”是完整的对应关系，“民族”和“国家”则不能形成完全对应。与“主权国家”相比，“民族国家”并非国家的一般形态，当今世界众多国家的形态也反映了这一点，这也是近现代以来国际法尤其是《联合国宪章》再三强调“国家主权”而非“民族国家主权”的重要原因。

（三）主权国家理论与中国传统“天下观”

构成主权国家的三大要素是主权、领土和人民。② 这既是当今学界的主流认识，也是国际法对“主权国家”的主要保障。正如霍夫曼所言“主权并非国家与生俱来的产物”，“国家随着时间的变化而变化并在此过程中产生了主权。但是只有我们承认所有国家声称对强制力的合法垄断（尽管是以不同的方式），我们才能理解这一点。并且也就是对国家强制力合法垄断的宣称使得国家出现了主权”③。应该说，这一观点所要表达的核心内容，与欧洲“主权国家”的演变历史基本相符，也对“主权国家”的基本含义进行了概括。那么，按照“主权国家”的标准来审视亚洲地区尤其是中国历代王朝，又能得出一个什么样的结论呢？

孟子曰：“诸侯之宝三：土地，人民，政事。”④ 尽管“诸侯”不能被视为“王朝国家”，但孟子的认识和今天判定主权国家的标准有着惊人的相似之处。中国历代王朝在实践中虽然都有直接管辖的区域，但却往往将自己的统治范围视为“有疆无界”的“天下”，而“天下”在清代才发展到具有现代意义的代表主权的边界。按照“主权国家”的标准判断，康熙二十八年（1689）《尼布楚条约》的签订，标志着清朝通过谈判与邻国签订国际条约的方式，确定了本国疆域的主权范围，该条约的签订，仅仅比《威斯特伐利亚和约》晚了 41 年。因此，从疆域属性的视角看，欧亚大陆基本在相同的时期，出现了从传统国家向主权国家的转变这一发展趋势。我们甚至可以发现，“主权国家”概念所要求的主权、领土和人民三大要素，与构成中国传统“天下观”主体因素的皇权、“天下”（版图）和“夷夏”有着相同的属性。二者的差别是，欧洲各国

① ［英］安东尼·吉登斯：《民族—国家与暴力》，胡宗泽等译，生活·读书·新知三联书店 1998 年版，第 147 页。

② 1933 年 12 月 26 日在乌拉圭蒙特维多召开的第七届美洲国家国际会议上，美国、古巴、尼加拉瓜、巴西等 19 个美洲国家签署了《国家权利和义务公约》，其第 1 条规定，国家作为国际法主体应具有常住人口、确定的领土、政府、与其他国家建立关系的能力 4 个资格条件。

③ ［英］约翰·霍夫曼：《主权》，陆彬译，吉林人民出版社 2005 年版，第 4 页。

④ 《孟子·尽心下》，载朱熹《四书章句集注》，中华书局 1983 年版，第 371 页。

摆脱了“神权”的控制演变为主权国家，而亚洲的中国则是由王朝国家向主权国家自然转变，转变过程中“皇权”的主导地位并没有发生根本变化。

三 “主权国家”理论诠释中国疆域的形成与发展

从传统王朝国家“有疆无界”到主权国家“有疆有界”，审视中国疆域的形成与发展，既和中华民族形成与发展的大历史是一致的，也具有充分的学理依据。

（一）从传统王朝到主权国家：“天下”与“中国”涵盖范围的重合

与欧洲“神权”支配下的政治格局不同，中国“传统国家”以王朝的形式出现。在古代中国，一个时段往往有多个政权并存，各政权之间也并非都存在着政治领属关系，但诞生于中原农耕族群的“大一统”观念，却将这些政权分为“正统”和“藩属”。在长期争夺“正统”的过程中，出现了在时间上有一定接续关系的“历代王朝”。“王朝”疆域往往以“天下”称之，存在两种不同的形态：一种是理想中的“天下”，即所谓“溥天之下，莫非王土；率土之滨，莫非王臣”；另一种则是王朝直接管辖之下的“天下”，即史书中经常见到的“大赦天下”之“天下”，是皇帝政令直接实施的区域。传统的“天下观”诞生于先秦时期，在西周王朝权力核心是“周王”，周王直接统治的区域——“王畿”被称为“中国”。作为诸侯的秦王嬴政统一六国，建立秦朝之后始称“皇帝”，“皇帝”由此取代“王”而成为“天下”权力的核心。皇帝直接管辖的区域虽然沿用了“中国”的称呼，但其范围已超出周代的“王畿”，涵盖了秦朝所设置的所有郡县区域，是现实中“天下”的代名词。西汉时期，汉武帝虽然将“广地万里，重九译，致殊俗，威德遍于四海”① 作为构建“大一统”王朝的追求，但也仅仅是将郡县范围在东北方向推广到朝鲜半岛北部，北部止于河套地区，西北延展至河西走廊西端的玉门关、阳关，南部延伸到今越南中部地区。甘露二年（前52），随着匈奴降汉，西汉的疆域实现了以郡县为中心，其外围为护乌桓校尉、护羌校尉、西域都护、属国都尉等机构实施间接统治的区域，最外围为匈奴“藩国”，三层区域实施不同的管理方式，理想和现实中的“天下”是不一致的。汉代之后，被称为“夷狄”的边疆政权也加入了争夺“正统”的行列，如辽金等政权都自视为“中国”，“中国”的范围不断扩大。但即便是实现“大一统”的唐朝和元朝，王朝直接统治的区域——“中国”，与理想中的“天下”依然存在差距。

在传统“天下”观念下，理想中的“天下”和现实中王朝的疆域几乎没有重合的可能性，但为中国疆域的形成与发展提供了可供凝聚扩大的宽松环境，直至清代《尼布楚条约》的签订使二者实现了重合。在《尼布楚条约》中，“中国”和清朝可以混用，表明“中国”一词可以用于指称清朝的“天下”，即“大一统”国家。由此，在指称皇帝治下范围上，“天下”由最初的“有疆无界”，到通过国际条约划定的多民族国家“中国”（清朝）的“主权边界”，“天下”就有了明确的界限，并实现了“中国”

---

① 《汉书》卷61《张骞传》，中华书局1962年版，第2690页。

的“主权边界”与王朝的疆域所指称范围上的重合。①

（二）从“华夷一家”到“国民”：中华民族的形成与发展

“天下”的百姓，在历代王朝统治者眼中被划分为“夏”（中国百姓）和“夷”两大群体。唐人用树的构成来比喻两大群体之间的关系，即“中国百姓，天下本根；四夷之人，犹于枝叶。扰于根本，以厚枝附，而求久安，未之有也”②。尽管个别学者从狭隘的视角将这一表述视为“民族歧视”，但“本根”和“枝叶”都是“树”的组成部分，这一表述恰恰将“夏”与“夷”形象地比喻为“本根”和“枝叶”，说明二者都不可或缺，是不能分割的“一体”。从先秦时期的“中国戎夷五方之民”，到秦汉之后的“夏”“夷”或“中国”“四夷”之区分，其前提是“一体”的，这是中华大地上古人特有的族群观念，或称为中国传统的族群观。诞生于中原农耕族群并维持“天下”秩序的礼仪制度，则被冠以“华”“中华”，成为区分“夏”“夷”的重要标尺，同时也是“正统”的标志和攻击对手的有力武器，南朝与北朝、辽金与两宋等都互视对方为“夷狄”即是典型表现。所以，“夏”“夷”的指称对象并不是固定的，会随着区分“正统”的需要而发生变化。尽管“驱除鞑虏、恢复中华”成为朱元璋推翻元朝统治的政治号召，但其继任者依然在唐人的基础上明确提出了“华夷一家”③ 的政治主张，显示“一体”是统治者维持“天下”稳定的现实需要。清朝“大一统”王朝完成构建之后，为弥合“华夷”纷争做了很多努力。雍正皇帝更是撰著《大义觉迷录》，继承并发展了“天下一统，华夷一家”的观念。④ 经过清朝持续的整合，在清末改制的诏书中，曾被称为“臣民”的“华夷”有了“国民”的称谓。清末宪政改革的主要目的就是建立以“国民”为特征的主权国家，即“著各省将军、督抚晓谕士庶人等发愤为学，各明忠君爱国之义，合群进化之理，勿以私见害公益，勿以小忿败大谋，尊崇秩序，保守平和，以豫储立宪国民之资格，有厚望焉”⑤。受此影响，中华民国成立初期提出了“五族共和”的政治口号，试图将中华大地上的族群在“中华民族”⑥ 的旗帜下凝聚为一体并整合为“国民”。但遗憾的是，这些改革并未能在中华大地建立起真正的“国民

① 参见李大龙《“中国”与“天下”的重合：古代中国疆域形成的历史轨迹——古代中国疆域形成理论研究之六》，《中国边疆史地研究》2007 年第 3 期。

② 《旧唐书》卷 62《李大亮传》，中华书局 1975 年版，第 2388 页。《新唐书》卷 99《李大亮传》记载略有差异：“中国，天下本根，四夷犹枝叶也。残本根，厚枝叶，而曰求安，未之有也。”（中华书局 1975 年版，第 3911—3912 页）

③ 《明太宗实录》卷 30，永乐二年四月辛未，台湾“中研院”历史语言研究所 1962 年校印本，第 533—534 页。

④ 《大义觉迷录》，沈云龙主编《近代中国史料丛刊》第 36 辑，台北：文海出版社 1966 年版，第 6、10 页。

⑤ 故宫博物院明清档案部编：《清末筹备立宪档案史料》上册，中华书局 1979 年版，第 44 页。

⑥ “中华民族”的提出是基于清朝、中华民国和中华大地上的人群凝聚的现实，梁启超的“中华民族”、顾颉刚的“中华民族是一个”和费孝通的“中华民族多元一体格局”理论阐述，其“民族”概念的使用在性质上和 nation 是相同的。

国家”。[①] 此后，尽管西方“民族国家”理论的影响消弭了国民政府的种种努力，日本也试图利用该理论扶持伪满洲国而达到殖民目的，但中国作为一个主权国家是得到国际社会普遍承认的。

值得关注的是，随着中国由传统王朝国家向主权国家的转变，如何定义和认识“国民”出现了分歧。梁启超认为，“民族与国民异。国民为法律学研究之对象，以同居一地域，有一定国籍之区别为标识。一民族可析为两个以上之国民，例如战国、三国、六朝时。一国民可包含两个以上之民族，例如今中华国民，兼以蒙、回、藏诸民族为构成分子”，并认为“‘彼，日本人；我，中国人。’凡遇一他族，而立刻有‘我中国人’之一观念浮现于其脑际者，此人即中华民族之一员也”[②]。1939 年，顾颉刚发表了《中华民族是一个》一文，认为“‘民族’是 nation 的译名，指营共同生活，有共同利害，具团结情绪的人们而言，是人力造成的；‘种族’是 race 的译名，是指具有相同血统和语言的人们而言的，是自然造成的”[③]，并提议用“中华民族”指称中华民国的“国民”。但这一观点遭到费孝通的质疑。费孝通从“一个政府”的角度否认了顾颉刚所认为“中华民国境内的人民的政治团体是一个”的认识，而且认为在其内部也有“语言、文化、宗教、血统不同‘种族’的存在”[④]。不过在半个世纪之后，费孝通发表了“中华民族多元一体格局”[⑤] 理论，回归到了“一体”并作出了相对完善的理论阐述。中华人民共和国成立后，通过民族识别确立了 56 个民族，并统称为“中华民族”，而且在宪法中明确规定“中国人民掌握了国家的权力，成为国家的主人”，“中华人民共和国是全国各族人民共同缔造的统一的多民族国家”[⑥]。即“中国人民”是“国家的主人”，中国是“多民族国家”。

（三）从“有疆无界”到“有疆有界”：主权国家疆域的形成

从王朝国家到主权国家的视角审视中国疆域的形成与发展，康熙二十八年《尼布楚条约》的签订是一个转折点。之前的中国疆域“有疆无界”，即没有明确“国界线”的“传统国家”状态。该条约签订之后，清朝统治下的“天下”开始有了明确的、国际法所承认的具有主权国家特点的“国界”。雍正五年（1727），清政府和沙皇俄国签订了《布连斯奇界约》、《恰克图界约》、《阿巴哈依界约》和《色楞额界约》；乾隆三十三年（1768），两国签订了《修改恰克图界约第十条》；乾隆五十七年（1792）又签

---

① 张健：《制度移植的动力与困境——北洋军阀时期中华民族共同体的构建路径与效应分析》，《中国边疆史地研究》2019 年第 2 期。

② 梁启超：《饮冰室文集点校》第 5 集，吴松等点校，云南教育出版社 2001 年版，第 3211 页。

③ 顾颉刚在《益世报》上先后发表《中华民族是一个》等文，后收录于《顾颉刚全集》（中华书局 2010 年版），马戎主编《“中华民族是一个”——围绕 1939 年这一议题的大讨论》（社会科学文献出版社 2016 年版）也有收录。转引自马戎主编《“中华民族是一个”——围绕 1939 年这一议题的大讨论》，第 37 页。

④ 费孝通：《关于民族问题的讨论》，载马戎主编《“中华民族是一个”——围绕 1939 年这一议题的大讨论》，第 62—68 页。

⑤ 参见费孝通等《中华民族多元一体格局》，中央民族学院出版社 1989 年版，第 1—37 页。

⑥ 《中华人民共和国宪法》，2018 年 3 月 22 日，http：//www.npc.gov.cn/npc/c505/201803/e87e5cd7c1ce46ef866f4ec8e2d709ea.shtml，2020 年 4 月 26 日。

订《恰克图市约》。[①] 与此同时，清政府也在开展与其属国朝鲜、廓尔喀之间的划定“边界”工作。[②] 遗憾的是，清政府这一勘定“边界”的努力被鸦片战争所中断，此后清政府和越南、缅甸等属国的划界则是英国、法国等殖民者强加的。[③] 在亡国灭种的威胁面前，清政府进行了宪政改革，打出了构建“国民国家”的政治口号，并采取了一系列新政措施，试图以此来重振国威。不过，清政府所谓的宪政改革未能挽救清朝的灭亡，更未能阻止外来殖民者对中国疆域的“蚕食鲸吞”。

当然，自康熙二十八年《尼布楚条约》签订至1840年鸦片战争爆发，清政府并没有完成对国家“边界”的全面勘定，但从疆域属性的视角来看，清朝从“传统国家”向“主权国家”转变这一发展趋势是清楚明晰的。因此从这一视角考察，尽管鸦片战争之后在殖民势力的“蚕食鲸吞”下，中国丧失了大片领土和主权，但这并不妨碍我们对中华各民族为祖国疆域的最终“底定”所做的艰苦努力的全面诠释。基于此，进而以康熙二十八年《尼布楚条约》的签订至1840年鸦片战争爆发前中国的疆域为基点，重新审视整个东亚地区政权与族群聚合的历史，可以清晰地看出，中国疆域的形成与发展、中华民族的凝聚与壮大即是其中两条鲜明的主线，主导和推动着整个东亚历史的发展。关于中华民族的凝聚与壮大，费孝通在继承和发展顾颉刚“中华民族是一个”的基础上，创造性地用“多元一体格局”“滚雪球”来诠释中华民族的发展壮大，而中国疆域形成与发展的轨迹也是从“多元”（分立与分裂）到“一体”（“一统”与“大一统”）的过程，最终在清代实现了由“传统国家”到“主权国家”的转变。其间，历代王朝的作用应该给予高度关注。边疆地区政权对区域的“一统”和族群凝聚与整合，进而为更大范围的“一统”乃至“大一统”奠定了良好基础，其重要作用更应该给予高度肯定。中国疆域是生活在中华大地上的众多族群共同缔造的，而在这一过程中这些族群也产生了密切的联系，共同以“中华民族”的身份傲立于世界民族之林，并成为中国疆域最终“底定”的黏合剂。[④]

---

① 有关清朝和邻国签订的边界条约，参见王铁崖编《中外旧约章汇编》第1册，生活·读书·新知三联书店1957年版。

② 有关清朝和属国朝鲜的划界，参见徐德源《穆克登碑的性质及其凿立地点与位移述考——近世中朝边界争议的焦点》，《中国边疆史地研究》1997年第1期；刁书仁《康熙年间穆克登查边定界考辨》，《中国边疆史地研究》2003年第3期；等等。有关清朝和廓尔喀的边界划定，参见张永攀《乾隆末至光绪初藏哲边界相关问题研究》，《中国边疆史地研究》2016年第3期。

③ 法国于1885年4月强迫清朝签订了《越南条款》，其后在此基础上通过一系列的勘界活动明确了清朝与越南的“边界”。1876年10月英国和清朝签订的《烟台条约》（又称“滇案条约”《中英会议条款》）最早涉及缅甸事务，1886年6月签订的《缅甸条款》则是双方针对缅甸签署的专门性条约，而1894年1月英国迫使清朝签订的《续议滇缅界、商务条款》则以经纬度的方式议定了清王朝与缅甸的“边界”。上述条约在王铁崖编辑的《中外旧约章汇编》第1册都有收录。关于英国和清朝划界的情况，参见朱昭华《中缅边界问题研究》，黑龙江教育出版社2013年版。

④ 参见李大龙《“中国”与“天下”的重合：古代中国疆域形成的历史轨迹——古代中国疆域形成理论研究之六》，《中国边疆史地研究》2007年第3期。

结 语

综上所述，传统的以历代王朝疆域为中国疆域的叙述体系，虽然以中原地区为中心对历代王朝的政区范围进行了较为详尽的描述，但对历代王朝的延续性，以及边疆地区融入的历史过程不能作出合理而准确的阐释，因此也无法全面客观地体现中国疆域形成与发展的实际情况。“民族国家”理论传入中国之后，一些学者试图在“汉族”的视阈下重新构建中国疆域叙述体系，但新建的叙述体系只是在原有叙述体系的基础上混入了“民族国家”概念，不但没有明显的突破，反而造成中国疆域问题研究领域更加混乱。20 世纪 50 年代开始的“历史上的中国疆域”大讨论，提倡在摆脱以历代王朝疆域为中国疆域叙述体系的基础上，构建新的中国疆域叙述体系。但在大讨论中形成的两大叙述体系，即以 18 世纪 50 年代到 19 世纪 40 年代鸦片战争前清代中国版图为中国疆域的叙述体系、以中华人民共和国疆域为基础上溯历史上中国疆域范围的叙述体系都未能摆脱先前叙述体系的理论束缚，只是补入了对边疆政权疆域的阐述。21 世纪以来国内学界对中国疆域形成与发展理论的探索，依然受困于历代王朝和“民族国家”理论的束缚，对诸多历史和现实问题不能从学理上作出准确而合理的阐释。“国族”概念的提出，虽然有助于中华民族共同体的凝聚，但在当下学界很难取得共识。

相对于立足历代王朝和民族国家等视阈建构的中国疆域叙述体系，从传统王朝国家向主权国家转变的视角构建中国疆域形成与发展的话语体系，既和中华民族形成与发展的大历史是一致的，又具有充分的学理依据。一方面，主权国家和中国传统“天下观”的主要构成因素有着相同的属性；另一方面，这一叙述体系既可以规避“民族国家”理论所造成的问题分歧，也可以弥补前述三种叙述体系的不足。在从传统王朝国家向主权国家转变的视阈下，“中国疆域”是一个动态的研究对象，“传统王朝国家”是“中国疆域”的源，而“主权国家”是“中国疆域”的流。在传统王朝国家阶段，中华大地上的所有政权，无论“大一统”王朝，还是分裂王朝，无论传统的“汉族”政权，还是“非汉族”政权，其疆域自然都是“中国疆域”的组成部分，都可以在“中国疆域”的框架中展开叙述。只有在对中华大地上所有存在过的政权的历史及其疆域作出全面系统阐述的基础上，我们才能看清楚“中国疆域”的源与流，才能完整展现作为“主权国家”的“中国疆域”形成与发展的轨迹和最终结果。而对这一过程进行全面客观的考察并对其规律作出理论总结，则是我们构建中国疆域形成与发展话语体系的重要理论依据。

从传统王朝国家向主权国家转变的视角，也可以为我们构建中国历史话语体系提供有益参考。中华人民共和国作为一个多民族国家，是历史上多个政权在由分裂到统一不断循环的过程中最终形成的，是生息繁衍在中华大地上的所有族群共同缔造的。这一全新的视角和方法，不仅可以彻底摆脱“民族国家”理论对中国历史叙述带来的一系列困扰，有助于构建符合中国历史实际情况的话语体系，也为解开如何界定中国的“民族属性”等诸多难题提供了一个新的思路，进而为国家的稳定与发展提供学术支持。

（原载《中国社会科学》2020 年第 7 期）

中国边疆史地研究的通变与励进*

冯建勇**

当前有学者动辄以学术研究无涉“近功”和“名利”为名，批判中国史学的“经世致用”传统。在他们看来，趋重“经世致用”的传统学风与社会大众“急功近利”的风气互为因果，不可避免地给史学的成长带来消极影响。作为应对，这些学者主张学术与经世分离，惟强调“从事纯粹的学术研究”。显然，依据该立场，历史学的“经世”与“成长”为一种矛盾的关系。本文拟透过对中国边疆史地研究学术史的梳理，尝试对此观点做一回应。

两百年来①，中国边疆研究先后形成三次高潮：清朝中后期以“西北史地学派”兴起为契机，促发了边疆研究第一次高潮；抗日战争时期以“边政学”之倡议为标志，造就了边疆研究第二次高潮；20 世纪 80 年代迄今以“构筑中国边疆学”为号召，掀起了边疆研究第三次高潮。② 关于学术研究“何以成潮”的问题，早在 20 世纪初，梁启超就提出：“能成潮者，则其思必有相当之价值，而又适合于其时代之要求者也。”③ 诚如斯言，每一次边疆研究高潮当中，边疆史地学人凭着强烈的现实关怀，“通”中求“变”，“通变”以“励进”，在以自身所学回应时代所需的同时，不断将中国边疆史地研究推向新的高度。

一　经世致用是中国边疆史地研究的优良传统

边疆史地之学作为一种专门性学问，发端于清代嘉、道之际。④ 最初，一些传统士

---

* 本文系国家社科基金重点项目“清代钦差驻库伦办事大臣衙门档案选编与研究”（19AZD032）阶段性成果。

** 冯建勇，浙江师范大学边疆研究院教授、博士生导师。

① 本文所言“两百年中国边疆史地研究”，起于 1820 年，迄于当下。1820 年完成的《嘉庆重修大清一统志》及其所附“皇舆全图”，不仅标志着中国历史疆域发展所能达到的空间极致，还是中国国势由强转弱的最后时刻。（于逢春：《论中国疆域最终奠定的时空坐标》，《中国边疆史地研究》2006 年第 1 期）在此之后，由于国势的衰弱和边疆危机的爆发，边疆史地之学开始成为一门学问，并逐渐成为一种学术思潮。

② 参见马大正《热点问题冷思考：中国边疆研究十讲》，上海辞书出版社 2013 年版，第 120 页；厉声《改革开放 30 年来中国边疆史地研究学科的繁荣与发展——兼述中国边疆史地研究的第三次研究高潮》，《中国边疆史地研究》2008 年第 4 期。

③ 梁启超：《中国近三百年学术史》，上海三联书店 2006 年版，第 10 页。

④ 章永俊：《嘉道之际中国边疆史地研究的兴起》，《史学理论研究》2014 年第 4 期。

大夫怵于“俄患日亟”之情形，遂以研究边事相号召，且尤重西北边疆，由此形成了“西北史地学派”。彼时，相关边疆史地著述如祁韵士的《皇朝藩部要略》、徐松的《西域水道记》、张穆的《蒙古游牧记》，有意将蒙古、新疆、西藏等历来被视为“荒遐之地”的历史纳入“国史”范畴进行书写，建构了一个“大一统”的知识谱系。这表明，边疆史地之学自生成之初即为一种与国家利益紧密相关的“经世之学”。迨至 19 世纪中后期，中国北部、西北与西南边疆的领土多有丧失，划界争端应接不暇。因应时势，一批探讨陆地边界问题的专论先后问世，较有影响力者如钱恂的《中俄界约斠注》、许景澄的《帕米尔图说》与曹廷杰的《东北边防辑要》等著述，大抵具有类似的问题意识，即通过对争议国界的考察，服务于清廷的对外交涉与边界谈判需要。大约同一时期，因东南海疆危机加深，一些传统社会的知识精英开始“睁眼看世界”，寄情于海防地理著述的编撰或刊刻，旨在以自身之谋断为国家所采择。① 毫无疑问，无论是“筹边”的边界论说，或者是“筹海”的海防阐发，这一时期的知识精英已将自身学术旨趣和国家命运联系在一起，希冀藉边疆史地之学以有补于“制夷”。

正如清代士大夫因边患之故，群以“经世致用”之道钻研边疆史地一样，民国时期的边疆问题往往与“民族”“民族自决”相轇轕，成为多民族国家边疆治理的经典性难题，于是，各类社会知识精英怀揣“学术研究服务于行政实施”的理想，期待以边疆研究化解边疆危机。在这一时代洪流中，历史学家如傅斯年、顾颉刚、金毓黻等皆以“救国”相砥砺，投身于边疆史地之学。② 他们尝试从学术层面构建中国历史疆域和中华民族绵延不绝的历史，期待将边疆、民族统合到一个共同的民族国家框架之内：早期主要以“地”为标的，基于“正名”的诉求，从事中国历史疆域沿革与近代边界变迁之研究；③ 后期则以“人”为对象，基于“国族构建”之目标，倡导“中华民族是一个”④。历史学家积极回应社会密切关注的边疆、民族问题，不仅收获了广泛的赞赏和声誉，还在一定程度上为国民政府创出“国族—宗支”理论提供了理论储备和舆论准备。

中华人民共和国成立之初，中国史学界在学术目标、对象、方法和风气等诸方面经

---

① 有研究者统计，自 1840 年第一次鸦片战争至 1912 年清朝覆亡期间，海防地理学专论不下 268 种。参见王宏斌《晚清海防地理学发展史》，中国社会科学出版社 2012 年版，“前言”第 5 页。

② 顾颉刚毫不讳言，他将个人的研究兴趣从书斋式的高文典册转向现实性的边疆民族问题，完全出于“时代的压迫和环境的引导”，“碰到这空前的国难，才觉得我们的态度有改变的必要，我们的工作再不可对现时代不负责任了”（顾颉刚：《我为什么要写“中华民族是一个”?》，《西北通讯》1947 年第 2 期）。金毓黻亦将学术研究视为“救国之术”的一端，即“学者当以研学所得，表襮当世，应用最新之方法，发扬固有之文化，而中华不亡之征，亦于是乎在”（金毓黻：《静晤室日记》第 6 册，1939 年 10 月 27 日条，第 4388 页；1940 年 1 月 7 日条，第 4452 页，辽沈书社 1993 年版）。

③ 傅斯年主编《东北史纲》，乃是为了驳斥日本学者“满蒙在历史上非支那领土”之类以白为黑之言，辩明二三千年来东北即为中国之一部（傅斯年等编：《东北史纲》，中央研究院历史语言研究所 1932 年版，“引语”第 2 页）。顾颉刚、史念海撰写《中国疆域沿革史》，即“思欲检讨历代疆域之盈亏，使知先民扩土之不易，虽一寸山河，亦不当轻轻付诸敌人”（顾颉刚、史念海：《中国疆域沿革史》，商务印书馆 1938 年版，第 4 页）。

④ 顾颉刚：《中华民族是一个》，载《顾颉刚全集·宝树园文存》卷 4，中华书局 2011 年版，第 94—106 页。

历了较大的转变。相当长的一段时期内，边疆史地作为一个专门的学术研究领域，被遮蔽于中外关系史和少数民族史等学科之中，以至于20世纪80年代初期陷入了“边疆地理研究后继无人”的窘境。1982年2月4日，时任中国社会科学院院长胡乔木在写给李先念等中央领导的信中提出，“我国边疆沿革史研究，非集中专门人力进行长久经常工作不为功”，并建议中央指定现有部门成立专门机构，进行长期研究，如此“才能使我遇到有关问题时便于应付，不怕因此引起争论”。[①] 1983年中国社会科学院成立了首个研究边疆沿革史的专门性机构——中国边疆史地研究中心（2014年更名为“中国边疆研究所”）。最初，中国边疆史地研究中心的一项主要学术任务，乃是考察近代以来中国疆域与边界变迁问题，旨在为国家边界谈判提供历史依据。改革开放以来，随着边疆发展与稳定问题的日渐凸显，中国边疆史地研究中心统筹规划，通过重大科研项目的申报实施，协调、组织了一大批中国边疆史地前沿学者研究边疆的历史与现状，其目标即在于为政府决策提供参考。

在党和国家领导人的关怀下，近四十年来中国边疆史地研究者普遍坚持基础研究与应用研究并重，从而在学理探究与现实需要之间搭建了一座桥梁：首先，一些学者因应时势、走出书斋，围绕边疆历史遗留问题和海疆现实权益问题，展现中国立场，借以增强国际学术话语权；其次，研究者在古今与中西之间检讨处于两个时代（王朝国家时代、殖民主义时代）和两种国际体系（天下主义、民族国家）夹缝中的“中国”认知，以及与之关联的中国历史疆域界说，进而构建基于中国实践的历史疆域理论；此外，亦有研究者经由考察边疆治理与对外关系之间深层互动的历史，希冀从中寻获灵感，为推进当下中国与周边国家关系提供镜鉴。[②] 有关边疆历史的书写，已不再仅仅是文献、书斋的历史叙事，而是凝聚了家国关怀的时代阐释。

综观两百年中国边疆研究学术史，“经世致用”是不同时期中国边疆史地研究者共有的学术担当和优良传统，边疆史地之学正是在这种会通中展现出旺盛的生命力。中国边疆史地学人坚定认为，从事中国边疆史地研究的意义，不仅在于获得边疆史地知识、解释边疆历史，还在于为维护国家主权、解析边疆问题和民族关系提供历史借鉴和学术支持。

二　时势之变为边疆史地之学的成长注入不竭动力

中国边疆研究高潮的兴起，往往际会于时势之变。19世纪中后期的中国面临“数千年未有之变局”，遂有第一次边疆研究高潮之生成。关于此问题，王国维曾提出，晚清随着西学的渗入，旧的学术格局逐渐被打破，西北史地之学经嬗变而成边疆史地之学，从而产生了一个“新学”。[③] 作为“新学”的边疆史地之学，其知识体系构建呈现出两个方面的特色：就时人的边疆认知而言，伴随着中国从“锁国时代”到“交通时

---

① 《胡乔木传》编写组编：《胡乔木书信集》，人民出版社2002年版，第409—410页。

② 冯建勇、厉声：《改革开放40年来中国边疆史地研究学科的繁荣与发展》，《人文杂志》2018年第10期。

③ 王国维：《沈乙庵先生七十寿序》，载《王国维遗书》第4册，上海古籍书店1983年版，第26页。

代”的变迁，边疆地方经历了从“殊域”“边患”之地到“边防”“御侮”前沿的地位转换；[①] 从研究的问题意识来看，社会知识精英开始从民族国家的视角考察以往较少关注的边疆民族问题，他们通过对统一多民族国家历史的缀连和书写，将“四夷”与“华夏”合称为“中华民族”，赋予两者“同为国民”的均质性地位[②]。借用梁启超的话说，这一时期的边疆史地学人，“因为时势突变，他们的思想也像蚕蛾一般，经蜕化而得一新生命”[③]。

时至20世纪三四十年代，因抗战军兴与国民政府西迁，一大批学者纷纷避居西部边疆地区。时人发现，当其他学科面临凋零或停滞不前之际，边疆研究反倒获得了新生，“呈现一种空前的热烈与紧张”，已然成为一门“显学”。[④] 彼时边疆研究为各派学者所借重，各类学术团体、专业杂志如雨后春笋般冒了出来，边疆史地之学又一次因时势的突变而获得发展机遇。顾颉刚将这次边疆研究高潮称为“我国研究边疆学之第二回发动”，并断言“此第二回运动之收效必远胜于第一回”。[⑤] 相较清末曾经“激发”而后“消沉”的第一次边疆研究高潮，第二次边疆研究高潮既有“复兴”之意，又有“突破”之势——这主要体现在边疆研究的“学科化”：原本传统感十足的“边疆史地之学”，发展为多学科参与且颇具现代性意味的“边疆学”和“边政学”。[⑥] 当然，从一般性“边疆史地之学”到学科性“边疆学”“边政学”之演进，绝非出于偶然。“边疆学”“边政学”应“国”难之“运”而生，关键在于中国边疆学人能够充分把握时代的主要矛盾，积极回应时代的重要关切。

如果说前两次边疆研究高潮发起于国家积弱和边疆危机之际，那么20世纪80年代以来第三次边疆研究高潮则开启于中华民族伟大复兴和中国边疆地区蓬勃发展之时。这一时期，由于历史与现实、国际与国内诸因素的叠加，边疆地区普遍面临较为突出的发展、稳定与主权维护问题，边疆治理的复杂性超过以往任何历史时期。为此，21世纪

---

① 荣升：《经营蒙藏以保存中国论（上）》，（东京）《大同报》第七号，1908年6月28日。收入卢秀璋主编《清末民初藏事资料选编（1877—1919）》，中国藏学出版社2005年版，第59页。

② 彼时梁启超撰写系列文章，阐释了“中国民族”的内涵及民族国家构建的核心思想。参见梁启超《中国史叙论》（1901），载汤志钧、汤仁泽编《梁启超全集》，中国人民大学出版社2018年版，第2集，第310—320页；《论中国学术思想变迁之大势》（1902），《梁启超全集》，第3集，第15—18页；《政治学大家伯伦知理之学说（二）》（1903），《梁启超全集》，第4集，第207—225页；《历史上中国民族之观察》（1905），《梁启超全集》，第5集，第76—86页。杨度的《金铁主义说》（1907）则对“国族”框架提出另一扼要解释，该文同时提出了“五族一家”及“中华民族”概念。参见杨度《金铁主义说》，载刘晴波主编《杨度集》，湖南人民出版社1986年版，第301—306、373—374页。

③ 梁启超：《中国近三百年学术史》，第12页。梁氏所论原本是为了阐释清初阳明学派由“心性之学”向“经世致用”的转型，此处借以表述19世纪中后期边疆史地研究者的经世情怀，亦可谓贴切。

④ 马长寿：《十年来边疆研究的回顾与展望》，《边疆通讯》1947年第4期。

⑤ 顾颉刚：《禹贡学会研究边疆学之旨趣》，《顾颉刚全集·宝树园文存》卷4，第221—222页。

⑥ 其标志性事件，初见于1936年顾颉刚在《禹贡》“发刊词”中提出“边疆学”概念；后又见于1941年杨成志、吴文藻先后倡议“边疆学”和“边政学”之构筑。详见娄贵品《近代中国“边疆学”概念提出与传播的历史考察》，《学术探索》2012年第8期。

以来中央政府先后提出了“治国必治边、治边先稳藏”“维护新疆社会稳定和长治久安”等重要边疆治理战略思想。国内不同学科领域的研究者因应时势，积极加强中国边疆历史与现状研究，希冀借此为当代边疆治理提供有益的历史借鉴和理论构想。其结果，边疆研究多次入选国内“年度学术热点”，日益成为中国学术界的重要议题。

第三次边疆研究高潮发生以迄今日，中国边疆史地研究取得了长足发展。整体而言，这一时期的边疆史地研究实现了三个重大突破：一是不断拓展研究领域，从最初的近代边界研究转向历史疆域研究、历代边疆治理研究与边疆研究史研究并重，进而实现了从单一历史学科的边疆史地研究到融合历史学、民族学、社会学、政治学、法学等跨学科的边疆研究之转变，“构筑中国边疆学”亦从一个倡议具化为一种实践；① 二是致力于创新研究范式，长久以来，中国边疆史地研究多基于“中原中心主义”或“西方殖民主义”，从“中心”俯瞰“边缘”，作为对此两种研究范式的回应，最近十年来，从边疆观中国、从边疆望周边、从边疆看世界的研究范式开始兴起；② 三是持续展现“中国话语”，在马克思主义与国家边疆理论、中国历史疆域的形态与知识话语等重大学术理论问题上绵绵用力，久久为功③。

上述考察已揭明，“适变”为近代以降中国边疆史地研究的成长注入了不竭动力。检视其内在缘由，乃因边疆在地理上处于国家外缘，易受世局的影响：当国家遭逢衰弱期，边疆地区首当其冲，强邻觊觎之情势必然引发社会精英对边疆议题的偏好；当国家处于强盛期，边疆地区往往成为国家“走出去”的前沿，是故亦必引发研究者的关注。概而言之，时势的突变往往牵引出国家边疆治理的现实难题，这就使得具有经世情怀的中国边疆史地研究者更为关注边疆、研究边疆，其结果，边疆史地之学顺应时势变化，取得了颇为瞩目的成绩。

三 新时代中国边疆史地研究者的学术关怀

一时代有一时代之关怀与学术。党的十八大以来，习近平同志全面阐释了中国与世界的发展大势。他在不同场合指出，当今中国正经历着我国历史上最为广泛而深刻的社

---

① 代表性成果主要有马大正《略论中国边疆学的构筑》（《新疆师范大学学报（哲学社会科学版）》2013 年第 5 期），邢广程《关于中国边疆学研究的几个问题》（《中国边疆史地研究》2013 年第 4 期），周伟洲《关于构建中国边疆学的几点思考》（《中国边疆史地研究》2014 年第 1 期），孙勇、王春焕、朱金春《边疆学学科构建的困境及其指向》（《云南师范大学学报》2016 年第 2 期），李国强《开启中国边疆学学科建设新征程》（《中国边疆史地研究》2018 年第 1 期），杨明洪《关于“边疆学”学科构建的几个基本问题》（《北方民族大学学报（哲学社会科学版）》2018 年第 6 期）等先行研究。

② 相关研究成果参见黄达远《边疆的空间性：“区域中国”的一种阐释路径——对“中华民族共同性”论述的新思考》，《陕西师范大学学报（哲学社会科学版）》2016 年第 3 期；邢广程《周边、周边外交与中国边疆》，《中国边疆史地研究》2018 年第 3 期；冯建勇《边疆的“地方”格局与“世界”意义——四十年来中国边疆对外开放的理路与目标》，《学术月刊》2018 年第 12 期。

③ 冯建勇、厉声：《改革开放 40 年来中国边疆史地研究学科的繁荣与发展》，《人文杂志》2018 年第 10 期。

会变革，也正在进行着人类历史上最为宏大而独特的实践创新；[①] 与此同时，世界处于百年未有之大变局，现有国际政治经济秩序面临持续性的紧张和动荡。中国与世界同步交织、相互激荡，两者关系发生了前所未有的重大变化[②]。在此背景之下，一些西方国家不断就新疆、西藏、香港、南海等边疆问题发出杂音，企图借此实施对中国的阻遏和打压。如此一来，原本复杂的边疆问题呈现出亦“内”亦“外”的双重性。毫无疑问，此诸关涉边疆之问题如不能谋迅速、合理之解决，势必会由中国内政问题而演变为国际外交问题。

面对新时代“百年未有之大变局”，习近平同志高度重视历史科学。他在致中国社会科学院中国历史研究院成立的贺信中指出，一方面要研究历史，“揭示历史规律，把握历史趋势，加快构建中国特色历史学学科体系、学术体系、话语体系”；另一方面要借鉴历史，总结历史经验，“深刻把握人类发展历史规律，在对历史的深入思考中汲取智慧、走向未来”。[③] 习近平同志关于历史科学的重要论述，体现了历史研究学术创新与知古鉴今的辩证统一，并为新时代中国边疆史地研究提供了重要指引。

首先，伟大的时代呼唤伟大的理论，中国正在进行着的人类伟大实践和世界正在发生着的“百年未有之大变局”，为新时代中国边疆史地研究的学术繁荣和理论创新提供了强大动力和广阔空间。如何加快构建中国特色的中国边疆史地研究学科体系、学术体系与话语体系，成为摆在新时代边疆史地学人面前的一项迫切使命。在学科体系、学术体系构建方面，目前学者们所倡导的“中国边疆学”，从某种意义上说，仍然是传统边疆史地研究的延长。作为一门新兴的交叉学科，中国边疆学需要从跨学科的视角构筑学科体系和学术体系，但它绝不是多学科的简单叠加，而应是跨学科的深度融合。至于新时代中国特色的边疆史地研究话语体系构建，则应在学科体系、学术体系构建的基础上，以中国边疆治理的内外双重性为导向，扎实推进三个方面的理论创新：一是检讨王朝国家“朝贡体系”与民族国家“自国中心主义”纠结下的领土主权与文化“首发权”问题，消除所谓的“中国威胁论”，推进中国与周边国家人类命运共同体之构建；二是破解西方学术话语体系中已有的“中国乃汉族国家”“长城以外非中国”等错误观点，构筑基于中国历史与实践的历史疆域理论和统一多民族国家理论，在事关国家主权与领土（领海）完整等问题上取得优势话语权；三是反思传统的“中原中心主义”史观，在国家沿边开放战略和“一带一路”倡议全面实施的背景下，阐释边疆的社会历史地位，揭示边疆与中国、世界的联系，探讨以边疆为“中心”，推进中国与周边睦邻友好、互信合作的可行性。

其次，新时代中国边疆地区正在经历的内、外大变局，为中国边疆史地研究者带来了一项重大现实课题：如何认识边疆治理的“内”“外”关系。从历史大视野观察，所

---

① 习近平：《在哲学社会科学工作座谈会上的讲话》（2016 年 5 月 17 日），人民出版社 2016 年版，第 8 页。

② 《习近平在中央外事工作会议上强调 坚持以新时代中国特色社会主义外交思想为指导 努力开创中国特色大国外交新局面》，《人民日报》2018 年 6 月 24 日第 1 版。

③ 《习近平致信祝贺中国社会科学院中国历史研究院成立强调 总结历史经验揭示历史规律把握历史趋势加快构建中国特色历史学学科体系学术体系话语体系》，《人民日报》2019 年 1 月 4 日第 1 版。

谓边疆治理的“内”与“外”，主要基于以下三个方面展开。一是边疆议题的“多元性”。任何一个具体的边疆议题，不仅是一个国家内部问题，还可能在一定情势之下发散为一个双边或国际性议题，诸如近年以美国为首的西方国家对新疆、西藏、香港、南海等议题的渲染与利用，即可作为明证。二是边疆事务的“外向性”。具体的边疆事务如沿边开放、边界交涉、跨境民族、区域文化共享等问题，显然不单是一个国家的内部事务，还涉及与周边国家关系之协调。三是边疆空间的“开放性”。边疆并非天然处于国家的尾闾，在特定时期，因国家战略的实施和地缘政治之变化，不唯边疆地方知识精英胸怀“边缘”变“中心”的雄心，边疆地区在地理上亦可成为“区域性中心地带”。

总之，新时代中国边疆史地研究肩负学术理论创新与重大现实关怀的双重使命。因此，研究者需要从世界大变局的高度认知新时代中国边疆面临的新形势、新问题，展望中国边疆史地研究学术新方向，回答“变化中的边疆”提出的重要理论问题。显然，中国历史上丰富的边疆治理实践和思想积淀，以及边疆地区正在经历的经济、社会、文化发展，均可成为新时代中国边疆史地研究者阐释边疆历史、构建边疆理论的鲜活资源。同时，研究者亦应以学术关怀现实，发挥中国边疆史地研究的“镜鉴”作用，基于历史主义视野，探讨当代中国边疆地区面临的一些现实问题。只有回归历史，梳理历史时期的边疆政治实践与边疆社会文化，才能创建对重大、复杂边疆现实问题的理论解释框架，才能深刻把握边疆“地方格局”与“世界意义”的统一性。

结　语

两百年中国边疆研究学术史表明，“经世致用”与“学术成长”显然并非一种对立关系，相反，“经世致用”在学术与时势之间架起一座桥梁，促发了学术与时势的“共振”。一方面，学术受惠于时势，因通变而励进。从近代以至当下，中国边疆史地研究的发展与特定时局下的国运表现出紧密的关联性，在时势变动之际往往更能吸引国家、社会与学界的深切关注，获得不竭的成长动力。另一方面，学术亦可反哺时代，借经世以致用。近代以降中国三次边疆研究高潮皆发轫于边疆史地之学，几代中国边疆史地学人坚守“经世致用”优良传统，将学术旨趣与时代要求紧密结合，从学术创新、理论建构、话语表达等方面及时回应国家和社会关切，赢得了普遍赞誉。

展望新时代，中国边疆史地研究仍将坚持“会通”与“运变”之统一，从时代中汲取营养，励精求进；中国边疆史地研究者亦必有“力行求治之资”的担当，为新时代的边疆治理提供“经世致用”之方。

（原载《历史研究》2020 年第 1 期）

形而下之器：古代中国疆域史研究的方法与取径*

高福顺　吴翔宇**

自18世纪以降，随着西方列强插手中国边疆事务，中国知识分子在经世致用思想影响下，自觉以筹边谋防、开边治疆为目的对边疆史地问题展开研究，引致19世纪中叶至19世纪末西北边疆史地学的兴起。① 尔后，中国边疆史地学又兴起两次研究高潮：一是20世纪20年代至40年代，边政学得以提出与展开以及有关边疆史地研究会纷纷成立；二是20世纪80年代以来，以中国古代边疆史、中国近代边界沿革史与中国边疆研究史为重点的研究格局形成，以及将中国边疆历史与现实相结合进行研究。② 在第三次边疆研究高潮掀起过程中，除边疆史地之科学实证研究外，学界在关注中国边疆研究的理论与方法的同时③，更加关注中国边疆学学科体系的理论构建④，这无疑是非常有意义的学

---

* 本文为贵州省哲学社会科学规划国学单列课题一般项目“辽朝在中国古史谱系中的历史贡献”（19GZGX15）阶段性成果。

** 高福顺，吉林大学文学院中国史学系教授、博士生导师；吴翔宇，吉林大学文学院中国史系博士研究生。

① 参见马金科、洪京陵编著《中国近代史学发展叙论（1840—1949）》，中国人民大学出版社1994年版，第50页。

② 参见马大正《当代中国边疆研究（1949—2014）》，中国社会科学出版社2016年版，第55—90页。

③ 参见陈玉屏《略论中国古代的“天下”、“国家”和“中国观”》，《民族研究》2005年第1期；刘正寅《“大一统”思想与中国古代疆域的形成》，《中国边疆史地研究》2010年第2期；赵永春《从复数“中国”到单数“中国”——中国历史疆域理论研究》，黑龙江教育出版社2014年版；李大龙《从“天下”到“中国”：多民族国家疆域理论解构》，人民出版社2015年版；林文勋《从边疆史地到边疆学》，《中国边疆史地研究》2016年第2期；李大龙《自然凝聚：多民族中国形成轨迹的理论解读》，《西北师大学报（社会科学版）》2017年第3期；李大龙《“中国边疆”的内涵及其特征》，《中国边疆史地研究》2018年第3期；张云《中国边疆研究的内涵和特征刍议》，《中国边疆史地研究》2018年第3期；等等。

④ 参见邢玉林《中国边疆学及其研究的若干问题》，《中国边疆史地研究》1992年第1期；方铁《试论中国边疆学的研究方法》，《云南师范大学学报（哲学社会科学版）》2008年第5期；郑汕《中国边疆学概论》，云南人民出版社2012年版；马大正《新世纪以来中国学者对中国边疆学构筑的探索》，载邢广程主编《中国边疆学》第三辑，社会科学文献出版社2015年版；周伟洲《关于构建中国边疆学的几点思考》，《中国边疆史地研究》2014年第1期；孙勇等《边疆学学科构建的困境及其指向》，《云南师范大学学报（哲学社会科学版）》2016年第2期；邢广程《开拓中国边疆学研究的新局面》，《中国边疆史地研究》2016年第2期；李鸿宾《对“中国边疆研究”概念的认识与界定——兼谈“中国边疆学”学术体系之建构》，《中国边疆史地研究》2018年第3期；崔明德《关于中国边疆学学科建设的几点看法》，《中国边疆史地研究》2018年第3期；王欣《关于中国边疆学学科话语理论体系建构的几点思考》，《中国边疆史地研究》2018年第3期；苗威《建构中国特色的中国边疆学话语体系》，《中国边疆史地研究》2018年第3期；等等。

术价值取向与旨归。李国强指出，中国边疆学的学科目标包括三个方面，“一是探寻我国边疆形成、发展、演变的客观规律，从而为更好地阐释中国统一多民族国家的必然性、合理性和合法性提供理论基石；二是探寻我国边疆治理的历史脉络，在思想、制度、手段、方式等多个层面追溯历史根源、阐释时代表征、破解现实难题，从而为我国边疆治理体系、治理能力现代化建设提供理论支持；三是探寻我国边疆开发经营的历史轨迹、当代进程、未来方向，从而为边疆长治久安和可持续发展、为实现边疆人民的福祉愿景提供理论支撑”①。面对如此纷繁庞杂、内涵深邃、旨归明晰的中国边疆学学科目标，“边疆研究学术共同体”应该如何广泛关注与积极参与古代中国边疆区域的研究，就成为边疆学人必须直面且必须回应的问题。尽管前贤已做出巨大努力，也取得令人瞩目的成就，探索出若干疆域理论与研究范式，然就古代中国边疆研究方法与取径而言，“边疆研究学术共同体”还需要给予足够重视与思考。无论是中国边疆研究的理论与方法的确立，还是中国边疆学学科体系的理论构建，均应着力于两个层面思考：一是形上之道，着力中国边疆学内容与体系的系统构建与研究；二是形下之器，着重探讨具有指导意义且有可操作性的中国边疆学的研究路径与方法。本文拟就古代中国边疆研究的具体实践路径与方法略述管见，敬请学界同仁批评指正。

一　碎片化：区域史观视阈下古代中国疆域史研究

古代中国边疆历史是古代中国历史的重要组成部分，不正确了解中国边疆区域的嬗变过程，就无法准确展开中国古史的论述，就难以讲好中国故事，而古代中国的边疆区域相当辽阔，地貌复杂，历史悠久，民族众多，不同边疆区域的自然地理环境、历史文化特征和经济社会发展程度等往往有相当大的地域差异性。② 古语云“一方水土养一方人”，不同边疆区域的自然地理环境以及文化、经济背景，会塑造出迥异的政治体制、经济类型、风俗习惯、军制构造、生活时尚等族群特征。

综观古代中国边疆诸区域，自然地理环境千差万别，从热带、亚热带自然景观至温带、寒带自然景观，从季风气候自然景观到大陆性气候自然景观，不一而足。自然地理环境在漫长的演变过程中，地质地貌、河流湖泊、植被气候等诸多自然地理要素均会发生改变，竺可桢在《中国近五千年来气候变迁的初步研究》（《中国科学》1973 年第 2 期）已给出明确答案，但一般来说，自然地理环境的变迁是一个极其缓慢的过程，且古代中国区域的自然地理环境变化具有同步性。故此，本文在讨论古代中国边疆诸区域的差异时，因篇幅限制，对古代的自然地理环境与现代的自然地理环境之差异，未作过于细致的差异性区分，敬请谅解。邓辉说：“只有了解了过去的地理，才能真正了解过去的历史；只有重建了过去的地理舞台，才能够了解过去的人们是如何在这个舞台上生活和活动的。”③ 故此，对于中国古代边疆区域的族群而言，深入分析与揭示边疆区域

---

① 李国强：《开启中国边疆学学科建设新征程》，《中国边疆史地研究》2018 年第 1 期。

② 参见徐国利《关于区域史研究中的理论问题——区域史的定义及其区域的界定和选择》，《学术月刊》2007 年第 3 期。

③ 邓辉等：《从自然景观到文化景观——燕山以北农牧交错地带人地关系演变的历史地理学透视》，商务印书馆 2005 年版，第 12 页。

内部自然的、人文的诸要素的相互作用关系以及内在的发生、发展的规律性，应是“边疆研究学术共同体”给予特别关注的话题之一。由于人地关系的相互作用以及区域间的互动与交融，进而导致繁衍生息于古代中国边疆诸区域的不同族群，在其生存繁衍过程中呈现出诸多区域间的差异性之面貌，既有共时性的区域差异，也有历时性的时段特征，纷纷繁繁，殊异杂芜。古代中国东北边疆区域，大部分地处太平洋西岸的温带、亚寒带季风气候区，夏季湿热多雨，土质肥沃，雨热同季。自然地理环境的独特之处就是北部分布大片高原，南部山水环绕，中间贯穿大平原，西接中国北部边疆的辽阔草原，东达太平洋之日本海、鄂霍次克海，从而造就聚居于山林、草原的渔猎、游牧族群向中间地带的平原、农耕区域聚拢之势。[①] 在这种自然地理环境下，自然而然地形成政治、经济、文化、军事上各具特色的族群体系。东北史研究的开山鼻祖金毓黻总结说：“古代之东北民族，大别之为四系。一曰汉族，居于南部，自中国内地移殖者也。二曰肃慎族，居于北部之东。三曰扶余族，居于北部之中。四曰东胡族，居于北部之西。”[②] 古代中国北部边疆区域，位于欧亚大草原的东部，与黄土高原、华北平原相毗邻，地处北温带、寒带，深居内陆，冬季严寒而漫长，夏季温和而短促，降雨量稀少，植被以温带干草原和森林草原为主。从东向西，大陆性气候逐渐增强，植被也出现规律性的变化，依次出现森林草原、典型草原与荒漠草原等地带。[③] 蒙古高原东部主要为干性草原和沙漠半沙漠植物区，一般在间歇河道、山麓和地下水位较高地区生长丰盛牧草。阿尔泰地区，地势较低，积雪少，森林少，草原丰茂。杭爱山和肯特山，主要为山地草原和森林。中部则以沙漠戈壁为主。漠北地区，气候较南稍湿，并有河流分布，草原旺盛。古代中国北部边疆的沙漠草原景观，成为游牧民族匈奴、东胡、丁令、鲜卑、柔然、契丹、突厥、薛延陀、蒙古等族群兴衰嬗替的天堂。何天明在研究中国北方草原古文化时说：“在中国古代北方草原文化区中，畜牧业自古以来基本呈现出比例不断加重、规模不断扩大、影响日益深远、各族互有传承的历史态势。”[④] 在与内地农耕族群的互动过程中形成古代中国历史上的北方游牧族群与中原农耕族群的碰撞与交融。古代中国西北边疆区域，自然地理环境更为复杂，总体说来，高原、山地、盆地占据优势。因其地处欧亚大陆腹地，远离海洋，受阿尔泰山、天山、昆仑山、祁连山等高大山脉影响，形成强烈的大陆性气候，降水少，多风沙，干燥寒冷，适于农牧业的区域较少。甘肃、宁夏以及陕西的西部以森林草原和干草原居多，其次为荒漠草原和山地草原。新疆多以山前冲积平原为主，准噶尔盆地和塔里木盆地形成巨大荒漠区，唯其边缘区域依靠高山雪水补给，形成绿洲地带。天山是广大荒漠中的巨型“湿岛”，植被覆盖率高，适于游牧。[⑤] 这样的自然地理孕育出具有农牧特色兼具的西戎、氐、羌、党项、月氏、乌孙等族群，尤其是新疆天山南北与中亚一带因气候、水土条件的局限形成了典型的“居国”（农耕族群）和“行国”（游牧族群）的样貌。陈连开总结说：“西域自古是多民族分布、交汇之区，也是中国通往外部世界的交通要道。西域—新疆各民族的历史内容丰富，族称

---

① 参见李治亭主编《东北通史》，中州古籍出版社 2003 年版，第 9 页。

② 金毓黻：《东北通史》（上编），社会科学战线杂志社 1980 年翻印，第 19—20 页。

③ 参见赵云田主编《北疆通史》，中州古籍出版社 2002 年版，第 4—5 页。

④ 何天明：《中国北方草原文化祭》，内蒙古大学出版社 2012 年版，第 82 页。

⑤ 参见韩宾娜、王兆明《中国历史地理》，东北师范大学出版社 1995 年版，第 364—365 页。

及民族交汇演化，较之其他地区尤为突出。”[①]“你方唱罢我登场”成为古代中国西北边疆区域族群繁衍嬗变的主旋律。古代中国青藏边疆区域，地域辽阔，地势高峻，由一系列巨大的山系、高原、宽谷与湖盆等地貌类型构成，是世界上最高大的高原，具有明显的高原气候特征。藏北高原介于昆仑山脉、唐古拉山脉与冈底斯—念青唐古拉山脉之间，以高寒草原为主，草场主要分布于高原湖泊周围和河源地区，形成主要牧区。藏南谷地地处冈底斯山脉与喜马拉雅山脉之间，雅鲁藏布江穿流其中，形成以拉萨河、年楚河、尼洋河等河谷平原为主的农耕区。藏东高山峡谷由横断山脉、金沙江、怒江、澜沧江等构成，为藏东农牧混合区，农耕占比较大。青海位于西藏之北，以高寒草甸和高寒草原为主，次为荒漠和山地草原，湟水谷地、黄河谷地以及柴达木盆地边缘地区，适于农耕。青藏高原的地势特点为西南高、东北低的地势，使生活于青藏高原上的族群在地理上与中原族群存在着天然的亲和力，[②] 先后有氐、羌、吐蕃、吐谷浑、党项等族群在这里繁衍生息。古代中国西南边疆区域，自然地理环境较为特殊，以云贵高原为主，大部分地区属亚热带，云南南部属热带，川滇西部的高原山地为青藏高原向东延伸部分，具有高山气候特征。云南地处青藏高原的延伸部分，西北部、东部地势崎岖不平，畜牧业发达，西南部地势趋缓，怒江、澜沧江、元江等河谷平原适于稻作。广西西部地处云贵高原东部，地势为西北高东南低，红水河、右江、左江等河谷平原适于稻作。贵州地处云贵高原东北部，地势为西部高、中部稍低，从中部向北、东、南均逐渐降低，河谷盆地形成大、小“坝子”，为人烟稠密的稻作区。[③] 云贵高原是世界上古人类的发祥地之一。先秦至两汉时期，繁衍生息在西南边疆区域的土著居民称为“西南夷”。唐宋时期，逐渐演化为“白蛮”“乌蛮”等族群，并建立起南诏、大理等政权，促进西南诸族群的整合，密切了西南边疆和中原间的关系。古代中国岭南边疆区域，介于山海之间，北枕五岭，南濒南海，处于热带和亚热带气候区，温暖湿热，四季不明显，降水量充沛。北部为山地丘陵，民以耕山为主，梯田为伴。中部多为河网密布的冲积平原、三角洲平原，适于稻作。南部沿海平原台地，间有少量山地丘陵，人多以舟楫为食，粤东滨海区域，耕三渔七。[④] 地势自西北向东南倾斜，山地丘陵众多，大多呈东北—西南走向，相当有利于岭南与内地的沟通，中原、荆楚、巴蜀、吴越文化与岭南土著文化交融整合，加强了岭南边疆区域与中原区域的联系。先秦到两汉时期，在岭南繁衍生息的土著居民南越、西瓯、骆越、闽越等越人被统称为“百越”。唐宋以来，随着越人逐渐整合于南迁的汉族之中，先后形成广府、潮州（福佬）、客家等不同民系，[⑤] 而未被融入汉族的越人，则逐渐发展成壮、黎、瑶、畲等边疆族群。

综上所述，不难看出古代中国边疆区域的自然地理环境与繁衍生息族群的差异性与独特性。对于古代中国边疆区域的族群之趋异性特征，先秦时期的智者早已意识之，且给予准确解读，《礼记·王制》曰：“凡居民材，必因天地寒暖燥湿。广谷大川异制，

---

① 陈连开主编：《中国民族史纲要》，中国财政经济出版社 1999 年版，第 373—374 页。

② 参见陈庆英、高淑芳主编《西藏通史》，中州古籍出版社 2003 年版，第 6—8 页。

③ 参见方铁主编《西南通史》，中州古籍出版社 2003 年版，第 2—3 页。

④ 参见司徒尚纪《岭南历史人文地理——广府、客家、福佬民系比较研究》，中山大学出版社 2001 年版，第 11 页。

⑤ 参见李孝聪《中国区域历史地理》，北京大学出版社 2004 年版，第 386—395 页。

民生其间者异俗。刚柔轻重，迟速异齐，五味异和，器械异制，衣服异宜。修其教不易其俗，齐其政不易其宜。中国戎夷，五方之民，皆有性也，不可推移。东方曰夷，被发文身，有不火食者矣。南方曰蛮，雕题交趾，有不火食者矣。西方曰戎，被发衣皮，有不粒食者矣。北方曰狄，衣羽毛穴居，有不粒食者矣。中国夷蛮戎狄，皆有安居，和味宜服，利用备器。五方之民，言语不通，嗜欲不同，达其志，通其欲。"[①] 尔后《汉书·地理志》亦曰："凡民函五常之性，而其刚柔缓急，音声不同，系水土之风气，故谓之风；好恶取舍，动静亡常，随君上之情欲，故谓之俗。孔子曰：'移风易俗，莫善于乐。'言圣王在上，统理人伦，必移其本，而易其末，此混同天下一之虖中和，然后王教成也。"[②] 由此观之，古代智者对居于"中国"（天下）边缘（边疆）区域的族群有自身传统的划分标准，更强调自然地理环境对不同边疆区域族群繁衍嬗变的影响及其风俗习惯的养成，安居、和味、宜服、利用、备器、语言等文化特征成为古代中国智者区分边疆区域族群的主要标志，这种区分明显不同于源自西方的"民族国家"理论之"民族"界定。[③] "中国戎夷，五方之民"所构成的古代中国社会之内地与边疆的二元结构，成为古代中国史家编纂史书之"内地"与"边疆"的书写对象，至蛮戎夷狄构筑起中国正史之"四夷传"的基石，成为描述古代中国边疆区域发展实态及其嬗变过程的缩影。

在古代中国"五方之民"的"你生我亡、你来我往"的变奏中，"边疆研究学术共同体"如何在区域史的视阈下展开古代中国边疆区域族群的"碎片化"研究就值得深入思考。《隋书·经籍志》说："夫史官者，必求博闻强识，疏通知远之士，使居其位，百官众职，咸所贰焉。是故前言往行，无不识也；天文地理，无不察也；人事之纪，无不达也。"[④] 古代史家清楚地意识到，古代史官只有博闻强识、疏通知远的才学，掌握前言往行、天文地理、人事载记等诸多"碎片化"的学识，才能胜任此职，尤其是繁衍与消亡并存的古代中国边疆区域族群，非有"碎片化"的学识难于将其准确地付诸笔端。清代史家章学诚说："大抵学问文章，须成家数，博以聚之，约以收之。载籍浩博难穷，而吾力所能有限，非有专精致力之处，则如钱之散积于地，不可绳以贯也。"[⑤] 章氏亦在强调整体史的认知是将"碎片化"的史识疏而通之，才可形成对史事的宏阔认知，不辨章学术，难以考镜源流。故此，在关注整体史观视阈下古代中国疆域史嬗变历程的同时，必须对碎片化了的不同区域边疆历史（族群样貌）及其嬗变历程给予充分关注，条别原委，探幽析微，弄清碎片化了的历史面相，尔后据此再将碎片化之研究与整体化之研究有机地结合起来，才能宏阔浩瀚，纲举目张。唯有此之学术取径，才能充分认知古代中国疆域嬗变历程的"真正"实态及其发展演变规律，达到"边疆研究

---

① 《礼记正义》卷12，参见《十三经注疏》，中华书局2009年影印清嘉庆刊本，第2896页下栏至第2897页上栏。

② 《汉书》卷28下《地理志下》。

③ 参见李大龙《新时代边疆学研究的热点与前沿问题》，《云南师范大学学报（哲学社会科学版)》2019年第1期。

④ 《隋书》卷33《经籍志二》。

⑤ （清）章学诚：《章学诚遗书》卷9《与林秀才》，文物出版社1985年影印本，第89页下栏C。

学术共同体”所欲达到的理想愿景。谭其骧指出：“以中国疆域之辽阔，要想一动手就写好一部完整、全面的中国历史地理，大概是不可能的。只有先从区域历史地理入手，一个地区一个地区地先做好具体而细致的研究，才有可能再综合概括成为一部有系统有理论的中国历史地理学。”① 谭氏的论断对古代中国边疆区域之研究具有相当重要的启示，“边疆研究学术共同体”在研究古代中国边疆区域时，必须重视古代中国边疆区域之实态及其嬗变历程的研究，正视古代中国不同边疆区域因地质地貌、山川湖海、植被气候等诸多自然地理要素所造成的地域差异、经济形态以及不同自然地理环境下所孕育出的族群之语言、民族特性、社会结构之分隔所导致的古代中国边疆区域之政治体制、经济类型、文化习性、军制构造等的趋异性特征。只有做好古代中国边疆区域“碎片化”的微观实证研究、只有充分把握古代中国边疆区域的趋异性特征，才能更加清楚地认知由边疆区域的趋异性向同一性转变的基本内涵与本质特征，才能更好地完成“在指导思想、学科体系、学术体系、话语体系等方面充分体现中国特色、中国风格、中国气派”② 的基础坚固的古代中国疆域嬗变的整体史的编纂。

二　层累化：断代史观视阈下古代中国疆域史研究

古代中国，幅员辽阔、民族众多、历史悠久、文化璀璨，为统一多民族国家，这在学界已达成共识。然而，有关古代中国的叙述却成为当今学界讨论的焦点，其根源就是学界仍在追溯古代中国的“边”在哪里，如何去认知古代中国的“边”，进而追问怎样展开古代中国历史的叙述。本来看似不是问题的问题，于今确实成为学界不断追问的问题。作为“边疆研究学术共同体”如何给予当今学界以科学的令人信服的阐释与解答，便成为一项迫切、紧要的课题。葛兆光说：“从历史角度说，‘中国’在空间上是一个边界移动的‘中国’；从文化认同上说，中国是一个边缘虽然有些模糊，但核心区域相当清晰和稳定的文化共同体；从政治体制上说，很多人笔下口中的‘中国’，常常指的是一个王朝或一个政府，而这个政治意义上的王朝和政府并不等于国家，更不是历史论述中的中国。”葛氏亦解释说：“在这样的一个延续性大于断裂性（与欧洲相比）的古老文明笼罩下，中国的空间虽然边缘比较模糊和移动，但中心始终相对清晰和稳定，中国的政治王朝虽然变更盛衰起伏，但历史始终有一个清晰延续的脉络，中国的文化虽然也经受各种外来文明的挑战，但是始终有一个相当稳定、层层积累的传统。”③ 李大龙亦议论说：“多民族国家中国的形成和发展与美国、俄罗斯等世界上其他国家相比具有截然不同的特点，是生活在中华大地上的众多族群共同缔造的，分布在中原地区的农耕族群（人们一般认为的汉人或汉族）起到了奠基作用，而分布在边疆地区的以游牧为主的‘夷狄’族群则起到了发展和定型作用。尽管多民族国家疆域的形成和发展可以

① 孙进己、冯永谦总纂：《东北历史地理》，黑龙江人民出版社 1989 年版，“序”第 1 页。

② 习近平：《在哲学社会科学工作座谈会上的讲话》（2016 年 5 月 17 日），人民出版社 2016 年版。

③ 葛兆光：《宅兹中国：重建有关“中国”的历史论述》，中华书局 2011 年版，第 35、26 页。

分为四个不同的时期，但其形成时期的显著特点可以概括为‘自然凝聚’。”① 王柯在谈及古代中国之内涵时亦说：“‘中国’之所以不断地从小到大，就是因为‘夷狄’不断变为‘华夏’，‘华夏’不断吸收消化‘夷狄’，‘华夏’与‘夷狄’不断同化融合的结果。”② 可见，古代中国疆域的形成是一个漫长、渐进与曲折的“自然凝聚”过程，是几千年中国“五方之民”互动、交融之不断积淀、发展与延续过程，是在自我肯定、自我否定状态下的往复扬弃的层累化过程。故此，深入分析与揭示在自然、人文等诸要素之间的相互作用下某一时段（短时段）的古代中国疆域发生发展的内在机制、某一时段内地族群与边疆族群的互动与交融而产生的同一性与特殊性，以及时段与时段之间的承继性与连续性之基本内涵、本质特征及其规律，才能准确评价某一时段古代中国疆域的管辖与治理在古代中国疆域史的嬗变过程中之历史地位。换言之，清晰认知在断代史视阈下古代中国疆域史研究之层累化特征，应是“边疆研究学术共同体”给予特别关注的话题之一。

纵观古代中国边疆的嬗变历程，层累化特征十分显著，而且不同时段的古代中国边疆之层累又有所不同，“自然凝聚”的方式与程度差别较大，难丁一言以蔽之。夏商周应为古代中国疆域自然凝聚的肇始期。从“明明我祖，万邦之君，有典有则，贻厥子孙”③，“禹会诸侯于涂山，执玉帛者万国”④ 等记载分析，夏人应有边疆的初步认知。商时，商人已有较强烈的边疆意识，“邦畿千里，维民所止，肇域彼四海”⑤、“溥天之下，莫非王土；率土之滨，莫非王臣”⑥ 等描述就是最好的例证。周时，周人明确提出：“我自夏以后稷，魏、骀、芮、岐、毕，吾西土也。及武王克商，蒲姑、商奄，吾东土也。巴、濮、楚、邓，吾南土也。肃慎、燕、亳，吾北土也。”⑦ 周人的边疆意识相当明晰，且有准确的地理方位与区域，这为后来古代中国疆域“自然凝聚”奠定了相当重要的根基。

秦统一六国，为古代中国疆域自然凝聚的重要时期。秦对统治域内的地方管辖与治理最显著的特征就是废除先秦以来所推行的分封诸侯、藩屏天子的制度，而是以郡县制度为核心，加强中央集权，有意识地着力整合内地与边疆之间的密切度，注重内地农耕族群与边疆区域族群的碰撞与交融。秦朝北击匈奴，西逐西戎，南奠闽越，设置郡县、

---

① 李大龙：《自然凝聚：多民族中国形成轨迹的理论解读》，《西北师大学报（社会科学版）》2017 年第 3 期。

② 王柯：《民族与国家：中国多民族统一国家思想的系谱》，中国社会科学出版社 2001 年版，第 273 页。

③ 《尚书正义》卷 7《夏书·五子之歌》，参见（清）阮元校刻《十三经注疏》（清嘉庆刊本），中华书局 2016 年影印本，第 331 页上栏 A。

④ 《春秋左传正义》卷 58《哀公七年》，参见（清）阮元校刻《十三经注疏》（清嘉庆刊本），中华书局 2016 年影印本，第 4697 页下栏 B。

⑤ 《毛诗正义》卷 20《商颂·玄鸟》，参见（清）阮元校刻《十三经注疏》（清嘉庆刊本），中华书局 2016 年影印本，第 1344 页上栏 A。

⑥ 《毛诗正义》卷 20《小雅·北山》，参见（清）阮元校刻《十三经注疏》（清嘉庆刊本），中华书局 2016 年影印本，第 994 页上栏 A。

⑦ 《春秋左传正义》卷 45《昭公九年》，参见（清）阮元校刻《十三经注疏》（清嘉庆刊本），中华书局 2016 年影印本，第 4466 页上栏 A。

属邦，目的就是加强内地华夏族群与匈奴、西戎、西南夷、百越等边疆族群的互动与交融。以实际效果观之，秦朝确实达成了古代中国边疆与内地的初步整合，比之周代，“自然凝聚”的地理单元进一步扩大，但比之清代又显得相对狭小许多。对此，费孝通评论说：“秦代的统一还只是中华民族这个民族实体形成的一个步骤，因为当时秦所统一的只是中原地区，在中华民族的生存空间里只占一小部分，在三级地形中只是海拔最低的一级，而且还不是全部。中原的周围还有许多不同的族团也正在逐步分区域地向由分而合的统一路上迈进。”[①] 尽管秦朝远未将“西起帕米尔高原，东到太平洋西岸诸岛，北有广漠，东南是海，西南是山的这一片广阔的大陆上”[②] 之地理单元（即天下、四海之内）自然凝聚到一体化之内，但秦对古代中国边疆自然凝聚之层累化成就却具有相当非凡意义，为汉朝中国疆域更大范围的自然凝聚奠定了坚实基础。

西汉统一后，尤其是汉武帝统治以降，采用“外事四夷，内兴功力”[③] 的战略方针，主张“《春秋》大一统者，天地之常经，古今之谊也”[④]，诏谕公卿大夫“总方略，一统类，广教化，美风俗”[⑤]，开地斥境，教化边民，致力于古代中国边疆区域的开发与治理，持续不断地推进内地族群与边疆族群之间“自然凝聚”的一体化进程。北击匈奴，实践着汉匈杂居，欲达成文帝时提出的汉匈“两国之民若一家子”[⑥] 的愿景；“凿空”西域，试图实现“思汉威德，咸乐内属”[⑦] 的局面；融合诸羌，略定闽粤，实现汉羌、汉越之居民杂处；经略东北，灭卫满一统半岛，将朝鲜半岛纳入中原王朝的直辖统治之下。西汉为了加强内地华夏族群与匈奴、西域诸族、乌桓、鲜卑、夫余、氐、羌、西南夷、百越等族群的互动与交融，还设置郡县、属国、都护、中郎将、校尉等行政区划与官吏，达成自然凝聚的目的。经过有汉一代之强力经营，将东起大海，西跨葱岭、巴尔喀什湖，北扼大漠直抵贝加尔湖，南迄南海之地理单元自然凝聚到一体化的整合之中，比之秦代，古代中国疆域自然凝聚之地理单元进一步扩大与加强，层累化特征相当凸显。汉代中国疆域的自然凝聚标志着古代中国疆域的初步形成。[⑧] 对于秦汉疆域之内地族群与边疆族群间的自然凝聚之成就，王宗维评论说：“秦、汉是我国统一多民族国家中央集权制的形成和发展阶段，也是中原王朝对边疆地区的关系进一步明朗化时期。秦、汉王朝的统一和致力于边疆的开拓，是对商、周时期疆域的继承和发展，为我国版图的奠定和边疆的形成起了关键作用。”[⑨]

隋唐统一，进一步巩固与发展了秦汉以来古代中国疆域自然凝聚的最新成果，尤其是唐朝，经略东北，北伐突厥，平定回鹘，开通西域，和亲吐蕃，绥靖南诏，加强内地族群与边疆族群的互动与交融，以至于“开元、天宝之际，东至安东，西至安西，南

---

① 费孝通主编：《中华民族多元一体格局》，中央民族大学出版社 1999 年版，第 11 页。

② 费孝通主编：《中华民族多元一体格局》，第 4 页。

③ 《汉书》卷 24 上《食货志上》。

④ 《汉书》卷 56《董仲舒传》。

⑤ 《汉书》卷 6《武帝本纪》。

⑥ 《汉书》卷 94 上《匈奴传》。

⑦ 《汉书》卷 96 下《西域传》。

⑧ 参见刘宏煊《中国疆域史》，武汉出版社 1995 年版，第 7 页。

⑨ 马大正主编：《中国边疆经略史》，中州古籍出版社 2000 年版，第 30 页。

至日南，北至单于府，盖南北如汉之盛，东不及而西过之”。[①] 在如此广阔的地理单元中，唐代君臣坚持不懈地践行着“王者视四海如一家，封域之内，皆朕赤子”[②]、“我今为天下主，无问中国及四夷，皆养活之。不安者，我必令安；不乐者，我必令乐”[③] 的天下一统之愿景，其成就即是“绝域君长，皆来朝贡，九夷重译，相望于道”[④]，“四夷大小君长争遣使入献见，道路不绝，每元正朝贺，常数百千人”[⑤]，“蛮夷戎狄，殊方异类，重译而至者，日月于阙廷”[⑥]。对于唐朝中国疆域之内地族群与边疆族群的自然凝聚之层累化成就，李大龙评论说：“在中国多民族国家的形成和发展过程中，唐代是一个重要时期，其重要性不仅仅是简单地表现在唐王朝在汉朝基础上有了更辽阔的疆域，更重要的是唐王朝对边疆的认识在汉代基础上有了进一步发展，将‘中国’（中原地区）和‘四夷’（边疆地区）视为一个整体，而对边疆地区的管理政策和管理制度也更加完善，尤其是将羁縻府州制度广泛应用于边疆地区，突破了前代形成的对边疆地区‘统而不治’的思想，为边疆地区融入多民族国家疆域形成历程奠定了坚实基础。”[⑦]

以蒙古为核心建立的元朝入主中原后，统治者秉持以“天下一家”之治国理念，“建元表岁，示人君万世之传；纪时书王，见天下一家之义。法《春秋》之正始，体大《易》之乾元”[⑧]，是古代中国疆域自然凝聚的重要转折期。元朝兴起于朔漠，灭亡女真，再并西域，实现古代中国北部边疆区域的强力整合，西平西夏，臣服高丽，南定大理，加强内地族群与边疆族群的互动与交融，在“北逾阴山，西极流沙，东尽辽左，南越海表”[⑨] 的空前广阔的地理单元内实现前所未有的大统一。《元史・地理志一》曰：“盖岭北、辽阳与甘肃、四川、云南、湖广之边，唐所谓羁縻之州，往往在是，今皆赋役之，比于内地；而高丽守东藩，执臣礼惟谨，亦古所未见。”[⑩] 对于元朝中国疆域之内地族群与边疆族群的自然凝聚之成就，罗贤佑评论说：“在我国统一多民族国家发展的历史上，元代是一个重要的转折时期。蒙古族建立的元朝，结束了几百年的分裂割据局面，实现了新的大一统，推行了巩固全国统治的一系列政策、措施。”[⑪] 赵永春亦评论说：“元朝结束了唐末以来长期分离割据的状态，建立了空前的大统一王朝。元代不仅继承了汉唐时期的中国版图，而且更大规模地发展和开创了中国的疆域。”[⑫] 杨绍猷说：“元朝实现了中国空前的大统一，拥有辽阔的领土，对我国统一多民族国家的形成和发展，对边疆的开拓，做出了不可泯灭的贡献。”[⑬] 元代中国疆域之层累化贡献不仅

---

① 《新唐书》卷 37《地理志一》。

② 《资治通鉴》卷 192，武德九年九月丁未条。

③ （宋）王钦若等：《册府元龟》卷 170《帝王部・来远》，中华书局 1960 年版，第 2051 页。

④ 《旧唐书》卷 71《魏征传》。

⑤ 《资治通鉴》卷 198，《唐纪十四》，贞观二十二年正月戊午条。

⑥ 《旧唐书》卷 23《礼仪志三》。

⑦ 李大龙：《唐代边疆史》，中国社会科学出版社 2013 年版，第 1 页。

⑧ 《元史》卷 4《世祖本纪一》。

⑨ 《元史》卷 58《地理志一》。

⑩ 《元史》卷 58《地理志一》。

⑪ 马大正主编：《中国边疆经略史》，第 194 页。

⑫ 赵永春：《从复数“中国”到单数“中国”——中国历史疆域理论研究》，第 566 页。

⑬ 马大正主编：《中国边疆经略史》，第 217 页。

在于扩大了汉唐中国疆域之族群整合的地理单元，更为重要的是，古代中国边疆族群也具有自然凝聚“西起帕米尔高原，东到太平洋西岸诸岛，北有广漠，东南是海，西南是山的这一片广阔的大陆上”①，即天下、四海之内“中国戎夷，五方之民”的整合能力，为清代中国疆域自然凝聚之鼎盛奠定了坚实基础。

经过明清两代的努力，古代中国疆域自然凝聚达到鼎盛期。明朝建立后，统治者秉持“朕既为天下之主，华夷无间，姓氏虽异，抚字如一”②、“华夷本一家，朕奉天命为天子，天之所覆，地之所载，皆朕赤子，岂有彼此”③、“夫天下一统，华夷一家，何有彼此之间”④ 的治国理念，在“东起朝鲜，西据吐蕃，南包安南，北距大碛”⑤ 的地理单元内依次建立起较元朝更具特色的军政管理体系，强化内地族群与边疆族群的互动与交融。清朝建立后，在维护“满洲，乃国家根本”⑥ 的前提下，将“遐迩同仁，无分中外”⑦ 的治国理念发挥到前所未有的程度。雍正皇帝曰：“我朝肇基东海之滨，统一诸国，君临天下。所承之统，尧舜以来中外一家之统也。所用之人，大小文武，中外一家之人也。所行之政，礼乐征伐，中外一家之政也。”“帝王之承天御宇，中外一家，上下一体。君父臣子之分定于天，尊亲忠孝之情根于性，未闻臣子之于君父，合体同心，犹可以丝毫形迹相岐视者也。”⑧ 清朝崛起东北，经太祖、太宗奋力经营，奄有东土。世祖入关，定鼎燕都，以定一尊。圣祖、世宗长驱远驭，拓土开疆，又有喀尔喀及贺兰山厄鲁特迄于两藏而辑附。逮于高宗，定大小金川，纳收准噶尔、回部，天山南北，使之树颔蛾服，倚汉如天。在“东极三姓所属库页岛，西极新疆疏勒至于葱岭，北极外兴安岭，南极广东琼州之崖山”⑨ 的空前辽阔的地理单元内实现了“莫不稽颡内乡，诚系本朝”，“汉、唐以来未之有也”⑩ 的大一统，使内地族群与边疆族群的互动与交融空前繁荣，成就了清朝中国疆域自然凝聚的鼎盛。

考察古代中国疆域嬗变的历程，无论是汉唐统一王朝，还是元明清统一王朝，均是其在特定的“地理单元”之内即统治域内，由“中国戎夷，五方之民”，即内地族群与边疆族群的互动所引起的，“五方之民”交融的过程也就是古代中国疆域自然凝聚的层累化过程。在自然凝聚的层累化过程中，“边疆研究学术共同体”需重点关注内地族群与边疆族群自然凝聚的内在机制与嬗变规律。笔者在讨论古代中国王朝边疆民族区域治理模式时曾指出：“统治者针对不同区域所施行的治理举措大不相同，有的设置行政机构直接治理，有的设置道、属国、属郡、羁縻府州等间接治理，有的册封王号、汗号等顺俗而治，不一而足。在不同的边疆民族区域为何会出现歧异的治理模式，恐怕是缘于自然地理环境制约下所产生的政治结构、经济类型、社会生活、民俗文化等的不同程度

---

① 费孝通主编：《中华民族多元一体格局》，第4页。
② 《明太祖实录》卷53，洪武三年六月丁丑。
③ 《明太宗实录》卷264，永乐二十一年十月己巳。
④ 《明太宗实录》卷30，永乐二年四月辛未。
⑤ 《明史》卷40《地理志一》。
⑥ 《清圣祖实录》卷44，康熙十二年十一月辛丑。
⑦ 《清圣祖实录》卷103，康熙二十一年六月乙卯。
⑧ 《清世宗实录》卷130，雍正十一年夏四月乙卯。
⑨ 《清史稿》卷54《地理志一》。
⑩ 《清史稿》卷54《地理志一》。

的变异，故在探寻中国古代王朝治理边疆民族区域模式时就必须观照区域的差异性。”① 马大正在思考如何研究边疆问题时也说：“在研究边疆问题时都有自己的着眼点，这其中既有综合性考虑问题的，也有就某个局部问题进行研究的。在对历史上的边疆进行研究时，应历史地，多层次、多角度地考察边疆问题，既要有重点地对不断发展的统一多民族中国边疆进行研究，也要兼顾以边疆的某个单一视角或对某些局部问题进行研究。”② 马氏虽然给出古代中国边疆问题研究的基本路径与范式，但更应该引起“边疆研究学术共同体”注意的是，在古代中国边疆“自然凝聚”的过程中，所呈现出的自然凝聚取径与效果确确实实各具特色，虽然共通性的特征相当显著，但差异性的区隔更加凸显，尤其是大统一与大分裂的变奏过程中“顺向性”的继承或“逆向性”的继承，也就是古代中国边疆自然凝聚的层累化的成就，更应是“边疆研究学术共同体”重点关注的对象。故此，在讨论古代中国疆域嬗变历程时，在断代史视阈下给予深入研究就显得十分必要，只有对“层累化”过程中的每一断代史时段给予精准的阐幽发微，更加清楚地认清每一断代史上的疆域形成的基本内涵与本质特征，充分阐明每一断代史上的古代中国疆域自然凝聚在古代中国疆域史上所发挥的作用与所处的地位，才能更好地完成基础坚固的古代中国疆域嬗变的整体史的编纂，才能讲好古代中国疆域的故事。

三　一体化：整体史观视阈下古代中国疆域史研究

无论是区域史观视阈下古代中国疆域史研究，还是断代史观视阈下古代中国疆域史研究，其对古代中国疆域史的任何史实之科学实证都是碎片化了的古代中国疆域史研究；无论是对区域史观视阈下古代中国疆域史研究之长时段的规律、特征之抽象，还是断代史观视阈下古代中国疆域史研究之一朝一代（短时段）的内地族群与边疆族群的互动与交融的特色之归纳，也都是碎片化了的古代中国疆域史研究。正是此类碎片化了的古代中国疆域史之各种材料议题之问题意识与科学实证，才使得“边疆研究学术共同体”能够有条件实现古代中国疆域史之普遍性、规律性之认知的可能性——古代中国疆域史之整体史研究的实现。戴维斯说，“倘若一部微观史写得好的话，它应该是一部有着自身深厚内蕴的研究，但同时也会揭示出与在它之外的其他进程和事件的关联”，史学家“理想的状况是，单个的历史学家应该在某个时期尝试进行不同模式的研究，这样就可以了解问题所在、了解地方性的和普遍性的框架之间的联系”。③ 罗志田亦说：“史料本有断裂和片段的特性，则史学即是一门以碎片为基础的学问。”“即使断裂的零碎片段，也可能反映出整体；需要探讨的，毋宁是怎样从断裂的片段看到整体的形态和意义。”④ 故此，“边疆研究学术共同体”应充分意识到，碎片化了的古代中国疆域史研究，并不是为碎片而碎片化，碎片化的目的是更好地完成长时段的“整体化”的古代中国疆域史研究，只有从微细的古代中国边疆问题入手，才能清晰地认知古代中

① 高福顺：《碎片化与全视野：中国区域史研究的价值取向》，《史学集刊》2014 年第 3 期。

② 马大正：《当代中国边疆研究（1949—2014）》，第 6—7 页。

③ ［英］玛丽亚·露西娅·帕拉蕾丝－伯克编：《新史学：自白与对话》，彭刚译，北京大学出版社 2006 年版，第 76 页。

④ 罗志田：《非碎无以立通：简论以碎片为基础的史学》，《近代史研究》2012 年第 4 期。

国边疆的整体时段的嬗变历程。不清楚碎片化了的细节，就只能是雾里看花，不可能融会贯通。只有会通，古代中国边疆问题的碎片化研究才变得更有意义，才真正实现了古代中国疆域史的宗旨与价值。也就是说，古代中国疆域史的碎片化研究是古代中国疆域史的一体化（整体史）研究的基础，古代中国疆域史的一体化（整体史）研究是古代中国疆域史的碎片化研究的终极目标。严耕望说："历史的演进是不断的，前后有连贯性的，朝代更换了，也只是统治者的更换，人类社会的一切仍是上下联贯，并无突然的差异；所以断代研究也只是求其方便，注意的时限愈长，愈能得到史事的来龙去脉。"① 既然中国古代史如此，那么古代中国疆域史的研究更是如此，需要一个全视野、长时段的考察，求得古代中国疆域史的上下联结，认知古代中国疆域史的来龙去脉，才更具有学术意义与现实诉求。

纵观古代中国疆域的嬗变历程，尽管存在显著的趋异性特征、层累化特征，但并非一贯地以族群"自然凝聚"的地理单元的扩大化为轴心，也常常伴随较大地理单元的分解化，出现若干个较小地理单元的族群之自然凝聚，出现统一、分裂、再统一的变奏。如前所述，秦汉、隋唐、元明清等大一统王朝，均秉持推进内地核心区域族群与边疆区域较大地理单元的族群自然凝聚的一体化进程之理念，致使清朝层累出古代中国疆域之族群自然凝聚的鼎盛。但是，"边疆研究学术共同体"也不能忽略魏晋南北朝、五代十国、辽宋夏金等古代中国地理单元内之分裂时期诸政权对古代中国疆域层累化之贡献。以古代中国疆域嬗变历程的实态析之，每一次的古代中国大分裂，都会导致诸族群的大迁徙、大融合，都会使下一个王朝获得更大的统一地理单元，将更多的族群整合到一体化之中。李大龙说："多民族'中国疆域'的形成并非汉人一族之功，而是中华大地上各族群，包括已经消失的众多族群共同努力的结果，汉人聚居的中原地区可以称之为'中国'，其他族群分布的边疆地区也是'中国'的有机组成部分，同样也可以视为'中国'的代表。"② 故此，分裂时期非以内地族群为核心的诸政权统治域内的相对狭小的地理单元内的核心族群与非核心族群的自然凝聚，亦是古代中国疆域层累化过程中的重要组成部分，正是这些以非内地族群为核心的族群自然凝聚成就了清朝中国疆域的鼎盛。

东汉之后，虽然出现曹魏、刘蜀、孙吴三足鼎立局面，但统治者在重要政治活动中均以体现"华夏正统"为要务，并以此为指导思想加强核心族群与非核心族群的互动与交融，采用各种举措自然凝聚诸族群向一体化迈进。魏王曹丕举行登基仪式时，令"公卿、列侯、诸将、匈奴单于、四夷朝者数万人陪位，燎祭天地、五岳、四渎"。③ 刘备登坛则作文曰："群臣将士以为社稷堕废，备宜修之，嗣武二祖，龚行天罚。备惟否德，惧忝帝位。询于庶民，外及蛮夷君长，佥曰'天命不可以不答，祖业不可以久替，四海不可以无主'……修燔瘗，告类于天神，惟神飨祚于汉家，永绥四海！"④ 南北朝时期，南朝宋武帝即位时诏曰："加以殊俗慕义，重译来庭，正朔所暨，咸服声教。"⑤

---

① 严耕望：《治史三书：治史经验谈》，辽宁教育出版社 1998 年版，第 13 页。

② 李大龙：《从"天下"到"中国"：多民族国家疆域理论解构》，第 41 页。

③ 《三国志》卷 2《魏书·文帝纪》引《献帝传》。

④ 《三国志》卷 32《蜀书·先主传》。

⑤ 《宋书》卷 3《武帝本纪下》。

南朝梁武帝即皇帝位时亦告于天曰：“咸以君德驭四海，元功子万姓，故能大庇氓黎，光宅区宇……代终之符既显，革运之期已萃，殊俗百蛮，重译献款，人神远迩，罔不和会。”① 北朝前秦君主苻坚秉承“今四海事旷，兆庶未宁，黎元应抚，夷狄应和，方将混六合以一家，同有形于赤子，汝其息之，勿怀耿介”② 的治国理念，当将军吕光征讨西域时，谓光曰：“西戎荒俗，非礼义之邦。羁縻之道，服而赦之，示以中国之威，导以王化之法，勿极武穷兵，过深残掠。”③ 北魏孝文帝诏曰：“比闻缘边之蛮，多有窃掠，致有父子乖离，室家分绝，既亏和气，有伤仁厚。方一区宇，子育万姓，若苟如此，南人岂知朝德哉？可诏荆、郢、东荆三州勒敕蛮民，勿有侵暴。”“凡为人君，患于不均，不能推诚御物，苟能均诚，胡越之人亦可亲如兄弟。”④ 北周文帝诏曰：“先王之所以移风易俗，还淳反素，垂拱而治天下以至太平者，莫不由此。此之谓要道也。”⑤ 北周武帝则诏曰：“将欲包举六合，混同文轨。”⑥ 从分裂时期的帝王诏告天下的表述不难看出，统治者均有谋求大一统的强烈愿望，试图完成核心族群与非核心族群间的互动与交融的宏愿，但因其政权实力过于有限，诸多政权难于实现。正如郝时远所言：“自秦汉统一国家建立以后，中国的历史从总体上或大趋势来看是不断走向国家大一统和多民族共建国家的运动。在这一过程中，群雄分立、封建割据的现象虽然比比皆是，但是其基本目标是谋求全国的统一，这一点无论是中原汉族的分立政权还是边疆少数民族建立的政权都具有共同性，只是哪一个政权或统治势力有能力实现这种目标的区别。”⑦

分别以契丹、女真为核心建立的辽、金王朝，虽然仅占据古代中国的北部半壁江山，与两宋对峙，但辽、金王朝秉持推进内地核心区域族群与边疆区域族群自然凝聚的一体化进程之理念，只不过辽、金王朝自然凝聚的“地理单元”相对较小，主要局限于古代中国的北部与东北部之区域。就辽朝而言，太祖耶律阿保机西降阻卜等西北诸族，东灭渤海，“颇有窥中国之志”⑧。建国伊始，便推行以儒家思想为核心的治国安邦的政策与措施，至道宗时竟发出“吾修文物，彬彬不异中华”⑨ 的儒家文化认同的“华夷同风”⑩ 之惊呼。故此，辽朝对统治域内族群之整合，对古代中国疆域的自然凝聚具有划时代之意义，辽朝彻底改变了汉唐以来的东亚秩序，使中国古史谱系之发展在辽朝发生重大转折。对此，笔者在讨论辽朝对古代中国疆域贡献时曾给出评论：“将辽朝置于中国古史谱系的长时段之中，在中国北疆民族区域视阈下从统治模式的更新与改化、儒家思想与文化的崇尚与普及、东亚秩序的改造与重建之角度考察辽朝历史，可发现辽

① 《梁书》卷2《武帝本纪中》。

② 《晋书》卷113《苻坚载记上》。

③ 《晋书》卷114《苻坚载记下》。

④ 《魏书》卷7下《孝文帝本纪》。

⑤ 《周书》卷23《苏绰传》。

⑥ 《周书》卷6《武帝本纪下》。

⑦ 郝时远：《中国各民族的历史互动与多元一体——兼谈政治文明中的制度多元与国家一体》，载卢晓衡主编《三教圆融两岸一体》，经济管理出版社2003年版，第22页。

⑧ 《新五代史》卷57《四夷附录一》。

⑨ （宋）叶隆礼：《契丹国志》卷9《道宗天福皇帝》，上海古籍出版社1985年点校本，第95页。

⑩ 《辽史》卷21《道宗本纪一》。

朝在中国古史谱系中绝对不是可有可无的朝代，辽朝统治予中国北疆社会以深刻影响，辽朝统治彻底改变了中国古史谱系发展的历史走向。”① 金太祖完颜阿骨打建国以后，仍以“天下一家”② 为己任，提出“四海之内，皆朕臣子，若分别待之，岂能致一”③、“天下一家，然后可以为正统”④ 等“以一天下”的治国理念，不断地整合周边族群，先后灭亡辽朝、北宋，迫使西夏“始奉誓表，以事辽之礼称藩”⑤，迫使高丽“以事辽旧礼称臣于金”⑥，迫使南宋向金称臣，“世世子孙，谨守臣节”⑦，俨然成为继辽之后的东北亚新秩序的重建者，为古代中国北部与东北部边疆族群的自然凝聚作出了重要贡献。

考察古代中国疆域嬗变的历程，无论是像秦汉、隋唐、元明清等统一王朝，还是南北朝之宋齐梁陈与北魏的对峙、辽金与两宋的抗衡，均是在特定的“地理单元”之内（统治域内），由“中国戎夷，五方之民”，即核心区域族群与非核心族群（内地族群与边疆族群）互动所引起的，“五方之民”交融的过程也就是古代中国疆域的自然凝聚过程。在自然凝聚的过程中，既有较大地理单元内的族群整合，也有较小地理单元内的族群整合；“边疆研究学术共同体”在研究古代中国疆域嬗变历程时，既要观照大统一时段的内地族群与边疆族群自然凝聚的内在机制，也要注重大分裂时段的不同地理单元内的核心族群与非核心族群之间自然凝聚的内在机制。林荣贵说：“中国疆域的发展，经历了政治局势的分立、统一和再一统的进程。在元、明、清大一统以前，中国疆域格局往往表现为多类型和一定的层次结构。这反映了分与合政治局势的演化和管理对策的施行，是中国统一多民族国家疆域发展的必然过程，而不是实质性的分裂；中国传统文明的发展，是历史上支撑和维系整个疆域的脊梁。”⑧ 马曼丽说：“历史上不同时期代表中国的各大一统王朝，他们管辖到的疆域都与整个中国的疆域不完全一致，即未能包括整个中国的疆域，因为往往有分裂割据政权和未凝聚于中央政权的中国先民政权存在。而清代在汉代疆域的基础上，有明显的扩大，主要是纳入了和巩固了台湾及元以后归入元代中央政权版图的西藏等大块中国先民开发的领土。它是中国疆域由汉代的奠基经过历史发展演变的最终结果。”⑨ 故此，“边疆研究学术共同体”在关注古代中国边疆嬗变历程时，不仅要关注秦汉、隋唐、元明清等大一统王朝的古代中国边疆的层累化过程，而且也要关注魏晋南北朝、五代十国、辽宋夏金之分裂时期诸政权的古代中国边疆的“层累化”过程。只有这样，“边疆研究学术共同体”才能在古代中国边疆嬗变的跌宕起伏之中明晰古代中国疆域史的本质内涵与发展规律，给出言之凿凿、掷地有声的分层次、分阶段的宏阔叙述，抽象出像“中华民族多元一体格局”、古代中国疆域“自然凝

---

① 高福顺：《辽朝在中国古史谱系中的历史定位》，《中国边疆史地研究》2019 年第 2 期。
② 《金史》卷 2《太祖本纪》。
③ 《金史》卷 4《熙宗本纪》。
④ 《金史》卷 129《李通传》。
⑤ 《金史》卷 134《西夏传》。
⑥ 《金史》卷 135《高丽传》。
⑦ 《金史》卷 77《宗弼传》。
⑧ 林荣贵主编：《中国古代疆域史》，黑龙江教育出版社 2007 年版，“导论”第 4 页。
⑨ 马曼丽主编：《中国西北边疆发展史研究》，黑龙江教育出版社 2001 年版，第 18 页。

聚”等具有时代特征并可指导古代中国疆域史研究的疆域理论概念，建立起“边疆研究学术共同体”的中国话语体系，唱响中国气派。王学典说：“未来的中国哲学社会科学，应从实践上，创造一个克服自由主义缺陷或高于自由主义的以儒家价值观为基础的东方伦理型生活方式；从学术上，创造一种立足于中国传统与历史，又汲取自由主义合理内核的哲学社会科学的中国学派；从理论上，建构一个基于本土经验的中国哲学社会科学的概念范畴框架。而所有这些工作的总目标，就是把中国‘中国化’，即创造一种从中国经验出发、以回答中国问题为鹄的，从而最大限度地尊重中国特点、中国文化、中国传统、中国材料、中国数据、中国案例的，而且有别于自由主义的哲学社会科学的崭新范式，以逐步改变一百多年来把中国‘西方化’这样一种趋势与现状！”① 将古代中国疆域史研究“中国化”正是“边疆研究学术共同体”所追求与努力的方向。

四　余论

在以往的“边疆研究学术共同体”的学术成就中，无论是区域史观视阈下古代中国疆域史研究、断代史观视阈下古代中国疆域史研究，还是整体史观视阈下古代中国疆域史研究，均取得斐然之成就。区域史观（包含地方史观）视阈下古代中国疆域史研究方面，以张博泉等《东北历代疆域史》②、马曼丽主编《中国西北边疆发展史研究》③、刘信君主编《中国古代治理东北边疆思想研究》④、马大正主编《中国边疆通史丛书》⑤、马大正主编《中国边疆治理丛书》⑥、方铁《方略与施政：历朝对西南边疆的经营》⑦ 等为代表。断代史观视阈下古代中国疆域史研究方面，以李大龙《汉代中国边疆史》⑧、《唐代边疆史》⑨ 为代表。整体史观视阈下古代中国疆域史研究方面，以刘宏煊《中国疆域史》⑩、马大正主编《中国边疆经略史》⑪、林荣贵主编《中国古代边疆

① 王学典：《把中国“中国化”：人文社会科学的转型之路》，载氏著《把中国“中国化”：人文社会科学的近期走向》，上海人民出版社2017年版，第45页。

② 张博泉等：《东北历代疆域史》，吉林人民出版社1981年版。

③ 马曼丽主编：《中国西北边疆发展史研究》，黑龙江教育出版社2001年版。

④ 刘信君主编：《中国古代治理东北边疆思想研究》，吉林人民出版社2008年版。

⑤ 李治亭主编：《东北通史》，中州古籍出版社2003年版；赵云田主编：《北疆通史》，中州古籍出版社2002年版；余太山主编：《西域通史》，中州古籍出版社2003年版；陈庆英、高淑芳主编：《西藏通史》，中州古籍出版社2003年版；方铁主编：《西南通史》，中州古籍出版社2003年版。

⑥ 孙喆：《中国东北边疆的治理》，湖南人民出版社2015年版；宝音朝格图：《中国北部边疆的治理》，湖南人民出版社2015年版；周卫平：《中国新疆的治理》，湖南人民出版社2015年版；许建英：《中国西藏的治理》，湖南人民出版社2015年版；孙宏年：《中国西南边疆的治理》，湖南人民出版社2015年版。

⑦ 方铁：《方略与施政：历朝对西南边疆的经营》，社会科学文献出版社2015年版。

⑧ 李大龙：《汉代中国边疆史》，黑龙江教育出版社2014年版。

⑨ 李大龙：《唐代边疆史》，中国社会科学出版社2013年版。

⑩ 刘宏煊：《中国疆域史》，武汉出版社1995年版。

⑪ 马大正主编：《中国边疆经略史》，中州古籍出版社2000年版。

史》[1]、赵永春《从复数“中国”到单数“中国”——中国历史疆域理论研究》[2]、马大正主编《中国边疆治理通论》[3]、厉声等《中国历代边事边政通论》[4]、李大龙《从“天下”到“中国”：多民族国家疆域理论解构》[5] 为代表。上述绝大部分研究成果，马大正《当代中国边疆研究（1949—2014）》之第十六章“新世纪中国边疆研究发展大趋势”多有精彩评述，可谓阶段性的总括，足以使得“边疆研究学术共同体”为之自豪。

虽然“边疆研究学术共同体”在研究古代中国疆域上作出卓越的贡献，取得巨大成就，但还有诸多需要深入探讨的问题，尤其是古代中国边疆研究的具体实践路径与方法更需要给予充分关注。赵轶峰在谈及中国古代史的历史书写问题时指出：“中国历史如此丰富多彩，磅礴宏阔，任何首尾通贯的分期体系实际都是从特定视角出发的，都会忽略一些线索，强调一些线索，这时历史学家需要做到和能够做到的是选择出最能够表现历史主流的问题线索加以清晰的叙述，并尽量将其他相关的趋势和线索结合主流叙述反映出来。”[6] 那么，“边疆研究学术共同体”在区域史观视阈、断代史观视阈以及整体史观视阈三个维度下进行碎片化的科学实证与一体化的宏阔叙述内地族群与边疆族群的互动与交融的“自然凝聚”过程就可以弥补时常被忽略的一些线索，达到共时性与历时性、趋异性与一体性的辩证统一，使古代中国疆域史的研究更加臻于至善至美。陈建樾说：“多民族国家内部诸民族的族际关系，由于关系到多民族国家的生死存亡，因而一向是当代政治现象中最敏感的事项之一，而对国内诸民族在政治或文化层面的整合，则是所有多民族国家殊为关切和致力达成的重要议题。”[7] 吕一燃说：“今天的中国边疆是历史上中国边疆的发展与继承，探索历代中国边事产生和发展的全过程，剖析不同时期统治者边疆施政的动因与成败得失，总结历代王朝治理边疆的经验和教训，进而探究统一多民族国家形成与发展的历史规律，以及中华民族强大的向心力、凝聚力的历史渊源，不仅能够极大地丰富中国边疆史地研究的学术内涵，而且在今天维护国家统一、民族团结及边疆地区的稳定和发展、弘扬爱国主义等方面，均有着重要的现实意义。”[8] 陈氏、吕氏所言，大概就是“边疆研究学术共同体”研究古代中国疆域史的旨归吧！

（原载《中国边疆史地研究》2020 年第 1 期）

---

① 林荣贵主编：《中国古代边疆史》，黑龙江教育出版社 2007 年版。

② 赵永春：《从复数“中国”到单数“中国”——中国历史疆域理论研究》，黑龙江教育出版社 2014 年版。

③ 马大正主编：《中国边疆治理通论》，湖南人民出版社 2015 年版。

④ 厉声等：《中国历代边事边政通论》，黑龙江教育出版社 2015 年版。

⑤ 李大龙：《从“天下”到“中国”：多民族国家疆域理论解构》，人民出版社 2015 年版。

⑥ 赵毅、赵轶峰主编：《中国古代史》，高等教育出版社 2010 年版，“导言”第 33 页。

⑦ 陈建樾：《多元一体：多民族国家内部的族际整合与合法性》，载卢晓衡主编《三教圆融两岸一体》，经济管理出版社 2003 年版，第 94 页。

⑧ 厉声等：《中国历代边事边政通论》，“序”第 2 页。

渤海早期政权建设研究

范恩实*

以往学界有关唐代渤海国政治制度的研究，主要集中在两个方面，一是根据《类聚国史·殊俗·渤海》及两唐书的相关记载，探讨渤海地方统治制度；① 二是根据两唐书的记载，探讨渤海后期统治制度②。受史料限制，渤海早期统治制度问题少有涉及，因而影响到对渤海早期政权建设的准确认识。随着近年来渤海历史研究的不断深入，笔者认为，通过对史料的全面梳理，在前人相关研究成果的基础上，借鉴政治学一般原理，对有限信息再做精细解读，已经可以对这一问题进行初步探讨。特撰此文，就教于方家。

一　渤海建国之初的社会发展水平及政权组织能力

当一支政治势力发展到要建立自己的政权的时候，建立什么样的政治体，既受该群体社会发展客观条件的限制，更为统治集团政权组织能力所支配，后者受各种外部因素影响，可能与前者并不一致。从这两个方面考察，可以提供有关渤海早期政权组织的总体判断。

有关渤海建国史，记载最为详尽的是《旧唐书·渤海靺鞨传》，其文曰："渤海靺鞨大祚荣者，本高丽别种也。高丽既灭，祚荣率家属徙居营州。万岁通天元年（696），契丹李尽忠反叛，祚荣与靺鞨乞四比羽各领亡命东奔，保阻以自固。尽忠既死，则天命右玉钤卫大将军李楷固率兵讨其余党，先破斩乞四比羽，又度天门岭以迫祚荣。祚荣合高丽、靺鞨之众以拒楷固，王师大败，楷固脱身而还。属契丹及奚尽降突厥，道路阻绝，则天不能讨，祚荣遂率其众东保桂娄之故地，据东牟山，筑城以居之。祚荣骁勇善用兵，靺鞨之众及高丽余烬，稍稍归之。圣历中，自立为振国王，遣使通于突厥。"《新唐书·渤海传》在此基础上补充了大祚荣粟末靺鞨族属等信息。

从上述记载可以看出，参与渤海建国的各支力量具有不同的政治面貌。首先，渤海

---

* 范恩实，中国社会科学院中国边疆研究所研究员。

① 参见［日］河上洋著，刘世哲、邢玉林译《试论渤海的地方统治体制（上）》，《世界民族》1985 年第 3 期；［日］铃木靖民著，李东源译《关于渤海首领的基础性研究》，载李东源译《渤海史译文集》，黑龙江省社会科学院历史所 1986 年版；［韩］宋基豪著，李东源译《渤海的地方统治及其实况》，载杨志军主编《东北亚考古资料译文集·高句丽、渤海专号》，北方文物杂志社 2001 年版。

② 此类研究较为多见，可参见王承礼《中国东北的渤海国与东北亚》，吉林文史出版社 2000 年版，第 133—141 页。

建国的核心力量，是大氏为首的粟末靺鞨人，该部入居营州约 30 年。其次，这支粟末靺鞨人曾附于高句丽，新罗人崔致远《谢不许北国居上表》记载更为明确："臣谨按渤海之源流也，句骊未灭之时，本为疣赘部落，靺羯之属，实繁有徒，是名粟末小蕃。尝逐句骊内徙……"① 再次，参与建国的靺鞨力量还有营州地区的乞四比羽部，以及东归后陆续归附的其他靺鞨部落。最后，高句丽遗民，包括营州地区一起东归的高句丽遗民和东归后陆续归附的高句丽遗民。

上述力量，社会发展水平虽略有差异，但是总的来说均不足以支持发达政治体。以靺鞨诸部为考察对象可知，隋代当已发展到酋邦或者部落联盟阶段，有"渠帅曰大莫弗瞒咄"，隋末粟末靺鞨"渠帅度地稽率其部来降"②。到唐代，靺鞨人经济、社会发展水平仍较为落后，"无屋宇，并依山水掘地为穴，架木于上，以土覆之，状如中国之塚墓，相聚而居。夏则出随水草，冬则入处穴中。父子相承，世为君长"③。

到太宗贞观二年（628），"乃臣附，所献有常，以其地为燕州。帝伐高丽，其北部反，与高丽合"④。"以其地为燕州"者，当为南迁之突地稽部，与之对言之"北部"，当指留居故地的粟末靺鞨等部落，这也就是附于高句丽的大氏粟末靺鞨人的由来。

高句丽对附于其下的靺鞨人，同样采取羁縻统治。在唐太宗亲征高句丽，双方战于安市城时，高句丽援军中有独立成军的靺鞨人。⑤ 另据《李他仁墓志》载，李他仁入唐前曾任高句丽"栅州都督兼总兵马，管一十二州高丽，统三十七部靺鞨"⑥。虽然关于李他仁的族属，学界还有一定争议，但是根据拜根兴研究，其出自高句丽人的可能性更大。⑦ 笔者也赞同这一结论。由此也说明，当高句丽已经有了可比拟于中原王朝统治制度的层级式地方统治体制，即"大城置傉萨一，比都督。诸城置道使，比刺史。其下各有僚佐，分掌曹事"⑧ 的情况下，作为附庸的靺鞨人仍保留部落形式。

随着高句丽灭国，大祚荣部粟末靺鞨人内迁营州，至于乞四比羽部靺鞨人何时内迁营州则史无明言。关于这些靺鞨部落在营州的组织形式，均已失载，按照惯例，应该是以羁縻府州之名，于营州城傍安置。关于唐代"城傍"，学界多有研究。李锦绣认为，城傍是一种兵牧合一的制度，唐对内徙蕃族置于军镇城旁，保持其部落组织。⑨ 从这个意义上说，诸内迁靺鞨人，虽安置于营州之内，但是对其经济、社会发展，特别是政治

① （新罗）崔致远：《崔致远全集》，李时人、詹绪左编校，上海古籍出版社 2018 年版，第 546 页。

② 《隋书》卷 81《靺鞨传》。

③ 《旧唐书》卷 199 下《靺鞨传》。

④ 《新唐书》卷 219《黑水靺鞨传》。

⑤ 参见《新唐书》卷 220《高丽传》。

⑥ 《大唐右领军赠右骁卫大将军李他仁墓志铭》，本文引自孙铁山《唐李他仁墓志铭考释》，载陕西省考古研究所编《远望集——陕西省考古研究所华诞四十周年纪念文集》下，陕西人民美术出版社 1998 年版，第 736—739 页。

⑦ 参见拜根兴《唐李他仁墓志研究中的几个问题》，《陕西师范大学学报（哲学社会科学版）》2010 年第 1 期。

⑧ 《旧唐书》卷 199 上《高丽传》。

⑨ 参见李锦绣《大唐帝国与城傍》，载朱雷主编《唐代的历史与社会》，武汉大学出版社 1997 年版，第 198—235 页。

组织结构方面的影响还是较为有限的，主要的提升包括：部落酋长的行政、军事权力进一步固定化，部落武装进一步组织化；同时，通过与唐朝地方行政体系密切交往，对官僚政治具有初步了解，但是并不具备独立实践的基础和条件。

接下来看参与渤海建国的高句丽遗民。相比于靺鞨，高句丽社会发育水平更高，如果参照艾森斯塔德关于政治体系的分类，其应该属于最低水平的历史官僚制，主要政治参与者包括：国王、王子、各大家族的首领（五部大人）、官僚集团（包括高级军官、大臣、王室官员等）以及自由人即小土地贵族或乡村的首领。总的来说，这类政治体脱胎于家产制或封建制社会，其臣民的基本政治角色，并没有与其他基本社会角色，如亲缘或地域共同体成员充分地区分开来。①

高句丽被灭国后，唐先于原地设立安东都护府，以高句丽诸城为羁縻府、州、县，但是很快陷入动荡之中，上元三年（676），唐将安东都护府治所迁往辽东城（今辽宁辽阳），仪凤二年（677），再迁治新城（今抚顺市高尔山城）。剩余府州也由原地迁往安东都护府府城周边，以城傍形式安置。《旧唐书・高丽传》载："仪凤（676—679）中……高藏至安东，潜与靺鞨相通谋叛。事觉，召还，配流邛州，并分徙其人，散向河南、陇右诸州，其贫弱者留在安东城傍。"又据《旧唐书・地理志二》载："凡此十四州（指开元二年内迁平州之安东都护府下羁縻府、州），并无城池。是高丽降户散此诸军镇，以其酋渠为都督、刺史羁縻之。"此条所记虽然是晚期情况，但有助于更好理解高句丽遗民府州所施行的"城傍制"。除安东都护府外，也有部分高句丽遗民迁往营州，在营州都督府内形成城傍部落，例如《旧唐书・王思礼传》载："营州城傍高丽人也。"

综合上述，渤海建国力量中的不同组成部分具有不同的社会发展水平，作为主体的靺鞨人，经济社会发展水平较低，曾附于高句丽，后降唐入居营州，但是仍在羁縻统治之下，维持部落制、酋长制。当然，在接受羁縻统治的同时，也可能一定程度上学习到对方政权组织方面的知识，但是限于被羁縻统治的地位，以及自身社会发展水平，对更高水平政权组织形式可望而不可即。相对而言，高句丽遗民经济、社会发展水平高出很多，在农业开发、城市建设方面，均有一定经验；就政权组织而言，遗民熟悉高句丽政权的初级官僚制，但是高句丽灭亡30余年中，这些遗民已经被组织为羁縻府州、城傍部落，"其大者为都督府，以其首领为都督、刺史，皆得世袭"②，实际上政治组织形式有向家产制、部落制退化的倾向。

二　大武艺时期政治名号所反映的政权组织

目前有关渤海大武艺时期的史料，主要是其参与东亚政治互动所留下的各类记录。其中渤海派出的使臣都拥有某些政治名号，而名号代表了拥有者的政治角色，因此也能在一定程度上反映由这些政治角色构建的政治组织的情况。留下名号较为丰富的是遣日使团，因此讨论也首先从这里开始。

---

① 参见［美］艾森斯塔德《帝国的政治体系》，阎步克译，贵州人民出版社1992年版，第71—73页。

② 《新唐书》卷43下《地理志七》。

渤海第一次遣日使团主要成员包括大使宁远将军郎将高仁（义），副使游（击）将军果毅都尉德周，此外还有别将舍那娄以及首领高斋德等。关于“高仁（义）”和“游（击）将军”的判断①，这些使团官员的结衔具有如下特征。

首先，宁远将军郎将、游击将军果毅都尉、别将，都属于唐朝由中央十二卫与地方折冲府构成的军事系统的职官，且品阶、上下关系完全类同。上述职衔来源可以有多种渠道，一是建国前在营州或安东都护府时期由唐朝所授予。据研究，唐在营州所属羁縻州也设有折冲府。② 至于授予高句丽遗民子弟郎将、折冲、果毅等军职，也不乏其例，如高钦德，自其曾祖起，世袭建安州都督，本人则“自束发从仕，总八任焉。首自果毅，毅可济时。再授折冲，艺能保塞。三授郎将，翼侍于天人”③。二是渤海初期朝唐使臣所获，《册府元龟·外臣部·褒异二》多有记载，但是有一个问题需要注意，就是渤海早期朝唐使臣中，几乎未见高句丽遗民，特别是高姓者。三是渤海学习唐朝制度，自己授予。以上三种可能，目前还难以明确取舍。

无论如何，渤海派出具有这样职衔的人出使日本，说明这些职衔在渤海国内具有一定的实用性。特别是唐朝对渤海早期朝唐使团成员大量授予此类职衔，即便没有自授，其数量也非常之大，且已存在一定的系统性。最为重要的是，此类职衔适应了渤海早期政权建构的客观基础与现实需求。上文已经论及，渤海早期各支政治势力，普遍处于家产制、封建制向早期官僚制过渡阶段，在这一时期，武官上下层级关系与社会阶层结构的契合度明显优于文官。实际上，府兵制度本身就是北周宇文泰仿照鲜卑部落制所创造，而唐将此类职衔成体系地授予来朝“蕃人”酋长，并推动朝贡册封体系顺利发展，同样说明这一名号体系适应诸蕃部族政治发展的阶段性需求。可以说，此类卫府衔号的拥有者更可能是军事贵族而非政府职官。

当然，也不能过高估计此类职衔对渤海职官体系建设的重要性，渤海要建立律令制国家，需要的是完善的文职官僚系统。从这个意义上说，派遣具有卫府职衔者组织遣日使团，本身就说明渤海职官体系的不完善。值得注意的是，以十二卫郎将出使，也是唐朝的惯例，但是唐朝以郎将为使，只是看重其武官的能力，便于远行，至于承担使职，则往往另外授予文职差遣官，如圣历元年（698），武则天遣“右武威卫郎将杨齐庄摄司宾卿，大赍金帛，送赴虏庭（突厥）”④。右武威卫郎将为职事官，而摄司宾卿则是差遣官。比较而言，高仁（义）以郎将身份出使，说明渤海并无专门负责外交事务的官署和相应的文职官僚。

其次，首领的身份、地位。渤海第一次遣日使团抵达日本后，遭到虾夷的攻击，前述拥有职衔的三位主要成员均遭杀害，最后使团剩余人员在首领高斋德的率领下抵达日本平城京。在使团成员职衔被准确记录的情况下，高斋德被称作首领，说明他不具有高仁（义）等唐式职衔。可以参照的是，在有关第二次遣日使团的记载中，同样提及一

---

① 参见李兴盛、吕观仁主编《渤海国志长编（外九种）》，黑龙江人民出版社 1995 年版，第 620 页。

② 参见宋卿《唐代营州军事设置探究》，《中国边疆史地研究》2015 年第 3 期。

③ 《唐右武卫将军高府君（钦德）墓志铭》，载周绍良主编《唐代墓志汇编》下册，上海古籍出版社 1992 年版，第 1416 页。

④ 《旧唐书》卷 194 上《突厥上》。

位首领——“故首领无位已阏弃蒙”①。“无位”二字也说明他不具有官僚制下的品阶名号。至于上述首领是否有靺鞨式贵族名号，不能确定。前已述及，早在靺鞨时代，就有渠帅曰“大莫弗瞒咄”的记载。孙昊对其进行语言学解读，认为其由莫弗和瞒咄两个词语构成，二者均为古代北方部族部落酋长的名号。② 在靺鞨部族中，既有叠加使用，也有单独使用，如隋末内附粟末靺鞨渠帅突地稽之兄便被称作“瞒咄”③，叠加使用和单独使用很可能表示不同等级的酋长身份。至于孙昊提出渤海另有“舍利”名号，其所举例证均与契丹存在密切关联，能否推断出靺鞨、渤海自身具有此类名号尚且存疑。当然，孙昊也认为：“‘舍利’在靺鞨（渤海）社会不是承担具体职能的官号，而是贵族的身份称号。”④ 因此是否存在这一名号，并不影响本文的判断。

总的来说，这类名号仍然是部落制、家产制社会权力、地位的符号，是对宗族、部落之长的汉文称呼，与东亚政治发达社会的官僚制存在着明显的区别。日本方面授予高斋德正六位上、已阏弃蒙从五位下的品阶，也恰恰反映了首领的政治地位。

接下来再看有关渤海朝唐使团的记载中保留下来的政治名号。

首先是“王子”。从现有史料看，王室成员是渤海政权初期处理内外事务的主要依靠力量，具体负责的事务包括：其一，以使臣的身份与唐交流，是渤海早期遣唐使的主要来源；其二，主导军事行动，包括大门艺、大壹夏等；其三，以世子兼任桂娄郡王，史料中可以看到的实例有高王大祚荣的嫡子大武艺和武王大武艺的嫡子大都利行，桂娄是高句丽王部的名称，因此以世子任桂娄郡王，实际上是赋予其管理高句丽遗民的权力，这与五胡十六国时期，以皇族宗室为大单于，作为专门管理和统治其他部族的政治机构长官，具有异曲同工之处。在政治活动中大量依靠王室成员，正是渤海早期家产制政治组织的典型特征。

其次是“首领”。在有关渤海朝唐使的记载中，“首领”更是大量出现，同时对它的政治内涵的理解也更为复杂。宋基豪认为，唐朝使用首领称谓有两种情况：“一个是对那些外国酋长的广泛尊称，无论这些酋长是否为政府的品官；另一个则是对一些较特殊的、先前从未得到任何唐朝官位的外国酋长的尊称。”并由此认为渤海社会的首领，是土著酋长的名号。⑤ 孙昊则撰文指出：“《册府元龟》中运用‘大首领’‘大臣’等惯用语进行指称，实因渤海‘私’授之身份不合封贡语境之例，唐人对渤海朝贡者官号进行抽象转写。”⑥

笔者认同“首领”源自唐对诸蕃酋长的称谓，同时也是对诸蕃人自有称号的转写的看法，但是更为关键的问题是，它转写的是什么样的官号。虽然没有直接证据，笔者倾向于认为渤海早期并不存在系统的职官系统，因此也就不存在相应的序列完整的官

① ［日］上田雄：《渤海使研究》，明石书店2001年版，第255页。

② 参见孙昊《渤海国靺鞨部族官称蠡测》，《北方文物》2019年第2期。

③ 《册府元龟》卷970《朝贡三》。

④ 孙昊：《说“舍利”——兼论契丹、靺鞨、突厥的政治文化互动》，《中国边疆史地研究》2014年第4期。

⑤ ［韩］宋基豪著，杨海鹏译：《渤海国首领的性质》，《北方文物》2004年第4期。

⑥ 孙昊：《制造“夷狄”：古代东亚世界渤海“首领”的历史话语及其实践》，《史学集刊》2017年第5期。

号。目前反对意见者能举出的官号只有两类，一是遣日使团成员所拥有的府州都督、刺史官号，二是卫府武官名号。前者包括739年遣日大使若忽州都督胥要德、758年遣日大使木底州刺史杨承庆、759年遣日大使玄菟州刺史高南申。[①] 但应该注意到，上述府州名称，均来自高句丽城名，但是又绝不见于渤海中后期厘定的府州之中，因此判断其来自安东都护府下羁縻府州更为合理。进一步说，这些都督、刺史很可能是安东都护府所管羁縻府州参与渤海建国的结果。至于卫府武官，前文针对渤海第一次遣日使团已经进行了讨论，虽然不能明确哪一种来源可靠，但是它不属于行政官僚系统是没有疑问的，因此渤海建立官僚制政权，绝不可能依托这一体系。同时鉴于来朝首领会被唐朝授予此类卫府职衔，所以他们本已全面具有此类衔号的可能性也不大。基于以上分析，笔者仍坚持认为，首领就是对渤海内部宗族、部落之长的汉文称号。

《唐六典·鸿胪寺·典客署》载："典客令掌……东夷、西戎、南蛮、北狄归化在蕃者之名数……凡朝贡、宴享、送迎预焉，皆辨其等位而供其职事。凡酋渠首领朝见者，则馆而以礼供之。三品以上准第三等，四品、五品准第四等，六品以下准第五等。其无官品者，大酋渠首领准第四等，小酋渠首领准第五等。"从唐朝对渤海来朝首领授予官品的情况看，大首领一般为郎将、折冲都尉，官品恰在四品到五品之间，首领授予果毅都尉，官品由从五品下到从六品下；参照前述日本方面对高斋德（正六位上）、已阏弃蒙（从五位下）的授位，说明各方对渤海首领身份的认定是大体一致的。由此联系到崔致远《谢不许北国居上表》所称："其首领乞四羽及大祚荣等，至武后临朝之际，自营州作孽而逃。辄据荒丘，始称振国。……初建邑居，来凭邻援。其酋长大祚荣，始受臣藩第五品大阿餐之秩。"[②] 授予首领大祚荣第五品的阶等，说明新罗判定其地位相当于大首领，由此反映了渤海建国之初的家产制政治面貌，进而也说明首领当五六品这一制度规范在当时的东亚政治世界具有共通性。

实际上，就渤海人自身而言，其处于东亚政治文化圈，在内部政治话语中，也已经接受首领名号。《故投降首领诺斯计墓志》载："公敕赐卢姓，名庭宾，望范阳郡。扶余府大首领、游击将军、守右领军卫京兆府文学府果毅、守左武卫潞州临璋府左果毅同正，余如故。"[③] 笔者曾根据墓志，推断诺斯计入唐时间在开元年间，进而指出，诺斯计是自渤海归唐，是渤海国内靺鞨系统的地方势力——扶余府大首领。[④] 孙昊不同意笔者的观点，认为"扶余府大首领"出自唐授告身，与"游击将军、守右领军卫京兆府文学府果毅"构成诺斯计降唐后的一次授官结衔。[⑤] 然而，既然唐制规定，"无官品者，大酋渠首领准第四等，小酋渠首领准第五等"，那么在已经授予游击将军、果毅的时候，官告中为何还会出现"大首领"这一不符合唐官制的名号呢？其所言官告，亦未举出实例。而据笔者检索，归唐之蕃部大首领，唐授予官职后，仍在墓志中追溯在蕃大首领地位者不乏其例，如《唐故夏州部落大首领曹府君墓志》载曹秀兰，"祖讳国忠，

① ［日］上田雄：《渤海使研究》，第254、277、294页。

② （新罗）崔致远：《崔致远全集》，李时人、詹绪左编校，第546页。

③ 吴钢主编：《全唐文补遗》第5辑，三秦出版社1998年版，第378页。

④ 参见范恩实《渤海"首领"新考》，《中国边疆史地研究》2014年第2期。

⑤ 孙昊：《制造"夷狄"：古代东亚世界渤海"首领"的历史话语及其实践》，《史学集刊》2017年第5期。

终银夏部落都督；皇考讳臣敢，终安西、北庭节度蕃落兵马使。公门传武勇，世袭弓裘。或威贯边陲，或心贞奉国。累资部落大首领、云麾将军、守左武卫大将军、试太常卿”。[①] 显然，部落大首领正是其在蕃时的身份。此外，在日本古籍中保存的 841 年渤海国中台省致日本太政官的牒文中，也直接使用了大首领的名号。[②] 虽然由于政治体制的发展，此时的首领与早期首领在政治地位上存在一定差异，但是并不影响其作为宗族、部落之长的基本身份标识的判断。[③]

作为宗族、部落之长的王子、（大）首领广泛参与国家政治活动，充分说明渤海早期政权的家产制、封建制特征。当然，在大部分被派往唐朝、日本的首领为宗族、部落之长，因此受到相应政治待遇的情况下，偶有不符合惯例者就值得特别注意——在有关渤海早期朝唐使臣的记载中，有两位大首领被授予了从三品的将军衔。第一位是开元十三年（725）来朝的渤海大首领乌借芝蒙，《册府元龟·外臣部·朝贡四》：“渤海遣大首领乌借芝蒙……来贺正旦，献方物。”另据黄维翰《渤海国记下篇》载，开元十三年，“大首领乌借蒙贺正，献方物，授将军，赐紫袍、金带、鱼袋”[④]。按黄维翰所言，此条应来自《册府元龟》，但笔者在中华书局影印本《册府元龟》中未能检索到。若然，则乌借芝蒙被唐朝辨别为大首领，却授予从三品将军，高于一般大首领。第二位是开元二十五年（737）来朝的渤海靺鞨大首领多蒙固，“八月戊申，渤海靺鞨大首领多蒙固来朝，授左武卫将军，赐紫袍、金带及帛一百匹，放还蕃”[⑤]。多蒙固以大首领身份，被授予从三品“左武卫将军”，同样高于一般大首领。尽管史料传递的信息十分有限，但是仍旧能够找到一些与众不同的细节，乌借芝蒙来朝是贺正旦，贺正使是唐代四夷朝贡使臣中较为重要的一类，渤海早期多以王子为之。而多蒙固来朝，据张九龄代唐玄宗所拟《敕渤海王大武艺书》：“多蒙固所送水手及承前没落人等来，表卿输诚，无所不尽……”[⑥] 显然是肩负着大武艺赋予的输诚送款的重要使命。由此看来，两位大首领朝唐与一般（大）首领基于获取政治、经济资源而朝唐有所不同，一方面反映了渤海王权利用贵族势力协助开展对唐交往的情况，另一方面也说明他们因依附王权而具有高出一般（大）首领的地位。

再次是“臣”。在有关渤海早期朝唐使团记载中，除王子和首领外，还存在若干记作“臣”的事例，包括：开元十年（722），“渤海遣使其大臣味勃计来朝，并献鹰，授大将军，赐锦袍、金鱼袋，放还蕃”；开元十二年（724），“渤海靺鞨遣其臣贺祚庆来贺正……进阶游击将军，各赐帛五十匹，放还蕃”；开元二十五年（737），“四月丁未，渤海遣其臣公伯计来献鹰鹘，授将军，放还蕃”。[⑦]

上引《唐六典·鸿胪寺·典客署》之文，明确蕃国使至，须“辨其等位”。从字面看，似乎只是辨别是否有唐所授官品而给予一定待遇，但是由于唐朝最终要授予使者官

---

① 笔者依据拓片照片资料释读断句。

② 转引自［日］铃木靖民著，李东源译《关于渤海首领的基础性研究》，第 354—355 页。

③ 参见范恩实《渤海“首领”新考》，《中国边疆史地研究》2014 年第 2 期。

④ 李兴盛、吕观仁主编：《渤海国志长编（外九种）》，第 152 页。

⑤ 《册府元龟》卷 975《外臣部·褒异二》。

⑥ （清）董浩等编：《全唐文》卷 285《张九龄（三）》，中华书局 1983 年版，第 693 页下栏。

⑦ 《册府元龟》卷 974《外臣部·褒异二》。

阶，所以即便是那些没有被唐授官品的使者，也需要进行身份确定。在这个识别过程中，除了一般酋渠首领以及上文讨论的具有特殊使命的首领外，还有一类被特别对待的就是其在本国所任可类比于唐朝职事官者。例如《旧唐书·日本传》载："长安三年（703），其大臣朝臣真人来贡方物。朝臣真人者，犹中国户部尚书，冠进德冠，其顶为花，分而四散，身服紫袍，以帛为腰带。"《册府元龟·朝贡四》同样称"朝臣真人"为"臣"。《续日本纪》卷2，"文武天皇大宝元年（701）正月丁酉"条载："以守民部尚书直大贰粟田朝臣真人为遣唐执节使……"显然，唐朝方面的识别是有所依据的。唐朝典客署正是根据朝臣真人不同于一般部落酋长的行政官僚身份，而将其记作臣，而不是比照一般大首领处置。

由此判断出发看有关渤海早期朝唐使团中被记作"臣"的事例。味勃计，朝唐被授予"大将军，赐锦袍、金鱼袋"，在早期渤海朝唐使臣中，除了王子以外，均被授予从三品以下官，此人被授予三品大将军，赐予三品以上官才能佩戴的"金鱼袋"，说明其在渤海国内具有特殊的政治地位，即便是那些大首领也无法相比。贺祚庆，其来朝的目的是"贺正"，《册府元龟·褒异二》所记上下文为："乙巳，奚遣大首领李奚奴等十人来贺正，渤海靺鞨遣其臣贺祚庆来贺正，新罗遣其臣金武勋来贺正，勃律遣大首领苏磨罗来贺正，并进阶游击将军，各赐帛五十匹，放还蕃。"渤海、新罗的贺正使记作"臣"，奚与勃律却记作"大首领"，其间差别理应引起重视。至于公勃计，也有两点值得关注，一是与味勃计相同的使命"献鹰"；二是被授予从三品将军，待遇同样好于一般大首领。

总的来说，如果承认这种不同用词体现了某种差异，那么可以说，相对于首领的自立性，臣具有更为明显的服务王权的属性。因此，笔者倾向于认为，这些人在渤海国内，具有行政官僚的身份以及相应名号。回过头来看，孙昊所称"唐人对渤海朝贡者官号进行抽象转写"，更应该指的是这一部分。当然，这一部分人的数量远少于王子和首领。

复次是带有特殊使命之"使"。大武艺与唐交涉遣返大门艺时期，"武艺寻遣使朝贡，仍上表极言门艺罪状，请杀之。上……乃留其使马文轨、葱勿雅，别遣使报之"（《旧唐书》卷199下《渤海靺鞨传》）。其后武艺再次遣使上书，唐玄宗则在给大武艺的敕书中称："使人李尽彦，朕亦亲有处分，皆所知之。"① 此处被称作"使"的马文轨、葱勿雅、李尽彦等，又与一般渤海朝唐使臣不同。按渤海朝唐使臣，均有一定封赏，甚至说作为渤海家族、部落之长的首领参与到渤海对唐、日交流中来，有着很重要的政治、经济目的。② 而此三人之来，显然是与唐为敌，因此尽管信息十分有限，其身份仍颇值玩味。要之，应非高等级贵族，且服务王权倾向更为强烈，应是低于前述之"臣"的低级官僚或王之"内臣"。

最后是"衙官"。在有关渤海早期的历史文献中，还能看到一种官号——衙官，例如唐玄宗发给渤海王大武艺的敕书，末尾处题为"卿及衙官、首领、百姓并平安好"③。

① （清）董浩等编：《全唐文》卷285《张九龄（三）》，第693页上栏。

② 参见［日］铃木靖民《渤海国家的构造与特质——首领、生产、交易》，《朝鲜学报》第170辑，1999年。

③ （清）董浩等编：《全唐文》卷285《张九龄（三）》，第693页上栏。

此外，《续日本纪》卷22载，三年（759），“十月辛亥……渤海使辅国大将军兼将军玄菟州刺史兼押衙官开国公高南申相随来朝”[①]。

类似的“衙官”之称频出现在唐代北方诸族政权中，包括后突厥、回鹘、突骑施、契丹、奚等。李大龙概括：“都具有一定势力，是影响唐朝边疆安定的重要力量。”[②] 关于此类衙官的性质，学界还有所争议。笔者认为衙官有以下特征。其一，它是衙内之官的简称，衙则是指中央权力机构，曾成认为：“所谓契丹衙官，是唐人对在契丹衙帐中任职、专供‘牙前驱使’的契丹官员的代称。”[③] 其二，衙官地位较高，位在军吏（军事贵族）、首领或蕃部所属羁縻州刺史之上，常常衍生出权臣，如契丹的可突于和李过折。其三，衙官并非一个官职而是指一类群体，《旧唐书·突厥传上》载：“初，默啜下衙官尽为阙特勤所杀，暾欲谷以女为小杀可敦，遂免死，废归部落，及复用，年已七十余，蕃人甚敬伏之。”综合上述特征，可以判断，衙官是处在由部落联盟或酋邦向早期国家过渡阶段的政治体中，服务于王权的贵族官僚群体，一方面他们具有基于血统的高级贵族身份，另一方面又服务于王权，掌握王国的政治、军事权力。进一步看，衙官与前述之“臣”应该是同类群体。至于铃木靖民认为“衙官即包括都督、刺史在内的官员阶层，在官阶序列中几乎与首领同属一个阶层”，[④] 则由于未能注意衙官的特殊内涵，所以并不准确。

综合本节所论，渤海早期政治活动的参与者，主要是传统的亲缘性、地域性贵族群体，如朝唐的王室成员，宗族、部落之长大首领、首领，高句丽遗民府州都督、刺史，以及具有唐式武官衔号的军事贵族等。此外，也出现一些代表家产制、封建制国家向官僚制国家演变的政治群体，在史料中其被记作“臣”或“衙官”。当然，这些官僚制因素还处在发展的初级阶段，因此在渤海处理内外事务过程中，并不能看到系统化、专业化的职官体系。

三　文王大钦茂时期的中央统治制度建设

渤海史学界有一种通识，即渤海国从第三代王文王大钦茂开始，逐渐建立起中央集权的政治体制。从文献记载，特别是《新唐书·渤海传》的有关记载看，渤海的中央集权政治体制，是通过模仿唐朝制度建立起来的，“在中央的政治制度上，大钦茂以武则天时中原的典章制度为典范，逐步地大体上建立了三省六部十二司七寺一局十卫的制度”[⑤]。这一结论当然是正确的，但是受史料限制，目前学界很少有人进一步讨论渤海是如何从早期带有浓厚家产制、封建制特征的政治体制转变到较为发达的官僚制政治体制的。

笔者认为，从现有史料中，能够发现大钦茂时期军事权力机构演变的线索，进而为

---

① ［日］藤原继绳等敕撰：《续日本纪》卷22，岩波书店1998年版，“天平宝字三年（759）十月辛亥”条。

② 李大龙、刘海霞：《唐代契丹的衙官》，《中国边疆史地研究》2012年第3期。

③ 曾成：《唐代契丹的权力结构与可突于之叛》，《理论月刊》2015年第11期。

④ ［日］铃木靖民著，李东源译：《关于渤海首领的基础性研究》，第339页。

⑤ 王承礼：《中国东北的渤海国与东北亚》，第93页。

管窥渤海早期统治制度建设历程打开一个孔道。

大钦茂即位后，陆续派出遣日使团。739 年，大使为忠武将军若忽州都督胥要德；752 年，大使为辅国大将军慕施蒙；758 年，大使为辅国大将军兼将军行木底州刺史兼兵署少正杨承庆；759 年，大使为辅国大将军兼将军玄菟州刺史兼押衙官开国公高南申。[①] 上述遣日使团大使结衔体现了如下政治特征。

其一，散阶与职位关系有了新的变化。对比而言，大武艺时期派出的赴日使团，大使为宁远将军（正五品下）郎将高仁（义），副使是游（击）将军（从五品下）果毅都尉德周，品阶与职级大体相当，符合唐制。由大钦茂派出的渤海第二次遣日使团，大使为忠武将军（正四品上）若忽州都督胥要德，云麾将军（从三品上）己珍蒙。大使的品阶低于副使，一方面很可能与渤海还没有对各种渠道获取的唐式官号进行系统化整理有关；另一方面，胥要德散阶虽低于职事，但是欠一阶仍符合唐制。从这个角度看，也说明此类职衔可能是得自唐授，或者有部分是渤海初期参照唐制所授。但是到了大钦茂后续派出的使团，大使慕施蒙、杨承庆、高南申均具有辅国大将军（正二品）散阶，特别是同为高句丽遗民府州都督、刺史的杨承庆和高南申，具有高出胥要德六阶的散位，一定是渤海自身调整的结果。

其二，从完整结衔看，杨承庆与高南申的职事官是都督或刺史，同时各有两个加官。一是将军，据《新唐书·渤海传》载："其武员有左右猛贲、熊卫、罴卫，南左右卫，北左右卫，各大将军一、将军一。"当然，这些是渤海中后期已经系统化的武职体系，在文王前期，名号是否相同不得而知，但是加将军，给予的是中央武官地位则可以肯定。二是兵署少正或押衙官，同样是加中央职事官。显然，两个加官都是对地方贵族势力的笼络。

其三，兵署少正，金毓黻将渤海兵署比定为唐卫尉寺所属之武器署。[②] 按，杨承庆有从二品武散阶，且为地方实力派之木底州刺史，加一个武器署的小官（唐制令为正八品下）显然于理不合。如果从字面意义理解，比定为管理王国军事行政事务机构更为合理，也符合任职者的身份地位。

其四，押衙官。"押衙"，唐置，掌领仪仗侍卫，《旧唐书·惠文太子传》载："金吾，天子押衙。"唐后期，押衙为方镇官署内的武职僚属。据此类比，渤海押衙官当属于上节所述"衙官"之一种，其职掌则相当于中央禁军统领。

综合其二、其三、其四点，将军、押衙官、兵署少正三个加官恰好分别属于三个渤海中央军事权力机构，且可与唐制相类比：将军（相当于唐南衙十二卫将军）、押衙官（相当于唐北衙禁军羽林卫将军）、兵署少正（相当于唐兵部侍郎）。

总的来说，大钦茂初期渤海中央军事机构建设方面已经取得长足进步，形成了较为完整的体系。但是，值得注意的是，在大钦茂随后进行的官制改革中，对这套系统又进行了新的调整，正式设立了诸卫将军——熊卫、罴卫，南左右卫，北左右卫；取消押衙官，代之以左右猛贲将军；取消兵署，代之以政堂省智部（相当于唐兵部）。一方面去除旧贵族权力传统的影响，包括围绕王权的衙官也被取消，代之以律令制下国家权力机构；另一方面则大力推进文官制度，例如以智部代替兵署。

---

① 参见［日］上田雄《渤海使研究》，第 254、266、277、294 页。

② 参见李兴盛、吕观仁主编《渤海国志长编（外九种）》，第 560 页。

新的变化在对外交往方面得到充分体现，762 年渤海遣日使团大使为紫绶大夫行政堂省左允开国男王新福。[①] 自此以后，军事贵族，高句丽遗民府州都督、刺史等不再见于遣日使团，而代之以各司其职的文官，首领虽仍有出现，但排位在所有文官之后。几乎同时，有关渤海朝唐使的记录中再没有首领的身影，除王室成员外，其他一律记录为“使”或“臣”。考虑到唐朝对外蕃使者身份的辨别，因此记录中名号的变化，应与渤海加强政权机构建设，统一派出行政官僚开展对唐交往有关。

除文献记载外，考古发现的渤海都城变化同样体现了政权组织的发展变化。《旧唐书·渤海靺鞨传》载：“祚荣遂率其众东保桂娄之故地，据东牟山，筑城以居之。”此所谓筑城以居，学界普遍认为即渤海第一都城“旧国”。关于“旧国”之所在，以往学界认为是今吉林敦化的敖东城，然而经考古发掘，并未发现渤海时期遗迹。[②] 近年来，经考古学者的努力，在今吉林延边的磨盘村山城有了新的突破，山城中发现的早期遗存，“是以红褐色陶质的网格纹、绳纹板瓦为代表早于东夏国的遗存。对于这种遗存的认识，学者们尚未达成共识，发掘者倾向属于渤海国（698—926）建国初期遗存，并认为这种遗存在山城中有大量埋藏，绝非偶然，它为学界苦苦寻觅史书记载的大祚荣‘遂率其众东保桂娄之故地，据东牟山，筑城以居之’的渤海立国之城提供了新线索”[③]。从磨盘村山城的考古发现看，其建筑材料多显现高句丽文化特征。此恰与笔者前文判断相吻合，即建国之际，以大氏为首之渤海人，经济、社会发展水平较低，并无城居经验，与之相比，参与政权建设的高句丽人，具有城居经验，因此所谓筑城，当以高句丽遗民工匠或其工艺为主。

以磨盘村山城为“旧国”，从发掘情况看，未见到成规模的宫殿建筑，更谈不上大量的衙署建筑。笔者认为，这种情况一是与渤海建国之初，诸事草创，无力大兴土木有关，特别是军事斗争需要，优先建设兵营、粮仓等保障设施；二是与渤海早期处在家产制、封建制政治体制向早期官僚制过渡阶段的发展状况相适应，没有建设突出于王室宗族之上的宫廷苑囿，以及供职业官僚集中办公使用的大规模衙署建筑的需要。

到 8 世纪中期，渤海新建了中京显德府，“天宝（742—756）中王所都”[④]。根据考古发现，中京显德府即今吉林和龙西古城，该城由内城和外城两部分组成，内城即宫城，体现了王权强化的要求。同时该城没有王城和衙署。[⑤] 这与本文对这一时期渤海政权建设情况的判断也是一致的：一方面王权得到强化，王宫建筑成为发展需求；另一方面，政权机构仍属于附庸王权的“衙官”，并没有形成具有一定独立政治地位的南衙文官系统。

从高南申（759）和王新福（762）赴日时间看，渤海政权组织建设当在 760—762 年完成。其后渤海遣日使团大使的官衔大体在《新唐书·渤海传》所载渤海官制之内，

---

① 参见［日］上田雄《渤海使研究》，第 304 页。

② 参见王培新等《吉林敦化市敖东城遗址发掘简报》，《考古》2006 年第 9 期。

③ 吉林省文物考古研究所、延边朝鲜族自治州文物保护中心：《吉林省图们市磨盘村山城 2013—2015 年发掘简报》，载吉林大学边疆考古研究中心编《边疆考古研究》第 24 辑，科学出版社 2018 年版。

④《新唐书》卷 43 下《地理志七下》。

⑤ 参见全仁学等《吉林和龙西古城城址 2007—2009 年发掘简报》，《文物》2016 年第 12 期。

早期的各种传统制度、遗留制度、临时性制度均不复存在。

四 根据本文讨论对渤海早期相关历史问题的新认识

虽然限于史料，本文只能约略勾画出渤海早期政权建设的一般线索，但是对比以往粗线条的认识仍有所进步，同时也将促进对渤海早期历史上其他相关问题的认识。

其一，渤海建国初期，虽然周边各政治势力，如唐、新罗、日本均建立了律令制官僚体制，但是其自身社会发展水平和统治者的政权组织能力均不足以支持模仿建设。铃木靖民认为“渤海从大祚荣政权时期就引进唐的律令制，可以说大祚荣向往的就是所谓律令制的国家制度”。[①] 向往是一回事，是否有基础、有能力建立又是另外一回事，从本文所讨论看，至少到文王大钦茂初期，政权组织仍距离中后期完备的官僚制有较大差距。

其二，早期派出的遣日使团主要成员大都具有武职衔号，石井正敏据此认为：“这反映了渤海与唐、新罗的紧张关系以及渤海所受的威胁，也反映了渤海争取日本的军事政治援助与合作的意图。”[②] 如果说大武艺时期渤海与唐、新罗关系紧张的话，到大钦茂时期，这种紧张关系已不复存在，因此石井先生的认识值得商榷。结合本文讨论，对于渤海早期遣日使团主要成员的身份，可以有三个新解读：一是遣日使团大使基本上是高句丽遗民，甚至是遗民府州都督、刺史，这与渤海早期依靠高句丽遗民加强对日联系有直接关系；二是这些使团主要成员具有武散阶或卫府职衔，这是渤海早期政权建设的特殊现象，由各种渠道传入渤海的上述唐式名号与渤海早期家产制、封建制政治结构适相吻合，因此得以行用，但并非由此构成渤海武官体系，也不代表文武分途；三是杨承庆、高南申具有兵署少正或押衙官的职衔，但是并非职事官，而是加官，是渤海王权笼络地方实力派的一种手段，因此以他们为遣日使团大使，仍是看重他们的职事官（高句丽遗民府州都督、刺史），或者是族属，而并非代表渤海有某种军事意图。

（原载《中国边疆史地研究》2020 年第 3 期）

---

① ［日］铃木靖民著，李东源译：《关于渤海首领的基础性研究》，第 363 页。

② ［日］石井正敏：《初期日渤交涉中的一个问题——以其与新罗征讨计划中止之间的关联性为中心》，《日本渤海关系史研究》，吉川弘文馆 2001 年版。

吐谷浑晖华公主墓志与北朝北方民族关系

周伟洲*

一　出土的吐谷浑晖华公主墓志

2014年11月至2015年7月，来自陕西省考古研究院、陕西历史博物馆、长安旅游民族宗教文物局等单位的考古工作者发掘了位于西安市长安区大兆郭庄村南一座北朝时期墓葬。此墓坐北朝南，有斜坡墓道，长约42.2米，有四个天井，四个过道，分前、后室，前室彩绘壁画因垮塌严重，仅余顶部星象图。后室仅发现两具人骨。随葬品主要分布于前室，共165件（组），有铜器、石器、陶镇墓兽、武士俑、骑马俑等。另出墓志两方。一方为《吐谷浑晖华公主墓志》，另一方为公主丈夫《乞伏孝达墓志》，因《乞伏孝达墓志》系用朱砂书写，且字迹脱落，故已难辨识。《吐谷浑晖华公主墓志》为青石质，长49厘米，宽43厘米，厚13厘米，字迹完好。志共21行，满行20字。①（见墓志拓片）

现据《吐谷浑晖华公主墓志》拓本，将墓志铭文，重录如下。

茹茹骠骑大将军、俟利、莫何、度支尚书、金城王乞伏孝达妻晖华公主吐谷浑氏墓志铭

公主讳库罗伏，字尉芮文，吐谷浑主明元之第四女也。迺祖迺考，世君西域。既鹊起而辟土，亦虎视以称雄。斯乃备之于简素，可得而略也。主茹茹可敦之妹，即悼皇后之姨也。公主之称，始自本国。金城初仕于吐谷浑，为车骑大将军、中书监。浑主重其器望，遂以妻之。若夫窈窕之誉，藉甚于椒芳，烦辱之功，有闻于权木。四教既闲，百两云萃，妇德内融，母仪外肃。又从夫至于茹茹，亲俶（戚?）礼遇，莫之与先。悼皇后来归也，金城以姨婿之重，作上宾于魏。时主及三子亦从此行。婉若春风，暾如秋月，光仪容止，式谐典度。方调琴瑟，永训闺庭，而偕老之愿未申，朝露之危奄及。春秋卅有九，以大统七年正月甲午卒于苌安。皇帝悼之，葬以公主之礼。生远其乡，死异其地，德音虽在，形颜已歇，嗟行之人，惜而泪下。粤二月乙酉窆于山北县小陵原。乃作铭曰：

---

* 周伟洲，陕西师范大学中国西部边疆研究院教授、博士生导师。

① 以上均参见陕西省考古研究院、陕西历史博物馆、长安旅游民族宗教文物局《陕西西安西魏吐谷浑公主与茹茹大将军合葬墓发掘简报》，《考古与文物》2019年第4期；墓志又见陕西省考古研究院编《陕西省考古研究院新入藏墓志》，上海古籍出版社2019年版，第4页。

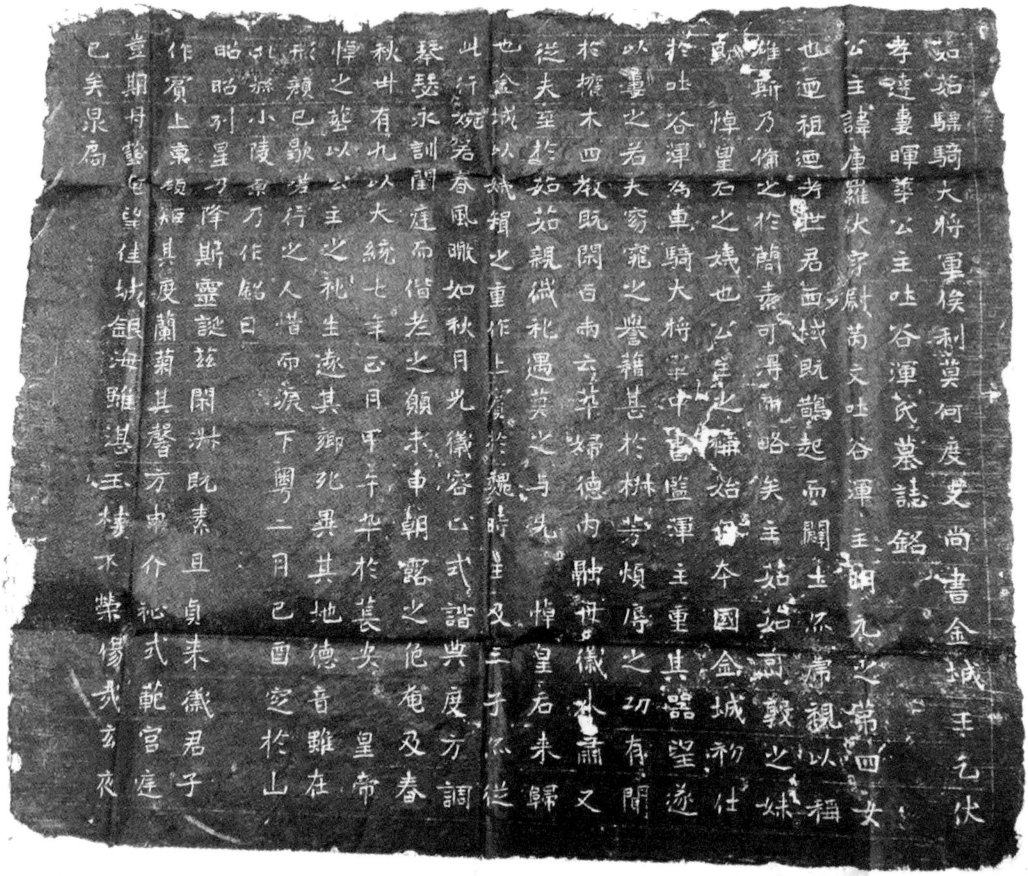

《吐谷浑晖华公主墓志》拓片（摘自《陕西西安西魏吐谷浑公主与茹茹大将军合葬墓发掘简报》）

昭昭列星，乃降斯灵。诞兹闲淑，既素且贞。来仪君子，作宾上京。规矩其度，兰菊其馨。方申介祉，式范宫庭。岂期舟壑，奄望佳城。银海虽湛，玉桂不荣。伤哉玄夜，已矣泉扃。

二 吐谷浑晖华公主家世考

《吐谷浑晖华公主墓志》开首云，“公主讳库罗伏，字尉芮文，吐谷浑主明元之第四女也。”可知公主父为“吐谷浑主明元”，此“明元”又是何人？据墓志记，公主卒于西魏大统七年（542 年），年三十九岁，故其生于北魏正始四年（504 年），时为吐谷浑十四世主伏连筹（490—529 年）在位①，则公主当为时吐谷浑主伏连筹之第四女。

① 见拙著《吐谷浑史》，广西师范大学出版社 2006 年版，第 41—45 页；同书附《吐谷浑世系表》。又《周书》卷 50《吐谷浑传》记“自吐谷浑至伏连筹一十四世”，即吐谷浑、吐延、叶延、碎奚、视连、视罴、乌纥堤、树洛干、阿豺、慕璝、慕利延、拾寅、度易侯、伏连筹。

按，《魏书》卷一〇一《吐谷浑传》记：

> 伏连筹内修职贡，外并戎狄，塞表之中，号为强富。准拟天朝，树置官司，称制诸国，以自夸大。①

内记伏连筹在位时，“准拟天朝，树置百官，称制诸国”，即其政治制度系仿照承袭了汉魏官制的北魏（天朝）的制度而来。同书还记载了北魏宣武帝下诏切责伏连筹，“准拟天朝”，“称制诸国”（即对其所属宕昌国“称书为表，名报为旨”）②。过去研究吐谷浑史的学者对此注意不够，且史籍记载不多，仅见伏连筹时，其第二子镇西域鄯善（今新疆若羌）、且末，号“宁西将军”③。但是，《吐谷浑晖华公主墓志》却提供了更多的信息。伏连筹拟照北魏政治制度，称皇帝、天子，故其女称“公主”，号“晖华公主”；《吐谷浑晖华公主墓志》还专门强调“公主之称，始自本国”。又公主下嫁的乞伏孝达，《吐谷浑晖华公主墓志》亦云其“初仕于吐谷浑，为车骑大将军、中书监”。车骑大将军、中书监为汉魏以来的职官，也是北魏太和改制后的职官，前者为一品下武职，后者为从二品中书省官员。④ 甚至伏连筹卒后，也仿照北魏制度，对之有“谥号”之制，称“明元皇帝”；正如北魏皇帝拓跋嗣卒后，“上谥曰明元皇帝”⑤ 同例。这就是《吐谷浑晖华公主墓志》云晖华公主父伏连筹为“明元”帝的由来。

至于《吐谷浑晖华公主墓志》所云“迺（即“乃”）祖迺考，世君西域”，据史籍载，公主祖应为拾寅，父为度易侯（又作“易度侯”）⑥；云其“世君西域”则有误。众所周知，吐谷浑原为东北辽东慕容部鲜卑慕容廆之庶兄名，公元4世纪初，慕容吐谷浑率部由阴山，过陇山，迁徙至陇右枹罕（今甘肃临夏）；不久即征服甘南、青海及四川西北的众羌族。自吐谷浑孙叶延时（329—417年在位）正式建国，以祖父吐谷浑名为姓氏、国号和族名。其地不在西域之地。然而，考虑到吐谷浑在伏连筹时，向西据有西域的鄯善、且末之地⑦，故在西魏、北周时，又往往将吐谷浑视为西域诸国之一。如《周书》卷五〇《异域传下》，就将吐谷浑与高昌、鄯善、龟兹等西域诸国列为一传。《隋书》径直将吐谷浑传列在卷八三《西域传》之首。从这一角度看，西魏撰墓志者称当时吐谷浑“世君西域”也有一定的依据。

《吐谷浑晖华公主墓志》记晖华公主下嫁的吐谷浑车骑大将军、中书监乞伏孝达其人，由于出土的乞伏孝达墓志上用朱砂书写的字迹脱落，故对其族属、事迹、生卒年等信息不得而知。但其绝非如《吐谷浑晖华公主墓志》首题的“茹茹（柔然）”人，而

① 《北史》卷96《吐谷浑传》记载同。

② 《魏书》卷101《吐谷浑传》。

③ 杨衒之撰，范祥雍校注：《洛阳伽蓝记校注》卷五引《宋云行记》，古典文学出版社1958年版，第252页。

④ 见《魏书》卷113《官氏志》。

⑤ 《魏书》卷3《太宗纪》。

⑥ 见《魏书》卷101《吐谷浑传》。

⑦ 关于伏连筹据西域鄯善、且末的考证，见上引周伟洲《吐谷浑史》，广西师范大学出版社2006年版，第41—42页。

是源于十六国时曾在陇西建立西秦的“陇西鲜卑”乞伏氏。十六国时，吐谷浑与西秦有密切的关系，双方时有争战，且两者王族有和亲，吐谷浑曾一度向西秦纳贡称臣。乞伏暮末即位后，西秦衰弱，吐谷浑主慕璝多进占原西秦陇西之地。① 后西秦为夏国赫连定所灭，赫连定又为吐谷浑慕璝所灭，夏国所俘西秦人口及夏国赫连氏等皆为吐谷浑所俘获，成为吐谷浑属下臣民，后渐融入吐谷浑中。② 其中就包括原陇西鲜卑族的乞伏氏，如《魏书·吐谷浑传》记慕璝上北魏表内，要求遣还西秦使者乞伏日（曰）连等三人，并说此三人家口在吐谷浑。又，乞伏炽磐子成龙后也入吐谷浑。③ 这些事实都说明吐谷浑据西秦地后，乞伏氏有一部分归其统治。以后，乞伏氏在吐谷浑政权内还有任显职者，如《周书·吐谷浑传》所记吐谷浑“仆射乞伏触扳”④。晖华公主下嫁的乞伏孝达，也当原为陇西鲜卑西秦乞伏氏贵族，如《墓志》所云，因“浑主重其器望，遂以妻之”。

据《吐谷浑晖华公主墓志》记，公主还有一姊，下嫁到北方游牧民族柔然（茹茹），为其可汗之“可敦”。关于此，下面将详论之。

三　从墓志看吐谷浑与柔然之关系

《吐谷浑晖华公主墓志》记：“主（公主）茹茹可敦之妹，即悼皇后之姨也。”即是说，吐谷浑晖华公主之姊，是伏连筹第一至第三女中的一个，嫁与柔然（茹茹）可汗，为其可敦，可汗与可敦的长女与西魏文帝和亲，即魏悼后，则晖华公主为悼后之姨。《北史》卷一三《后妃传上·魏悼皇后传》云：“文帝悼皇后郁久闾氏，蠕蠕主阿那瓌之长女也。”由此可知墓志所记之“茹茹”可汗即柔然复兴时之“阿那瓌可汗”。

关于柔然的历史，《魏书》《北史》之《蠕蠕传》记载颇详。蠕蠕，又作茹茹、芮芮（南朝史籍），自号“柔然”。据《魏书》卷一〇三《蠕蠕传》（此传系宋人据《北史》卷九八《蠕蠕传》补）记：“蠕蠕（柔然），东胡之苗裔也，姓郁久闾氏。”据学者考征，柔然族系“一个主要由鲜卑、敕勒、匈奴和突厥等组成的多氏族、多部落的部族”⑤。正如《南齐书》卷五九《芮芮虏（柔然）传》所云，其为“塞外杂胡”。北魏天兴五年（402 年）柔然首领社仑统一漠北，建立政权，自称丘豆伐可汗，与北魏长期争战。到北魏正光元年（520 年）柔然内乱，新立可汗阿那瓌投归北魏，入朝洛阳，后要求返回漠北，朝议许之。后阿那瓌叛回漠北，众推其为可汗。北魏末年，阿那瓌曾助北魏镇压六镇起义，后北魏则分裂为东、西魏及后之北齐、北周，故东、西魏对漠北

---

① 《宋书》卷 96《吐谷浑传》记：“慕璝前后屡遣军击，茂曼（即暮末）率部落东奔陇右，慕璝尽据有其地。”

② 关于吐谷浑与西秦的关系，可参见上引周伟洲《吐谷浑史》，第 18—31 页。

③ 见《魏书》卷 4《世祖纪下》。

④ 1974 年中华书局标点本《周书》卷 50 校勘记云：“宋本‘扳’作‘拔’南本作‘扳’。《北史》本传、《通鉴》卷一六五作‘状’。”

⑤ 周伟洲：《敕勒与柔然》，上海人民出版社 1983 年版，第 83—84 页；广西师范大学出版社 2006 年版，第 65—68 页。

复兴的柔然则力图拉拢，“竞结阿那瓌为婚好”①，这就是柔然阿那瓌可汗长女郁久闾氏与西魏文帝和亲的由来。②

《北史·蠕蠕传》称“柔然”系其自号，“后太武（太武帝拓拔焘）以其无知，状类于虫，故改其号为蠕蠕”。后来柔然贵族投北魏甚多，耻用“蠕蠕”这一带有侮辱性的族称，而改为“茹茹”。这一族称的改变，大致是在北魏后期。③

至于柔然“可汗”“可敦”之号，“可汗”一词，最早原为鲜卑语“可寒”“可汗”，意为“官家”，自柔然建国，此号即变成“皇帝”的专称，后为北方和中亚民族对最高首领（相当于“皇帝”）的称呼。“可敦”又译作“可贺敦”“恪尊”“可孙”“母尊”等，即可汗之妻，相当于内地王朝的“皇后”。④

关于北朝时吐谷浑与柔然的关系，现存的历史文献记载不多，见于《北史》卷九八《高车传》内引北魏宣武帝于永平元年（508 年）与高车国诏书中有：“蠕蠕、嚈哒、吐谷浑所以交通者，皆路由高昌（今新疆吐鲁番），掎角相接……”此仅说明漠北柔然与吐谷浑有过交往，路皆经高昌。又《南齐书》卷五九《河南（吐谷浑）传》，记南齐建元元年（479 年）吐谷浑拾寅来贡献，齐高帝诏书中云：“……又仍使王世武等往芮芮（柔然），想即资遣，使得时达。”同书又记，永明三年（491 年），南齐“遣给事中丘冠先使河南（吐谷浑）道，并送芮芮使”。故《南齐书》卷五九《芮芮虏传》记：“芮芮常由河南道而抵益州。”此外，《北史》卷九六《吐谷浑传》也记：“兴和（539—542 年）中，齐神武作相，招怀荒远，夸吕（吐谷浑可汗）遣使致敬……夸吕乃遣使人赵吐骨真，假道蠕蠕，频来东魏。”上述史籍的记载，仅能说明，吐谷浑与漠北的柔然可能有互通使臣及资送南朝或假道柔然使臣的关系。

然而，新出土的《吐谷浑晖华公主墓志》却明确记载了吐谷浑伏连筹将其一女嫁与柔然阿那瓌可汗为可敦，双方和亲，关系更为密切的事实。这与当时的形势密切相关，因自伏连筹祖拾寅、父度易侯以来，北魏曾多次派军征讨吐谷浑；伏连筹即立后，北魏边将又攻取吐谷浑洮阳、泥和（在今甘肃临潭）二戍，迫使吐谷浑称臣纳贡。⑤而漠北柔然阿那瓌可汗自叛逃回漠北后，柔然复兴，与北魏及后东、西魏分庭抗礼，并不时寇扰东、西魏北边。⑥因此，立国于今青海、甘南及新疆东部的吐谷浑自然欲与漠北的柔然结盟、联合，与北魏抗衡。吐谷浑伏连筹嫁女于柔然阿那瓌可汗，结和亲联盟，共抗北魏，则为形势之所致。

不仅如此，《吐谷浑晖华公主墓志》还记公主“又从夫至于茹茹，亲俶（戚?）礼遇，莫之与先”。晖华公主与其夫乞伏孝达何时、因何原因又离开吐谷浑，投归柔然的

---

① 《北史》卷 98《蠕蠕传》。

② 以上关于柔然的历史，可参见周伟洲《敕勒与柔然》，上海人民出版社 1983 年版，第 76—130 页。

③ 详细考证，见周伟洲《〈杨文思墓志〉与北朝民族及民族关系》，载周伟洲主编《西北民族论丛》第 14 辑，社会科学文献出版社 2016 年版。

④ 参见上引周伟洲《敕勒与柔然》，上海人民出版社 1983 年版，第 96、157 页。

⑤ 见《魏书》卷 101《吐谷浑传》。

⑥ 《北史》卷 98《蠕蠕传》。

呢？伏连筹卒于北魏永安二年（529 年）①，《北史·吐谷浑传》记："伏连筹死，夸吕立……"而据《梁书》卷五四《诸夷·河南（吐谷浑）传》记："筹死，子呵罗真立。大通三年（529 年，此年十月改元中大通元年）诏以为宁西将军、护羌校尉，西秦、河二州刺史。"又同书卷三《武帝纪下》也记，中大通元年（529 年）三月，梁"以河南王阿罗真（即呵罗真之异译）为宁西将军，西秦、河、沙三州刺史"。次年四月，又"以河南王佛辅为宁西将军，西秦、河二州刺史"。即是说，呵罗真在位仅一年，其子佛辅即立。至中大通六年（534 年），梁"以行河南王可沓振为西秦、河二州刺史，河南王"。则《梁书》《南史》记伏连筹卒后，吐谷浑王位变动频繁，其内部可能发生动乱。与《北史》记伏连筹子夸吕一直在位百年异。据《北史·吐谷浑传》云，北魏末年，"自尔以后，关徼不通，贡献遂绝"，故《梁书》记载较《北史》为确。又《北史》《周书》记夸吕于大统初（535 年前后），始遣使到西魏，兴和中（540 年前后）始遣使至东魏，均在可沓振之后。故疑夸吕之立，当在可沓振之后。如此，则伏连筹死后，吐谷浑王位换动频繁，可能发生内乱，故推测乞伏孝达夫妇因内乱，经由西域高昌，投归漠北柔然，是在伏连筹卒后到夸吕继立之间（529—534 年）。而公主夫妇之投归柔然，也是因公主之姊为柔然阿那瓌可汗可敦故也。

正因如此，乞伏孝达夫妇投柔然后，受到重用，"亲俶（戚?）礼遇，莫之与先"。墓志首题之"茹茹骠骑大将军、俟利、莫何、度支尚书、金城王乞伏孝达妻晖华公主吐谷浑氏墓志铭"，内孝达前官爵名，当为孝达在柔然之官爵名。内"骠骑大将军"（从一品），度支尚书（为中央尚书省官职，实职，三品），金城王（爵号，一品）为原汉魏职官名，沿吐谷浑伏连筹拟北魏官制而来。"俟利、莫何"为柔然官号，"莫何"有勇健者之意，后转为"酋长"之称。② 而其妻似仍有原"晖华公主"之号，而姓"吐谷浑氏"。《魏书》卷一一三《官氏志》云"吐谷浑氏，依旧吐谷浑氏"。出土北朝时入魏之吐谷浑贵族墓志，如《魏故直寝奉车都尉汶山郡侯吐谷浑玑墓志》《魏故武昌王妃吐谷浑氏志铭》《故骠骑大将军、开府仪同三司、征羌县开国侯尧公妻吐谷浑氏墓志铭》等，也证实北朝时，吐谷浑王族仍姓"吐谷浑氏"。③ 至夸吕可汗死后，吐谷浑才"还以慕容为姓"④。

四 从墓志看柔然与西魏的关系

柔然阿那瓌返漠北后，柔然复兴，而北魏却因六镇及各地的反抗斗争而衰弱，继而在永熙三年（534 年）分裂为东、西魏两个政权；形成为"东、西魏竞结阿那瓌为婚好"的局面。西魏初建立，势力较东魏弱，文帝元宝炬系丞相宇文泰所立。西魏大统初，漠北柔然也屡犯北边。为了通好及获得漠北柔然的支持，文帝以原舍人元翌女称化

---

① 按，《资治通鉴》卷 158 系伏连筹卒于梁武帝大同六年（540 年），同年夸吕继立。然而，《梁书·河南传》云："筹死，子呵罗真立。大通三年（529 年，此年十月改元中大通元年）诏以为宁西将军、护羌校尉，西秦、河二州刺史。"是知伏连筹死于大通三年。

② 见上引周伟洲《敕勒与柔然》，上海人民出版社 1983 年版，第 168—169 页。

③ 见周伟洲编著《吐谷浑资料辑录》，青海人民出版社 1992 年版，第 87—90 页。

④ 《通典》卷 190《边防六·吐谷浑传》。

政公主，下嫁与柔然阿那瓌兄弟塔寒。又娶阿那瓌长女，即阿那瓌与可敦（吐谷浑伏连筹另一女）所生长女为皇后（魏悼后）。

西魏对柔然阿那瓌长女郁久闾氏和亲十分重视，大统三年（537 年）派遣原与柔然阿那瓌可汗相识的扶风王元孚，以及曾因被六镇起义军击败而一度逃至柔然的车骑大将军、太子太傅杨宽出使柔然，奉迎阿那瓌长女。① 柔然可汗及臣下见元孚，“莫不懽悦，奉皇后来归”②。据《北史·后妃传上·魏悼皇后传》记：阿那瓌长女随行有“车七百乘，马万匹，驼千头”，可见阿那瓌可汗资送甚厚，和亲队伍之庞大。“蠕蠕俗以东为贵，后之来，营幕户席，一皆东向……到黑盐池（大致在今陕西定边北盐池），魏朝卤簿文物始至。孚奏靖正南面，后曰：‘我未见魏主，故蠕蠕女也。魏仗向南，我自东面。’孚无以辞。”

又据《吐谷浑晖华公主墓志》记：“悼皇后来归也，金城（指金城王乞伏孝达）以姨婿之重，作上宾于魏。时主及三子亦从此行。”即是说，“墓志”补证了柔然阿那瓌可汗长女和亲，随行的还有柔然可敦妹、长女之姨吐谷浑晖华公主夫妇及其三个儿子。阿那瓌可汗夫妇显然是想以长女之姨夫妇的智慧，来护祐出嫁的、年仅十四岁的长女。西魏朝廷自然也视晖华公主夫妇为“上宾”。

大统四年（538 年）正月，柔然阿那瓌长女至西魏都城长安，“立为皇后，时年十四”③。西魏文帝则废大统元年（535 年）所立皇后乙弗氏（原为居青海湖一带吐谷浑属鲜卑乙弗部人），令其“逊居别宫，出家为尼”。大统六年（540 年），因柔然举国过黄河至夏州（治今陕西靖边北白城子），文帝又被迫使乙弗氏自缢，时乙弗后年仅三十一，后葬于麦积崖（今甘肃天水麦积山石窟），号“寂陵”。④

也就在大统六年，柔然郁久闾皇后因难产而卒，“年十六，葬于少陵原。十七年（551 年），合葬永陵”。⑤ “魏悼后”，当为其卒后之谥号。魏悼后卒后，东魏大丞相高欢（后之齐神武帝）遣张徽纂出使柔然，以离间西魏与柔然的关系，其中即有说西魏宇文泰“杀害”柔然阿那瓌可汗长女魏悼后一事。后阿那瓌又归诚于东魏，与之和亲。阿那瓌即为其子庵罗辰请婚，东魏以常山王妹乐安公主许婚，改称兰陵长公主，嫁与庵罗辰。东魏兴和四年（542 年），阿那瓌又以孙女邻和公主嫁与高欢第九子长广公高湛。武定四年（546 年），阿那瓌又将其爱女，即魏悼后之妹嫁与高欢。于是高欢娶阿那瓌爱女，号“蠕蠕公主”，为正室，其妻娄氏避正室为妾。⑥

随柔然魏悼后至西魏长安的原吐谷浑晖华公主夫妇，如《吐谷浑晖华公主墓志》所云：初公主“婉若春风，皦如秋月，光仪容止，式谐典度”，即其仪态端庄，处事合于典制。然而，在魏悼后去世不到一年，公主也因疾而逝。墓志记，公主“方调琴瑟，

---

① 《北史》卷 16《元孚传》；《周书》卷 22《杨宽传》。

② 上引《北史》卷 16《元孚传》。

③ 《北史》卷 13《后妃传上·魏悼后传》。

④ 《北史》卷 13《后妃传上·文皇后乙弗氏传》。1957 年洪毅然先生在甘肃天水麦积山石窟发现了乙弗后所葬之“寂陵”，其文稿（刻印稿）现藏于甘肃省图书馆。

⑤ 《北史》卷 13《后妃传上·魏悼后传》。永陵为西魏文帝陵，地在今陕西富平岳留古乡何家村北，为 1996 年国务院公布全国第四批重点文物保护单位。

⑥ 《北史》卷 98《蠕蠕传》；《北史》卷 14《后妃传下·蠕蠕公主传、齐明皇后娄氏传》。

永训闺庭，而偕老之愿未申，朝露之危奄及。春秋卅有九，以大统七年正月甲午卒于苌安（即长安）。皇帝悼之，葬以公主之礼，生远其乡，死异其地，德音虽在，形颜已歇。嗟行之人，惜而泪下”。即是说，晖华公主因病不幸于大统七年（541 年）正月卒于长安，年仅三十九岁。西魏文帝仍以“公主之礼”葬之。这就是墓志首题将公主夫妇视为“茹茹”之上宾，仍称公主为“晖华公主吐谷浑氏”的缘故，且墓葬形制（如墓道四个天井，四个过道，分前、后室等）及丰富的陪葬器物均按西魏公主丧葬制度办理。

又记：“粤二月乙酉窆于山北县小陵原。”此即晖华公主于大统七年二月归葬于“山北县小陵原”，即今发掘墓葬之今西安长安区大兆郭庄村。内“山北县”，最早为后秦姚兴置，北魏、西魏因之，北周天和三年（568 年）废省。[①] 地在今西安长安区南。西魏山北县所辖的少陵原（即小陵原），即在今西安长安区大兆一带，此地是北朝至隋唐时期许多王公贵族的墓葬区，见于记载和发掘的墓葬甚多。据宋代宋敏求《长安志》卷一一《少陵原》记：“少陵原。在县南四十里。南接终南，北至铲水，西屈由六十里，入长安县界，即汉鸿固原也。宣帝许后葬于此，俗号少陵原。”唐颜师注《外戚传》称，“即今之所谓小陵者，去杜陵十八里”[②]。晖华公主之所以葬于少陵原，也与魏悼后葬于此地有关。

五　结语

出土的《吐谷浑晖华公主墓志》虽然只有短短的 460 字，但其补证北朝吐谷浑政权制度及吐谷浑、柔然、西魏相互关系史实甚多，主要有如下。

1. 关于吐谷浑的政治制度，早在 20 世纪 80 年代出版的拙著《吐谷浑史》一书，对吐谷浑政治制度及其演变的历史作了探索认为：“吐谷浑自叶延起正式建立政权，以后就由部落联盟进入国家的阶段，设置了一套国家机器，并逐渐趋于完善。《晋书·吐谷浑传》记其初期官制时说：‘其官置长史、司马、将军。’”“但其统治下的各部首领仍以部大、酋豪、别帅等一般称呼。叶延以后，吐谷浑与内地的前秦、西秦、南凉、北魏等政权先后发生关系，且受其政治制度之影响。至树洛干时，始自称为‘大都督、车骑大将军、大单于、吐谷浑王’，‘号为戊寅可汗’。这些称号表明，树洛干不仅仿内地政权称‘大都督、车骑大将军、吐谷浑王’，而且又采用漠北原匈奴最高首领‘大单于’的称号，还保留了本民族‘戊寅可汗’的称号。这三种类型的称号中，以‘吐谷浑王’为主，而与内地政权封树洛干以后诸吐谷浑王为‘河南王’‘陇西王’‘西平王’等号一致。”又说：“吐谷浑政治制度的重大改革，大致开始于慕利延，最后完成于夸吕之时。”[③]

因《吐谷浑晖华公主墓志》的出土，上述结论应有所修正，即吐谷浑至伏连筹即位后，其政治制度有一个大的变革，如《魏书》《北史》所记：“准拟天朝，树置官司，

① 王仲荦：《北周地理志》卷 1《关中》条，中华书局 1980 年版，第 6 页。

② 见辛德勇、郎洁点校《长安志·长安图表》，三秦出版社 2013 年版，第 361 页。

③ 均见周伟洲《吐谷浑史》，宁夏人民出版社 1985 年版，第 120 页；广西师范大学出版社 2006 年版，第 123 页。

称制诸国”：原杂有匈奴、内地政权及本民族称号的政治制度，一改为仿汉魏及北魏时的制度，最高首领称“皇帝”，卒后有谥号，其女称“公主”，有“车骑大将军、中书监”等职官，等等。

伏连筹卒后，吐谷浑王位换动频繁，似有动乱。至夸吕即立后，史称其“始自号可汗”，这一“可汗”的意义与前期的可汗不同。它是吐谷浑接受了漠北柔然政权“可汗”称号的结果，意思已变为“皇帝”“君主”。吐谷浑可汗的妻称“恪尊”①，即“可敦”。可汗以下，则又多沿袭内地汉魏以来官制，如设丞相，总揽国内外大事。此外，还有王、公、仆射、尚书、侍郎、郎中、别驾等官。诸王一般由王室子弟充任，也有其他民族部落的首领。即是说，从夸吕始，吐谷浑政治制度又发生了一次重大变革，并基本定型，其制一直延续到唐龙朔三年（663 年）吐谷浑政权为吐蕃所灭为止。

2.《吐谷浑晖华公主墓志》揭示和补充了北魏末至东、西魏分立时期，西北的吐谷浑和漠北的柔然的关系。现存史籍只记载吐谷浑与柔然有通使的关系，墓志则明确记载双方有更为密切的“和亲”关系，即吐谷浑主伏连筹曾嫁女于柔然阿那瓌可汗，为其可敦；双方结盟，以抗北魏。伏连筹卒后，吐谷浑晖华公主夫妇又投归柔然。这些史实揭示出北朝北方各族及其所建政权之间更为复杂的关系。

3.《吐谷浑晖华公主墓志》还补证了史籍阙载的柔然与西魏关系的若干史实：柔然阿那瓌长女（魏悼后）嫁与西魏文帝时，随行的还有阿那瓌长女之姨吐谷浑晖华公主夫妇，以及公主夫妇在长安被待为“上宾”，公主卒后，葬于长安少陵原。这些史实更深一层地揭示了柔然与西魏在和亲过程中，西魏为结好柔然，以对付东魏，故对柔然妥协、忍让，两者之间的微妙关系。

吐谷浑晖华公主虽然三十九岁即卒于长安，但其短短的一生中，先后定居及活动于当时北方三个大的民族及所建政权（吐谷浑、柔然和西魏）之中；其墓志记述北朝时三个北方民族之间的关系，补证史籍之处甚多，且更为翔实和具体，弥足珍贵也。

（原载《民族研究》2020 年第 2 期）

① 《魏书·吐谷浑传》，《北史·吐谷浑传》作“母尊”，均为“可敦”之异译。

沙陀与吐谷浑关系研究

樊文礼*

吐谷浑从东晋成帝咸和四年（329）前后①，到唐龙朔三年（663）为吐蕃所灭，在中国西部地区建立了长达300多年的政权。沙陀与吐谷浑的关系颇为密切，双方曾有过激烈的争夺、战争，也有过和平的交往、交融，一部分吐谷浑人进入李克用组建的代北集团，成为正在形成中的沙陀民族共同体的一部分。因此，探讨沙陀与吐谷浑的关系，对于唐末五代民族迁徙与民族融合问题的研究，是很有必要的。

一　吐谷浑的东迁及其与沙陀的争战

吐谷浑原居住在今青海高原一带，“止于甘松之南，洮水之西，南极白兰山，数千里之地”②。唐龙朔三年，吐谷浑为吐蕃灭亡后，可汗诺曷钵率数千帐逃至唐凉州，后迁至今宁夏一带，唐置安乐州以处之。唐肃宗至德（756—758）后，吐蕃陷安乐州，“其部众又东徙，散在朔方、河东之境”，俗多谓之“退浑”或“吐浑”，“盖语急而然”③。其中东徙河东的吐谷浑部落分布极广，李载义在唐文宗时为太原节度使，太和九年（835）九月，“奏差兵三千人防遏当界吐浑部落”④。潞州（治今山西长治）有吐浑李万江部，从事养马业，每年向唐朝输送马匹，得价数百万金，其族人有300余家，“子弟姻娅隶军者四十八人”⑤。在代北地区（今山西北部、河北西部和内蒙古中部一带地区），唐武宗会昌二年（842），回鹘乌介可汗率部南下，至天德军界。天德军使田牟“请以沙陀、退浑诸部落兵击之”。乌介可汗“渐近振武保大栅、杷头峰，突入朔州。州界沙陀、退浑皆以其家保山险”⑥。宰相李德裕在书状中也屡屡提到当地吐谷浑的情况，如在《赐回鹘可汗书》中说回鹘可汗欲“借以一城，与退浑、党项微小杂种同为百姓，实亦屈可汗之尊贵，乱中国之旧规”⑦；在《条疏太原以北边备事宜状》中说，

---

* 樊文礼，鲁东大学历史文化学院教授。

① 参见周伟洲《吐谷浑史》，广西师范大学出版社2006年版，第16页。

② 《隋书》卷83《吐谷浑传》。

③ 《旧唐书》卷198《吐谷浑传》。

④ 《册府元龟》卷390《将帅部·警备》。

⑤ 《新唐书》卷214《刘悟传附刘从谏传》。

⑥ 《册府元龟》卷994《外臣部·备御七》。

⑦ （唐）李德裕：《赐回鹘可汗书》，《全唐文》卷699，上海古籍出版社1990年版，第3182页。

“请速降中使，赍敕至云、朔、天德已来，宣谕生、熟退浑及党项诸部落等”①；等等。至于至德二载至宝应元年（757—762）吐谷浑王族慕容曦皓出任大同军使，论者认为是“系素身赴镇”，“没有吐谷浑部众追随”，“属于章群所说的无部族的客将”，② 似乎吐谷浑人当时尚未大批进入代北地区。而吐浑李万江部，周伟洲先生认为是广德元年（763）随李抱玉至潞州的。③

就在吐谷浑迁入河东、代北后不久，唐宪宗元和四年（809），沙陀人也从灵州（治今宁夏吴忠西北）迁到了这里，与吐谷浑杂处。《旧唐书·卢简求传》云：“太原军素管退浑、契苾、沙陀三部落，或抚纳不至，多为边患。前政或要之诅盟，质之子弟，然为盗不息。简求开怀抚待，接以恩信，所质子弟，一切遣之。故五部之人，欣然听命。”这里的“五部之人”，系指沙陀、萨葛、安庆三部落以及吐谷浑、契苾二部。

沙陀与吐谷浑同处一地，必定会有一些日常生活上的接触、交往。不过，双方大范围的接触，当是在唐朝对周边诸族的战争中。史载唐文宗开成（836—840）中，“党项杂虏大扰河西。（刘）沔率吐浑、契苾、沙陀三部落等诸族万人、马三千骑，径至银、夏讨袭，大破之，俘获万计，告捷而还”。④ 唐武宗会昌初年，回鹘残部南下，唐朝曾出动包括沙陀、吐谷浑各部族军在内的军队予以防御、打击，李德裕在奏状中对此多有提及。如在《讨袭回鹘事宜状》中，请“令拣退浑、沙陀共三千骑，枞枞排比”⑤；在《巡边使刘濛状》中，请“仍令代北诸军镇添补逃亡官军，及点检退浑、沙陀等部落，枞枞排比”⑥；又专门起草了一篇《请契苾通等分领沙陀退浑马军共六千人状》的状文，请将沙陀和吐谷浑兵“分为两厢”，何清朝和契苾通“各令管一厢”。⑦ 武宗遂“诏太原起室韦、沙陀三部落、吐浑诸部，委石雄为前锋。易定兵千人守大同军，契苾通、何清朝领沙陀、吐浑六千骑趋天德，李思忠率回纥、党项之师屯保大栅”⑧。特别是在唐懿宗咸通十年（869）镇压庞勋起事的战争中，沙陀与吐谷浑并肩作战，为唐朝取得战争的最后胜利立下了汗马功劳。《资治通鉴》卷251唐懿宗咸通九年（868）十一月载：

> 诏以右金吾大将军康承训为义成节度使、徐州行营都招讨使，神武大将军王晏权为徐州北面行营招讨使，羽林将军戴可师为徐州南面行营招讨使，大发诸道兵以隶三帅。承训奏乞沙陀三部落使朱邪赤心及吐谷浑、达靼、契苾酋长各帅其众以自随。诏许之。

---

① （唐）李德裕：《条疏太原以北边备事宜状》，《全唐文》卷705，第3207页。

② 孙瑜：《唐代代北军人群体研究》，社会科学文献出版社2012年版，第100页。

③ 参见周伟洲《吐谷浑史》，第170页。

④ 《旧唐书》卷161《刘沔传》。《新唐书》卷171《刘沔传》云：“开成三年，突厥劫营田，沔发吐浑、契苾、沙陀部万人击之，贼一辔无返者，悉颁所获马羊于战卒，筑都护府西北四垒。”按《资治通鉴》卷245唐文宗开成二年七月：“振武突厥百五十帐叛，剽掠营田。戊寅，节度使刘沔击破之。”《旧唐书》卷17下作开成二年八月，“振武奏突厥入寇营田”。《新唐书·刘沔传》当是将两件事糅合在了一起，失当。

⑤ （唐）李德裕：《讨袭回鹘事宜状》，《全唐文》卷701，第3190页。

⑥ （唐）李德裕：《巡边使刘濛状》，《全唐文》卷702，第3194页。

⑦ （唐）李德裕：《请契苾通等分领沙陀退浑马军共六千人状》，《全唐文》卷705，第3208页。

⑧ 《旧唐书》卷18上《武宗纪》。

当时出征的沙陀和吐谷浑军士有多少？史籍留下这样的记载，咸通九年（868）十二月庚辰，“将军戴可师率沙陀、吐浑部落二万人，于淮南与贼转战，贼党屡败，尽弃淮南之守”。[①] 戴可师所率领的“二万人”，应当还包括达靼、契苾等部落在内，但沙陀和吐谷浑无疑是主体部分。

在上述一系列战争中，沙陀和吐谷浑都是作为唐朝官军的组成部分，在唐将的率领与指挥下协同作战，双方并无太多的利害冲突。然而由于唐朝国势的日益衰落，“朝廷号令不复行于四方”[②]，对于地方藩镇以及内迁各族的控制力、约束力越来越弱，各地藩镇纷纷割据自立，抢夺地盘，沙陀与吐谷浑自然也加入了其中的角逐，展开了对代北地区控制权的争夺。

唐末在代北地区与沙陀展开争夺的是吐谷浑赫连部。赫连部是原属匈奴的氏族部落，后融入吐谷浑。[③] 关于赫连部的兴起，《册府元龟》云：“退浑者……唐至德后，吐蕃强盛，乃徙居阴山，赫连铎则退浑之酋帅，咸通中，以从康承训破庞勋有功，补阴山都督。”[④]

《册府元龟》的这段记载颇为笼统。据《新唐书·李全忠传》附匡威传记载：“（赫连）铎本吐谷浑部酋也，开成中，其父率种人三千帐自归，守云中十五年。”即吐谷浑赫连部归附唐朝的时间是在唐文宗开成年间。不过，他们最初居住和活动的地区并不在云州，而是在丰州（治今内蒙古五原东部），这在诸多史籍如新、旧唐书，《册府元龟》，《资治通鉴》等均有记载，如《旧唐书·文宗纪》载，开成元年（836）二月，“天德奏生退浑部落三千帐来投丰州”。此“三千帐”生退浑部落，当即赫连铎之父所率的“种人”。《资治通鉴》卷282后晋天福五年十月“初，帝割雁门之北以赂契丹”条胡三省注引宋白语说得更为明白：“赫连铎以开成元年将本部三千帐来投丰州，文宗命振武节度使刘沔以善地处之。及沔移镇河东，遂散居川界，音讹谓之退浑。其后吐谷浑白姓皆赫连之部落。”此“川界”，论者以为即“北川”，或指代北，[⑤] 笔者以为是丰州大同川（即今内蒙古乌拉特前旗明安川）。如上所述，赫连铎在“咸通中，以从康承训破庞勋有功，补阴山都督”。阴山都督，当即在阴山一带，大同川即在阴山脚下南端。甚至直到唐僖宗乾符五年（878），史籍中仍有“大同川吐浑赫连铎袭振武”的记载，赫连部进入云州、朔州一带，应当是在乾符五年李克用杀害段文楚事件发生之后。[⑥] 至于会昌年间李德裕屡屡提到的云州、朔州一带的退浑（吐浑）部落，当是吐谷

---

① 《旧唐书》卷19上《懿宗纪》。

② 《资治通鉴》卷253，唐僖宗乾符五年正月。

③ 参见周伟洲《吐谷浑史》，第152—153页。

④ 《册府元龟》卷956《外臣部·种族》。《新五代史》卷74《四夷附录》云：“懿宗时，首领赫连铎为阴山府都督，与讨庞勋，以功拜大同军节度使。”按唐朝镇压庞勋后，以朱邪赤心（李国昌）为大同军防御使，其离任时间，约在咸通十三年（872）。所以赫连铎出任大同军节度使，最早也应在咸通十三年，《册府元龟》所谓赫连铎“从康承训破庞勋有功，补阴山都督”为是。

⑤ 参见孙瑜《唐代代北军人群体研究》，第102页。

⑥ 关于李克用杀害段文楚事件发生的时间，史籍有咸通十三年（872），乾符元年（874）、三年（876）和五年（878）等多种记载，司马光《资治通鉴》采纳了乾符五年说。新近发现的《段文楚墓志铭》，证实温公所见不误。参见胡耀飞《斗鸡台事件再探讨——从〈段文楚墓志〉论唐末河东政局》，载中国中古集刊编委会编《中国中古史集刊》第3辑，商务印书馆2017年版，第275页。

浑其他部落，亦即“熟退浑”，而赫连部则属于“生退浑”。

吐谷浑赫连部尽管进入代北地区的时间较晚，但由于赫连铎在“咸通中，以从康承训破庞勋有功，补阴山都督”；其“种人三千帐”，以每帐 5 人计，也有 15000 人左右，具备了与沙陀争夺代北的实力。而沙陀酋长朱邪赤心因镇压庞勋功被唐廷授予大同军防御使，并赐姓名李国昌，晋升为振武节度使，更是欲将整个代北地区据为已有，于是在僖宗乾符五年由其子李克用谋划了杀害云中防御使段文楚的事件，即所谓的“斗鸡台事变”，李克用自称云中留后，唐廷随即展开了对李国昌、李克用父子的讨伐。时出任大同军都防御使的支谟，“激劝赫连铎弟兄，优其礼秩；厚抚吐谷浑部落，寘彼腹心”①，利用其去征讨李克用父子。赫连铎则认为这是争夺云、朔等州难得的机会。《新唐书·沙陀传》载：

（李）国昌与党项战，未决，大同川吐浑赫连铎袭振武，尽取其赀械。国昌穷，挈骑五百还云州，州不纳，铎遂取之。克用转侧蔚、朔间，裒兵才三千，屯新城，铎引万人围之，隧而攻，三日不拔，铎兵杀伤甚。国昌自蔚州来，铎引去。僖宗以铎领大同节度，畀讨国昌。六年，诏昭义李钧为北面招讨使，督潞、太原兵屯代州；幽州李可举会铎攻蔚州，国昌以一队当之。克用分兵抵遮虏城拒钧，天大雪，士瘴仆，钧众溃，还代州，军遂乱，钧死于兵。广明元年，以李琢为蔚、朔招讨都统，率兵数万屯代州。克用使傅文达调蔚、朔兵，朔州刺史高文集缚以送琢。琢进攻蔚州，国昌败，与克用举宗奔达靼。

“（李）国昌与党项战”是在李克用杀害段文楚事件之后，《旧五代史·唐武皇纪》将此事记在乾符五年冬。可见赫连铎首先是自丰州大同川袭取了振武（治单于都护府，今内蒙古和林格尔北上土城村），之后围新城（今山西应县），最后随着李国昌“与克用举宗奔达靼”，唐朝廷遂“以吐浑都督赫连铎为云州刺史、大同军防御使，吐浑白义诚为蔚州刺史”②，时在僖宗广明元年（880）七月。吐谷浑赫连部占据了云州、蔚州一带地区。

但是，李克用父子绝不甘心自己经营多年的云、蔚二州落入吐谷浑赫连部之手。广明元年十二月，黄巢农民军攻占长安，唐朝诏令李克用南下前往镇压。中和元年（881），李克用自达靼率军南下后，曾试图重新夺回代北，结果由于赫连铎、契苾璋以及河东、卢龙的联兵抵抗而未能如愿。如《资治通鉴》卷 254 记载，中和元年（881）五月，李克用进扰河东，郑从谠向振武节度使求援，契苾璋“引突厥、吐谷浑救之，破沙陀两寨”；中和二年（882）三月，李克用攻蔚州，振武节度使契苾璋“奏与天德、大同共讨克用”。“大同”，即赫连铎。中和三年（883）七月，李克用因镇压黄巢有功而被唐廷任命为河东节度使，这为他夺回代北创造了极为有利的条件。次年即中和四年（884）八月，李克用奏请将隶属于振武的麟州割属河东，按据《新唐书》卷 65《方镇

① 《唐故大同军都防御营田供军等使朝请大夫检校右散骑常侍使持节都督云州诸军事云州刺史御史中丞柱国赐紫金鱼袋赠工部尚书琅耶支公墓志铭并序》，转引自董延寿、赵振华《唐代支谟及其家族墓志研究》，《洛阳大学学报》2006 年第 1 期。

② 《旧唐书》卷 19 下《僖宗纪》。

表》："中和二年，河东节度增领麟州。"李克用此时再奏请将麟州割属河东，盖前次诏令未行也。又奏罢云蔚防御使，依旧隶河东，以此削弱赫连铎的势力，唐朝廷均不得已而"从之"①。然而吐谷浑也绝不会轻易将已经据有的地盘让出，李克用的请求似乎并没有得到回应。光启元年（885）六月，卢龙节度使李可举和成德节度使王镕联合攻打易定镇时，曾说"云中节度使赫连铎使攻克用之背"②；大顺元年（890）二月，"李克用将兵攻云州防御使赫连铎，克其东城"③。即说明直到大顺元年二月，云州仍在赫连铎的手中。

赫连铎与卢龙镇结盟，同李克用相对抗，大顺元年四月，由赫连铎和卢龙节度使李匡威以及宣武节度使朱全忠联合发起了讨伐河东的战争。但讨伐战争失败，李克用反过来全力进攻赫连铎。大顺二年七月，李克用急攻云州，赫连铎战败投奔李匡威，李克用表部将石善友为云州刺史。吐谷浑赫连铎自广明元年担任大同军防御使（云蔚防御使、云中防御使），历时 11 年（880—891），至是结束。景福元年（892）八月，赫连铎又与李匡威合军 8 万人进攻李克用，结果大败而归。至乾宁元年（894）六月，李克用向赫连铎发起了最后攻势，"大破吐谷浑，杀赫连铎，擒白义诚"④，实现了对代北地区的完全占有。

二　吐谷浑与沙陀的结合

赫连部虽然与沙陀人交恶十数年，然而在此期间，吐谷浑其他部落中却也不乏李克用的追随者。论者或认为，李克用的母亲秦氏，就是一位吐谷浑人。"朱耶赤心（李国昌）娶吐浑秦氏女为妻，生李克用。"其证据是《旧五代史·唐武皇纪》中的一段记载："母秦氏，以大中十年（856）丙子岁九月二十二日，生于神武川之新城。"认为："当时云、朔之地诸族，只有吐浑有秦氏（今土族仍有秦姓），隶吐浑阴山都督府，驻牧浑河川或大同川，与朱耶氏错处相邻。其部至后唐清泰三年（936）仍见载，有首领秦公达。故此载秦氏非吐浑人莫属，李克用实为吐浑秦氏外甥。"⑤

李克用生母秦氏是否一位吐谷浑人，有待于进一步的研究，特别是新材料的发现来证实。不过，有资料显示，在乾符五年李克用杀害段文楚事件中，就有部分吐谷浑人参加，史称"是月，太祖与退浑、突厥三部落众万人趋云中"；⑥ 僖宗在赐卢简方的诏书中亦云："朕以沙陀、羌、浑扰乱边鄙，以卿曾在云中，惠及部落，且忍屈为朕此行，具达朕旨，安慰国昌，勿令有所猜嫌也。"⑦ 这里所谓的"浑"，即指吐谷浑。当时赫连铎尚未向沙陀发起攻势，故所谓"羌、浑扰乱边鄙"，当是指吐谷浑参与了李克用发起

① 《资治通鉴》卷 256，唐僖宗中和四年八月。

② 《资治通鉴》卷 256，唐昭宗光启元年六月。

③ 《资治通鉴》卷 258，唐昭宗大顺元年二月。

④ 《资治通鉴》卷 259，唐昭宗乾宁元年六月。

⑤ 吕建福：《土族史》，中国社会科学出版社 2002 年版，第 147 页。

⑥ 《资治通鉴》卷 253，唐僖宗乾符五年二月"甲戌，克用入府舍视事"条《考异》引《庄宗功臣列传》。

⑦ 《旧唐书》卷 19 上《懿宗纪》。

的云州之乱事件，而非其配合唐朝讨伐李克用父子的战争。中和元年，沙陀首领李友金（李克用叔父）奉命入援京师，所率部下有沙陀、萨葛、安庆三部落及吐谷浑诸部5000人。之后，李友金又至代北募兵，“半月之间，募兵三万，营于崞县之西。其军皆北边五部之众”①。“五部之众”，有学者认为系指沙陀、萨葛（亦称薛葛、索葛）、安庆三部落和契苾、吐谷浑二部②。笔者则认为，“五部之众”是对代北地区沙陀三部落以外诸如退浑、回鹘、鞑靼、奚、室韦等蕃胡部落的泛称。③ 但无论哪种解释，吐谷浑均应包括在内。其实这也不难理解，沙陀人在进入代北地区之后，很快就成为这一地区蕃胡部族的首领，“为九姓、六州胡所畏伏”④。之后，朱邪赤心（李国昌）担任了“河东行营沙陀三部落、羌、浑诸部招讨使”⑤。所谓“羌、浑”，系指党项和吐谷浑。这些都可以成为吐谷浑人追随沙陀人的动力或理由。特别是乾宁元年李克用击灭赫连铎后，吐谷浑赫连部也被收编到李克用的部下。所以，在代北集团的人员构成中，有相当数量的吐谷浑人，他们也是融入正在形成的沙陀民族共同体中的吐谷浑人。

李克用养子之一李嗣恩，据《新五代史·义儿·李嗣恩传》：“嗣恩，本姓骆，吐谷浑部人也。少事太祖，能骑射，为铁林军将，稍以战功迁突阵指挥使，赐姓名，以为子。”李嗣恩“本姓骆”，当不是赫连部人。又据《旧五代史·李嗣恩传》，李嗣恩有子二人，“长曰武八，骑射推于军中。……战契丹于新州，殁焉。幼曰从郎，累为行军司马”。是李嗣恩父子都在沙陀政权中效力。又如白奉进，“云州清塞军人也。父名达子，世居朔野，以弋猎为事”。从“达子”的名字以及居地、职业等情况看，亦当为吐谷浑人，因为当时吐谷浑白义诚部就活动在云、蔚一带地区。白奉进“少善骑射，后唐武皇镇太原，奉进谒于军门，以求自效，武皇纳于麾下”⑥。后唐大将李金全，“其先出于吐谷浑”；⑦ 李万全，“吐谷浑部人。善左右射，隶护圣军为骑士，累迁至本军都校，与田景咸、王晖等从周祖入汴，号十军主。显德中，为彰武军节度”⑧。李万全“与田景咸、王晖等从周祖入汴”，说明他是在后汉甚至后晋、后唐时就“隶护圣军为骑士”的，护圣军始置于后唐明宗时；⑨ 还有白从晖，“吐谷浑人，周大同节度使承福、辽云州观察使可久，皆其宗姓也。从晖少勇敢，多谋略。开运初，仕晋为冀州刺史”⑩；后汉高祖刘知远的同父异母弟慕容彦超，亦为吐谷浑部人，《新五代史·慕容彦超传》：“慕容彦超，吐谷浑部人，汉高祖同产弟也。尝冒姓阎氏……少事唐明宗为军校，累迁

---

① 《旧五代史》卷25《后唐武皇纪上》。

② 参见［日］西村阳子《唐末五代代北地区沙陀集团内部构造再探讨——以〈契苾通墓志铭〉为中心》，《文史》2005年第4辑。

③ 参见樊文礼《唐末五代的代北集团》，中国文联出版社2000年版，第95—96页。

④ 《资治通鉴》卷244，唐文宗太和四年三月。

⑤ 《旧唐书》卷19上《懿宗纪》。

⑥ 《旧五代史》卷95《白奉进传》。

⑦ 《旧五代史》卷97《李金全传》。

⑧ 《宋史》卷261《李万全传》。

⑨ 参见杜文玉《五代十国制度研究》，人民出版社2006年版，第407—408页。

⑩ 《十国春秋》卷107《白从晖传》，中华书局1983年版，第1522页。

刺史。”① 后汉高祖刘知远母安氏，当为昭武九姓胡人，则又反映了沙陀、昭武九姓胡人、吐谷浑人之间通婚的情况。此外，河南洛阳古代艺术馆藏有一方《晋故竭忠佐国功臣金紫光禄大夫检校司空使持节怀州诸军事怀州刺史充本州河堤使兼御史大夫上柱国南阳县开国男食邑二百户白公墓志铭》，反映了李克用收编代北吐谷浑部落的情况。墓志云：

> 公讳万金，本岱川北鲜卑山之阳，居其族，闻公之族有大白家者，即汉之南阳郡白水之后也……所呼□吐浑即其本。公幼徙岱川界应州封属内，以骑猎牧驭为业。值中朝皇纲失绪，虎踞鲸吞，藩邸争衡，十有余主。公以武皇帝潜龙太原，节度使白万图副绍密切，旋张轻骑云奔，朝隐暮见，乃至岱川北近蕃诸族所伏者皆以为□□□。公于天祐二年牧务中，落于武皇所擒，令乘骖至太原（下缺），用以义为心，公遂□□在□男院始年十八中军（以下残缺严重）……少主皇帝（下缺）……公□次年重病亦深，（下缺）军前，享年六十四……铭曰：……家乡北狄，罔知所迁。②

所谓“汉之南阳郡白水之后”，无疑是浪托之词。“岱川”，今地不详，从“岱川界应州封属内”看，应该即神武川，相当于今山西朔州朔城区、山阴、怀仁、应县一带。从墓志显示的情况看，白万金当即白义诚一族。其具体卒年不详，但从“少主皇帝”“公□次年重病亦深”等文字看，应该在晋出帝时。“享年六十四”，则“幼徙岱川界应州封属内”约在唐昭宗时；而其“落于武皇所擒”的天祐二年（905），是在李克用彻底击灭赫连铎之后，这条材料反映了李克用掳掠代北各族牧人从军的情况，而此种在“牧务中，落于武皇所擒”的吐谷浑人，当不止白万金一个。

以上都是在史上留名的。而那些在史上没有留下姓名的吐谷浑普通人则更多，如《旧五代史·唐庄宗纪》载，天祐八年（按即后梁开平五年，911）正月，李存勖与后梁军柏乡之战，“李嗣源率亲军与史建瑭、安金全兼北部吐浑诸军冲阵夹攻，梁军大败”；同书卷52《李嗣本传》载，次年（912），周德威奉命讨伐幽州刘守光，“嗣本率代北诸军、生熟吐浑，收山后八军”。后“周德威白晋王，以兵少不足攻城，晋王遣李存审将吐谷浑、契苾骑兵会之”。③《旧五代史·唐庄宗纪》又载，天祐十五年（按即后梁贞明四年，918）八月辛丑，李存勖“大阅于魏郊，河东、魏博、幽、沧、镇定、邢洺、麟、胜、云、朔十镇之师，及奚、契丹、室韦、吐浑之众十余万，部阵严肃，旌甲照曜，师旅之盛，近代为最”④。这些记载充分说明李克用、李存勖河东军队伍中吐谷浑人的大量存在。

然而，李克用、李存勖父子对吐谷浑的统治并不牢固。天复三年（903），振武都将契苾让逐石善友，据城叛，李克用派大将李嗣昭进攻，“让自燔死，复取振武城，杀

---

① 《太平御览》卷383《人事部·丑丈夫》载：“《周史》曰：慕容彦超，吐浑部人也，父亮，以彦超贵，累赠至三师。彦超即汉高祖之同产弟也。”

② 录文见周阿根《五代墓志汇考》卷233《白万金墓志》，黄山书社2012年版，第636页。

③ 《资治通鉴》卷268，后梁太祖乾化二年四月。

④ 《旧五代史》卷28《后唐庄宗纪》。

吐谷浑叛者二千余人”。胡三省对此评论道：“吐谷浑自赫连铎与克用作敌，铎虽败死，其部落终未肯心服，故屡叛。”① 所谓“故屡叛”，应该是指从“自赫连铎与克用作敌”以来的“数叛旋亦归服”②，因为自天复三年之后，尚未再看到吐谷浑大规模的“屡叛”事件。不过这也从一个侧面反映了代北集团和沙陀民族共同体的不稳定性，甚至一直到五代后唐时期，对吐谷浑等部族仍采取一种羁縻统治政策。

三　吐谷浑与五代沙陀诸王朝

唐昭宗乾宁元年六月，李克用“大破吐谷浑，杀赫连铎，擒白义诚”后，“其部族益微，散处蔚州界中”③。蔚州，治灵丘县（今山西灵丘），包括今河北西部和山西东部交界处的灵丘、广灵、阳高、天镇和蔚县、阳原、涞源一带。这一地区在唐末五代时，归李克用河东政权和后唐朝管辖，后晋石敬瑭割让幽云十六州于契丹，始被辽朝占领。据《旧五代史·李存贤传》记载，天祐五年（按即后梁天平二年，908），李存贤“权知蔚州刺史，以御吐浑”。此外，也有一些新的吐谷浑部落从其他地区涌入后唐境内，如后唐明宗长兴元年（930）七月，“北京奏吐浑千余帐内附，已于天池川静乐县界安置”；同年八月，“北京奏吐浑内附，欲于岚州安族帐”④；等等。静乐县今属山西省忻州市管辖；岚州即今岚县，隶属于山西省吕梁市。而在这之前的天成四年（929），吐谷浑别部首领薛冀（“冀”一作“粪”）堆进状，乞授岚州刺史。“明宗在藩时，常与冀堆有旧，欲许之，枢密使安重诲力谏乃止。”但到次年即长兴元年三月，李嗣源“竟以冀堆为岚州刺史，仍赐名万通”⑤。天池川静乐县亦属岚州，治所在今山西岚县北部，可见除蔚州之外，岚州也是吐谷浑人集中居住的地方，薛冀堆或许即是上述吐谷浑部落的首领。又，后周广顺三年（953）九月，“云州吐浑指挥使党富达等五十一人、马驼四十二、并朔州军使马延嗣等来奔”⑥。可见，在代北地区的蔚州、岚州、代州和云州等地，都有吐谷浑部落分布。

蔚州吐浑，以白氏为最大，“有白承福者，自同光初代为都督，依中山北石门为栅，庄宗赐其额为宁朔、奉化两府，以都督为节度使，仍赐承福姓李，名绍鲁。其畜牧就善水草，丁壮常数千人，羊马生息，入市中土，朝廷常存恤之”⑦。周伟洲先生认为，白承福可能即唐末白义诚的后代；中山北石门，“中山在今河北定县，其北即指蔚州（今蔚县）之南，今太行山的北段，故宋白又云为‘北山北石门’”⑧。而所谓白承福“自同光初代为都督”，大约是指其曾担任“阴山府都督”一事，据《册府元龟·外臣

---

① 《资治通鉴》卷264，唐昭宗天复三年五月丁未条并胡注。

② 《册府元龟》卷956《外臣部·总序》。

③ 《新五代史》卷74《四夷附录第三·吐浑》。

④ 《册府元龟》卷977《外臣部·降附》。又云：“（长兴）二年闰五月，吐浑下大首领薛海金等于我。”疑有脱句。

⑤ 《五代会要》卷28《吐浑》。

⑥ 《册府元龟》卷977《外臣部·降附》。

⑦ 《五代会要》卷28《吐浑》。

⑧ 参见周伟洲《吐谷浑史》，第193页。

部·册封三》记载："后唐庄宗同光元年（923），赐阴山府都督白承福于中山北石门为栅，号宁朔、奉化两府。"即明确指出了阴山府与宁朔、奉化两府的延续性。阴山府都督是当时北方民族内附后经常被授予的官职，如白承福的前辈赫连铎也曾担任过此职。不过，到次年即同光二年（924）十一月，"吐浑白都督族帐移于代州东南"①。此"吐浑白都督"，周伟洲认为即白承福。

宁朔、奉化两都督府具有侨置羁縻府州的性质，即侨置在正州界内，"即其部落列置州县，其大者为都督府，以其首领为都督、刺史，皆得世袭"②。由于是"即其部落列置州县"，所以州府随着部落的转移而转移。白承福最初本来是"依中山北石门为栅，庄宗赐其额为宁朔、奉化两府"的，然而当其"族帐移于代州东南"（依周伟洲的解释）之后，仍然担任着宁朔、奉化两府的官长。五代的羁縻府州虽不及唐代普遍，不过宁朔、奉化两府与中央的关系却较唐代羁縻府州与中央的关系更为密切，甚至两府最终基本完成了从羁縻府州向正州的转化。《册府元龟·外臣部·褒异三》载有如下几段材料：

> （后唐明宗天成三年）二月甲子，敕吐浑宁朔、奉化两府都知兵马使、检校司徒李绍鲁，可授光禄大夫、检校太保、竭忠建策兴复功臣；吐浑宁朔府都督、检校工部尚书赫连公德，可金紫光禄大夫、检校右仆射，赐忠义正卫功臣。③
>
> （废帝清泰三年）二月戊辰，以吐浑宁朔、奉化两府留后、检校尚书左仆射李可久，超授检校司徒；其副使检校工部尚书赫连海龙，可检校尚书左仆射；其两府大夫李铁匮，可检校右仆射。可久、海龙、铁匮，皆吐浑白姓、赫连部落，前朝赐姓。
>
> 己巳，以熟吐浑左厢都指挥使李全福、右厢赫连撒滥，并可怀化司阶；指挥使党海甲、段公奴、梁康全、王堂九、高骨吐山、党公政、段贞福、康息力、慕容于谷、李海全、李冬山，两府都评事梁戛、根啜等，并可怀化司戈；吐浑指挥使党纥辣、秦公达、慕容葛礼，并可怀化司戈。皆吐浑两府白、赫连之将（教）[校]也。④

以往学者主要从吐谷浑内部民族融合的角度对以上几段材料作出解读，认为"由此可知，自唐安史之乱后，陆续迁入朔方、河东等地的吐谷浑各部中，原民族成分变得更为复杂，他们经过漫长的历史发展过程，已经形成一个较为巩固的民族共同体"⑤。但除此之外，上述材料也反映了吐谷浑"皆授中国官爵"⑥的现象，这对于理解吐谷浑与沙陀王朝的关系至为重要，它至少说明以下几个问题。

---

① 《旧五代史》卷32《后唐庄宗纪》。

② 《新唐书》卷43下《地理志·羁縻州序》。

③ 《册府元龟》卷976《外臣部·褒异三》。

④ 《册府元龟》卷976《外臣部·褒异三》；又见《五代会要》卷28《吐浑》。其中"李可久"即白可久，为白承福"族子"；"李铁匮"即白铁匮，为白承福之子。

⑤ 周伟洲：《吐谷浑史》，第196页。

⑥ 《册府元龟》卷956《外臣部·总序》。

第一，宁朔、奉化两府按照后唐（也可以说是唐朝）制度设置了比较规范完整的职官体系，即既有两府节度使（都知兵马使）、都督、两府留后、副使、两府大夫、左右厢都指挥使、指挥使、两府都评事等文武职事官，又有检校司徒、检校太保、光禄大夫、金紫光禄大夫、检校工部尚书、检校左右仆射、怀化司阶、怀化司戈等散官、兼官，这与正州几乎已没有多少区别，却与那些边远地区同样接受中原王朝册封的类似藩属国之类的如回鹘、吐蕃等族政权有着显著的不同，也与唐前期吐谷浑部落中设置的“押浑副使”“押蕃浑使”等官职有着明显的差异。如果说“押浑副使”“押蕃浑使”“揭示了唐朝前期的羁縻府州系统向中后期的节度使系统转变的真谛”①，那么宁朔、奉化两府则基本上完成了这一转变。

第二，后唐朝廷不断为李绍鲁（即白承福）等加官晋爵，固然是出于笼络他们为其所用——至少是保障边境安宁的目的，然而这恰恰也拉近了双方之间的关系与距离；而李绍鲁（白承福）等愿意接受后唐朝廷的官爵，固然主要是出于对自身利益的考虑——如借朝廷官爵以聚集部落，加强部落内部的凝聚力，以及得到外部社会力量的认可等，但同时却也意味着其承认和接受了后唐的统治。李存勖为白氏吐谷浑赐姓，无疑有利用虚拟的血缘关系而将其纳入自己家族范畴或沙陀民族共同体的意图，而值得注意的是，白氏吐谷浑似乎也很乐意接受这个赐姓，直至后唐末帝时，仍然保留李姓，“可久、海龙、铁匮，皆吐浑白姓、赫连部落，前朝赐姓”。这也从侧面说明了他们对李氏沙陀的认同态度。

第三，李绍鲁（白承福）和赫连公德分别被后唐明宗赐予“竭忠建策兴复功臣”和“忠义正卫功臣”的称号，但从史料记载的情况看，白承福在李嗣源“建策兴复”中并没有什么贡献，倒是吐谷浑各部在后唐时期“朝贡”频繁，据学者统计有 14 次之多。白承福获得“功臣”的赐号，正是在其朝贡之时。《五代会要·吐浑》载：“后唐天成三年（957）二月，其都督李绍鲁等遣使进马一百二十匹，明宗嘉之，赐绍鲁竭忠建策兴复功臣、金紫光禄大夫、检校太保。”论者指出吐谷浑向包括后唐在内的沙陀朝廷朝贡，“史籍中未见沙陀王朝对吐谷浑部落朝贡给予回赐的记载”②，这与当时回鹘、党项等部族朝贡时，朝廷均给予大量回赐的情况形成了鲜明对比。按《唐六典·户部郎中员外郎》条：“凡诸国蕃胡内附者，亦定为九等……上户丁税银钱十文，次户五文，下户免之。附贯经二年已上者，上户丁输羊二口，次户一口，下户三户共一口。”这些“诸国蕃胡内附者”，包括羁縻府州在内，即羁縻府州也需要向中央王朝缴纳一定的贡赋，所谓其“贡赋版籍多不上户部”，只是《新唐书》的作者根据唐代的实际情况

---

① 李鸿宾：《墓志里吐谷浑王族任职押蕃使问题再探》，《西夏研究》2003 年第 4 期。

② 袁本海：《沙陀的形成及其与北方民族关系研究》，博士学位论文，中央民族大学，2010 年。按据《五代会要》卷 29《党项羌》记载：“上（按即后唐明宗）御中兴殿阅所进马，枢密使安重诲奏曰：‘吐浑、党项近日相次进马，皆给价直，对见之时，别赐缯帛，计其所费，不啻倍价，请止之。’上曰：‘国家常苦马不足，每差纲收市，今番言自来，何费之有？外番朝贡，中国锡赐，朝廷常事，不可以止。’”可见沙陀王朝对吐谷浑的部落朝贡也给予一定的回赐。或许此为宁朔、奉化两府外的吐浑部落。

而做出的一种总结或判断，并不是唐朝法令的明文规定。① 因此，即使是作为羁縻都督府，宁朔、奉化两府也应当有向中央朝廷缴纳一定贡赋的义务。所以，“史籍中未见沙陀王朝对吐谷浑部落朝贡给予回赐的记载”，或许即是在多数情况下，白承福（李绍鲁）等向后唐朝廷“贡驼、马”，本身就是在履行缴纳贡赋的义务，朝廷无须回赐，这也是羁縻府州向正州转化的一个重要步骤。

但是，白氏吐谷浑融入沙陀民族共同体的进程以及宁朔、奉化两府从羁縻府州向正州转化的进程，随着石敬瑭割让幽云十六州予契丹曾一度出现波折。《五代会要·吐浑》载：

> 晋天福元年（936），高祖以契丹有助立之功，割雁门已北及幽州之地以赂之，由是吐浑部族皆隶于契丹。其后苦契丹之虐政，部族皆怨之。复为镇州节度使安重荣所诱，乃背契丹，率车帐、羊马取五台路归国。契丹大怒，以朝廷招纳叛亡，遣使责让。至六年正月，晋高祖命供奉官张澄等率兵二千搜索并、镇、忻、代四州山谷吐浑，还其旧地。②

即石敬瑭“以契丹有助立之功”而将幽、云等十六州割让给契丹，吐谷浑部落遂由中原王朝的“国人”变为契丹的臣民，宁朔、奉化两府当亦不复存在。③ 至天福五年（940），吐谷浑人苦于“契丹之虐政”，再加上安重荣的诱惑，遂“背契丹，率车帐、羊马取五台路归国”，石敬瑭却“命供奉官张澄等率兵二千搜索并、镇、忻、代四州山谷吐浑，还其旧地”。这反反复复，表明了吐谷浑对中原王朝的眷恋，也表明了其对沙陀政权亦即中原王朝的认同心理。然而石敬瑭亦玩弄两面手法，“以契丹诛求无厌，心不平之，命汉高祖出镇太原，潜加慰抚”。特别是晋出帝石重贵即位，“绝契丹之好”后，需借助吐谷浑的军事力量与契丹对抗，于是“数召其酋长入朝，厚加宴赐，每大燕会，皆命列坐于勋臣之次”，又拜白承福为大同军节度使。白承福等亦不改初衷，开运元年（944）正月，契丹侵掠太原，白承福与刘知远“合兵二万击之”，“破契丹伟王于秀容，斩首三千级”。④ 至开运三年（946），晋出帝“捍虏于澶州，召承福等率其部众从行”⑤。之后，白承福又“与张从恩戍滑州”⑥。而后汉高祖刘知远贪图吐谷浑的财宝，竟将白承福等五家杀害。《五代会要·吐浑》接载道：

---

① 参见樊文礼《唐代羁縻府州的类别划分及其与藩属国的区别》，载杜文玉主编《唐史论丛》第8辑，三秦出版社2006年版，第78—95页。

② 《五代会要》卷28《吐浑》。

③ 《五代会要》卷28《吐浑》：“清泰三年二月，以宁朔、奉化两府留后白可久超授检校司徒，副使赫连海龙检校尚书左仆射，两府大夫李铁匮检校右仆射。”可见就在石敬瑭称帝的那一年——后唐清泰三年或后晋天福元年（936）时，宁朔、奉化两府还是存在着的。之后，两府之名便不见诸记载。不过，白承福后来仍带有“都督”、节度使等职，如《旧五代史》卷89《桑维翰传》载：“时吐浑都督白承福为契丹所迫，举众内附。”又同书卷98《安重荣传》：“臣昨据熟吐浑节度使白承福、赫连公德等，各领本族三万余帐，自应州地界奔归王化。”

④ 《资治通鉴》卷283，后晋齐王开运元年正月。

⑤ 《五代会要》卷28《吐浑》。

⑥ 《资治通鉴》卷285，后晋齐王开运三年八月。

承福驭下无法，多干军令，其族白可久，名在承福之亚，因牧马，率本帐北遁，契丹授以官爵，复遣潜诱承福。承福亦思叛去，事未果，汉高祖知之，乃以兵环其部族，擒承福与其族白铁匮、赫连海龙等五家，凡四百有余人，伏诛。籍其牛马，命别部长王义宗统其余属。[①]

所谓白可久“遣潜诱承福，承福亦思叛去”，无疑是欲加之罪，《资治通鉴》记云：

（刘）知远与郭威谋曰：“今天下多事，置此属（按指吐谷浑白姓、赫连部落——引者）于太原，乃腹心之疾也，不如去之。”承福家甚富，饲马用银槽。威劝知远诛之，收其货以赡军。知远密表：“吐谷浑反覆难保，请迁于内地。”帝遣使发其部落千九百人，分置河阳及诸州。知远遣威诱承福等入居太原城中，因诬承福等五族谋叛，以兵围而杀之。[②]

《旧五代史·晋少帝纪》亦载：“河东节度使刘知远奏，诛吐浑人首领白承福、白铁匮、赫连海龙等，并夷其族凡四百口，盖利其孳畜财宝也，人皆冤之。”即去“腹心之疾”和“利其孳畜财宝”，才是刘知远杀害白承福等五族的真正原因。吐谷浑赫连部从唐文宗开成元年（836）内附以来，经过赫连铎、白义诚、白承福几代人百余年的拼搏，几起几落，至是彻底衰微，其“余属”则改编到吐谷浑“别部”的王义宗麾下。

刘知远在杀害白承福等五家之前，就曾“收其精骑以隶麾下”[③]。之后，又对白承福的“余属”进行了一些安抚，如天福十二年（947）三月，以“吐浑节度使王义宗加检校太尉”；[④] 同年八月，“以吐浑府节度使、检校太尉王义宗为沁州刺史，依前吐浑节度使”。[⑤] 这就为包括白承福、赫连海龙“余属”在内的吐谷浑更深入地融入代北集团及沙陀民族共同体留下了余地。白承福、赫连海龙的“余属”究竟有多少？从前引《资治通鉴》“帝遣使发其部落千九百人，分置河阳及诸州”的记载看，当在千人以上。后汉王朝灭亡后，吐谷浑分属后周和北汉两朝。后周广顺元年（951）二月，郭威诏以“吐浑府留后王全德加检校太保，充宪州刺史”[⑥]，王全德当为王义宗的族人，表明白承福的“余属”主要活动在后周境内，并且仍然保留着“吐浑节度使”“吐浑府”的名号。[⑦] 郭威同时又“诏移生吐浑族帐于潞州长子县江猪岭”[⑧]。此“生吐浑族帐”，当是新近进入后周的吐谷浑部落。赵匡胤建宋后，王全德曾以“吐浑府都留后、汾州团练使”的身份，率所部跟从后周昭义节度使李筠与宋军战于泽州南，“既败，走入潞州，

① 《五代会要》卷28《吐浑》。

② 《资治通鉴》卷285，齐王开运三年八月。

③ 《资治通鉴》卷282，后晋高祖天福六年十月。

④ 《旧五代史》卷99《后汉高祖纪》。

⑤ 《旧五代史》卷100《后汉高祖纪》。

⑥ 《旧五代史》卷111《后周太祖纪》。

⑦ 按宪州以及下面的汾州，应该都在北汉境内。《资治通鉴》卷290后周太祖广顺元年戊寅：“是日，刘崇即皇帝位于晋阳，仍用乾祐年号，所有者并、汾、忻、代、岚、宪、隆、蔚、沁、辽、麟、石十二州之地。”郭威下诏以王全德充宪州刺史，或意在与北汉争夺宪州之地及吐谷浑部落。

⑧ 《旧五代史》卷111《后周太祖纪》。

与�子守节为拒守计”。及宋军围泽州，“全德大惧，与亲友数十人犯关来奔”。[①] 沁州、宪州、汾州都属于“正州”，从王义宗的“沁州刺史、依前吐浑节度使”，到王全德的“吐浑府留后、充宪州刺史”“吐浑府都留后、汾州团练使”等官职看，白承福、赫连海龙的“余属”已经完全被纳入正州的统治之下，吐谷浑自后唐庄宗时设置宁朔、奉化两府，至此完成了由羁縻府州到正州的转化过程。

又，路振《九国志·卫俦传》载：

> （卫）俦，吐浑族人，少事钧（按即北汉睿宗刘钧）为蕃落小底，善骑射，骁勇绝伦。明书计，通六蕃语。钧袭位，迁如京使，专掌吐浑一军，以从征讨，所向多克捷。……继元（按即北汉英武帝刘继元）立，为阉人卫德贵所嫉，出为辽州刺史。吐浑数千人遮道请留，继元不许，自是一军失帅，不复可用矣。俦少长蕃中，不乐为郡，颇出怨言，继元虑其为变，潜遣人杀之。[②]

此卫俦及其所专掌的“吐浑一军”“数千人”，或许与当年刘知远在杀害白承福之前“收其精骑以隶麾下”的吐谷浑军有一定的关系，是北汉一支重要的军事力量。而当太平兴国四年（979）北汉被北宋灭亡后，其与后周境内的吐谷浑一起，又成为北宋颇为重要的一支军事力量。据《宋史·兵志》记载，宋神宗熙宁七年（1074）正月颁布的诸班直禁军名额，其中就有吐浑、太原府就粮吐浑、潞州就粮吐浑等名额。又载：“吐浑小底，旧指挥五，治平中并为二。京师。太平兴国四年，平太原，获吐浑子弟，又选监牧诸军中所有者充……吐浑直，指挥三。太原二，潞一。太平兴国八年（983），太原迁云州及河界吐浑立，屯并、代州。雍熙三年（986），又得云、朔归明吐浑增立，屯潞州。”[③]《续资治通鉴长编》卷300元丰二年九月甲戌亦载：“河东马军：太原府吐浑第三指挥、潞州吐浑第六指挥。”[④] 而这些吐谷浑兵士，最终也融合到了汉人中。

（原载《中国边疆史地研究》2020年第4期）

① 《续资治通鉴长编》卷1，建隆元年六月。

② 《九国志》卷8《卫俦传》，齐鲁书社2000年版，第96页。

③ 《宋史》卷187《兵志一》。

④ 《续资治通鉴长编》卷300，元丰二年九月甲戌。

丝路沿线的民族交融：占星家与乌珠穆沁部

乌云毕力格*

13—14 世纪，西从黑海南北、第聂伯河流域，东至太平洋，北自北极圈附近，南至印度洋的广袤地域被置于蒙元王朝控制之下。蒙元时期的丝绸之路也变得比前代都漫长，此前各个历史时期多国之间艰难的国际交通，一时变成了国内交通。这一局面促进了丝绸之路沿线地区诸民族之间的文化交流和民族交融。

随着蒙古的向外扩张，蒙古人大量融入欧亚各民族中；同时，还有大量外族人口迁入蒙古，成为正在形成中的蒙古民族共同体的成员。早在 1923 年，陈垣先生的《元西域人华化考》①，阐明在元朝大一统局面下，包括中西亚的外国人以及西北各族群的色目人，来到中国内地、接触中原文化、融入中国的事实。此后，在近一个世纪的时间里，学界在元代中西文化交流和民族融合研究方面取得丰硕成果。

关于蒙元时期东进的西域占星家，前人有所涉及。1981 年，陆思贤、李迪结合文献记载与相关考古资料，论述蒙哥汗和忽必烈时期中国与阿拉伯世界天文学的接触，其中论及来到蒙元汗廷的阿拉伯天文学家。② 1990 年李迪又述及学者扎马鲁丁于 1249—1254 年来到蒙哥汗身边，带来 13 世纪阿拉伯著名天文学家纳速剌丁·徒思翻译的《几何原理》，对元代中国天文学发展产生很大影响。③ 1992 年陈静对回回天算家的东来与元初回回天文机构的创设、元回回天算家的工作、元代中原与西域天算家的交流等问题进行了论述。④ 1993 年，江晓原讨论了自成吉思汗到忽必烈时期东西方天文学交流及其对元代中国天文学的影响，其中涉及许多蒙元汗廷中占星者和天文学家的内容。⑤ 最近又有周思成对蒙古大汗和元朝皇帝采用“生辰占星术”和相术的详细论证。⑥ 此外，叶新民《元代阴阳学初探》比较深入地阐述了元代阴阳学⑦，陈高华等所著《元代文化

---

* 乌云毕力格，中国人民大学国学院教授、博士生导师。

① 陈垣撰：《元西域人华化考》，陈智超导读，上海古籍出版社 2000 年版，第 3 页。

② 陆思贤、李迪：《元上都天文台与阿拉伯天文学之传入中国》，《内蒙古师院学报（自然科学版）》1981 年第 1 期。

③ 李迪：《纳速拉丁与中国》，《中国科技史料》1990 年第 4 期。

④ 陈静：《元回回天算家及其天文工作考论》，《回族研究》1992 年第 2 期。

⑤ 江晓原：《元代华夏与伊斯兰天文学接触之若干问题》，《传统文化与现代化》1993 年第6 期。

⑥ 周思成：《元朝皇帝与星命、相术之关系新证》，《北方文物》2016 年第 4 期。该文对了解蒙元时期宫廷中的占星与相术有所助益。

⑦ 叶新民：《元代阴阳学初探》，载中国蒙古史学会编《蒙古史研究》第 6 辑，内蒙古大学出版社 2000 年版。

史》也涉及相关内容①。

以上研究是蒙元时期占星术、相术和阴阳学的主要成果，帮助我们了解蒙古宫廷中来自阿拉伯、波斯和中亚的景教徒与信奉伊斯兰教占星者和天文学家，以及元代宫廷与阴阳学关系等方面的情况，但它们都没有涉及这些人在元朝的本土化问题。本文着眼于民族融合，即从民族史角度，以蒙元宫廷中来自阿拉伯、波斯和中亚的占星家、天文学家们为个案，探讨元代西域人如何融入蒙古民族与社会的历史，希冀对新时期“一带一路”建设视野下的丝路研究有所贡献。

一　蒙元时期宫廷中的占星家——“星者”

讨论先从 1509 年在蒙古合罕答言身边发生的一件事情开始。

1368 年蒙古朝廷退回草原以后，经历了一个多世纪的混乱，到 15 世纪末趋于统一。蒙古合罕答言汗（Dayun qaγan）为重新统一蒙古高原中央的六大游牧集团（“六万户”，分左右二翼），把自己次子兀鲁思孛罗派到右翼的鄂尔多斯万户做济农（Jinong，相当于副合罕），以统领右翼三万户。右翼三万户以亦卜赉为首的首领们执杀兀鲁思孛罗，进行叛乱。于是，答言汗率领左翼三万户军队，在达兰特哩衮地方与右翼叛军决一雌雄。根据无名氏《黄金史》（一般认为成书于 17 世纪上半叶）记载，在交战前，阿剌楚惕之察罕札阿邻与乌珠穆沁之阿勒统阿把失二人占卜，奏曰：“亦卜赉属火命，火上浇水，则可灭之。”于是点燃火，注水于银碗中，将其倾入火中。②《黄金史》作者把这件事情作为本次战争中答言汗取胜的一个重要原因来记载。

这里提到的阿剌楚惕是左翼察哈尔万户下一鄂托克名，但察罕札阿邻恐非人名。蒙古语“察罕”（čaqan）意为“白色”，延伸义为“善”“正”，而“札阿邻”（jaharin）则是蒙古原始信仰中的巫师，《元朝秘史》译为“神告”。③ 乌珠穆沁也是察哈尔万户下一鄂托克名，阿勒统阿之“阿勒”（al）为突厥语，意为“红色”，而“统阿”（tunga）意为“英雄”，也指智勇双全者，此时与把失连用。④ 蒙古语“把失”（baγši）源自回鹘语，回鹘语则借此汉语“博士”，指学识渊博者。在《华夷译语》里一作“把失”，译为“师”；又作“巴黑石”，汉译“师傅”。⑤ 这说明，在答言汗身边有一些占

---

① 陈高华等：《元代文化史》，广东教育出版社 2009 年版，第 233—234 页。

② Qad-un ündüsün quriyangγui altan tobči，Ulaanbaatar，2011，p. 290.（佚名：《黄金史》，蒙古科学院历史研究所 2011 年版，第 290 页）

③ 乌兰校勘：《元朝秘史（校勘本）》，中华书局 2012 年版，第 19、320 页。

④ 《突厥语大词典》对 tonga 的解释为：1. 豹子；2. 勇敢，英雄。（В. М. Наделяев，Д. М. Насилов，Э. Р. Тенишев，А. М. Щербак，Древнетюркскийсловарь，Академия Наук СССР，Институт Языкознания，Ленинград，1969，стр. 246）但是，英国学者克劳森查阅众多古突厥语文献后指出，tonga 意为英雄、有胆识者、有力气的人等，认为豹子之意没有依据，很难证实。（Sir Gerard Clauson，An Etymological Dictionary of Pre-Thirteenth-Century Turkish，Oxford：At the Clarendon Press，1972，p. 515）古突厥语材料里豹子称为 irbis，该词在现代突厥语和蒙古语里仍然保留。马罗夫指出，在回鹘时代的法律文献里有 tongma bagšy 的记载，此处为男性人名。参见 С. Е. Малов，Памятники древнетюркской письменности（Тексты и исследования），Москва-Ленинград，1951，стр. 432. 实际上这个例子和《黄金史》里的例子一样，和把失（bagšy）连用，已有智勇双全者之意。

⑤ 《北京图书馆古籍珍本丛刊》6《经部・华夷译语》，书目文献出版社 1990 年版，第 29、77 页。

卜者，一部分是蒙古传统的巫师（神告），另一部分则是与此不同的智者（把失），在关键时刻凭借他们的某种知识为合罕预告事物的吉凶并提出对策。特别值得注意的是，其中不同于传统巫师（神告）的智者“把失”，出身于乌珠穆沁部。

根据历史记载，蒙古合罕身边有类似的专职人员从事占卜活动，始于成吉思汗时代。1219 年成吉思汗远征花剌子模，原仕于金朝的契丹人耶律楚材应诏从征，负责为合罕占星和行医。他两次和西域“历人”争论天文学问题，都占了上风。① 耶律楚材精于西域穆斯林天文历法。这可能是成吉思汗大蒙古国天文学家和中亚天文学家的初步接触，但尚无确切记载证明成吉思汗身边曾经有过大批的西域占星者。

据《元史》，大蒙古国第三任合罕贵由时，在他身边就有聂思脱里派（景教）的智者。“爱薛，西域弗林人。通西域诸部语，工星历、医药。初事定宗，直言敢谏。”② 国际学术界早有定论，爱薛是叙利亚聂思脱里派人士。

关于蒙古合罕身边占星者的较多记载，始于蒙哥汗。蒙哥汗身边既有西域天文学家和占星家，又有蒙古传统的占卜者，后者往往用羊肩胛骨卜算。

关于蒙哥汗身边的占星者记载中，首推志费尼的波斯文史书《世界征服者史》。阿老丁·阿塔蔑力克·志费尼，波斯人，1226 年出生，在 20 岁前就已开始为蒙古朝廷服务，后成为蒙古派驻乌浒水以西诸省长官阿儿浑的秘书。阿儿浑入朝大蒙古国首府哈拉和林时，曾多次带他前往。志费尼第三次赴哈拉和林是为了朝贺蒙哥汗即位，他们在哈拉和林滞留了一年半，对蒙哥即位时期的蒙古朝廷了解颇多，他的《世界征服者史》就是在这次行程中开始撰写的。③ 因此，他对蒙哥登基大典的记载非常详细而且真实。该书记载，为蒙哥汗的登基择吉辰，“参加该大会的一群智士和占星家选定 649 年剌必阿Ⅱ月 9 日（1251 年 7 月 1 日），因为据一张天宫图称，福星要拾它的福气，木星企图取得它的影响，金星用它的光来使自己发亮”。据说那时连续几天乌云密布，大雨倾盆，但占星者们开始工作时，天空突然变晴，“于是占星家开始登高。光明修饰了人间，黑暗和阴霾从地面失踪。……王公们在斡耳朵内脱掉他们的帽子，把他们的皮带扔向他们的肩上，在举起蒙哥后把他拥上君主和帝王的宝座”④。另一位波斯史家拉施特的名著《史集》（Jāmi' al-Tavārīkh）里也有类似的记载，可以作为《世界征服者史》相关记述的佐证。⑤

---

① 《元史》卷 146《耶律楚材传》，中华书局 1976 年版，第 3456 页。

② 《元史》卷 134《爱薛传》，第 3249 页。

③ 翁独健：《〈世界征服者史〉汉译本序》，［伊朗］志费尼：《世界征服者史》，何高济译，内蒙古人民出版社 1980 年版，第 1—3 页。

④ ［伊朗］志费尼：《世界征服者史》，何高济译，第 673—674 页。

⑤ 《史集》的作者拉施特·阿丁·法兹勒·阿拉赫是波斯伊利汗国宰相，《史集》系他 14 世纪初奉合赞汗之命而编纂。拉施特广泛引用原始资料，还记录了从元朝去波斯的孛罗丞相讲述的史实。《史集》具有很高的史料价值。该书记载，蒙哥汗登基之初，在他宫殿里聚集着一大批占星家。在他将要举行登基大典时，“星占家们选出了一颗吉星。他（指蒙哥合罕——引者注）的与日俱增的幸福的证明之一是：在那几天中，那里的天空一直被乌云遮盖着，不断下着雨，任何人也见不到太阳。而恰好在星占家选作天象观察的那个时刻，照耀世界的太阳，从乌云后面露出来了，天空绽开了与太阳相等的一块地方，星占家们便容易地测定了（行星）在地平线上的高度。所有在场的人，上述宗王们、尊贵的大异密们、诸部首领们和那边的无数军队，都把头上的帽子脱下，把腰带搭在肩上。”［（波斯）拉施特主编：《史集》第 2 卷，余大钧、周建奇译，商务印书馆 1985 年版，第 242—243 页］

另一位亲自到蒙古参加蒙哥汗即位典礼后留下相关记载的外国使者是罗马教皇使者鲁不鲁乞（William of Rubruck）。鲁不鲁乞是法国国王路易九世派往蒙古的使者，1253年底来到蒙古觐见蒙哥汗，受到后者的接待，在蒙哥汗的营地和哈拉和林滞留了半年多时间。鲁不鲁乞记载：蒙哥汗十分信仰基督教聂思脱里派，即蒙古人所说的也里可温。蒙哥汗的几位夫人和长子班秃都是虔诚的基督徒。蒙哥汗身边有一位亚美尼亚修士名叫薛尔吉思。据鲁不鲁乞记述，他亲眼看到了亚美尼亚修士的“占卜者们”在蒙哥汗的宫廷里居住。“我们同那位修士一起住在宫廷前面，除了我们和他们的占卜者外，在那里是没有人居住的。但是占卜者们住得比较近，面向蒙哥汗正妻的宫廷，而我们则住在最东边，在蒙哥汗的位次最低的妻子的宫廷前面。”① 鲁不鲁乞还写道，在聂思脱里派修士们那里，“据人们说，有这样一种占卜的方式：由两个人各执一根树枝，使两根树枝连接在一起，聂思脱里派教士们经常在树枝旁边吟诵一首赞美诗中的几节（我不知道是哪几节），在这种场合，修士本人经常在场”②。鲁不鲁乞关于上述占卜方式的描述有些模糊，《马可波罗行纪》中则有一段比较详细的记载可以作为补充。马可·波罗记载了成吉思汗召集基督教及回教“星者”占卜一次战争的胜负一事，其中详细描写了他所听到的占卜方式。③ 笔者对这段记载的细节存疑，但不可置疑的是，马可·波罗曾经听闻关于合罕身边的穆斯林“星者”和基督徒“星者”的事情，以及后者的占卜方式。马可·波罗所说的“星者”，就是占星家。

蒙哥汗非常热衷于寻找天文学家。《史集》称，“蒙哥合罕以其智慧的完美和远见卓识，卓异于（其他）蒙古君王，他曾解答欧几里得的若干图。他有卓绝的见解和崇高的意念，认为必须他强盛时代建造一座天文台，他下令让札马剌丁·马合谋·塔希儿·伊宾·马合谋·集迪·不花里着手办这件重要的事”④。但未能如愿。

他不仅用基督教占星家，而且还寻找穆斯林“星者们”。蒙哥汗时期波斯有一位大科学家叫纳速剌丁·徒思（Nasir-ad-id nalTusi，1201—1274），他是阿拉伯科学家中的代表人物，曾把古希腊欧几里得《几何原本》、托勒密《天文集》、阿基米德《测球

---

① ［英］道森编：《出使蒙古记》，吕浦译，周良霄注，中国社会科学出版社1983年版，第180页。

② ［英］道森编：《出使蒙古记》，第188页。

③ 马可·波罗讲述了这样一件事情：成吉思汗出兵攻打约翰长老，两军在天德平原对峙。“一日，成吉思汗召集基督教及回教之星者来前，命卜战之胜败，胜者为本军，抑为长老约翰军。回教星者卜之，不能言其实。基督教星者则明示其吉凶，命人持一杖至，中劈之为两半，分置二处，不许人触之。名此一半杖曰成吉思汗，彼一半杖曰长老约翰。谓今可注目视之，将见胜利谁属。脱有半杖自就彼半杖而覆于其上者，则为胜军。成吉思汗答言极愿视此，命立为之。由是基督之教星者口诵圣诗集中之诗一篇，作其法术，于众目睽视之下，忽见名成吉思汗之半杖，未经何人手触，自就名长老约翰之半杖而覆于其上。成吉思汗见之大喜，顾后来战事果如基督教徒所卜。由是厚礼基督教徒，视其为能言真理之人。”［（意）马可·波罗：《马可波罗行纪》，冯承钧译，上海书店出版社2001年版，第136页］

④ （波斯）拉施特主编：《史集》第3卷，余大钧、周建奇译，商务印书馆1992年版，第73—74页。

术》等许多希腊文科学或其他方面的著作译成阿拉伯文，并且还作了注释和增补。[①] 蒙哥汗对纳速剌丁·徒思非常感兴趣，所以当合罕之弟旭烈兀西征波斯时，蒙哥汗对他说："当邪教徒诸城堡被征服时，把火者纳昔剌丁（即纳速剌丁·徒思——引者注）送到我这里来吧。"1256 年旭烈兀得到纳速剌丁·徒思，但并未将其送给合罕，而是留在自己身边。旭烈兀还接受纳速剌丁·徒思的建议，在 1258—1259 年于波斯西北的塔弗利兹建立了一座规模很大的马拉加天文台，纳速剌丁·徒思为台长。

《元史》记载，蒙哥汗"酷信巫觋卜筮之术，凡行事必谨叩之，殆无虚日，终不自厌也"[②]。《元史》的这段话未免有些夸大，蒙哥汗"酷信"的所谓"巫觋卜筮之术"，其实不只是纯粹的迷信，除了包括北方游牧民族原始天文知识的卜算术外，更重要的是还包括来自西方的天文学知识。

忽必烈即位后，对西域天文历算同样非常重视，因此大都"星者"的数量剧增。《马可波罗行纪》载：

> 汗八里城诸基督教徒、回教徒及契丹人中，有星者、巫师约五千人，大汗亦赐全年衣食，与上述之贫户同。其人惟在城中执术，不为他业。彼等有一种观象器，上注行星宫位，经行子午线之时间，与夫全年之凶点。各派之星者每年用其表器推测天体之运行，并定其各月之方位，由是决定气象之状况。更据行星之运行状态，预言各月之特有现象。例如某月雷始发声并有风暴，某月地震，某月疾雷暴雨，某月疾病、死亡、战争、叛乱。彼等据其观象器之指示，预言事务如此进行，然亦常言上帝得任意增减之。记录每年之预言于一小册子中，其名曰"塔古音"（Tacuin），售价一钱（gros）。其预言较确者，则视其术较精，而其声誉较重。设有某人欲经营一种大事业，或远行经商，抑因他事而欲知其事之成败者，则往求此星者之一人，而语之曰："请检汝辈之书，一视天象，盖我将因某事而卜吉凶也。"星者答云：须先知其诞生之年月日时，始能作答。既得其人年月日时以后，遂以诞生时之天象，与其问卜时之天象，比较观之，夫然后预言其所谋之成败。[③]

"汗八里城"即大都。同样，宫廷中的星者人数也空前增多。这些星者、巫师不全是伪科学家，其中不乏天文学家，而且在星者的"占术"中也包含天文历算内容，与科学的天文学有着不可分割的关联。

忽必烈早在即位之初就已经起用了贵由汗时期为宫廷服务的爱薛，这位叙利亚人精于星历和医药，"时世祖在藩邸，器之。中统四年（1263），命掌西域星历、医药二司事，后改广惠司，仍命领之"[④]。《元史》还记载，"世祖在潜邸时，有旨征回回为星学者，札马剌丁等以其艺进，未有官署"。世祖于至元八年（1271）始置回回司天台，"掌观象衍历"，以札马剌丁为提点。回回司天台行政机构，除提点外，还有大小官吏

① 陆思贤、李迪：《元上都天文台与阿拉伯天文学之传入中国》，《内蒙古师院学报（自然科学版）》1981 年第 1 期。

② 《元史》卷 3《宪宗本纪》，第 54 页。

③ ［意］马可·波罗：《马可波罗行纪》，第 243—244 页。

④ 《元史》卷 134《爱薛传》，第 3249 页。

和技术人员36位，其中包括阴阳人18位。① 可见，这是一座有相当规模的大天文台。据前人研究，回回司天台上所用的仪器（至少是其原理）主要来自阿拉伯，图书也是阿拉伯的，工作人员也都是从波斯等地来元朝的阿拉伯系的天文学家。② 在元代，天文学家东来的同时，西域天文书籍也陆续传入中国，《元秘书监志》一书中录有“回回书目”195部。③

明代，西域天文知识和占星术继续得到朝廷推崇。据载，明军平大都，获元朝书籍“若干万卷”，悉数搬至南京，其中有“西域书数百册，言殊字异，无能知者”。朱元璋认为，“西域阴阳家，推测天象至为精密有验，其纬度之法，又中国书之所未备”，所以命钦天监零太郎海达尔、阿达兀丁及回回大师麻沙亦黑、马哈麻等出其所藏书，择其天象、阴阳、历书等翻译，命汉人儒臣润色其文字，洪武十六年（1383）最终辑成《天文书》。该书内容分四类，即“总说题目”、“断说世事吉祥”、“说人命运并流年”和“说一切选择”。④

以上事实证明，在蒙元时期，随着东西交流的扩大，西域天文学知识在中国得以迅速传播，传播者则由两部分人构成：一部分是信仰基督教聂思脱里派的，另一部分则是信仰伊斯兰教的。他们当中的一部分是天文学家，还有相当一部分是掌握所谓“回回占星术”的星者，而“回回占星术”实际上就是深受希腊和阿拉伯、波斯天文学影响的方术。这些天文学家和占星者都来自阿拉伯、波斯和中亚地区。

据前人研究，在中亚以及其他穆斯林地区占星术作为科学的一个分支与天文学并存。这里的占星术有两种倾向，一种是基于测量与数学理论，即数学天文学；另一种是神秘的与非理性的，未经任何方式的数学计算所证明的。花剌子模天文学家比鲁尼（Bīrūnī）将天文学描述为“星体的科学”（’ilm al-nujūm），称占星术为“计算星辰的艺术”（sināt’at al-nujūm）或“诸星占卜术”（sināt’at ahkām al-nujūm），认为占星术是不同于天文学的一种术或实践。⑤ 事实证明，在蒙元汗廷中的“星者”其实也由两种人构成，一部分是天文学家，另一部分则是占星家。

但是，随着蒙古政权的游牧化，昔日在大都和上都（今内蒙古锡林郭勒盟正蓝旗境内）服务的星者大部分都离开了城市，离开了天文台。他们虽然仍跟随在皇帝身边卜算吉凶，但随着条件的改变，在他们那里“星体的科学”已荡然无存。到了答言汗时代，星者们可能纯粹变成掌握“诸星占卜术”的人了。

---

① 《元史》卷90《百官志六》，第2297页；卷7《世祖本纪四》，第136页。

② 陆思贤、李迪：《元上都天文台与阿拉伯天文学之传入中国》，《内蒙古师院学报（自然科学版）》1981年第1期。

③ 详见马建春《元代传入的回回天文学及其影响》，《西北师大学报》2005年第3期。

④ 《天文书序》《天文书目录》，载孙毓修编《涵芬楼秘笈》第3集《明译天文书四卷》（明内府刻本），北京图书馆出版社2000年版，第513、521页。

⑤ 关于中亚和其他穆斯林地区占星术的详情，可参见［英］C. E. 博斯沃思、［塔吉克斯坦］M. S. 阿西莫夫主编《中亚文明史》第4卷（下）《辉煌时代：公元750年至15世纪末——文明的成就》，刘迎胜译，中国对外翻译出版公司、联合国教科文组织2010年版，第160页。

二 乌珠穆沁部构成与西域人

那么，元亡后宫廷中的占星家和他们的家属去向如何呢？他们还扮演了什么角色？

这里有一个极其重要的线索，就是我们在前文曾经讨论的答言汗身边的那位“把失”。在1509年达兰特哩衮战役时，在合罕身边卜算的人士既有大巫又有把失，这个情境酷似在蒙哥汗廷——那里既有蒙古巫师为合罕以肩胛骨占卜，又有西域景教智者用占星术卜算。特别值得注意的是，在答言汗身边的那位卜算者“把失”出身于蒙古乌珠穆沁部，也即是说那些不同于传统占卜者的另类占卜者是乌珠穆沁部人。这样，我们很自然地将蒙古宫廷中中亚、西亚的占星者和乌珠穆沁联系起来。

事实上，直至17世纪，蒙古人还记得，乌珠穆沁这个蒙古部与中亚、西亚人有关。《十善法白史》是一部成书于16世纪后半期的蒙古文文献，在该书17世纪后半叶一种手抄本的开头，抄写者录入了一段讲述蒙古皇室的起源与世系的文字。[①] 这里有一段记载非常有趣：

> 成吉思汗四弟为斡赤斤、合赤温、合撒儿、别里古台。（成吉思汗）四子为察合台、术赤、窝阔台、托雷。令察合台汗称汗于白帽国，据称（他）为成吉思汗出三十户储藏葡萄之人。据称，别里古台管辖撒儿塔黑臣，乌珠穆沁即此百姓。斡赤斤嗣为郭儿罗惕之诸诺颜，合赤温裔为别营（之诺颜）。合撒儿裔为科尔沁诸诺颜。别里古台不合主之子为门笃诺颜、那木罕诺颜。[②]

这里，“别里古台管辖撒儿塔黑臣，乌珠穆沁即此百姓”这句话很重要。但是，此处的“别里古台”应该是“窝阔台”之误。从文本叙事的顺序看，该段记载首先指出了成吉思汗的四个弟弟斡赤斤、合赤温、合撒儿、别里古台，然后列出察合台、术赤、窝阔台、托雷四个儿子的名字，接着记载了四子中两位的特殊之处（一是察合台，他管辖着白帽国人，为成吉思汗提供葡萄酒；另一位是管辖撒儿塔黑臣的人），再往后依次叙述了弟弟斡赤斤、合赤温、合撒儿、别里古台四人及其后裔。按此叙事顺序和逻辑，和察合台一同出现的不应该是成吉思汗之弟，而应是另一个儿子；从史实上分析，别里古台属于东道诸王，在成吉思汗在世时就被封到左翼，“居处近太祖行在所，南接按只台营地”[③]，即在鄂嫩河、克鲁伦河一带，南接合赤温子按只台封地。他的子孙一直活动在蒙古高原东部。入明以后，其后人统治下的百姓成为阿巴噶、阿巴哈纳尔两部，根据

---

① 《十善法白史》（以下简称《白史》），作者忽图黑台·切尽·黄台吉托名元世祖忽必烈而作，是迄今为止学界发现的最早的一部蒙古文“伏藏”式文献。该书篇幅不长，但后人在传抄过程中，移录了很多内容，引自不同时期的文献，与《白史》正文无关。本文引用的《白史》正文前关于蒙古皇室世系的记载，是抄写者从其他史书中移录的，与《白史》内容无关，其记载基本上和17世纪上半叶成书的佚名《黄金史》雷同，个别地方稍有出入，也有增补。经比较发现，它和《黄金史》具有同样的史源。该书清代的这一手抄本后在今蒙古国被发现，为笔者所购买并收藏。

② 《白史》，第5—6页。

③ 《元史》卷117《别里古台传》，第2905页。

蒙古文档案记载，其根据地也一直在喀尔喀境内斡难河一带，[①] 迟至康熙时期才南下到今天的内蒙古锡林郭勒盟阿巴嘎旗和锡林浩特一带。因此，别里古台不太可能管辖撒儿塔黑臣百姓（关于撒儿塔黑臣详见下文）。众所周知，成吉思汗次子窝阔台的封地在蒙古西部，地处中亚，在他的封地上生活着很多撒儿塔黑臣百姓。从词形上分析，belgüdei 和 ögedei 的蒙古文写法有相似之处，抄写者容易混淆，因此，此处的别里古台应该是窝阔台的误抄。这句话透露的重要信息是，窝阔台管辖着撒儿塔黑臣百姓，而这个百姓据传就是指乌珠穆沁。

那么，“撒儿塔黑臣”指谁呢？撒儿塔黑臣，蒙古语作 Sartaqčin，见于《元朝秘史》，旁译为“回回”，[②] 又见于元代《西宁王忻都碑》，称成吉思汗的花剌子模远征为“sartaqčin ayan”。[③] 该词的另一个形式为 sartaḥul，第一次见诸最早的畏吾体蒙古文遗物即 1225 年所立《移相哥石碑》，[④] 此处称花剌子模国为 sartaḥul irgen。sartaḥul 一词在《元朝秘史》中凡出现 15 次，汉字音写“撒儿塔兀勒”，旁译为“回回”、“回回的地”或“回回的百姓”。[⑤] Sartaḥul 的词根来自梵文的 sârtha，意为“商贾”，[⑥] -ul 是蒙古语名词复数后缀[⑦]（-ul 前面的辅音ḥ/γ 是为发音之方便而增加的）。在 13 世纪的蒙古语文献里，撒儿塔兀勒泛指中亚伊斯兰商人，有时也代指花剌子模国民或其国土整体。[⑧] Sârtha 在突厥语中称 sart（撒儿特），其意义除指商人外，游牧的突厥人又称定居在城市的居民为撒儿特。又波斯人在中亚地区经商的很多，而他们又是伊斯兰教信徒，因此，早在成吉思汗以前，这个词已有宗教的和民族的意义，即指信奉伊斯兰教的波斯人。成吉思汗时期，这个词已扩大为在中亚、西亚信奉伊斯兰教的突厥人、波斯人和阿拉伯人的名称。[⑨] 蒙古人所称的撒儿塔兀勒在元代汉语中被称作“回回”[⑩]。元朝从中

---

① 参见中国第一历史档案馆、内蒙古大学蒙古学学院编《清内阁蒙古堂档》（蒙古文），第 6 卷，内蒙古人民出版社 2005 年版，第 49—53 页。

② 乌兰校勘：《元朝秘史（校勘本）》，第 205 页。

③ 道布整理、转写、注释：《回鹘式蒙古文文献汇编》（蒙文），巴·巴根校，民族出版社 1983 年版，第 348 页。Sartaqčin 在《元朝秘史》卷 6 中以“撒儿塔黑臣·豁你”的形式出现，意为“回回母羊”（乌兰校勘：《元朝秘史（校勘本）》，第 205 页），在同一卷和卷 11 里还有“撒儿塔黑台·察罕·驝駞”和“撒儿塔黑台·古温”的表述（乌兰校勘：《元朝秘史（校勘本）》，第 206、364 页），其意分别为“回回的白公驼”和“回回男人”。这是因为人和动物的性别是通过čin/jin 和 – tai/dai 表示。但不是古蒙古语中的所有的čin/jin 都是表示阴性的，比如 sartaqčin ayan（“花剌子模远征”）和 monggoljin dur-a（“蒙古意愿”，语出伊利汗阿鲁浑 1290 年致教皇的信）这类的例子中，该后缀表示的是部族整体。

④ 道布转写、整理、注释：《回鹘式蒙古文文献汇编》（蒙古文），第 3 页。

⑤ 乌兰校勘：《元朝秘史（校勘本）》，第 160、349、356、358、361、364、374 页。

⑥ 梵文的 sârtha 可能经由粟特语进入回鹘语。参见荣新江《萨保与萨薄：佛教石窟壁画中的粟特商队首领》，载氏著《中古中国与粟特文明》，生活·读书·新知三联书店 2014 年版，第 215—216 页。蒙古语的 sart 则借自回鹘语。

⑦ 亦邻真复原：《元朝秘史（畏吾体蒙古文）》，内蒙古大学出版社 1987 年版，第 1 页。

⑧ ［日］村上正二：《蒙古秘史——成吉思汗物语 2》，平凡社 1972 年版，第 47—48 页注 24。

⑨ 杨志玖：《回回一词的起源和演变》，《回族研究》1992 年第 4 期，第 10 页。

⑩ 据前人研究，“回回”一词源于唐代的回鹘、回纥，但元代的回回不再指回鹘（回纥），后者改称畏兀儿或畏吾儿等。

央到地方均建“回回哈的司”机构管辖回回人，黑城出土文献证实，在西北的亦集乃路一带也设有该机构。① 根据文献记载，到成吉思汗时代以后，“回回”所指不限于以上地区和教徒，而且还泛指在那个地区的景教徒甚至欧洲人。比如《元典章》中的“术忽回回”指犹太人，文献中的“忻都回回”指称信奉伊斯兰教的西北印度各族居民，“绿睛回回”指来自高加索的信仰基督教的阿速人，“罗里回回”指吉卜赛人，《回回药方》中被称作“回回贤人”的亚里士多德、盖伦等是古希腊、古罗马学者，可见在那个时代“回回”大致可以说是“西域”的近义词。② 直到晚近的16、17世纪，汉语中的“回回”和蒙古语的“撒儿塔兀勒”同义，可以明人郭造卿所著《卢龙塞略》为证。③

至迟到17世纪，蒙古人还记得乌珠穆沁即撒儿塔黑臣人，这即是说乌珠穆沁源自西域。

乌珠穆沁部内部的部族构成也进一步证明，他们确实和“撒儿塔兀勒人”有相当密切的历史关系。根据乌珠穆沁部出身的清代蒙古文人衮卜扎布所撰《恒河之流》一书（1739年成书）载，答言汗之孙不地汗分封诸子时，令“翁衮都喇尔长 üjümüčin 和 erkigüd（二部）”；而后来翁衮都喇尔分家产时，又将所辖二部下属的 üjümüčin、erkigüd、sartaγul、siranud、laosčin、tabad 六支分给了他的六个儿子。④ 乌珠穆沁部所辖六支中，üjümüčin、erkigüd、sartaγul 三支都和西域人有关系。

我们先不说 üjümüčin（乌珠穆沁部）代指的是什么人，首先看看 erkigüd。erkigüd，元代写作“也里可温”，是元代对13—14世纪基督教聂思脱里派教徒和欧洲天主教教徒的称谓。聂思脱里派，汉语称“景教”。景教兴起于东罗马，因为被视作异端而受到迫害，其信徒流亡波斯，5世纪末成为波斯三大宗教之一。该教从波斯再向中亚发展，经中亚进一步传入蒙古高原。成吉思汗兴起时，克烈、乃蛮和汪古等部早已接受景教，成吉思汗及其后继者们一直优待景教。⑤ 在蒙元时期，由于统治者采取了宽容的宗教政策，景教在中亚得到长足发展。19世纪末在俄罗斯七河流域（指巴尔喀什湖以南、中亚河中以东的以伊塞克湖及楚河流域为中心的周边地区，今哈萨克斯坦东部、吉尔吉斯斯坦以及新疆伊犁一带）的考古发现及研究证实，蒙元时期景教在畏吾儿地区、哈剌鲁部驻地（哈萨克斯坦的海牙立）和托克马克（吉尔吉斯斯坦境内）等地都很流行；

---

① 邱树森：《从黑城出土文书看元“回回哈的司”》，《南京大学学报（哲学·人文科学·社会科学）》2001年第3期。

② 刘迎胜：《波斯语在东亚的黄金时代的开启及终结》，《新疆师范大学学报（哲学社会科学版）》2013年第1期；［日］村上正二：《蒙古秘史——成吉思汗物语2》，第47—48页注24。

③ （明）郭造卿：《卢龙塞略》卷19《译部》载，蒙古“通称回回曰撒儿塔兀勒”（《明代蒙古汉籍史料汇编》第6辑，薄音湖、于默颖编辑点校，内蒙古大学出版社2009年版，第179页）。

④ （清）衮卜扎布：《恒河之流》，乔吉校注，内蒙古人民出版社1980年蒙古文版，第109页。

⑤ 成吉思汗与汪古、克烈二部建立婚姻关系，景教在蒙古汗廷中得以迅速发展。成吉思汗幼子拖雷正妻为克烈部人唆鲁合贴尼，她是虔诚的景教徒，其长子蒙哥汗及其几位夫人和长子班都也都是景教徒。明代成为蒙古汗直属部的察哈尔人中有也里可温鄂托克，他们和唆鲁合贴尼及后人有关，参见［日］冈田英弘《答言汗六万户的起源》，《榎博士还历纪念东洋史论丛》，山川出版社1975年版，第127—137页。直到现在，在内蒙古鄂尔多斯蒙古族人中仍有一批被称作 erküüd（即也里可温）的人，他们是蒙古最后一位大汗林丹汗败亡、其子额哲1635年在鄂尔多斯被清军俘虏时留在那里的。

其他资料也证明，该时期的撒麻耳干（今乌兹别克斯坦的撒马尔罕）、可失哈儿（喀什噶尔）、鸭儿看（叶尔羌）等地也有很多景教徒。[①] 有学者指出，13 世纪至 14 世纪中叶，在中亚的七河地区景教臻于极盛，14 世纪中叶突厥语部族改宗伊斯兰教后，景教在这里才逐渐趋于湮灭。[②] 蒙元时期，这些地方一直在蒙古人的控制下，而且和撒儿塔兀勒人地区毗邻，因此，乌珠穆沁内部的 erkigüd（也里可温）有可能和这些地方的景教徒有关。

根据《恒河之流》记载，也里可温曾经是乌珠穆沁部中与乌珠穆沁同时出现的另一个较大的游牧集团。现在乌珠穆沁旗里仍有一部分被称作“erkigüd büriyečin”的人，可汉译为“也里可温·布里也臣”（“布里也臣”意为“吹号手”）。在乌珠穆沁人的传说中他们曾经是皇帝的吹号手，反映了这些人在历史上曾经在大汗周围行走的记忆，但 erkigüd 一词在现代乌珠穆沁民间已完全被忘记，被俗语源学解释成了“白痴”（ergigüü）或“扶牛的人”（ergüdeg）。[③] 乌珠穆沁人中的另一支也里可温为现在的噶乞勒（γaqil）氏。他们的口述史是这样讲的：乌珠穆沁古代居地 gün γalaγutu、naγu nabčitu[④] 的 70 户牧民和猎户，很早就迁入现在的地区居住。每年秋季，他们都有拜天祈福、举行盛大宴会的习惯，但因怕断后，不信佛教，严禁子孙出家。由于当地人全都信奉佛教，只有这 70 户牧民和猎户乖戾顽固，故被人们讥讽为“怪人族”（γaiqal-un kin），这一绰号后来演变为“噶乞勒”一词。他们后来皈依了佛教，建立寺院，但并不跪拜佛像，而代之以亲吻。[⑤] 噶乞勒人的这一习俗非常特别，令人想起 13 世纪教皇使者鲁不鲁乞关于也里可温信徒做法事的一段记载：“（蒙哥汗的后妃子女等）走进小礼拜堂；她们拜倒在地，按照聂思脱里派教徒的风俗，把前额放在地上，然后用右手触摸所有的圣像，在每次触摸之后，口吻右手；在这之后，她们把右手送给所有在小礼堂里面的人，因为这是聂思脱里派教徒在进入教堂时的习俗。”[⑥] 显然，这些“怪异的”噶乞勒人在皈依佛教前是也里可温信徒。从以上分析的乌珠穆沁部内部构成及其来历，可知该部与丝绸之路沿线被称作撒儿塔兀勒人和也里可温的西域人大有关联。那么，其中居于统治地位的乌珠穆沁人到底是什么来历呢？

---

① 刘迎胜：《蒙元时代中亚基督教分布》，载南京大学历史系元史研究室编《元史及北方民族史研究集刊》第 7 期，1983 年，第 66—72 页；科科夫措夫：《阿力麻里出土的叙利亚基督教徒墓碑碑文考释》，陈开科译，载朱玉麒主编《西域文史》第 2 辑，科学出版社 2007 年版；牛汝极：《新疆阿力麻里古城发现的叙利亚文景教碑铭研究》，《西域研究》2007 年第 1 期。

② 牛汝极：《中亚七河地区突厥语部族的景教信仰》，《中国社会科学》2012 年第 7 期。

③ Na. 布克哈特、Ba. 札丹巴编：《乌珠穆沁传说》，内部材料，锡林郭勒日报社印刷厂 1989 年，第 5—7、11—12 页。“扶牛的人”指的是将在冬天里因饥寒交迫而变得虚弱、卧倒以后自行站不起来的牛扶起来的人，冬季牧区中常有。

④ gün γalaγutu 位于喀尔喀的土谢图汗部，在清代地图上被标记作“衮湖”和“噶鲁台湖”。1646 年，清军与喀尔喀土谢图汗、车臣汗战于衮噶鲁台（gün γalaγutai）。

⑤ Na. 布克哈特、Ba. 札丹巴编：《乌珠穆沁传说》，第 11—12 页。

⑥ ［英］道森编：《出使蒙古记》，第 180 页。

三　占星家、兀者麻儿陈与乌珠穆沁

前引史料明确记载，在16世纪时，乌珠穆沁由也里可温和乌珠穆沁两大部分构成，但是有必要指出，以上提及的也里可温人不是原乌珠穆沁的一部分，而是明代组成乌珠穆沁部时加入该部的。那么，原乌珠穆沁到底是什么样的人？“乌珠穆沁”一词有何含义？接下来进一步探讨这件事。

以往人们对乌珠穆沁起源的研究，主要基于乌珠穆沁的一则民间故事。

> 先前，乌珠穆沁人畜有单峰驼，生活在噶拉布商凯戈壁，阿尔泰、杭爱之乌珠穆察罕山（üjüm-ün čaγan aγula，意为“有葡萄的白山”）、朵罗杭基纳克其（dörüge qangkinaγči，意为“马蹬响”）、霍尼迈拉克其（qoni mayilaγči，意为“羊群叫”）等地，他们在一次慌乱中迫于无奈，背井离乡迁到了现在的这一居地生存繁衍。在迁徙中，他们经过两个形似（门框的）梃子（qadabči）的哈达布齐山口，径直向南从两个貌似门（egüde）的乌德山口中间而出，故将其命名为egüde与qadabči。在乌珠穆察罕山，长有茂盛的葡萄，葡萄汁将木车的车辋染成了葡萄色。来到新地区后，出于对乌珠穆察罕山之地的思念，他们将部落命名为乌珠穆沁，并把马鞍的鞍韂朝西北方向放置。为了在新地方上收住心思，才把这个习惯慢慢改掉了。……由于噶拉布商凯戈壁的单峰野骆驼奶水很多，以致流落遍地，这些流落的奶水经过发酵、凝固、挤压和风干，形成像酸奶渣、熟奶豆腐之类扁平、压缩的物品，人们将其收集起来以备食用，据此，又模仿制作了酸奶干、酪酥、熟奶豆腐和生奶豆腐等食品。①

以往，人们据此故事认为：乌珠穆沁来自今蒙古国西部的阿尔泰山、杭爱山一带，蒙元时期曾经是一个大部落；又根据他们家乡盛产葡萄一说，甚至遐想乌珠穆沁人蒙元时期曾经从事有组织、有计划、有市场的大规模葡萄种植和葡萄酒酿造之业，他们是蒙元汗廷葡萄酒的供应者。②

乌珠穆沁人这一故事融入了乌珠穆沁从拥有单峰驼的时代到17世纪30年代的历史，时间与空间这二者在故事中自由交替。这个故事里的“历史地理”从近到远大致可以分三部分。第一部分涉及17世纪历史。我们先看噶拉布商凯戈壁。噶拉布是有名的大戈壁，位于蒙古国南戈壁省的东南部，位于北纬42°—44°、东经106°—108°之间，是内外蒙古的自然分界瀚海的一部分。商凯是山名，此山位于东经105°—106°、北纬43°—44°之间，《大清一统舆图》上标为“商凯山”③，谭其骧先生主编的《中国历史地

---

① Na. 布克哈特、Ba. 札丹巴编：《乌珠穆沁传说》，第1—5页。

② 相关论文可参见别勒古讷台·纳·布和哈达编《乌珠穆沁研究》（蒙古文），内蒙古文化出版社2006年版，第1—101页；代表性观点可参见高·阿日华《乌珠穆沁蒙古人》（蒙古文），内蒙古人民出版社1998年版，第21—37页。

③ （清）邹世诒、宴启镇绘，李廷箫、汪士铎校：《大清一统舆图》北3卷西3，同治二年（1863）刊。

图集》中标为“上海山”。[①] 故事中出现的两个形似梃子的哈达布齐山口和两个貌似门的乌德山口，均在今内蒙古锡林郭勒盟乌珠穆沁境内。在17世纪20年代末，由于蒙古内部战乱，乌珠穆沁、浩奇特、苏尼特等部曾经一度投靠过外喀尔喀蒙古东部的车臣汗部，清太宗统一内蒙古以后，他们又于1637年归附清朝，迁到今内蒙古锡林郭勒盟东北部东、西两个乌珠穆沁旗所在之处。从喀尔喀南下时，乌珠穆沁部就是越过噶拉布戈壁，经过哈达布齐和乌德到达现在的乌珠穆沁，而不是从阿尔泰山、杭爱山来。所以，关于这些地名的记忆是相对晚近的。乌珠穆沁在车臣汗部滞留的时间不足20年，所以关于眷恋遥远故土的回忆不可能属于这个时期。

第二部分可能涉及蒙元时期，相关地名有阿尔泰山、杭爱山、霍尼迈拉克其和朵罗杭基纳克其。关于阿尔泰山和杭爱山的记忆有两种情况。其一，不是指具体山名，而是泛指西北。西蒙古人中有“十三阿尔泰，二十三杭爱，三十三库奎”之说，依次指雪山、高山和林山，而不是具体指那些山脉。阿尔泰、杭爱在蒙古文学作品中经常登场，不一定都具体指这些山脉，而是形容蒙古地方。其二，是确指阿尔泰山和杭爱山。霍尼迈拉克其和朵罗杭基纳克其亦复如此，一种可能性是具体地名，另一种可能性是泛指西北的游牧故土。作为具体地名，霍尼迈拉克其在清代学者徐松经过亲自勘察而绘撰的《西域水道记》一书中有记载。清朝曾在这里设边疆卡伦，喀尔喀人将之称为“霍尼迈拉呼”，而卫拉特人则称为“辉迈拉呼”（“霍尼”和“辉”分别为东蒙古和卫拉特方言，均为“绵羊”之意）。此地位于哈萨克斯坦境内斋桑湖北部额尔齐斯河岸边。[②] 类似朵罗杭基纳克其名字的地方，在蒙古国西部巴彦乌勒给苏木西的中蒙边界上有一处，地名叫朵罗杭基纳乌尔山谷。这两个地方相隔甚远，不太可能是某一部族共同拥有过的“故乡”。其实，乌珠穆沁故事中出现的这两个词未必是指这些具体地方。因为布里亚特蒙古人有一个古老传说中讲道，蒙古土默特贵族的一个女儿被迫远嫁布里亚特部落首领，临走时她渴望能够见到自己的心上人，但未能如愿，所以她创作了一首歌，其中唱道：“在霍尼迈拉克其（羊群叫）之地等你二十天，在朵罗杭基纳克其（马镫响）之乡等你四十天。”[③] 这就等于说相约在蒙古故土，因为马镫响、羊群叫就是蒙古族骑马放羊的游牧生活的写照。很显然，霍尼迈拉克其和朵罗杭基纳克其连用是一种习惯用语，不是具体地名，而且这样的习惯用语不只是被乌珠穆沁人，也为其他地方的蒙古人所熟知和通用，因此不能把民间故事中出现的地名等同于游记中的地名。实际上我们从故事中捕捉到一个信息，就是乌珠穆沁人的故土曾经在遥远的西北，已经足矣。如后文述及，乌珠穆沁和蒙古汗廷有关，所以乌珠穆沁人的这个记忆可能和定都哈拉和林的大蒙古国时期相关。

第三部分和乌珠穆沁的族源有关。众所周知，单峰驼不是中亚物种，而是生活在非洲和西亚的沙漠、戈壁、荒漠一带。在西亚，阿拉伯人豢养野生的单峰驼，至少已有四千年的历史。乌珠穆沁人从乘骑单峰驼、食用骆驼奶，到学会制作蒙古式的酸奶干和酪酥，游牧在马镫响、羊群叫之地的这一转变，大概可视作他们从西亚沙漠用骆驼迁徙的

---

① 谭其骧主编：《中国历史地图集·清时期卷》，中国地图出版社1987年版，第55—56页。

② （清）徐松撰：《西域水道记》，朱玉麒整理，中华书局2005年版，第319—320、372页。

③ 宝敦古德·阿毕德编：《布里亚特蒙古简史》（蒙古文），华赛·都古尔扎布校订，内蒙古文化出版社1982年版，第12页。

状态转变为蒙古草原地区游牧生活的一种追忆。

这个故事中对乌珠穆沁部名的解释，显然是在故事流传过程中产生的附会。就像乌珠穆沁人不再懂得“也里可温”为何意而把它演绎成“白痴”一样，有些人也不明白“乌珠穆沁”这个词的含义而用俗语源学将其解释为“葡萄种植者”了。① 蒙古语中的确用“乌珠穆”（üjüm）这个词指称葡萄。但是，有何依据把乌珠穆沁人和葡萄酒、葡萄种植业联系起来呢？从自然条件讲，传说中的杭爱山、阿尔泰山地方根本不生长葡萄，清代霍尼迈拉呼卡伦所在的斋桑泊一带亦是如此。从史实看，大蒙古国时期宫廷所需葡萄酒主要由高昌回鹘人提供，蒙古西征以后，中亚人也贡葡萄酒，元廷的葡萄酒则由西域和山西一些地方供应。大蒙古国时期出使蒙古的徐霆写道：“又两次金帐中送葡萄酒，盛以玻璃瓶，一瓶可得十余小盏，其色如南方柿汁，味甚甜，闻多饮亦醉，但无缘多得耳。回回国贡来。”② 元人忽思慧《饮膳正要》也记载：“葡萄酒，益气调中，耐饥强志，酒有数等：有西番者；有哈剌火者；有平阳、太原者；其味都不及哈剌火者田地酒，最佳。”③ 成吉思汗建国后，畏吾儿人归附蒙古，为蒙古汗廷进贡葡萄酒。畏吾儿人聚居区以哈剌火者（吐鲁番）、别失八里（吉木萨尔）为中心，这一带是葡萄产地，也是葡萄美酒之乡。在德国藏元代吐鲁番蒙古文文献中，有不少察合台汗王等颁给到畏吾儿地面征集葡萄酒使者的文书，④ 这是元代畏吾儿人向蒙古贡葡萄酒的直接证据。因此，前文引用的蒙古文献记载是可信的：成吉思汗令察合台称汗于“白帽国”，白帽国人为成吉思汗“出三十户储藏葡萄之人”，意思是说，白帽国的人为蒙古提供葡萄酒。17 世纪蒙古文献中所说的“白帽国”指畏吾儿地面。

成书于 1607—1611 年的蒙古文《俺答汗传》中称叶尔羌汗国（1514—1680）为“白帽”，说俺答汗的将领在“白帽之哈密城”受到察合台后王的殷切接待。⑤ 历史上，蒙古人从未从事过葡萄种植业和葡萄酒酿造业，更不用说存在一个从事葡萄酒生产的专业化的部族！17 世纪蒙古文献的记载与蒙元时期的历史事实相吻合。鉴于乌珠穆沁部中有不少撒儿塔兀勒人和也里可温，也许会有人质疑，虽然乌珠穆沁不是从事葡萄酒酿造的蒙古人，但会不会是西域葡萄酒酿造者呢？答案是否定的，因为“乌珠穆”（元代写法为“兀遵”⑥）与葡萄酒酿造者并无关联。在蒙元时期的蒙古语中，葡萄酒并无类

---

① 首先额勒松在《乌珠穆沁的名称》一文中提出了这个观点，接着波·都嘎尔、那·特木其勒图、高·阿日华等纷纷响应。相关论文可参考别勒古讷台·纳·布和哈达编《乌珠穆沁研究》（蒙古文），第 1—39 页。此外，也有人提出了乌珠穆沁为“好奇”“（在哨卡）巡视”等推测，参见额勒松《乌珠穆沁的名称》，载别勒古讷台·纳·布和哈达编《乌珠穆沁研究》（蒙古文），第 1 页。

② （宋）彭大雅：《黑鞑事略》，徐霆疏证，中华书局 1985 年版，第 13 页。

③ （元）忽思慧著，尚衍斌、孙立慧、林欢注释：《〈饮膳正要〉注释》，中央民族大学出版社 2009 年版，第 207 页。

④ 达兰台·策零索德纳姆、曼弗里德·陶伯：《柏林吐鲁番藏品中的蒙古人》（*Die Mongolica der Berliner Turfansammlung*），弗拉格学院股份有限公司，1993 年版，第 178—179、180—183 页。

⑤ *Erdeni tunumal neretü sudur orosiba*（直译为《宝贝汇聚经》，学界根据其内容一般称作《俺答汗传》，本文称“蒙古文《俺答汗传》”），内蒙古社会科学院图书馆藏，第 11 页 b。

⑥ 《北京图书馆古籍珍本丛刊》6《经部·华夷译语》，第 7 页。

似“＊乌珠穆酒”之类的名称，而是被称作 bor①。该词在《元朝秘史》中音写为“孛儿”，旁译“葡萄酒”，德国柏林所藏元代吐鲁番蒙古文文献中也多次提到 bor 和 bor araki。值得特别注意的是，在柏林藏元代吐鲁番蒙古文文献中和 bor 同时出现的还有 borči 和 borčin（borči 的复数）。在别帖木儿（Bigtemür）的令旨里写道：“因这位赛文赤不花 borči 经常储藏葡萄酒，令其把要带走的葡萄酒交付给忻都思坦为首的使臣，（让忻都思坦等）收藏照料。”② 此外，在另一份文书中还提到“阔阔不花为首的 borčin 去了高昌”，在他们往返赶路时，可允准他们除了用驿马外还可以用另外四匹马。③ 这里出现的 bor 指葡萄酒，-či 表示职业，指从事葡萄酒行业的人，所以按照蒙元时期蒙古语的习惯 borči 必指酿造葡萄酒的人无疑。④ 按照元代译写蒙古语的规律，这个词可译写为“孛儿赤”（单数）、“孛儿陈”（复数）。据此可知，在元代蒙古语里早已有了专门表示葡萄酒酿造者的蒙古语称呼，而且该称呼与“兀遵”（üjüm，即现代人译写的乌珠穆）无关！这又进一步说明，把“乌珠穆沁”诠释为所谓的“酿造葡萄酒者”完全没有根据，是地道的俗语源学解释。

其实，乌珠穆沁与葡萄和葡萄酒没有任何关系，而是和蒙元时期的占星者有关，是从占星者演变而来的。《华夷译语》为此提供了重要依据。《华夷译语》有多种版本，比如，火源洁、马沙亦黑编纂的洪武二十二年（1389）的木刻版，还有明清时期四夷馆和会同馆续编的多种木刻和手抄本。中国国家图书馆善本室收藏火源洁续编的《华夷译语》抄本，因为有 1389 年同样由火源洁等编写的木刻版，人们往往视二者为同一书，所以很容易忽视这个抄本。但是，火源洁续编的这部《华夷译语》与前者有很大不同，书中的蒙古语词都有蒙古文原文、汉文音写和汉译，而且所选头词也比 1389 年的版本多得多。该手抄本的“人物门”里有一个名词，蒙古文为 üjemerčin，汉文音写为“兀者麻儿陈”，汉语译文为“阴阳”。⑤ 这条记载让人眼前一亮！

元明时期，“阴阳”指的是以天文学知识和阴阳五行思想为基础的占卜、堪舆、择日之术。掌握这个学问的人也被叫作“阴阳”或“阴阳人”。阴阳本来是中国内地的古

① 关于 bor 一词的词源和词义，克劳森认为，蒙古语的 bor 来自突厥语，突厥语则借自中古波斯语的 bor/bwr，而波斯语的该词则源于表示“葡萄酒”的希腊语词 boradsa（Sir Gerard Clauson, *An Etymological Dictionary of Pre-Thirteenth-Century Turkish*, Oxford: At the Clarendon Press, 1972, p. 515）；黄时鉴认为，boradsa 一词是 bor 和 adsa 的复合词，意思可能是“葡萄烧酒”（黄时鉴：《东西交流史论稿》，上海古籍出版社 1998 年版，第 354 页）；尚衍斌等根据《元朝秘史》中的 bor（葡萄酒）和 darasu（酒）两个词进一步指出，bor 指“葡萄酒”，而 darasu 指“葡萄烧酒”［（元）忽思慧著，尚衍斌、孙立慧、林欢注释：《〈饮膳正要〉注释》，第 207 页］。

② 达兰台·策零索德纳姆、曼弗里德·陶伯：《柏林吐鲁番藏品中的蒙古人》（*Die Mongolica der Berliner Turfansammlung*），第 178—181、183 页。

③ 达兰台·策零索德纳姆、曼弗里德·陶伯：《柏林吐鲁番藏品中的蒙古人》（*Die Mongolica der Berliner Turfansammlung*），第 181 页。

④ D. Cerensodnom 和 M. Taube 两位学者将 borči 译成德文为 Einsammler der Weinabgaben（收葡萄酒税的人）。这个翻译是不正确的。名词后面加后缀 -či 表示职业是蒙元时代蒙古语的规律，比如 ildü（大刀）+či = ildüči（云都赤，司刀即大汗宫帐门卫），jam（站，驿站）+či = jamči（站户）等。收税人蒙古语另有专门称谓“demči”（德墨齐），这一称谓直到明清时期一直使用。

⑤《北京图书馆古籍珍本丛刊》6《经部·华夷译语》，第 167 页。

老学问，在《易经》中有系统的论述。蒙古人主中原后，对阴阳学非常感兴趣，皇帝、驸马和诸王身边都有不少阴阳人。在皇帝身边从事占卜的术士深得皇帝的信任和重用，忽必烈身边的田忠良、靳德进、岳铉成等就是很好的例子。[①] 据《元史》记载，成吉思汗幼弟斡赤斤后人乃颜在忽必烈时期进行叛乱，正是因为受到了一位何姓阴阳人的鼓动。因此，乃颜叛乱被镇压后，元朝加强对阴阳人的管理和限制，于至元二十八年（1291）下令禁止驸马、诸王府邸留养阴阳人，并下令腹里和江南地区各路官司详查通晓阴阳之人，设立阴阳学校，设教授以训诲。各路每年向中书省选送优秀阴阳人，经考试合格者，留天文台工作，不合格者退回原路阴阳学。后来，阴阳学作为元代的地方学校普及各州县。

由此可见，元代宫廷中从事占卜的术士、阴阳人的蒙古语称谓是 üjemerčin。这个词的词根 üje 是动词，意为“看”，üjemer 是从该动词派生出来的名词，后缀čin 表示职业，所以本词的意思就是“看相的人”。汉语“阴阳”的蒙古语直译为 arγ-abilig，所以 üjemerčin 很显然不是“阴阳”的蒙古语译语。üjemerčin 是蒙古人对通过视觉看星辰天象占卜吉凶者的称呼。[②]《卢龙塞略》中也记载，蒙古人“阴阳曰五金脉儿气”[③]。五金脉儿气即 üjemerči（üjemerčin 的单数形式），说明明代蒙古人还在用这个词。《元朝秘史》里记载了另一个词“孛额思·脱勒格赤”，[④] 旁译为“师公卜人”。“孛额思”（师公）是巫师的复数，“脱勒格赤”（卜人）是占卜者，显然是指用羊肩胛骨或其他东西进行卜算的萨满巫师，是蒙古人乃至北方其他游牧人自古就有的传统占卜者。脱勒格赤的蒙古语原文为 tölgečin，词根 tölge，和 tölüge（替代）有关联，就是指以某种替代物（羊肩胛骨或线条等）卜卦之意，这与直接看（üje）天体预言是有区别的。[⑤] 据此我们可以推测，tölgečin 是对蒙古传统占卜巫师的称呼，而 üjemerčin 是对占星者的称呼，入主中原以后，蒙古人对中原地区的阴阳人也用 üjemerčin 呼之。

如此看来，乌珠穆沁（üjümüčin）就是兀者麻儿陈 üjemerčin 口语化的音变。在蒙古语中，以 - r 结尾的词后面接续后缀时，会发生两种现象：一是辅音 r 要脱落，比如 nökür（伴当） + d（复数后缀） = nöküd（伴当们），baγatur（勇士） + d = baγatud（勇士们）；二是辅音 - r 依旧发音，比如 baγatur（勇士） + čuud = baγaturčuud（勇士们），otor（游牧营地） + čin = otorčin（游牧者）。包括乌珠穆沁人自己在内的当代大部分地区的蒙古人对乌珠穆沁的口语称呼是 üjemčin，而科尔沁方言中称乌珠穆沁仍为 üjemerčin。üjümüčin 是清朝初年书写口语 üjemčin 时产生的一种特殊形式。

乌珠穆沁就是元代的兀者麻儿陈，但也必须明确指出，他们不是来自中原，而是来

---

① 关于元代的阴阳学，请参见叶新民《元代阴阳学初探》，载中国蒙古史学会编《蒙古史研究》第 6 辑，第 49—57 页；陈高华等《元代文化史》，第 233—234 页。

② 该词在蒙古文《俺答汗传》中还能见到。该书记载，俺答汗远征瓦剌，在战斗中“瓦剌之兀者麻儿陈”（oyirad - un üjemerčin，瓦剌的占师）发现俺答汗“身体发光”而为之震惊（第 12 页 a）。这里提到的 üjemerčin（占师）还是指通过视觉发现某种现象者，和 tölgečin 有区别。

③ （明）郭造卿：《卢龙塞略》卷 19《译部》，载《明代蒙古汉籍史料汇编》第 6 辑，第 179 页。

④ 乌兰校勘：《元朝秘史（校勘本）》，第 383 页。

⑤ （明）郭造卿：《卢龙塞略》卷 19《译部》载：“卜曰脱列格赤。”（《明代蒙古汉籍史料汇编》第 6 辑，第 179 页）

自西域。元人译兀者麻儿陈为“阴阳”，只是因为其职业和任务与元朝内地的“阴阳人”相似。

结 论

考证至此，笔者最后总结一下本文的内容，并提出结论。

本文从答言合罕身边出自乌珠穆沁部被称作“把失”的占卜者入手，论述这位占卜者所属乌珠穆沁部和蒙元汗廷中西域人占星家群体以及也里可温、撒儿塔兀勒等来自西域的色目人的关系，揭示了乌珠穆沁的渊源与名称来历，讨论他们是如何融入蒙古人中的。

自成吉思汗时代开始，在蒙元汗廷中存在一批为大汗预告吉凶并献策的占星家。他们来自阿拉伯、波斯和中亚突厥人地区，既有景教徒，又有伊斯兰教信仰者。历史记载中成吉思汗时期的聂思脱里派星者，鲁不鲁乞亲眼所见的蒙哥汗宫廷中亚美尼亚修士薛尔吉思和他的“占卜者们”，在忽必烈身边的叙利亚人爱薛和来自波斯的札马剌丁，以及马可·波罗讲述的汗八里城大量星者，等等，均是见于史书记载的蒙元汗廷中的西域占星家们。蒙古人一直称这些占星家为“兀者麻儿陈”，以别于蒙古内部传统的占卜者——“脱勒格赤”。因为在元朝阴阳学很受重视，且宫中“阴阳人”的角色与西域占星者类似，所以元代翰林把“兀者麻儿陈”译作“阴阳”，换句话说，在元代占星家们汉语叫作“阴阳人”，而在蒙古语里仍然被称为“兀者麻儿陈”。“兀者麻儿陈”和“乌珠穆沁”是同一个蒙古语词在不同时代的汉字音写，意思都是“占星者”。乌珠穆沁人的传说中认为，他们的祖先是骑着单峰驼从西北方向穿越沙漠来到了现在的居住地，反映了他们对西亚起源的古老记忆。蒙古地方素无单峰驼，人们不可能杜撰出一个自己并不认知的物种来，这个内容应该属于文献学上“抽象的遗留性史料”。正因为占星者们来自西亚和中亚，所以在其他蒙古人史书中乌珠穆沁人又被称作“撒儿塔兀勒人”（意即“西域人”，相当于汉语中广义的“回回”）。所以，无论是汉文、拉丁文、波斯文和蒙古文的史料，还是蒙古人传说中的核心信息都证明，乌珠穆沁（兀者麻儿陈）就是指西域的占星者。

那么，占星者及其所属人口是怎样融入蒙古人中的呢？兀者麻儿陈（乌珠穆沁）作为蒙古汗廷中的占星者，必须始终跟随大汗身边。在大蒙古国时期，蒙古都城在哈拉和林（今蒙古国乌兰巴托西南 360 余公里），占星家们必定亦在那里生活，前文已经提及，鲁不鲁乞就是在哈拉和林的蒙哥汗宫廷里亲眼见到过占星者们。蒙古第三任大汗贵由及其继承者蒙哥汗的宫廷均在哈拉和林，仕贵由汗的爱薛和为蒙哥汗效劳的札马剌丁等在上都忽必烈身边的出现，可以反映出兀者麻儿陈从漠北地方迁到漠南汉地的轨迹。也就是说，因为忽必烈在金莲川建上都，后又定都汗八里城，占星者和他们的老少也必须从漠北来到上都和大都。这应该是现在乌珠穆沁人从遥远的西北迁来的轨迹，也是他们历史记忆的根源所在。

随着皇室来到上都和大都的占星者，在 1368 年元朝灭亡、蒙古汗廷退居草原后，他们也不得不随着朝廷退回蒙古。从那以后直到 15 世纪中叶，蒙古经历了将近一个世纪的战乱，这也是蒙古各政治势力和部族力量进行长期较量和重新组合的过程。其结果，形成了蒙古中央六万户和原东道诸王势力范围内的诸万户以及西部瓦剌蒙古各万户，而各万户下面又形成了大大小小、形形色色的社会组织——鄂托克、爱玛等。昔日的占星者们形成以兀者麻儿陈命名的一个鄂托克，在15世纪初的历史记载中再次现身。

兀者麻儿陈作为大汗身边的集团，由他们组成的鄂托克理所当然也属于大汗直属的察哈尔万户下。根据当时形成万户、鄂托克的规律，新社会组织的统治者除了新贵外，其余都是蒙元时期最具势力、最有根基的人物，而万户和鄂托克的名称也都与统治者所属的集团或组织有关。① 兀者麻儿陈鄂托克之所以冠以此名，是因为该鄂托克的统治集团是昔日宫中的占星者。虽然还没有发现直接的记载（一般来说不太可能有直接的记载），但从元代怯薛军、阿速卫等皇帝周围的组织在明代形成同名社会组织的规律来看，兀者麻儿陈鄂托克的形成经历了与此类似的轨迹：作为占星家的兀者麻儿陈在蒙元汗廷中具有特殊的地位，元廷撤出大都时，他们连同所属人口跟随皇帝去了蒙古草原。蒙古汗廷重新游牧化，蒙古各部再次整合时，兀者麻儿陈利用在皇帝身边的特权和实力优势，在战乱中收集了很多人口，组成了新鄂托克，鄂托克之名就叫“兀者麻儿陈”（清代汉语里写成“乌珠穆沁”）了。我们很难说兀者麻儿陈在新鄂托克中到底占多大人口比例，但该鄂托克之名足以说明，他们在鄂托克中处于统治地位。

兀者麻儿陈是鄂托克中的统治者，但这并不等于说组成该鄂托克的人众都是占星者。如前所述，在17世纪时，兀者麻儿陈鄂托克中还有也里可温、撒儿塔兀勒、失剌努惕（siranud）、罗思臣（laosčin）、塔巴惕（tabad）等大小集团。在其中，也里可温和撒儿塔兀勒是原本来自中亚、西亚的景教信徒，他们不是占星者，而是以各种身份经过多种途径来到蒙古地方的西域人。在15世纪时，这些西域人早已蒙古化，可能因为和占星者有某种历史与文化关联（比如曾经都是色目人、信仰一致等），形成新鄂托克时归入兀者麻儿陈的麾下。这些集团的人口不一定占少数，但因为他们的社会地位不高，所以没有能够成为鄂托克的最高统治者，鄂托克没有以他们的名称命名，他们的名称只能是兀者麻儿陈下属次集团的名称。除了也里可温和撒儿塔兀勒，剩下的失剌努惕、罗思臣、塔巴惕等其他分支，也是在兀者麻儿陈鄂托克形成时参加进来的。他们原先的部族归属都不是十分清楚。兀良哈万户下有失剌努惕者，明人将之称为“黄毛达子”，② 或许是16世纪蒙古各部消灭并瓜分兀良哈万户时加入兀者麻儿陈鄂托克的。罗思臣在《大黄史》中被说成是成吉思汗胞弟合撒儿的属民③，如果真是如此，何时进到兀者麻儿陈鄂托克中不得而知。关于塔巴惕不见记载。总之，这些人可能都是在元亡后百年混乱中被整合到兀者麻儿陈统治下的。

入清以后，兀者麻儿陈在汉语文献里被写作乌珠穆沁。乌珠穆沁部在清朝被编为两

---

① 这点可以举出很多例子证明。比如，皇帝的直辖万户名称为察哈尔，该名源自忽必烈生母私属人口；应少卜万户的名称来自为服务巡行两都之间的皇帝和达官贵戚而设的云需府总管府名；大汗直辖察哈尔万户下辖的克什克腾（Kesigten）鄂托克之名是皇帝身边的近卫军首领——怯薛丹（Kesigten）名；应少卜万户下阿速特（Asud）鄂托克之名是大都卫戍军队阿速卫名；等等。但需要指出的是，这些名称反映的是这个新集团的统治者及其所属集团的状况和地位，而绝不是说其基本部众在过去也都和他们共属同一个集团。明代形成的蒙古部中不仅有蒙古各地、各部族、各种组织的成员，而且还包括有元一代蒙古化的许许多多外国、外族人等。

② 参见宝音德力根《关于兀良哈》，载乌云毕力格、娜仁高娃编《硕果——纪念札奇斯钦教授80寿辰》（蒙古文），内蒙古文化出版社1996年版，第33—34、39—40页。

③ 佚名：《大黄史》，乌兰巴托：蒙古科学院历史研究所，2011年萨·楚仑影印本，第31b页。

个扎萨克旗。扎萨克旗下设若干扎兰（满语 jalan，汉译为“甲喇”），扎兰下再设苏木（满语 niru，汉译为“佐”），扎兰和苏木各有名称。乌珠穆沁右旗有 5 扎兰 21 苏木，左旗设 2 扎兰 9 苏木。苏木依然还保留着历史上乌珠穆沁部下辖各支的名称，比如布里耶臣苏木、大噶乞勒苏木、小噶乞勒苏木（都是原也里可温的分支）、撒儿塔兀勒苏木等，此外还有失剌努惕扎兰和失剌努惕苏木以及罗思臣苏木。①

总之，随着 13 世纪蒙古远征，中亚和西亚一时进入蒙元版图，丝绸之路沿线的人员交往和文化交流也迎来了空前活跃的时代。丝绸之路从来就不是一条单纯的商业贸易路线，它还是一条东西方之间文化交流和民族交融的路线。蒙元时期，大量的景教徒和回教徒或被迫或自愿来到中国，不仅带来了西方的各种文化，而且本身也逐渐华化、蒙古化。本文的论述说明，蒙元汗廷中素来有大量的来自阿拉伯、波斯和中亚的占星者，他们被蒙古人称作“兀者麻儿陈”，在汗廷中享有崇高的礼遇；元朝灭亡后，这些占星者和他们的家族随蒙古人到了草原，进一步蒙古化并游牧化，其利用昔日在汗廷中的根基和因此拥有的实力，在战乱中兼并和收集源自丝绸之路沿线的景教信仰者等人口和其他众多蒙古百姓，形成了新的蒙古游牧集团，形成了明代蒙古的名为“兀者麻儿陈”的部族，这个名称到清代后演变为乌珠穆沁了。

西方的占星者兀者麻儿陈以及也里可温、撒儿塔兀勒等外来人口同蒙古部众一道成为新的蒙古游牧部族这一事实，是丝绸之路沿线民族融合和不同文化交汇交融的一个很典型的例子。

（原载《历史研究》2020 年第 1 期）

① 高·阿日华：《乌珠穆沁部落研究》（蒙古文），辽宁民族出版社 2013 年版，第 165—166 页。

清代内外蒙古十盟会名称的固定及其时间考*

达力扎布**

一

盟旗制度是清朝在外藩蒙古推行的军事和行政制度。① 清初外藩蒙古若干扎萨克旗在一处定期会盟，检阅兵丁、审理刑狱，组成一个盟会，康熙年间漠南和漠北十个盟会的会盟地点先后固定下来，故以其会盟地名作为盟名。雍正年间设立的盟会没有盟名，如青海蒙古二十九扎萨克旗于察罕托罗海会盟，由驻西宁办事大臣主持，道光朝改设为左、右翼两个盟，这些盟都没有盟会名称；曾在漠北推河一带以厄鲁特诸扎萨克设立的盟会，亦无盟名。② 而乾隆年间以漠西蒙古设立的诸盟会都有盟名，由清高宗赐名。如乾隆十九年（1754），杜尔伯特部“三策凌”率部归附后，清帝赐名“赛因济雅哈图部落”，后设立赛因济雅哈图左、右翼两盟。乾隆三十六年（1771），土尔扈特部渥巴锡汗率领部众从伏尔加河流域来归，清帝给旧土尔扈特部赐名“乌诺恩苏珠克图部落”，后设立乌诺恩苏珠克图南、北、东、西四路（盟），即四个盟会。清帝给新土尔扈特舍楞部赐名“青色特启勒图部”，后设立青色特启勒图盟；给杜尔伯特部恭格所部赐名“巴图色特启勒图部”，后设巴图色特启勒图盟。由皇帝赐名的盟会，盟名和时间都很清楚，而内外扎萨克蒙古十盟会名称何时出现，何时固定下来的，不见于史籍记载。

清朝最早在内扎萨克蒙古（漠南蒙古）建立了盟会制度。崇德年间分三处会盟，即科尔沁十旗在滔里河（即洮尔河）波洛代刚甘（tuur - yin γool - un buludaiγangγan）地方会盟，敖汉等十三旗在西拉木伦河乌兰布尔噶苏（sira mören - i ulaγan burγasun）地方会盟，喀喇沁、土默特两部四旗在迈赖滚俄罗木（mayilan - yin gūn olom）地方会

---

* 本文为内蒙古自治区社科规划特别项目“内蒙古民族文化建设研究工程”子项目《盟旗制度史》（批准号：MZWH2014 - 026）研究成果之一。

** 达力扎布，中央民族大学历史文化学院教授、博士生导师。

① 漠南蒙古四十九扎萨克旗为内扎萨克，其余以漠北、漠西的喀尔喀、杜尔伯特、土尔扈特、和硕特、辉特、绰罗斯、额鲁特等部人所设扎萨克旗为外扎萨克。见嘉庆《大清会典》（台北文海出版社1991年版）卷50《理藩院·旗籍清吏司》，第2335页；卷52《理藩院·典属清吏司》，第2397—2398页。本文所谓内外扎萨克蒙古十盟会，主要指内扎萨克六盟会和喀尔喀四盟会。

② 佟佳江：《清雍正年间厄鲁特盟史实钩沉》，《内蒙古社会科学（文史哲版）》1997年第2期。

盟。这是后来哲里木、昭乌达、卓索图三盟的滥觞。[①] 顺治年间于西部增设三处盟会，即后来的锡林郭勒、乌兰察布、鄂尔多斯三盟，形成了内扎萨克六个盟会。[②] 顺治年间六盟的会盟地点不见于史籍记载，顺治十二年（1655）的一份满文题本反映了理藩院指授东部科尔沁等三盟会盟地的一些信息，其内容转写和汉译如下。

朱批：ere culgan de isara juwan emu gūsa abunai cin wang ni jakade isakini.

wesimburengge

tulergi golo be dasara jurgan i aliha ambanšsajidara sei gingguleme wesimburengge culgan isara ba i jalin：daci korcin i ergide culgan isabumbihete korcin i juwan gūsa be tusiyetu cin wang ni jakade. cahar. juwe jarud. juljaga efu jiyūn wang. juwe barin. juwe ongniyod. aohan. naiman. kesigten. ere juwe emu gūsa be baidulimbade. juwe karacin. juwe tumed be ineku bai dulimbade isabumbihe. ijisahūn i dasan i uyuci aniya. cahari gurun i efu abunai cin wang be hesei culgan isarade isakini sehe be dahame. te ere culgan de ere juwan emugūsa be ujulaha wang be dahame gurun i efu abunai cin wang ni jakade isabureu erei jalin ginggulemewesimbuhe. hese be baimbi：ijishūn i dasan i juwan juweci aniya nadan biyai juwan：[③]

汉译文：

朱批：此次会盟的十一旗于阿布鼐亲王处会集。

理藩院尚书沙济达喇等谨奏为会盟之地事。向来科尔沁十旗在土谢图汗亲王处会盟，察哈尔、二扎鲁特、珠勒扎干额附郡王（阿鲁科尔沁）、二巴林、二翁牛特、敖汉、奈曼、克什克腾此十一旗在其适中地点会集，二喀喇沁、二土默特亦仍在其适中地点会集。遵顺治九年准察哈尔固伦额驸阿布鼐亲王赴盟会之谕，今此会集之十一旗随其为首之王于固伦额驸亲王之处会盟，为此谨奏。顺治十二年七月初十日。

这三个盟会就是后来的哲里木、昭乌达、卓索图三盟。阿布鼐为察哈尔林丹汗子，其兄扎萨克和硕亲王额哲于崇德六年（1641）去世，阿布鼐于顺治五年（1648）袭爵。[④] 顺治九年（1652），理藩院奉旨令阿布鼐亲王参与会盟，故顺治十二年题请将察

---

① 李保文编辑：《十七世纪蒙古文文书档案（1600—1650）》，内蒙古少年儿童出版社 1997 年版，第 18 篇，第 259 页；第 9 篇，第 238 页；第 17 篇，第 256 页。达力扎布：《明代漠南蒙古历史研究》，内蒙古文化出版社 1997 年版，第 355 页。

② 乌云毕力格、宋瞳：《关于清代内扎萨克蒙古盟的雏形——以理藩院题本为中心》，《清史研究》2011 年第 4 期。

③ 顺治十二年七月初十日《理藩院尚书沙济达喇等题请察哈尔等十一旗于固伦额附阿布鼐处会盟本》，载中国第一历史档案馆、中国人民大学国学院西域历史语言研究所编《清朝前期理藩院满蒙文题本》卷一，内蒙古人民出版社 2009 年版，第 120—121 页。本文所引用满、蒙文档案的汉译文和罗马字母转写皆为笔者本人翻译和转写，如有错误，请读者指正。

④ 《清世祖实录》卷 36，顺治五年二月丁卯条。

哈尔等十一旗会盟地点改在阿布鼐亲王旗境内举行。敖汉等十一旗原在本盟适中地点会盟，因为阿布鼐亲王参与会盟，将会盟地改在“为首之王”阿布鼐之处，科尔沁十旗则一直于土谢图亲王处会盟。清初将察哈尔和科尔沁两部都称为国（ulus），察哈尔汗后裔阿布鼐亲王和科尔沁部土谢图亲王地位特殊，故清廷将该盟的会盟地设在其旗境内，不过题本中没有将之称为盟长，而称“为首之王”。清朝在各盟会设立盟长的时间不详，康熙年间才见诸史籍。

清前期的盟会不是常设机构，无日常行政职能，每届三年各扎萨克集会一次，会盟地点亦不固定，以故《实录》等史籍不载。内扎萨克蒙古盟会的名称首次出现于史籍的时间是雍正十二年（1734），提到乌兰查卜（即乌兰察布）、西林郭尔（锡林郭勒）、集鲁穆（哲里木）三个盟的名称，[①] 六盟会名称全部一次性出现则在乾隆二年（1737）有关六盟防秋兵的记载。[②] 雍正末年清朝与准噶尔对峙，内扎萨克以盟会为单位出兵防秋，盟名才见于史籍。

近年对内扎萨克六盟会名称和盟会形成时间的研究有所进展，屈罗木图发现内扎萨克六盟的名称全部见于雍正六年（1728）档案，并探讨了乌兰察布盟的形成时间。[③] 玉海指出昭乌达、哲里木两盟名称更早见于康熙四十九年（1710）档案，并考证了昭乌达盟的形成时间及其会盟地。[④] 新近出版的《杭锦旗札萨克衙门档案》又提供了一些新史料。以下结合有关记载对内外扎萨克蒙古十盟会名称的固定及其时间作进一步探讨。

二

杭锦旗档案中一份康熙四十一年（1702）的蒙古文折件具有重要价值，这里先将其转写和汉译如下。

○γadaγ-a-du mongγol-un töröö-yi jasaqu yabudal-un yamun-u bičig. ordos-un qosiγun-i beyise dügürengtan-dur ilegebe. man-u yabudal-un yamun-ača ayiladqaγsan anu toγtaγaγsan anuγadaγ-a-du mongγol-durγurban jil-un eč üs-dür nigentečiγulγanγarču yal-a sigür-e. er-e kemjiyeler-e ilegemükemejüküi. eyimü-yintula ene jil er-e kemjiyeler-ečiγulγanγaruy-a. ilγabasu urida döčin yisün jasaγ-unčiγulγan-i nigen jam-iyarγarču qoyar qaračin qoyar tümed-i josotu-yinγajar-tur nigen č iγulγan ouqan naiman qalq-a-yin beyile lubsangqoyar jarγud qoyar baγarin aru qorčin kesiγten(kesigten)qoyar ongniγud-i mončoγ-un qoyitu jaγun uda-yinγajar-tur nigenčiγulγan arban qorčin-i mön kü uridučiγulγančuγlaγsan jerim-ünγajar-tur nigenčiγulγan. qoyarüjümüčin qoyar qaγučid qoyar abaγ-aqoyar abaγanar 02/03 oyar sünid-i qurq-

① 《清世宗实录》卷 144，雍正十二年六月庚戌条，庚申条；卷 147，雍正十二年九月丁酉条。

② 《清高宗实录》卷 43，乾隆二年五月下丁未条。

③ 屈罗木图：《清代乌兰察布盟形成考述》，《内蒙古财经大学学报》2016 年第 2 期。

④ 玉海：《清代昭乌达盟的形成及其会盟问题探析——以翁牛特右翼旗印务处档案为中心》，《国学学刊》2017 年第 3 期。

aqay-a-yinγajar-tur nigenčiγulγan. dörben keüked qalq-a-yin darqančin wang muumingγanγurban urad-i ulančab-unγajar-tur nigenčiγulγan. jirγuγan ordos-i yeke juu-yinγajar-tur nigenčiγulγan. köke qotan-u qoyar tümed-i köke qotan-uγajar-tur nigen č iγulγan. naiman qosiγun-u negüküγajar-un č aqar-i qar-a balγasun-dur nigenčiγulγančuγlaγulun bülüge. eyimü-yin tula döčin yisün jasaγ-i mön kü uridačuγlaγuluγaγan yosoγar nigen jam-iyar bolγajučiγulγanγaruy-a. ilγabasu, urida qaraγul-un dotor-a saγuγsan qalq-ajasaγ-ud-ičöm döčin yisün qosiγun-ujasaγ-ud-un tun (tung) oyir-a č iγulγan-uγajar-tur č uγlaγuljuqui edüge qaraγul-un dotor-a saγuγsan qalq-a-yinjasaγ-tu qančin wang sewangjab①bey-ile lamajab-i mön kü köke qotan-učiγulγan-durčuγlaγuluy-aqalq-a-yinjasaγ-un tayijičoyijab-i mön küulančab-unčiγulγan-durčuγlaγuluy-a. öögeled-ün beyile ba-tur erke jinong qalqa-yin güng sonom isjab jasaγ-un tayiji qoyid lobsang-i ordos-un yeke juu-yinčiγulγan-durčuγlaγuluy-a kememü kemen ayiladqaγsan-dur jarliγkelelč egsen yosoγar bolγ-a kemebe. ene č iγulγan-dur dotoγ-a-du sayid güngburbun meiren-üjanggi joolai ded tüsimelčangšu terigün jerge-yin kiy-a inda-tan odomu. jasaγ-ud-a č a doroγsi baγ-a kögeg č i arban ger-ün daruγ-a-ača degegsi basa aliba jarγulaqu jaγalduqu kereg bui bolbasu qolboγdaγsan arad köndölen gere č i kümün-i jasaγ-ud abčučiγulγan-iγajar-turč uγlaγul. basa yabudal-un yamun-dur jaγaldujičiγulaγan-dur kelelčetügei kemegs-en kereg-ün dotor-aqolboγdaqu arad köndölen gereči kümün-i mön küabčuč uγlaγul. ker ber jaγalduγsan kerg-ün dotor-a köndülen gere č iügei bögesüküliyejüab č u sigüküügei. basabusu qosiγun-i arad-un luγ-ajaγalduqu kereg bui bolbasu jaγalduγdaγsan kümün-i qosiγun-u jiγaγsančiγulγanuγajar-tur od č u jaγalduγtun. basa dotor-a-yin č iγulγan-u arad qaraγulγadan-a saγuγsan qalq-a luγ-ajaγalduqukereg bui bögesü 3/04 alq-a-yin č iγulγan jaγaldur-a oduγtun dotor-a č iγulγan-dur jaγaldubasu toγaquügei č iγulγan beledküaliba jüyil-üyaγum-ačüm urida-yin yosoγar beledekegtün. egün-ütula il-egebe: engkeamuγulang-un dö č in nigedüger on jun-u terigün sar-a-yin qor-in. ②

汉译文：

理藩院文，札鄂尔多斯贝子都棱等。本院奏，原定外藩蒙古三年之末会盟一次，钦派［大臣］审理刑狱、比丁。故今年举行比丁会盟。据查原四十九扎萨克会盟为一路，二喀喇沁、二土默特于卓索图之地为一会；敖汉、奈曼、喀尔喀贝勒罗卜藏，二扎鲁特、二巴林、阿鲁科尔沁、克什克腾、二翁牛特（等旗）在门楚

① sewangjab 为čewagjab 之误，《清圣祖实录》蒙古文记作čewagjab，《清圣祖实录》卷 151，康熙三十年五月丙戌条，影印蒙古文《清实录》第 12 册，内蒙古文化出版社 1991 年版，第 630 页。

② 康熙四十一年四月二十日《理藩院为今年比丁之年将钦派大臣仍依旧例提前备其所需之物札伊克昭盟杭锦旗扎萨克贝子都棱文》，载自治区委少数民族古籍研究室等编纂《杭锦旗札萨克衙门档案》（折件）第五册，内蒙古文化出版社 2016 年版，第 003 件，第 2—4 页。

克之北的昭乌达之地为一会；十科尔沁仍在之前会盟之哲里木之地为一会；二乌珠穆沁、二浩齐特、二阿巴噶、二阿巴哈纳尔、（02/03）二苏尼特于呼尔哈哈雅（即呼尔罕哈雅）之地为一会；[①] 四子部、喀尔喀达尔罕亲王、茂明安、三乌拉特于乌兰察布之地为一会。六鄂尔多斯于伊克昭之地为一会。呼和浩特（köke qota）二土默特于呼和浩特之地为一会；八旗游牧察哈尔于哈喇巴拉噶逊为一会。由此，四十九扎萨克仍依原先会盟之例为一路举行会盟。据查原居于卡伦内之喀尔喀扎萨克等均于四十九旗扎萨克内距离最近处之盟会参加会盟。现居卡伦内喀尔喀扎萨克图汗亲王策旺扎布、贝勒喇嘛扎布仍在呼和浩特一会会盟。[②] 喀尔喀扎萨克台吉垂扎布仍在乌兰察布一会会盟。[③] 厄鲁特贝勒巴图尔额尔克济农（即阿拉善旗扎萨克——引者）、喀尔喀公索诺木依斯扎布[④]、扎萨克台吉辉特罗卜藏于鄂尔多斯伊克昭一会会盟。得旨，依议。由内大臣公坡尔盆、副都统赵赖、侍郎常绶、一等侍卫殷达等赴此会盟。[⑤] 扎萨克以下，小拨什库、十家长以上，又，一切有诉讼之人，由其扎萨克等携带相关诉讼之人及证人集会于会盟地。再，原诉于理藩院，又欲在会盟地审理之事，将诉讼之人及证人携至会盟地会集。若诉讼之事无证人，则不受理。又，若与他旗人有诉讼之事，应至被诉人之旗所指定的会盟地诉之。又，在内扎萨克盟会之人诉卡伦外居住之喀尔喀人，（03/04）赴喀尔喀盟会处诉之，若在内扎萨克盟会诉讼则无效。会盟应预备的一切所需之物依旧例预备，特此札付。康熙四十一年四月二十日。

据此文康熙四十一年内扎萨克于七处会盟，包括呼和浩特盟。内扎萨克六盟会除呼

---

① qurq-a qay-a，在今锡林郭勒盟阿巴嘎旗巴彦德力格尔苏木境内高格斯台河与辉腾河汇合处以北，即查干淖尔苏木东部。见乌云毕力格《明朝兵部档所见林丹汗与察哈尔蒙古》，载乌云毕力格主编《五色四藩：多语文本中的内亚民族史地研究》，上海古籍出版社 2016 年版，第 28 页。其地望见光绪二十七年（1901）绘制的《锡林郭勒盟阿巴哈纳尔右翼旗图》，载乌云毕力格等编著《蒙古游牧图：日本天理图书馆所藏手绘蒙古游牧图及研究》，北京大学出版社 2014 年版，第 50 页。图中记湖名为 qurqan qay-a naɣur。图中有该旗扎萨克达木定札布所记："理藩院额外侍郎、钦命统领本盟地方备兵扎萨克、御前行走、阿巴哈纳尔右翼旗多罗贝勒达木定札布我祖上以来在呼尔罕哈雅（qurqan qay-a）、达尔汉和硕、阿勒坦乌勒格依、孟和浩特等地游牧，现在贝勒我驻孟和浩特、布色阿古拉等地游牧。"图上盖有该旗扎萨克印章。

② 喇嘛扎布，赛音诺颜部首领善巴之子达什敦多布的长子，雍正四年袭扎萨克和硕亲王。见包文汉、奇·朝克图整理《蒙古回部王公表传》卷 69《扎萨克和硕亲王善巴列传》，内蒙古大学出版社 1998 年版，第 475—477 页。

③ 垂扎布，扎萨克图汗部阿海岱青次子额尔德尼衮布长子，康熙三十八年袭扎萨克一等台吉。见包文汉、奇·朝克图整理《蒙古回部王公表传》卷 66《扎萨克一等台吉额尔德尼衮布列传》，第 457—458 页。

④ 索诺木伊斯扎布，喀尔喀扎萨克图汗部车臣济农多尔济子，康熙三十年授扎萨克一等台吉，康熙三十六年封辅国公。见包文汉、奇·朝克图整理《蒙古回部王公表传》卷 64《扎萨克辅国公索诺木伊斯扎布列传》，第 447 页。

⑤ 《清圣祖实录》记："理藩院题请差往四十九旗及边外喀尔喀会盟大臣。得旨，四十九旗著领侍卫内大臣公坡尔盆、副都统赵赖、侍郎常绶、一等侍卫殷达去。"见《清圣祖实录》卷 207，康熙四十一年二月癸卯条。

尔哈哈雅盟会（即后来的锡林郭勒盟）外，其余五个盟会的会盟地点和名称都已固定，后来再没有变化。锡林郭勒盟的名称至雍正六年出现于档案。雍正六年的这份档案不仅揭示了内扎萨克六盟会名称全部固定的史实，而且提供了有关喀尔喀四盟会的重要信息，其转写和汉译如下。

○jarliγ-iγuyuqu-yin učir. baičaγabasu toγtaγaγsan qa[uli]nigečiγulγan-dur mongγol wang beyile beyisegüng jasaγ-un tayiji tabunang-nar-un dotor-a nigečiγulγan daruγ-a talbiju kereg sidkemüi. ene jil-ünčiγulγanγarqu-yin učir ayiladqaγsan-dur jarliγging qotan-u sayid-ud-i ilegekü-yi baiγtun. mongγolčud teden-üdotor-ačiγulγančuγulaγtuγai kemegsen-i kičiyen daγaju yabuγuljuqui. eyimü-yin tulada. čiγulγanγarqui-yi mön kü uridu yosoγar dotoγ-a-du jasaγγurban qaračin qoyar tümed ene tabun qosiγu-i josotuγajar-tur nigečiγulγan. auqan naiman aru qorčin kesigten qoyar jarud qoyar baγarin qoyar ongniyud qalq-a-yin törö-yin beyileγalzang ene arban nige qosiγu-i mon čoγ-un qoyituki juu uda-yinγajar-tur nigečiγulγan. qorčin-u arban qosiγu-i jerimünγajar-tur nigečiγulγan qoyarüjümüčin qoyar quučid qoyar abaγai qoyar abaγanar qoyar sünid ene arban qosiγu-yi silinγool-unγajar-tur nigečiγulγan. dörben keüked qalq-a-yin darqan beyile jandagümi muumingγan γurban urad ene jirγuγan qosiγu-i ulaγan čab-unγajar-tur nige čiγulγan. ordos jirγuγan qosiγu-i yeke juu-yin γajar-tur nigečiγulγan. köke qotan-u tümed qoyar qosiγu-i köke qotan-dur nigečiγulγan.

josotu-yin nige čiγulγan-dur tümed-ün törö-yin beyile qošoi efüarabdan qaračin-u qosiγun-beyise qošoi efü senggünjab juu uda-yin nigečiγulγan-dur ongniγud-un törö-yin dügüreng giyün wang očir auqan-u törö-yin giyün wang čüyimpil jerim-un nige čiγulγan-dur qorčin-u darqančin wang qošoi efülobzanggumbu qorčin-u qošoi tüsiy-e-tüčin wang arabdan silinγool-un nigečiγulγan-durüjümüčin-ü qošoičečenčin 051/052 ang sedendündüb sünid-un törö-yin giyün wangčoyijigüngsürüng ulaγančab-un nige čiγulγan-dur qalq-a-yin törö-yin darqan beyile jendegümi urad-un ulus-tur tusalaγči güngčoyijamsu. yeke juu-yin nigečiγulγan-dur ordos-un

törö-yin beyile dasiarabdan ordos-un qosiγun-u beyisečiwangbanjur köke qotan-u nige čiγulγan-dur qosiγu-yijakiruγči sayid danjin qosiγu-yi jakiruγči sayid gendün. dotoγ-a-du jasaγ-unčiγulγan doloγančiγulγan dotomun nijeged daruγ-a aramui（满文：委任、委署）kemen nayiraltu töb-ün jirγuduγar on qabur-un segül sara-yin qorinγurban-dur qošoi gengsečin wang erkin sayid tegüd ded-un sayid jungfuboo-yi orγulju niγur jolγaju jarliγ baγulγaγsan anu dotoγ-a-du jasaγqalq-a-yin jasaγ-ud-unčiγulγan-durčiγulγan dotom nige kümün-ičiγulγan-u daruγ-a bolγ-a. basa nige kümün-i tasilaγulju čiγulγan-u daruγ-a-dur tasilaju kereg sidgetügei. eyimübolbasu kereg-tur tusa. josotu-yin čiγulγan-dur beyile arabdan-i čiγulγan-u daruγ-a bolγ-a. beyise senggünjabitasilγulqučiγulγan-u daruγ-a bolγ-a. juu uda-yinčiγulγan-dur giyün wang očir-ičiγulγan-u daruγ-a bolγ-a. giyün wangčoyimpil-i tasilaγulqučiγulγan-u daruγ-a bolγ-a. jerim-ünčiγulγan-dur darqančin wang lobzanggumbu-yičiγulγan-u daruγ-a bolγ-a. tüsiy-e-tüčin wang arabdan-i tasilaγulqučiγulγan-u daruγ-a bolγ-a. silin γool-unčiγulγan-durčečenčin wang sedendündüb-ičiγulγan-u daruγ-a bolγ-a. giyün wangčoyijigüngsüng-i tasilaγulqučiγulγan-u daruγ-a bolγ-a. ulaγančab-unčiγulγan-dur beyile jendegümi-yi čiγulγan-u daruγ-a bolγ-a. güngčoyijamsu-yi tasilaγulqučiγulγan-u daruγ-a bolγ-a. yeke juu-yinčiγulγan-dur beyile dasirabdančiγulγan-u daruγ-a bolγ-a. beyisečewangbanjur-i tasilaγulqučiγulγan-u daruγ-a bolγ-a. köke qotan čiγulγan-dur qosiγu-yi jakiruγči sayid danjin-i daruγalaju gendün-i tasilaγulju kereg sidketügei. qalq-a-yin kerülün bar qotan-učiγulγan-dur čečen qaγan günčen-ičiγulγan-u daruγ-a bolγ-a. giyün wang erdeni jinong damarin dorji-yi tasilaγulqučiγulγan-u daruγ-a bolγ-a. orqun tula-yin belčir-un čiγulγan-dur tüsiy-e-tüqaγan wangjil dorji-yičiγulγan-u daruγ-a bolγ-a. giyün wang danjin dorji-i tasilaγulqučiγulγan-u daruγ-a bolγ-a. onggin-u yeke qabčiγai-yin 052/053čiγulγan-durčin wang lamajab-ičiγulγan-u daruγ-a bolγ-a. bey-isečewang norbu-yi tasilaγulqučiγulγan-u daruγ-a bolγ-a. toi-yinγool-un bolaγan qosiγu-yin čiγulγan-dur jasaγtu qaγan čin wangčewangjab čiγulγan-učiγulγan[daruγ-a] bolγ-a. beyile bübei-yi tasilaγulqučiγulγan-u daruγ-a bolγ-a. egünče qoyisičiγulγan dutum ene yosoγarčiγulγan-u daruγ-a bolγ-a kemegs-en-i kündüde daγaju egün-ütula ilegebe. nayiraltu töb-ün jirγuduγar on jun-u terigün saran-yin[ ]①

汉译文：

为请旨事。查定例，每个盟会内于蒙古王、贝勒、贝子、公、扎萨克台吉、塔布囊等中选任一位盟长，办理事情。今年为会盟奏闻时，有旨：停遣京城大臣，蒙古人自己会盟。故谨遵圣旨。会盟时仍循旧例内扎萨克三喀喇沁、二土默特此五旗在卓索图地方为一会。敖汉、奈曼、阿鲁科尔沁、克什克腾、二扎鲁特、二巴林、二翁牛特、喀尔喀多罗贝勒噶勒藏此十一旗在门楚克迤北的昭乌达之地为一会；科尔沁十旗于哲里木之地为一会；二乌珠穆沁、二浩齐特、二阿巴噶、二阿巴哈纳尔、二苏尼特此十旗于锡林郭勒之地为一会；四子部、喀尔喀达尔罕贝勒詹达固密、茂明安、三乌拉特，此六旗于乌兰察布之地为一会。鄂尔多斯六旗于伊克昭之地为一会。呼和浩特（köke qota）土默特两旗于呼和浩特之地为一会。

卓索图一会，以土默特多罗贝勒和硕额驸阿喇布坦、喀喇沁旗贝子和硕额驸僧衮扎布；昭乌达一会，翁牛特多罗杜棱郡王鄂齐尔，敖汉多罗郡王垂木丕勒；哲里木一会，科尔沁达尔汉亲王和硕额驸罗卜藏衮布，科尔沁和硕土谢图亲王阿喇布坦；锡林郭勒一会，乌珠穆沁和硕车臣亲（051/052）王色登敦多布、苏尼特多罗郡王垂吉恭苏咙；乌兰察布一会，喀尔喀多罗达尔罕贝勒詹达固密、乌拉特辅国公

① 雍正六年四月《理藩院为任命达什喇布坦、齐旺班珠尔为伊克昭盟盟长、副盟长札杭锦旗扎萨克贝子策旺班珠尔文》，《杭锦旗札萨克衙门档案》（折件）第五册，第026条，第51—53页。

垂扎木素；伊克昭一会，鄂尔多斯多罗贝勒达什喇布坦、鄂尔多斯贝子齐旺班珠尔；呼和浩特一会，都统丹津、都统根敦；内扎萨克七个盟会，各盟委任一名盟长。等因。雍正六年三月二十三日，令和硕果亲王、尚书特古忒、侍郎众佛保入宫觐见，有旨：内扎萨克、喀尔喀扎萨克等盟会各以一人为盟长，另一人为副盟长，[①] 协助盟长办理事情，与事有益。卓索图盟以贝勒阿喇布坦为盟长，贝子僧衮扎布为副盟长；昭乌达盟以郡王鄂齐尔为盟长，郡王垂木丕勒为副盟长；哲里木盟以达尔罕亲王罗卜藏衮布为盟长，土谢图亲王阿喇布坦为副盟长。锡林郭勒盟以车臣亲王色登敦多布为盟长、郡王垂吉恭苏咙为副盟长，乌兰察布盟以贝勒詹达固密为盟长、公垂扎木素为副盟长，伊克昭盟以贝勒达什喇布坦为盟长、贝子齐旺班珠尔为副盟长，呼和浩特盟以都统丹津为首，根敦为副，协助办事。

喀尔喀克鲁伦巴尔和屯盟以车臣汗衮臣为盟长，郡王额尔德尼济农达玛林多尔济为副盟长，鄂尔浑土拉贝勒齐尔盟以土谢图汗旺扎勒多尔济为盟长、郡王丹津多尔济为副盟长，翁金伊和哈巴齐海盟（052/053）以亲王喇嘛扎布为盟长，贝子策旺诺尔布为副盟长，推河布拉干和硕盟以扎萨克图汗亲王策旺扎布为盟长、贝勒博贝为副盟长。此后各盟依此例设盟长等因。钦此，钦遵。特此札付。雍正六年四月。

理藩院的这篇文书详细记载了内外蒙古十一个盟会的名称和各盟盟长、副盟长的名字。其中“锡林郭勒”盟名替代了“呼尔哈哈雅”旧名，此外出现了喀尔喀四盟会的名称，包括雍正二年（1724）从土谢图汗部分出的赛音诺颜部及其盟名。雍正六年内外扎萨克蒙古十盟的会盟地点和名称已全部固定。

从札文“仍循旧例”于六处会盟的记叙来看，“锡林郭勒”不是雍正六年初次安排的会盟地。何时从“呼尔哈哈雅”移至锡林郭勒会盟的呢？据史籍档案记载，康熙四十一年会盟以后至雍正六年前内扎萨克举行过两次会盟，即康熙四十五年（1706）和康熙四十九年两次会盟。清廷于康熙四十五年改三年一次会盟为五年一次，故于康熙四十九年举行会盟。之后康熙五十四年（1715）是会盟之年，因为雪灾理藩院奏请推迟至五十五年举行，康熙五十五年（1716）又因为内外扎萨克率兵从征准噶尔停止会盟，清廷令各扎萨克于会盟之年自己比丁，将丁数和及岁台吉数呈报理藩院，轻微案件扎萨克审理，重大案件呈报理藩院派员审理。[②] 康熙五十六年（1717）内外扎萨克派兵进藏驱逐准噶尔，雍正元年（1723）派兵平定青海罗卜藏丹津叛乱，战事连绵，一直未举行会盟。雍正二年，理藩院又奏请因战事未结束，仍按康熙五十五年之例，停止会盟，由各旗将丁数和及岁台吉数上报理藩院。[③] 雍正六年是会盟之年，清廷恢复会盟，停派大臣，令外藩蒙古自己会盟，增设副盟长协助盟长办理事务，对盟会事务作了重大调整。因此“锡林郭勒”之地成为新会盟地的时间应在康熙四十五年或四十九年两次会

---

① tasilaγulqu 词根为 tasilqu，意为“为副、作副手、当辅佐”。

② 雍正二年四月《理藩院为上报及岁台吉及比丁事札鄂尔多斯杭锦旗扎萨克齐旺班珠尔文》，《杭锦旗札萨克衙门档案》（折件）第五册，第016条，第30页。

③ 雍正二年四月《理藩院为上报及岁台吉及比丁事札鄂尔多斯杭锦旗扎萨克齐旺班珠尔文》，《杭锦旗札萨克衙门档案》（折件）第五册，第016条，第30—32页。

盟之时。

三

漠北喀尔喀四盟会的会盟地点变化较大。最初喀尔喀来归附，康熙三十年（1691）清廷安排喀尔喀部与内扎萨克四十九旗在多伦诺尔一同会盟，并在喀尔喀设立三个盟会。到康熙三十六年（1697）喀尔喀大部分返回故地，少数在卡伦内游牧的喀尔喀扎萨克就近在呼和浩特（归化城）或乌兰察布盟会盟。上述康熙四十一年杭锦旗档案记载“在内扎萨克盟会之人诉卡伦外居住之喀尔喀人，赴喀尔喀盟会处诉之，若在内扎萨克盟会诉讼则无效”。可知卡伦外居住的喀尔喀部人已经独自会盟。雍正二年，清廷从土谢图汗部分出赛音诺颜部，喀尔喀成为四个盟会。雍正六年喀尔喀各部的会盟地点如前引档案所记：车臣汗部在克鲁伦巴尔和屯地方会盟，土谢图汗部在鄂尔浑土拉贝勒齐尔地方会盟，赛音诺颜部在翁金伊和哈巴齐海地方会盟，扎萨克图汗部在推河布拉干和硕地方会盟。而乾隆二十年（1755）《大清会典则例》稿本记载：“土谢图汗及所辖十有八旗盟于汗阿林地方为一会，车臣汗及所辖二十一旗盟于克鲁伦巴尔河屯为一会，扎萨克图汗及所辖十有六旗，盟于扎克毕赖塞钦毕都里也诺尔为一会，赛因诺颜及所辖二十旗，盟于齐齐尔里克为一会。”① 与乾隆朝《大清会典则例》记载相同。这是喀尔喀后来的盟名。与前者比较，除车臣汗盟（克鲁伦巴尔和屯）以外其他三盟的会盟地点都有变化，这与雍正年间清朝与准噶尔的战事密切相关。

雍正七年（1729）五月，清军出征准噶尔；八年（1730）十二月，西路军兵败阔舍图卡伦；九年（1731）六月北路军再败于和通诺尔。② 清军被迫从进攻转入防御。傅尔丹率领北路军从科布多东撤至察罕叟尔，防守察罕叟尔、扎卜堪（亦译作扎布韩，即今蒙古国境内扎布罕河）等地。③ 令喀尔喀扎萨克图汗部游牧地东移躲避，喀尔喀西面三盟游牧地均相应东移，最东面的克鲁伦巴尔和屯盟未受影响。雍正十年（1732），准噶尔军越过察罕叟尔军营，直至克尔伦地方抢掠喀尔喀，在推河劫去额驸策凌妻子及军营人畜。策凌率军追击，在德尼召大败准噶尔军。④ 清军获胜后，雍正十二年开始与准噶尔议和。⑤ 乾隆皇帝即位后，继续遣使与准噶尔议和划界。乾隆二年（1737），喀尔喀出兵三千人驻鄂尔昆，扎萨克图汗部设卡伦于扎卜堪、台西里、空圭、特斯等处。乾隆元年（1736），清高宗谕喀尔喀游牧毋遽外徙，上谕总理王大臣曰：

> 西部喀尔喀等原在茂岱察罕叟尔、扎卜堪河等处游牧，因准噶尔厄鲁特等久怀窥伺之意，我皇考圣虑周详，念喀尔喀等若不预令内徙，贼来侵犯，伊等游牧处不

① 见姜亚沙等主编《理藩院公牍则例三种》第一册，全国图书馆缩微复制中心 2010 年版，第 150—151 页。

② 《清世宗实录》卷 78，雍正七年二月癸巳条；卷 82，雍正七年六月乙未条；卷 101，雍正八年十二月己卯条；卷 108，雍正九年七月庚午条。

③ 《清世宗实录》卷 110，雍正九年九月丙寅条。

④ 《清世宗实录》卷 122，雍正十年八月壬申条。

⑤ 《清世宗实录》卷 145，雍正十二年七月戊戌条。

能一时就便迁移，则人畜受伤，而贼反获利，是以屡降谕旨，交大将军及喀尔喀副将军等将喀尔喀游牧内徙之处详查定议具奏。寻议，喀尔喀等俱各向东移徙，外以杭爱之阴，塞楞额多欢、鄂尔昆之鄂圭淖尔为界，内以杭爱之阳，翁金河、古尔班赛堪等处为界。去年喀尔喀扎萨克图汗格勒克雅木丕勒奏称，伊所住哈鲁纳地方既无野兽，又牲畜不得孳生，乞移驻于旧游牧推河、伊克鄂拉、翁金等处，经大将军议奏准其外徙。现今噶尔丹策零遣使求和，我大兵以次撤回，止留兵驻防边境，念准噶尔素与喀尔喀为仇，宁保其不相侵犯，自宜预为备。喀尔喀等不知其故，以为既经和好，大兵全撤，思念原游牧处，渐欲向外迁移。但计地方辽阔游牧从容，不思居可虞之地被贼残害牲畜掳掠子女之患，是见小利而不知大计者也。准噶尔定界之事尚在未决，喀尔喀游牧且令勿遽挪移，著额驸策凌等戒谕喀尔喀扎萨克人众，仍驻原驻之地，禁其逾界游牧，此亦为喀尔喀起见，非欲竟弃其地也，俟数载后准噶尔大定，绝无可虞，度量情形，必令伊等仍移本处，临时再降谕旨。①

喀尔喀西部三盟的牧地东移是在雍正九年北路清军失利之后。② 对于喀尔喀东移前后的牧地，冈洋树考证指出："扎萨克图汗部的牧地从察罕瘦尔、翁金（在扎布罕河西部、翁金河沿岸地区）至拜格勒（在戈壁阿尔泰省东部）、哈萨克图山（阿尔泰山脉中的山名，在戈壁阿尔泰省中部）、哈喇阿扎尔干（阿尔泰山脉中的山名，在戈壁阿尔泰省锡尔嘎县东南）一带地方。雍正初年，在同准噶尔的战争中，扎萨克图汗部避乱东迁，居住在乌喇特西境哈鲁纳等地。当时，喀尔喀其他各部为了躲避准噶尔的进攻，也都向东移徙。喀尔喀内徙后的牧地，北侧以杭爱山脉的塞楞额多欢、鄂尔昆之鄂圭淖尔（湖名，在后杭爱省）为界，南侧以翁金河、古尔班塞堪（山名，属于戈壁阿尔泰山脉）为界。"③

雍正十三年（1735），扎萨克图汗（推河布拉干和硕盟）请求返回翁金、推河故地游牧，因为准噶尔在谈判中坚持厄鲁特无逾阿尔台岭（阿尔泰山），蒙古亦止在扎卜堪，不得在科布多驻兵等条件，④ 清高宗未允准其返回故地游牧。乾隆五年（1740）清准达成和议，二月，清高宗再谕喀尔喀部落王等定游牧界址，不得西越扎卜堪。⑤ 五月，定边左副将军策凌等奏定喀尔喀游牧界，向西扩展至"今设立卡伦之扎卜堪、齐克济、哈萨克图库克岭等处，自此以内三四百里，就鄂尔海取中，向南一带至博罗椿济、塔尔喇布喀代、汗淖尔、党那尔台、图穆尔哈巴沙喇，布鲁都、奇齐格纳之阿鲁通金、鄂伦淖尔、达兰图鲁等处，向北一带至额德尔齐德尔之伯勒齐尔、准舒玛勒台、桑

① （清）傅恒等撰：《平定准噶尔方略》前编卷41，乾隆元年八月己巳条，全国图书馆文献缩微复制中心1990年版，第670—671页；亦见《清高宗实录》卷24，乾隆元年八月己巳条。

② 雍正十年六月初九日《喀尔喀副将军丹津多尔济奏报俄罗斯消息折》，《雍正朝满文朱批奏折全译》下册，黄山出版社1998年版，第4098条，第2128页。《奏报扎萨克图汗请迁移牧场折》，《雍正朝满文朱批奏折全译》下册，第5394条，第2631—2632页。

③ ［日］冈洋树著，玉平译：《清朝在喀尔喀蒙古建立盟旗制度的过程——以牧地问题为中心》，《民族译丛》1989年第3期。

④ 《清高宗实录》卷87，乾隆四年二月庚子条。

⑤ 《清高宗实录》卷110，乾隆五年二月丙子条、己卯条；卷122，乾隆五年七月丙子条。

金达赖、喀喇塔尔、阿勒坦噶达苏等处，定为外界，其内游牧人众悉扎萨克图汗格勒克雅木丕勒稽查，不许逾越定界”[①]。乾隆十一年（1746）九月，清高宗命展放喀尔喀游牧地方，定边左副将军策凌等以干旱为由请求在卡内距扎卜堪百里之遥游牧居住，获得允准。[②] 至此西三盟的游牧地界线暂时稳定。

雍正六年会盟后，清廷停派大臣，内外扎萨克自己会盟。[③] 喀尔喀西部三盟东徙后的会盟地史籍不载。乾隆五年西部三盟返回原牧地，但是受清准和约限制，扎萨克图汗部只能距扎卜堪等边界三四百里内游牧，没有完全回到原牧地。乾隆八年、十二年喀尔喀举行比丁会盟，[④] 这是西部三盟返回故地之后举行的，会盟地发生变化后有了新的盟名。乾隆十二年，清廷给内扎萨克六盟长颁发印信。[⑤] 同时给喀尔喀四盟长颁发印信。[⑥] 清廷是以喀尔喀西部三盟的新会盟地名称作为盟名颁发了盟长印信，如喀尔喀赛音诺颜部（齐齐尔里克盟）盟长印满文为“cecerlig i culgan i da i doron”，蒙古文为“čečerlig-ūčiγulγan-u daruγ-a-yin tamaγ-a”，[⑦] 即“齐齐尔里克盟盟长印”。赛音诺颜部新盟名“齐齐尔里克盟”见于乾隆十五年（1750）的理藩院题本，[⑧] 扎萨克图汗部的新盟名“扎克毕拉塞钦毕都里也诺尔盟”亦见于乾隆十七年（1752）的理藩院题本。[⑨] 而车臣汗部的盟名“克鲁伦巴尔和屯盟”始终没有变化，自此喀尔喀四盟的名称固定下来。

自雍正六年内外扎萨克各盟自己会盟以来，盟长的日常军政事务增多，逐渐成为一级行政长官。乾隆十二年，清廷给内外扎萨克十盟盟长统一颁发印信，镌刻有盟会名称。这样，盟会的名称全部固定下来。此后尽管会盟地点有变化，官方确定的盟名不再

① （清）傅恒等撰：《平定准噶尔方略》前编卷45，乾隆五年五月壬寅条，第717—718页。

② （清）傅恒等撰：《平定准噶尔方略》前编卷49，乾隆十一年九月乙未条，第805—807页。

③ 雍正十二年闰四月十七日《理藩院为比丁事札盟长杭锦旗扎萨克贝子齐旺班珠尔文》，《杭锦旗札萨克衙门档案》（折件）第五册，第123条，第211—212页；乾隆四年三月初五日《理藩院为比丁和报及岁台吉事札盟长杭锦旗扎萨克贝子齐旺班珠尔文》，《杭锦旗札萨克衙门档案》（折件）第五册，第301条，第474—476页。

④ （清）傅恒等撰：《平定准噶尔方略》前编卷47，乾隆八年五月丙申条，第758—759页；前编卷50，乾隆十二年五月庚戌条，第825页。

⑤ 乾隆《大清会典则例》卷140《理藩院·旗籍清吏司》，《四库全书》史部，第642册，第417页。乾隆十三年四月铸造的哲里木盟盟长印、昭乌达盟盟长印、伊克昭盟盟长印分别藏于辽宁省博物馆、内蒙古博物院、乌兰察布市博物馆。图版见白初一等主编《清朝内蒙古盟旗印章图鉴》第一部分，辽宁民族出版社2019年版，第3—19页。

⑥ 乾隆《钦定大清会典则例》卷142《理藩院·典属清吏司》，《四库全书》史部，第624册，第491页。

⑦ Ц. Сономдагва：Манжийзахиргаандбайсанүеийнармонголынзасагзахиргаанызохионбайгуулалт（1691－1911），Улаанбаатар，1961он. 54тал.

⑧ 乾隆十五年三月初八日《理藩院为达沁扎布署齐齐尔里克盟盟长印晓谕盟长杭锦旗扎萨克齐旺班珠尔文》，《杭锦旗札萨克衙门档案》（折件）第七册，第329条，第437页。

⑨《兼管理藩院事务大学士傅恒等题喀尔喀扎萨克图汗部扎萨克镇国公旺扎勒病故请照例遣员致祭本》（乾隆十七年四月二十三日），载中国人民大学国学院西域历史语言研究所、中国第一历史档案馆编《清朝前期理藩院满蒙文题本》第四卷，第343页。

改动。例如，乾隆十二年以后伊克昭盟的会盟地已不在伊克昭，改在白塔；① 光绪年间，昭乌达盟会盟地在昭乌达西面二十华里的达尔罕布拉格。② 但盟会名称不再随会盟地点的变化而改变了。

四

综上所述，内外扎萨克蒙古十盟名称是以其会盟地点命名的，内扎萨克六盟的会盟地点和名称于康熙四十五年或四十九年被固定下来。雍正六年内外扎萨克十盟会的名称已固定。雍正年间发生清朝与准噶尔的战争后，喀尔喀西部三盟的游牧地东移，乾隆五年返回旧牧地之后会盟地和名称发生了变化。乾隆十二年，清廷给内外扎萨克十盟盟长颁发了有盟名的印信，至此内外扎萨克蒙古十盟会的会盟地和名称全部固定，再没有变化。

（原载《民族研究》2020 年第 2 期）

① N. 哈斯巴根：《清代伊克昭的会盟》，《内蒙古大学学报（蒙古文版）》2006 年第 6 期。

② 玉海：《清代昭乌达盟的形成及其会盟问题探析——以翁牛特右翼旗印务处档案为中心》，《国学学刊》2017 年第 3 期。

屯田区概念与西域屯垦史研究*

侯甬坚**

屯田区即屯田区域的简称（也称屯垦区），这是一项内涵丰富而又十分艰深的历史研究课题。中国的新疆地区属于古代西域的一部分，自西汉王朝的边疆拓展到这里，因时事因地利实施屯垦制度以来，形成了跨越漫长历史时期的西域屯垦史，犹如一架储藏丰厚的宝藏之山，留待学人们前来挖掘和认识。

本文的写作意图，是借助前人已有的研究结果，综述再现西域屯田区已有的研究成绩和景象，在学者们共同建立的论述水平上，尝试着建立起中国西北边疆史的西域屯田发展系统。在这样的探讨中，试图以历代屯田区之盈缩作为探求西域历史发展的一条线索、一个界面，由此归纳出屯田区概念的基本内涵。还有一个重要的考察内容，是通过触及到的前人使用过的概念和研究方法，思考它们曾经支撑过什么样的研究，产生了什么样的结果，在经过各种方法的淬炼后，又可以做出怎么样的进一步的研究结果。

一 屯田区概念再提出

前人基于自身的知识积累，或对西域历史及地理的认识，对于屯田区有过不同的表述，这是需要留意和收集的。

20世纪初期，英国考古学家奥里尔·斯坦因（Marc Aurel Stein，1862—1943）服务于印度政府，也得到印度测量局派员之协助，对亚洲腹地——中国新疆地区接连进行了古代文明遗迹的勘察和发掘——他们习惯于称作“探险”。在他的《西域考古记》里，有过这样的记述。①

> 从地图上看来，这一大片地方很像是“自然”有意在地球上发生大文明的几处地域之间，造了这样一座障壁，隔断了它们在文化方面彼此的交流。因为在这片地方以内，自东到西径长一千五百英里，自南到北也在五百英里以上，而生物可以居住的只严格地限于几线沙漠田，这些沙漠田除去些许地方以外，比较又都是很小的地方，此外就是一望无垠的沙漠了。这些沙漠无论是散布在高峻的山脉之上，或

---

* 本文为国家社会科学基金重大项目“多卷本《中国生态环境史》”（项目批准号：13&ZD080）阶段性成果。

** 侯甬坚，陕西师范大学西北历史环境与经济社会发展研究院教授、博士生导师。

① ［英］斯坦因：《西域考古记》，向达译，商务印书馆2014年版，第8页。这是经过向达的译笔，作出的译文，译作“沙漠田”，有其特别的理解在里面。

是位于山麓携带冰川，穷荒不毛，以及流沙推动的平原上，几乎是到任何处，滴水全无。

斯坦因所说的“障壁”，是指分布在新疆周边的天山、帕米尔高原和昆仑山及其绵长的余脉。相比沙漠之广大，“这些沙漠田除去些许地方以外，比较又都是很小的地方”，在旅行中多有所见，因为是道路所经，村落城邑所在，旅行者又必定会借住于此（见表1）。

表1　　斯坦因《西域考古记》中译本所见“沙漠田”之表述

列举	表述	原文记述	页码位置
1	几线沙漠田	生物可以居住的只严格地限于几线沙漠田	第8页第3段
2	沙漠田	小小的婼羌（Charkhlik）沙漠田即是古代的鄯善	第13页倒数第5行
3	大沙漠田	更向西去，库车（Kucha）和疏勒（Kashgar）大沙漠田的情形正是相同	第16页第3段
4	一小片沙漠田地带	塔里木盆地中间人类可以长久居住的地方只限于塔克拉玛干大沙漠和周围大山脉之间一小片沙漠田地带	第18页第2段
5	诸沙漠田	……虽然常常寇抄塔里木盆地诸沙漠田，迫其臣属	同上
6	沙漠田	……这些资灌溉为生的沙漠田里面垦殖者勤劳逼仄的生活	第16—17页衔接处
7	小沙漠田	我们最后在和平的小沙漠田库克雅尔（Kök Yar）忙碌工作的时候	第52页倒数第1—2行
8	沙漠田	五年前我的第一次探险，即视此沙漠田为可爱的中亚考古的基础	第53页第3—4行

斯坦因采用“沙漠田”的表述，看重的是农田存在于沙漠之上的客观地理条件，其面积大小，是因地而异。至1951年，简牍研究专家劳榦（1907—2003）在台湾发表《从历史和地理看过去的新疆》① 一文，对于散处新疆沙漠边缘的农田，给出的则是“水草田”的表述，具体论述如下。

新疆中、南、北三区，因为地形的不同，所以就形成了三种不同的区域，北部是准噶尔盆地，以草原为主；中部是天山山脉，以山地为主；南部是塔里木盆地，以荒漠和水草田为主。……农业的发展，应当和沙漠中水草田有若干关系的。

“水草田”的表述使人联想到《史记·匈奴列传》里“逐水草而居”的描写，说明人们看重的是有水有草的地方，这样的地方一类是作为放牧之地（如匈奴族的生活），另一类是被生活在沙漠地带的人们渐辟为农田。但凡定居之所和开垦农田的地

① 劳榦：《从历史和地理看过去的新疆》，《大陆杂志》（台北）1951年第2卷第8期，第11—15页；收入劳氏《古代中国的历史和文化》（下册），中华书局2006年版，第343—351页。

方，随着人口增加和农业技艺提高，必定会有耕种面积的扩大。“沙漠田”“水草田”这样的表述，如今已被学界习用的绿洲（Oasis）概念所替代，因为学界表述的绿洲，就是指沙漠中存有水草和绿色的土地。

此外，我们还注意到一些学者使用过屯田区这一概念，例如如下几处。

1957 年，陈连庆（1916—1989）在《东汉的屯田制》一文中阐述，东汉“明帝时应有楼兰屯田……均与前此的说法不太相同。总之，这一部分是想就钩稽所得的史料，企图发现每个屯田区的特点，进而找出它们彼此之间的关系的”①。鉴于北匈奴在天山北面的实力，“故戊己校尉更互屯焉”②，由史料中的“互屯”转而探讨屯田区之间的关系，是非常可取的。

1974 年，管东贵在台湾发表《汉代的屯田与开边》长文，认为“西域虽多为沙碛之地，然沿天山山麓如轮台、渠犁、车师，以及稍东的伊吾一带，则仍多为沃壤，宜于耕种”③。作者头脑里确有“区”的概念，使用的河套区、河西区用词即是，说到屯田之地多使用“一带”来表示。论文所附《汉代屯田开边图》（原刊第 89—90 页折图），兼及整个版图，标示西域屯田地点有轮台、渠犁、依循、赤谷城、焉耆、车帅（包含交河城、柳中、金蒲城、高昌壁）、莎车（北胥健屯田）、伊吾，包含地名最全。

1989 年，方英楷所撰《新疆屯垦史》出版，全书上下册 78 万字，重视有关朝代“屯垦分布区”的列表和文字撰写，对清朝更是分期分区予以撰写，附录二为《历代在新疆屯垦总表》，数据多见于表格中。④ 这一著作展示了新疆屯垦史的连续性和继承性。

2001 年，张德芳在《从悬泉汉简看两汉西域屯田及其意义》一文中，强调指出“轮台和渠犁，是西域开辟最早、位置最为适中、持续时间亦最长的屯田区”⑤。这 2 处屯田地点，已成为本地区西汉考古最具有揭示性的经典位置。

2012 年，王希隆发表《唐代西域屯田述略》一文，阐述“唐代西域屯田以军屯为主。最初，西域开设的屯垦区主要集中在西域东部伊、西、庭三州，所谓‘屯守常千人，屯士数年一易’而已。自阿史那社尔平西域置四镇之后，随着安西四镇的设立与北庭大都护府的设立，唐朝对西域的控制全面加强，设立了更多的屯垦区，天山南北皆开设屯田”⑥。以屯田区为先导和基础，带动和促进民屯，这是唐朝屯田的特点。

2017 年，张安福新著《西域屯垦经济与新疆发展研究》出版，其博士后合作导师

---

① 陈连庆：《东汉的屯田制》，《东北师范大学科学集刊》1957 年第 3 期，第 100—124 页（文末落款为 1956 年 12 月 18 日脱稿）。

② （南朝宋）范晔：《后汉书》卷 88《西域传》，中华书局 1965 年版，第 2914 页。

③ 管东贵：《汉代的屯田与开边》，《史语所集刊》（台北）第四十五第一分，1974 年 6 月；收入《中研院历史语言研究所集刊论文类编：历史类·秦汉卷（二）》，中华书局 2009 年版，第 1575—1657 页。

④ 方英楷：《新疆屯垦史》（上下册），新疆青少年出版社 1989 年版。作者系新疆生产建设兵团党校文史教研室历史教员，1986 年在接受兵团宣传部的科研任务后开始了这部著作的写作。

⑤ 张德芳：《从悬泉汉简看两汉西域屯田及其意义》，《敦煌研究》2001 年第 3 期，第 113—121 页。

⑥ 王希隆：《唐代西域屯田述略》，《贵州大学学报（社会科学版）》2012 年第 5 期，第 1—10 页。

宁欣为之所作序文里写道：①

> 目前对屯垦的研究，主要侧重于屯垦史、屯垦戍边、屯垦与国家安全等问题，很少有专门研究单纯的屯垦经济发展史的研究成果。新疆作为中国屯垦的典型区域，尤其需要梳理其两千年来屯垦经济发展的背景、屯垦群体、屯垦区域、屯垦绩效等问题，以便于更为客观地了解中国这个特殊区域内所进行的屯垦经济的历史进程。

这是近些年来中国学人立足于屯垦经济发展史的研究目标，面对学界，做出的最明确的需要研究屯垦区域的指点。

至2018年，达吾力江·叶尔哈力克发表《汉武边塞与西域屯田——轮台、渠犁屯田考古发现初论》一文，特别指出："以往对于汉代西域屯田的讨论更多集中在屯田开始、延续和中断的时间，对于屯田可能的区域以及区域的选择并没有深入地探讨。"②职是之故，论文以历史文献记录与考古勘察结果互证，做出了对于轮台、渠犁屯田的实证研究。

从上述事例可见，历代西域屯田区的范围如何，本身即为一个客观事实，其经营过程亦具有明显的历史地理学意义，着手厘清地面上的事物、屯田人员的日常事务及与诸方面的关系，就会成为此类研究的必然走向。

二 不同时代屯田区域复原的尝试

西汉是开启西域屯垦的时代，曾做过的一点一滴事务，其遗迹和影响因延至后世而意义非同一般。今人欲做连续的屯垦史研究，为寻求根源，建立可靠的研究基础，更加离不开前人做过的具有奠基之功的研究事业。下面谨举汉代、唐代、元代、清代及现代新疆生产建设兵团经营屯田区方面的事例，用以回顾学界已取得的进展。唯视野有限，所举事例挂一漏万，尚请高明者指教。

1. 汉代西域屯田区举例

屯田区最重要的征象即为历史地名。张德芳认为：西汉在西域的屯田基本分布在轮台、渠犁、车师、伊循、赤谷城等地，时间最早始自李广利伐大宛之后，最晚到王莽积失恩信、西域反叛，前后约一个世纪。③

西汉楼兰区域内还有一个古城，名为依循城，其城址所在，长期以来讨论不止。新

---

① 宁欣：《序》，载张安福《西域屯垦经济与新疆发展研究》，广东人民出版社2017年版，第2页。作者赠书，谨致谢意。

② 达吾力江·叶尔哈力克：《汉武边塞与西域屯田——轮台、渠犁屯田考古发现初论》，《历史研究》2018年第6期，第154—166页。

③ 张德芳：《从悬泉汉简看两汉西域屯田及其意义》，《敦煌研究》2001年第3期，第113—121页。

疆文物考古研究所于志勇对此曾有非常细致的归纳和评述。①

> “依循城”地望的研究，约始自清代徐松，在《汉书西域传补注》里，徐星伯据《水经注》所记“河水经依循城北，又东注泽，泽在扞泥城”，认为“是依循在楼兰国西界”，并且《水经注》所记敦煌索劢屯田是“依循屯田之事”。具体地望位置的考察和研究，则起始于20世纪初斯文·赫定发现楼兰之后实地调查和发现对西域史地研究的冲击。20世纪初，A. 斯坦因等在踏查若羌至罗布泊地区汉唐遗址后，依据沙畹和伯希和等对楼兰出土简牍文书、《新唐书》、《水经注》以及敦煌所出《沙州伊州地志残卷》的史地研究结果，将米兰遗址比定为楼兰国“扞泥城”，将汉代“依循城”定在今若羌，德国学者赫尔曼则将“依循城”定在米兰，而将“扞泥城”定在若羌。两氏均将“扞泥城”和“依循城”定在罗布泊南部，即今天的米兰绿洲和今若羌县城所在的绿洲。之后，日本学者藤田丰八、大谷胜真、松田寿男以及中国学者黄文弼、冯承钧等多赞同将依循定在南道若羌绿洲；1970年后，马雍、陈戈、侯灿、饶瑞符、章巽、余太山、黄盛璋、土守春、张德芳、伊藤敏雄、李炳泉等认为，米兰遗址为依循城，元凤四年（前77）之后，鄯善国都南迁，扞泥城在今若羌。与上述学者主张的“依循城”位于罗布泊南部的观点（简称“南道说”）完全不同，长泽和俊、孟凡人、赤松明彦等学者认为，“依循城”应该位于罗布泊西北部、西汉通西域的丝绸之路北道上，并且分别推定为土垠遗址、斯坦因编号LK古城遗址（简称“北道说”）。

从清人徐松到日本学者赤松明彦，再到此文作者于志勇，该文述及参与依循城地望讨论的研究者有20余人，这是一个西域地名地理位置研究的缩影。最后作者又推出自己的最新的考古学结论——位于罗布泊西北部的LE古城应当是依循城故址所在。作者也解释了“南道说”和“北道说”两种观点产生的背景原因：一是学者们对史料的不同理解或疑惑，导致在辨析和取舍史料方面各持己见，众说纷纭；二是由于历史地理实地调查极为有限，考古发掘工作和研究工作明显薄弱，长期缺乏能够有力支持南、北两说的准确而可靠的考古材料。

以考证精细著称的藤田丰八（1869—1929），所著《扞泥城与依循城》是放置在《西域研究》一书首篇位置上的。② 他自己写作时观察到汉唐间文献所记二城有“正属东西相反”的现象（指地理位置），产生了一种“殊堪惊异”的感觉，有所解释，又不能断其正误。后来黄文弼认可《水经注》的记载，批评斯坦因，又批评藤田丰八“欲以《水经注》之依循城与东故城，配合唐之屯城与石城镇，亦限于时空不相容之谬误，

---

① 于志勇：《西汉时期楼兰“依循城”地望考》，刊于文化遗产研究与保护技术教育部重点实验室、西北大学丝绸之路文化遗产保护与考古学研究中心、西北大学唐仲英文化遗产研究与保护技术实验室编《西部考古》第7辑，三秦出版社2014年版，第218—230页。

② ［日］藤田丰八：《扞泥城与依循城》，收入藤田氏《西域研究》一书，杨练译，商务印书馆1937年版；新版为山西人民出版社“近代海外汉学名著丛刊（中外交通与边疆史）”之一种，2015年版，第1—9页。其事迹可参见咏梅《东洋史学家藤田丰八在中国的活动及其影响》，《内蒙古师范大学学报（哲学社会科学版）》2007年第2期，第143—144页。

两者皆非也”[①]。于志勇也评论道：“首位专论‘依循’地望的学者藤田丰八对史料相互矛盾的困扰和踌躇，也可见于字里行间；长泽和俊先生还不客气地批驳诸位前辈‘南道说’为‘谬说’。”此例表明历史地名地望的考证工作是相当繁复的，属于经过百年争论尚未有定论的事例，但其学术推动作用却不可小觑，与此同时，学者们还可以通过其他途径——如考古学研究路线来予以推进。

学界前辈陈连庆心目中是有“屯田区”概念的，所以他在其早年论文《东汉的屯田制》里陈述了东汉时代西域屯田的三个阶段等内容。具体是自明帝永平十六年（73）到章帝建初二年（77），是第一阶段，屯田地点为伊吾、柳中、金满、楼兰等处；自和帝永元二年（90）至安帝永初元年（107）为第二阶段，屯田地点为柳中和伊吾；自安帝延光二年（123）至献帝建安元年（196）为第三阶段，屯田地点与第二阶段相同。在每个阶段中，伊吾和柳中的屯田都相当重要，累计前后屯田年数，伊吾屯田共有 87 年；柳中共有 94 年，在东汉各地屯田中，它算是时间最长的了。末了，他说“我希望研究中国历史分期的人们能注意东汉屯田的历史实际”[②]。

2. 唐朝西域屯田区举例

魏晋南北朝时期西域地区诸国诸民族极为活跃，丝路沿线交通时断时续是基本情况，中原王朝经营的屯田也相当不稳定。隋朝争取西突厥的归顺，西域经营又进入新的阶段。

《唐六典》卷七《尚书工部》记述屯田郎中、员外郎的职责是“掌天下屯田之政令。凡军、州边防镇守转运不给，则设屯田以益军储。其水陆腴瘠，播殖地宜，功庸烦省，收率等级，咸取决焉。诸屯分田役力，各有程数”。所记河西道屯田地点有如下。[③]

> 河西道赤水三十六屯，甘州一十九屯，大斗一十六屯，建康一十五屯，肃州七屯，玉门五屯，安西二十屯，疏勒七屯，焉耆七屯，北庭二十屯，伊吾一屯，天山一屯。

意即今新疆范围内时有安西、疏勒、焉耆、北庭、伊吾、天山六处，共五十六屯。其中“大者五十顷，小者二十顷。凡当屯之中，地有良薄，岁有丰俭，各定为三等。凡屯皆有屯官、屯副”。朝廷官修政书胪列屯田事项，自然便于今人开展屯田区域方面的研究。

2012 年，王希隆发表《唐代西域屯田述略》[④] 一文，其中专论唐代西域屯田的规

---

① 黄文弼：《古楼兰国历史及其在西域交通史上之地位》，载黄氏《西北史地论丛》，上海人民出版社 1981 年版，第 182 页。

② 陈连庆：《东汉的屯田制》，《东北师范大学科学集刊》1957 年第 3 期，第 100—124 页。又收入《中国古代史研究——陈连庆教授学术论文集》（上下册），吉林文史出版社 1991 年版。

③ （唐）李林甫等撰：《唐六典》卷七《尚书工部·屯田郎中》，陈仲夫点校，中华书局 1992 年版，第 223 页。点校人陈仲夫介绍此典编修时间在开元十年至二十七年（722—739），系以唐代官制为本，反映的是成书前后唐代现行之官制情形。

④ 王希隆：《唐代西域屯田述略》，《贵州大学学报（社会科学版）》2012 年第 5 期，第 1—10 页。

模及屯垦区分布，划分出七个以军屯为主的唐代西域屯垦区，称若以每屯 50 顷计，46 屯总计 2300 顷、23 万亩。七个屯垦区具体情形如下。

（1）伊州屯垦区，分布在哈密一带，伊州下设伊吾、纳职、柔远三县。依附在甘露川两岸，即今巴里坤县城东北的大河古城遗址一带，农耕条件甚好，每年所获屯粮，除供给当地驻军外，部分屯粮还要供给庭州驻军。

（2）西州屯垦区，西州下辖高昌、柳中、交河、天山、蒲昌五县，在伊、西、庭三州中编户齐民最多。天山县位于今吐鲁番托克逊县北部，靠近天山，水源充足，耕地广阔，适宜屯垦，驻军及屯垦区故冠之以天山之名。

（3）庭州屯垦区，贞观十四年（640）设庭州，辖金满、蒲类、轮台三县。武则天长安二年（702）设立北庭大都护府，管辖天山以北直至今巴尔喀什湖以东以南地区。庭州驻军增多后，主要依靠屯田供给军粮，而生产是依赖天山雪水灌溉。开元年间，屯垦区面积与安西大都护驻地龟兹相同，也是 20 屯，面积在 10 万亩左右。该屯垦区中，以轮台屯田成效最为卓著。在庭州西北七百里处的清海，即今石河子市附近也开设了屯田，当地驻军名为“清海军”，驻军屯田面积在万亩以上。

（4）龟兹屯垦区，龟兹即今库车，是为西域大国，居西域中心地带，位于东西交通孔道上，唐朝于此设立安西大都护府，遂成为唐朝在西域的政治军事中心。龟兹也是龟兹都督府和龟兹镇所在之地，当地驻军人数当居西域各地驻军人数之首位。龟兹是塔克拉玛干沙漠北部的著名绿洲，当地驻军利用土地肥沃、水源充足、物产丰盈的自然条件，大兴屯垦。至开元年间，当地开设有 20 屯，面积也在 10 万亩左右。

（5）疏勒屯垦区，疏勒即今喀什，是通往中亚、西亚和印度的必经之地，唐朝于此设有疏勒镇和疏勒都督府。疏勒河水源充足，当吐蕃陷安西，“四镇路绝”之时，安西大都护郭元振率军屯驻疏勒水岸坚守，少了断粮之忧。开元年间，当地开设有七屯，耕地面积当在 35000 亩左右。

（6）焉耆屯垦区，焉耆位于今博斯腾湖西北，是连接西州与龟兹通道的必经之处，当地设有焉耆镇与焉耆都督府。焉耆屯垦区的开设较早，至开元年间，设有七屯，当有 35000 亩左右。屯田规模远超西州、伊州，反映出当地驻军人数较多的师生，而驻军用粮主要依赖屯田供给。

（7）碎叶屯垦区，碎叶位于今吉尔吉斯斯坦托克马克附近，地处丝绸之路北道要冲。安西大都护府建立后，唐将王方翼筑碎叶城，史载“渡伊丽河，至碎叶界。又西行千里至碎叶城”。《新唐书·地理志》记载当地“有保大军，屯碎叶城”。碎叶屯垦区规模较大，有人认为当其盛时，应有屯田军万余人，屯地 10 万亩左右。

《唐六典》记载已说明“大者五十顷，小者二十顷”，差距有五分之三。因此，需要评估每一个屯田区的自然及生产条件，才易于掌握屯田区的实际情形。

3. 元朝西域屯田区举例

唐朝之后，回鹘人建立的喀喇汗王朝、契丹人建立的西辽王朝，在中亚、西域地区很有影响，鼎盛时期的影响及于今新疆东面。蒙元势力兴起后，又逐渐形成向西发展的势头。

据研究，大约在 1219 年，成吉思汗曾命哈剌亦哈赤北鲁在天山北部的独山城开始屯田。其原因一是独山城“当北来要冲”，地理位置非常重要，从军事战略的角度考虑有其价值。在忽必烈统治时期，为了抵御西北诸王的反叛，加强西域地区的防御能力，稳定元朝在西域的统治，元朝政府派遣了大量军队进入西域。为了解决军队的粮食问题，元朝政府在别失八里（今吉木萨尔北）、曲先（今库车）、斡端（今和田）、阇鄽（今且末）等地设立屯田区，命令驻军和百姓开展屯田，取得了显著成效。①

张安福新著《西域屯垦经济与新疆发展研究》，写到元朝西域屯田的区域分布，绘制图 44《元朝西域的屯垦分布示意图》（第 122 页），文字部分写有别失八里屯区、哈密力屯区、斡瑞屯区、滕竭儿屯区、曲先屯区，然在示意图上只有地名②，没有范围显示。

4. 清朝新疆屯田区举例

明朝历史上，与哈密、吐鲁番关系密切，却缺乏屯田方面的建树。

清朝在新疆的屯田颇有成绩，学界一直作为重点。学界就清朝新疆屯田区的研究有一个很好的例子，首先是 1990 年在兰州大学出版社面世的王希隆著作《清代西北屯田研究》，时隔 22 年又有了增订版③。其间的 2007 年，台湾学者刘翠溶、范毅军合著《试从环境史角度检讨清代新疆的屯田》④ 一文，采用的研究方法——是“以王希隆整理的清代新疆各类屯田的数据为基础，用地理信息系统来呈现屯田在时间与空间上分布的变化”，还叙述了“屯田造就的人为景观”。该文有鉴于所参考的相关著作“大都没有地图可助读者对屯田的空间分布有清楚的认识”，便采用嘉庆二十五年（1820）行政区界为基准，来分区考察各类屯田的分布与规模。此文所绘地图是以台北“中研院”依据谭其骧主编《中国历史地图集》所建置的《中华文明之时空基础架构》为底图，套叠 30 公尺分辨率的 NASA 七号测地卫星（Landsat 7）影像，再参照《钦定皇舆西域图志》与《新疆乡土志稿》绘上屯田的分布。这项研究发表至今，受到了学界同行的重视。⑤ 说明只要是采用新的方法做出了富有创意的研究结果，必然会得到学界的欢迎和好评。

《试从环境史角度检讨清代新疆的屯田》一文绘制图件如下。

图 1 巴里坤、哈密屯田分布图
图 2 吐鲁番、古城屯田分布图
图 3 乌鲁木齐、库尔喀喇乌苏与晶河屯田分布图

① 王宗磊：《元代在西域屯田之原因及条件探析》，《石河子大学学报（哲学社会科学版）》2015 年第 4 期，第 116—122 页。

② 刘玉皑：《近 30 年来国内清代新疆屯垦研究综述》，《西域研究》2013 年第 1 期，第 122—128 页；张安福：《西域屯垦经济与新疆发展研究》，广东人民出版社 2017 年版，第 120—125 页。

③ 王希隆：《清代西北屯田研究》，兰州大学出版社 1990 年版，新疆人民出版社 2012 年增订版。

④ 刘翠溶、范毅军：《试从环境史角度检讨清代新疆的屯田》，《中国社会历史评论》第 8 卷，天津古籍出版社 2007 年版，第 183—227 页。

⑤ 2017 年面世的张安福《西域屯垦经济与新疆发展研究》一书，所论“清代新疆屯田区的分布”小节，据作者第 152 页注①的说明，系根据刘翠溶和范毅军合作论文第 223 页相关内容整理。本文的引用，见该书第 150—152 页。

从图7“清代新疆屯田总图”、图11“清代新疆屯田面积统计图”上，人们已经注意到的屯田区事实有：清朝新疆屯田初期主要是以兵屯为主，民屯、旗屯为辅，主要分布在二大垦区、24个地点。张安福为了《西域屯垦经济与新疆发展研究》一书“清代新疆屯田区的分布”部分的撰写，从刘翠溶、范毅军合作的《试从环境史角度检讨清代新疆的屯田》论文中，做出如下归纳。

第一，是以巴里坤为主的东疆垦区，包括巴里坤、哈密、吐鲁番三处；

第二，是以乌鲁木齐、伊犁为主的北疆垦区，共有木垒、奇台、阜康、济木撒、乌鲁木齐、昌吉、呼图壁、玛纳斯、库尔喀喇乌苏、精河、伊犁、塔尔巴哈台、阿勒泰13处；

第三，是以喀什噶尔为主的南疆垦区，屯区包括喀喇沙尔、库车、阿克苏、乌什、巴尔楚克、喀什噶尔、叶尔羌、和田八处。

刘范两位作者给出清朝新疆屯田区域总的分布见解是：东起哈密，西到喀什噶尔，南至和田的昆仑山麓，北到额尔齐斯河以北的阿勒泰，24个屯垦区遍布天山南北（见图1）。清代新疆屯田的重心主要在天山北路，尤其是民屯的布局更是如此。这一屯田布局不仅扭转了汉唐以来“南农北牧”的历史局面，也为发展北疆经济打下基础，奠定了近代新疆区域经济发展的格局，北疆经济发展优于南疆的经济格局初步奠定，这一局面一直影响到今天。①

由此例可见，王希隆所著《清代西北屯田研究》，将文献和数据做扎实是第一步工作，之后就易于展开地理信息系统技术手段的运用了。

民国时期的新疆，曾多次推行屯垦政策，对十分重要的区域，还设置过类似伊犁屯垦使这样的官职。抗日战争时期，“开发西北”的呼声很高，屯垦也是当时经常谈论的话题。

5. 新疆生产建设兵团屯田区

从1954年10月组建的“中国人民解放军新疆军区生产建设兵团”，到现在纳入国家计划的新疆生产建设兵团，承担着国家赋予的屯垦戍边职责，已有60多年的历史。

为增强新疆屯田区的纵向对比内容，我们在此引用一幅新疆生产建设兵团公布的

① 张安福：《西域屯垦经济与新疆发展研究》，第151—152页。作者赠书，谨此致谢。

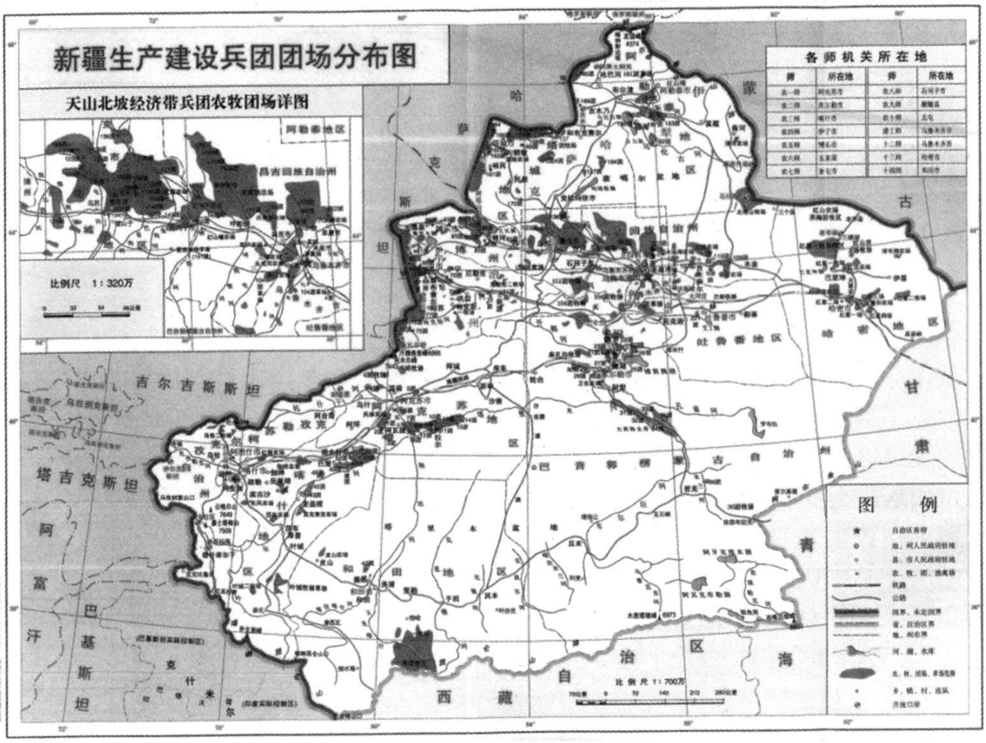

图1　新疆生产建设兵团农牧团场地理位置示意图（2002 年公布）

（审图号：新 S（2002）069 号；地图审核：新疆测绘局）

《新疆生产建设兵团农牧团场地理位置示意图》①，借以考察中国西北边疆发展史和新疆屯田区的发展演变状况。

新疆生产建设兵团当年的情况是，遵照上级部门的指示，“不得与民争利”，通过垦荒、接管、借用等途径，获得土地的经营权，在莽莽荒原安顿下来，形成今日的分布情形。② 兵团土地的分布，与新疆的 14 个市（地、州）和 10 个自治区直辖县级行政单位相关，边境上与蒙古、哈萨克斯坦、吉尔吉斯斯坦接壤，国境线约有两千余公里。兵团土地总面积为 7.06 万平方千米，占新疆维吾尔自治区总面积的 4.24%，约占全国农垦总面积的五分之一。兵团坚持的屯垦戍边职责和思想，则是中国两千年来开发和保卫

---

① 新疆生产建设兵团：《1997—2010 年新疆生产建设兵团土地利用总体规划》附图《新疆生产建设兵团农牧团场地理位置示意图》（附于版权页之后），新疆科技卫生出版社 2002 年版。这份规划对于兵团做出的区域土地利用内容有：（1）天山北坡农、工利用区；（2）北疆西北部农、牧利用区；（3）东疆农牧园艺利用区；（4）南疆西北部高效农业利用区；（5）南疆西南部农业、园艺利用区。参见该书第 17—20 页。

② 李福生主编，方英楷撰著：《新疆兵团屯垦戍边史》（上册），新疆科技卫生出版社 1997 年版，第 199—193 页。本书附图即《新疆生产建设兵团农牧团场地理位置示意图》，位于书末版权页与封底之间。

边疆的历史遗产。

6. 屯田区概念基本内涵的归纳

在中国历史上，西域屯田呈现着一个从无到有、从小到大、由弱到强、历经反复变化的过程。两汉的屯田区属于草创时期，经过唐朝的伊州屯垦区（伊吾一屯）、西州屯垦区（安西二十屯、天山一屯）、庭州屯垦区（北庭二十屯）、龟兹屯垦区、疏勒屯垦区（疏勒七屯）、焉耆屯垦区（焉耆七屯）、碎叶屯垦区，到清朝的三大垦区、24 个地点分布，再至现今的新疆生产建设兵团各个农牧团场的地理分布，已是一个储藏丰厚的宝藏，若赋其名，即为西域屯垦史。

西汉屯田自军屯始，在历史的长河中逐渐增加了民屯、商屯、遣屯，民屯因部族的不同，又有了回屯、旗屯的区别，这反映了中原王朝对于西域地区的亲和力、控制力均在增强。而这些屯田区事实上终归是在延续的，它们有的是在延续中得到扩展，有的是在顿挫中走向不振，而一旦复苏的机会到来，又会从不振中挺立起来，一个基本的因素就在于高山上的冰雪融水汩汩流下，地势略低的地方就可以垦殖为业，这是自然基础在为屯田区起到支撑的作用。从这个角度思考，西域屯垦史的丰富内容是可以建立一个系统来展开全面的研究。

凭借前人已经做过的大量历史、考古、地理、民族等领域的研究工作，我们在此归纳出屯田区概念的基本内涵，希望有机会再予以细致地阐述。

（1）以遗址、遗迹形式见存的古城及其附属的防卫建筑

（2）以遗址、遗迹形式见存的与堆放粮食等物资有关的仓禀建筑

（3）以遗址、遗迹形式见存的供有关屯田人员使用的居住建筑

（4）以遗址、遗迹形式见存的靠近河流建立的水利设施

（5）沿着河流两岸分布的屯田田地（农业生产范围）

（6）靠近沙漠、戈壁、山脚、民田不同地貌的屯田区边界

三 屯田区研究方法的淬炼

从上述事例来观察，屯田区研究多有难度：（1）早期文献记载简略，幸赖简牍文书别种记述文书，含有明显的增补作用，却又有连贯解读上的不足；（2）部分地名准确定位难度较大，长期处于众说纷纭状态；（3）屯田区的范围和边界不明，需要结合自然地理方法进行实地考察加以查明；（4）屯田区本身自然条件变化较大，遗址被风沙覆盖或土地沙化后，给田野考古和实地考察工作增添较大困难；（5）屯田区的历史继承中，不同时代的遗迹易于混淆，隔代分辨上存在困难；（6）官方屯田与地方民田间的区别方式，尚有待在实践中提出和淬炼；等等。在上述困难存在的情况下，唯有重视研究方法的改进和引进，屯田区研究长期踟蹰不前的状态才有可能得到改观，西域屯垦史中的“区域”面貌才会逐渐得以显现。

1. 历史学研究方法

历史学包含的专业、学科甚多，尤其是专门史一项，可依据研究需要，确定名称，与时俱进，不断深化论题，如本文所及西域屯垦史即为其中之一。又如本文所提倡的西

域屯田区研究，事实上又包含屯田区田野考古、农业生产、土地关系、组织管理、环境变化等研究内容。

对于历史文献和出土文书的考订，乃历史学者之长。以西汉为例，如池田雄一所论，“对西北部的经营，可能是西汉时期最大的外交课题”，对匈奴的战争、对河西的经营、对西域的经营这三个时期史实的叙述和分析，都必须从文献上逐步展开。[①] 这样的工作，管东贵亦曾做过，他还注意到一个事实：“但是汉代对于西域却始终只进行过军屯，而没有像经营河套、河西那样，实行大规模的民屯；西域军屯规模最大的轮台、渠犁一带，亦只不过一千五百人。”接着他给出的解释是：“第一，汉之向西域发展，根本动机在于对付匈奴，所以在政策上只是联合西域的力量来共同对付匈奴，而没有领土要求。”“第二，西域离长安数千里（如车师前国去长安即八千余里），与汉仅靠一线河西通道维持关系，而河西通道是一狭长地带，夹在羌、胡之间，所以对维持在西域的势力而言，建设初期转输之烦费固为一大负担，且通道之安全尤难有绝对把握。”[②] 这些掷地有声的不易之论，皆为研习文献而来。

对于屯田区的基本状况，则可以从出土的简牍文书里来了解。借居延汉简试论，“守府移将戍田卒□五一〇、二一”，即屯田主体人员戍田卒；“□为注渠一二〇、一八”，系引居延地区额济纳水溉田；“以九月旦始运粪七三、三〇”“□除沙　一人积大司农麦……（B 二）四七九、六”，可见屯田生产中的运粪、除沙、积麦等日常内容；“右第二长官二处田六十五亩，租廿六石三〇三、七”，则透露了屯田官员、田亩数、租额之类实际内容。[③] 在文献史料分析整理基础上，再结合考古资料、历史地理研究方法，自可取得新的研究进展。

2. *考古学研究方法*

进入新疆屯田遗址进行勘察的考古工作者，事先已在室内做过大量基础性的资料、考察方式、勘察重点等工作的讨论和改进，加上各类现场勘察所需工具、仪器、物品的准备。最新的事例，是北京大学考古文博学院达吾力江·叶尔哈力克对“渠犁城与渠犁屯田”的考察过程和结果。他首先了解和分析《汉书·西域传》等文献记载、前人黄文弼的研究看法和塔里木盆地北面古城的分布情况，推测出轮台县草湖乡第 12 号古城遗址或为汉代渠犁屯田校尉城。之后以新疆第三次文物普查资料为线索，掌握了轮台县、尉犁县的古遗址分布情况，结合遗址附近冲沟里发现的汉代铁犁铧等证据，得出了汉代轮台、渠犁屯田遗址就在今天的轮台县、尉犁县境内的结论。[④] 在达吾力江·叶尔哈力克的研究论文里，可以看见之前的考古学者对于同一论题的研究状况，而这样的研

---

① ［日］池田雄一：《中国古代的聚落与地方行政》第 11 章，郑威译，复旦大学出版社 2017 年版（日文原版 2003 年），第 275—358 页。

② 管东贵：《汉代的屯田与开边》，《史语所集刊》（台北）第四十五第一分，1974 年 6 月；收入《中研院历史语言研究所集刊论文类编：历史类·秦汉卷（二）》，第 1575—1657 页。

③ 参见劳榦《居延汉简考证》，《史语所集刊》（台北）第三十本下，1959 年 10 月；收入《中研院历史语言研究所集刊论文类编：历史类·秦汉卷（二）》，第 1074—1078 页。

④ 达吾力江·叶尔哈力克：《汉武边塞与西域屯田——轮台、渠犁屯田考古发现初论》，《历史研究》2018 年第 6 期，第 154—166 页。

究就好似接力赛一样，在不同的研究区域都有研究实例。

如今，新疆维吾尔自治区文物局编著的《新疆维吾尔自治区第三次全国文物普查成果集成》的各类专辑，如《新疆古城遗址》（上下册）、《新疆生产建设兵团辖区内不可移动文物》（上下册）、《新疆坎儿井》（1—4册）、《新疆岩画》（上下册）、《新疆古墓葬》、《新疆古建筑》等，及国家文物局主编的《中国文物地图集·新疆维吾尔自治区分册》，均已出版，有待考古工作者参考使用。

3. 历史地理学研究方法

刘文锁作为考古学者，所写《历史地理汇考》论文，依据自身经验，感觉“似乎存在两种历史地理和历史地理学，一种是史书记录的内容以及从中获得的知识；另一种是考古学和地理学发现的历史地理现实以及从中获得的知识。很显然，后一种是更‘实在’的”[①]。这就是走出书斋，走向野外的历史地理工作方法。这一情形，可以视为20世纪60年代侯仁之（1911—2013）进入沙漠考察历史地理的继续，当时考察小组里就有考古学者俞伟超。[②]

野外实地考察的方法，在新疆地区尤不可缺少，也是历史学学者习用的研究方法。此处可举李并成关于古瓜沙地区的一项研究为例证。[③] 1994年，他发表了题为《瓜沙二州间一块消失了的绿洲》的论文。其工作方法是：首先确定历史文献记载这一带地名的地理位置，如古沙州，其治所在今敦煌市沙州故城；古瓜州，其治所在今瓜州县城东南约50公里的锁阳城；唐代苦水，即今芦草沟，自祁连山北麓流入山前土地。依据考古资料，确定了甜涝坝古城、五棵树井古城（甜水井二号遗址）、阶亭驿的位置。依据各种地图资料，将上述河流及其支流、古城、驿站绘出，得到《芦草沟下游古绿洲示意图》（见图2、图3）。

依据五棵树井城内采集到包括残损的铜器、铁器、陶器多达百余件遗物，前敦煌文物研究所考古组和敦煌县文化馆推测，该城与甜水井一号遗址中均发现了大量铜链、弩机等兵器，表明二者都是军事上的驻守城址；与武器一起发现了农具，又表明还兼有农业生产的性质，二城可能是汉代进行屯田的戍卒居住的城堡，有可能汉代县级以下的军事戍所或乡、驿驻地。此城址周长不足六百米，虽不似汉县城址，却可能是西魏所置效谷郡东面的东乡县治。此城东北3.8公里的甜水井一号城址，仍是汉代屯田兵卒驻所的看法；在北魏、西魏则应是东乡县下辖的某乡的乡城，亦或仍为驻军之所。

关于这块古汉唐绿洲消失的情况，论文作出的结论是：芦草沟下游绿洲的沙漠化过程始于唐安史之乱以后，盛于唐代后期，而终于元代中后期，前后延续了五个多世纪。

4. 绿洲学研究方法

现今可以作出判断，绿洲学是地理学科在干旱半干旱地区推进学术研究所产生的一

---

① 刘文锁：《尼雅遗址历史地理考略》，《中山大学学报（社会科学版）》2002年第1期，第18—25页；又以《历史地理汇考》篇名，收入自著《沙海古卷释稿》，中华书局2007年版，第54—81页。

② 侯仁之、俞伟超：《乌兰布和沙漠的考古发现和地理环境的变迁》，《考古》1973年第2期，第92—107页，图版第133—137页。

③ 李并成：《瓜沙二州间一块消失了的绿洲》，《敦煌研究》1994年第3期，第71—78页。

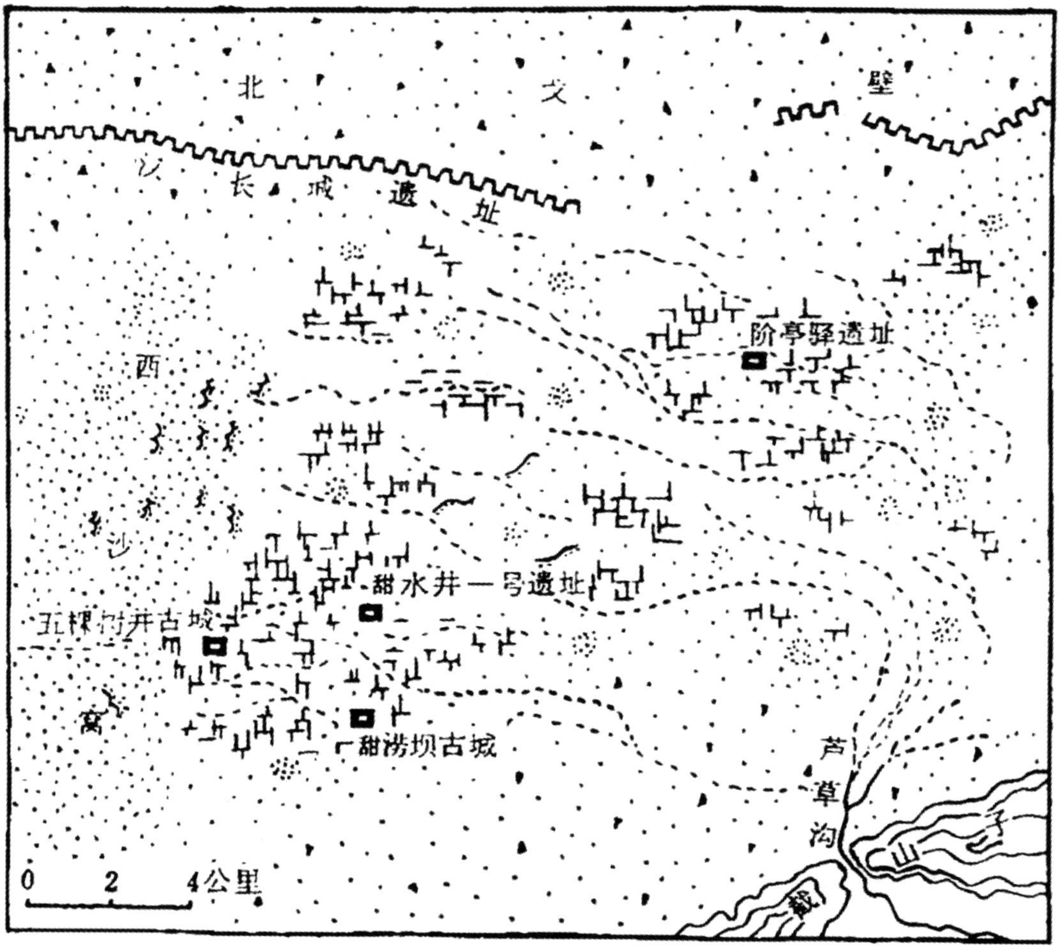

图 2　芦草沟下游古绿洲示意图（李并成论文附图，1994 年）

（图片说明：瓜州、西沙窝在芦草沟下游区域东西两侧，南面是祁连山）

种贡献。文献指出，1948 年周立三在《地理》期刊上发表《哈密—— 一个典型的沙漠沃洲》，绿洲研究成为地理学科中的一个小分支，开创了绿洲学科的先河。① 20 世纪七八十年代，黄盛璋倡导研究绿洲研究，在环绕塔里木盆地考察中得出认识，各绿洲边缘与沙漠之间的过渡地带可以有戈壁、沙地、沙丘、红柳包、雅尔丹、荒地、碱地、盐滩、草丛、芦苇、灌丛、胡杨林等各种类型的地貌形态，它们可以相互组合成为复合的地貌类型，形式不同，其发生原因、过程，就不可能完全一样。② 较早阐述了绿洲被沙漠所包围的地理事实及其形态，并指出，中国西北地区开发绿洲已有两千年以上的历

---

① 赖先齐、王江丽、张凤华等：《中国绿洲研究发展进程的探讨与展望》，《干旱区研究》2017 年第 3 期，第 663—668 页。周立三论文见中国科学院南京地理与湖泊研究所编《周立三论文选集》（中国科学技术大学出版社 1990 年版，第 21—29 页）。

② 黄盛璋：《论绿洲研究与绿洲学》，《中国历史地理论丛》1990 年第 2 期，第 1—24 页。

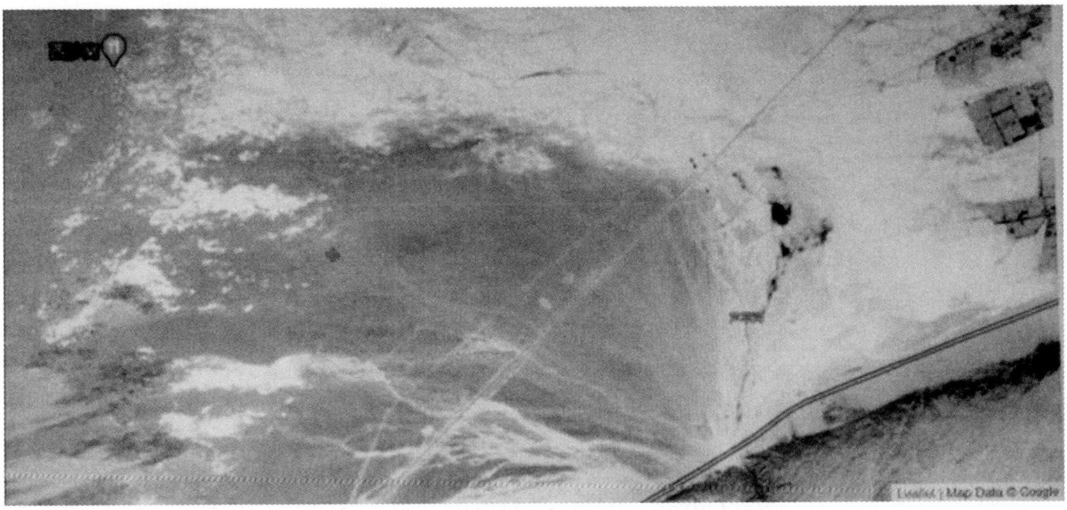

图3 Google卫星地图所见芦草沟下游区域

（图片说明：瓜州、西沙窝在芦草沟下游区域东西两侧，南面是祁连山，山前是G3011柳格高速，S314省道与之并行）

史，其“形成之久，延续之长，分布之多，也是世界少有的”，倡导积极建立绿洲学，为绿洲发展提供启发和借鉴。① 2000年，地理学者对研究十分兴盛的绿洲研究中存在的问题，也发表了建议改进和提高的论文。②

现今地理学领域的绿洲研究，按形成的历史年代分为古绿洲（千年以前所形成）、旧绿洲（20世纪中叶以前）和新绿洲（20世纪中叶以后）三个阶段。按绿洲所处地貌部位，划分为扇形地绿洲、沿河绿洲和干三角绿洲。扇形地绿洲分布在河流出山后冲洪积扇中下部的泉水溢出带附近，这里以亚砂土—亚黏土为主，土层深厚，土壤肥沃，地下径流畅通，水质好，土壤次生盐渍化小，如和田绿洲、若羌绿洲、莎车绿洲等古绿洲，千百年来直至现在仍是重要的农业基地。沿河绿洲分布在水量较大的河流低阶地上，或河流深切不严重，引水较方便的河岸地带，沿河流呈狭长分布，伸展范围也不大，如哈达里克古绿洲、桑株绿洲等。干三角绿洲分布在较大河流的终点附近，深居沙漠之中，这里地势平坦，冬季比山麓地带更暖和、一些著名的古绿洲，如尼雅、喀拉墩、丹丹乌里克、且末等即分布在这里。③

5. 遥感影像和GIS技术运用

在中国遥感影像分析手段进入科学研究领域，是与改革开放同一年代，当时是航空

① 黄盛璋：《研究绿洲、建设绿洲，在中国首先创建世界科学——绿洲学》，《传统文化与现代化》1998年第3期，第72—81页。

② 贾宝全、慈龙骏、韩德林等：《干旱区绿洲研究回顾与问题分析》，《地球科学进展》2000年第4期，第383—388页。

③ 刘东生主编：《西北地区自然环境演变及其发展趋势》，科学出版社2004年版，第143—148页。

遥感技术的试验和应用，预定目标就有勘察自然环境和自然资源，探索遥感技术在科学研究与生产中应用的可能性。[①] 1991 年，刘沛林、吴宏岐就发表了《遥感技术应用于历史地理学刍议》[②] 的论文，蓝利、穆桂金、齐乌云等使用具有较高分辨率的遥感影像，运用于古居延绿洲渠系分布的研究之中，他们借助这种技术找出渠系的引水口位置，以及古渠道线路的走向，判断古居延绿洲主要分布在现代绿洲的东侧，至少有 6 处引水口分布于距雅布赖、东城圈和马圈城一线西侧的水道上，渠系由西向东进入各垦区，各引水口随水道西迁向西延伸。论文最后依据渠系与遗址、古耕地和红柳包间的联系及碳十四测年数据做出推断，多数渠系始建于汉代，以后长期延用，盛于西夏，弃于元末明初。古居延绿洲早期荒漠化始于距今 1300 年的时间，天然水系向西迁移最终导致了古居延绿洲的废弃和完全荒漠化。[③] 2016 年，中国科学院大学骆磊完成题为《丝绸之路（南道）屯戍遗址空间考古研究》的博士学位论文，论文选择汉唐时期米兰绿洲屯田灌溉工程景观来做空间考古研究，估算出米兰屯田系统的主体面积为 8000ha（公顷），并详细讨论了屯田中不同景观要素在“山地—绿洲—荒漠”生态系统（Mountain-Oasis-DesertEcoSystem，MODES）子系统中的特征与作用。[④] 上述技术分析过程及其结果，尤其需要得到历史文献资料、考古学研究工作的印证。

前引台湾学者刘翠溶、范毅军合著《试从环境史角度检讨清代新疆的屯田》论文，系选择关于清代新疆屯田的历史学著作展开地理信息系统的分析，是一条比较牢靠的研究路径。此外，借历史空间之威名，执 GIS 之利器，对西域屯垦史展开的研究已有一些事例了。

上述历史学、考古学、历史地理学、绿洲学研究方法及遥感影像和 GIS 技术的运用，皆是针对新疆屯田区研究的实际需要加以介绍的，在实践中还有许多提高的空间。而历史地理学坚持长期的实践过程，注重历史文献记录、考古学证据与地理学原理的结合，对于中国西北边疆史、环境变迁研究领域提出的思想和方法，在面向田野的考察中，具有特别明显的作用和意义。

四　结论：屯田区科研有助于推进西域屯垦史研究整体目标

1812 年（清嘉庆十七年）的年底，遭遇朝廷遣戍的徐松，到达伊犁戍所惠远城，住入南墙下的第三排（戍馆）。此时，一名进士出身、受职翰林编修的读书人该做什么？“甚么样的著作能够站在一个前无古人的高度，将时空经纬中不断变换着的西域面貌纵横有致、清晰全面地描述出来呢？历史将这一机遇赋予了嘉道之际的徐松。”——

① 陈述彭、周上益：《腾冲航空遥感试验回顾》，《遥感信息》1986 年第 2 期，第 11—12 页。

② 刘沛林、吴宏岐：《遥感技术应用于历史地理学刍议》，《中国历史地理论丛》1991 年第 1 期，第 9—17 页。

③ 蓝利、穆桂金、齐乌云等：《古居延绿洲汉代至西夏渠系影像特征及绿洲环境变迁》，《第四纪研究》2009 年第 2 期，第 241—247 页。

④ 骆磊：《丝绸之路（南道）屯戍遗址空间考古研究》，博士学位论文，中国科学院大学地图学与地理信息系统专业，2016 年。

这是朱玉麒在为《西域水道记》撰写“前言”时挥笔写就的一段话。[①]

1994 年 3 月，笔者发表《区域历史地理申论——构建中国历史地理学科体系的重要环节》一文，在末尾做出了一个归纳，内容是：“从事区域历史地理研究必须时空并重，最重要的是从空间上对区域进行分区、分类、分级的研究，从时间上进行区域空间发展过程的研究，集中探讨区域内部的组织结构以揭示其区域特性，充分关注不同类型和同类型、不同等级以及同等级区域之间的疏密关系，以把握区域的历史地位和未来走向，最终在高度综合、多维空间的基础上形成区域发展系统，而这一结果，正是区域历史地理的研究方向。”[②] 就本文论题应取的视角来思考，屯田区类型的区域发展系统研究，正是西域屯垦史整体研究中一项有待深化的科研工作。

既然是具有区域性质的科研工作，那就需要考虑采用地理学分区的理论和方法，其中主要是依据自然地理状况——绿洲分布及其演变做出区域的划分，提出命名方案。新疆地质地理状况和格局的形成，始自久远的地质年代，经历过历史时期的自然变迁及人为作用，以屯垦为主线和特征发展起来的农业历史，均为展开屯田区命名和研究的基础性素材。

在以朝代为时间轴的横向剖面上，需要汇集和提取已有屯田区研究中产生的数据资料，构成屯田区发展系统的面上图件，供 GIS 技术手段加以分析处理。在以长时段（多个朝代）构成的纵向剖面上，将一个个屯田区作为子系统建立起来，确定好自身的位置和图标，再汇集为一个整体系统，即为我们建议建立的西域—新疆屯田区发展系统。

从以上阐述不难看出，细化一个区域——即某个屯田区的区域史过程是建立系统的基础性工作和关键，因为处理历史材料所产生矛盾的基本经验要从这里产生，子系统之间的边界和关联性要从这里拟定解决办法。

前人有关西域屯田和 1954 年以后新疆生产建设兵团所做过的大量有益工作，通过屯田区发展系统研究得以延续和光大其学术价值和应用性，这是令人欣慰的。更重要的是，为了建立这个系统，必然会集中人力智力，针对研究难题奋力而为，这势必将推动我国西北边疆西域屯垦史的整体研究发展。

（原载《西域研究》2020 年第 3 期）

---

① 朱玉麒：《前言》，（清）徐松著，朱玉麒整理：《西域水道记（外二种）》，中华书局 2005 年版，第 1 页。作者赠书，谨此致谢。

② 侯甬坚：《区域历史地理申论——构建中国历史地理学科体系的重要环节》，《陕西师大学报（哲学社会科学版）》1994 年第 1 期，第 119—125 页。可参见自著《区域历史地理的空间发展过程》，陕西人民教育出版社 1995 年版，第 12 页。

唐朝胡汉互动与交融的三条线索*

——以墓志资料为中心

李鸿宾**

一 弁言

有关唐朝时期胡人族属与文化的认同及其转型，是我近年关注的焦点之一。① 胡人原有的族性与文化在步入陌生的汉地后与周围世界发生接触或碰撞，这并非由其主观意志所能决定，更多地受制于周围环境的影响。当两个（或多个）群体相互交织的时候，群体之间及其携带的不同文化如何相处，是协调、冲撞抑或并存、共融，就成为他们之间不可回避或必须给予解决的问题。本文选择的高车·拓跋族系、吐谷浑王族和粟特三个人群（包括个体），只是那些走向唐朝控制范围内的部分外来者，我将其划为“三条线索”，旨在呈现他们族属、文化在维系与变通中展开的博弈，并通过揭橥这些“外来者”转成“本土人”的具体情形，探求这些互动依托的“场域”，尤其“互动”与“场域”之间存在着何种关联。

顺便一说，外来者进入汉地后引生的族群性的群体或个体的交往互动，因时因地而有多方面、多层位和多角度的表现，其中国家（政府）介入主导的官方和私人游散般的行为无疑是分辨这种现象的两个较佳的尺度，本文选择的“三条线索”即贯通这两种现象而以前者为主，此处略及，意在强调本文的限制性选择并非有意遮盖唐朝多种族群分合互动的繁杂景象。

二 第一条线索：高车·拓跋人的南下

这条线索，我选择了《是云偘墓志》《贺拔定妃墓志》《贺拔亮墓志》与《贺拔亮夫人张氏墓志》作典型分析。它们均系我当初参与大唐西市博物馆藏墓志整理工作中

---

* 本文系2018年度国家社会科学基金项目《唐后期河朔军镇胡汉员属本土化现象研究》（项目号：18BZS049）研究成果之一。

** 李鸿宾，中央民族大学历史文化学院教授、博士生导师。

① 集中的研究成果可参见李鸿宾《唐朝的北方边地与民族》，宁夏人民出版社2011年版；李鸿宾《墓志所见唐朝的胡汉关系与文化认同问题》，中华书局2019年版。

的偶然所获。[1] 巧合的是，这四合墓志的主人之间以及其中涉及的人物彼此存在着程度不等的关联。该博物馆藏墓志虽多系收购，鱼龙混杂且真假难辨，但就此四合墓志而言，其内容之衔接并于文献有征，亦非一般造假所能为。[2]

《是云偘墓志》与《贺拔定妃墓志》之志主系夫妇。“是云氏”后改为“是氏”，应属魏孝文帝改姓族之所为[3]，它又是北魏拓跋珪建国后“散诸部落，始同为编民”的进一步举措[4]。其族属尚难定夺，但墓志中“受氏于有魏太武皇帝”一句，表明非拓跋之属殆无疑义。又其祖源表述时有“分源弱水”[5]、“分居若（即弱）水”[6] 一说，《贺拔亮墓志》同样有“弱水降贤”[7] 的描写。揆诸典籍，《资治通鉴》记载北魏攻伐柔然之时，其中一支曾西行涿邪山途经“弱水”[8]，这个“弱水”位居草原的纵深之地，与拓跋自大兴安岭南下西进所经路途当为重合[9]，表明“弱水”系为拓跋人迁徙途中的一个突出标识[10]。如此看来，既有别于拓跋人又受氏于魏太武皇帝的这个“是云”家族，很可能与源于高车的贺拔亮家族一样（详后），在拓跋人步入草原之前就已活跃于此，“弱水”似有包括高车在内的游牧群体地缘象征的意涵。换言之，《是云偘墓志》中“弱水”一词，似其祖源之标识，他们应当属于高车那种草原人群的一支。

按“高车”一词是汉人对草原那些“乘高车，逐水草”[11] 人群的描述，直视其

---

① 参见胡戟、荣新江主编《大唐西市博物馆藏墓志》，北京大学出版社 2012 年版，第 14—15、22—23、86—87、98—99 页。

② 参见李鸿宾《北周是云偘及夫人贺拔定妃墓志考释》，载吕建中、胡戟主编《大唐西市博物馆藏墓志研究续一》（上册），陕西师范大学出版总社有限公司 2013 年版，第 39—53 页；李鸿宾《唐贺拔亮家族汉化取径之研究——〈唐贺拔亮墓志〉诸问题》，载荣新江主编《唐研究》第 17 卷，北京大学出版社 2011 年版，第 455—480 页；李鸿宾《唐贺拔亮张氏联姻反映的文化认同与士族相貌——以〈唐贺拔君夫人张氏墓志〉为中心》，载李鸿宾主编《中古墓志胡汉问题研究》，宁夏人民出版社 2013 年版，第 130—145 页；李鸿宾《唐贺拔亮家族文化转型的旨向——以墓志铭资料为核心》，载东岳书院编《礼与中国文化：第五届“东岳论坛”礼仪中国学术研讨会论文集》，中国社会科学出版社 2012 年版，第 70—80 页。

③ 《魏书》卷 113《官氏志》，中华书局 1974 年版，第 3009 页。

④ 《魏书》卷 113《官氏志》，第 3014 页。参见田余庆《贺兰部离散问题——北魏“离散部落”个案考察之一》《独孤部落离散问题——北魏“部落离散”个案之二》，见田余庆《拓跋史探》，生活·读书·新知三联书店 2003 年版，第 62—91 页。

⑤ 《是云偘墓志》，载胡戟、荣新江主编《大唐西市博物馆藏墓志》，第 14—15 页。

⑥ 《贺拔定妃墓志》，载胡戟、荣新江主编《大唐西市博物馆藏墓志》，第 22—23 页。

⑦ 《贺拔亮墓志》，载胡戟、荣新江主编《大唐西市博物馆藏墓志》，第 86—87 页。

⑧ 《资治通鉴》卷 121，宋文帝元嘉六年四月—七月条，中华书局 1956 年版，第 3811 页。

⑨ 参见田余庆《拓跋史探》，第 147 页；曹永年《拓跋鲜卑南迁匈奴故地时间和契机考》，《内蒙古社会科学》1987 年第 4 期。

⑩ 按“弱水”于文献记载并非一处，其他与此无关者已排除，参见李鸿宾《唐贺拔亮家族汉化取径之研究——〈唐贺拔亮墓志〉诸问题》，载荣新江主编《唐研究》第 17 卷，第 457—459 页。又左川英治认为它即西拉木伦河，但未确证。参见［日］左川英治著、付晨晨译《北魏道武帝的“解散部族”与高车部族的羁縻政策》，载叶炜主编《唐研究》第 24 卷，北京大学出版社 2019 年版，第 14 页。

⑪ 《北史》卷 98《高车传》，中华书局 1974 年版，第 3273 页。

"车轮高大，辐数至多"①，系属外在现象之观察②。这些人群的早期大体处于无集中首领、各部落聚集的状态，与其他部族纵贯于草原各处。③ 当鲜卑拓跋势力步入其地后，就意味着他们与高车这些"坐地户"开始接触、交往乃至征战、再聚合，这亦成为《魏书》《北史》之《高车传》的一项内容。④ 至于是云偘家族隶属高车哪一部落已无从稽考，他们与北魏保持什么关系亦无从得知。不过孝文帝在位期间，高车十余万部落居民曾在阿伏至罗、穷奇等率领下周旋于柔然、嚈哒与北魏之间⑤，"或来奔附，或投蠕蠕"⑥，是云偘家族是否受此类事变的影响转投北魏，不好遽以定论。按墓志记载，是云偘之祖是云敦正巧在孝文帝当政时出任内三郎、大宁郡守等朝官，至少表明该家族选择了跟从北魏，这一点是分明的。此后，是云偘之父是云宝累拜使持节、大将军、大都督、凉州刺史等，应当是是云敦奠基的后续表现；他于北魏灭亡后归入东魏，旋转投西魏，墓志采用"门列邓骘之仪，阁崇羊祜之府"⑦ 予以形容，说明该家族到他这一辈又走进了陈寅恪归结的西魏北周关陇集团⑧的行列。

《贺拔定妃墓志》的价值表现在它提供了一个南下北族与中原士族婚宦结合的典型案例。贺拔定妃的伯父贺拔岳于文献有征，系北魏末期之名将，曾受朝廷嘱托西进经营关中，但他旋被侯莫陈悦袭杀⑨，其属部转由宇文泰重振旗鼓。墓志说她是朔州（治善阳，今山西朔州）人，这与贺拔岳之兄贺拔胜所载颇为一致。后者"神武尖山人也。其先与魏氏同出阴山。……祖尔头，骁勇绝伦，以良家子镇武川，因家焉"⑩，到贺拔胜这一代转以朔州为籍⑪。志文又说贺拔定妃"年始龆龀，降嫔适于使持节、开府仪同三司、洞城公偘为妻"⑫，证明二者之婚媾，例属军功勋贵彼此的撮合。

第三方《贺拔亮墓志》关键的地方有两处。一是对其族属做进一步的认定。墓志开篇称"在昔轩丘诞圣，弱水降贤。……世号大人，奄荒朔代。至于翼魏图南，定鼎伊洛，冠冕郁以相趋，复为河南著姓"⑬，这里的"弱水"如前所述，是其家族活动草

---

① 《魏书》卷103《高车传》，中华书局1974年版，第2308页。

② 参见Edwin G. Pulleyblank，"'高车'：突厥兴起前的突厥语人群"（"The 'High Cart'：A Turkish Speaking People Before the Türks"）《亚洲法刊》第一册，伦敦，1990，第21—26页；周伟洲《敕勒与柔然》，广西师范大学出版社2006年版，第3—9页。

③ 参见［日］护雅夫《〈魏书·高车传〉笺注》，载［日］内田吟风等《北方民族史与蒙古史译文集》，余大钧译，云南人民出版社2003年版，第68—78页。

④ 《魏书》卷103《高车传》，第2307—2312页；《北史》卷98《高车传》，第3270—3275页。

⑤ 参见周伟洲《敕勒与柔然》，第37—45页。

⑥ 《魏书》卷103《高车传》，第2310页。

⑦ 《是云偘墓志》，载胡戟、荣新江主编《大唐西市博物馆藏墓志》，第14—15页。

⑧ 陈寅恪撰：《唐代政治史述论稿》，上海古籍出版社1982年版，第15页；参见张伟国《关陇武将与周隋政权》，中山大学出版社1993年版，第26—72页。

⑨ 《周书》卷14《贺拔胜附弟岳传》，中华书局1971年版，第222—225页。正文原述贺拔岳受托、他与贺拔胜之兄长排行有误，经博士研究生胡献漳同学提示而订正，感谢！

⑩ 《周书》卷14《贺拔胜传》，第215页。

⑪ 参见《贺拔昌墓志》，载韩理洲等辑《全北齐北周文补遗》，三秦出版社2008年版，第59页。

⑫ 《贺拔定妃墓志》，载胡戟、荣新江主编《大唐西市博物馆藏墓志》，第22—23页。

⑬ 《贺拔亮墓志》，载胡戟、荣新江主编《大唐西市博物馆藏墓志》，第86—87页。

原的印记，也是拓跋部经行其地出兵征服的场所。“世号大人，奄荒朔代”确证志主家世并非鲜卑拓跋之本系，而是与其凝结一起的草原部落[①]。“翼魏图南，定鼎伊洛”与“河南著姓”是该家族顺随孝文帝迁都洛阳实行汉化举措的反映。[②] 这一系列行为若与《元和姓纂》所载比证[③]，贺拔氏族属之所系，姚薇元秉持草原高车种类的推定仍为可取的首选[④]。

二是这方墓志的核心仍聚焦于该家族的婚宦旨意。贺拔亮曾祖贺拔台、祖父贺拔颎均任职北魏，父贺拔威仕任北周，从刺史到大将军不等；贺拔亮本人初仕于隋，任职唐数州刺史。墓志对其祖上出仕时间无详载，贺拔台仕职推测似在孝文帝太和年间。[⑤] 这与《是云偘墓志》《贺拔定妃墓志》前后照应，表明他们之起家兴盛，应与孝文帝政治存在着密切关联，“仕宦”成为他们从草原到中原转变的支轴，其家世族属与文化的转型亦伴随其中，尤以贺拔亮与汉地张氏的婚媾为凸显。这就涉及第四方《张氏墓志》。

如果考虑到冒名大族伪劣充斥的普遍现象[⑥]，单就张氏的祖、父仕职周、隋而论，其家族尚不至于如同一般民户[⑦]，张氏与贺拔亮之婚媾似可列属大户之间的结合。值得指出的是，贺拔亮一女又与南朝旧姓即齐梁帝室的兰陵萧氏联姻成双[⑧]，透露出该家族在北族勋贵、中原旧族婚姻之基础上，再现华胄高门之攀附，颇有代北豪强朝向士族晋身努力的势头[⑨]。看来是云偘、贺拔亮这几支高车家族，自与拓跋魏政权结合之后，就随其南下步入中原，其婚宦与中原“正统”贴合之趋向，彰显至明。应当说，这种转型除了该家族自擅之外，被裹挟在鲜卑拓跋南下汉地生发转型的激荡亦是强劲的牵引。陈寅恪将此视作种族与文化的替换而以文化的变迁为其特质[⑩]，唐长孺将其归结为封建

---

① 参见吕思勉《拓跋氏先世考》，载吕著《吕思勉读史札记》，上海古籍出版社 1982 年版，第 809—810 页。

② 参见万绳楠整理《陈寅恪魏晋南北朝史讲演录》，黄山书社 1987 年版，第 254—267 页；马长寿《乌桓与鲜卑》，广西师范大学出版社 2006 年版，第 66—71 页；何德章《论北魏孝文帝迁都事件》，载何著《魏晋南北朝史丛稿》，商务印书馆 2010 年版，第 1—25 页。

③ （唐）林宝撰，郁贤皓、陶敏整理，孙望审订：《元和姓纂》卷 9“贺拔”条岑仲勉校记，中华书局 1994 年版，第 1314—1316 页。

④ 参见姚薇元《北朝胡姓考》（修订本），中华书局 2007 年版，第 125—128 页。

⑤ 参见李鸿宾《唐贺拔亮家族汉化取径之研究——〈唐贺拔亮墓志〉诸问题》，载荣新江主编《唐研究》第 17 卷，第 463 页。

⑥ 参见郭锋《唐代氏族个案研究——以吴郡、清河、范阳、敦煌张氏为中心》，厦门大学出版社 1999 年版，第 196、199—200 页。

⑦ 参见（宋）邓名世撰《古今姓氏书辩证》卷 13“张”氏条引孔至《姓氏杂录》，王力平点校，江西人民出版社 2006 年版，第 195 页。

⑧ 《贺拔亮夫人张氏墓志》，载胡戟、荣新江主编《大唐西市博物馆藏墓志》，第 98—99 页。参见毛汉光《隋唐政权中的兰陵萧氏》，载毛著《中国中古社会史论》，上海书店出版社 2002 年版，第 405—425 页。

⑨ 参见朱大渭《代北豪强酋帅崛起述论》，载朱著《六朝史论》，中华书局 1998 年版，第 216—245 页。

⑩ 参见陈寅恪撰《唐代政治史述论稿》，第 17 页。

国家替代部落制的结构性转型所致[①]。二人着眼点虽有差别，但线性进化论作依托的寓意十分明显。[②] 在此背景下，贺拔亮家族的转化以三条相互交织的线索（即高车、拓跋魏、中原汉地）分作四个阶段予以呈现。就地缘角度讲，他们从草原南下代北再转向关中，完成了草原—中原的转换；就时间维度论，其家族经历了拓跋征服或收编之前的高车部、再归转并任职北魏、又西迁步入关陇集团与衍化为隋唐统治阶层的四个阶段。[③] 伴随地缘、阶段转变的，正是其家世族属文化自高车到拓跋，再到汉地身份的确立。决定族属文化发生位移的关键，是他们政治活动的参与，而与关陇集团共命运无疑是其家族遽升的标志。换句话说，族属文化的转变包裹于政治活动之中，这是我们理解是云偘、贺拔亮家族变迁的基本动因[④]；说到底，它是一种政治文化行为。

究竟是什么促使他们选择汉化而非保持固有族属文化呢？在一个汉人主导的社会中，外来族群和个体若要生存于此，他们的族性、文化与主体社会关系如何处理，就是一个不可回避的问题。借用恩格斯（Friedrich Engels）那段著名的论述，即落后势力一旦征服先进地区之后，反过来被先进文化所征服。[⑤] 但这是就其最终结果着眼的。一个以少数群体建立统治进而控制多数“异己”民众的王朝，如何维系统治族群的地位和文化属性，又能达到与所控制的社会协调共进的目标，始终是统治集团的刻意追求。就拓跋魏这一个案而论，他们进入汉地之后因应中原主体文化的态势，相当明显，这应以孝文帝的全面改制为高潮而展现，与此后北族辽金元等王朝兼纳南北之中试图保持自身主体角色有诸多差别。[⑥] 北魏南下入主中原，被魏特夫（Karl A. Wittfogel）视作“渗透”性的推进[⑦]，一旦与汉人世界接触，就宣告了一个王朝之内胡汉关系调整时代的到来。在胡汉人数无法均衡即汉系一边倒的形势下，多数的主体趋势对少数的牵制乃至驱动，常常迫使少数采取措施给予回应。按照萧启庆的解释，倘若少数处于统治地位，他

---

① 参见唐长孺《拓跋国家的建立及其封建化》，载唐著《魏晋南北朝史论丛》，生活·读书·新知三联书店 1955 年版，第 193—249 页；唐长孺《拓跋族的汉化过程》，载唐著《魏晋南北朝史论丛续编》，生活·读书·新知三联书店 1959 年版，第 132—154 页。

② 参见侯旭东《告别线性历史观》，载侯著《宠：信—任型君臣关系与西汉历史的展开》（代序），北京师范大学出版社 2018 年版，第 1—16 页。

③ 按照陈寅恪的解释，唐初延续了关陇集团主导的政治，武则天上台则出现了新的变化。这已成为这段政治演进的主流叙述。参见氏著《唐代政治史述论稿》，第 18—19 页。张耐冬新作以李渊太原起兵及其政治运作为核心，针对“关陇集团”与“李武韦杨婚姻集团”转替之模式予以辩证，多所斟别。见氏著《太原功臣与唐初政治》，中国社会科学出版社 2018 年版。

④ 参见［美］班茂燊（Marc S. Abramson）《唐代中国的族群认同》，耿协峰译，人民出版社 2016 年版，第 178—209 页。

⑤ 参见恩格斯《反杜林论》，《马克思恩格斯选集》第 3 卷，人民出版社 1972 年版，第 222 页。

⑥ 参见 Denis Sinor, ed., *The Cambridge History of Early Inner Asia*, Cambridge, NY: Cambridge University Press, 1990, pp. 400—423；［德］傅海波（Herbert Franke）、［英］崔瑞德（Denis Twitchett）编《剑桥中国辽西夏金元史（907—1368 年）》，史卫民等译，中国社会科学出版社 1998 年版，“导言”，第 2—3 页。

⑦ 参见［美］魏特夫著，唐统天等译《中国社会史——辽（907—1125）：总论》，载王承礼主编《辽金契丹女真史译文集》（第一集），吉林文史出版社 1990 年版，第 42—44 页。

们就能依靠政治权力保持，然而一旦权力消解或丧失，他们的位置也就难以保存了。[①]北魏南下吸纳中原文化的积极主动，使它在胡汉结合的途径中规避了不少磨难，开辟了一条南北融合的新路子，如同谷川道雄归纳的隋唐帝国形成之道那样[②]。贺拔亮家族通过仕途表达的汉化与族属的转化，映现了那个时代北方草原与中原汉地王朝架构变迁的旨向。顺便一说，作为高车族群，即使到了北魏中后时期，他们亦驰骋草原游荡于诸种势力之间甚至自立政权，跟随北魏者固然踏入了一个主流社会，但这毕竟是他们选择中的一项。那些滞留草原与柔然、嚈哒纵横的高车人，因记载缺佚而淡出中原人的视线，但并不等于他们的历史缺场。是云偘、贺拔亮这几支高车家族于诸种政治的角逐中所作的选择，应当是他们审时度势、顺应时代潮流的精准判断，他们与王朝主体密切结合以获得自身的发展，主动性表现得十分明显。由此看来，所谓胡系成员步入汉地中原世界，其族性与文化是否保存还是转换，端赖内外因素的相互激荡。以仕任朝官为旨归、家族命运以此作依托、族性与文化的变迁亦依准而定的贺拔亮家族，为我们提供的只是政治宦达决定族属文化走向的一个范例。[③]

三　第二条线索：吐谷浑的内地化

吐谷浑人与唐朝的交集应以其王族避难于汉地为典型。与跟随北魏南下入主中原的是云偘、贺拔亮家族不同，这条线索反映的是中原周边那些弱小势力因诸种缘故进入汉地后进而改变原有族属文化的现象。有关吐谷浑被吐蕃兼并后其王族在诺曷钵的率领下投奔唐朝一事[④]，人所皆知，非本文主旨（但它却构成了讨论的前提），这里只选择若干王族成员墓志做案例，试图揭示他们在朝廷的羁控下其族属文化的转型何以生成并持续被纳入汉人世界的具体经历。其中慕容曦光等王爵到官职的转授，颇有考索价值。据《慕容曦光墓志》和《武氏夫人墓志》记载[⑤]，慕容曦光与武氏之夫妻关系，经前人辨识殆无疑义。曦光与文献中的慕容曦皓之关系，早年夏鼐推定为兄弟[⑥]，亦获得曦皓墓

---

① 参见萧启庆《论元代蒙古色目人的汉化与士人化》，载汪荣祖、林冠群主编《胡人汉化与汉人胡化》，台湾嘉义中正大学台湾人文研究中心 2006 年版，第 175—218 页。

② 参见［日］谷川道雄《隋唐帝国形成史论》，李济沧译，上海古籍出版社 2004 年版，第 1—16 页。阎步克从王朝主体性的角度对此也有论述，参见阎氏编著《波峰与波谷：秦汉魏晋南北朝的政治文明》（第二版），北京大学出版社 2009 年版，第 186—213 页。

③ 参见逯耀东《拓跋氏与中原士族的婚姻关系》，载氏著《从平城到洛阳：拓跋魏文化转变的历程》，中华书局 2006 年版，第 181—255 页；詹妮弗・霍格伦：《塑造精英：公元五世纪中国东北的地方政治与社会关系》（The Making of an Elite: Local Politics and Social Relations in Northeastern China during the Fifth Century AD），《公元 398—498 年北魏政治中的后宫》（The Harem in Northern Wei Politics, 398 – 498 AD），《北中国的婚姻、亲密关系和权力》（Marriage, Kinship and Power in Northern China）。

④ 参见《旧唐书》卷 198《西戎传・吐谷浑》，中华书局 1975 年版，第 5300 页；《新唐书》卷 221 上《西域传・吐谷浑》，中华书局 1975 年版，第 6227 页。

⑤ 参见夏鼐《武威唐代吐谷浑慕容氏墓志》，载氏著《考古学论文集》，科学出版社 1961 年版，第 95—116 页；周伟洲编著《吐谷浑资料辑录》（增订本），商务印书馆 2017 年版，第 72—74 页。

⑥ 夏鼐：《武威唐代吐谷浑慕容氏墓志》，载氏著《考古学论文集》，第 101 页。

志的证实[①]。其王族世系大致为诺曷钵→慕容忠→慕容宣超（赵）→慕容曦光→慕容兆之序列，曦光之弟曦皓以下则为慕容崇、慕容信、慕容岗、慕容述、慕容近、慕容迴、慕容遨、慕容遂等。[②]《新唐书》记述吐谷浑被朝廷安置于羁縻府州仅限于关内、陇右二道的三州[③]，王族与属下先置于凉州（治姑臧，今甘肃武威）界内，旋经善州（治湟水，今青海乐都）再至灵州（治回乐，今宁夏吴忠西）境内，专设安乐州[④]，唐廷任命诺曷钵为刺史，将王族纳入朝廷的职任序列予以掌控，这与安置突厥降户异曲同工。[⑤]

吐谷浑内迁是周边诸势力进入汉地的一个组成部分，其内迁的缘由虽复杂多变，但不可否认，它是在隋唐一统化王朝的牵引下形成的。倘若与此前相比，东汉解体后周边那些民（部）族于中原内外建立政权，表明的是他们自主性意识的强化[⑥]，超越这种"强化"的则是中华一体性的诉求，在那个特定时代则以"胡""汉"两种意识的张力表现出来。然而无论"胡汉分治"还是"华夷融合"，展现出来的都是周边民族势力积极而主动的"介入"。揆诸于此，吐谷浑王族的走向汉地，则是中原王朝裹挟周边势力的诸种举措之产物，其动力源自后者的强势超越。诚如我们看到的那样，唐廷在稳固中原核心区之后，依托其实力，以征服东西突厥的开拓为鹄的，进而构建了一个跨越长城东西南北，集皇帝·天可汗为一体的巨型王朝。[⑦] 周边势力或被武力征服、或主动降附，相继进入唐朝的羁控之内，[⑧] 唐廷亦采取多种方法对待，譬如将羁縻府州制度化以处置突厥降户、尊其上层于长安，就是一项显例。[⑨] 诺曷钵属下吐谷浑的主动投附亦是此种形势的一个表现，正因为主导权掌控于唐廷，这些入投的吐谷浑人之命运受朝廷的支配就势所必然。当朝廷讨论如何安处这些外来者之时，郭元振在他的奏疏中强调

① 参见《唐故大同军使云麾将军左武卫大将军宁朔县开国伯慕容（曦皓）公墓志铭》，吴钢主编《全唐文补遗》第2辑，三秦出版社1995年版，第28页。

② 参见李鸿宾《慕容曦光夫妇墓志铭反映的若干问题》，载杜文玉主编《唐史论丛》第14辑，陕西师范大学出版总社有限公司2012年版，第136—157页。

③ 《新唐书》卷43下《地理志七下》，第1125、1134页。参见周伟洲《吐谷浑史》，青海人民出版社1992年版，第157—166页。

④ 安乐州治今宁夏中卫鸣沙乡，后在其东又设长乐州以处之，地在今宁夏同心韦州乡境。参见周伟洲《吐谷浑史》，广西师范大学出版社2006年版，第157—158页。

⑤ 参见吴玉贵《突厥汗国与隋唐关系史研究》，中国社会科学出版社1998年版，第227—272页。

⑥ 有关中原周边民族或胡系势力走上建国道路的动力，是一个颇能引起人们兴致的话题，不少学者认可他们政权的建设与中原王朝的典范影响有密切关联，巴菲尔德（Thomas Barfield）为此提出了"互动模式"的说法。参见［美］巴菲尔德《危险的边疆：游牧帝国与中国》，袁剑译，江苏人民出版社2011年版，第2、106—165页。另可参见王明珂《游牧者的抉择：面对汉帝国的北亚游牧部族》，广西师范大学出版社2008年版，第100、148—149页。

⑦ 参见李鸿宾《中华正朔与内亚边疆——兼论唐朝北部长城地带的意涵》，《学术月刊》2017年第2期。另参见朱振宏《大唐世界与"皇帝·天可汗"之研究》，台北：花木兰文化出版社2009年版，第81—123页。

⑧ 参见吴松弟《中国移民史》第三卷《隋唐五代时期》，福建人民出版社1997年版，第11—135页。

⑨ 参见吴玉贵《突厥汗国与隋唐关系史研究》，第227—272页；李鸿宾《唐朝朔方军研究——兼论唐廷与西北诸族的关系及其演变》，吉林人民出版社2000年版，第14—20页。

"因其所投之地而便居之，其情易安。因数州而磔裂之，则其势自分"[①]，便成为一个有效的对待方法（这与对待突厥的办法有别），这也是《新唐书》吐谷浑属州如此稀寥的缘由[②]。具体到其王族，如上所述，我们看到的首先是有一个自西（凉州）向东（灵州）转移的安置趋势。为什么会有这样的趋势？从事后的线索看，唐廷将他们部署在灵州界内，显然是利用他们加强对河套的防护。那里既是关中北部的要害，也是草原势力南下的必经之路[③]，素有"北大门"[④]之称。此后，该处安乐州就成为吐谷浑王族的居住家园，凉州则衍变为他们的郡（地）望寄托，这在诺曷钵（弘化公主）夫妇之合窆、慕容忠"归葬于凉州城南之山岗"、忠之妻金城县主"合葬于凉州南阳晖谷北岗"等一系列王族成员的记载中均有明确的反映。[⑤]

应当说，唐宗室与吐谷浑王族保持联姻，是中原王朝与外族"和亲关系"的延续。[⑥]在统计的13人中，其王族成员与唐联姻者8人，包括唐宗室女4人、武氏女2人、官员女和大族女各1人。唐宗室女出嫁者均系吐谷浑王位继承人，如慕容曦光迎娶的武氏即为武则天宗室之女。对这些王族而言，与唐廷宗室联姻以保持自身地位虽乃万全之策，但主动权并非操之其手。从联姻动向看，唐廷出嫁者的地位逐渐降低，表明吐谷浑王族在唐朝棋盘中的位置亦呈下滑趋势。[⑦]与此并行的，则是其王族成员不断被纳入朝官序列以为所用，突出地表现在他们充任部落首领和入仕朝官的两种途径中。前者当以慕容曦光、曦皓和慕容明"兼知部落使"、"押蕃浑使"和"押浑副使"为典型。[⑧]曦光以王位继承人身份充任"知部落使"，慕容明以曦光族兄充任"押浑副使"，这正副职位与他们的地位遥相呼应。曦皓充任的"押蕃浑使"虽属正职，但他并非文献记载的王位继承人，[⑨]所任"押蕃浑使"似与"知部落使"有所差别。

从本质上讲，这些管理部落的使职都是朝廷用以安置蕃部头领的举措，通过他们掌管蕃族（部）自身事务，如同《唐大诏令集》所说"今诸蕃归降，色类非一，在蕃者

---

① （唐）杜佑撰、王文锦等点校：《通典》卷190《边防六·西戎二·吐谷浑》，中华书局1988年版，第5167页；参见苏航《唐代北方内附蕃部研究》，博士学位论文，北京大学历史学系，2006年，第83—84页。

② 吐谷浑人进入唐朝控制的案例，参见王民信《唐代吐谷浑余绪考》，《大陆杂志》（台北）第16卷第7、8期，1958年；艾冲《论唐代前期"河曲"地域各民族人口的数量与分布》，《民族研究》2003年第2期。

③ 参见李鸿宾《河套区域在唐朝前后期的战略地位及其转变》，《山西大学学报（哲学社会科学版）》2019年第3期。

④ 参见《旧唐书》卷120《郭子仪传》，第3464页。

⑤ 参见夏鼐《考古学论文集》，第95—96、113—114页；周伟洲编著《吐谷浑资料辑录》（增订本），第62—75页；周伟洲《西北民族史研究》，中州古籍出版社1994年版，第460—464页。

⑥ 参见靳翠萍《唐与吐谷浑和亲关系始末考》，《敦煌学辑刊》1998年第1期。

⑦ 直到德宗贞元时期（785—805）慕容复死后封王遂止，参见杜林渊《从出土墓志谈唐与吐谷浑的和亲关系》，《考古》2002年第8期。

⑧ 参见夏鼐《武威唐代吐谷浑慕容氏墓志》，载氏著《考古学论文集》，第115页；周伟洲编著《吐谷浑资料辑录》（增订本），第71—73页。

⑨ 参见《旧唐书》卷198《西戎传·吐谷浑》，第5301页；《新唐书》卷221上《西域传上·吐谷浑》，第6227—6228页。另见孙瑜《唐慕容曦皓墓志考释》，《山西师范大学学报（社会科学版）》2010年第3期。

则汉官押领，入附者或边陲安置”[①]。按《唐会要》：“诸蕃使、都府管羁縻州……应须朝贺……每年一蕃令一人入朝。”[②] 这表明诸蕃使与羁縻府州密切相关。羁縻府州的都督、刺史多由部落酋长充任，与正州正县相比，具有自我管理的决定权。从慕容曦光等充任的部落使性质看，它们与羁縻府州的都督、刺史还是两码事。这类蕃部职务最早似出现于高宗仪凤年间（676—679），[③] 晚于羁縻府州的设置，但二者联系又十分密切。灵州的吐谷浑人尚保持原有的生活方式，曦光的“知部落使”、曦皓的“押蕃浑使”和慕容明的“押浑副使”分别对应不同的蕃属部落似可为证。

吐谷浑王族成员的朝官授予与部落职属并行的一身二任[④]，固然是羁縻府州时代行政、蕃务二分的体现，然而正是纳入行政系统的这种职任，在其变化中强化了国家属性而消解了蕃属特质。具体到这些王族成员，他们的蕃部职务就是通过羁縻府州被节度使体系整合替代而逐渐丧失的。[⑤] 按慕容曦光墓志，他入仕朔方军后，曾参与镇压六胡州康待宾的叛乱[⑥]，“领所部兵马，摧破凶胡”[⑦]，由此升至朔方节度副使，与节度使李祎、牛仙客等共事[⑧]。曦光征讨康待宾等九姓胡叛乱，他率领的军队就是本部落成员，时直朔方军从行军、镇军向节度使转变的关键阶段。[⑨] 这表明，随着吐谷浑羁縻州被纳入朔方节度使的系统，其王族成员的职任亦被朝官体系所吸纳和替换。[⑩] 我们看到，开元十六年（728）朔方节度使的兼检校浑部落使、二十年增领的押诸蕃部落使，[⑪] 就意味着部族首领或王族充任的“押使”诸职均被吸纳到节度使的掌控之内，这就剥夺了蕃部首领的直接控制权。慕容曦光、曦皓充任的兼知部落使、押蕃浑使同样如此，他们虽仍统领不同的蕃部，但其职权则出自节度使而非以往朝廷授予的那种“自立”，二者

---

① （宋）宋敏求编、洪丕谟等点校：《唐大诏令集》卷107《诫励诸军州牧将诏》，学林出版社1992年版，第507页；另见（唐）李肇《唐国史补》卷下《唐国史补·因话录》，上海古籍出版社1957年版，第53页。

② 《唐会要》卷24《诸侯入朝》，中华书局1955年版，第459页。

③ 参见［日］村井恭子《关于押蕃使的设置——唐玄宗期对异民族政策的转换》（《押蕃使の設置について——唐玄宗期における對異民族政策の轉換》），《东洋学报》第84卷第4号，2003年，第421—452页；［日］村井恭子《东亚国际关系中的唐朝北边政策研究》，博士学位论文，北京师范大学历史学院，2008年，第8—13页。黎虎认为始于睿宗景云二年（711），参见黎虎《唐代的押蕃使》，《文史》2002年第2辑，中华书局2002年版，第115—130页。

④ 参见苏航《唐代北方内附蕃部研究》，第83—89页。

⑤ 参见张国刚《唐代的蕃部与蕃兵》，载氏著《唐代政治制度研究论集》，台北：文津出版社1994年版，第105页；苏航《唐代北方内附蕃部研究》，第96页；村井恭子《东亚国际关系中的唐朝北边政策研究》，第20—21页。

⑥ 有关该事件的文献整理，可参阅吴玉贵《突厥第二汗国汉文史料编年辑考》下册，中华书局2009年版，第1075—1088页。

⑦ 《大唐慕容府君（曦光）墓志铭》，周伟洲编著《吐谷浑资料辑录》（增订本），第73页。

⑧ 参见李鸿宾《唐朝朔方军研究——兼论唐廷与西北诸族的关系及其演变》，第362页。

⑨ 镇压康待宾叛乱的行为又直接促成了朔方节度使的确立，参见李鸿宾《唐朝朔方军研究——兼论唐廷与西北诸族的关系及其演变》，第103—109页。

⑩ 参见王永兴《论唐代前期河西节度》，载氏著《唐代前期西北军事研究》，中国社会科学出版社1994年版，第1—47页。

⑪ 参见吴廷燮《唐方镇年表》，中华书局1980年版，第129—130页。

性质之不同彰显可见。[①]

如此看来，曦光、曦皓、慕容明墓志铭文的意义，在某种程度上揭示了唐朝前期羁縻府州向中后期节度使转变的真谛。这种转变，涉及了唐朝管理蕃部的行政手段如何被节度使制度替代的具体步骤，其背后隐藏的是朝廷控制周边外族势力方式的变迁，说到底，是对胡系势力的制度性设计。何以如此呢？如上所言，部落使、押蕃浑使这类职务本质上是唐廷宰制外来部落的一种手段，它是羁縻府州体系的衍生。羁縻府州出现于高祖时代，太宗朝形成了制度性规范，这与东西突厥降服后大规模的安置密切相关[②]，是"以夷制夷"思路的展现[③]。然而随着这些降户的不断出事甚至造反，唐朝也不断地调整措施给予补救，直至采用军队镇压，都护府、行军这套军事职能较强的应对方式就随着形势的遽变，逐步衍化成为驻守边地节度使的体制；羁縻府州这类偏向行政管理的机构连同其蕃部职掌亦随之而被纳入节度使的系统之内。究其原因，诚如唐长孺先生所言，这是唐朝攻防形势转化的结果，[④] 也就是由"内重外轻"变成了"外重内轻"[⑤]。溯本追源，这种局势之抟成，乃是唐廷与周边势力博弈的产物。胡汉关系的变化决定了朝廷处置办法的改变，部落使、押蕃浑使就是应对这种形势在制度上做出的调整；吐谷浑王族成员亦在官职的转替中改变了身份，当他们并入朝官系属之时，就意味着外蕃身份的丧失，他们与朝廷宗室保持的那种"和亲关系"也就寿终正寝了。

四　第三条线索：粟特人在汉地的生存方式

与上述两条线索不同的是，粟特人所在的西域内陆与汉地有千山万水的悬隔，他们的东迁既没有草原人的规模性南下，也缺少政权攻灭中的奔荡，商人、使者、僧侣诸种身份烘托的他们，步入汉地呈现的是一个持续的过程，丝绸之路的兴茂，与他们的关联千丝万缕。[⑥] 我们这里关注的是他们步入内地后生活的某些选择，这成为本文分析的第三条线索。

作为前后零散而持续、多渠道进入汉地的粟特人，若要为他们寻觅一个广为含括的

---

① 参见黎虎《唐代的押蕃使》，《文史》2002 年第 2 辑，第 115—130 页。

② 参见刘统《唐代羁縻府州研究》，西北大学出版社 1998 年版，第 8—30 页；李鸿宾《唐朝朔方军研究——兼论唐廷与西北诸族的关系及其演变》，第 14—37 页。

③ 参见康乐《唐代前期的边防》，硕士学位论文，台北台湾大学历史研究所，1976 年，第 40—46 页。

④ 参见唐长孺《唐代军事制度之演变》，载氏著《山居存稿续编》，中华书局 2011 年版，第 329—336 页；唐长孺《魏晋南北朝隋唐史三论——中国封建社会的形成和前期的变化》，中华书局 2011 年版，第 413—422 页。

⑤ 参见雷家骥《从战略发展看唐朝节度体制的创建》，载中国唐代学会编《唐代研究论丛》第 4 辑，台北：新文丰出版股份有限公司 1992 年版，第 253—318 页；孟彦弘《唐前期的兵制与边防》，载荣新江主编《唐研究》第 1 卷，北京大学出版社 1995 年版，第 245—276 页。

⑥ 参见［法］魏义天（Étienne de La Vaissière）《粟特商人史》序，王睿译，广西师范大学出版社 2012 年版，第 1—5 页。

方式，并非切合实际。有鉴于此，本文聚焦于长安（洛阳）内地与河套两个特定地区[①]，通过内地核心区安菩、何文哲和“边州”六胡州聚集的分析[②]，试图分辨这些粟特人及后裔在汉地的生活及其旨向[③]。

安菩一例，对认识那些进入朝廷仕职者的道路具有典型意义。[④] 有迹象表明，这一家族及属部应于贞观四年（630）唐征服东突厥之际南下进入内地[⑤]，如同墓志所说“其先安国大首领，破匈奴衙帐，百姓归中国”[⑥]。作为首领的安菩，他被任命六胡州大首领之时[⑦]，亦宅于都城长安。唐廷对东突厥降户的安置，将其上层安排于长安授予职位[⑧]，属下民众分布于灵州（治回乐，今宁夏吴忠西）至幽州（治蓟县，今北京城南）间长城沿线之羁縻府州[⑨]，以其贵族首领为都督刺史予以管理[⑩]，安菩的任职即属其例。与前文所述吐谷浑王族走上朝廷官职道路进而丧失旧有地位相呼应，安菩所任“大首

① 有关粟特人及后裔活跃于长安的研究，参见向达《唐代长安与西域文明》，生活·读书·新知三联书店 1957 年版，第 1—116 页；韩香《隋唐长安与中亚文明》，中国社会科学出版社 2006 年版；毕波《中古中国的粟特胡人：以长安为中心》，中国人民大学出版社 2011 年版。有关六胡州的研究，可参阅［日］小野川秀美《河曲六州胡的沿革》（《河曲六州胡の沿革》），《東亞人文學報》卷 1—4 号，1942 年；［英］埃德文 G. 普利布兰克《粟特人在内蒙古的殖民地》（A Sogdian Colony in Inner Mongolia）*T' oung Pao*, No. 41, Livr. 4/5, 1952, pp. 317 - 356；［日］森部豊《粟特人的东方活动和东方欧亚大陆世界历史的展开》，日本吹田关西大学出版部 2010 年版，第 99—110 页。

② 有关“边州”，参见（唐）李林甫等撰，陈仲夫点校《唐六典》卷 3 尚书户部，中华书局 1992 年版，第 73 页；（唐）长孙无忌等撰，刘俊文点校《唐律疏议》卷 28 捕亡“诸在官无故亡者”条，中华书局 1983 年版，第 537 页。

③ 参见张广达《从“安史之乱”到“澶渊之盟”：唐宋变革之际的中原和北方》，载黄宽重主编《基调与变奏：七至二十世纪的中国》第 3 册，台北政治大学历史学系等，鸿柏印刷公司 2008 年版，第 1—20 页。

④ 参见沈睿文《重读安菩墓》，《故宫博物院院刊》2009 年第 4 期；李鸿宾《安菩墓志铭再考——一个胡人家族入居内地的案例分析》，载杜文玉主编《唐史论丛》第 12 辑，三秦出版社 2010 年版，第 160—181 页。

⑤ 参见张广达《唐代六胡州等地的昭武九姓》，载氏著《西域史地丛稿初编》，上海古籍出版社 1995 年版，第 249—279 页。

⑥ 赵振华、朱亮：《洛阳龙门唐安菩夫妇墓》，《中原文物》1982 年第 3 期；赵振华、朱亮：《安菩墓志初探》，《中原文物》1982 年第 3 期。

⑦ 胡人之任职“大首领”，意在管理同类属下。从粟特人东迁开始，他们落居某地时就采取此类办法治理（参见 Jonathan Karam Skaff《公元六至八世纪粟特商业在东土尔其斯坦的扩散》（The Sogdian Trade Diaspora in East Turkestan During the Seventh and Eighth Centuries），Leiden：Koninklijke Brill NV, 2003, *JESHO* 46, 4. pp. 475 - 515），安菩六胡州大首领之举措，应系这种办法的沿承，但它已被纳入了羁縻府州序列。

⑧ 参见《资治通鉴》卷 193，唐太宗贞观四年五月丁丑条，第 6076 页。

⑨ 参见吴玉贵《突厥汗国与隋唐关系史研究》，第 207—272 页；［日］石见清裕《唐代北方问题与国际秩序》，胡鸿译，复旦大学出版社 2019 年版，第 83—111 页。

⑩ 参见马驰《试论唐代蕃州的管理体制》，载唐代学会编委会编《第三届中国唐代文化学术研讨会论文集》，台北政治大学中国文学系 1997 年版，第 365—396 页；刘统《唐代羁縻府州研究》，第 8—55 页。

领”之六胡州的变迁，亦体现在高宗调露元年（679）粟特系首领被朝廷官员的替换[①]，这突出表明了唐廷将六胡州转往正州的意向。另一个值得我们注意的现象，是安菩的儿子安金藏，他的事迹在唐朝文献的描述中，丝毫没有粟特族属的痕迹，尤其他采用长安为籍且成为候侍宫廷的成员，都在宣示他忠诚李唐皇室的正面形象。[②] 与此映照的何文哲，他是仕职唐朝世代久远的外族内地化的另一显例。[③] 墓志除了其先人源自中亚何国王子系属之外，通篇累牍地叙述其家族仕宦，更以何文哲仕职长安宫廷神策军之情形譬如参与宫廷斗争、保护皇帝的“英雄壮举”为突出。[④] 在这份3400余字的墓志里，家族的祖源只不过是一个追忆而已。

安菩、何文哲案例的意义在于它呈现了那些进入汉地之后的粟特人如何适应主流文化的步骤和过程，与之形成对照的是河套边地的六胡州。它位于灵州南界[⑤]，粟特人为主体[⑥]，他们与安菩等上层分居南北两处，发展路径亦判然有别。羁縻州虽为朝廷所宽待，但“编户齐民”亦成为朝廷追求的旨向，“兰池胡久从编附，皆是淳柔百姓，乃同华夏四（之）人”[⑦] 即可证明。此前契丹李尽忠等曾举兵反叛，武则天下令征讨，“大发河东道及六胡州……精兵，悉赴营州”[⑧]，连同上文慕容曦光率领六胡州征讨康待宾之叛乱，表明这里的百姓参与朝廷的军事行动似属应尽之义务，而其前提则是具备了“编户齐民”之资格。然而开元九年（721）六胡州爆发了由康待宾等率领的叛乱[⑨]，朝廷遂将他们迁居江淮内地以图分化，但没能持久，旋后又于故地设置宥州重新安置。[⑩] 这一系列的变化，充分展现了朝廷突破羁縻办法将其转为正州给予直接控属的意图。这一地域处在农耕游牧的交接，亦是唐朝都城所在的关中屏障，战略制衡点的意义之突出，不言而喻。[⑪] 正因如此，突厥复国后，六胡州遂成为它争夺的一个焦点。譬如

---

① 参见张广达《唐代六胡州等地的昭武九姓》，载氏著《西域史地丛稿初编》，第249—279页。

② 参见《旧唐书》卷187上《忠义传上·安金藏》，第4885—4886页；《新唐书》卷191《忠义传上·安金藏》，第5506—5507页。

③ 参见卢兆荫《何文哲墓志考释——兼谈隋唐时期在中国的中亚何国人》，《考古》1986年第9期；李鸿宾《论唐代宫廷内外的胡人侍卫——从何文哲墓志谈起》，《中央民族大学学报（哲学社会科学版）》1996年第6期。

④ 参见李鸿宾《何文哲墓志铭再考——兼论粟特人汉化问题》，载氏著《唐朝的北方边地与民族》，宁夏人民出版社2011年版，第305—368页。

⑤ 参见（唐）李吉甫撰，贺次君点校《元和郡县图志》卷4《新宥州》，中华书局1983年版，第106页。

⑥ 参见艾冲《论唐代前期“河曲”地域各民族人口的数量与分布》，《民族研究》2003年第2期。

⑦ 《册府元龟》卷986《外臣部·征讨五》开元九年条，中华书局1960年版，第11584页。

⑧ （唐）陈子昂撰、徐鹏校点：《陈子昂集》卷8《杂著·上军国机要事》，中华书局1960年版，第179页。

⑨ 周伟洲将此事定性为他们反朝廷剥削和压迫的抗争，这意味着他们已成为唐朝的百姓了。参见氏著《唐代六胡州与“康待宾之乱”》，《民族研究》1988年第3期。

⑩ （唐）李吉甫撰、贺次君点校：《元和郡县图志》卷4《新宥州》，第106页。参见穆渭生《唐代宥州变迁的军事地理考察》，《中国历史地理论丛》2003年第3辑。

⑪ 参见李鸿宾《河套区域在唐朝前后期的战略地位及其转变》，《山西大学学报（哲学社会科学版）》2019年第3期。

默啜曾向唐廷“奏请六胡州及单于都护府之地”即为明证,[①] 突厥碑铭的记载同样表现出后突厥对六胡州的重视;[②] 安禄山发动叛乱，亦积极招纳六胡州同族，有为数不少者受此影响而参与[③]。应该说明，安史之乱是六胡州粟特人动向分化的一个标识：在前期，他们虽因时局动荡、多种势力交接而上下颠簸，但毕竟处于唐朝的控制内以羁縻府州的形式存在；在后期，他们则抛离六胡州辗转他处，或混迹于北方称雄的沙陀人中间转为属部[④]，或奔投河朔依违于诸镇之中[⑤]。

内地核心区与六胡州边地这两条路径，预示着粟特人文化转型与族属认同出现了差异。如上所言，两个不对等的文化碰撞之后，弱势一方趋于强者似乎不可避免，然而接触碰撞之中的纷繁复杂对粟特人的转型与认同也产生了不一的影响。安菩墓志表明，同一族属的粟特人，上层家族与六胡州部落民差异悬殊：前者走上了仕宦道路，以朝官和六胡州首领的身份与朝廷融结一体，其子安金藏落籍长安跨入宫内权贵门槛，浸透了主流风习，倘若不做仔细分辨，旧族遗痕难以窥探。何文哲一家更是久染汉风，他置身宫廷政治之中，与朝廷扭结在一起，粟特之源更为淡薄。这一前一后的案例，大体反映出入居汉地仕宦朝廷的粟特人其文化与族性转换的轨迹。那么，这种情形是他们的意愿还是形势的迫求？应当是二者的结合。安菩、何文哲既然步入朝官行列，势必按其规则行事，忠君诚奉是其核心规范。长安乃中原文化政治之本，他们生活的一切均建基于此，唯其紧系朝根，才能获得生存的保障，他们的价值取向和文化认同遂相伴而生。说到底，族性是由文化特质而非“生物体”自身所能决定[⑥]，不论是跨越族系通婚，还是社会场景转变催动文化之转移，都是一个动态的过程。变化而非恒常，才是族属、文化的特质所在，这是我们理解安菩、何文哲诸人文化选择与族属认同的重要依托。

同理，六胡州粟特人的族属文化转移则受制于当地的社会环境，或者说是他们适应那种环境的结果。与长安所处中原主位文化不同的是，边地所在的六胡州，它因遭受多方势力的牵引，生活其地民众的文化和族性亦面对多样化的选择。尤为突出的是复辟的突厥后汗国对此造成的冲击，他们将六胡州作为争夺的对象而与唐廷纵横捭阖，由此产

① 《旧唐书》卷185上《良吏传上·田归道》，第4794页。

② 参见耿世民《古代突厥文碑铭研究》，中央民族大学出版社2005年版，第129、159页；芮传明《古突厥碑铭研究》，上海古籍出版社1998年版，第224、263页。

③ 参见《资治通鉴》卷218唐肃宗至德元载七月条、卷220唐肃宗至德二载十二月条，第6986、7047页。

④ 参见徐庭云《沙陀与昭武九姓》，载蔡美彪编《庆祝王锺翰先生八十寿辰学术论文集》，辽宁大学出版社1993年版，第335—346页；蔡家艺《沙陀族历史杂探》，《民族研究》2001年第1期；［日］森部丰《粟特人的东方活动与东方欧亚世界历史的展开》（《ソグド人の東方活動と東ユーラシア世界の歷史的展開》），第98—110页。

⑤ 参见马驰《唐幽州境侨治羁縻州与藩镇割据》，载荣新江主编《唐研究》第四卷，北京大学出版社1998年版，第199—213页；［日］森部丰著，温晋根译《唐后期至五代的粟特武人》，载《法国汉学》丛书编委会编《粟特人在中国：历史、考古、语言的新探索》（《法国汉学》第十辑），中华书局2005年版，第226—234页。

⑥ 参见［美］司马少林（马歇尔·萨林斯 Marshall Sahlins）《亲属关系是什么，不是什么》，陈波译，商务印书馆2018年版，第3—54页。

生的刺激使当地民众首鼠两端以自保，几成常相；叛乱后的安禄山同样关注这里，将其并入己方与朝廷抗衡。这种唐朝内地难以存在的现象为什么在边地却很突出？我们提出了一个王朝内外二重构造的说法给予解释。这种说法认为，唐朝在地缘上有中原核心区和周边外围区两个层面，与之对应的民众群体也有汉人居中、非汉（胡）人环绕四周的“配置”。它们之间既相对又配合，形成了互动与变化的态势。当王朝实力强劲并稳定中原之后，它就向周边拓展，进而构成内外兼统的局面；然而当它的实力下降或衰微之时，周边外围的人群亦突破羁控而自行独立。通常情况下，中原的汉人群体处于比较稳定的状态，周边外围人群则变化无常；他们所在的地区亦表现为中原“恒定”而周围变动，外围界线模糊不一。[①] 就此而论，处于周边地带的六胡州，它聚多重势力于一地，民众受多方势力拉动和驱使，变化无常或唯“利”是求，就成为了他们的因应之道。[②] 其认同旨向就非恒一而多变，如同拉铁摩尔（Owen Lattimore）描述变动区民众受外界强力拉动，谁的力量强就跟谁走的那样。[③] 安史之乱后，唐朝主体社会一改华夷兼容的态度，排胡风气渐盛[④]，受到挤压的粟特人面临新的选择[⑤]，要么滞留中原改变属性成为汉人，要么远走他处另觅生路。深处中原核心区谙熟汉文化的粟特上层，延续此条道路已成为他们自保的惯常做法，六胡州百姓则各奔东西，如上文所说投向河朔节镇或转入沙陀，是他们诸多选择中的两条道路。

五　决定性要素：族属文化的维系与转变

正如本文开头所说，上述三条线索只是我们解释唐朝胡汉关系众多面相中的某些选择或尝试，它并非是这种关系的整体揭示，至于论说能否成立，也可以再讨论。这里值得说明的是，这种胡汉关系在什么场景下呈现、它又受什么因素制约或影响。为此，我们试作以下几点论述。

第一，我们首先看到，这几条线索都是围绕人群彼此的关系而展开的。这里的人群因其文化和认同差异而有所谓的“胡汉”之别，过去那个时代虽没有现代社会界定的

---

① 参见李鸿宾《唐朝北部疆域的变迁——兼论疆域问题的本质与属性》，《中国边疆史地研究》2014 年第 2 期；李鸿宾《唐朝前期的南北兼跨及其限域》，《中国边疆史地研究》2016 年第 2 期。另参见王义康《唐代的化内与化外》，《历史研究》2014 年第 5 期。

② 参见李鸿宾《交叉区民众心态之研讨——以唐朝长城区域为例》，载邢广程主编《中国边疆学》第 2 辑，社会科学文献出版社 2014 年版，第 200—219 页。

③ 参见［美］拉铁摩尔《中国的亚洲内陆边疆》，唐晓峰译，江苏人民出版社 2010 年版，第 340 页。

④ 参见傅乐成《唐代夷夏观念之演变》，载氏著《汉唐史论集》，台北：联经出版事业公司 1995 年版，第 209—226 页；李鸿宾《唐朝中央集权与民族关系——以北方区域为线索》，民族出版社 2003 年版，第 141—161 页。

⑤ 参见荣新江《安史之乱后粟特胡人的动向》，载纪宗安、汤开建主编《暨南史学》第 2 辑，暨南大学出版社 2003 年版，第 102—123 页。

"民族"概念[1]，但作为特定的、彼此各自认同的差异性群体之存在，则无可否认[2]。本文涉及的高车·拓跋、吐谷浑和粟特这些人群，在以二十四史为核心的传统汉籍里，一向被归属为"蛮夷戎狄"，这是汉人从自身角度对那些"异己者"的界定，只不过这种界定充满了自署礼法文风的中原人将自己与那些异己者置诸彼此"高下"的价值判断、具有强烈的"差序"意识而已。[3] 然而更关键的问题则是这些差异的群体被置放在同一个王朝或帝国这一政治体的框架之内，或者被其裹挟，于是异质性群体与王朝政治就产生了联动。二者的关系虽复杂多变，但人群关系受王朝政治的支配[4]，则是本文试图解释的主题，由此也构成了我们理解唐朝胡汉关系的一个核心支点。

第二，既然人群的关系与政治体的建构密切结合并受后者支配，那么，政治体的型变必然会影响受它制约的人群关系。如果说3世纪前期至6世纪后期那段历史有什么特殊意义的话，那就是一统化王朝的消解，给予了中原内外诸种势力重新更张建立各自政权之机会。尤其那些胡系政权的建构，如何确立一个少数"胡人"统治集团（包括其族裔属下）对众多汉人社会施行有效的控制，就成为他们安身立命的基础，"胡汉双规制（或分制）"遂成为这些政权得以立国的选项。[5] 在这种体制下，人数居少的胡人因控制政权而成为王朝的主宰，"异己"的众多汉人则成为他们统辖的客体对象。以制度建构的差异适应不同人群的诉求，是这种体制的核心要旨；也正是在少数控制多数的局面中，"胡人"优先的身份政治得以确认和存在。当然，历史的复杂和动态的发展，使得这种"胡汉"关系在那广袤的汉系世界中通常以胡系政权如何恰切地适应中原的法统成为文献表述的主旨[6]，但不可否认的是，只要政权掌握在"胡人"之手，其身份政治的"优势"就有存在的制度性依赖，尽管其人数寡少无多。

一旦这种"少—多""胡汉"双轨制政权被中原一统化王朝所替代，胡人的政治优势就大打折扣，甚至被消解。反过来，作为主宰的中原王朝再度涉及"胡汉"关系之

---

① 参见［英］埃里克·霍布斯鲍姆（Eric J. Hobsbawm）《民族与民族主义》，李金梅译，上海人民出版社2000年版，第1—16页。按照本尼迪克特·安德森（Benedict Anderson）的观点，"民族"是现代社会想象的产物，见［美］本尼迪克特·安德森《想象的共同体：民族主义的起源与散布》，吴叡人译，上海人民出版社2003年版，第1—10页。

② 阿扎尔·盖特（Azar Gat）、亚历山大·雅各布森（Alexander Yakobson）：《民族：政治种族主义和民族主义的漫长历史和深刻根源》（Nation: The Long History and Deep Roots of Political Ethnicity and Nationalism），纽约：剑桥大学出版社2013年版。

③ 例如《旧唐书》使臣就说："禹画九州，周分六服，断长补短，止方七千，国赋之所均，王教之所备，此谓华夏者也。以圆盖方舆之广，广谷大川之多，民生其间，胡可胜道，此谓蕃国者也。"《旧唐书》卷197《南蛮传·西南蛮》，第5286页。参见［美］班茂燊《唐代中国的族群认同》，耿协峰译，第40—75页。

④ 族性认同受政治支配，可参见［美］帕特里克·格里（Patrick J. Geary）著，刘寅、于子轩译《中世纪早期欧洲族群认同的情境性建构》，载［美］帕特里克·格里著、罗新主编《历史、记忆与书写》，北京大学出版社2018年版，第92—94页。

⑤ 参见雷家骥《从汉匈关系的演变略论刘渊屠各集团复国的问题：兼论其一国两制的构想》，《东吴文史学报》（台北）第八期，1990年，第47—91页；雷家骥《汉赵国策及其一国两制下的单于体制》，《中正大学学报》（台湾嘉义）第三卷第一期，1992年，第51—96页；雷家骥《后赵的文化适应及其两制统治》，《中正大学学报》（台湾嘉义）第五卷第一期，1994年，第173—235页。

⑥ 参见刘学铫《五胡史论》，台北：南天书局有限公司2001年版，第292—306页。

时，那么主动权就从胡系集团转归中原（汉系）集团之手，胡汉关系的主轴也从“胡”转向了“汉”。正是在这种转型之下，才出现了前述那三条线索的现象。

第三，如同人们熟知的那样，唐朝与多族群关联之密切，是建基于此前周边那些民族、部族势力介入中原内外通过组建政权而形成的互动之上，或者说这是东汉解体之后内地、周边各势力纵横捭阖的博弈结果。东汉以及之前的秦与西汉王朝的建构，均以中原为核心腹地向周边推进的方式构成了圈层式的发展布局。在这种同心圆的拓展中，周边族群不断被纳入王朝的统辖下从而变成了王朝的组成部分；然而一旦王朝解体，它又为那些族群乃至新崛起的势力提供了活动空间，这些势力效法王朝或受其启发相继走上了各自政权的建设道路，进而形成了东汉解体至隋唐再兴之间东亚大陆的政治主潮。[①]正因为这样，中原王朝一旦再度成为一个整体进行经略，即它内部的整合与外部的拓进成为朝廷强盛不可或缺的手段之时，周边那些桀骜不驯的势力如何被收编修整，就成为王朝合法地位确立的目标了。这一整合发轫于隋而鼎盛于唐。唐朝周边四维的推进构拟囊括中原·草原异质型一体化王朝帝国的意义[②]，就在于众多“异己”势力的再度“介入”，不过此时的他们已成为王朝“规范”下的实施对象了。

第四，正是在这种格局下，我们看到的这三条线索的人群（个体）步入中原后与“主流社会”相适应，构成了他们生活的主要图景。掌控主导权的中原王朝，内生着将外来者改造成与己同属“种类”的“责任”。[③] 在这种主辅分明的形势下，以中原为旨归的文化凝聚，就成为“异己者”脱去旧服换上新装的“必由之路”，“汉化”一词，不论遭受多少质疑或非难，仍被视为这种进路成功与否的标识。直观而言，处在强弱迥然状态下的这些群体和个人，其族属、文化面临的实际与其说是如何维系，不如说是保持多久的问题。是云偘、贺拔亮家族自从跨上拓跋政权这辆大车，其族属文化就与它牵连一体而奔向中原，他们与汉地大户的联姻，也顺着那个时代的政治节拍而脉动[④]，在攀附主流的“强烈自觉”中得以转型。

吐谷浑王族成员族性文化的维系与转变走的是另一条道路。当这支国破家亡的群体踏入唐境之时，乞求朝廷的应然之举就为他们的转轨铺平了道路。唐朝对他们的“优待”建基于外来人处置这一框架的同时，亦赋予了他们防御草原势力的角色。如果说是云偘、贺拔亮家族的中原化是他们挎入主流积极参与的话，那么吐谷浑王族则以投奔唐廷的“异己”而被王朝所塑造，唐廷先以“和亲”将他们纳入宗藩之内，又转授职

---

① 参见堀敏一《东方亚细亚世界的形成—中国和周边国家—》(《東アジア世界の形成—中国と周辺国家—》)，东京汲古书院 2006 年版，第 95—271 页；[日] 谷川道雄著《魏晋南北朝隋唐史的基本问题总论》，李凭译，载 [日] 谷川道雄主编《魏晋南北朝隋唐史学的基本问题》，中华书局 2010 年版，第 5、15—19 页。

② 参见李鸿宾《唐朝前期的南北兼跨及其限域》，《中国边疆史地研究》2016 年第 2 期；李鸿宾《中华正朔与内亚边疆——兼论唐朝北部长城地带的意涵》，《学术月刊》2017 年第 2 期；姚大力《中国历史上的两种国家建构模式》，载氏著《追寻“我们”的根源：中国历史上的民族与国家意识》，生活·读书·新知三联书店 2018 年版，第 141—160 页。

③ 参见汪晖《现代中国思想的兴起》上卷第二部《帝国与国家》，生活·读书·新知三联书店 2008 年版，第 616—619 页。

④ 参见罗文星《拓跋政权赐妻婚姻的研究》，《中正历史学刊》(台湾嘉义) 第 18 期，2005 年，第 1—32 页。

官加以收编，他们身份与文化的转型顺此而生发，显然，王朝强势的主掌凸显了他们的无奈，虽然不乏有其审时度势的机智“配合”。

至于“散杂”的粟特群体和个人，他们的转型依随形势而上下不一，尤其表现在地域差异导致的迥别之上。安菩、何文哲这些人以仕职的方式将他们自己与朝廷政治捆绑在一起，其文化属性由此与汉地结合，这至少成为其上层人物的通常法则。他们转迁的目的旨在提升自己及后裔的社会地位，族属文化变迁的背后隐藏的是利益考量。那些散杂或蛰居在六胡州这类地区的“边缘人”，并非由他们自身所能决定的命运就与这一多方势力角逐而揣摩不定的场所结合在一起，他们的族属文化与认同也随着那里形势的变化或固持或转折，多样性的背后浸透的是他们为求得生存之道而展开的“拼搏”。要言之，场域的差异与外来者族性之认同，无论是在外在的文化刺激中还是内存的思想张力下，二者之因果性关联，展露无遗。

第五，由此可证，在主掌形势的中原王朝格局下，胡系群体一旦步入其中，保持旧俗还是迎合主流，就成为他们生存之道的紧迫问题。如同上文所说，他们文化属性的转变与其说是人群之间的互动和博弈，不如说是人群与王朝国家的交相呼应。换言之，人群文化属性的转移在很大程度上被国家政治体所操控，这才是它的真实含义。当胡系人群建立政权统辖多数族群之时，他们更关注的是怎么维系法统，其族性文化的保持多依赖于权力的把握；然而一旦政权消散或被中原汉系统一王朝替代之后，胡系族属文化面临的就是能否维系，以及维系多久的问题了。这就是前文萧启庆所谓族性意识、认同维系与政权建构二者之间密切关联的展现。在唐朝的语境下，中原内外众多胡汉大小政权纵横捭阖的散乱纷争之所以能被归结为一体，决定聚合而非分散的动力就来自唐朝；北方草原连同周边异域之能与中原抟合为一处，其动力也源自一统化的国家。不论是隋朝长江南北的统合，还是唐朝长城南北的兼跨，这种融结胡汉族群、中原草原为一体的决定力量，正是（关陇）统治集团主宰的王朝整体。换言之，只有王朝国家的介入，才有唐朝胡汉的抟成，这也是本文选择三条线索给予讨论的历史场景。

（原载《民族研究》2020 年第 1 期）

10—13 世纪作为“秦—契丹”组成部分的天山北路与吐鲁番之地

——以非汉文史料的记载为中心

钟 焓*

1993 年日本东京大学出版社刊行了在学术界引起相当反响的《从亚洲思考》系列丛书的第三卷《从周边看历史》，其中收录了该国新疆近现代史研究权威新免康所著的《“边境”之民与中国：从“东突厥斯坦”所做的考察》。作者以其建构的“中国 vs‘突厥斯坦’”的二元对立论为基本指导思想，概述分析了新疆地区在近代以来所迭经的历史变迁和社会冲突，认为现代中国对于新疆的主权支配是建立在盛清时期完成“征服事业”的基础上，强调新疆本地居民始终将指代中国的政治实体名称“Chin-Khitai”看作由异教徒占据的边缘之地，因此对于中国始终缺乏政治认同感，同时他们所持的“Chin-Khitai”所包含的地理范围也只限于中国内地，完全没有涵盖新疆本地。不过关于“Chin-Khitai”的词源出处，作者并未予以明确回答，只是简单地声明两者来历不清，怀疑其中的“Chin”或者来自清朝的国号，或者只是一个可以泛指历代中华王朝的通称性概念。① 比上述日本学者更有过之的学术立场则见于近期一部分美国清史学者的论著中。试以 2004 年出版的一部美国学者关于新疆历史与现实的论文集为例，书中所收的由米华健（J. A. Millard）和濮德培（P. C. Perdue）合撰的清代新疆历史的论文即强调：正是相继经历了清朝在 18—19 世纪对整个新疆地区进行的“征服战争”和“殖民统治”，该地区才可能在“中国民族主义”持续发酵的 20 世纪，最终转化为现代中国的正式领土。因此，咸同年间浩罕阿古柏集团对该地的入侵被粉饰辩解为“补缺权力真空”；相较之下，以后左宗棠的成功驱逐阿古柏却被歪曲成“对新疆的再次征服”。② 同书中所收的杜磊（ Dru C. Gladney）的论文也是把阿古柏入侵定义为“起事”（rebellion），如此蹂躏盘踞新疆有年的浩罕军人阿古柏俨然一变为体现当地民众利益诉

---

* 钟焓，中央民族大学历史文化学院教授。

① ［日］新免康：《“边境”之民与中国——从东土耳其斯坦引发的思考》（《「辺境」の民と中国——东トルキスタンから考える》），收入沟口雄三等主编《アジアから考える》第三卷《周缘からの历史》，东京大学出版会 1993 年，第 108—114 页。

② J. A. 米拉德、P. C. 珀度：《19 世纪晚期新疆政治和文化史》（Political and Cultural History of the Xinjiang Region through the Late Nineteenth Century），摘自 S. F. 斯塔主编《新疆：中国的穆斯林边疆》（Xinjiang：China's Muslim Borderland），纽约：阿蒙克，2004 年版，第 57—62 页。此后濮德培的有关论点在他于次年出版的专著中得到了进一步的发挥与扩充。参见濮德培《中国西征：大清征服中央欧亚与蒙古帝国的最后挽歌》（China Marches West：The Qing Conquest of Central Eurasia），马萨诸塞州剑桥，哈佛大学出版社 2005 年版，第 497—517 页。

求的政治代言人。①

关于“Chin-Khitai”的来源，我国老一辈民族史研究大家贾敬颜先生早在三十年前即已发表了《“汉人”考》一文，详考“汉人”称谓在历史上所经历的发展变化，以揭示今天的汉族在历史过程中由多个民族融合发展而成。② 正是在这篇论文中，作者征引考据大师伯希和的精辟论证，并结合汉文史料明确辨析了非汉文史料中常见的指代中国的 Chin 本始于“秦”，而另一个标志中国的专名 Khitai 则来自于建立辽朝的契丹民族的名称。③ 可惜新免康对于伯希和与贾敬颜的考证工作皆有失察，从而造成了本可避免的知识盲点。他在前文中所持的另一观点即非汉文史料中的“Chin-Khitai”所指涉的地理范围限于中国内地的观点正确与否更值得我们深思。此前已有学者在研究《突厥语大词典》及莎车出土文书等喀喇汗朝史料时涉足过同类议题，澄清了当时统治南疆多地的喀喇汗王朝自称为中国（秦）的重要史实。④ 这等于澄清了南疆一带在当时实属中国（秦）一部分的事实。与之对应，本文拟从非汉文史料的角度，进一步搜集并分析其中的相关记载，具体揭示与喀喇汗王朝大致共时的高昌回鹘以及随后的西辽所直接统治的天山北路等地也处于“Chin-Khitai”的空间范围内；从而更全面地论证今新疆地区早在元朝和清朝之前，就和内地处于同一个中国的地理概念中。

一 10—12 世纪的天山北路与吐鲁番盆地

在进行有关论述之前，或可强调一点，即张鸿年业已论证指出，较早的西突厥政权（Tūrān）在 11 世纪初期的费尔多西《列王纪》中即常与秦（中国）相等同⑤，因此，今新疆一带早在那时的非汉文史料中已被囊括在秦（中国）这一空间共同体之中。故本文所做的考察从成立时间晚于西突厥政权的高昌回鹘王国开始是十分合适的，正好与

① 德鲁·C. 格莱德尼：《中国发展与控制规划 1978—2001》（The Chinese Program of Development and Control，1978 – 2001），引自 S. F. 斯塔主编《新疆：中国的穆斯林边疆》（Xinjiang：China's Musilim Borderland），第 102 页。

② 贾敬颜：《“汉人”考》，《中国社会科学》1985 年第 6 期，第 99—109 页；该文也收入费孝通等《中华民族多元一体格局》，中央民族学院出版社 1989 年版，第 137—152 页。

③ 需要指出的是，非汉文史料中指代中国的以上两词在阿拉伯语、波斯语、突厥语中的各种拼写形式略有区别，本文为求行文之便，尽可能统一成 Chin 和 Khitai，其对应的汉语译名也统一成“秦”和“契丹”，不再另作“支那”“脂那”“乞台”“乞塔”等。有关这两个专名的各种非汉语形式及其汉语译名的综合研究，参见 P. 伯希和《马可波罗游记注释》（Notes on Marco Polo），第一卷，巴黎，1959 年版，第 216—229 页，264—278 页；J. 哈马塔《中国—印度》（Sino-Indica），Ac- ta Antiqua Academiae Scientiarum Hungaricae，1964 年第 12 卷，第 13—14 页；方龄贵《元明戏曲中的蒙古语》，汉语大词典出版社 1991 年版，第 206—212 页。最近还有学者对于 Chin 的词源提出种种新说，但都难以取代旧说。参见陈得芝《从“支那”名称来源诸“新说”谈起——关于学术规范与研究方法问题》，《中华文史论丛》2006 年第 2 辑，第 349—357 页。

④ 张广达：《关于马合木·喀什噶里的〈突厥语词汇〉与见于此书的圆形地图（上）》，《中央民族学院学报（哲学社会科学版）》1978 年第 2 期，第 29—43 页；魏良弢：《喀喇汗王朝文化》，收入余太山主编《西域文化史》，中国友谊出版公司 1995 年版，第 235 页；牛汝极：《莎车出土的喀喇汗朝阿拉伯语法律文书与〈福乐智慧〉研究》，《西域研究》1999 年第 3 期，第 99—104 页。

⑤ 张鸿年：《列王纪研究》，北京大学出版社 2009 年版，第 147—150 页。

《列王纪》构成了时间上的连续性。该王国的建立缘于840年漠北回鹘汗国崩溃所催生的回鹘人从蒙古高原西迁入主西域的重大历史事件，此后遂称雄该地近两个世纪，直到后来西辽兴起后方沦为后者的附庸。虽然高昌（西州）回鹘的重要政治中心是在吐鲁番盆地，但其主要控制地域还是位于天山北路的广大地区，并且在10世纪中期前后其疆域还向西伸展到了远在伊犁河流域以西的热海（伊塞克湖）附近。① 故以其强盛时的控制地域而论，或可将其版图概括为从吐鲁番盆地到伊犁河流域。而在西辽入主西域之前的相当长的时间里，它和主要位于南疆的喀喇汗王朝（东支）构成了相互对峙竞争、共同维系西域政治平衡的两大强势集团。

率先引起我们关注的是非汉文史料中对其都城的名称表述。10世纪后期的阿拉伯文史料《世界境域志》明确将其都城记作 Jinanjkath，可以还原为伊朗语 Chīnānjkath，即秦城（中国城）之义。② 以上记载在阿拉伯文史料中决非孤证，另一种反映中亚历史舆地的重要阿拉伯文史料，编撰于12世纪初的《马卫集》中也出现了这一地名，作者将其与唆里迷（Sūlman 焉耆）并提，并暗示该城与黠戛斯之间有道路交通。③ 而11世纪定居在西班牙的伊萨克·伊本·胡赛因（Ishāq ibn Hussain）则在其所著的地理书中指出该城系突厥之地的主要城市，位于崎岖的群山之间且以产金著称。④ 实际上非汉文史料中以秦城指代高昌最早见于唐朝设置西州之前的639年麴氏高昌国时代的粟特文女奴买卖文书中。⑤ 除此之外，著名地理学家花剌子密（Khuwārizmī）在9世纪前期完成的《地图集》（*Kitāb Sūrat al-ard*）曾标出了一个叫秦斯坦（Sīnstān）的地名的经纬度，分别为148度10分和46度45分。后来的素拉卜（Suhrāb）地图也做了同样标示。该地同样被比定为前述的秦城（高昌）。⑥ 既然高昌城多以秦城见称，可见即使对于西域—中亚人而言，此地与秦（中国）的历史渊源亦确凿无疑。那么，作为高昌回鹘的其他地域是否也在秦（中国）的范围内呢?

---

① 华涛:《西域历史研究（八至十世纪)》，上海古籍出版社2000年版，第127—130页。关于高昌回鹘势力远达伊犁河下游以西的怛罗斯城（Taraz）的史实，详见于中国文化研究院收藏的一件时间未明的回鹘语历史文书。参见张铁山、茨默《十姓回鹘王及其王国的一篇备忘录》，白玉冬译，沈卫荣主编《西域历史语言研究集刊》第五辑，科学出版社2012年版，第168页。

② 王治来、周锡娟根据米诺尔斯基（V. Minorsky）英译本编译的《世界境域志》，新疆社会科学院中亚所1983年印，第65、85页注88。

③ V. 米诺尔斯基译《马卫集论中国、突厥和印度》（Sharāf al-Zamān Tāhir Marvazi on China, The Turks and India)，伦敦：皇家亚洲学会，1942年版，第18、31页。[伊朗] 乌苏吉:《〈动物之自然属性〉对“中国”的记载——据新发现的抄本》，王诚译，《西域研究》2016年第1期，第105页。惟后一文中新刊布的《马卫集》写本中“秦城”一词的后半部分拼写稍异，当属讹误所致。

④ R N. Frye,《一份新阿拉伯语地理手稿》（A New Arabic Geographical Manuscript), Journal of Near Eastern Studies, Vol. 8, 1949, p. 92.

⑤ 吉田丰、森安孝夫:《麴氏高昌国时代粟特文女奴隶买卖文书》(《麴氏高昌国时代ソグト文女奴隶买卖文书》),《内陆亚细亚语言研究》第4卷，1988年，第57—83页；林梅村:《粟特文买婢契与丝绸之路上的女奴贸易》,《文物》1992年第9期，第52页。

⑥ M. Maróth,《花剌子密描述中中亚的托勒密元素与地理事实》（Ptolemaic Elements and Geographical Actuality in al-Huwārizmī's Description of Central Asia), in. J. Harmatta ed. *From Hecataeus to al-Huwārizmī*, Budapest: Akadémiai Kiadó, 1984, p. 331.

还是在《马卫集》论中国的部分中，作者明确将中国之地分为三大部分：秦、契丹和回鹘（Yughur），并以秦为最大，而从西方地区前往三者的路线是在沙州分道。[①]其中，秦指的是北宋，契丹指辽朝，而回鹘当指高昌回鹘。这一记述十分符合12世纪的东西交通情况，因为当时回鹘与西方的喀喇汗王朝的敌对紧张关系使得双方之间的直接交通难以进行，而此时入主河西地区的西夏政权则同以上冲突双方都有政治经济往来。故从西方中亚而来的商队客使要想平安抵达高昌回鹘，就不得不采取这种先从塔里木盆地南缘抵达沙州，再沿西北方向折入吐鲁番盆地的迂回路线。可与《马卫集》的这种回鹘之地属于中国的说法互证的是，仍然是在12世纪，还有一位佚名作者完成的波斯文史书《编年史与故事汇编》（*Mudjmil al-Tawarikh wa al-Qisas*）中，在列举中亚及其附近的君主名号与头衔时，高昌回鹘的统治者被冠名以内秦（Chin Andaran）君主，其头衔则是托古兹古思（九姓）可汗。[②] 内秦的提法也见于以后13世纪早期的奈吉卜·贝克兰（Mohammad bin Najib Bakrān）的《寰宇志略》（*Jahān Nāmeh*）中，其称中国（秦）分为两部分，非常繁荣的那部分叫全中国或外中国，而另一部分则是内秦或马秦。[③] 此处的马秦（Māchīn）本为梵语摩诃支那（Mahācīna ~ 大中国）的缩略称谓。[④]下文对这一名称还要涉及。据此可见，高昌回鹘控制的吐鲁番盆地及天山北路一带在反映中亚舆地面貌的非汉文史料中确被视作秦（中国）的地理组成部分。

值得关注的史料还有10世纪纳迪穆（Ibn Nadīm）所著的阿拉伯文史书《百科津逮》（*Kitāb al-fihrist*），其记载说，在穆格台迪尔哈里发统治时期（907 ~ 932年），摩尼教徒们逃亡到呼罗珊，其中约有五百人集中在撒马尔罕。当地的官员本想处死他们，但"中国国王"适时向其发出了警告，称如果此事发生，那么中国境内的穆斯林必将遭到同样严酷的报复。故那些摩尼教徒才得以平安生存下来。按照纳迪穆的解说，"中国国王"就是托古兹古思（九姓）可汗，也即高昌回鹘君王。这一观点因符合当时中亚的历史与宗教背景，已经基本得到了学界的认可。[⑤] 看来尽管高昌回鹘政权在其本民族语言中常以十姓回鹘国自称，[⑥] 但因为它所控辖的天山北路等地正处于秦（中国）的传统范围内，所以其西邻的地区将其统治者称为"中国国王"并不使人感到费解。

---

① V. 米诺尔斯基译《马卫集论中国、突厥和印度》（Sharāf al-Zamān Tāhir Marvazi on China, The Turks and India），第14、18页；[伊朗] 乌苏吉：《〈动物之自然属性〉对"中国"的记载——据新发现的抄本》，王诚译，《西域研究》2016年第1期，第103页。

② 华涛：《西域历史研究（八至十世纪）》，第201—202、212页注24。

③ M. 比兰：《喀喇契丹帝国》（The Empire of the Qara Khitai），Cambridge Univ. Press，2005，p. 101，n55；巴格尔·乌苏吉：《马可·波罗与伊朗的中国"Taraef"——马可·波罗时代的中伊贸易》，李鸣飞译，《国际汉学研究通讯》第四期，北京大学出版社2011年版，第396页。

④ P. 伯希和：《马可波罗游记诠释》（Notes on Marco Polo），第一卷，第272—273页。

⑤ 森安孝夫：《回鹘摩尼教史研究》（《ウイグル＝マニ教史の研究》），《大阪大学文学部纪要》卷三一、三二合并号，1991年，第162—163、165—166页。也参见王治来、周锡娟根据米诺尔斯基（V. Minorsky）英译本编译的《世界境域志》，第91页注262。E. De La Vaissière，《粟特商人史》（Sogdian traders: a History）（J. 瓦德译），Leiden: Brill，p. 314.

⑥ 作为国号或政权名称的"十姓回鹘"（on uygur）屡见于吐鲁番等所出的回鹘语佛经题记中，参见 Y. Kasai，《回鹘佛教乐器》（Die Uigurischen Buddhistischen Kolophone），Turnhout: Brepols，2008，S. 126，197，228，250.

而土库曼人流行的有关起源地传说也透露出天山北路长期处于秦—契丹（中国）地理范围以内的信息。苏联学者在中亚土库曼部落中搜集到的这一传说称，其祖先早先曾经历了一个人们相互敌对、局势动荡不安的时代，那时的土库曼人正是生活在中国。恰是由于这种恶劣生存环境的逼迫，作为游牧人的他们才不得已离开故土，徙往阿富汗等地谋生，直至最后抵达靠近伊朗的今土库曼斯坦。① 这一口碑材料使人联想起生活在13世纪初，后因蒙古入侵而避难西亚，并与花剌子模王室存在血缘关系的巴尔赫（Balkh）人贾剌鲁丁（Djalāludīn Rūmī）在其书中指出的包括土库曼人在内的西亚突厥人的故乡正是契丹（Khitā /Khitāy ~ 中国）。② 历史上的土库曼人（突厥蛮）更多地以乌古斯人而知名，其曾长期游牧于从额尔齐斯河直至锡尔河、咸海之间的广阔地带。③若从有关地望上考虑，这其中自然也包含了相较南疆绿洲农业地带来说更加适合游牧生活的位于额尔齐斯河与锡尔河之间的伊犁河流域等天山北路一带。甚至晚至17世纪，极为熟悉乌古斯人历史掌故的《突厥世系》的作者阿布尔·哈齐汗还在其亲自撰修的另一大作《突厥蛮世系》中将过去中亚乌古斯人分布的东部边界明确划定在热海和伊犁河流域的阿力麻里一带。④ 如前所述，热海附近与伊犁河流域正是高昌回鹘兴盛时期的西部边陲。因此，土库曼人传说中描述的作为部族发祥地的中国或即指此。

有趣的是，15世纪前半期的帖木儿汗国史书《兀鲁伯史简编》中将乌古斯人的一大分支奥斯曼土耳其人的渊源也与中国联系起来。只不过书中提到的中国不再是地名用语，而是将其人格化，即远古时代的先知雅弗的儿子之一名叫秦，后者的儿子则作马秦（Māchīn），而奥斯曼人又是马秦的后裔。⑤ 惟这些乌古斯人大批徙往此地的时间并不像有的国外学者依据晚出阿拉伯波斯文史料推测的是在8世纪中叶回鹘汗国崛起之际，⑥因为根据反映7世纪80年代初史实的《唐故夏州都督太原王公神道碑》的记载，其时镇守碎叶的唐将王方翼在其附近立下的战功之一即“走乌鹘十万于域外”⑦。这里出现的乌鹘一名已由韩儒林比定为乌古斯。⑧ 据此推知乌古斯人从蒙古高原一带迁徙来到伊犁河流域及热海附近当不应晚于7世纪后半期。

除了吐鲁番盆地的“秦城”之外，高昌回鹘在天山一带的另一政治中心则是地望

---

① A. Dshikijew，《中世纪的突厥人》（Das Turkmenische Volk im Mittelalter）柏林：莱茵胡德·施莱茨出版社（Berlin: Reinhold Schletzer Verlag），第140页。

② E. Esin，《十三世纪一些安那托利亚资料中的突厥人和鞑靼人的描述》（Descriptions of Turks and ‘Tatars’（Mongols）of the thirteenth century, in some Anatolian Sources），in. K. Sagaster Hrsg. *Documenta Babarorum: Festschrift für Walther Heissig zum 70. Geburtstag*, Wiesbaden: Harrass-owitz, 1983, p. 81.

③ C. E. Bosworth, *The Ghaznavids*, Edinburgh, 1963, p. 211.

④ P B. Golden，《乌古斯人的迁徙》（The Migrations of the Oguz），奥斯曼档案馆第4卷，1972年，第56页。

⑤ Col. Miles trans. *Shajrat ul atrak*，《突厥及鞑靼人世系》（Genealogical trees of the Turks and Tatars），London: Wm. H. Allen, 1838, pp. 26－27.

⑥ P B. Golden，《乌古斯人的迁徙》（The Migrations of the Oguz），第50—52页。

⑦ （唐）张说：《张燕公集》，上海古籍出版社1992年版，第152页。

⑧ 韩儒林：《突厥蒙古之祖先传说》，收入氏著：《穹庐集——元史及西北民族史研究》，上海人民出版社1982年版，第297页注11。原文发表于1940年。

相对偏北、含义为突厥语“五城”，并以可汗夏季避暑之地而著称的别失八里（Besh-baliq 即北庭）。还是在纳迪穆书中，记述了在西域活动的哈贾吉（al-Hajjāj）的经历，据说此人进入河中（Māwarālnahr）、突厥斯坦直至马秦（Masīn）之地，使当地的人们皈依真主。而这里的突厥斯坦被勘同为巴拉沙衮（Bālasāghūn），马秦则被比定为别失八里。哈贾吉在这些地区的活动时间大致是在 898 年。[①] 证以前述回鹘 = 内秦（马秦）的关系，可知上述比定是有根据的，只是马秦的范围不应拘泥于别失八里一地。发人深省的是，近三个世纪以后的志费尼在《世界征服者史》的“绪言”内简叙其在蒙古汗国的远行经历时，也是说他曾访问过河中和突厥斯坦，直到马秦（Māchīn）和作为帝国宝座所在的遥远中国的边境。[②] 这里除了实际指代蒙古草原的“遥远中国的边境”以外，志费尼笔下其他三个地区的名称和排序完全同于《百科津逮》中对哈贾吉历经地域的描述。这种现象绝非巧合，暗示出志费尼书中的马秦仍然如纳迪穆书一样，具体指涉的也应是以别失八里为中心的畏兀儿（回鹘）之地，而且志费尼基于亲身前往蒙古汗庭经历所作的对其行程顺序的回顾也和当时的畏兀儿作为连接河中等中亚地区与蒙古草原的中介之地的地望特征全然相符。[③]

11 世纪上半期可谓以阿富汗和呼罗珊立国的哥疾宁王朝（Ghaznavid）的全盛时期，当它兼并了吐火罗斯坦之后，其在中亚方向的边境业已推进至阿姆河一线。[④] 由此在这一时期相继执政的两位苏丹马哈茂德（Mahmūd）和马苏地（Mas‘ūd）父子随之也成为了王朝宫廷诗人们竞相赞扬的对象。一位诗人在赞颂马哈茂德的功绩时，概括了威胁哥疾宁王朝的外敌的来源区域，他们来自“从秦和马秦并一直延伸到阿姆河”，具体由突厥人、大食人（Tājīk）、突厥蛮（Turko-man）、虎思人（Ghuzz）、可萨人等多个民族组成。而另一名诗人则不无夸张地宣称马苏地不但攫取了阿姆河以北的土兰人（Tūrānian）的国度，进而又将统治势力扩展到了马秦。[⑤] 哥疾宁王朝在中亚方向面临的强劲对手无疑即同时占据河中地区和喀什噶尔一带的喀喇汗王朝，而且后者的君主确曾自称过与中国有关的“桃花石汗”和“东方与中国之王”，故诗歌中将其外敌描述为来自秦（中国）并未偏离史实。至于在秦之后出现的马秦仍然是指喀喇汗朝东邻的天山北路的回鹘之地。相应地诗歌随后述及的突厥蛮人按其通常用法来说指的还是乌古斯人，而与之有别的虎思人则应当专指托古兹古思（当时阿拉伯波斯文史料对回鹘人的称呼）。虽然事实上回鹘人并不会援助自己的敌人喀喇汗王朝来讨伐远在阿姆河之南的哥疾宁王朝，然而诗歌作者为了表现被马哈茂德苏丹挫败的敌人数量之众多，还是将来自马秦之地的虎思（回鹘）人也包罗了进来，这正如诗人甚至还把远在伏尔加河流域

---

① E. 德·拉·维希耶里：《粟特商人：一部历史》，（J. 瓦德译），第 316 页。

② ［伊朗］志费尼：《世界征服者史》（上册），何高济译，内蒙古人民出版社 1981 年版，“绪言”第 9 页。

③ 周清澍：《蒙元时代的中西陆路交通》，元史研究会编：《元史论丛》第四辑，中华书局 1992 年版，第 11—13 页。

④ C. E. 博斯沃斯：《哥疾宁王朝》，华涛译，收入 M. S. 阿西莫夫主编《中亚文明史》第四卷，中国对外翻译出版公司 2010 年版，第 67—77 页，有关其疆域参见该书第 336—337 页地图 4。

⑤ R. P. 穆塔希迪：《在伽色尼王朝宫廷赞诵诗中发现伊朗》，摘自 A. C. S. 皮考克等编《中世纪中亚和波斯化世界：伊朗传统和伊斯兰文明》，伦敦：I. B. 陶里斯出版社 2015 年版，第 132—133 页。按作者将 Māchīn 翻译为“外中国”（ outer China），有误。

的可萨（Khazar）人同样列入其中一样。至于上述文学作品所渲染夸耀的马苏地苏丹的势力远及马秦（回鹘）就更是殊非史实，仅能表明在当时的历史背景下，秦（喀喇汗王朝）与马秦（回鹘）都是哥疾宁统治者渴望征服的目标而已。

与这一时期的哥疾宁朝史料可以相互印证的是，11 世纪时的喀喇汗朝诗人尤素甫·哈斯·哈吉甫在《福乐智慧》的有关序言中也曾提及秦和马秦，他的表述充分显示出其人对于这两地的文化和民众皆极其熟稔。而该书的译注者已将它们注解为今喀什与和田一带而非中原内地。[①] 证以前述记载，此处为诗人哈吉甫所熟知的地名秦和马秦仍应分别指代喀喇汗朝和高昌回鹘各自控制的地域。同样还是在 11 世纪时的伊朗史籍《锡斯坦史》（*Tarikhe Sistān*）中的故事则反映出秦是与大海相连接的地区，而马秦位于秦的北边并与突厥斯坦相邻。[②] 此处彼此毗邻的马秦和突厥斯坦依然相当于《百科津逮》和《世界征服者史》中的同名地区。可惜志费尼书的英译者波义勒忽略了马秦在当时阿拉伯波斯文史料中具有的可以指代天山北路回鹘之地的这类特殊用法，在注释中仅仅按照“马秦”的一般含义，就将其轻率勘同为当时被称作“蛮子”的华南。[③] 这不啻说连华北都未涉足的志费尼在著书（约 1252—1260 年）之前，居然还造访过那时尚在蒙古统治之外的南宋！如此不合史实的明显谬误足见波义勒注释的失当欠妥。

作为高昌回鹘政治中心的吐鲁番一带降至元代以后依然被人看作“秦—契丹”之地。这反映在晚近时期新疆流行的关于 10 世纪的喀喇汗君主萨图克·布格拉汗的察合台文传说性传记中。这类传记多以称颂传主宣扬伊斯兰教的功绩为目的，故书中的某些记载或有夸大。例如该书称萨图克·布格拉汗生前曾向中国的疆域进军，一直抵达吐鲁番并促使其民众改宗伊斯兰教，只是由于在那里患病才返回喀什噶尔，不久即告辞世。[④] 对于上述布格拉汗为宣传伊斯兰教而征战契丹（Hitai）直至吐鲁番之说，羽田明指出这实际上在 16 世纪才可能产生，因为其间接反映了当时的东察合台汗国满速儿汗在吐鲁番一带的带有宗教色彩的军事活动。[⑤] 相比之下，金浩东根据某些口碑史料和当地传说，带有保留性地肯定《布格拉汗传》或许反映了还在喀喇汗王朝统治早期的 10 世纪，其征战的东境已有可能到达天山东部的吐鲁番。[⑥] 根据我国学者的新近研究，笔者还是认同羽田明的看法，即在 10 世纪时期，喀喇汗王朝尚难以在军事上进展至吐鲁

---

① 尤素甫·哈斯·哈吉甫：《福乐智慧》，郝关中等译，收入刘宾等主编《维吾尔族古典文学大系·喀喇汗朝时期的文学》，新疆人民出版社 1995 年版，第 14 页注 13，第 16—21 页。

② 巴格尔·乌苏吉：《马可·波罗与伊朗的中国“Tarūef”——马可·波罗时代的中伊贸易》，李鸣飞译，第 397 页。［伊朗］志费尼：《世界征服者史》（上册），何高济译，“绪言”第 18 页注 17。

③ ［伊朗］志费尼：《世界征服者史》（上册），何高济译，“绪言”第 18 页注 17。

④ 毛拉哈吉：《布格拉汗传》，宝文安译，收入新疆社会科学院宗教研究所编印《新疆宗教研究资料》第 16 辑，1988 年，第 5 页。

⑤ 羽田明：《关于萨图克·布格拉汗改宗的传说》（《サトゥク·ブグラ·ハンの改宗传说について》），收入氏著《中央亚细亚史研究》（《中央アジア史研究》），临川书店 1982 年版，第 444—445、447 页。原文发表于 1974 年。

⑥ Kim Ho-dong（金浩东），《东土耳斯坦的圣徒的异端——以吐鲁番的阿尔普·阿塔为例》（The Cult of Saints in Eastern Turkestan-The Case of Alp Ata in Turfan），in. Chen Chieh-hsien（陈捷先）ed. *Proceedings of the 35th PIAC*, 1992, Taipei, China，台湾大学—联合日报文化基金会 1993 年，pp. 206 – 209.

番一线。[①] 布格拉汗传记的上述内容反映出降至16世纪，喀什噶尔与吐鲁番之间的大片区域仍被西域人士视如契丹（中国）之地，所以促使这些地方皈依伊斯兰教的丰功伟绩才被归功于布格拉汗，其中吐鲁番属于契丹（中国）就更不成问题。

单从史实上看，吐鲁番地区的彻底皈依伊斯兰教业已晚至15世纪。[②] 正是在这一时代，像中亚河中地区的史料里也不乏将吐鲁番与契丹相联系的记载。反映15世纪中后期在河中和呼罗珊素有政治威信的纳合沙班底教派宗教领袖和卓阿拉尔（Khwāja Ahrār）的传记资料称，他在经济上也颇为活跃，时常派商队前往河中以外的地区进行商贸活动，其中有一次深受其信任的下属在前往契丹边境的吐鲁番经商时，曾遭遇过袭击抢劫。[③] 而在另外一部记述15世纪河中地区的宗教人士赛义德·艾哈迈德（Sayyid Ahmad）的传记中，又称他的一个著名的门徒出生在靠近契丹之地的哈剌和卓（Qarā Khwāja在吐鲁番盆地），其人原是当地的一位异教徒王公之子。[④] 值得留意的是，后者的名字按照通行的穆斯林命名习惯，也标有籍贯地，作Mawlān Khitāyī，含义为契丹（中国）大毛拉，这显然源自他来自传统上被看作属于契丹之地的吐鲁番一带。因此，吐鲁番地区在15世纪逐渐普遍信仰伊斯兰教并未改变其始终属于契丹（中国）之地的历史事实，而且这种情况对其东邻的哈密地区也是一样。[⑤]

二　12—13世纪的天山北路一带

继高昌回鹘之后在天山北路称雄一方的政权是耶律大石建立的西辽（哈喇契丹）王朝（1132～1211年）。众所周知，尚在契丹势力进入西域之前，《突厥语大词典》即已将契丹与秦相等同，[⑥] 且《马卫集》也把契丹看作中国的三个组成部分之一。穆斯林世界的这种视契丹为中国的观念很自然地延续到了12世纪西辽入主西域—中亚时期，例如成书于13世纪前半期的伊本·阿西尔《全史》即称相继进攻中亚的哈喇契丹君主为“独眼的秦人”（al-A ‘war al-Sīnī）和“秦的菊儿汗”（Gūr khān ‘al-Sīnī）。[⑦] 以后

---

① 华涛：《西域历史研究（八至十世纪）》，第175—183页。

② 耿世民：《试论塔里木盆地的民族融合和近代维吾尔族的形成》，收入氏著《新疆文史论集》，中央民族大学出版社2001年版，第226—227页。原文发表于1982年。

③ 约－安·格罗斯：《纳合沙班底对汗廷的吸引：对贸易和财产的初步研究》，引自D. 德威斯编《中亚历史研究—尤里·布里格尔》，印第安纳：内陆亚洲研究中心2001年版，第120页。

④ D. 德威斯：《中亚帖木儿帝国境内的穆斯林及异教徒游牧者：四个14—15世纪宗教前沿河中地区的故事》，引自I. 齐蒙依编《中世纪的中央欧亚研究：皮特B. 戈登》，威斯巴登：哈拉索维茨出版社2016年版，第97页。

⑤ 米尔咱·马黑麻·海答儿：《中亚蒙兀儿史——拉失德史》第一编，新疆社会科学院民族研究所译，新疆人民出版社1983年版，第356页。

⑥ 张广达：《关于马合木·喀什噶里的〈突厥语词汇〉与见于此书的圆形地图》，《中央民族学院学报》1979年第2期，第40—41页。

⑦ D. S. Richards transl. *The Chronicle of Ibn al-Athīr for the Crusading Period from al-Kāmil fi'l-Ta'rīkh*, Part 1, The Years 491－541／1097－1146, Aldershot: Ashgate, 2006, p. 361.

西辽君主进一步被穆斯林世界径直称作“中国（秦）的大汗”。[①] 这一定位堪称当时契丹—秦的一体化及西辽政权属于中国王朝的真实写照。因此，西辽统治的确立对于将长期以来在祖国内地占主流位置的汉文化再次输入西域以接续此前汉唐文明对西北边疆的影响，厥功甚伟。[②] 西辽的相关直辖领地则以巴拉沙衮为中心，包括锡尔河上游、伊塞克湖附近、北至伊犁河，西至塔拉斯河等地。[③] 据此可见，西辽的这些直辖领土基本也都位于天山以北，只是所处方位显得更为偏西。而在13世纪初，统治从北印度直到中亚南部的古尔王朝算端失合巴丁曾策划实施但中途取消的针对契丹的远征，应当就是企图兼并西辽王朝的上述地区。[④] 而在成书较早的《世界征服者史》中，古尔算端更是把西辽的领土径直目为与其统治中心地阿富汗北部的巴里黑相接壤。[⑤] 同时也正是由于西辽的地域包括了今天山北路及其附近的广袤区域，所以较《世界征服者史》晚出的同样由伊利汗国大臣拉施特编撰的《史集·塞尔柱史》中根据更早时期的史料则称早在西辽建立之前的塞尔柱政权第三位苏丹统治期间的11世纪末，其统治的东部地区即由讹迹邗（Ūzkand）向东延伸到契丹（Khitā）—和田（Khotan）的边界。[⑥] 虽然《塞尔柱史》及其所据史源的这一表述其实是以12—13世纪才形成的地域名称契丹来代指更早时代的情况，但也可以从中照见西辽政权在稳固祖国西陲地理边界的突出重要性。

当1211年西辽统治瓦解后，以之前的该王朝直辖领土为主，包括周邻地区，由此自然形成的地名契丹—哈喇契丹在西域—中亚一带得以继续保留，故该名称屡见于大蒙古国时期前来蒙古汗庭朝觐的欧洲使节的记闻中。反映1254—1255年小亚美尼亚国王海屯出访蒙古的《海屯行纪》中把哈喇契丹置于额尔齐斯河以东，与乃蛮之地并列。[⑦] 相比之下，稍早于此在1246—1247年前往蒙古汗国的柏朗嘉宾（Jeande Plan Carpin）对哈喇契丹之地的记载更为详细。他明确将位于今准噶尔盆地西北部额敏古城的叶密立记述为属于哈喇契丹之地，又说拔都的兄弟昔班（金帐汗国分支白帐汗国之主）也拥有哈喇契丹的一部分。[⑧] 后一记述似乎显示那时的哈喇契丹之地尚包括了今准噶尔盆地以西的部分哈萨克草原之地。看来，从哈萨克草原东部向西经额敏河流域进入准噶尔盆地直到额尔齐斯河左岸也位于哈喇契丹以内。同时，这一契丹之地还包括了额敏河流域南方的伊犁河一带。稍晚于柏朗嘉宾的卢布鲁克在出访蒙古时，称他们在哈喇契丹之地

---

① D. S. Richards transl. *The Chronicle of Ibn al-Athīr for the Crusading Period from al-Kāmil fi'l-Ta'rīkh*, Part 2, The Years 541 - 589 / 1146 - 1193, Aldershot: Ashgate, 2007, p. 153.

② 魏良弢：《西辽时期汉文化对中亚的影响》，《历史研究》1985年第4期，第45—53页。

③ 魏良弢：《西辽史纲》，人民出版社，1991年，第61页。

④ ［波斯］拉施特主编：《史集》第一卷第二分册，余大钧、周建奇译，商务印书馆1983年版，第217页。

⑤ ［伊朗］志费尼：《世界征服者史》（上册），何高济译，第386页。

⑥ K. A. 路德译《从〈史集〉中检出的塞尔柱突厥史》，里土满：库尔森出版社2001年版，第60页。

⑦ 何高济据波义勒英译本翻译：《海屯行纪》，中华书局2002年版，第15页。

⑧ ［法］贝凯，韩百诗译注：《柏朗嘉宾蒙古行纪卢布鲁克东行纪》，耿昇译，中华书局1985年版，第46、94页。关于叶密立的地望，参见张承志《关于阿力麻里、普剌、叶密立三城的调查及探讨》，中国社会科学院民族研究所主编《中国民族史研究》，中国社会科学出版社1987年版，第158—159页。

乘船渡过了一条大河，并说此地多山。而该河已被比定成伊犁河。[①] 相关细节也吻合伊犁河上游临近天山北麓的地理特征。

至于西辽故都虎思斡耳朵（Ghuz Ordu 即八剌沙衮）所在的垂河（楚河）流域在西辽灭亡后的很长时间内被目为契丹之地更是毫无争议。事实上，16 世纪的海答儿《拉失德史》引用了一部现已亡佚的早期史料说，八剌沙衮是契丹的城市，也被称为汗八里。[②]《拉失德史》转述的这一记载并非孤证。由阿米尔（Amr ibn Mattai）写于 14 世纪中期的景教史书中记载了当时中亚察合台汗国的景教中心城镇的名称，其中并列出现了汗八里（Khan-baliq）和阿力麻里（Alfaliq < Alimaliq）之名。前者曾被译注者怀疑是彰八里（Jan-baliq）的讹写。[③] 这种推测也无根据，况且在知名度和影响力上，彰八里均无法和当时察合台汗国东部的位于天山以北的政治中心阿力麻里相提并论。现在参照《拉失德史》，易知阿米尔笔下的汗八里即八剌沙衮，后者虽然在当时渐已衰落，但从历史地位上看尚不失为可以和阿力麻里相提并论的又一西域名城。

海答儿还在《拉失德史》第二编的开篇写到，蒙兀儿斯坦又是哈喇契丹的另一名称。这一提法曾让此书的英译者深感困惑不解。[④] 实际上这只是反映了哈喇契丹作为地域名称在中亚长期存在的基本事实，并透露出哈喇契丹和蒙兀儿斯坦彼此重合的重要信息。下面对此稍作分析，根据海答儿本人在书中其他章节内的解说，蒙兀儿斯坦的四至分别是东到巴里坤、叶密立、额尔齐斯河，西邻突厥斯坦和塔什干，北至与月即别斯坦（原金帐汗国）分界的巴尔喀什湖，南界则与费尔干纳和天山南路各城市接壤。[⑤] 显然这个范围和以前西辽的直属领土多有重叠，故时人在西辽覆亡以后将蒙兀儿斯坦和作为地名的哈喇契丹相等同也可理解。其北界位于巴尔喀什湖（库克恰腾吉斯）的记载还让我们联系起更早的一则史料。一件在 1247 年于科隆被记载下来的东方教士的报告称，在哈喇契丹（Karakitai）之地的左侧是一个海，它被原作者怀疑是里海。[⑥] 这里出现的大海明显是指中亚的一个面积较大的内陆湖，从哈喇契丹地理四至所在的具体方位上推敲，它应当就是其北境的界湖巴尔喀什湖。[⑦]

这个指代西域一带的契丹之地在同期藏文史料中的出现也值得我们并案思考。最近被学者刊布译注的写作于 12 世纪的《帕木竹巴灵塔志》中提到了法王帕木竹巴（Phag mo gru pa，1110—1170）著作的经书夹板是用契丹（Khyi than）出产的水晶制成，它在契丹国土上系无价之宝。另一处还提到了契丹之地的锦缎及出自王子 Le no 统治时期的各种精美织物。译注者将 Le no 勘同为耶律大石的称谓“林牙”，而契丹则指西辽，

---

① ［法］贝凯，韩百诗译注：《柏朗嘉宾蒙古行纪卢布鲁克东行纪》，耿昇译，第 247、333 页。

② 米尔咱·马黑麻·海答儿：《中亚蒙兀儿史——拉失德史》第二编，第 305 页。

③ M. 狄更斯：《塔什干历史博物馆中的叙利亚墓碑》，见于 DW. 温克尔、李唐编《引入的宝藏与跨文化交流：中国和中亚的叙利亚基督教会研究》，倦克利特出版集团，2009 年版，第 23—24 页。

④ 米尔咱·马黑麻·海答儿：《中亚蒙兀儿史——拉失德史》第二编，第 4—5 页。

⑤ 米尔咱·马黑麻·海答儿：《中亚蒙兀儿史——拉失德史》第二编，第 312—313 页。

⑥ F. 施米德尔：《欧洲和域外：B－15 世纪西方审判中的蒙古人》，西格马林根：扬·索尔贝克出版社 1994 年版，第 291 页。

⑦ 故《中国历史地图集》将巴尔喀什湖标记为窝阔台汗国—察合台汗国与金帐汗国的界湖，无疑是十分正确的，因前者继承的正是当初本为西辽领土的哈喇契丹之地。参见谭其骧主编《中国历史地图集》第 7 册《元·明时期》，中国地图出版社 1982 年版，图幅 3—4、38—39。

相关织物属于耶律大石统治时期的契丹地方的出产。[①] 可以判定，上文中的契丹是指作为哈喇契丹之地的西域而非此前辽朝统治的故土。其实藏文文献中以契丹指代西域的情况并非仅此一例。14 世纪成书的苯教著作《九乘》（gZi-brjid）中称契丹（Khyi than）本是一位国王的孙子，母系出自蛮人（Mon），他因为特别凶暴，结果被从其家乡之外的托噶尔（Thogar）之地放逐到更僻远的女国。另外 15 世纪的《苯教源流史》（rGyal-rabs bon-gyi byung-gnas）也是将托噶尔（Thod-dkar）和犬夫女国置于契丹和汉地的边界之外。[②] 与后者相近的方位描述也见于稍早时期苯教地理志中关于该教起源地俄木隆周围各大地域的描述中。[③] 而在后吐蕃王朝时期的藏文文献中，Thod-dkar/Thogar 通常指的就是中亚阿姆河以南的吐火罗斯坦（Tokharastān）。[④] 要之，在 12—15 世纪的这些藏文史料中，能够与吐火罗斯坦相邻并进而与之发生直接关联的"契丹"（Khyi than）只能是位于西域—中亚的哈喇契丹之地，而不会是指通常意义上辽朝的统治区域，尽管另一方面藏文史料还依照传统习惯将它与汉地相并列。故以契丹指代西域地区的用法在藏文史料中也是长期延续，业已超出了西辽国祚的下限。

在历史研究中，人们常常发现许多看似激切雄辩的论点其实缺乏基本证据的有效支撑。诚以本文涉及的学术领域而言，国外学者的若干研究也存在相似的问题。在此笔者把他们的不足和失误划分为两大类。第一种相当于前文中指出的波义勒在马秦问题上的误判。平心而论，这类差池只是研究者因受成见所蔽而产生的智者之失或无心之过，并不影响我们从整体上对其学术成果作出积极评价。与之相近的还有精通多种语言的傅礼初在 20 世纪 60 年代时撰写的综述明清两代与西域—中亚政治关系的论文。这篇发明创获极多的鸿文无愧于被称为该领域的里程碑，可惜因为当时学界刊布的非汉文史料数量十分有限，故作者认定在明朝永乐年间以后，清朝经略新疆以前的较长时段中，中亚当地人士惯于把中国认知为一个对他们来说联系十分疏远，并由众多异教徒占据，尚待皈依伊斯兰教的辽远国度。[⑤] 而以傅氏独有的过人语言才能，倘若他在写作其文时就能寓目今天我们可以利用的如此丰富的阿拉伯波斯文史料，那么想必学术态度谨严的他一定会据此修正自己的某些不够全面的认识。至于本文序言所提到的新免康对"秦—契丹"地理范围不包括西域的判断，虽然其说在其国新疆史研究领域中可谓一种主流化的观点，但却因为割断了对更早时期的非汉文史料的考察，故其作出的上述地理认知无法成立。而类似的见解在其他日本学者的新近研究成果中也能不时见到。至于本文前面举出的以濮德培为代表的某些美国学者的观点更是偏离事实。后者在其倾力打造的"征服叙事"神话中，总是想方设法地凸显清朝的帝国主义式的"殖民扩张"，意在回避西域

---

① 曾汉辰：《帕木竹巴灵塔装藏文献之译注与研究》，沈卫荣主编：《西域历史语言研究集刊》第 7 辑，科学出版社 2014 年版，第 500、502—503、515—516 页。

② P. 科瓦尔内：《十四世纪西藏苯教文献中的蒙古人和契丹人》，《匈牙利科学院东方学报》，1980 年第 34 卷，第 101—102 页。

③ D. 马丁：《俄木隆仁：最初的圣地》，引自胡伯编《西藏文化中的神圣和威力之地：论文集》，达兰萨拉：西藏作品和档案图书馆 1999 年版，第 261—262 页。

④ H. W. 拜利：《印度—塞种研究》（和田文书第七卷），剑桥大学出版社 1985 年版，第 125 页。

⑤ J. F. 弗莱彻：《中国和中亚，1368—1884》，引自 J. K. 弗尔班克编《中华世界秩序》，马萨诸塞州剑桥：哈佛大学出版社 1918 年版，第 217—218 页。

在历史上与中国内地存在的长时段紧密联系，似乎前者是在18世纪才被整合为中国领土。而根据本文对前引那些反映10—13世纪西域历史的非汉文史料的查证，尚在元朝宗藩察合台汗国统治西域之前，吐鲁番和直到伊犁河流域的天山北路一带正如广大内地一样，其实也位于中国（秦—契丹）的地理范围之中。以后元朝和清朝对该地区的经略所具有的历史意义恰在于最终将中国定型为不可分割的统一的多民族国家，即直接促成了原本均属于中国境内的内地与西域在政治上实现了完全的大一统。

（原载《西域研究》2020年第3期）

清代西藏地方军事地理格局的演变*

孙宏年　苗鹏举**

清代西藏地方多次发生内部变乱和外敌入侵，中央政府在西藏的军事部署不断调整、变化，这些也成为清代西藏治理中的重要内容。对于清朝在西藏的重要军事行动、军事制度等，我国学术界已做较为深入的研究①，但相关问题的研究仍相对薄弱，如清代西藏地方军事地理格局及其演变就需要进一步深化。本文拟在已有成果基础上，考察清代西藏地方军队驻防、后勤保障等方面的变化，分析清代西藏军事地理格局变化及特点，恳请方家指正。

一

根据重大战事与防御重心的变化，清代西藏地方军事格局的变化大致分为三个阶段。17 世纪 40 年代至 18 世纪 60 年代，清廷以控制西藏内部变乱和防御准噶尔部入侵为主要目标，军队布防的重点地区为西藏东部、北部和西北地区。

17 世纪 40 年代，清廷开始扶持蒙藏联合政权——“甘丹颇章政权”。顺治十年(1653)，清朝册封五世达赖喇嘛、蒙古和硕特部首领固始汗，要固始汗效忠朝廷，辅助皇帝管理西藏地方事务，因此西藏地方的蒙藏联军“实际上成为清朝在西藏地方间接派遣的驻藏部队，行使着保卫边疆、维护地方的职责”②。这支蒙藏联军在 17 世纪四

---

* 本文为国家社会科学基金重大项目“西藏历史地图集”（18ZDA191）、中国社会科学院中国历史研究院重大项目“清代国家统一史”（LSYZD2019004）阶段性成果。

** 孙宏年，中国社会科学院中国历史研究院中国边疆研究所研究员、博士生导师；苗鹏举，复旦大学历史地理研究中心博士研究生。

① 相关成果较多，代表性著作有冯智《清代治藏军事研究》，云南民族出版社 2007 年版；喜饶尼玛、王维强主编《西藏通史·清代卷》（下册），中国藏学出版社 2016 年版。邓锐龄、周伟洲、梁俊艳、潘能龙等学者亦有相关探讨，如邓锐龄《乾隆朝第二次廓尔喀之役（1791—1792）》（《中国藏学》2007 年第 4 期）、周伟洲《关于 19 世纪西藏与森巴战争的几个问题》（《中国边疆史地研究》2008 年第 3 期）、梁俊艳《英国第二次入侵西藏的相关问题研究》（《社会科学战线》2011 年第 4 期）、潘能龙《清代入藏交通与西藏军事安全》（硕士学位论文，郑州大学 2010 年）等，不一一列举。

② 喜饶尼玛、王维强主编：《西藏通史·清代卷》（下册），第 759—761 页。

五十年代两度攻入布鲁克巴（今不丹），康熙二十二年（1683）前后击退拉达克[①]土王的军队，收复阿里的古格等地，直捣拉达克首府列城。随后西藏地方派军驻防阿里，设置“四宗六本”，即补仁（今普兰）、茹拖（今日土）、扎布让（今属札达县）、达巴喀尔（今属札达县）四个“宗”和萨让如、左左、帮巴、曲木底、那木如、朵盖齐六个“本”[②]，有利于加强对西藏西部拉达克、阿里和南部地区的军政管理。17 世纪末，清廷派军平定蒙古准噶尔部噶尔丹的叛乱，但甘丹颇章政权第巴桑结嘉措暗中支持噶尔丹，又与蒙古和硕特部首领拉藏汗矛盾重重。康熙四十四年（1705），拉藏汗处死第巴桑结嘉措。这次蒙藏贵族的权力斗争，“导致蒙藏联军体制的破裂”[③]。

18 世纪初，蒙古准噶尔部利用拉藏汗与黄教集团势力的矛盾，侵入西藏，康熙五十六年（1717）占领拉萨，杀死拉藏汗，在拉萨扶植傀儡政权。此后，清廷两次派军进藏，康熙五十七年（1718）色楞率领的清军在哈喇乌苏（今那曲）全军覆没，康熙五十九年（1720）清军再次分三路进军，中路由十四皇子抚远大将军胤祯（雍正初年改名允禵）统率，延信等将领率军由青海入藏，南路由定西将军噶尔弼率军从四川、云南入藏，西藏地方贵族康济鼐、颇罗鼐、阿尔布巴、隆布鼐等起兵响应，把准噶尔部驱逐出西藏。

在驱逐准噶尔部之后，西藏的军事驻防任务由中央政府派驻西藏的八旗、绿营部队和西藏地方藏兵共同承担，逐步建立较为完整的以“防准噶尔部侵犯”为主要任务的军事驻防体系。雍正元年（1723），青海发生罗卜藏丹津叛乱，次年才被清军平定。雍正五年（1727），西藏地方噶伦之间出现内讧，阿尔布巴、隆布鼐杀死康济鼐，追杀颇罗鼐，到第二年颇罗鼐率军平息“阿尔布巴之乱”。颇罗鼐始终拥护中央政府，清廷给予重用，雍正六年十二月十一日（1729 年 1 月 10 日）谕令他统管前后藏事务，九年（1731）册封他为“多罗贝勒”，颁发银印“总理卫藏事务多罗贝勒之印”，乾隆五年（1740）晋封他为郡王。[④] 颇罗鼐加强藏兵训练，“训练万骑，又练步兵万有五千”[⑤]，配合驻藏清军安定地方，驻防西藏北部，防范罗卜藏丹津部、准噶尔部的侵扰。

这一时期，西藏的驻防体系是如何构成的？对此，松筠在《西招图略》的“审隘篇”中指出，西藏地方“从前因防准噶尔部侵犯，故自前藏东北哈喇乌苏直至西北极边阿哩一带三千余里，原有卡防”，后“剿灭准部，乃除边患”，嘉庆三年（1798）时

---

① 拉达克地区在 10 世纪时就由西藏阿里土王吉德尼玛衮分封给长子贝吉衮，而后世代相传，始终是中国领土的一部分。明朝末年，拉达克王僧格南杰统治期间（1624—1642 年在位）向东、向北兼并古格和日土王国，特别是 1630 年利用古格王室内部的矛盾，一度俘获了古格部土王，把阿里地区并入其统治之下。参见熊文彬、陈楠主编《西藏通史·明代卷》，中国藏学出版社 2016 年版，第 194—202 页。

② 参见邓锐龄、冯智主编《西藏通史·清代卷》（上册），中国藏学出版社 2016 年版，第 29—54 页；黄博《四宗六本：甘丹颇章时期西藏阿里基层政权初探》，《中国藏学》2016 年第 2 期。

③ 喜饶尼玛、王维强主编：《西藏通史·清代卷》（下册），第 761 页。

④ 苏发祥：《清代治藏政策研究》，民族出版社 2001 年版，第 61—77 页。

⑤ （清）黄沛翘：《西藏图考》，《西招图略、西藏图考》合刊，西藏人民出版社 1982 年版，第 74—75 页。

已“卡防久撤”。[①] 那么，这3000多里的卡防是如何部署的，何时撤销的？乾隆初年成书的《西藏志》[②] 对雍正八年（1730）前后的情况有明确记述。

> 雍正八年，准噶尔侵犯西北两路军营，颇罗鼐奏准，夏初冰雪全消、青草萌时，派驻大臣一员，绿旗官兵一千五百名；其次子台吉朱米纳木查尔带拉萨兵一千名，前往打木、腾格那尔地方驻防；派长子辅国公朱尔吗特策登，夏初带蒙古番兵二千名，赴门里、噶尔波、鲁多克三处驻防；每年派其弟诺彦和硕气赴哈拉乌素训练该地兵马二千余名，即统领驻防；约至九月，雪封山，径撤回休整，次年仍往，又设要卡数处……雍正十年，驻藏汉兵二千名，内议撤一千五百名，此后腾格那尔等处，仅番兵驻防矣。[③]

上述记载表明：在雍正八年（1730），为防范准噶尔部侵扰西藏，清廷批准颇罗鼐的建议，在初夏冰雪融化、青草萌发时，派驻一位大臣，率领绿营、八旗官兵1500名，颇罗鼐再派西藏地方兵和蒙古兵配合，在各重要地点设置卡伦十余处，分别驻防阿里—纳克产（今西藏申扎县、尼玛县一带）—哈拉乌素（今那曲）—玉树一线，到九月大雪封山时“撤回休整”，第二年再前往驻防。雍正十年（1732），驻防的军事力量做了调整，2000名“汉兵”中有1500名从西藏撤回内地，腾格那尔等地只有“番兵”驻守。但是，“汉兵”部分内撤实际上到雍正十一年才执行，这年三月初一（1733年4月14日），雍正帝谕令军机大臣等人称，“西藏驻扎弁兵”本为保护西藏地方、“防准噶尔贼夷侵犯而设”，由于“贼夷大败，徒步奔逃，力蹙势穷，不能远涉藏地”，“无力进兵”西藏，且颇罗鼐“输诚效力”，“唐古特之兵为较前气壮”，“现今藏地无事，兵丁多集”，费用“虽给自内地”，但西藏地方“不免解送之劳”，因此他要求“量其足以防守藏地，留兵数百名。余者尽行撤回”，命令制定内撤、驻防方案。随后，他批准了内撤方案：“四川二千兵内”撤回1500名，留兵500名，“三年后仍于四川官兵内派换”；叉木多（今西藏昌都）“居住之云南兵”1000名，“原为救援藏兵而设”，撤回500名，留藏的500名官兵“照四川兵丁之例，三年更换”。[④]

尽管驻防的兵力有所变化，但这一“防准体系”始终由“要卡”“小卡”组成，同时配置后勤保障体系，还在拉萨及附近地区建立置哨、工事，控制鹿马岭（今西藏工布江达县罗马林）等重要口隘。一方面，清朝派驻军队，设立“要卡数处”，又设置

---

① （清）松筠：《西招图略·审隘》，《西招图略、西藏图考》合刊，西藏人民出版社1982年版，第9—11页。

② 《西藏志》的著者和成书年代，历来有多种说法，邓锐龄先生认为《西藏志》“是清早期一份关于西藏史地民俗的全面记录，有极高的文献价值”，该《志》“定稿应在乾隆七年之际”，“此书乃驻藏大臣衙门内某一名（或数名）官员所编”（邓锐龄：《读〈西藏志〉札记》，载氏著《清前朝治藏政策探赜》，中国藏学出版社2013年版，第33—50页）。笔者认为这一观点较为可信。

③ 不著撰人，吴丰培整理：《西藏志·边防》，《西藏志、卫藏通志》合刊，西藏人民出版社1982年版，第35—36页。吴丰培整理《西藏志·边防》中有“赴门里、噶尔、波鲁多克三处驻防”，笔者认为这里似标点有误，应为“赴门里、噶尔波、鲁多克三处驻防”，因为“噶尔波（今普兰县嘎尔东）”“鲁多克（今日土县）”是两个地名。

④ 《清世宗实录》卷129，雍正十一年三月壬午。

十余个“小卡”，形成一道“驻防”与“探哨”相结合的体系。“小卡”是“要卡”的延伸和补充，一般设置在“要卡”附近地区，比如纳克产附近地区分设“小卡四处”，“奔卡立马尔”附近地区“分设小卡五处”，玉树地区“分小卡四处”。[①]《西藏志》记载“要卡”6处、“小卡”十余处。尽管目前我们考证出7处重要地点（见下文），“门里”“生根物角”等地望仍需进一步考证，但是现有成果较为清晰地说明：这一防御体系从西到东，依托喜马拉雅山脉、昆仑山、纳木错、唐古拉山、怒江等山河之险，官兵驻防噶尔波（Dkar-dung）—鲁多克（Ri-thog）—纳克产（Nag-tshang）—腾格那尔（Gnam-mtsho）—打木（Dam-gzhung）—哈拉乌素（Nag-chu）—玉树（Yus-hru’u）一线的重要地点，在夏季青草萌发到大雪封山的时段防范准噶尔部南下扰藏。现将《西藏志》所记部分“要卡”及今地信息胪列如下。

噶尔波，西藏普兰县嘎尔东（在普兰县城西北方向，靠近仁贡农场），汉文文献又写为“噶尔冻”“噶尔渡”“喀尔多木”。

鲁多克，西藏日土县，汉文文献又写为“如妥”“日托”“茹拖”。

腾格那尔，即纳木错，蒙古语，意思是“天湖”，汉文文献又写为“腾格里海”“腾格里池”“腾格里淖尔”“腾格尔池”。

打木，西藏当雄县境内，汉文文献又写为“达木蒙古”“达木八旗”“达木宗”。

纳克产，西藏申扎县、尼玛县一带，汉文文献又写为“纳仓”“纳克仓”“纳仓（纳藏）宗”。

哈拉乌素，西藏那曲市，蒙古语，意为“黑水”，汉文文献中又写为“哈喇乌苏”“喀喇乌苏”。

玉树，青海玉树藏族自治州，清初为“霍尔七十九族”的一部分，雍正九年（1731）前后，青海、西藏、四川会同勘界，青海管辖四十族，西藏管辖三十九族。

鹿马岭，西藏工布江达县罗马林，在工布江达县城以西，318国道附近，汉文文献中又写为“禄马岭”“六马岭”。

浪宕，西藏林周县甘丹曲果镇朗唐村，汉文文献又写为“浪荡”。[②]

另一方面，该体系有两个重要辅助系统，即后勤保障系统和拉萨及附近地区要地的卡伦、工事。康熙五十八年（1719），清军由四川、青海、云南进军西藏，此后经过雍正、乾隆两代经营，形成四川、青海、云南入藏的三条大道，沿途设置军台、驿站，包括青海至藏设73个台站，四川至藏设60个台站，云南至藏设59个台站。这些台站一般都派兵驻守，储备粮草，供应过往官员、军队食宿，传递公文，兼有兵站和邮递所的作用。[③]

鉴于准噶尔部攻占拉萨的教训，清朝在拉萨及附近地区加强了布防：一是雍正十一

---

① 不著撰人，吴丰培整理：《西藏志》，《西藏志·卫藏通志》合刊，第55—57页。

② 以上所列要卡地名根据《西藏志》中记述，并结合《卫藏通志》、《钦定西域同文志》和《嘉庆重修一统志》卷547《西藏》、孟保《西藏奏疏》、光绪《钦定大清会典事例》等文献，考证今地，限于篇幅，此不展开具体考述。此外，《西藏志·边防》所记“门里”“奔卡立马尔”“纳克书”“白兔河”“特布驼洛海”“生根物角”等地名，今天地望仍需进一步考证。

③ 参见喜饶尼玛、王维强主编《西藏通史·清代卷》（下册），第799页。

年（1733）在拉萨扎什塘建立兵营——“扎什城”。[①] 这年七月，驻藏大臣青保等奏报，色拉寺、大昭寺之间的扎什塘地方“宽旷平坦，毗近水源，远离农田”，他们会同颇罗鼐选取此地，建立兵营，拟“建城方二百丈，南、东、西三门，城基宽一丈、高一丈三尺”，用石砌城，按照官兵人数，建房341间，原有旧房21间，应新建320间房屋。[②] 这一方案得到雍正皇帝批准，“扎什城”开工建设，九月“城工告竣”，九月初四日“官兵移驻新城”。[③] 二是在附近口隘加强了巡查，雍正八年（1730）前后一度“派番、汉兵各五六名”，到距离拉萨20里的“怕尔”和50里的浪宕（今西藏林周县甘丹曲果镇朗唐村）两地，“盘诘往来人等”，其他口隘“各就地之冲、僻”，“设番兵防守”。[④] 与此同时，清军一度在鹿马岭建立工事，这里是“西藏咽喉之地”，“山不甚高，绵长百里，四时积雪，烟瘴难行”，清军在北边设“敌工隘”，“倚山为势，设桥为防”，“以拒准噶尔”。[⑤]

这一时期的“防准体系”首先是清朝中央政府保护西藏地方、防准噶尔侵犯而设，与17世纪中叶起准噶尔部首领噶尔丹、策妄阿拉布坦、噶尔丹策零意图“复兴蒙古帝国大业”紧密相关，这无疑严重威胁着清朝的国家统一大业和北部、西部边疆地区稳定。[⑥] 因此，直至乾隆二十四年（1759）清军平定准噶尔和回部，西藏地方军事上的重要任务主要是防御其西北、北部的准噶尔部侵扰，这也成为清朝平定准噶尔部、巩固全国统一的军事活动的组成部分。

二

18世纪70年代至19世纪50年代，清朝在西藏以防御廓尔喀（今尼泊尔）和英国支持的“森巴”[⑦] 为主要目标，西藏南部、西南部成为军队布防的重要地区。

18世纪中期，廓尔喀土邦强大起来，在今尼泊尔中部建立了空前庞大的廓尔喀王朝。此后，廓尔喀王朝不断向周边扩张，向北入侵到中国西藏聂拉木一带；向西先后侵占塔纳胡部（今尼泊尔塔纳胡县）和中国西藏属地洛敏汤部（今尼泊尔木斯塘县）、作木朗部（今尼泊尔卡尔纳利专区等地区），到达克什米尔；向东占领了哲孟雄（即锡金，今为印度锡金邦）大部分领土。乾隆五十三年（1788）至五十七年（1792），廓尔喀对中国西藏发动两次战争，第一次侵藏战争以西藏地方私下赔款了结，而乾隆五十六

---

① “扎什城”相关情况，参见冯智《清代治藏军事研究》，云南民族出版社2007年版，第263—267页。

② 《青保等奏筹建扎什塘兵营情形折》（雍正十一年七月十九日），中国第一历史档案馆藏军机处满文录副奏折，载中国藏学研究中心等合编《元以来西藏地方与中央政府关系档案史料汇编》(2)，中国藏学出版社1994年版，第463—466页。

③ 中国第一历史档案馆藏军机处来文，张羽新编著：《清朝治藏典章研究》，中国藏学出版社2002年版，第1067页。

④ 不著撰人，吴丰培整理：《西藏志·边防》，《西藏志、卫藏通志》合刊，第35—36页。

⑤ 不著撰人，吴丰培整理：《西藏志·山川》，《西藏志、卫藏通志》合刊，第10页。

⑥ 马大正主编：《中国边疆经略史》，中州古籍出版社2000年版，第252—255页。

⑦ “森”是“辛格”（Singh，狮子）的音译，“森巴”就是当时藏文里对克什米尔地区部族的称谓。

年（1791）竟侵入日喀则地区，清廷极为震惊，派福康安率大军开赴西藏，保卫边疆。乾隆五十七年（1792），经过半年的战斗，清军收复失地，攻入廓尔喀腹地，逼近其首都，迫使其停战请降。

在驱逐廓尔喀之后，清廷更加重视西藏的军事力量及制度建设，在战后形成的《钦定藏内善后章程二十九条》中明确规定正式建立西藏地方常备军即藏军，对藏军粮饷、装备、操练、检阅、巡边等作出详细规定。与此同时，清廷把中尼边境地区视为军事部署的重要地带，乾隆五十八年（1793）调整官兵驻藏人数、地点，“最终建立和完善了驻藏官兵的制度”，此后直至清末驻防官兵地点、人数等基本沿袭这一定制。[①] 这一制度事实上是以防范西藏西部、南部可能受到的入侵为重点，把绿营驻防与台站体系结合起来，形成了保障川藏交通、防范西部和南部侵扰的军事布防格局。对于这一格局，《卫藏通志》记载如下：

> 一是部署绿营、藏军驻防各要地，分别驻防在“前藏”（驻今西藏拉萨市），“后藏”（驻今西藏日喀则市），察木多（今西藏昌都市），拉里（今西藏嘉黎县），江卡（今西藏芒康县），江达（驻今西藏工布江达县江达村，又称太昭），江孜，定日（驻今西藏定日县岗嘎镇），硕板多（今西藏洛隆县硕督镇），梨树，石板沟等地。其中，定日是通向聂拉木、济咙（今西藏吉隆县吉隆镇）、绒辖尔（今西藏定日县绒辖乡）的战略要地，因此设置定日汛，派驻守备、把总、外委各1位，绿营40名，藏军500名。江孜“为布鲁克巴、哲孟雄等处部落来藏要路”，派驻守备、外委各1位，绿营20名，藏军500名。喀尔达、定结、帕克哩等地附近设置卡隘，江孜守备派藏军“分防巡守”。二是加强在沿边地区巡查。济咙、聂拉木、绒辖尔、喀尔达、萨喀（今西藏萨嘎）、昆布、定结、帕克哩“沿边一带，均已设立鄂博”，驻藏大臣在巡边时“派人堆砌石块，不得日久废弛，致有偷越”。三是根据西藏地方的宗——相当于内地的县级政区——的重要性，一些宗与国防关系密切，提升其“营官”（即宗本）的行政级别。西藏的“营官”分为“大缺”“边缺”“中缺”“小缺”，“大缺”“边缺”均为五品，“中缺”为六品，“小缺”为七品。江孜宗、协噶尔宗、桑昂曲宗处于国防要地，“营官”为“大缺营官”。同时西藏地方又设有14个特殊的“边缺宗”，“营官”为“五品边缺”，在西部、南部边境地区有堆噶尔、达巴喀尔、补仁、济咙、绒辖尔、聂拉木、定结、帕克哩、错拉，强调“边缺营官”辖区“与外番接壤，约束番民，稽查出入，最为紧要”。[②]

有关西藏地方“营官”品级，另参见光绪《钦定大清会典事例》卷977《理藩院·设官》。此外，所有驻藏官兵的口粮及饷银均由清廷负担，饷银由四川解运，口粮在西藏采办。清廷谕令在打箭炉、理塘、巴塘、乍丫、察木多、“前藏”（驻今西藏拉萨）、“后藏”（驻今西藏日喀则）都设粮务台员，派军驻守，完善四川到西藏一线的粮

---

① 喜饶尼玛、王维强主编《西藏通史·清代卷》（下册），第764—791页。

② （清）松筠：《卫藏通志》卷12《条例》，《西藏志、卫藏通志》合刊，第333—346页。

台、塘汛体系，从而保障驻藏官兵的军需供应、通信往来，加强西藏与内地的联系。[①]

根据《钦定藏内善后章程二十九条》规定，驻藏大臣定期巡边。松筠在乾隆五十九年（1794）至嘉庆四年（1799）出任驻藏大臣，在乾隆六十年（1795）春季和嘉庆二年（1797）秋季两次巡边。他在《西招图略》《西招纪行诗》《秋吟阁》等著作中记述了巡边的情况，介绍了西藏军事布防的格局。[②] 在《西招图略》中，他强调西南方向的萨喀、济咙、聂拉木、绒辖（尔）、喀达、定结、干坝（今西藏岗巴县）、帕克哩一带为“沿边厄塞”。[③] 松筠两次巡边的路线反映了他对这一带军事部署的重视，同时表明他任期内较好地落实了清廷在西藏的军事部署，即在西藏西部、南部边境，以后藏（札什伦布）、江孜为后方，加强对阿里（Mnga’-ris）—补仁（Spu-hreng）—聂拉木（Gnya’-lam）—萨喀（Sa-dga’）—济咙（Skyid-grong）—绒辖尔（Rong-shar）—协噶尔（Shel-dkar）—定结（Gting-skyes）—干坝（Gam-pa）—帕克哩（Phag-ri）一带的巡防，防止廓尔喀进犯。这些部署和博窝宗、错拉宗、桑昂曲宗等相结合，形成了西藏西南—南部—东南部的边境军事体系。现将这一体系中的军事要地及今地信息胪列如下。

打箭炉，四川省康定市，设置粮台，保障供应。

理塘，四川省理塘县，设置粮台，保障供应。

巴塘，四川省巴塘县，设置粮台，保障供应。

乍丫，西藏察雅县，设置粮台，保障供应。

江卡，驻今西藏芒康县嘎托镇，绿营驻防，与巴塘土司交界，营官为“五品边缺”。

察木多，驻今西藏昌都市卡若区，绿营驻防，设粮务一员。

硕板多，驻今西藏洛隆县硕督镇，设汛，绿营驻防，设粮务一员。

拉里，驻今西藏嘉黎县嘉黎镇，设汛，绿营驻防，设粮务一员。

江达，驻今西藏工布江达县江达村（太昭），设汛，绿营驻防，有塘站。

前藏，驻今西藏拉萨市，绿营、藏军驻防。

博窝宗，驻今西藏波密县倾多镇，营官为“五品大缺”。

错拉宗，驻今西藏错那县错那镇，与布鲁克巴交界，营官为“五品边缺”。

桑昂曲宗，驻今西藏察隅县古玉乡，营官为“五品大缺”。

江孜宗，驻今西藏江孜县，绿营、藏军驻防，营官为“五品大缺”。

后藏（札什伦布），驻今西藏日喀则市桑珠孜区，绿营、藏军驻防，设粮台。

帕克哩宗，驻今西藏亚东县帕里镇帕里村，与布鲁克巴交界，营官为“五品边缺”，汉文文献中又写为“帕克里”。

干坝，驻今西藏岗巴县驻地岗巴雪，营官为“六品中缺”。

定结宗，驻今西藏定结县定结乡定结村，与哲孟雄交界，营官为“五品边缺”。

---

① 参见喜饶尼玛、王维强主编《西藏通史·清代卷》（下册），第786—802页。

② 有关松筠驻藏期间的政绩、著述，参见冯明珠《走过留痕——松筠驻藏的政绩与著述》，载《法国汉学》丛书编辑委员会编《边臣与疆吏》（《法国汉学》第12辑），中华书局2007年版，第102—146页。

③ （清）松筠：《西招图略·审隘》，《西招图略、西藏图考》合刊，第9—11页。

定日，驻今西藏定日县岗嘎镇，设汛，绿营、藏军驻防。

协噶尔宗，驻今西藏定日县协格尔镇，营官为“五品大缺”。

绒辖尔宗，驻今西藏定日县绒辖乡仓木坚村，与廓尔喀交界，营官为“五品边缺”。

济咙宗，驻今西藏吉隆县吉隆镇，与廓尔喀交界，营官为“五品边缺”。

招提壁垒，在今吉隆县吉隆镇辖境内，乾隆五十七年（1792），清军与廓尔喀军队激战，收复吉隆，为纪念此次作战的战果，福康安题刻“招提壁垒”四字。“招提壁垒”四字距地表高约3.2米，字面宽1.4米，为汉字行书。

萨喀，驻今西藏萨嘎县达吉岭乡萨嘎村，营官为“六品中缺”。

聂拉木宗，驻今西藏聂拉木县聂拉木镇充堆村，与廓尔喀交界，营官为“五品边缺”。

补仁，驻今西藏普兰县普兰镇，与作木朗所属奔阿交界，营官为“五品边缺”。

达巴喀尔宗，驻今西藏札达县达巴乡达巴村，与作木朗交界，营官为“五品边缺”。

堆噶尔，宗本在冬、夏分别驻于今噶尔县噶尔昆莎、噶尔雅沙，与拉达克交界，营官为“五品边缺”。①

19世纪上半期，英国殖民者侵略廓尔喀、布鲁克巴、哲孟雄和克什米尔地区，使中国西藏外部环境恶化。英军在1814年11月入侵廓尔喀，1816年3月迫使其签订《萨高利条约》，此后逐步控制该国，1846年又支持忠格·巴哈杜尔·拉纳以军事政变上台。② 1815年初，为抵抗英国入侵，廓尔喀向清朝求援。廓尔喀国王在嘉庆十九年十一月二十五日（1815年1月5日）致信驻藏大臣喜明、达赖喇嘛等人，称“披楞”进犯该国，该国“兵丁甚多，只缺少钱粮”，只有“廓尔喀地方保守得住”，西藏“方才清吉”，“若没了廓尔喀”，西藏“也难以保守”，请求喜明转奏清廷，请求中国援助钱粮。喜明为此向嘉庆皇帝奏报，认为“廓尔喀自不安分，招怨邻邦”，准备“严行饬驳”，同时命令边境地区驻军、营官“密为防范”。③ 面对廓尔喀的求援，喜明并不了解“披楞”④ 是来自欧洲的英国人，嘉庆皇帝得到奏报后仍未深究“披楞”是什么人，谕令喜明，廓尔喀与“邻邦”交兵，“既在边境之外，总当置之不问”，让他回复廓尔喀国王“大皇帝抚育万国，一视同仁”，不便援助，但“藏地边界一带”官兵严加防守，

---

① 以上地名根据《卫藏通志》《西招图略》中记述，并结合《钦定西域同文志》和《嘉庆重修一统志》卷547《西藏》、光绪《钦定大清会典事例》等文献，考证今地，限于篇幅，此不展开考证过程。此外，《卫藏通志》《西招图略》中所记“喀尔达”“昆布”等地名，今天地望仍需进一步考证。

② 参见王宏纬主编《尼泊尔》，社会科学文献出版社2015年版，第123—127页。

③ 《喜明等奏再接廓尔喀与英人接仗求援来禀及驳办情况折》（嘉庆二十年正月初二日），载中国藏学研究中心等合编《元以来西藏地方与中央政府关系档案史料汇编》(3)，中国藏学出版社1994年版，第837—842页。

④ “披楞”是18世纪晚期以来涉藏汉文史籍中对来自南亚的欧洲人（后来主要是英国人）的称谓，这是对于藏语词的音译，详见扎洛《“披楞”琐议》，《中国藏学》2011年第3期。

“如披楞人等果有阑入边界之事”，即“示以兵威，痛加剿杀，俾知震慑，以固边圉”。[①] 廓尔喀孤立无援，无力抗击“披楞”，此后被英国逐步控制。1855 年又在英国挑唆下发动第三次侵藏战争，侵占聂拉木、济咙等地，次年签订《藏尼条约》。条约签订后，尼军撤出聂拉木、济咙等地，又趁机占据中国西藏的部分领土，主要包括玉买、牙利、“综”、“汝”等地。[②]

克什米尔地区邻近拉达克，1819—1820 年被锡克王国侵吞，多格拉族头目古拉伯·辛格被任命为查谟邦的统治者。道光十四年（1834），辛格发动战争，侵占了拉达克地区。道光二十一年（1841），辛格进犯阿里，藏军进行自卫反击，打败侵略者，又收复拉达克失地。翌年，双方在列城签订停战协议，规定拉达克仍交原拉达克甲布管理，为西藏属地，“拉达克与西藏的从属关系基本上得到了恢复。但两年后，道格拉再次控制了拉达克”。此后，英国侵吞锡克王国，“拉达克逐步沦为英属印度的殖民地”。1841—1842 年古拉伯·辛格入侵西藏阿里地区的这场战争，又被称为“森巴战争”。[③] 至此，中国西藏军民既要防范英属印度，又要防范廓尔喀，1792 年后形成的西藏军事体系面临新挑战，特别是英国殖民者入侵的巨大压力。

三

19 世纪 60 年代至 1911 年，英国殖民者加紧侵略中国西部边疆，通过两次战争打开西藏大门，西藏军事布防的重心逐步转向与英属印度相邻的西藏西部、南部和东南边境地区，20 世纪初还在川、滇、藏交界地区推行“改土归流”，增强国防力量。

光绪二年（1876），英国强迫清朝签订《烟台条约》，取得进入中国西藏的权利。光绪十四年（1888），英国发动第一次侵藏战争，接着迫使清朝先后签订《中英会议藏印条约》和《中英会议藏印续约》，[④] 强占中国热纳、隆吐山等大片领土，把哲孟雄确定为英国的保护国，强开亚东为商埠，取得进藏经商和派员驻扎的特权，西藏由此逐渐沦为半殖民地。这使清朝朝野上下感受到英国对西藏的现实威胁，清廷随后对乾隆五十七年（1792）以后的西藏军事布防体系进行局部调整，19 世纪末主要是把防线从江孜、帕克哩推进到亚东，20 世纪初主要是推行“改土归流”、加强西藏东南边境地区的军政管理。

亚东在光绪二十年（1894）开埠通商之前，清廷在光绪十六年（1890）就批准驻藏大臣升泰的建议，采取多项措施，以加强亚东的军事力量。这年四月初一（1890 年 5 月 19 日），升泰上奏清廷，强调确定英国控制哲孟雄后，“仁进冈、春丕实为西藏边疆第一紧要之区，亟宜于未议通商之前先筹防范”，并提出“修建关隘以重边防”“分设

---

① 《字寄喜明等廓英交兵当置之不问但在边界需密为备御上谕》（嘉庆二十年四月二十一日），载中国藏学研究中心等合编《元以来西藏地方与中央政府关系档案史料汇编》(3)，第 842—843 页。

② 参见杨公素《中国反对外国侵略干涉西藏地方斗争史》，中国藏学出版社 1992 年版，第 44—46、320—321 页。

③ 参见邓锐龄、冯智主编《西藏通史·清代卷》(上)，第 438—451 页。

④ 这两个条约又称《藏印条约》《藏印条款》，参见王铁崖编《中外旧约章汇编》，生活·读书·新知三联书店 1957 年版，第 551—568 页。

驻边汉番文武以资控制治理”“布坦、廓尔喀两部宜令藏番亟修邻好以期相助”“酌留官兵驻边暂资巡查”四条建议。这些建议得到清廷的认可，六月二十九日（1890年8月14日）奉到朱批“著照所请，该部知道”。其中，前两条提出三项建议。一是修建关隘。帕克哩外的格林卡（即今亚东县上亚东乡嘎林岗）“为咱利、拉堆、雅纳、左纳四山扼要之总路，以前藏人于此毫无布置”，建议“在格林卡外之迴峰山口建关一座，拟其名曰‘靖西内关’”，“仁进冈以外之亚东地方，设立‘靖西外关’一座，关外即藏印通商之地”。二是派军布防。他提出靖西内关所在的格林卡“极关紧要，拟设游击一员、千总一员、外委一员”，在靖西外关“设千总一员，专司巡哨各隘，司关门之启闭”，在“吉码亦设外委一员，以备差委巡缉”，在帕克哩“设把总一员，经理塘递，巡哨哲、布旁通各路，查验关票，以防偷越”；江孜“守备之设，原系防范帕（引者注：即帕克哩宗）隘，今既设关在帕隘以外，自应将江孜守备裁撤，其外委一缺即移驻于格林。兵丁四十名，亦并移驻格林汛。番员江孜戴琫，亦将所部番兵移驻格林”；帕克哩宗“营官二员，移驻一员于吉玛”；因格林汛汉兵从江孜移驻后，“除派赴各塘递送公文外，仅余三十名，万难分布。拟请于驻防靖西内关格林汛游击营内酌增汉兵一百名，以资弹压巡防。驻边同知署内酌给巡拦、差役数十名，庶汉番声势联络，消息灵通，整理关务，探哨洋情，边事庶可无虞矣”。三是设官管理，建议“在仁进冈以内之吉码桥地方设立驻边同知一员，管理汉番事务地方，并管军粮、关务、边情”。①

升泰的这些建议很快得到落实，包括设汛驻军，建成靖西内关、外关和边墙，设置靖西同知，亚东关税务司戴乐尔1895年就报告说：“中英未经分界立约以前，亚东系属荒陬”，开埠通商后“盖有公所一处”供英属印度“派员驻寓”，住房、商栈18间供“英商租赁”；亚东汛“有中国千总一员，部汉兵二十名、番兵八十名驻防于此，筑有边墙，亦就山形修建，曰靖西关。凡属英印商官人等，适此而止”；“卓木地方，系靖西同知管理，此官即章程所载边务委员”，还有游击一员，辖兵140多人（包括亚东汛的20名），游击衙署“建在格林卡地方，闻亦筑有边墙，名为靖西内关”。②

20世纪初，列强加紧瓜分中国，西藏依然是英、俄两国在华争夺的重点地区。光绪二十九年（1903），英国发动第二次侵藏战争，侵占亚东、帕克哩，次年攻占江孜、拉萨，逼迫签订《拉萨条约》。对于英国的侵略，西藏军民英勇抵抗，1904年5月在武器落后、弹药不足的情况下，多次击退英军进攻，坚守江孜一个多月。英国侵略者害怕中国军民以后继续反抗，1904年10月21日英军指挥官麦克唐纳在双方停战的前提下，“下令摧毁亚东下方之关门、关墙及春丕谷中另外一些关墙与工事”。中国官员请亚东海关税务司韩德森前往交涉，他见到麦克唐纳后“请求他尊重中国人的愿望及感情，保留关墙、关门，或者至少保留关门”，但麦克唐纳未予理会，23日早晨仍将关墙炸毁。对此，韩德森强调：“炸毁关墙、关门原非十分重大事件，但在宣布和平之后，此举似为幼稚的侵略性野蛮行为，令本地人对其目的惶惑不解，实为极不明智且不得人心

① （清）升泰：《由岭回边妥筹布置折（附条陈四则）》（光绪十六年四月初一日），载吴丰培编《清代藏事奏牍》，中国藏学出版社1994年版，第782—784页。

② 《戴乐尔关于光绪二十年亚东关进出口贸易情形报告》（1895年1月23日），载中国第二历史档案馆、中国藏学研究中心合编《西藏亚东关档案选编》，中国藏学出版社1996年版，第376—380页。

之举。”[1] 这些关门、关墙被毁后，由于清政府软弱无能，1904 年后英军占据亚东数年，并未重新修建，但残垣断壁仍存。光绪三十四年（1908），道台陶思曾奉命赴藏处理开埠事宜，十一月十五日（1908 年 12 月 8 日）“出驻亚东关，从事测量”，称亚东汛“人户十余家，驻千总一员，边墙一道，跨流枕山”，这是光绪十七年（1891）修筑的。“旧例晨启晚闭，稽查出入。英兵入藏，毁之，颓垣屹立，仅存遗址而已。”[2]

英军侵藏使西南边疆危机加剧，全国上下呼吁守土固边，清廷为此调整了西藏治理政策。一方面，在西藏推行新政，进行军事改革。驻藏大臣联豫在光绪三十四年（1908）设立陆军小学堂，培养新式军官。宣统二年（1910），新军自四川入藏，兵 1000 余人，编成步队三营、马队一营、炮队一队、军乐一队，西藏地方连同新练新军、卫队共有新军 3000 人，统筹派驻全藏各地，步队一营驻东路拉里、江达、工布等处，步队两队驻西路曲水，步队两队驻北路喀喇乌苏，步队一营驻后藏札什伦布，步队一队驻三十九族地方，其余驻前藏训练。[3] 宣统三年（1911）裁撤绿营，仅留前藏、靖西游击各一员，兵丁 1000 余人，精壮者仍令投充陆军、编入巡警。[4]

另一方面，清廷在听取各方意见后，在西藏支持驻藏大臣联豫的新政和变革，采取渐进的策略，表面上不设行省，事实上又以治行省之道治之；在川、滇交界地区支持边务大臣赵尔丰“改土归流”，为西藏作后援。[5] 赵尔丰大力推行“改土归流”，设立巴安府、康定府、登科府和德化州、盐井县、河口县、三坝厅等 10 多个州、县、厅，在得荣、江卡等 10 多个地方设置委员。[6] 赵尔丰还派军进驻西藏东南部的桑昂曲宗、杂瑜（今察隅），有力地维护了国家领土主权。宣统二年（1910），新军管带程凤翔派部属到达下杂瑜“正南相距三站之压必曲龚溪”（在今察隅县门巩附近），竖立龙旗，后又在插旗处立了汉藏文的界牌——“大清国杂瑜南界面”。这些龙旗一直保留到 1912 年初，当英属印度“探查团”到达压必曲龚溪南岸时，他们不得不向英国报告：中国军民已经竖旗、立牌，那里是中国领土。[7]

四

清代 260 多年间（1644—1911），随着内外形势和防御对象的变化，清朝中央政府在西藏的军事部署不断调整、变化，大致分为 1644 年至 18 世纪 60 年代、18 世纪 70 年代至 19 世纪 50 年代和 19 世纪 60 年代至 1911 年三个阶段。这些调整、变化既反映在

---

① 《韩德森为报英军在宣布和平后炸毁靖西关等事致赫德半官方性质函》（1904 年 10 月 23 日），载中国第二历史档案馆、中国藏学研究中心合编《西藏亚东关档案选编》，第 965 页。

② （清）陶思曾：《藏輶随记》，四川官印刷局宣统三年再版，第 19 页上—20 页下。

③ 参见赵云田《清末新政研究——20 世纪初的中国边疆》，黑龙江教育出版社 2004 年版，第 276—284 页。

④ （清）联豫：《裁撤制兵改设员缺添练新军折》（宣统三年元月十九日），载吴丰培编《清代藏事奏牍》，第 1570—1571 页。

⑤ 参见孙宏年《20 世纪初英国对中国西藏的侵略与西藏建省问题研究》，《西藏研究》2004 年第 3 期。

⑥ 参见马菁林《清末川边藏区改土归流考》，巴蜀书社 2004 年版，第 187—189 页。

⑦ 吕一燃主编：《中国近代边界史》，四川人民出版社 2007 年版，第 614—615 页。

各个时期军事防御体系、后勤保障体系总体格局的变动上，又反映在某一时期局部地区的显著调整变化上，比如1888年英国侵藏战争后，清政府把军队驻防的重心从帕克哩宗（今亚东县帕里镇）前移至亚东（主要在今亚东县上亚东乡、下亚东乡），构筑完备的防御工事。

清朝中央政府在西藏的军事部署是治理西藏的重要措施之一，又是中央治理边疆整体方略、政策的组成部分，尤其与西部、西南边疆地区的治理密切相关、形成互动。19世纪50年代前，西藏的军事地理格局与新疆、青海、四川关系密切，青海、四川成为进军西藏、平定准噶尔、驱逐廓尔喀的后方基地。1792年以后，四川承担起为驻藏官兵解运饷银的任务，逐步成为西藏驻军后勤保障的主要基地，在清朝中央政府治理西藏中发挥着"直省支撑"的作用。①

有清一代，驻藏部队与西藏地方军民共同抵御外敌侵略、安定地方，无论是驱逐准噶尔部侵扰，还是抗击"森巴"、英军入侵，无疑都为稳定西部边疆、守卫神圣国土作出了重要贡献。西藏地方的军事部署及其调整为守土固边发挥过积极作用，为今天的边疆治理提供了值得借鉴的经验，同时又有值得反思的教训。如，1815年廓尔喀请求援助，抗击"披楞"，清廷决策者既不了解"披楞"真实"身份"，又不分析"披楞"侵廓之后南亚地区的严峻形势，未及时调整防御对象和军事部署，以致英国逐步控制廓尔喀、布鲁克巴、哲孟雄等邻国和克什米尔地区，进而侵占我国西藏西部的拉达克，1888年又以枪炮打开西藏南部的大门。

（原载《中国边疆史地研究》2020年第3期）

① 参见邓涛《藩部经略与直省支撑——四川在清朝治理西藏中的地位和作用》，《西藏大学学报（社会科学版）》2020年第1期。

工布王邑工域哲那历史地名考论*

刘　洁**

工布（kong-po）这一历史地名具有自专称至泛称的演变特点。敦煌吐蕃历史文书与吐蕃石刻碑铭所记“工布”一名，仅为小邦专称，是与娘波、塔波并列的中国西藏东南边陲三小邦之一。随着元明清时期西藏“工布四宗”地方行政区划的逐步形成，“工布”之名也由专称演变为泛称，囊括了娘、工、塔三小邦的大部分区域，其地域范围与今西藏林芝市辖区大体相当。关于工布王邑工域哲那（kong-yul-bre-sna）的历史地名含义、古今地名对照等问题，学界仍存不同意见。本文在古藏文文献与田野考察相结合的基础上，拟就西藏小邦时代至吐蕃时期工布王邑工域哲那的历史地名、文化遗迹、行政中心演变和古今地名对照等问题略作探讨，以期抛砖引玉。

一　小邦时代至吐蕃时期的工布及其王邑工域哲那

藏族早期历史上曾经出现过十二小邦、四十小邦，位于藏东南地区的工布与娘波、塔波并称为娘、工、塔三小邦。敦煌吐蕃历史文书 P. T. 1286《小邦邦伯家臣及赞普世系》记载的十七个小邦王臣名号，娘、工、塔三小邦已然在列：工域哲那之王为工杰噶波，大臣为喀巴氏与帕竹氏；娘域达松之王为娘宗朗杰，大臣为沃如氏与扎氏；塔布朱西之王为达杰卓森，大臣为颇古氏与波若氏。①

工域哲那还与止贡赞普灭苯遇弑事件密切相关。敦煌吐蕃历史文书 P. T. 1287《赞普传记》记载，止贡赞普遇弑之后，其尸身被装入铜箧抛入江中，名为夏赤、聂赤的两位王子被流放至工布地方。之后茹勒杰在工域哲那会见两王子，同时在龙王处赎回赞普尸身。幼弟聂赤在拉日江妥神山安葬先王遗骸，成为工杰噶波王；长兄夏赤率领军队攻克娘若香波堡寨为父王复仇，被尊为布德共杰赞普。② 该卷还记，松赞干布父王囊日伦赞（公元6世纪下半叶）曾在娘、韦二氏协助下征服森波杰赤邦松小王，当时“上起帕之勇瓦那以下，直至工布哲那以上，均为赞普统领之辖地矣”。之

---

* 本文为2020年国家社科基金一般项目“藏东南历史地理与边界研究”（20BZS137）的阶段性成果。

** 刘洁，中国社会科学院中国边疆研究所副研究员。

① P. T. 1286《小邦邦伯家臣及赞普世系》，参见王尧、陈践译注《敦煌古藏文文献探索集》（汉藏版），上海古籍出版社 2008 年版，第 60、124 页。

② P. T. 1287《赞普传记》，参见王尧、陈践译注《敦煌古藏文文献探索集》（汉藏版），第 24、25、102 页。

后达波小邦发生反叛，但被囊日伦赞派兵征服。囊日伦赞被毒弑后，象雄、苏毗、娘波、工布、塔波等公开反叛。松赞干布幼年亲政，斩灭进毒父王者，将反叛诸部复归其辖治之下。①

工域哲那之名亦广泛见载于自宋至清时期成书的藏文史籍。12 世纪中叶的《弟吴宗教源流》②、1564 年第二世巴卧·祖拉陈瓦所撰《贤者喜宴》③ 均将工域哲那记为约茹的东界。《贤者喜宴》称“工域哲那有工杰噶布王，大臣为督及喀巴”,④ 明显承袭敦煌古藏文文献之说。《弟吴宗教源流》则将工布小邦称为“哲那若姆贡的哲那部落”⑤，尽管全称略有差异，但“哲那”之名保持一致。工域哲那还是吐蕃末期平民起义的发源地。《贤者喜宴》记载了钦域⑥贵族赛尼赞被钦域和工布的六位平民首领率众诛杀于工域哲那的历史事件。⑦ 上述不同历史时期的藏文文献有关工布小邦及其王邑工域哲那的记载，贯穿西藏早期小邦和吐蕃王朝的兴衰史，且与诸多标志性的历史事件相关，凸显工布小邦在中国藏东南边疆史地研究领域的重要地位。

二　工域哲那历史地名溯源

工域哲那藏文地名的词根含义为“藏升（bre)”，是一种西藏传统计量工具的名称。《汉藏史集》所记“工布之地，像一只升子”⑧，也是以藏升外高内低之形来比喻工布的地形地貌特征。古藏文文献所记工域哲那地名典故主要有两类，分别与西藏苯教和早期赞普在工布地区的宗教与政治活动密切相关。

（一）工域哲那历史地名与西藏苯教的关系

苯教文献所记大量工域哲那历史地名的起源传说，与苯教创始人辛饶弥沃有直

① P. T. 1287《赞普传记》，参见王尧、陈践译注《敦煌古藏文文献探索集》（汉藏版），第 29、30、33、107、108、112 页。

② （宋）弟吴：《弟吴宗教源流》（藏文版），西藏藏文古籍出版社 2010 年版，第 258 页。该书汉译版参见（宋）弟吴贤者《弟吴宗教源流》，许德存译，西藏人民出版社 2013 年版。

③ （明）巴俄·祖拉陈瓦：《智者喜宴》（藏文版），民族出版社 2005 年版。该书汉译版参见（明）巴卧·祖拉陈瓦《贤者喜宴：吐蕃史译注》，黄颢、周润年译注，中央民族大学出版社 2009 年版。该书作者名汉藏文版翻译有区别。松赞干布执政时期对吐蕃王朝领土进行区域规划，形成五大茹区（卫茹、约茹、叶茹、茹拉和苏毗茹）、十八个地方势力范围、六十一个豪奴千户和戍边三军的区域管理模式与制度。其中，茹区是吐蕃王朝最高级别的行政区划管理体系。参见拉巴平措、陈庆英主编，张云、林冠群分册主编《西藏通史·吐蕃卷》下册，中国藏学出版社 2015 年版，第 329—330 页。

④ （明）巴俄·祖拉陈瓦：《智者喜宴》（藏文版），第 84 页。

⑤ （宋）弟吴：《弟吴宗教源流》（藏文版），第 214 页。

⑥ 古代钦域的地理范围与今西藏林芝市朗县辖区大体相当。

⑦ 参见（明）巴俄·祖拉陈瓦《智者喜宴》（藏文版），第 226 页。

⑧ （明）班觉桑布：《汉藏史集》（藏文版），四川民族出版社 1985 年版，第 16 页。该书汉译版参见（明）达仓宗巴·班觉桑布《汉藏史集》，陈庆英译，西藏人民出版社 1986 年版。

接联系。[①] 罗丹宁布（1360—1406）所著《工布苯日神山圣地功德概说》明确记有工域哲那这一历史地名。[②] 18 世纪早期正式成书的《工布苯日神山志》（10b-11b）的记载最为详细：辛饶弥沃自象雄阿里赴工布地区降伏魔王与工布王，他在工布王宫殿则拉岗右方的那乌德塘（nevu-del-thang）举行纳降献宝仪式，以藏升为量具，将工布王与魔王敬献的黄金和绿松石等分为三份，其中一份珍宝及亲用手杖等圣物被伏藏在工布苯日神山前，用以积蓄藏地四茹精华。此地还留有祖师等身神柏、神变三泉、具德四徒与七匹骏马的足印等圣迹，辛饶弥沃赐名此地为工域哲那。[③]《桑杰林巴传记》还载："在娘、塔、工之地，工布的仁钦扎那（rin-chen-brag-sna），辛饶祖师曾经伏藏三藏升黄金、绿松石等珍宝。"[④] 此仁钦扎那，即为工域哲那的别称。除上述神山地理志、高僧传记，11—14 世纪陆续成书的辛饶弥沃的三份传记均载：工杰噶波王将公主工萨赤江献给辛饶弥沃，成为其五位王妃之一，工布公主所生之子名为工擦旺丹（亦名雍仲旺丹）。[⑤] 辛饶弥沃的后裔被尊称为穆辛家族，位居苯教六大世系喇嘛家族之首。该穆辛家族又分为大、中、小三系，均为工擦旺丹的后裔。[⑥]

按照苯教传统观点与工布地方传说，工域哲那是工布地方护法女神工尊第穆的故

---

① 与工域哲那毗邻的工布苯日神山，被尊为西藏苯教第二大神山，与其相关的古藏文文献种类、数量、版本繁多，时间跨度近千年（上迄 9—11 世纪，下贯元明清三代），具有观点前后呼应、内容直接沿袭补充的突出特点，可互为补充勘正，是研究工域哲那历史地名的重要史料。以《工布苯日神山志》为例，该文献虽正式成书于 18 世纪早期，但在其层累式的内容框架中，融合了敦煌文献赞普传记、今甘肃省迭部县发现的 9—11 世纪时期的《圣地苯日神山煨桑祭祀辞》、辛饶弥沃祖师传记、元明清时期在该神山地区长期活动的苯教僧侣学者（竹色、罗丹宁布、桑杰林巴等）撰写的祭祀辞和高僧传记等多份文献的内容参见刘洁《〈工布苯日神山志〉考论》，《中国边疆史地研究》2019 年第 4 期。

② 参见（明）罗丹宁布《工布苯日神山圣地功德概说》，第 1197 页，收录于《罗丹宁布文集》，西藏林芝市达则寺所藏手抄本古藏文文献。

③ 参见（清）桑杰林巴《工布苯日神山志》，全称为《秘密圣地意化苯日神山志·如意树宝鬘精要》，西藏林芝市斯甲更钦寺所藏手抄本古藏文文献。

④ （清）桑杰林巴：《桑杰林巴传记》第 2 卷，西藏昌都市丁青县孜珠寺所藏手抄本古藏文文献，第 166 页。

⑤ 目前学界已经发现的苯教辛饶弥沃祖师传记主要有三种：简编本《集经》（1 卷 24 章），参见雄努洛桑编《苯教史料汇编》（藏文版），西藏藏文古籍出版社 2010 年版，第 1—122 页；中编本《赛米》（2 卷 18 章），参见章杰增巴《赛米》（藏文版），中国藏学出版社 1991 年版。简编本与中编本的成书时间均为 11 世纪。广编本即 14 世纪罗丹宁布以耳传形式成书的《无垢光荣经》（12 卷），是辛饶弥沃最为详尽的传记。参见（明）罗丹宁布《无垢光荣经》（藏文版），全 12 册，西藏藏文古籍出版社 2000 年版。

⑥ 参见（清）夏察·扎西坚赞《西藏本教源流》（藏文版），民族出版社 1985 年版，第 141 页。该书汉译本参见（清）夏杂·扎西坚参《藏族雍仲本教史妙语宝库》，刘勇译注，民族出版社 2012 年版。

乡。以《工尊第穆问答》①、《工尊第穆祈请文》② 为代表的苯教文献，对工尊第穆有详细记载。后者云："所谓工尊第穆者，故乡为工域哲那，于珞、门两地交界处，驻锡雅鲁藏布江流域具三峰之雪山。在此神奇意幻圣地，工尊第穆护佑藏域。之后工杰噶波王出世，统领工布地域，敕封鲁神、地祇、魔与罗刹等为其眷属。以宾客之礼善待工尊第穆及地方女护法，因业力聚集之故，结下父女之缘而和睦相处。之后，辛饶弥沃为降伏魔域而亲临工布。工尊第穆亲谒祖师并许下护佑苯法之誓言，驻锡情器世间各方隅，是为殊胜女伏藏主。"③ 作为藏地十二丹玛女神的总首领，工尊第穆在苯教神衹体系中占有较高地位。苯教文献多记其为工布王的义女，《工布苯日神山志》（9b）则记其为工杰嘎波王之长女，是嫁给辛饶弥沃为妃的工布公主工萨赤江的长姊。

《世间库源经注解》④、《札巴岭扎》⑤、《西藏本教源流》⑥ 等苯教历史文献，还将工域哲那记为苯教前弘期三十七处修行地中位于约茹的修行地之一。《苯教源流弘扬明灯》虽将苯教前弘期的修行圣地另记为三十八处，但所列约茹的七处圣地名称也包括工域哲那。⑦ 传世至今的苯教文献记载了大量工域哲那历史地名的宗教传说，从侧面印证了工域哲那作为苯教著名修行圣地的宗教职能。

（二）工域哲那历史地名与早期赞普的关系

工域哲那与早期赞普的传说，可追溯至第一代藏王聂赤赞普。9 世纪初（或 8 世纪末）的工布第穆摩崖刻石⑧以及《娘氏宗教源流》、《弟吴宗教源流》、《汉藏史集》、《贤者喜宴》等藏文史籍，不但记载了第一代藏王聂赤赞普自天降临拉日江妥⑨山巅，还详记工杰噶波王为止贡赞普后裔、吐蕃王室近亲，享有特殊的政治地位。《工布苯日神山志》（15b－18a）亦云：辛饶弥沃祖师返回象雄之后，第一代藏王聂赤赞普自天界降临工布苯日神山的拉日江妥峰顶，他与苯教法师们一同在工域哲那传扬苯教。

---

① （明）罗丹宁布：《工尊第穆问答》，收录于《罗丹宁布文集》，西藏林芝市达则寺所藏手抄本古藏文文献。

② （唐）詹巴南喀：《工尊第穆祈请文·吉祥喜雨》，清代德钦林巴掘藏，西藏林芝市拉日江妥寺所藏手抄本古藏文文献。

③ （唐）詹巴南喀：《工尊第穆祈请文·吉祥喜雨》，清代德钦林巴掘藏，第 2—4 页。

④ （唐）詹巴南喀：《世间库源经注解》，藏文手抄本，由丹增南达重印，印度新德里 1966 年版。另可参见达布·喇钦占巴南喀《苯教根本藏释义》，青海民族出版社 2014 年版，第 22 页。

⑤ （唐）詹巴南喀：《札巴岭扎》，藏文手抄本，参见赤索旦主编《本教历史文献汇编》（藏文版），第 3 册，甘肃文化出版社 2018 年版，第 25 页。"本教"，版权页如此翻译。

⑥ （清）夏察·扎西坚赞：《西藏本教源流》（藏文版），第 168 页。

⑦ 参见（明）芭·丹杰桑布《苯教源流弘扬明灯》（藏文版），中国藏学出版社 1991 年版，第 139 页。

⑧ 工布第穆石刻遗址位于今西藏林芝市巴宜区（原林芝县）米瑞乡玉容增村（g.. Yung-drung-vdzin）。赤德松赞赞普（798—815 年在位）应工布小邦王臣祈请而颁布诏书并勒石为碑，是研究工布小邦历史的宝贵史料。常凤玄、王尧、李方桂等当代学者均翻译并注释过该石刻碑文，部分译文差异较大。本文所采用的译文为笔者自译。该石刻碑文的藏文录文与拉丁转写，可参见王尧编著《王尧藏学文集卷二：吐蕃金石录·藏文碑刻考释》，中国藏学出版社 2011 年版，第 103—106 页。

⑨ 藏文史籍所载拉日江妥山的方位，有工布和山南两说，本文选择前说。该山是工布苯日神山的三座主峰之一。

止贡赞普灭苯被弑这一历史事件，除敦煌吐蕃历史文书 P. T. 1287《赞普传记》详载之外，传世至今的苯教与藏传佛教文献都有类似记载，情节大致相同，本文不再赘述。值得注意的是，《赞普传记》明确记载工域哲那是茹勒杰与两位王子相会的地点。[①]《汉藏史集》还将哲那的藏文名称记为“gre – sna”，[②] 有“凶死”之义[③]。与工域哲那的传统藏文名称相比，该名称的变异明显受到止贡赞普遇弑事件的影响。苯教文献《工布苯日神山志》（18b – 19a）将苯教法师在工域哲那举行的止贡赞普超度仪轨的名称和宗教功能，记载得更为详尽：布德共杰邀请象雄东炯图钦等九位苯教法师为父王举行名为止笃（gri-vDul）[④] 的丧葬仪轨，调伏止协（gri-gshed）[⑤] 恶鬼，祛除他横死于刀下的厄运给子孙带来的负面影响。

除了古藏文文献记载的工域哲那历史地名的两类拼写方式，当代学者东噶活佛曾提出工域哲那除了传统名称之外，还有“kong-yul-spre-sna”这种写法。该地名释义为“工布猴”，与藏族猕猴祖先自山南迁徙至工布的神话传说有关。[⑥] 工布地区气候温和、森林茂密，此地所产猕猴被专称为“工哲（kong-sprel）”，意为“工布猴”。[⑦] 以猴皮作里的古秀（套头坎肩），也是工布藏族的传统服饰。尽管目前此说尚缺乏广泛的藏文文献旁证，但因与藏族猕猴变人的族源神话、工布地方物产有联系，故亦列出供读者参考。

（三）工域哲那地名反映的历史与宗教文化线索

工域哲那与象雄苯教祖师、早期赞普、工杰噶波王、工尊第穆的各类历史传说联系紧密，是西藏早期小邦与象雄、吐蕃王朝关系史研究领域的例证。

首先，工域哲那地名反映了象雄、工布、雅隆（吐蕃王朝的前身）之间的密切联系。苯教文献记载的辛饶弥沃在工域哲那举行纳降仪式的宗教传说，暗示了古代象雄与雅鲁藏布江下游的娘、工、塔三小邦之间相互征伐的历史线索。吐蕃王朝的起源和早期发展，也与工布小邦联系密切。聂赤赞普在工布拉日江妥神山被苯教法师拥立为王，他率部迁往山南雅隆之后，以止贡赞普遇弑事件为转折点，吐蕃王室后裔再次回到工布小邦得到庇护，留居当地的王子被拥立为工杰噶波王，另一位王子在苯教法师的帮助下重新执掌吐蕃王政。关于止贡赞普的后裔，传世至今的藏文史籍有“二子说”和“三子说”两类不同观点。敦煌吐蕃历史文书与工布第穆摩崖刻石均载止贡赞普有二子，但所记两位王子的长幼次序相反。鉴于工布第穆摩崖刻石年代较早且无涂改痕迹，刻石铭文应更为可信。工布小邦对吐蕃的早期影响由此可见一斑。

---

① P. T. 1287《赞普传记》，参见王尧、陈践译注《敦煌古藏文文献探索集》（汉藏版），第 24、25、102 页。

② （明）班觉桑布：《汉藏史集》（藏文版），第 133 页。

③ 参见“gre-bo”词条，意为“凶死男鬼”。张怡荪主编：《藏汉大辞典》，民族出版社 1993 年版，第 407 页。

④ 止笃，亦作“gri-vDur”，为笃苯（vDur-bon）的一种仪轨名称，主要超荐横死于刀下的亡者。参见（清）夏察·扎西坚赞《西藏本教源流》（藏文版），第 196 页。

⑤ 止协（gri-gshed），意为“刀鬼”，指一种可以作祟使人死于刀下的恶鬼。

⑥ 参见东噶·洛桑赤列编《东噶藏学大辞典》（藏文版），中国藏学出版社 2009 年版，第 101 页。

⑦ 张怡荪主编：《藏汉大辞典》，第 32 页。

其次，以敦煌吐蕃历史文书、工布第穆摩崖刻石为代表的吐蕃手写卷本和金石铭刻，都宣扬“赞普为神子入主人间”，以宗教来麻醉人民的思想。吐蕃王朝的发展历史，实际上包含政教两条线索。王权与神权相互倚重、藏族早期社会时期的神权甚至凌驾于王权之上，这是由当时西藏的社会生产力发展水平所决定的。工域哲那地名变异后所具“凶死”之义，就从侧面反映了吐蕃早期的苯教势力强大至可以操纵赞普王权更迭的程度。这与藏文史籍广泛记载的印度佛教传入西藏之前吐蕃历代赞普均以苯教治理国政的说法互为印证。

最后，就工布区域史而论，工布小邦当地土著行政和宗教首领均有悠久的历史，外来的止贡赞普后裔借助苯教的影响才成功入主工布。工布第穆摩崖刻石所记赞普诏书，在强调吐蕃王室与工杰噶波王之间的亲缘关系时，明确提及工尊第穆护法神的名字。[①] 笔者尝试将此段铭文译为“兄（聂赤）工杰噶波王自上部莅临工布之时，祷祝兄弟两人名为年波的护身生命神，并使年波与第穆两位护身生命神联姻”。铭文所记传说应是苯教仪式的写照。其中，“护身生命神”是吐蕃王室成员御用苯教护法神的统称。“年波”为男神之名，作为止贡赞普两位王子的御用护身生命神，应是山南雅隆最高等级的护法神。“第穆”为女神之名，位居工布地方护法神之首。工布第穆摩崖刻石所记赞普诏书在开篇介绍此传说的主要目的，是通过宣扬山南与工布的两位苯教地方护法神联姻的宗教象征意义，标榜赞普后裔执掌工布地方政教的神圣性与合理性。

三　工域哲那古今地名对照辨析

即使是综合运用文献资料、历史文化遗迹和田野考察三重证据方法，工域哲那古今地名的考证工作仍面临巨大挑战。除因古今藏文语法差异而导致的藏文地名拼写形式的多样化之外，汉译名称也缺乏规范的统一标准，因同音异译导致的一地多名现象非常普遍，增强了历史地名的考证难度。当前学界关于工域哲那古今地名的考证主要有两类不同观点。

其一，工域哲那为今帮那（帮纳）村之说。《林芝地区志》将古代地名工域哲那记为位于原林芝县（今林芝市巴宜区）林芝镇达则乡的帮那村。[②] 但由记录元代中后期竹色活佛在工布苯日神山地区活动轨迹的《竹色活佛传记》来看，该文献列举了此神山与辛饶弥沃相关的大、中、小三处伏藏圣地的方位与名称：北方年池（gnyan-khri），西方帮纳（spang-sna），南方工域哲那（kong-yul-bre-sna）。[③] 其中，“帮纳”与“工域哲

① 常凤玄、王尧、李方桂等当代学者均译注过该铭文，但是部分译文差异较大。尤其是针对第6—7行年波男神和第穆女神婚配的释读，国内外学者争议甚多。李方桂将此古藏文英译为“the god begotten with the sku-bla De-mo”（婚姻天神与古拉第穆），他在注释中称：“这句话的语法似乎表明了这一解读，但这些事件所指的神话背景在其他史料中不得而知。在有关本文献的其他一些研究中，这是讨论颇多的话题。”由此可见，李氏已经注意到该处铭文内容所涉宗教神话的解读难度，同时强调这是学界争议的热点问题。参见李方桂、柯蔚南《古代西藏碑文研究》，王启龙译，清华大学出版社2007年版，第132—133页。

② 参见林芝地区地方志编纂委员会编《林芝地区志》，中国藏学出版社2006年版，第987页。

③ 参见佚名《竹色尊者本生传记》，藏文手抄本，收录于中国藏学研究中心图书馆藏《苯教大藏经·甘珠尔》。另可参见嘎松罗布《工布本日圣迹指南》（藏文版），四川民族出版社2014年版，第299页。

那”这两处地名并非同指，所处地理方位也不同。此外，明代早期成书的《工布苯日神山圣地功德概说》[①]、《伏藏主五兄妹问答》[②]，与清代早期的《工布苯日神山志》[③]、《桑杰林巴传记》[④] 在内容上互为补证，不但将“年池”与“帮纳”记为娘波的两处地名，还将“帮纳”比喻为“年池”的门户。年池即今林芝市巴宜区林芝镇尼池村旧称。该地名有多种藏文拼写方式，除了上述文献常用的年池（gnyan-khri），还有娘赤（nyang-khri）[⑤] 这一写法，其藏文含义为“娘氏宝座”，与娘波小邦密切相关，也是今林芝市地名的主要词源。阿贵还考证娘赤应为“娘若”和“赤”两个吐蕃东岱（千户）组织的合称。[⑥] 由此推测，吐蕃早期的帮纳与工域哲那曾经分属娘波、工布辖区。

其二，工域哲那为今哲那村之说。若仅由地名的藏文拼写形式来看，今西藏林芝市巴宜区（原林芝县）林芝镇的哲那村（bre-sna），应即古代工域哲那的中心。叶拉太、阿贵等学者均考证工域哲那位于此地。[⑦] 但是，学者们在具体考证过程中针对工域哲那古今地名对照、文献解读等方面的阐释，仍有值得商榷之处。一方面，叶拉太将“哲那”这一自然村的行政区划，误记为“今西藏林芝地区林芝县麦日乡境内”。[⑧] 此所谓“麦日乡”，应为米瑞乡的同音异译。此说与《林芝地区志》的记载不符，应予更正。2005 年 7 月，林芝县曾将 104 个村撤并为 74 个村。其中，林芝镇立定、扎那（即哲那村）、娘俄三村合并为立定村。[⑨] 2015 年 3 月 16 日，国务院批准西藏自治区撤销林芝地区，设立地级林芝市，林芝市设立巴宜区，以原林芝县的行政区域为巴宜区的行政区域。笔者在田野考察时发现，哲那自然村的路牌将该地名记为扎那“bra-sna”，应为“bre-sna”的同音异形或笔误。[⑩] 上述三个村庄的间隔距离分别仅为 1 公里左右，均归林芝县（今巴宜区）林芝镇（原达则乡）管辖，不属于米瑞乡行政辖区。另一方面，阿贵将《工布苯日神山志》（10b－11b）有关辛饶弥沃在工布苯日神山以藏升为量具分宝并埋下伏藏的记载，误解为：“苯教史料中也讲到，在像‘藏升’一样的岩石山前苯

---

① 参见（明）罗丹宁布《工布苯日神山圣地功德概说》，第 1204 页。

② 参见（明）罗丹宁布《伏藏主五兄妹问答》，第 1095 页，收录于《罗丹宁布文集》，西藏林芝市达则寺所藏手抄本古藏文文献。

③ 参见（清）桑杰林巴《工布苯日神山志》，第 41a 页。

④ 参见（清）桑杰林巴《桑杰林巴传记》第 2 卷，第 205 页。

⑤ 参见扎敦·格桑丹贝坚赞著、德倩旺姆译注《〈世界地理概说〉译注》，《中国藏学》2015 年第 4 期。

⑥ 参见阿贵《吐蕃小邦时代历史研究》，西藏人民出版社 2014 年版，第 79—80 页。

⑦ 参见叶拉太《吐蕃地名研究》，人民出版社 2012 年版；阿贵《“林芝”词源及尼洋河流域的古代吐蕃小邦考》，《西北民族大学学报（哲学社会科学版）》2012 年第 5 期。

⑧ 叶拉太：《吐蕃地名研究》，第 56 页。

⑨ 参见西藏林芝县志编纂委员会编《林芝县志》，中国藏学出版社 2014 年版，第 153 页。

⑩ 笔者在西藏林芝地区田野考察时发现，许多地名对应的是规模较小的自然村，这些自然村的间隔距离多为 1 公里左右。尽管村口路牌标有藏汉地名，但这类藏汉地名的对照翻译缺乏规范的统一标准，同音异译导致的一地多名现象仍然普遍。近年来国内公开出版的《林芝地区志》（2006）、《工布江达县志》（2008）、《汉藏对照新词术语词典》（2012）、《林芝县志》（2014）、《米林县志》（2014）、《波密县志》（2014）、《林芝地名历史文化释义》（2018）、《林芝山水文化》（2018）等图书资料，是研究西藏林芝历史地名的主要工具书。尤其是《汉藏对照新词术语词典》收录了 6200 条西藏自治区村级以上的行政区划地名，是目前国内较为权威的西藏地名翻译成果，值得学界参考。

教祖师埋藏了许多苯教经典，所以，该地方得名‘工布哲那’，从以上资料来看，它的含义应该是指坐落于像藏升一样的岩石山前的村落。”① 事实上，《工布苯日神山志》所记“藏升”仅指辛饶弥沃分宝的量具名称，而非山的形状。如果将工域哲那这一地名与山的形状联系在一起，未免偏离了文献的原义。

四　关于工域哲那地理范围的思考

尽管目前学界普遍认为今西藏林芝市巴宜区林芝镇的哲那村即为古代工域哲那的中心。但是，工域哲那的古今地名对照问题，若仅以地名的相似程度来判定，是远远不够的。以工域哲那作为工布王邑的行政地位而言，其建制应兼具政治、军事与宗教祭祀三种功能。能够满足王宫和神殿建筑、军事防御、辅助设施和属民居住区域等各项功能所需的地理范围，远非现今的哲那自然村所能涵盖。该村落周边地区的著名历史文化遗迹，都值得我们综合考量。

位于拉日江妥神山脚下，距哲那村上游约 3 公里处的米域吉庭（mi-yul-skyi-vthing），迄今仍保留着藏王墓遗址，当地广泛流传着止贡赞普的尸身（或衣冠冢）葬于此地的民间传说。另据《雅隆尊者教法史》载，止贡赞普的尸身并未葬于工布，当地仅修建了一座陵墓。②《弟吴宗教源流》也记载茹勒杰将止贡赞普的遗骸运至工布塞姆普鞭打百下，亲自带领九族民众准备按照传统建台安葬，但是因为超度仪轨失败，后将止贡赞普遗骸迎请至阿玛塘，安葬在名为章姆章琼的岩石之中。③ 上述史籍所记止贡赞普陵墓的多个地点并不矛盾。夏吾卡先指出，鉴于吐蕃早期藏地曾经流行先焚尸、后拾骨、再埋葬的丧葬习俗，止贡赞普陵墓有迁葬的可能性。④ 除了迁陵之说，也不排除米域吉庭的止贡赞普墓或为衣冠冢。

米域吉庭下游约 2 公里处为立定自然村（立定行政村驻地），其藏文名称“klu-steng”意为“鲁王宫殿”，该藏文名称发音为“鲁定”，今普遍被译为“立定”，是受工布方言的特殊发音影响。另外，带有苯教鲁神崇拜色彩的地名、神名、人名，经常见载于古藏文文献，但是学界普遍将其翻译为“龙”“龙王”，这是藏汉文化差异导致的误译。苯教的鲁神是对所有栖息在海洋、湖泊、河流、泉水、沼泽、森林、神山中有超自然能力的生灵的总称，其含义远远超出汉文化对“龙”所界定的概念范围。⑤ 该村因坐落在鲁（龙）王米衮嘎波的栖息地的传说而得名。⑥ 立定村旁侧的那乌德塘圣迹是一处广阔的水沼地。那乌德塘的具体位置在林芝当地存在两种争议：位于立定村旁侧，或位于布久乡则拉岗村附近，本文支持前说。2018 年 11 月，第二次青藏高原藏东南人类

---

① 阿贵：《“林芝”词源及尼洋河流域的古代吐蕃小邦考》，《西北民族大学学报（哲学社会科学版）》2012 年第 5 期。

② 参见（明）释迦仁钦德《雅隆尊者教法史》，汤池安译，西藏人民出版社 2002 年版，第 26 页。

③ 参见（宋）弟吴贤者《弟吴宗教源流》（藏文版），第 234 页。

④ 参见夏吾卡先《吐蕃早期王陵的历史传说研究》，《青藏高原论坛》2014 年第 2 期。

⑤ 参见刘洁《工布苯日神山崇拜研究》，青海民族出版社 2018 年版，第 54 页。

⑥ 参见普布多吉主编《林芝地名历史文化释义》，人民出版社 2018 年版，第 14 页。

活动遗迹及生存环境综合科学考察队在立定村新发现了新石器时代的人类活动遗迹点。① 该考古发现与1975年中国科学院青藏高原综合科学考察队在林芝县林芝村发现的新石器时期林芝人文化遗址②一起，为研究中国藏东南的早期人类活动史、藏族族源本土说，提供了丰富的科学依据。

立定自然村沿江下游近1公里处即为哲那自然村。哲那下游1公里处是娘俄村（nyang-ngo）。工布民间把立定、扎那（哲那）、娘欧（娘俄）三村合称为娘布（娘波）渡口。③ 娘俄村下游2公里处是雅鲁藏布江与尼洋河交汇最宽阔的水域，被当地人认为是古代娘波与工布的传统分界线。该分界线距离上游的米域吉庭藏王墓遗址约6公里，距下游的玉容增村④3公里。当地流传的止贡赞普遗骸在此地被茹勒杰从鲁（龙）王处赎回的民间传说，与敦煌吐蕃历史文书⑤、《工布苯日神山志》（18b）所载大体相同。

综合上述田野考察发现的线索，不难推测，古时立定、哲那、娘俄、玉容增四处村庄和米域吉庭、那乌德塘两处文化遗迹，很可能均属工域哲那王邑的地理范围之内。这几处村庄和历史文化遗迹沿雅鲁藏布江和尼洋河交汇的水域南岸自上游至下游依次分布，各自相距仅1—2公里，整体长度约9公里，可被视为工布王邑的各类职能分区。首先，哲那村名称虽与“工域哲那”最为相近，但目前该村并无著名的历史文化遗迹可查，单凭地名拼写的相似程度，尚不足以证明这里就是工布王邑唯一的核心区域。另从地理位置来看，该村地处娘波与工布水域分界线上游3公里，这表明它曾有过属于娘波辖界的历史。其次，米域吉庭的主要功能为墓地和天葬场，这也排除了其为工布王邑核心区域的可能性。再次，尽管《工布苯日神山志》（10b）记载立定村旁侧的那乌德塘位于工杰噶波王宫殿的右方，但该圣迹的地理位置尚存地处原林芝县布久乡则拉岗村的异议，故暂时还不能作为完全充分的证据。立定村新发现的新石器时代人类活动遗迹点值得我们持续关注。最后，虽然学界尚未将玉容增村与工域哲那直接联系，但就成书于明代早期的《工布苯日神山圣地功德概说》将其记为“g. Yung-drung-vdzin”而言，⑥ 该地名被冠以苯教标志性符号“雍仲”（今音译为“玉容”），以及该村现存记录吐蕃赞普诏书的工布第穆摩崖刻石遗址，共同凸显出其兼具行政和宗教两大职能的重要性。

---

① 参见《西藏藏东南新发现人类早期活动遗迹》，中国新闻网2018年11月29日（网址：http：//www. chinanews. com/cul/2018/11－29/8688667. shtml），访问日期2020年10月1日。

② 关于新石器时期林芝人文化遗址的考古研究成果，可参考林一璞、陈万勇、张森水《林芝人及其文化遗物》，《西藏古生物》第1分册，科学出版社1980年版；王垣杰《西藏林芝地区的古人类骨骸和墓葬》，《西藏研究》1983年第2期；夏格旺堆、李林辉《西藏林芝地区林芝村古墓调查简报》，《西藏大学学报（社会科学版）》2006年第2期。

③ 参见普布多吉主编《林芝地名历史文化释义》，人民出版社2018年版，第14页。

④ 玉容增村的藏文名称有“g. Yu-rung-vdzin”和“g. Yung-drung-vdzin”两种写法，前者为现代地名，后者为藏文古籍所载历史地名。参见西藏自治区藏语文工作委员会办公室等《汉藏对照新词术语词典》，西藏人民出版社2012年版，第228页；林芝县志编纂委员会编《林芝县志》，第1176页；（明）罗丹宁布《工布苯日神山圣地功德概说》，第1199页。

⑤ P. T. 1287《赞普传记》载：“（止贡赞普尸筐）抛于藏布大江之中央，流至江河尾端赛仓地方，进入俄得白得仁摩龙王之腹中。”参见王尧、陈践译注《敦煌古藏文文献探索集》（汉藏版），第24、101页。

⑥ 参见（明）罗丹宁布《工布苯日神山圣地功德概说》，第1199页。

需要补充的是，除了前述娘波与工布的水域分界线，另以雅鲁藏布江与尼洋河交汇处的起点为界,[①] 古代工布的地理范围还有上、下工布之分。自今布久乡嘎玛村向西至今米林县卧龙镇甲格村，为上工布；自东北至雅鲁藏布江大拐弯处的米林县派镇加拉村，为下工布。[②] 本文所述米域吉庭、立定、那乌德塘、哲那、娘俄、玉容增均属下工布地域范围。鉴于西藏早期小邦之间相互征伐兼并的历史，西藏林芝地区流传至今的娘波与工布、上工布与下工布的两条分界线，分别代表了不同历史时期的娘波和工布的地理界线，其间重合交叉之处并不矛盾，这也印证了吐蕃早期的娘、工、塔三小邦逐步发展演变为元明清时期的工布四宗的区域沿革历史。另外，夏吾卡先所撰《西藏米林丹娘朗嘎吐蕃碑考古调查》[③] 对位于林芝市米林县丹娘乡朗嘎村南部夏拉山上的吐蕃朗嘎石碑进行全文释录，认为工布第穆摩崖刻石应是继朗嘎碑之后的修订版，这表明位于今米林县境内的朗嘎石碑也是考证工杰噶波王家族历史的重要史料。

结　语

史、地、人、文四要素是西藏历史地理研究的基础。姚兆麟曾指出：“（工布一名）这个泛化过程既有政治历史的原因，也有文化的原因。”[④] 藏东南工布历史地名蕴含了丰富的历史与宗教文化信息，具有广阔的研究空间，其内涵和外延亟待学界长期关注与挖掘。以工布王邑工域哲那为例的西藏历史地名研究工作，不仅仅是整理归纳古藏文文献所记地名的各种释义和拼写方式，还要结合实地田野考察和考古成果，努力探寻历史地名与著名历史人物和事件、区域沿革、民族史、宗教史、宗教文化、地域文化的相互联系与双向影响。同时，为了避免研究碎片化，将西藏纳入多民族国家中国疆域的整体历史，重新认识吐蕃及其之前西藏地方诸多政权和族群在中国多民族国家疆域构建过程中发挥过的重要作用,[⑤] 是西藏历史地理研究遵循的基础理论导向。藏东南小邦与象雄、吐蕃王朝的关系史，元明清时期工布四宗的区域沿革史，历代中央政府治理西藏的有效措施和经验总结，都是我们在研究过程中需要综合思考、整体看待的问题。

（原载《中国边疆史地研究》2020 年第 4 期）

① 雅鲁藏布江与尼洋河交汇的起点位于今西藏林芝市巴宜区（原林芝县）布久乡嘎玛村附近。2005 年 7 月，林芝县将 104 个村撤并为 74 个村，其中，嘎玛村与则拉岗村合并为则拉岗（孜拉岗）村。参见林芝县志编纂委员会编《林芝县志》，第 153 页。

② 参见姚兆麟《工布及工布文化考述》，《民族研究》1998 年第 3 期。

③ 夏吾卡先：《西藏米林丹娘朗嘎吐蕃碑考古调查》，《文物》2018 年第 10 期。

④ 姚兆麟：《工布及工布文化考述》，《民族研究》1998 年第 3 期。

⑤ 参见李大龙《如何诠释边疆——从僮仆都尉和西域都护说起》，《西南民族大学学报（人文社会科学版）》2020 年第 7 期。

清前期“边缺”与边疆治理述论*

张轲风　戴龙辉**

施坚雅发现，清代除了以“冲繁疲难”为标准划分的地方州县等级和官缺等级之外，尚有占职官总数11%的170个职守，“划定的重要性等级都高于标记所表明的等级，似乎每一个这样的职守标记，都包含一个未指明或者无形的汉字，正是这个字提高了它的重要性级别”，并进而指出：“除少数例外以外，职守标记中含有‘秘密’成分的城市，都靠近战略要隘、易受外族侵袭的山区、横穿地区边境的通道、面向海港或主要内陆航道的海岛或河流、主要河流旁边的战略要地和通向高级治所的公路。”① 这种迥异于普通岗位等级的秘密“标记”，长期以来未得到充分揭示。直到刘铮云指出施坚雅所谓秘密的“职守标记”，应该主要是指海疆缺、烟瘴缺、苗疆缺等特殊官缺。②

清代官缺制度是官员、岗位（官缺）、地域紧密结合，以实现行政管理资源有效配置的一项人事管理和官员选任制度。清朝订定的此类特殊官缺，主要有台湾缺、沿海缺、烟瘴缺、沿边缺、极边缺、苗疆缺、夷疆缺等多种名目，分布于沿边、沿海及民族省份，因此也统称为“边缺”。张振国将官缺类型大致概括出4大类9支类55小类，将与边疆民族地区相关的特殊官缺分为边疆缺、苗疆缺、夷疆缺、棚民缺、烟瘴缺、沿海缺6类，又将其中的“边疆缺”分为沿边缺、边远缺和极边缺3种。张振国关于“边疆缺”的这一定名，显然是以狭义的“沿边”特征为标准的。③ 在乾隆朝以前的官方文书中，以上特殊缺常被概称为“边省要缺”，“边缺”之名甚少见。但乾隆朝以后，“边缺”一词作为频繁使用且较为稳定的行政术语，已发展为以上特殊官缺的总称。例如，乾隆二十五年（1760）上谕中多次出现以下表述，“向来各省边缺人员，定有三年俸满即升之例”“通查边缺内，有地非烟瘴，宜令久任者”“台湾府属均系边缺”“粤东原定边缺，均系烟瘴”。④

学界关于清代地方行政管理制度的研究成果非常丰富，部分研究也注意到边疆官员

---

* 本文系2019年国家社会科学基金项目“清代‘边缺’制度与边疆民族地区深化治理研究”（19BZS129）的阶段性成果。

** 张轲风，云南大学历史与档案学院历史系教授、博士生导师；戴龙辉，云南大学历史与档案学院历史系博士研究生。

① ［美］施坚雅：《城市与地方体系层级》，载施坚雅主编《中华帝国晚期的城市》，叶光庭等译、陈桥驿校，中华书局2000年版，第372、374页。

② 参见刘铮云《“冲、繁、疲、难”：清代道、府、厅、州、县等级初探》，载氏著《档案中的历史：清代政治与社会》，北京师范大学出版社2017年版，第22页。

③ 参见张振国《清代文官选任制度研究》，博士学位论文，南开大学，2010年，第42—48页。

④ 《清高宗实录》卷609，乾隆二十五年三月壬戌。

选任机制的重要性，其中以张振国的系列研究最具代表性。① 但他侧重于官员选任制度的梳理，并未充分反映“边缺”创设的历史动因及其在清代边疆治理中发挥的作用。本文从清代“边缺”产生的历史动因、订定过程、制度设计及其治边影响层面展开探究，尝试揭示出清代边疆官员选任机制中的这一重要创新及更深层的治边用意。

一 清前期边疆经略进程中的“缺官”问题

清前期在推行边疆与内地行政管理一体化的大方向之下，派驻官员成为清王朝控制海陆边疆、稳定边疆政治秩序的关键步骤。顺治元年（1644），即下谕：“其地方紧要员缺，吏部速与铨补。”② 清朝中央政府以任命流官的方式，最终确立新政权对“新辟之地”的实际掌控。

在此过程中，清朝面临的现实情势仍很严峻。顺治十五年（1658），洪承畴平定云贵后指出，云南“处地太远，人材仕进万分艰难”。而贵州也面临着“一时无官，急不能待”的相似窘境：“贵州险远，凡内地官员、乡科、贡监投用皆无其人，即三考吏员亦不能得职，军前晋用官员业已无几。”③ 其时，云贵作为清朝的新辟边地，已成为“遐荒用人最难之时地”，实际情形又需要重建政区并大量派官置吏，这必然导致该地存在相当大的岗位缺口。类似情形在湖广、两粤同样存在。“缺官”问题对清朝边疆行政管理造成了巨大困难。

与之同时，清朝还面临着另一个困局，这就是边疆民族地区地理环境、民族情形的复杂性和特殊性。正如王永吉所言，边疆地区“水路阻长，山岚险恶，难免盗贼风波之虞，兼有寒暑瘴疠之疾，中途淹留，或以染病捐躯，或以违限革职”④。边疆民族地区往往距离政治中心遥远，地理环境和气候条件向称“恶劣”，多民族聚居导致社会情况复杂，内地官员多视赴边为“畏途”，不愿赴边任职，这已是当时普遍的心理。以云南为例，明清内地话语下的云南社会，仍被描述为遐荒万里、蛊瘴丛生、妖异野蛮、叛服不常的“恐惧景观”，前往云南被涂抹上了一层“生离不肯向云南”的悲壮色彩。⑤

为缓解边疆“缺官”压力，顺治六年（1649）至康熙二年（1663），清廷推出鼓励

---

① 参见张振国《清代文官选任制度研究》（博士学位论文，南开大学，2010 年）、《清代海疆缺考论》（《史学月刊》2015 年第 9 期）、《论清代“苗疆缺”的演变——以贵州省所属文官为中心》（《清史研究》2017 年第 2 期）、《“肥缺”与“瘠缺”——清末广西官缺肥瘠分布及与繁简等级、选任制度之关系》（载中国社会科学院历史研究所清史研究室编《清史论丛》2015 年第 1 辑）、《从优升到久任：清代边疆缺之演变——以云贵二省文官历俸为中心的探讨》（《中国边疆史地研究》2019 年第 2 期），此外尚有张中奎《清代“苗疆缺”官制研究》，《求索》2012 年第 8 期；王丽《清道光朝苦缺制度探微》，《历史教学问题》2013 年第 5 期；苍铭《清前期烟瘴对广西土司区汉官选派的影响》，《中国边疆史地研究》2015 年第 3 期。

② 《清世祖实录》卷 6，顺治元年七月戊申。

③ 《五省经略洪承畴揭陈云南设官补用之法》（顺治十五年十月二十六日），载张伟仁主编《明清档案》A33 – 28，B18501，台北：联经出版事业公司 1986 年版。

④ 《大学士管吏部王永吉揭陈边远有司应就近推升并议边俸之例》（顺治十三年四月），载张伟仁主编《明清档案》A26 – 133，B14910。

⑤ 参见张轲风《异样的目光：明清小说中的云南镜像》，《明清小说研究》2012 年第 4 期。

官员供职边地的多条“愿任边疆”例，对愿往官员适当简化手续，减低任职条件。例如，顺治十六年（1659）议准：“云贵地方初辟，在京候选通判、知县、佐贰等官，有愿任边疆者，不拘咨次，投供到部，给文赴经略军前，遇缺拟补。”① 这实际上是同意洪承畴所请，将官员发往军前，再调拨地方，由巡抚题请补授，不再经吏部铨选。② 此外，顺治十三年（1656），王永吉奏请四川、陕西、广东等边省路途遥远，烟瘴深重，倘若由吏部铨选则“艰苦废事”，建议就近从邻省推升。③ 但上述举措均是应对清初战时状态下的权宜之策，未能实际缓解边疆“缺官”局面。随着清朝对边疆民族地区治理的深化，行政管理成本增加，新问题层出不穷，仅仅依靠上述政策并不能满足增派官员赴边的巨大需求。

综上所述，一方面清前期随着平定南明势力，产生了大片“新辟之地”，需要增派大量官员入边实施行政管辖权。另一方面，边疆民族地区距离遥远、环境险阻，且多民族杂处集聚，素称难治之地。造成战时无官可派，稍事稳定后官员视赴边为“畏途”的局面，因此围绕“增派官员”和“畏难赴边”形成了复杂难解的供需矛盾。这一行政管理上的供需矛盾日益加剧，引发了清廷对边疆民族地区官员选任的重新思考：如何派官，派什么样的官，在艰苦的边疆民族环境之下如何恩恤、激励官员。清政府对官员的甄选和任用均须细致考量。由此，如何创建一套灵活特殊的官员选任机制，以适应和满足有效治理云贵、广西、台湾等边疆民族地区的行政要求，成为清政府重点关注并亟待解决的问题。

二　清前期治边新形势下的“边缺”订定

在官员供需矛盾的刺激下，清政府以平定“三藩”、收复台湾为契机，依据边疆民族地区复杂各异的地理、社会情形，先后订定了台湾缺、烟瘴缺、沿海缺、沿边缺、极边缺、苗疆缺、夷疆缺等多种“边缺”，名目虽多，但据其实质又可概括为海疆缺、苗疆缺、沿边缺、烟瘴缺 4 种类型。此后，随着各类“边缺”日益规范化和具体化，最终形成一套灵活有效、适应边地情形的官员选任制度。

（一）海疆缺之订定：从“台湾例”到沿海缺

海疆缺包括台湾缺和沿海缺两种形式。④ 康熙二十二年（1683）底收复台湾，清廷内部就台湾弃留问题展开讨论，部分官员认为台湾孤悬海外，不易管理，应弃守台湾

---

① 康熙朝《大清会典》卷 8《吏部六・汉缺选法》，文海出版社 1992 年版，第 304 页。

② 参见《五省经略洪承畴揭陈云南设官补用之法》（顺治十五年十月二十六日），载张伟仁主编《明清档案》A33－28，B18501－B18504。

③ 参见《大学士管吏部王永吉揭陈边远有司应就近推升并议边俸之例》（顺治十三年四月），载张伟仁主编《明清档案》A26－133，B14910。

④ 清代文献中并未将“台湾缺”称作“海疆缺”。清代的海疆缺、沿海缺名目多有混用，主要是指清代沿海地区部分职官的特殊缺分。但笔者认为，正如李国强《海岛与中国海疆史的研究》（《云南师范大学学报（哲学社会科学版）》2010 年第 3 期）一文指出的：从自然地理范畴而言，中国海疆史研究至少包含海岸线、海岛、海域三个要素。换言之，包括海岛在内的我国主权海域与沿海领土都可以视为“海疆”。台湾岛作为海疆的重要组成部分，可将台湾缺视为海疆缺的一种形式。

岛。施琅则指出，台湾虽属岛屿，但系江、浙、闽、粤四省之要害。一旦弃守，流民“土番”必然啸聚难制；更有甚者，荷兰外敌“必乘隙以图”，“此乃种祸后来，沿海诸省断难晏然无虑”，“弃之必酿成大祸，留之诚永固边圉”，故而奏请派官镇守台湾，“其防守总兵、副、参、游等官，定以三年或二年转升内地，无致久任，永为成例”。[①] 由是清廷采纳施琅之议，确立了台湾官员三年俸满转升内地之例。[②] 三年俸升内地的安排，一则体恤官员孤岛任职之艰苦，加速其升迁；再则防止官员久任孤岛，培植亲信，成离心之势。这一特殊模式，在清代官方文书中多被称为“台湾例”，这既是清代海疆缺订定之雏形，也是清代“边缺”应势而生的制度源头。至康熙二十七年（1688）覆准：“台湾文职缺出，照广西南宁等四府例，将本省现任官员，拣选保题调补。”[③] 至此，在“三年俸升”基础上补充了“督抚题补”方式，台湾官员选任的制度体系趋于完善，标志着台湾缺被正式确立下来。

台湾问题解决后，清王朝治理海疆的重心逐渐向沿海地区倾斜。康熙五十一年（1712），福建巡抚满保奏称，沿海环境特殊，民情复杂，海贼泛滥，“地险山多，贱民胆大好事”，应选得力之员任职。尤其是诏安等十六沿海州县官“甚为要紧，诚非平庸初任者所能胜任”，应“简选各省荐举者调补”。[④] 康熙皇帝遂下旨，“务将闽属十六州县员缺，即行补授发往”[⑤]。根据张振国研究，康熙五十三年（1714），吏部行文广东、山东二省，令将所属沿海州县共计 51 缺均报呈吏部注册，照福建例，将卓异人员开列补授。[⑥] 这种采取“开列补授”方式的官缺均展布于沿海战略要区，可视为沿海缺订立前的过渡形式。

雍正元年（1723），刑部右侍郎高其佩上疏，重申沿海州县盗匪猖獗，海疆以得人为要，广东、福建、浙江、江南（江苏）、山东等省督抚，应仿滇桂烟瘴缺调补之例，将“海滨实有关系之州县”详酌定缺，由地方督抚拣选“才识足以胜任之员”保题调补。[⑦] 依此意见，清廷遂定上述五省沿海州县：“调补之员于三年内，果能弥盗安民，实有益于地方，该督抚据实保题，以伊应升之缺即用。”[⑧] 在确立督抚题补制度的同时，还确立了三年即升之例，标志着沿海缺的正式订定。至雍正二年（1724），沿海各省共计 107 州县官缺划为沿海缺，其中福建 23 州县、江南 17 州县、浙江 16 县、广东 38 州县、山东 13 州县。[⑨]

台湾缺是在清朝收复台湾后为解决官员驻守海岛的治理难题而产生的，为清朝持续

---

① （清）施琅撰：《靖海纪事》卷下《恭陈台湾弃留疏》，王铎全校注，福建人民出版社 1983 年版，第 120—123 页。

② 参见《清圣祖实录》卷 114，康熙二十三年正月丁亥。

③ 雍正朝《大清会典》卷 14《吏部十二》，文海出版社 1994 年版，第 639 页。

④ 《福建巡抚满保奏陈沿海人出海抢劫并请补授水师提督等员缺折》（康熙五十一年九月十八日），载中国第一历史档案馆编《康熙朝满文朱批奏折全译》，中国社会科学出版社 1996 年版，第 822 页。

⑤ 《清圣祖实录》卷 253，康熙五十二年二月癸酉。

⑥ 参见张振国《清代海疆缺考论》，《史学月刊》2015 年第 9 期。

⑦ 参见《刑部右侍郎高其佩奏陈海疆务在得人折》（雍正元年九月十六日），载张书才主编《雍正朝汉文朱批奏折汇编》第 1 册，江苏古籍出版社 1991 年版，第 954 页。

⑧ 雍正朝《大清会典》卷 14《吏部十二》，第 644 页。

⑨ 参见雍正朝《大清会典》卷 14《吏部十二》，第 644—648 页。

有效治理台湾提供了保障。沿海缺的大量增设，则与海禁政策背景下的海寇猖獗有莫大关系。沿海地区的治理，旨在加强海禁，防止走私，因此清朝特别重视该地官员的选任。

（二）照“台湾例”创定烟瘴缺

康熙二十五年（1686），广西按察使黄性震疏称：“粤西南宁、太平、庆远、思恩四府，土司杂处，瘴疠薰蒸，官斯土者，病亡接踵。请敕该督抚，就近选择熟悉风土廉能官员，如三年内果称厥职，照台湾例即加优升，以示鼓励。”① 经吏部覆准，嗣后广西四府所属通判、知县以上正印官，不再归吏部铨选，而由督抚就近拣选“熟悉风土”的官员保题调补，三年俸满后“照台湾例”即行升用。② 这一调整标志着烟瘴缺的正式确立。康熙三十七年（1698），经云南巡抚石文晟奏请，云南元江、开化、广南、广西四府员缺，俱照“粤西南宁等四府保题之例”，由督抚保题调补，同时照台湾例三年俸满即升。③

上述滇桂八府是烟瘴重区，内地赴任官员多因水土不服而“病亡接踵”。清代南方边疆地区派官最困难的恐怕就是向瘴区派官，因此瘴区官员的供需矛盾也显得更为突出。烟瘴缺订定之目的是体恤官员身处烟瘴“恶地”之疾苦，通过缩短历俸年限，避免官员瘴故风险，并以“三年即升”的优厚条件鼓励官员赴任。与此同时，就近拣选“熟悉风土”官员，亦希望发挥其“能耐烟瘴”之优势，以此达到瘴区官员选任的“人地相宜”效果。

还需指出的是，康熙朝最初设定的烟瘴缺一般是指瘴区内所有正杂文武官缺，“瘴区”与“瘴缺”高度吻合。至雍正四年（1726），清廷注意到各省“边缺”所在地的小环境，进一步细化、规范和重订烟瘴缺。④ 这使得康熙朝因“瘴区”而定“瘴缺”的两者统一关系，逐渐演变为以官缺所在地小环境为中心的烟瘴缺核定办法。烟瘴缺数目由此骤增，而且从此前的面状分布形态，转变为点状插花分布的特征。至雍正七年（1729），广西佐杂官确定的烟瘴缺共计 58 缺，其中地处土州的州同、州判、吏目等烟瘴缺达到 24 缺。⑤

这种由“面”到“点”的演变态势，极有可能与雍正年间改土归流关系密切。尤其随着雍正初年大规模改土归流的实施，清廷派驻大量佐杂官适时深入土司辖区，国家权力更加深入地渗透到土司地区进行监管。广西土司辖区不仅缩小，且被零散分割于州

① 《清圣祖实录》卷 125，康熙二十五年二月癸丑。

② 参见（清）李珍辑《定例全编》卷 4《吏部·文选司》，康熙五十四年（日本）京都荣锦堂刻本，第 58 页。

③ 参见《清圣祖实录》卷 188，康熙三十七年六月乙巳。

④ 参见（清）甘汝来撰《甘庄恪公全集》卷 5《酌通边缺调补升转疏》，《四库未收书辑刊》第 8 辑第 25 册，北京出版社 2000 年版，第 564—565 页；《清世宗实录》卷 48，雍正四年九月甲寅。

⑤ 参见《光绪朝大清会典事例》卷 67《吏部·汉员遴选》，《续修四库全书》第 799 册《史部·政书类》，第 169 页。

县流官体系之下。[①] 清廷向改流区和土司区大量派官的情形下，以带有激励和恩恤特征的烟瘴缺作为制度保障，使得边疆行政治理得以有效实施。

（三）从山陕例到沿边缺

沿边缺又有极边缺、边远缺等名目，可能源自山陕例。康熙三十六年（1697），上谕："陕西、山西二省文官缺出，著吏部奏闻，朕拣选好官调补。"[②] 此系"开列补授"方式，即将部分关系紧要的官缺呈报吏部注册，由吏部荐举开列卓异人员，最终由皇帝钦简调补。究其原因，康熙三十五年（1696），经过昭莫多之战，卫拉特蒙古准噶尔部噶尔丹势力基本平定。山、陕二省接邻准噶尔部原势力范围，其"沿边"特性鲜明，战略防御地位凸显，将山、陕文官缺提升为"开列补授"方式，应该是为了提升山、陕二省的边地控御能力。此后，这一选官模式形成了具有重要参考意义的山陕例，被频繁借鉴到边疆民族地区的选官体系之中。康熙四十一年（1702）规定：广西烟瘴缺若确实无人可调，可"照山陕之例开列，恭候皇上简用，俟三年俸满，照例升用"[③]。前文已述，康熙五十三年沿海州县也曾采用这一方式遣官补授。

西南边疆边防要地的地缘态势和战略地位，恰与康熙三十六年的山、陕二省相似。康熙三十七年（1698），云南巡抚石文晟奏称："鹤庆、顺宁、永昌三府，邻近蒙番，接连中甸，外逼乌斯藏之地，甚为紧要。必得壮年勤敏郡守，庶可捍御统摄，乞简选贤员补授。五年称职，亦即升擢。"[④] 遂定例：补入永北府，云南鹤庆、顺宁、永昌、永北四府之知府缺，"照山陕二省例奏闻，恭候简选补用"，实历五年俸满，称职者即加升用。[⑤] 康熙五十一年（1712），云南巡抚吴存礼又奏，"滇南一省远居天末，而鹤庆、顺宁、永昌、永北四府又在滇省之极边"，现有顺宁府知府李文渊呈请丁忧，因"顺宁系极边要郡，员缺甚属紧要，诚恐人地或未相宜"，题请蒙化府掌印同知赵世勋升补顺宁府知府。[⑥] 以上二疏强调云南四府的"极边"属性，前疏已定"五年俸满即升"之例，后疏可见顺宁府知府一职，已由前期的山陕例演变为"督抚题补"方式，此可视为沿边缺正式创立的重要标志。

有清一代，沿边缺之设遍及南北边防要地的正杂佐贰文武员缺。就南方而言，云南鹤庆、顺宁、永昌、永北四府之外，雍正二年（1724），据云贵总督高其倬奏疏议准：云南开化、广西二府因"烟瘴渐减，而地居极边"，故将烟瘴缺更定为极边缺，仍循督抚题补、五年俸满优升之例。只有在"无合例之员"的情形下，才会重启山陕例。[⑦] 据乾隆四十七年（1782）前后编定的《钦定吏部则例》，南方接邻藏区的四川打箭炉同

---

① 参见杨庭硕、李银艳《"土流并治"：土司制度推行中的常态》，《贵州民族研究》2012年第3期；崔继来《"改土归流"与清代广西土司地区行政隶属关系变动》，载彭勇主编《民族史研究》第13辑，中央民族大学出版社2017年版，第304—317页。

② 雍正朝《大清会典》卷11《吏部九》，第473页。

③ （清）李珍辑：《定例全编》卷4《吏部·文选司》，第59页。

④ 《清圣祖实录》卷188，康熙三十七年六月乙巳。

⑤ 参见雍正朝《大清会典》卷11《吏部九》，第473—474页。

⑥ 参见《云南巡抚吴存礼奏请擢用能员折》（康熙五十一年五月二十八日），载中国第一历史档案馆编《康熙朝汉文朱批奏折汇编》第4册，档案出版社1985年版，第200—202页。

⑦ 《清世宗实录》卷26，雍正二年十一月乙卯。

知、松潘同知、杂谷理番同知因“地处极边”，也被定为沿边缺。[①] 就北方而言，连接蒙古地方的直隶口外之承德府经历及三座塔、乌拉哈达、大阁儿巡检3缺，因“地方辽阔，旗民错处”，定为沿边缺；西北边防要区甚多，故而陕甘镇迪粮务兵备道、镇西府知府、安西直隶州知州、哈密通判、伊犁抚民同知等37缺俱定为边远缺。[②]

沿边缺的设立是以稳定边防为目的，其军事意义明显。需要说明的是，有些沿边缺所涉区域并非真正意义上的疆域边界，而是集中在内地府厅州县与藏、蒙等地的连接地带，加强对边地冲突区域的管控。

（四）苗疆缺之订定

清代“苗疆缺”主要分布在多民族集聚的贵州、湖南、云南等省，云南又有“夷疆缺”，名异实同。南方边疆民族地区的环境复杂，风俗特异，尤其是其“汉夷杂处”的地域特性一直困扰着清朝统治者。在清王朝重建边疆行政秩序的过程中，依靠吏部铨选的官员多来自内地，不谙风土，不解“夷情”，视当地民族为“蛮夷”，采取高压严苛的手段粗暴处理民族事务，从而激化民族矛盾。清朝统治者注意到了这一现象，康熙三十七年（1698），将云南东川土府改流为东川军民府，设立知府一员，“令该抚于现任官内，将熟练彝情贤能之员具题”[③]，开启了清朝在民族地区督抚题补文官的尝试。

至康熙三十八年（1699），因湘西茶陵州民变，康熙皇帝认识到“苗疆”选官的重要性，即确定湖广所属“苗民杂处地方”紧要之缺，改由督抚题补，不再归部铨选。康熙三十九年（1700）又覆准：贵州所属都匀、铜仁、威宁、黎平四府，独山、大定、平远、黔西四州，永从一县员缺，停止吏部铨选，由地方督抚于本省品级相当现任官员内，拣选熟悉风土、廉能之员保题调补。[④] 这一时期的调整，重视民族地区“苗民杂处”的地域要素，拣选官员则以“谙练苗务”、“熟悉苗情”为标准。然而，其时并未明确规定“俸满优升”之例。

雍正四年（1726）九月，雍正皇帝下令重新厘定各地“边缺”。以此为契机，至雍正六年（1728），最终以贵州为主体区域，核定大量“苗疆缺”，重新确立了督抚题补制度，并形成三年和五年俸满优升原则。对此，张振国已有研究[⑤]，本文不再赘述。不过，张振国认为康熙三十九年是“苗疆缺”正式出现的时期。笔者认为康熙朝针对云贵、湖广等地的官员选任调整，仅确立了督抚题补之例，并无“俸满优升”的设计，言其具备苗疆缺之雏形尚可，但不能认定为苗疆缺正式订定的标志。苗疆缺之正式订立，应当在雍正六年。

综上所述，清代海疆缺、烟瘴缺、沿边缺、苗疆缺四种“边缺”类型，是在清前期王朝力量不断深入边疆民族地区，谋求建立和完善边疆行政秩序的历史进程中应势而

① 参见《钦定吏部则例·汉官铨选》卷7《拣选》，载故宫博物院编《故宫珍本丛刊》第282册，海南出版社2000年版，第266页。

② 参见《钦定吏部则例·汉官铨选》卷7《拣选》，第257—259页。

③ 雍正朝《大清会典》卷11《吏部九》，第474页。

④ 参见雍正朝《大清会典》卷14《吏部十二》，第640—641页。

⑤ 参见张振国《论清代“苗疆缺”的演变——以贵州省所属文官为中心》，《清史研究》2017年第2期。

生的，缓解边疆派官的供需矛盾可能是其背后最大的驱动力。四种“边缺”所适用的边疆民族地区具有某种一致性和共通性，即区位之边远、地境之复杂、民族之杂处、风俗之特异。在共通性的基础上，又充分考虑了边疆民族地区的区位特性、烟瘴环境、民族构成、边防紧要等不同的地理、社会情形和治理需求。整体上看，“边缺”是清王朝为重建边疆行政秩序，通过调适官员选任方式，与边疆行政秩序的新形势、新需求相呼应，并援引先例而不断创设的。

三 清代“边缺”得以确立的制度架构

通过以上解析可知，清代“边缺”是在清前期国家政治力量不断深入边疆的过程中长期建设和完善而形成的。但有一个核心问题尚未解答：“边缺”具备什么样的核心制度架构。笔者认为，“督抚题补”和“俸满优升”构成了清代“边缺”最基本的制度架构，前者是一种官员甄选方式，后者则体现为一种官员任用机制。

（一）督抚题补

“督抚题补”是指督抚拣选属员内合例人员，题请吏部并调补地方各缺。① 清初道、府以下地方官员选任，一般采取吏部铨选形式，即由吏部掣签方式决定补授员缺。“掣签”就是抽签，每月掣选一次，这种方式也被称为“月选”或“部选”。部选方式避免了官员通过贿赂谋求肥缺之弊，但不考虑官缺地，往往导致“官不知地，地不择官”之盲目情形。相反，督抚熟悉地方情形和属员才能，给予督抚题补地方官员选任的人事权，正是“量地选才、因缺授官”的体现，从而达到人才、岗位（官缺）与地域的合理配置。

“督抚题补”选任办法源于清初军事活动。康熙二十五年（1686）之前，武职官员由总督、提督题补选任渐成定例，这是因为军事长官切实了解属员的才能优长，以题补形式保障其灵活独断的用人权，则能提升军队灵活机动性和战斗凝聚力。康熙初年战事渐少，针对各地驻守的武官选任开始规范化，例如康熙九年（1670），兵部题请并批复实施，嗣后副将以下、守备以上员缺，除非“实系近海、沿边、岩疆”，其余员缺则“不得概行题补”。② 次年，四川湖广总督蔡毓荣疏请“照沿边题补之例”，四川冲要各营将弁员缺由总督、提督题补。③ 这说明康熙初年由总督、提督题补武官的选任办法已限制在沿海、沿边要地员缺。

---

① 清代官方文献中描述督抚拣员补授的行政用语有题补、调补、保题调补、题调、题升、保题升调、升调兼行等。张振国将之分为三种类型：(1) 调补、保题调补是指地方督抚于品级相当之现任官员内拣选人才，出具保语，题请调补；(2) 题补、保题、题升是指于候补、候选官员或低品级现任官员内拣员题请补授或升任；(3) 题调、保题升调、升调兼行则指于低品级或同品级现任官员内拣员题升或调补，升调兼行。张振国将上述督抚题请拣选方式统称为“广义上的‘题补’”（参见张振国《清代文官选任制度研究》，博士学位论文，南开大学，2010 年，第 178 页）。笔者沿用这一表述，将之概括为“督抚题补”。

② 《清圣祖实录》卷 33，康熙九年四月壬辰。

③ 参见《清圣祖实录》卷 36，康熙十年七月丁巳。

除此之外，清初云贵初定之时，地方乏人，也出现了督抚题补地方文官的先例。顺治十五年（1658）以后，经五省经略洪承畴疏请，云贵地方可从随军官员中遴选并“题请实授”[①]。更有甚者，顺治康熙之际的平西王吴三桂跋扈西南，滥行题补各类官员，时人讥为“西选”，有“西选之官遍天下”之称。[②] 顺治十七年（1660），四川道监察御史杨素蕴奏劾吴三桂“西选”之举：“从未闻以别省不相干涉之处及见任京官，公然坐缺定衔，如该藩今日者也。”[③] 杨素蕴奏疏说明，即便是清初特殊时期，边疆大员题补地方官也是国之大忌，可能严重威胁到中央对地方官僚体系的控制。与之类似，康熙朝在平定三藩之乱过程中，也曾临时性地赋予地方督抚题补之权。[④] 可见，这一选官方式是缓解清前期边疆“缺官”的权宜之策，并未形成定制。尽管如此，“督抚题补”作为一种有效的治边经验，仍为嗣后“边缺”官员选任提供了制度范本。

康熙二十五年，广西烟瘴缺之订定，首次将“督抚题补”确立为瘴区官员选任的常例，形成了与“部选”并列的两种道府以下地方官的主要选任方式。此后，督抚题补制度自烟瘴缺先后移植、推广到台湾缺（1688）、苗疆缺（1699）、沿边缺（1712）、沿海缺（1723）。

康熙朝后期，由于这一选任方式赋予了地方督抚更大的用人权，各省督抚纷纷要求亦照边疆之例题补地方官，从而出现了泛化态势，滥题、滥调情形较为严重，不仅造成地方督抚权力膨胀，削弱王朝中枢对地方控制，而且也存在督抚徇私题补、吏治腐败等隐患。因此，康熙六十一年（1722），清廷规范了督抚题补的适用范围，除台湾及沿河、烟瘴、沿边等“边缺”外，其他地方员缺“概行停止”题补。[⑤] 这一规定不仅强化了河政和边疆治理的特殊地位，而且促成了“督抚题补”与“边缺”的高度统一，使之成为“边缺”得以确立的核心原则之一。

（二）俸满优升

“俸满优升”是清代“边缺”的另一项核心制度设计，指地方官员迁转不拘泥于辈分高低和资历深浅，根据官缺地的区域差异规定相对较短的历俸年限，待俸满之后，正印官由地方督抚提镇保题调补，佐杂、教职官员咨部注册，遇缺“即加优升”。清初承袭明制，布政使以下官员多由吏部拣选“推升”，推升原则一般是依据辈分高低、资历深浅、历俸长短，依次排序升迁。[⑥]“俸满优升”打破官员循例“推升”常规，缩短了官员的历俸年限，加速了官员升迁。这是针对边疆“恶地”而制定的官员任用激励机制和优惠政策。

清代俸满优升的任官办法，最早产生于康熙二十三年（1684）平定台湾后实行的

---

① 《五省经略洪承畴揭陈云南设官补用之法》（顺治十五年十月二十六日），载张伟仁主编《明清档案》A33－28，B18501。

② 参见刘凤云《清代三藩研究》，故宫出版社2012年版，第139—142页。

③ 《清世祖实录》卷142，顺治十七年十一月壬申。

④ 参见刘铮云《“冲、繁、疲、难”：清代道、府、厅、州、县等级初探》，载氏著《档案中的历史：清代政治与社会》，第9页。

⑤ 参见《清圣祖实录》卷297，康熙六十一年四月癸未。

⑥ 参见张振国《清代文官选任制度研究》，博士学位论文，南开大学，2010年，第85页。

“三年俸满即升”之例，这也是上文所云的“台湾例”最核心的制度内涵。康熙二十五年，广西烟瘴缺照“台湾例”，实历三年俸满后即行升用。嗣后，“台湾例”成为清廷边疆任官的重要成例而逐渐推广，并形成清代“边缺”的核心原则。

清代各类“边缺”的历俸年限不仅不一致，即便同一种官缺，历俸年限也时常在调整变化。例如，台湾起初地方官历俸三年即可升转。康熙六十年（1721），福建巡抚满保疏称：“道府厅县官员因苟且熬过三年即可升迁，并不为地方尽心竭力。此等之员届期三年，凡居官好者晋升加级，留任三年再为奏用；居官平常者停止晋升，仍调转内地知府以用；居官恶劣者即行参革。”[①] 由此大致将台湾地方官员的升转年限由三年改为六年。至雍正六年（1728），福建总督高其倬疏称：“臣三年以来细察台湾各员情形，正任前后报满，既已历任六年，而调任之时，渡海而往，即须数月，任满候有缺挨升，又或一年、二年，既升之后，交盘渡海，又得半年，总计其前后日期大约俱得九年、十年方能升用。”因赴台文官的实际任职年限过长，遂更定为“俱以四年为满”。[②] 雍正十年（1732），福建总督郝玉麟又称：台湾武职将弁俱三年报满，应将文武官员“年限画一”，“台地文员自必益加鼓励，出力报效，于海疆似有禅益。”[③] 台湾文官的历俸年限又恢复为初设时的三年。

烟瘴缺的历俸年限调整也很频繁，康熙二十五年（1686）订定之初为三年俸满即升，雍正元年（1723）一度改为五年，与广西部选官员一致。广西总督孔毓珣认为“较俸升转迟速不均”，经吏部议覆又改为三年，与部选五年相区别。[④] 根据雍正四年（1726）前后广西巡抚甘汝来的奏疏，雍正二年七月，又变更为五年即升之例。甘汝来认为，烟瘴缺正印官虽处瘴乡，但“尚有俸银火耗足以养廉”，而烟瘴缺杂职官“俸银无几，衣食不周”，“身莅烟瘴恶地，又复饥寒交迫，无以自存，故三年之内死者过半，若迟之五年，则人人自危矣”。故奏请准允佐杂官“仍照三年即升之例”，州县以上正印官“仍照五年报满题升”。[⑤] 除甘汝来考虑到的待遇问题之外，如何区别吏部月选缺和督抚题补缺的历俸年限问题也很棘手。正如孔毓珣所言，题补和部选官员若均为五年俸满，“较俸升转迟速不均”，这违背了“边俸较腹俸之升为最速”的政策初衷，实际上也违背了“人地相宜”的宗旨。正由于此，广西巡抚甘汝来奏疏终获批准，广西正印官、佐杂官的历俸年限形成三年和五年之分别。

雍正初年正处于“边缺”订立和制度调适的摇摆期，关于历俸年限多有调整，雍正四年以后才逐渐稳定下来。此后的大致情形是：台湾缺确定为三年；烟瘴缺有三年、五年之别；沿海缺、沿边缺多为五年；苗疆缺则实行六年或八年的久任制。多种年限规

---

① 《闽浙总督满保奏请台湾知府任满改调内地折》（雍正二年七月二十四日），载中国第一历史档案馆译编《雍正朝满文朱批奏折全译》，黄山书社1998年版，第870页。

② 《福建总督高其倬密陈台湾文员历俸太久转生懈怠情形事》（雍正六年十一月二十二日），《朱批谕旨》第46册，光绪十三年上海点石斋刊本，第52页。

③ 《署福建总督郝玉麟酌议台地文员之年限以示鼓励以昭画一事》（雍正十年九月十八日），《朱批谕旨》第55册，第78页。

④ 参见《清朝文献通考》卷60《选举考·考课》，《景印文渊阁四库全书》第633册，第475页。

⑤ （清）甘汝来撰：《甘庄恪公全集》卷5《酌通边缺调补升转疏》，第564—565页；另参见《甘庄恪公全集》卷16《宦迹纪略》，第678页。

定交错并存的局面，是清王朝根据各地实际情况与治理需求不断探索而确立下来的，其实质是缩短官员任期并加速升迁的优待政策与满足边疆长治久安的官员“久任”需求两者矛盾不断平衡与调适的结果。正如，身处烟瘴之区的官员，多有瘴故者，故体恤其劳苦，大体以较短的三年为主；而“夷多汉少”的民族地区，则需要熟悉“夷情”的官员长期留驻，更强调“久任”，故而定为六年、八年之例。

还需指出的是，清代“边缺”之订定是一个动态调整的历史过程。笔者认为，能够反映“边缺”得以正式订定的标志，应该是在边疆官员选任体系中“督抚题补”选官方式和“俸满优升”任官办法的共同运用，二者缺一不可。从这一角度来看，康熙二十五年，广西烟瘴缺之订定，明确体现出以上两大核心原则在瘴区选官中的共同运用，应该确定为清代“边缺”正式订定的起始点。

四 “边缺”之订定与清代边疆治理实效

以往针对清代官缺制度的研究，由于缺乏对“边缺”的重点关注，往往侧重于官员选任的制度性梳理和权力模式的考量，从而不可避免地将问题指向了以皇帝、吏部为代表的中央权力与以地方督抚为代表的地方权力之间的关系演变。[①] 倘若着眼于“边缺”进行专题解析，即可发现：清代以“边缺”为代表的边疆官员选任，不仅是权力分配关系的反映，相较于清以前历朝边疆行政管理体制来看，还主要体现出“朝廷所以体远臣、重边疆”[②] 的中心用意。

（一）体远臣：“边缺”缓解了清前期边疆“缺官”问题

“边缺”蕴含了清廷对边疆官员“体恤之中兼寓鼓舞之意”。[③] 雍正七年（1729）上谕指出“凡远省烟瘴之地及沿边、沿海之区，因其险阻荒凉，或民情难治”，因此遇有缺出，应由督抚拣选属员保题调补，三年或五年俸满即加优升。其用意乃是“恤其苦而赏其劳，加恩于常格之外也”。[④] “边缺”通过打破“论俸推升”常规，缩短任职和升迁的年限、提供优厚待遇以保障“边缺”官员之权益，以激励制度和优惠政策引导和鼓励官员赴边任职，安心施政，进而实现对边疆地区持续有效的治理目的。

雍正朝以来，“边缺”数目不断增加。以广西为例，烟瘴缺订定之初只包括广西四府正印官十数缺。随着改土归流，清廷派驻大量流官深入土、流辖区，至雍正八年（1730），广西正印官之外的佐杂官烟瘴缺已达到58缺；至嘉庆六年（1801）前后，广

---

① 参见张振国《清代文官选任制度研究》，博士学位论文，南开大学，2010年，第197页；张振国：《清代前期文官选任制度之演变》，《史学集刊》2009年第2期；刘铮云：《“冲、繁、疲、难”：清代道、府、厅、州、县等级初探》，载氏著《档案中的历史：清代政治与社会》，第3—34页；刘铮云：《皇权为中心的权力竞逐：以清雍正十二年官缺更定为例》，载氏著《档案中的历史：清代政治与社会》，第127—150页。

② （清）陈盛韶撰、刘卓英标点：《问俗录》卷6《海风》，书目文献出版社1983年版，第119页。

③ 《清高宗实录》卷609，乾隆二十五年三月壬戌。

④ 《清世宗实录》卷81，雍正七年五月庚申。

西烟瘴缺及新增苗疆缺总数达到 85 缺。①

张振国认为官缺之肥瘠与“边缺”（张氏将之称为“特殊缺”）存在密切关系，“肥缺多是一般缺，瘠缺则多为特殊缺”。他通过统计分析清末广西官缺得出：“如若从上、中、下三等来看，以上特点更为明显。上等 37 缺中，特殊缺 8 缺，仅占 21.6%；中等缺 17 缺，特殊缺 4 缺，占 23.5%，略高于前者，但也不足 1/4；下等 32 缺，特殊缺 17 缺，高达 53.1%。随着官缺从肥到瘠转移，特殊缺所占比例越来越大。究其根源，实因特殊官缺或所处地方环境恶劣，收入贫寡，或管辖区域苗民杂处，事务繁多，不像一般缺那样清净、富庶，以致多为瘠缺、苦缺。”② 瘠缺、苦缺所处之地，官员畏难不愿赴任，而“边缺”以快速升迁的激励制度和恩抚优惠政策为保障，有效提升了“边缺”所在地的吸引力，一定程度上弥补了拓疆之后产生的岗位缺口，缓解了官员供需矛盾。甚至有官员视“边缺”为“美缺”，积极谋求，以此为升迁捷径。乾隆皇帝即指出，部分官员“视台湾缺分为利薮，不以冒险渡海为畏途，转以得调美缺为喜”③。

（二）重边疆：“边缺”保证了清代边疆治理的有效性

“督抚题补”选官方式所追求的基本目标是“人地相宜”，首先是量地定缺，然后再因缺选才。理论上讲，“边缺”需要“熟悉风土”的廉能之员方能治理，烟瘴缺还需附加“能耐烟瘴”的条件，苗疆缺则强调“熟悉夷情”。督抚久任地方，对地方情形和属员才品优劣了然于胸，由其根据实际情形拣选题补相宜的人才，可以有效避免“掣签”部选方式中“官不知地，地不择官”之盲目。

雍正六年（1728），广西布政使金鉷首先提出以“冲繁疲难”州县等级为基础衡定官缺等级的办法，并于雍正九年（1731）议准。④ 该办法同样是为了改变吏部铨选的盲目性以达到人地相宜而产生的，根据官缺所处州县的具体情况划定为四个标准，“地当孔道曰冲，政务纷纭曰繁，赋多逋欠曰疲，民刁俗悍、命盗案多曰难。冲、繁、疲、难四字兼全，曰最要缺；要与最要皆曰繁缺，中与简皆曰简缺”，并据此标准将地方官缺划定为最要缺、要缺、中缺、简缺四等。四字俱全为最要缺，兼三字曰要缺，两字曰中缺，一字曰简缺，四字俱无曰无字简缺。⑤ 但这只是一般情形，清代“边缺”则多例外。根据刘铮云提供的《乾隆二十九年各省知州知县同知通判职缺分布表》统计，全国各省“冲繁疲难”兼二字以下的最要缺共计 16 缺，其中四字俱无的最要缺有 7 缺，全部分布在云南（4 缺）和广西（3 缺）；兼二字最要缺 9 个，分布在湖南。兼二字以下要缺共计 97 缺，集中分布于以下 15 省：贵州（17 缺）、云南（16 缺）、广西（14 缺）、直隶（11 缺）、河南（8 缺）、甘肃（6 缺）、湖南（6 缺）、广东（5 缺）、江苏

---

① 参见（清）谢启昆修、（清）胡虔纂《广西通志（嘉庆朝）》卷 151《经政略一·铨选》，广西人民出版社 1988 年版，第 4313—4315 页。

② 张振国：《“肥缺”与“瘠缺”——清末广西官缺肥瘠分布及与繁简等级、选任制度之关系》，载中国社会科学院历史研究所清史研究室编《清史论丛》2015 年第 1 辑。

③ 《清高宗实录》卷 1283，乾隆五十二年六月庚申。

④ 参见张振国《论清代“冲繁疲难”制度之调整》，《安徽史学》2014 年第 3 期。

⑤ 参见（清）方大湜撰《平平言》卷 1《初任宜简僻缺》，《官箴书集成》第 7 册，黄山书社 1997 年版，第 603 页。

（5 缺）、江西（2 缺）、湖北（2 缺）、浙江（2 缺）、山东（1 缺）、福建（1 缺）、四川（1 缺）。①

尽管目前关于“边缺”与官缺等级之间的对应关系尚不明朗，但上述分布情形呈现出一些显著特征，即“冲繁疲难”兼二字以下的最要缺、要缺主要分布在边疆、沿海以及沿河省份。根据以上统计结果分析，其中“边缺”集中分布的广西、云南、贵州、广东、湖南、福建、浙江、江苏、山东9省，兼二字以下的最要缺、要缺有83缺，所占总数（113 缺）的比例高达73.5%。而烟瘴缺集中的广西、云南、广东三省，二字以下最要缺、要缺所占比例高达71%。这似乎也验证了刘铮云的估计，即多数“边缺”虽然仅兼二字以下甚而四字全无，但却贵为要缺或最要缺。② 这或许是因为，尽管其地域依据“冲繁疲难”四要素评级并不高，但作为边疆民族的控制要区，仍需特别保障其较高的官缺等级。这也正是施坚雅未能解析清楚的所谓秘密“职守标记”。

由此可见，边疆民族地区本就是朝廷行政管理的施政要区，而朝廷也相当重视这些地区的官员选任和人事安排。雍正九年（1731）议准官缺等级制度时，还特别强调沿海、苗疆、烟瘴等缺“无论四项或兼或全或专”，不受地方官缺等级和州县等级影响，仍照旧例由督抚遴选具题调补。③ 可见，督抚针对“边缺”的题补之权丝毫没有削弱，清王朝在边疆用人上仍充分尊重地方督抚的意见，注重边疆治理的灵活性和实效性。同时也可以看出，“边缺”既与“冲繁疲难”州县等级无太大关系，也相对独立于四等官缺体系（最要缺、要缺、中缺、简缺）之外，而是量地定缺，特别重视“边缺”所处地域的沿海、沿边、孤岛、烟瘴、多民族杂处等地理、社会特性。进而言之，这充分折射出边疆民族地区在清朝行政管理体系内的特殊地位和受重视程度，“边缺”是着眼于海疆海防建设、内地边防建设、瘴区长效控制、民族地区合理施政而制定的治边大计。

（三）“边缺”是边疆民族地区行政管理的“第三重手段”

如何在整体上认识清代“边缺”在边疆治理中所发挥的作用呢？这尚需联系历代王朝的治边实践展开评价。秦汉以来，历代王朝主要通过“政区设置”和“派官置吏”两种方式实施边疆行政管理。然而，这两种方式的施政效果并不完善，秦汉以来的历代王朝在边疆民族地区均设置有正式政区，然则王朝派出的流官由于遭遇到距离遥远、瘴疠丛生、“蛮夷犷悍”等实际困境，多不愿亲身赴任或长期留驻边疆“恶地”，导致在施政一段时间之后，这些政区或被弃置，或产生“遥领”“虚封”等怪现象，最终导致中央王朝所设郡县的“虚化”，从而大大削弱了中央王朝对边疆地区持续有效地行使管辖权。因此，历代王朝也时常无奈地选择藩属、羁縻府州、土司等形式间接管理边疆，然则这一“守在四夷”的间辖模式“要皆封建之规，实殊牧令之治”④，大多数时期

---

① 参见刘铮云《“冲、繁、疲、难”：清代道、府、厅、州、县等级初探》，载氏著《档案中的历史：清代政治与社会》，第29—34页。

② 参见刘铮云《“冲、繁、疲、难”：清代道、府、厅、州、县等级初探》，载氏著《档案中的历史：清代政治与社会》，第17页。

③ 参见《光绪朝大清会典事例》卷61《吏部·汉员遴选》，第105页。

④ 《民政部各省土司改设流官折》，载吴丰培编《赵尔丰川边奏牍》，四川民族出版社1984年版，第363页。

“实行名义上的统治，或者说是统而不治”①，这是将王朝边疆的管辖权付诸藩属、羁縻、土司体系下当地首领之“人心向背”，有利则服，无利则叛，从而削弱了中央王朝对边疆的控制力度。

在设治派官之后，中央王朝如何持续有效地行使对边疆地方的行政管辖权？如何调动官员前往边疆“恶地”施政的积极性？官吏能否适应和了解边疆民情？尽管清以前历代王朝的边疆治理均有零星的制度设置和优惠政策，但仍旧过于偏重常规化、一体化的行政管辖模式，缺乏个性化、差异化、针对性的边疆人事管理制度设计。

在清前期重建边疆行政秩序的历史背景下，尤其是雍正以后，边疆民族地区经大规模改土归流后，大片区域变间辖为直属。清朝统治者开始思考：如何才能持续有效地管理这些“屡服屡叛”的边疆民族地域？由此，“边缺”应势而生，在设治、派官之外，成为边疆民族地区行政管理的“第三重手段”。可以说，清代“边缺”实现了治边能吏、边疆地域、边疆岗位三者紧密结合的治理模式，充当了“设治”与“派官”之间的黏合剂，弥补了此前王朝在边疆治理上重视设治、派官而轻视人事制度设计之不足。换言之，王朝疆域如果是一只木桶，“设治”与“派官”就是构筑桶壁的一条条木片，而“边缺”则是加固桶壁的铁箍。没有桶箍，木桶是无法长久使用的。

最后需要指出的是，在实际施政过程中，清代“边缺”也存在诸多制度漏洞和内在情弊。这主要集中在因地方督抚题补之权较大，常借“边缺”之名，任用私人，为亲信提供庇护和晋升之阶。个别官员则视“边缺”为“速升”之捷径，一方面享受“边缺”带来的制度优惠，得以快速升迁；另一方面则规避风险，或者委署他处，“本任竟属虚悬，是以紧要之缺，转成闲旷之所矣”②，或者委办其他差务，“本缺另委员署理，代历烟瘴之苦，而本员优处腹地，仍得按期推升”③，不赴本任供职。以上情弊伴随清代“边缺”之始终，成为清代边疆官员选任中难以治愈的痼疾。

结　语

“边缺”是清廷在官缺制度体系下为适应边疆民族地区的地理、社会状况而创设的官员选任办法和人事管理制度，它是在清王朝不断深入边疆民族地区，重建边疆行政秩序的历史进程中，经过不断调适而逐渐订立下来的，缓解边疆派官的供需矛盾可能是其最大的驱动力。随着清前期平南明、定“三藩”、复台湾、改土归流等一系列重大活动的开展，清廷拓展出大片迥异于内地的“新辟之地”，一方面边疆亟待能员干吏填补施政空白，另一方面官员视边疆民族地区为“畏途”而不愿赴任，这一矛盾之困局要求清王朝重新思考和探索边疆官员选任的制度设计，“边缺”由此应势而生。

“边缺”之订定是一个动态调整的历史过程。康熙二十五年（1686），广西烟瘴缺之订定，明确体现出“督抚题调”选官方式和“俸满优升”任官办法的共同运用，可视为清代“边缺”正式订立的标志。其“定缺”标准主要依据官缺地的地理环境“恶劣”程度（烟瘴缺）、距离内地的边远程度及其边防地位（台湾缺、沿海缺、极边缺、

① 周振鹤：《中国地方行政制度史》，上海人民出版社2005年版，第363页。

② 《清世宗实录》卷81，雍正七年五月庚申。

③ 《清高宗实录》卷719，乾隆二十九年九月丁卯。

沿边缺)、多民族聚居程度(苗疆缺、夷疆缺)等来确定。“督抚题补”和“俸满优升”两种动态的制度调节方式,构成了“边缺”的核心制度架构。“督抚题补”这一选官方式给予了地方督抚较大的人事权,有效避免了吏部铨选方式中“官不知地,地不择官”的盲目性;“俸满优升”则在官员任用上打破官员循例“推升”的常规,缩短了官员的历俸年限,俸满即加优升。“边缺”以“人地相宜”为施政宗旨,量地定缺、因缺授官,奖抚并用,最终为清代边疆官员选任提供了一套灵活有效、颇成系统的“长效”机制,体现出“朝廷所以体远臣、重边疆”的中心用意。

“边缺”之订定,可视为清代边疆官员选任制度的一项创举,它体现出“官员—岗位(官缺)—地域”的紧密配合和行政管理资源的合理配置,不仅有效缓解了清前期的边疆“缺官”问题,而且作为一套独立于“冲繁疲难”州县等级和四等官缺体系(最要缺、要缺、中缺、简缺)之外的特殊体系,是清朝对“边缺”所处的沿海、沿边、孤岛、瘴区、多民族杂处等边疆民族地区实现有效治理的治边大计,它揭示了清代边疆治理得以深化的内在诀窍,充当了边疆民族地区“设治”与“派官”之间的黏合剂,使得清朝边疆治理更具灵活性、实效性和延续性,是清代边疆职官制度创新和边疆治理深化的重要体现。

(原载《中国边疆史地研究》2020年第4期)

明清海防总图研究

成一农*

一　问题的提出

明清时期中国边疆都遇到了严重的海防问题，如明代前期和嘉靖时期的倭寇问题，清朝前期面对的台湾郑氏政权的威胁以及晚期来自西方列强的军事威胁。在面对这些海防问题的时候，明清朝廷都绘制了一些“海防总图”①，这些海防总图也成为我们了解明清海防思想等的重要史料。以往虽然对明清海防总图有过一些研究，但基本集中于郑若曾的《万里海防图》和陈伦炯的《海国闻见录》这两个谱系上。由于除了这两个谱系之外，明清还存在其他众多的海防总图，所以这样的梳理并不全面，也无法反映明清海防总图的全貌，且以往对于这两个谱系的梳理也存在诸多问题。本文即希望在前人研究成果的基础上，对明清海防总图的谱系和发展脉络进行全面的梳理。现对以往的研究成果进行一些介绍。

较早对中国古代海防图进行梳理的是海外的研究者，其中较为重要的研究者是英国的米尔斯（J. V. Mills），主要的论文有1953年发表的《三幅中国地图》② 和1954年发表的《中国海岸地图》③，主要对一些中国古代的海防和航海地图进行了介绍④。

对海防图进行系统梳理和研究的则是国内学者，其中较早的就是曹婉如，其在《郑若曾的万里海防图及其影响》一文中认为郑若曾绘制的《万里海防图》有着三种版本，即：72幅的《万里海防图》，也即嘉靖辛酉年（1561）成书的《筹海图编》卷一中的“沿海沙山图”，《郑开阳杂著》卷一和卷二《万里海防图论》中的“万里海防图”与此图基本一致；12幅的简本《万里海防图》，即《郑开阳杂著》卷八《海防一览》中的12幅地图，且认为72幅的《万里海防图》和12幅的地图之间并没有直接的渊源关系；还有一种12幅的详本《万里海防图》，其原本已经散佚，但第一历史档案馆保存的万历三十三年（1605）徐必达识《乾坤一统海防全图》应是根据郑若曾的原

---

* 成一农，云南大学历史与档案学院研究员、特聘教授、博士生导师。

① “海防总图”指的是其绘制范围大致囊括了明清两朝整个海岸线的海防图。

② J. V. Mills, “Three Chinese Maps,” *The British Museum Quarterly*, Vol. 18, No. 3 (1953), pp. 65 - 77.

③ J. V. Mills, “Chinese Coastal Maps,” *Imago Mundi*, Vol. 11 (1954), pp. 151 - 168.

④ 姜道章：《二十世纪欧美学者对中国地图学史研究的回顾》，《汉学研究通讯》（台北）总第66期（17：2），1998年，第171页。

本摹绘的，且这12幅的详本是12幅简本的底图。该文然后介绍了这三种《万里海防图》的绘制特征，如：图幅呈“一”字展开，不讲究方位的准确性，海居于地图上方而陆地在下方，且原图应当均有画方。该文最后谈及郑若曾图对明代后期海防图有着巨大的影响。①

钟铁军的《明清传统沿海舆图初探》② 一文，虽然发表时间很晚，但成文于2009年前后。其将明清海图的发展过程放置在明清海防及其政策演变的历史背景中进行了讨论，这是之前中国古代海图以及海防图研究所缺乏的。不仅如此，在曹婉如的研究基础上，该文列出了更多的受到郑若曾《万里海防图》影响的地图。对于清代的海图，钟铁军提出，其较明代的海图主要出现了以下一些变化：表现的海域跨度更大，同时出现了一些区域性的海图；重视台湾和澎湖；受到陈伦炯《海国闻见录》影响，形成了新的地图谱系，大致有《海疆洋界形势全图》系列、《七省沿海图》系列和《沿海全图》系列，约19种（幅）地图。

最近几年，李新贵通过四篇论文，即《明万里海防图初刻系研究》③、《明万里海防图之全海系探研》④、《明万里海防图之章潢系探研》⑤ 和《明万里海防图筹海系研究》⑥，基于地图的绘制内容以及背后所反映的海防思想将明代后期的海防总图分为四个谱系。

“明万里海防图”初刻系，“初刻图是郑若曾、唐顺之绘制的12幅的沿海图。初刻系指包括此图在内及受其影响而摹绘的《海防一览》等。该图系有三个突出特征：突兀海中的半岛与控遏倭寇的岛；沿海、陆地的建置数量不等地标绘图上；每幅图都有不同的纵深。初刻系背后隐藏着绘图者军事协同与经济贸易相结合的海防思想”⑦。

“明万里海防图”筹海系，“筹海图是郑若曾、胡宗宪绘制的《沿海山沙图》。筹海系包括此图及受其影响摹绘的《海不扬波》等。该图系有三个突出特征：近洋，绘制有停泊战舰的岛屿；沿海，绘制出支援海洋作战的建置与辅助作战的设施；因增添沿海设施与减少内地建置所形成较短图之纵幅，也是该图系的显著特征。筹海系背后隐藏着绘图者远洋出击与近洋防御协同的海防思想”⑧，且其认为这一图系与初刻系存在巨大的差异。

“明万里海防图”全海系，“《全海图注》是山东巡抚宋应昌编绘的海防图。全海系包括此图注与受其影响而绘制的《筹海重编·万里海图》，及以后者为基础绘制的《虔台倭纂·万里海图》。该图系具有三个突出特征：营兵制的职官系统；港澳标注着停泊各种方位风向、数量不等的船只，或至周边的距离；沿海则保留着部分卫所。全海系背

---

① 曹婉如：《郑若曾的万里海防图及其影响》，载曹婉如主编《中国古代地图集（明代）》，文物出版社1995年版，第69页。

② 钟铁军：《明清传统沿海舆图初探》，载李孝聪主编《中国古代舆图调查与研究》，中国水利水电出版社2019年版，第262页。

③ 李新贵：《明万里海防图初刻系研究》，《社会科学战线》2017年第1期，第95页。

④ 李新贵：《明万里海防图之全海系探研》，《史学史研究》2018年第1期，第35页。

⑤ 李新贵：《明万里海防图之章潢系探研》，《史学史研究》2019年第1期，第8页。

⑥ 李新贵、白鸿叶：《明万里海防图筹海系研究》，《文献》2019年第1期，第176页。

⑦ 李新贵：《明万里海防图初刻系研究》，第95页。

⑧ 李新贵、白鸿叶：《明万里海防图筹海系研究》，第176页。

后隐藏着绘图者对当时海防思想的抉择”①。但对于这一图系与明代其他图系之间的关系，李新贵没有给出明确的结论。

“明万里海防图”章潢系，“章潢图是嘉靖四十一年左右章潢绘制的《万里海防图》。章潢系包括此图及受其影响所绘的崇祯元年《全边略记·海防图》、崇祯六年《地图综要·万里海防全图》、崇祯九年《皇明职方地图·万里海防图》、康熙年间《万里海防图》。该图系具有三个突出特征：图上绘制了简要的七条图注；沿海区域间有明确的分界点；海上有防御倭寇的防线。地图绘制者的绘图特征表明其绘图的目的，就是要完善明代的卫所体系；卫所体系的首要防御对象是沿海不法之民，同时还要灵活处理来华的日本人”②。李新贵虽然认为这一图系应当参考了初刻系，但在文中其对两者的关系没有给出明确的结论。

需要指出的是，李新贵的这四篇文章虽然对前人研究有着一定的突破，且有着一定的学术价值，但其对地图谱系的划分以及某些地图谱系的归属都存在一些问题，具体见后文分析。

王耀在《清代〈海国闻见录〉海图图系初探》一文中对其所过目的16种受到陈伦炯《海国闻见录》影响的地图的谱系进行了梳理③，其划分谱系的标准和图系的命名源于地图中第一幅图的名称和内容。

孙靖国的社科基金项目《明清沿海地图研究》（12CZS075）的结项报告在尽可能全面搜集和整理明清时期各类海图的基础上，对明清时期的海防图、航海图、海塘图、盐场图以及江防图的发展脉络和谱系进行了梳理和分析，对清代晚期沿海图的转型进行了讨论，并且深入讨论了明清沿海地图上岛屿的呈现方式。由于该报告为未刊稿，所以在此对其中涉及海防图的部分进行简要介绍。

报告的第一章在明代海防形势和政策的背景下对明代的海防图进行了讨论，且以对当时和后世影响最大的郑若曾系列地图为中心进行了研究，“考证出民国陶风楼影印的《郑开阳杂著》是清光绪、宣统时期的摹绘本，系根据康熙三十年（1691）郑若曾的五世孙郑起泓及其子郑定远刊刻之《郑开阳杂著》抄录或转抄，除少数缺失内容外，基本能反映康熙刻本原貌，而文渊阁四库本则有多处窜改”④。报告的第六章则重点讨论了清代陈伦炯《海国闻见录》系统的地图，其在前人研究基础上，搜集到43种陈伦炯系统的地图，“指出‘环海全图’当为摹绘《海国闻见录》时参照了别的东半球投影地图所致”。此外，还对陈伦炯《海国闻见录》的版本进行了分析，“认为此书在乾隆年间有两个刻本：乾隆九年和五十八年本，之后有四库抄本、艺海珠尘和昭代丛书本”，并对不同版本的差异进行了对比。⑤

除了上述这些系统性的研究之外，多年来还存在一些对单幅海防总图的研究，代表性的如姜勇和孙靖国的《〈福建海防图〉初探》，提出“《福建海防图》绘制于万历二十五至三十二年，以描绘明廷在消弭倭患之后在福建沿海地区的山川形势和军事布防态

① 李新贵：《明万里海防图之全海系探研》，第35页。

② 李新贵：《明万里海防图之章潢系探研》，第8页。

③ 王耀：《清代〈海国闻见录〉海图图系初探》，《社会科学战线》2017年第4期，第112页。

④ 孙靖国：《明清沿海地图研究》结项报告，未刊稿，第317页。

⑤ 孙靖国：《明清沿海地图研究》结项报告，未刊稿，第318页。

势为主……从绘制风格与部分地物的绘制手法来看，《福建海防图》虽与嘉靖年间郑若曾的《筹海图编》中《沿海山沙图》颇有渊源，但因其系纸本彩绘而非刻版，较好地反映出作者最初所编绘舆图的原貌，可作为明代末期在海防军事战守中所使用的绘本舆图的样本”①。

二　明代晚期“海防总图”的谱系

如上文所述，曹婉如和李新贵分别对明代晚期“海防总图”的谱系进行了梳理，下文即以上述两者的研究为基础进行讨论，并指出他们研究中存在的问题。

首先，无论是12幅还是72幅的《万里海防图》都与郑若曾存在密切的关系，这是目前学术界的共识，只是李新贵认为12幅的《万里海防图》最初的绘制者还包括唐顺之，这是一种合理的认知。

关于郑若曾的生平，尤其是其与绘制海防图和撰写《筹海图编》有关的经历，孙靖国进行了详尽的分析②，此处不再赘述。《筹海图编》是一部关于抗倭和海防的著作，内容涉及与抗倭有关的方方面面，在海防思想上强调“防海之制，谓之海防，则必宜防之于海”。全书共有地图114幅，一般采用文随图后的方式，分为《舆地全图》、《沿海山沙图》、《日本国图》、《日本岛夷入寇之图》和《沿海郡县图》等部分，卷一即包括《舆地全图》与《沿海山沙图》，后者也就是72幅的《万里海防图》。明代后期受其影响绘制的航海总图数量众多，可以参见表1，而这一谱系，李新贵等将其命名为“明万里海防图”筹海系，但命名为“郑若曾72幅《万里海防图》谱系”似乎更为明确。

可以肯定的是收录在《郑开阳杂著》卷八《海防一览》中的12幅的《万里海防图》与72幅的《万里海防图》确实存在较大的不同，大致而言：1. 12幅的《万里海防图》在海域中绘制有大量岛屿，而72幅的《万里海防图》在海域中绘制的岛屿要少了很多；2. 12幅的《万里海防图》在图面上绘制了更为广大的内陆地区，标绘了一些内陆地区的州县，而72幅的《万里海防图》对于陆地的描绘基本只局限于沿海地区；3. 12幅的《万里海防图》在图面上方存在大量的文字注记，记述了岛屿港湾的形势以及军事价值，而72幅的《万里海防图》图面上的文字注记极少。因此，12幅的“万里海防图”谱系是成立，但李新贵将其命名为“初刻系”，有些涵义不清，“郑若曾12幅《万里海防图》谱系”这样的命名似乎更为明确一些。

李新贵认为“明万里海防图”章潢系受到12幅系统的影响，这点存在明显的问题。首先其认为这一系统的起始者或者最初地图的绘制者为章潢，但章潢是《图书编》的作者，而《图书编》中大部分地图（甚至文字）都来源于之前已经出版的材料，也就是说《图书编》实际上是一部摘抄已有作品的著作，也即正如《四库全书总目提要》所记“是编，取左图右书之意，凡诸书有图可考者，皆汇辑而为之说……亦不及潢书之引据古今，详赅本末，虽儒生之见，持论或涉迂拘，然采摭繁富，条里分明，浩博之中，取其精粹，于博物之资、经世之用，亦未尝无百一之裨焉”。因此不能不加考订就

① 姜勇、孙靖国：《〈福建海防图〉初探》，《故宫博物院院刊》2011年第1期，第67页。

② 参见孙靖国《明清沿海地图研究》结项报告，未刊稿，第35页。

将章潢认为是《图书编》中“万里海防图”的作者，也不能直接将地图和相关文字所反映的海防思想认为就是章潢始创的思想。

更为重要的是，如果对比图面内容，《图书编》中的22图幅的“万里海防图”显然与72幅的《万里海防图》在绘制内容上更为近似。以“杭州”附近地区为例，其并没有像12幅的《万里海防图》那样绘制到内陆地区的昌化、于潜等地，而与72幅的《万里海防图》近似，基本只是局限于沿海州县，较大的差异在于在杭州以南标绘了“西湖”；12幅的《万里海防图》中标注了杭州府所辖的仁和钱塘2县，但未绘制杭州城的轮廓，而在72幅的《万里海防图》中除此之外还标注了前右二卫且绘制了杭州城的轮廓，这点《图书编》“万里海防图”与72幅的《万里海防图》是一致的；《图书编》“万里海防图”未绘制出12幅的《万里海防图》中杭州以东海域中的大量岛屿，而只是像72幅的《万里海防图》那样标绘了少量地名和岛屿，且这些地理要素都存在于72幅的《万里海防图》上，如“鳖子门”、“茶圃门”、“楞门”和“火焰头”等；图中缺乏12幅的《万里海防图》上的大量文字注记。因此，整体而言，该图是根据72幅的《万里海防图》缩绘的。当然由于地图的图幅从72减少为22，所以随着图幅的大量减少，图面内容也进行了相应简化，如减少了海中岛屿的标绘，陆地上的建制则主要保留了72幅的《万里海防图》上的府州县和卫所，而省略了更为细致的烽堠、巡司和山隘等“不太重要”的、在军事层级上较低的地理要素。而且，正是由于这一原因，其所绘内容并不能证明李新贵所阐述的章潢的海防思想，即“要完善明代的卫所体系”。因此，“章潢《图书编》‘万里海防图’谱系”确实存在，但其应当是72幅的《万里海防图》的子类。

《虔台倭纂》“万里海图”比较特殊，其由38幅图幅构成，就图面内容应当更接近于72幅的《万里海防图》，而不是像李新贵认为的是受到中国国家图书馆藏《全海图注》的影响。如其图面上对于杭州府城的描绘近似于72幅的《万里海防图》，且缺乏《全海图注》上极为有特点的江防的部分。不过，由于是缩绘，所以绘制者省略了72幅的《万里海防图》上的一些内容，但与此同时也增加了少量内容，如广东的“防城营”等军事要素等，此外在图面上还增加了一些文字注记。

中国国家图书馆藏《全海图注》，原图无图名，根据李化龙为其所作《全海图注序》中相关内容，定名为“全海图注”。序文中李化龙提到此系“大中丞宋公所辑”，曹婉如据此分析认为：“大中丞宋公”即宋应昌①。该图纸本雕版墨印，1幅，纵30.6厘米，横1309.3厘米，摺叠成册，每摺宽11.4厘米。该图绘制时并无严格的固定方位，按照海洋在上，陆地在下的体例，由右向左作“一”字式展开，方向随海岸线的变化而转换。图中描绘了自广东防城营至长江口的海洋、岛屿、海岸、港湾、山川、城邑以及军事驻防情况，且还描绘了长江口至南京附近长江两岸的情况，并附有“日本岛夷入寇之图”。因此该图实际上属于“江防海防”图，但其中江防的部分要比其他江防图少很多，只是截止于南京附近的太平府，而不是九江。从绘制内容来看，与12幅和72幅的《万里海防图》谱系相比，该图更偏重于对海洋的描绘，但海中并没有绘制太多的岛屿，只是在某些岛屿附近标注有可以泊船的数量，如“常熟县”：“外浅内深”“泊南北风船三十只”等。陆地上主要标注州县、港口、巡

① 曹婉如主编：《中国古代地图集（明代）》，第10页。

司、把总、参将、卫所、沿岸的墩以及一些寺、亭、坡等地理要素，其中对于卫所的描绘似乎要少于“万里海防图”系统。总体而言，该图与12幅和72幅的《万里海防图》都存在较大差异，但目前尚未找到明确受到其影响的其他海防总图，因此是否能构成一个谱系尚需要讨论。

通过上述分析，大致而言，存世的明代晚期的海防总图有两个具有影响力的谱系，即郑若曾12幅的《万里海防图》谱系和郑若曾72幅的《万里海防图》谱系，而郑若曾72幅的《万里海防图》谱系中还存在以章潢《图书编》“万里海防图”为代表的子类。下表列出了明代这两个海防图谱系的特征及目前收集到的属于这些谱系的地图。

表1 郑若曾12幅的《万里海防图》谱系以及郑若曾72幅的《万里海防图》谱系地图列表

谱系名称	谱系特征	地图
郑若曾12幅的《万里海防图》系统	按照海洋在上，陆地在下的体例，由右向左作“一”字式展开，方向随海岸线的变化而转换。绘制范围西起广东的钦州，东至朝鲜半岛。海域中绘制有大量岛屿，陆地部分标绘了一些内陆地图的州县。在图面上方存在大量的文字注记，记述了岛屿港湾的形势以及军事价值	《郑开阳杂著》“万里海防图”
		徐必达识《乾坤一统海防全图》
		中国国家图书馆藏《筹海全图》
		《皇明经世实用编》“万里海防图”
郑若曾72幅的《万里海防图》系统	按照海洋在上，陆地在下的体例，由右向左作“一”字式展开，方向随海岸线的变化而转换。绘制范围西至广东钦州所以西与安南交界处，东至辽东义州以东与朝鲜的交界处，且在广东之后附有琼州岛图。在海域中只描绘了一定数量的岛屿，对于陆地的描绘基本只局限于沿海地区，且图面上的文字注记极少	《筹海图编》“沿海山沙图”
		《郑开阳杂著》“沿海山沙图”
		《武备志》“沿海山沙图”
		《武备地利》“沿海山沙图”
		《筹海重编》各省海图
		台北“故宫博物院”《海不扬波》
郑若曾72幅的《万里海防图》谱系之章潢《图书编》“万里海防图”子类	绘制内容与郑若曾72幅的《万里海防图》谱系相比，进行了精简，减少了海中岛屿的标绘，陆地上的建制则主要保留了府州县和卫所	《图书编》“万里海防图”
		《全边略记》“海防图”
		《地图综要》“万里海防全图”
		《皇明职方地图》“万里海防图”
		美国国会图书馆藏《万里海防图》
		《虔台倭纂》“万里海图”

还要提及的是，明代后期的一些与海防有关的书籍中还有一些分省沿海海图，如《筹海图编》中的“广东沿海总图”、“福建沿海总图”、“浙江沿海总图”、“南直隶沿海总图”、“山东沿海总图”和“辽东沿海总图”，由此似乎也构成了一套海防总图。与这一时期其他海防总图不同，这套“沿海总图”并不呈一字形展开，每幅地图都有着大致的正方向，即除了“辽东沿海总图”为上西下东之外，其他沿海总图基本为上北

下南。需要注意的是，这些各省“沿海总图”在绘制的地理要素上存在差异，如在“浙江沿海总图”、“南直隶沿海总图”和“广东沿海总图”上主要绘制的是府州县的行政建筑；“福建沿海总图”除了标绘府州县外，还偏重于对卫所的描绘；“山东沿海总图”上，没有绘制山东半岛的东部，且海域所占范围有限；“辽东沿海总图”则是详细标绘了长城沿线的一些军事建置。因此，这套“沿海总图”有可能是用不同主题的政区图拼凑而成的。目前能见到的属于这一谱系的地图还有《武备志》、《武备地利》和《三才图会》中的各省“沿海总图”。

明代晚期还存在一系列以“防倭”为目的的“海防总图”，其中流传最为广泛的就是“日本岛夷入寇之图”。该图上东下西，日本居于地图上方，而中国、朝鲜居于地图下方。从地图上方的“日本”“五岛”延伸出三条通往朝鲜和中国的“总路”，即“倭寇至朝鲜辽东总路”、“倭寇至直浙山东总路”和“倭寇至闽广总路”，然后从各“总路”再延伸出多条“侵扰”路线，并在地图上标明了这些路线最终“侵扰”的具体地点，如“从此入朝鲜”、“从此入登莱”、“从此入台州”以及“从此入琼州”。地图左上角的文字注记则说明了沿海的航程，即“沿海从南而北，自广至辽纡萦八千五百余程，径直七千二百余里，自安南至朝鲜一万二千余里”。此外，该图在明朝境内“计里画方”，按照地图左上角的图记“界内每方二百里”。

这一专门描述倭寇入侵的专题性海防简图出现在大量明代后期的书籍中，如《筹海图编》“日本岛夷入寇之图”、《万历三大征考》“日本岛夷入寇之图”、《地图综要》“日本岛夷入寇之图”、《师律》“日本岛夷入寇之图”、《海防纂要》“日本岛夷入寇之图”、《两浙海防类考续编》“倭夷寇道图”、《武备志》“日本入犯图”、《武备地利》“日本入犯图”、《图书编》“沿海界倭要害之地图”、《筹海重编》“日本入寇图”、《郑开阳杂著》“日本入寇图”以及《舆地图考》“海防总图”。这些书籍中的这一地图基本相同，只是除《筹海图编》《海防纂要》《武备志》之外，基本删掉了地图上的方格网，此外还有一些地图删除了左上角的图说。

此外，在《存古类函》和《武备要略》中还有“沿海防倭图”，该图海在下方，陆地在上方，绘制范围右起朝鲜，左至福州，标绘了沿岸地区的一些州县和卫所，在海中标注了少量岛屿，在地图下方标注了“倭奴”。总体而言，与《筹海图编》“日本岛夷入寇之图”类似，这幅地图应当是一幅“防倭”的示意图。需要注意的是，如果将这幅地图与后文提及的程百二《方舆胜略》中的“海防图”进行对比的话，可以发现两者存在众多类似之处，如河流和海岸的走向，因此大致可以认为这两类地图应当存在一定的渊源关系，即都与《广舆图》“海运图”存在联系。当然两者也存在一些差异，如在“沿海防倭图”中，山东半岛上的登州被描绘为一个单独的岛屿，且没有使用计里画方等等。

这类“防倭”的海防总图进入清代之后就不再出现，这应当与倭寇威胁的消除有关。

三 清代陈伦炯《海国闻见录》谱系

陈伦炯的生平以往有着详尽的研究①，总体而言，其一生主要活动于海疆，且主要任职于澎湖、台湾、福建等地与海防有关的职位。在成书于雍正年间的《海国闻见录》的序言中，陈伦炯对此书的撰写与其生平经历之间的关系进行过介绍，且说明了撰写该书的目的，即希望有助于海防以及有助于在海外经商的商人。不过需要注意的是，在《海国闻见录》乾隆五十八年版的马俊良、那苏图、纳兰常安和彭启丰所作的序中，更多强调的是该书对于海防的重要性。在此背景下，陈伦炯书中所附地图无疑具有军事地图的性质，因此可以被认为是海防图。

《海国闻见录》全书分上下两卷，上卷七篇，即“天下沿海形势”、“东洋记”、“东南洋记”、“小西洋记”、“大西洋记”、“昆仑记”和“南澳气记”。下卷主要包括6幅地图，即“四海全图”、“沿海形势图”、“台湾图”、“台湾后山图”、“澎湖图”和“琼州图”。其中“沿海形势图”是一幅“海防全图”，该图与明代晚期的海防图相似，由右向左作“一”字式展开，方向随海岸线的变化而转换，绘制范围东起辽东半岛，西至防城以西的交趾界，但与明代晚期的海防总图不同，该图海在下陆在上。

陈伦炯《海国闻见录》中的地图被清代中后期大量地图所采用，有完全直接摹绘、刻印的，有对其在进行简单修订后摹绘或刻印的，也有按照需求对其进行节选或者增补后摹绘或刻印的。王耀在其研究中列出了其所过目的属于这一谱系的16种地图，并将它们分为《四海总图》图系、《环海全图》图系，以及《天下总图》图系②；而孙靖国则列出了多达43种③。下面即以这两者的研究为基础，结合本人的认知对这些地图进行介绍和分析。

表2　　陈伦炯《海国闻见录》谱系地图列表

编号	名称	绘制年代或者地图的表现年代	收录的地图	书籍的版本或收藏地
1	清陈伦炯《海国闻见录》	雍正八年	四海总图、沿海全图、台湾图、台湾后山图、澎湖图、琼州图	《文渊阁四库全书》
2	清王之春《国朝柔远记》	光绪十七年	环海总图、沿海舆图、台湾图、台湾后山图、澎湖图、琼州图	清光绪十七年广雅书局刻本

---

① 参见吴伯娅《〈身见录〉与〈海国闻见录〉之比较》，《北京行政学院学报》2015年第1期，第114页；邱敏《〈海国闻见录〉与〈海录〉述评》，《史学史研究》1986年第2期，第43页；陈代光《陈伦炯与〈海国闻见录〉》，《地理研究》1985年第4期，第92页。

② 王耀：《清代〈海国闻见录〉海图图系初探》，《社会科学战线》2017年第4期，第112页。

③ 孙靖国：《明清沿海地图研究》结项报告，未刊稿，第237页。

续表

编号	名称	绘制年代或者地图的表现年代	收录的地图	书籍的版本或收藏地
3	《各省沿海口隘全图》	乾隆年间	环海全图、海疆洋界全图、琼州图、澎湖图、台湾前山图、台湾后山图	台北“故宫博物院”
4	《七省沿海全图》	摹本，原图表现时间为乾隆五十二年至道光之前	环海全图、七省沿海全图、琼州图、澎湖图、台湾图、台湾后山图	美国国会图书馆
5	《海疆洋界形势图》	摹本，原图表现时间为乾隆五十二年至道光之前	环海全图、七省沿海全图、琼州图、澎湖图、台湾图、台湾后山图	美国国会图书馆
6	清金保彝摹绘“七省沿海全图”	清光绪七年	环海全图、七省沿海全图、琼州图、澎湖图、台湾图、台湾后山图	美国国会图书馆
7	“中华沿海总图”	清道光元年之前摹本，原图乾隆三十八年至五十一年	环海全图、中国沿海地图、琼州图、澎湖图、台湾前山图、台湾后山图	中国科学院图书馆
8	蔡鹤摹绘《中国沿海七省八千五百余海哩地图》	摹本，原图绘自清乾隆三十八年至六十年	天下总图、中国沿海图、台湾图、台湾后山图、澎湖图、琼州图	中国科学院图书馆
9	“沿海全图”	清晚期摹本，原图绘自清道光元年至咸丰四年	四海总图、沿海全图、台湾图、台湾后山图、澎湖图、琼州图	中国科学院图书馆
10	“中国沿海图”	清晚期摹本，原图绘自乾隆三十八年至六十年	四海总图、中国沿海图	中国科学院图书馆
11	周北堂绘，邵廷烈主持刻印《七省沿海全图》	清同治五年	环海全图、七省沿海全图	中国科学院图书馆
12	《七省沿海全洋图》	清光绪元年至三十四年摹绘本	四海全图、七省沿海图	第一历史档案馆
13	王沛光摹绘《沿海疆域图》	清光绪九年摹绘	四海全图、“沿海图”	第一历史档案馆
14	“七省沿海图”	清后期摹本，原图绘自乾隆五十二年至道光之前	环海全图、七省沿海全图、琼州图、澎湖图、台湾图、台湾后山图	英国图书馆地图部

续表

编号	名称	绘制年代或者 地图的表现年代	收录的地图	书籍的版本 或收藏地
15	“沿海全图”	清后期，摹绘自清中叶“七省沿海图”	——	英国图书馆地图部
16	《中华沿海形势全图》	摹绘本，原图绘制于乾隆年间	“东半球图”、“沿海全图”、琼州图、澎湖图、台湾图、台湾后山图	北京大学图书馆
17	清陈伦炯《沿海全图》	可能成于康熙年间	四海总图、沿海全图、台湾图、台湾后山图、琼州府、澎湖图	中国国家图书馆
18	《七省沿海图》	可能成于乾隆年间	地球图、环海全图、沿海总图、澎湖图、琼州图、台湾前山图、台湾后山图	中国国家图书馆
19	《沿海图》	可能成于乾隆年间	环海全图、沿海总图、琼州图、澎湖图、台湾图、台湾后山图	中国国家图书馆
20	《盛朝七省沿海图》	清嘉庆三年	环海全图、海疆洋界全图、琼州图、澎湖图、台湾前山图、台湾后山图	中国国家图书馆
21	清邵廷烈绘《七省沿海图》	可能成于清嘉庆年间；在周北堂七省沿海图基础上绘成	环海全图、七省沿海全图	中国国家图书馆
22	《沿海图》	清咸丰年间摹绘本	环海全图、沿海总图、琼州图、澎湖图、台湾图、台湾后山图	中国国家图书馆
23	清邵廷烈原绘《七省沿海全图》	同治五年但陪良重刊本	环海全图、七省沿海全图	中国国家图书馆
24	《七省沿海图》	约同治年间，据清乾隆年间绘本摹绘	地球图、环海全图、沿海总图、澎湖图、琼州图、台湾前山图、台湾后山图	中国国家图书馆
25	《新绘七省沿海要隘全图》	清光绪二十七年上海中西测绘馆石印本	环海全图、海疆洋界全图、琼州图、澎湖图、台湾前山图、台湾后山图	中国国家图书馆
26	《沿海全图》	清光绪年间	与七省沿海图近似，但次序错杂，有缺失	中国国家图书馆

续表

编号	名称	绘制年代或者地图的表现年代	收录的地图	书籍的版本或收藏地
27	《福建广东台湾沿海全图》	清嘉庆年间	附琼州图、澎湖图、台湾后山图及图说	中国国家图书馆
28	《沿海全图》		四海总图、沿海全图、台湾图、台湾后山图、澎湖图	天津市博物馆①
29	《沿海全图》		四海总图、沿海全图、琼州图、澎湖图、台湾图、台湾后山图	南京博物院②
30	《沿海全图》		四海总图、沿海全图、台湾图、台湾后山图、琼州图、澎湖图	广东新会博物馆③
31	《海疆形势全图》		环海全图、海疆形势全图、琼州图、澎湖图、台湾前山图、台湾后山图	中国文化遗产研究院④
32	《中国沿海全图》		环海全图、沿海全图、琼州图、澎湖图、台湾图、台湾后山图	辽宁省图书馆⑤
33	《七省沿海图》		环海全图、沿海全图、琼州图、澎湖图、台湾图、台湾后山图	辽宁大学历史博物馆⑥
34	《七省沿海图》	乾隆五十二年至嘉庆元年	环海全图、沿海全图、台湾图、台湾后山图、澎湖图、琼州图	中国国家博物馆⑦
35	《沿海疆域图》		天下总图、沿海全图、台湾图、台湾后山图、澎湖图、琼州图	中国文化遗产研究院⑧

① 参见姚旸《万国形势藏轴卷 海疆坤舆汇图说 记天津博物馆藏〈沿海全图〉》，《收藏家》2011 年第 10 期，第 58 页。

② 参见王耀《清代〈海国闻见录〉海图图系初探》，《社会科学战线》2017 年第 4 期，第 112 页。

③ 参见王耀《清代〈海国闻见录〉海图图系初探》，《社会科学战线》2017 年第 4 期，第 112 页。

④ 参见王耀《清代〈海国闻见录〉海图图系初探》，《社会科学战线》2017 年第 4 期，第 112 页。

⑤ 参见王耀《清代〈海国闻见录〉海图图系初探》，《社会科学战线》2017 年第 4 期，第 112 页。

⑥ 参见王耀《清代〈海国闻见录〉海图图系初探》，《社会科学战线》2017 年第 4 期，第 112 页。

⑦ 参见王耀《清代〈海国闻见录〉海图图系初探》，《社会科学战线》2017 年第 4 期，第 112 页。以及孙靖国《明清沿海地图研究》结项报告，未刊稿，第 355 页。

⑧ 王耀：《清代〈海国闻见录〉海图图系初探》，《社会科学战线》2017 年第 4 期。

续表

编号	名称	绘制年代或者地图的表现年代	收录的地图	书籍的版本或收藏地
36	《沿海全图》			中国社会科学院历史研究所①
37	《海防图》	光绪六年	环海全图、沿海全图、琼州图、澎湖图、台湾图、台湾后山图	哈佛大学燕京图书馆
38	橘荫轩（陈锦）《浙江至奉天沿海图》	清光绪二年摹绘		中国国家图书馆②
39	《沿海防卫指掌图》	清末魏闫摹绘本		中国国家图书馆③
40	“台湾前山图”	清雍正五年至乾隆五十一年		英国国家图书馆
41	“台湾前山图”	清雍正九年至乾隆五十一年		英国国家图书馆
42	“台湾图”	清乾隆五十二年至嘉庆十五年		英国国家图书馆
43	“广东沿海图”	清顺治十年至康熙二十三年		中国科学院图书馆④
44	《广东沿海图》	清嘉庆年间		法国国家图书馆⑤

说明：通常我们无法判断地图的绘制年代，而只能得知地图所表现的年代，笔者无法一一对相关图进行考订，因此这里的年代通常引用自研究者的分析；而且笔者无法一一对相关地地图进行查阅，所以这里地图的顺序也引用自曾经过目的研究者的记录。

总体而言，从上表 2 来看，清代中后期，尤其是后期摹绘陈伦炯《海国闻见录》的绘本以及刻本地图数量众多，大致可以分为两类。

第一类，几乎是对陈伦炯《海国闻见录》地图的忠实复制，它们之间的差异主要在于：第一幅地图“四海总图”是否被替换为“环海全图”或“天下总图”，而这也是王耀划分图系的主要依据；“琼州图”、“澎湖图”、“台湾图”和“台湾后山图”这四幅地图的排列顺序；以及摹绘者或者改绘者是否在地图之前、之后或者图面上增加了文字，而这些文字或来源于陈伦炯《海国闻见录》，或来源于其他文献。下面逐一举例

① 参见孙靖国《明清沿海地图研究》结项报告，未刊稿，第 237 页。

② 参见孙靖国《明清沿海地图研究》结项报告，未刊稿，第 237 页。

③ 参见孙靖国《明清沿海地图研究》结项报告，未刊稿，第 237 页。

④ 参见孙靖国《舆图指要：中国科学院图书馆藏中国古地图叙录》，中国地图出版社 2012 年版，第 224 页。

⑤ 李孝聪：《欧洲收藏部分中文古地图叙录》，国际文化出版公司 1996 年版，第 58 页。

说明。

陈伦炯《海国闻见录》"四海总图"实际上是一幅东半球图，在亚洲大陆东部标注有"大清国"，将"清朝"称为"大清国"是传教士的习惯，不符合清代晚期之前中国地图的传统，因此这幅图显然应当来源于当时传教士绘制的地图。需要说明的是，"中华"一词出现得很晚，因此后续的一些摹本或者改绘本，在地图上将"大清国"替换为"中华一统"，如中国科学院图书馆所藏"沿海全图"，可以证明这些地图的摹绘时代应该是较晚的。此外，除了绘本之外，一些刻本书籍中也收录了这幅"四海总图"，如清杜堮（1764—1859）《石画龛论述》中收录的一幅"东半球图"、成书于道光年间的姚莹的《康輶纪行》中的"陈伦炯四海总图"等。

"环海全图"同样是一幅东半球图，就图面内容而言，与"四海总图"相比，两者在对"大清国"的描绘上存在显著的差异："四海总图"中只是简单地在"清朝"控制区域中标注了"大清国"，在西北方向上绘制了类似于《广舆图》"舆地总图"上的"沙漠"；"环海全图"上则标绘了清朝的各省。不仅如此，两者对于东亚海域中日本、琉球、台湾以及吕宋等位置的标绘也存在差异；且"环海全图"中出现了南极大陆。但需要注意的是，除此之外的欧亚非大陆，以及南亚海域中海岛的位置和名称以及文字注释，两者几乎完全一致。因此这两图之间存在明确的承袭关系。且除了单幅的绘本和刻本地图之外，一些刻本书籍中也采用了这幅地图，如上表 2 中的《国朝柔远记》，以及李兆洛《历代地理志韵编今释》同治九年刻本以及马征麟《历代地理沿革图》中的"地球上面图"。

难以准确地判断"环海全图"的改绘时间，但图面中几个重要的地理要素值得注意：第一，陈伦炯虽然长期在台湾任职，但在其《海国闻见录》的"四海总图"中，台湾依然只是被示意性的绘制，而在"环海全图"中，对台湾的描绘似乎是基于测绘的结果；第二，"清朝"范围内，除了各省之外，重点标注的区域集中在今天新疆范围内，且还有"尼布楚"、"黑龙江"、"推河"、"毛明安"以及"翁机河"等北方地名，似乎说明改绘者重视的或者其所使用的底图应当偏重于边疆地区，因此似乎可以认为其改绘至少应当是在鸦片战争之后，也即清朝边疆地区受到的威胁日益严重的时期。

收录"天下总图"的地图目前只见到两幅，一幅是中国文化遗产研究院藏《沿海疆域图》，另一幅是中科院藏蔡鹤摹绘《中国沿海七省八千五百余海哩地图》，第一幅地图本人没有看到原图，但据过目者王耀的描述，这两幅地图中收录的"天下总图"基本一致。与"环海全图"类似，"天下总图"应当也是依据"四海总图"改绘的。两者除了"清朝"之外，图面的内容几乎一致。"天下总图"没有绘制南极，也没有对东亚海域进行改绘，只是在"四海总图"的清朝范围内绘制了黄河、长江，并标注了一些省份名称。从《中国沿海七省八千五百余海哩地图》的图名中使用了很晚才大量用于地名图名的"中国"一词来看，该图的改绘年代应该也是较晚的。

因此，可以大致认为，几乎所有的这些摹绘本和改绘本的时间应该都是较晚的，应当至少是在鸦片战争之后。

对于后四幅地图顺序变动的原因，目前缺乏资料无法进行深入的讨论，也许摹绘者和改绘者有着自己的出发点和认知，但也许是不经意造成的。总体来看，很多后来的摹绘本都调整了地图的顺序，将澎湖和琼州图放置在了两幅台湾图之前。

就增加的文字而言，很多摹绘本和改绘本在地图之前都增加了一段强调这幅地图海防价值的序言，在地图图面上增加了大量文字注记，如中国科学院图书馆藏的“中华沿海总图”、周北堂绘和邵廷烈主持刻印的《七省沿海全图》、美国国会图书馆藏《七省沿海全图》以及中国国家图书馆藏嘉庆三年的《盛朝七省沿海图》等等。就地图图面上文字注记而言，大部分与军事防御有关，其中“沿海全图”上的文字基本来自于《海国闻见录》；而“琼州图”“台湾图”“澎湖图”上的图注，其中少量抄自《海国闻见录》，大部分来源于如黄叔璥《台海使槎录》等其他材料。

第二类，则是按照需要截取了《海国闻见录》所附的6幅地图中的一部分从而形成的“新”地图，典型的就是中国国家图书馆藏《福建广东台湾沿海全图》和《浙江至奉天沿海图》。

中国国家图书馆藏《福建广东台湾沿海全图》，图前有一段文字，叙述了各地的水程以及海上的一些艰险。该图绘制范围右起福清县，西至与交趾的交界处，此后附有琼州图、澎湖图、台湾图以及台湾后山图。该图图面内容与《海国闻见录》“沿海全图”中相应的部分几乎一致。在地图的图面上以及所附“琼州图”“澎湖图”旁附有大量图记，而这些图记在陈伦炯《海国闻见录》地图的大量摹本和改绘本中也都存在。

总体来看，清代中晚期陈伦炯《海国闻见录》谱系地图虽然数量众多，地图之间也确实存在一些差异，但并不存在根本性的差异，因此进一步划分谱系的意义并不太大。

四　明清时期的其他“海防总图”

明清时期，还有一些不在上述几个谱系之中的“海防总图”，现举例简要介绍如下。

明王在晋《海防纂要》中有两幅海防图，即“广福浙直山东总图”和“山东沿海之图”。从图名来看，“广福浙直山东总图”的绘制范围应从山东直至两广，但该图绘制范围实际上从辽东的广宁至南京往南一些；而“山东沿海之图”，其绘制范围则从辽东直至广东。两图的共同特点就是，上南下北，右西左东，且虽然涵盖地域广大，但全图不成比例的突出绘制了山东半岛及其以北的部分。其中“广福浙直山东总图”只是简要绘制了沿海的府州，而“山东沿海之图”还标绘了内地的府州、辽东的府州县，以及山东半岛附近以及渤海湾中的一些岛屿。

明程百二《方舆胜略》中收录了一些地图，其中大部分抄自《广舆图》。这些地图中有一幅“海防图”，但《广舆图》中只有“海运图”而没有“海防图”，不过经过比对可以发现，这幅“海防图”实际上是《广舆图》“海运图”从兴化至朝鲜的部分，其虽然去掉了原图中绘制的海上的海运路线，但并没有完全消除“海运”的痕迹，在图面上留下了一些与海运有关的文字注记，如山东半岛东侧的“海运至此转嘴”，山东半岛南侧的“白蓬头急浪如雪，见，可避”以及“西那”北侧的“北去海运道”等。而且作者画蛇添足地在地图右上角标注“每方百里”，可能由此希望与书中各分省图的“画方”相一致，但该图绘制范围要超出单一省份，因此显然这幅地图不可能是“每方百里”的。此外，明代潘光祖等辑《彙辑舆图备考》清顺治刻本中有一幅“海防图”，该图绘制范围和所标地图与《广舆图》的“海运图”几乎一致，只是将原来的4图幅改为了5图幅，主要是将原图的后2图幅改为3图幅；且在后3图幅的海域中增加了斜向的不同于周围的海波纹的波纹线，但不知其用意为何。

清前期陈良壁《水师辑要》中的7幅分省海图，即“京东海图”、“江南海图”、“浙江海图”、“福建海图”、“粤东海图”、“台湾海图”和“澎湖海图”，基本构成了从广东至北直隶的完整的海防图，图中标绘了海岸附近的府州县和卫所，以及近岸的岛屿，比较特殊的就是还描绘了一些沿岸的沙洲。不过需要注意的是，这套海图的绘制方式并不一致，“京东海图”的正方向大致为上西下东，“粤东海图”为海在下陆在上，而“江南海图”“浙江海图”“福建海图”为海在上陆在下，“台湾海图”标绘了海岸附近的陆上交通线以及港口的位置等，而“澎湖海图”则还在澎湖与大陆之间突出绘制了一条航海路线。

清道光二十年（1840）黄爵滋的《海防图》，该图集共三册，其中图二册，表一册，该图绘制方向为上南下北，绘有经纬线，没有采用传统海洋图不论方位一字展开的画法，其中第一册自左至右依次绘有盛京、直隶、山东、江苏、浙江、福建等省沿海的防御情况；而第二册则着重绘制广东沿海的自然、人文、军事布防的情况；第三册则将所绘地域范围、经纬度并图中表现府、州、县的图式符号及沿海口岸、山隘、水道、驻兵额数等一一作了说明。

此外，还有中国国家图书馆藏《万里海防图》① 以及台北故宫博物院藏清代前期黄叔璥所绘“沿海岸长图”（又名“海洋图”）②。

清代后期还出现了一些显示沿海形势的“要害图”，这方面的典型作品有中国国家图书馆藏光绪年间卫杰编的《中国海口图说》。图说分为3册，彩绘本，其中第一册为文字部分，首先是“中国海口形势总论”，然后是对从关东直至山东的北洋海口，以及从江苏至台澎的南洋海口形势的介绍，在“台澎海口形势论”之后还附有“台海土番形势论”和“台湾方言”。该册的后半部分则是“海口炮台说”，介绍了各种炮台的营建方式以及利弊。第二和第三册则是各海口的地图，在所有海口地图之前有一幅描绘了清朝控制范围的“总图”，其绘制重点集中在沿海地区，标绘了海中一些重要的岛屿和海口，且在右侧绘制了日本以及琉球。此后各图用计里画方的方法绘制，对于陆地的描绘较为简单，主要标绘了海口附近的岛屿并用文字记述了海潮、沿岸的险阻、浅滩等情况。类似的还有英国皇家地理学会藏清后期纸本彩绘的《海口图》、第一历史档案馆藏《沿海海口地舆图说》，以及大连市图书馆藏康熙年间彩绘《海口要隘水陆远近形胜全图》等。

值得注意的还有同治三年湖北官书局刻印的《南北洋合图》、《南洋分图》和《北洋分图》，其中《南北洋合图》覆盖面从堪察加半岛南至印度支那半岛的整个亚洲东海岸线，包括日本及中国内地；描绘中国南、北洋海疆形势，绘制出重要的河流、国界与省界、城市、长城与柳条边墙。中国沿海标注详细，余则从略。《南洋分图》覆盖范围从江苏省北部淤黄河口南至广东省与广西分界处，由南洋大臣分管的沿海地区。除海岸、岛屿外，还包括长江中下游流域，描绘中国南洋海疆形势。《北洋分图》的覆盖范围从江苏省北部淤黄河口以北至俄罗斯希鲁河（锡林河）河口，由北洋大臣分管的沿

① 参见北京图书馆善本特藏部舆图组编《舆图要录》，北京图书馆出版社1997年版，第84页。

② 参见孙靖国《黄叔璥〈海洋图〉与清代大兴黄氏家族婚宦研究》，《安徽史学》2018年第3期，第27页。

海疆域。除海岸、岛屿外，还详细绘出东北地区各条河流与朝鲜半岛。《南洋分图》和《北洋分图》用三角山形符号表现地形，着重画出沿海及通航河流沿岸的各级政区建制城市、场、所关隘①。值得注意的是，这几幅海防图虽然使用的是计里画方的方式绘制的，“每方一百里”，但从地图的形势来看，该图显然是测绘的结果，可能是受到康雍乾地图测绘的影响。这类用现代测绘技术绘制的海防总图在清代后期日益增多，如前文提及的卫杰编的《中国海口图说》以及中国国家图书馆藏清光绪年间的《大清一统海道总图》。

五　总结

总体而言，通过分析可以看出，目前存世的清代中期之前的海防总图虽然数量众多，但实际上的种类非常有限，且基本集中于明代嘉靖之后直至清乾隆时期。而留存于世的清代晚期的“海防总图”数量虽然同样众多，但陈伦炯《海国闻见录》谱系的地图占据了主导，当然这一时期也确实出现了一些用新的绘图技术绘制的“海防总图”。

海防总图时间上的这种分布应当与明清时期的海防状况存在密切的关系。关于明清时期的海防以及海防思想，前人研究众多，如基本可以参见《中国海防思想史》②、《清代前期海防：思想与制度》③、《明清海疆政策与中国社会发展》④ 以及《明代海防述略》⑤ 等论著。基于以往的研究，明代初年虽然也存在倭寇的袭扰，但一方面当时明朝的军事力量处于鼎盛时期，另一方面明朝在沿海建立了严密的卫所制度，倭寇的袭扰没有带来严重问题，因此虽然可能也绘制有一些海防总图，但没有广为流传，这些海防总图也就没有流传下来。而到了嘉靖时期，一方面由于明朝的海禁政策，使得倭寇问题变得非常严重，另一方面明朝的海防系统已经衰败，无法对如此数量且大范围的倭寇袭扰进行有效的应对，造成了严重的问题，不仅产生了一些海防图，且还广为流传。

到了清代初期，海防的主要问题是要解决占据台湾的郑氏，但平定台湾之后，在很长时期内清朝没有面对严重的海防问题，因此这一时期虽然绘制了一些海防地图，但数量极少，而在后来具有影响力的《海国闻见录》，其作者陈伦炯与康雍时期收复和稳定台湾存在密切的联系。此后，一段时期内，并没有产生太多新的海防总图。

随着在第一次鸦片战争中的失败，清代长期松弛的海防再次得到了重视，由此开始了各类海防总图的绘制。并且由于来自海上的威胁长期存在，各类海防总图的绘制也就一直延续了下来。而且，由于战争方式和武器的革命性变化，传统的海防总图逐渐不适用于新时代的需要，随之也就出现了用新的绘图方式绘制的海防总图，虽然这类地图数量有限，但这一时期可以被看成海防总图绘制的转折时期。

需要提及的是，这一时期陈伦炯《海国闻见录》谱系的地图依然被大量摹绘，甚

---

① 以上参见李孝聪编著《美国国会图书馆藏中文古地图叙录》，文物出版社 2004 年版，第 174—175 页。

② 海军学术研究所编：《中国海防思想史》，海潮出版社 1995 年版。

③ 王宏斌：《清代前期海防：思想与制度》，社会科学文献出版社 2002 年版。

④ 王日根：《明清海疆政策与中国社会发展》，福建人民出版社 2006 年版。

⑤ 范中义：《明代海防述略》，《历史研究》1990 年第 3 期，第 44 页。

至在清末的海防总图中占据着主导，但无论是地图上的行政建制、军事布防，还是其所蕴含海防思想都已经过时，且以战舰为代表的武器的巨大变革以及随之而来的战争形势的彻底变革，也使得这类地图在海防中已经失去了实际价值。那么其被大量摹绘应当有着其他目的，当然这超出了本文所讨论的主题，不再赘述，但这是今后研究值得考虑的一个问题。

（原载《社会科学战线》2020 年第 2 期）

清代“内—疆—外”治理模式与南海海疆治理*

王晓鹏**

我国古代国家治理体系及至清代臻于成熟，清代“内—疆—外”治理模式曾长期维持了多民族国家的统一和稳定，边海疆治理在其中居于关键地位。关于清代国家治理，特别是边海疆治理的研究，学界已有的研究成果并不在少数。但以往研究多从陆海二分、地缘单一的视角入手，着力于思想、政策、制度等某一层面，研究边海疆局部治理实践。本文旨在通过对清代“内—疆—外”总体治理线索及其模式的探究，充分总结清代以边海疆治理为代表的“天下”盛世之治的历史经验，并结合南海海疆治理，以期鉴古知今，启智于当代。

一　清代以“内—疆—外”治理模式实现“治天下”

我国传统国家治理思想发端于周朝，经历代发展演化，于清中期臻于成熟。有清一代，中央政府以“内—疆—外”治理模式维持了中华“天下体系”内的长期稳定，并基本底定了现代中国的版图基础。从地理边海疆角度观之，“内”是指内地行省区域①；“疆”是指广大陆海边疆，具体包括蒙古、新疆、西藏等藩部地区②，悬于海上的台湾地区以及南海诸岛等水师管辖的“内洋”“外洋”区域③；“外”是指朝鲜、越南、琉球、苏禄、哈萨克、布鲁特、廓尔喀等藩属国或部落地区。故此，雍正帝认为“中国之一统始于秦，塞外之一统始于元，而极盛于我朝，自古中外一家，幅员极广，未有如我朝者也”④。

清朝综合运用户籍、派官、驻军、税收等四项基本治理方法⑤，建立了三分“天下”的治理体系：对“内”并用四法，即“全管辖”，建立了地方行政“冲繁疲难”

---

* 本文系国家社会科学基金重大项目（17ZDA189）研究成果。

** 王晓鹏，南京大学中国南海研究协同创新中心兼职研究员、中国社会科学院中国边疆研究所副研究员。

① 一般指内地十八行省和京师。光绪二十五年（1899）重修的《大清会典》中所载“十八省”包括山东、山西、河南、江苏、安徽、江西、福建、浙江、湖北、湖南、陕西、甘肃、新疆、四川、广东、广西、云南、贵州。

② 张永江：《清代藩部研究——以政治变迁为中心》，黑龙江教育出版社2001年版。

③ 王宏斌：《清代内外洋划分及其管辖问题研究——兼与西方领海观念比较》，《近代史研究》2015年第3期。

④ 《清世宗实录》卷83，雍正七年七月丙午条，中华书局1985年版。

⑤ 李国强：《关于海疆史研究的几点认识》，《史学集刊》2014年第1期。

等级划分制度。“该制度以官缺所处位置之冲僻、政务之繁简、赋税之完欠、风俗之淳悍、案件之多寡，定为‘冲’（‘地当孔道’）、‘繁’（‘政务纷纭’）、‘疲’（‘赋多逋欠’）、‘难’（‘民风刁悍、命盗案多’）四项要素。再按所占要素项数之多少，将地方道、府、厅、州、县分为四等：四项俱全者为‘最要缺’，兼有三项者为‘要缺’，兼有二项者为‘中缺’，仅有一项或四项俱无者为‘简缺’。”① 对“疆”活用其二，即“半管辖”，康熙皇帝认为对边海疆地区“不可以内地之法治之，顺其性，以渐导，方能有益”②。比如清朝在蒙古、西藏等“藩部”主要运用驻军、派官二法治理，而对南海海疆区域则主要运用驻军（巡海）、征税二法治理；对“外”仅求修职贡、奉正朔，而不参与直接治理，即“不管辖”。往往对其属国“令照旧安居，不易服色，不授官爵，不责贡赋”③。乾隆帝认为“朕为天下共主，所有归服藩夷臣仆，俱一体眷顾，并无左袒……尔惟恪共臣职，和睦同藩”④。清代充分发挥“疆”的因素在“天下”治理中的关键性作用，这种治理模式使得清代“边疆三万里，相安二百年，为历代所不及”⑤，确保了国家统一与边海疆稳定。

清代将“一国多治”的治国方略与“因地制宜”的治边策略双结合。在中央集权总体制度下，清代统治者秉持“一个体系，多种政策”的治国方略，将边海疆治理摆到史无前例的高度，对边海疆各地采取因地制宜的治理政策：以军府制度治东北，以盟旗制度治蒙古，以伯克制度治新疆，以政教制度治西藏，以土司制度治西南，以巡海制度治海疆。具体行事中，在给予边海疆地区充分“自治或自管权力”的基础上，根据边海疆各地情况施以不同治理方法，如在东北设立黑龙江将军、吉林将军，在外蒙古设立乌里雅苏台将军、库伦办事大臣，在新疆设立伊犁将军，在西藏设立驻藏大臣，在南海建立渔课征收体系，等等，总体上治序井然、治绩可观。

清代“内—疆—外”治理模式是一个建构在“天下”三分基础上的二元动态结构，即内地与边海疆构成中国的疆域（此为“华”），外藩属国不纳入版图（此为“夷”），“华”“夷”二者共同构成“天下”。对于这一点，清朝统治者有着非常清晰的认识，《清朝文献通考》载：“大地东西七万二千里，南北如之。中土居大地之中，瀛海四环。其缘边滨海而居者，是谓之裔，海外诸国亦谓之裔。”⑥ 基于“内—疆—外”治理模式下对属国的认知，清朝统治者多次婉拒外藩属国主动提出的内附要求。如乾隆十九年（1754），苏禄国向乾隆帝进呈《苏禄国王乞隶版图表》，表示：“仰冀皇帝陛下大德敦化，中外咸怀保赤，鸿恩远播，夷狄尽欲子来。臣愿以疆土人丁户口编入中国图籍，听任指挥……臣来年编籍晋上，即为中国黎元。”⑦ 对此，乾隆帝御批：“览王奏，进贡方

---

① 张振国：《清代“冲繁疲难”制度再审视——以乾隆七年制度调整为中心》，《清史研究》2019 年第 3 期。

② 《清圣祖实录》卷 198，康熙三十九年庚辰三月，中华书局 1985 年版。

③ 《清高宗实录》卷 555，乾隆二十三年戊寅正月，中华书局 1986 年版。

④ 《清高宗实录》卷 793，乾隆三十二年八月上，中华书局 1986 年版。

⑤ 萧金松：《清代驻藏大臣之研究》，转引自强世功《“一国两制”的历史源流——香江边上的思考之七》，《读书》2008 年第 6 期。

⑥ 《清朝文献通考》四夷考一，卷 293，《万有文库·十通之九》，商务印书馆 1937 年版，第 7417 页。

⑦ 何新华：《清代朝贡文书研究》，中山大学出版社 2016 年版，第 414 页。

物，具见悃忱，知道了。尔国远隔重洋，输诚向化，良可嘉尚。所请将疆土、人丁、户口编入中国之处，已允部议，毋庸赍送图籍，已有旨了。”① 并颁谕苏禄国王“尔国远处重洋，路途迢递，既恪修岁献，即同隶版舆，更不必赍送图籍，以免往来跋涉之烦”②。

在这一体系中，“天下”，即“内—疆—外”的稳定与否决定了国家内外局势的走向，而属国的存亡及边海疆的安危则直接关系到“天下”的得失。在李鸿章积极鼓励朝鲜“开国”以维持中朝宗藩关系的历史事实中，这一点体现得尤为真切。③ 由此观之，近代西方列强对中国的侵略，其实质是西方“条约体系”对中国“天下体系”的冲击。

实际上，晚清政府对列强之侵略或曰西方“条约体系”之冲击的认识经历了一个从模糊到清晰的过程。早在鸦片战争之前，沙俄向中亚不断扩土拓边，逐渐侵占他国疆域，武力迫使中亚的一些国家、部落归降，其中包括了一部分清朝的中亚属国。清朝对这一严重情况的认识明显模糊。在属国哈萨克、布鲁特、浩罕于道光年间被沙俄侵略乃至吞并时，清廷认为：“哈萨克、布鲁特自乾隆年间臣服以来，至今历有年所……向背靡定，往往有朝属中国，暮附俄罗斯者。中国明知其情，向不过问，以昭宽大而示羁縻。”④ “霍罕与俄罗斯远在卡外，蛮触相争，原可置之不问，惟不许扰及边界。”⑤ 这种置身事外的消极政策直接导致了其后的西北边海疆危机。鸦片战争后，清朝中央及地方督抚大员对西方侵略属邦的认识逐渐清晰。在英国发动第三次侵缅战争后，清朝与英国展开交涉，在《中英会议缅甸条款》谈判过程中坚持“界贡两端”的原则，尽力维护上邦“体面”。晚清政府还曾通过打造一个运用“条约体系”框架、本于“天下体系”实质的“中体西用”的“条规体系”，维护“内—疆—外”的完整性。其中，在曾国藩、李鸿章等洋务派官员的力主下，与日本采用签订条约（条规）的形式建立近代外交关系，“谈判的主导权始终掌握在李鸿章手里，以所属邦国之保全……最惠国待遇条款之排除为主旨的清国方面的提案成为谈判的基础”⑥。《中日修好条规》以“所属邦土保全”为基本原则（之后的中日交涉中，李鸿章曾详细解释“邦”为属邦、“土”为属土），体现了清朝运用“条约体系”框架维系“天下体系”之“内—疆—外”构架的努力。其后直至甲午战败，无论是清朝与日本“球案”交涉中主张的“割（琉球）南岛存球祀”，还是鼓励并帮助朝鲜李朝与欧美签订条约过程中的朝方声明“属国自主”及在条约文本中奉中国正朔，都反映出清朝对于西方“条约体系”的冲击有了更加清晰的认知。

质言之，列强与清政府签订的一系列不平等条约，如《中法新约》《马关条约》

---

① 《清高宗实录》卷476，乾隆十九年十一月戊寅，中华书局1986年版。

② 何新华：《清代朝贡文书研究》，第367页。

③ 张礼恒：《李鸿章主持朝鲜外交事务的原因探析》，《江苏社会科学》2015年第5期。

④ 《筹办夷务始末·同治朝》卷8，第700页，《续修四库全书·四一八卷》，上海古籍出版社2002年版。

⑤ 《清宣宗实录》卷207，道光十二年壬辰三月，中华书局1986年版。

⑥ ［日］西里喜行：《清末中琉日关系史研究》，胡连成等译，社会科学文献出版社2010年版，第270—271页。

等，均规定清朝承认越南、朝鲜等清朝属国的“独立”，中止它们与中国的藩属关系。由此表明，这些条约对中国造成的最大伤害不仅是领土主权及其他权益的丧失，也是对“内—疆—外”治理模式的破坏。这也说明，不平等条约的不平等性实际也是“条约体系”与“天下体系”间的不平等。在近代，外部侵略力量与内部分裂势力相互勾结，属国丧失与边海疆危机在晚清相继出现，并引发连锁反应，“内—疆—外”治理模式陷入崩塌之势。随着哈萨克、琉球、越南、朝鲜等属国亡于列强，相对应的新疆、台湾、南海、东北等边海疆地区亦出现空前危机，“天下”结构也最终走向消亡，中华民族彻底坠入半殖民地的深渊。

面对“藩属亡，边海疆危，天下失”的局面，清朝选择以边海疆治理内地化应对危机。“内—疆—外”治理模式并非一成不变，可随事态变化而进行调适。调适过程中，边海疆治理的内地化与中外疆域间的边界化往往相伴而生。例如，明朝及清朝前中期，中央政府为加强对西南少数民族聚居区的统治，均曾实施“改土归流”政策，即通过设立府、厅、州、县，并派遣一定任期的流官，将少数民族土司制度改为中央派官直接管理。及至晚清，饱受列强侵越之苦的晚清政府较大规模开启了边海疆治理内地化的进程：先是以新疆建省应对沙俄吞并哈萨克、布鲁特之后入侵西北的妄举；后以台湾建省应对日本“废琉置县”及其后列强袭扰宝岛的举动；再以东北建省应对日本占领朝鲜及其后俄、日对旅大的强租；最后，以东沙岛、西沙岛主权宣示应对日、法等国对我国海疆的觊觎。上述“内地化”举措不同程度改变了以上地区既有的治理模式，形成了中央与边海疆关系的新常态，使这些地区最终没有在帝国主义瓜分中国的狂潮中被分裂出去，从而基本保全了现代中国版图的底色和我国边海疆地区的稳定。

二　清代“盛世观”以“治天下”为最高目标

“盛世”是中国古代开明君主的热忱追求，“盛世之治”是开明君主为实现“盛世”目标推行一系列治理方略的总和。以“开元盛世”为历史映照，并经历“康乾盛世”，至清代中晚期时，我国传统盛世研究达到鼎盛。

中国传统盛世研究臻于成熟的重要标志，是清代边海疆舆地学者突破传统儒家囿于“夷夏之辨”的旧说，创新“大一统”“张三世”“通三统”学说，提出以“治天下”为特征的“天下一统”“中外一家”治理理念。“经过改造，《春秋》之核心内容‘三世’‘三统说’与西方‘进化论’实现了接榫。‘三世说’被巧妙地转化成从据乱，中经升平，最后达致太平的进步历史哲学。以此为基础，貌似陈旧的‘大一统’观被赋予了世界主义眼光。”[①] 结合春秋公羊学家提出的“据乱世”—“升平世”—“太平世”[②] 发展规律，边海疆舆地学实现了治国理政与经略天下的紧密结合。

申言之，清代将版图完整、边疆稳定、属国归附的“天下体系”作为“盛世”标准，其“盛世观”与中国传统“内—疆—外”治理体系的发展变化直接相关。具体来看，当边疆范围大于内地，属国从外部拱卫边疆，内地提供的价值观与边疆提供的安全

① 杨念群：《论“大一统”观的近代形态》，《中国人民大学学报》2018 年第 1 期。

② 张翔：《康有为经学思想调整刍议——以〈春秋董氏学〉与〈春秋笔削大义微言考〉的比较为例》，《中国哲学史》2014 年第 2 期。

感能够使广大藩属国似群星拱月般纳入中华朝贡体系，此类历史时期（如盛唐、盛清）即为“太平世”，亦被清代官方称作“昭环拱之盛”[①]；当边疆范围远小于内地，或仅以带状形式出现，藩属国较为分散，不能形成拱卫边疆及内地之势，“天下体系”呈松散态势，此类历史时期（如晚唐、北宋），即使政治稳定，亦只能为“升平世”；当边疆范围居内地之中，藩属国星星点点，甚或仅为贸易对象的代称，此类历史时期，即使经济繁荣，亦仅能被视作“据乱世”。此种情况往往发生于我国南北大分裂时期，如江淮地区就曾成为南宋的“北部边疆”。

综上，以“内—疆—外”治理模式看中国盛世规律，可表述为：

“疆”大于“内”，“外”拱于“疆”，为太平世；

“疆”在“内”表，“外”散不拱，为升平世；

“疆”在“内”中，“外”散不存，为据乱世。

康熙皇帝曾表示：“朕意欲访察明代后裔，授以职衔，俾其世守祀事。古者夏殷之后，周封之于杞宋。即令本朝四十八旗蒙古，亦皆元之子孙，朕仍沛恩施，依然抚育。明之后世，应酌授一官，俾司陵寝。俟回都日，尔等与九卿会议具奏。”[②] 这表明，清朝以高于塞外政治文明和内地政治文明的姿态，对两种治理模式予以整合调配，创造了一种全新的“大一统”的盛世观，适应了国土辽阔、族群众多、属邦林立、文化各异的“天下”型国家治理的需要。在“内—疆—外”治理模式和国家版图基本底定的基础上，通过“修文德以来远人”，清中期三代以近七十年之功，[③] 建立起一个贯通东北亚、东南亚、南亚、西亚和中亚的环中国“天下体系”，实现了空前的“中外一统之盛”，即“治天下”的盛世目标。

三　清代的南海海疆治理

清朝统治者对清代“大一统”的认知明显带有“西北—东南”论的色彩[④]，西北塞外与东南内地之一统实际上指的是“陆海一统”，从其边海疆治理思想和治理实践角度观之，又是陆疆治理与海疆治理的有机结合。海疆治理是清代边海疆治理体系的重要组成部分，也是清代有别于前朝边海疆治理的主要特色之一。在清政府的悉心经营之下，清代海疆治理达到了前所未有的高度，为海疆地区的发展和国家疆域的稳固奠定了基础。南海海疆作为重要组成部分，清代对其采取的治理措施颇具代表性。

秦汉时期，中国人对南海的认识还十分有限，将南海及南海诸岛泛称为涨海、涨海崎头、珊瑚洲等，这些发现奠定了中国人认识南海、开发南海和管辖南海的基础。至唐代，中国的南海疆域已包括了东沙群岛和西沙群岛局部海域。自宋至明，随着中国人民对南海的认识逐步加深、开发经营逐渐展开，中央和地方政府对南海海疆进行了持续不

① 乔治忠、侯德仁：《乾隆朝官修〈西域图志〉考析》，《清史研究》2005 年第 1 期。

② 《清圣祖实录》卷 193，康熙三十八年己卯夏四月，中华书局 1985 年版。

③ 康熙二十五年（1686），康熙帝下诏修著《大清一统志》，至乾隆二十年（1755），乾隆帝宣布“昭示中外一统之盛”，共 69 年。

④ 宋培军：《中国边海疆治理的“主辅线现代化范式”思考》，社会科学文献出版社 2015 年版，第 147 页。

断的行政管辖，为清代南海海疆治理奠定了重要的基础。1043 年，宋仁宗敕命集贤校理曾公亮编写的《武经总要》中记述道："广南东路，广州南海郡……置巡海水师……从屯门山，用东风西南行，七日至九乳螺州。"① 从此，水师巡海成为了历代中央政府以"驻军"形式管辖南海海疆这一特殊疆域的特殊治理办法。元代，郭守敬对南海诸岛进行了"测验"，并对"七洲洋"和"万里石塘"等南海诸岛区域也采用了水师巡海的治理方法。明代，黄衷在《海语》中记载："分水在占城之外罗海中，沙屿隐隐如门限……天地设险，以域华夷者也。"其中将外罗海视作"内""疆"（华）与"外"（夷）的天然分界线。

清代"内—疆—外"治理模式中，"疆"发挥着保"内"驭"外"的关键作用。清代中央政府将南海海疆的治理范围扩展到了整个南海诸岛的陆海区域，使得南海海疆在"内—疆—外"治理模式中得以充分体现。在清代一系列官书、方志等文献中，一直将长沙海、石塘海列入万州辖下。并将"千里长沙、万里石塘"作为山川单位列入广东省琼州府辖下的万州治内。一方面，政府层面的管辖范围较之前代大大明确；另一方面，民间的开发经营行为也为政府的治理实践提供了管辖对象和依据。

考察清代南海海疆治理，首先要厘清清代南海海疆的地理范畴及其所对应的"内"与"外"的所指。美国著名的中国史专家拉铁摩尔从中国边海疆发展的角度洞察中国历史发展的动因和走向，揭示了边海疆对中国历史的影响。其学说中的"边海疆视角"和"蓄水池"理论引发了笔者对于清代南海海疆治理的进一步思考。拉铁摩尔认为："在中国历史中，可以看出一个显著的'边海疆形态'：或者是一个王朝建立在边海疆以外或边海疆之上，然后向内地推进，建立其对中国的统治；或者是在中国以内建立王朝，然后向外推进，建立其对边海疆及边海疆以外的统治。"② 其将存在着农耕、游牧、狩猎三种经济形态的长城及其周边地带视作探究中国边海疆问题的一个缩影。"'蓄水池'是狩猎、游牧、农业三种经济方式交流的场所；汉民的扩张，草原游牧民的征服活动，这些历史的循环过程往往是由'蓄水池'地区居民的动向所决定的。"③

循着"陆海统筹"的视角来观察，南海海疆的海南渔民至迟在清代就创造了一种"海南—南海—南洋"三位一体的生产生活模式。在海南，他们于"渔闲"时节作海南岛沿海州县的自耕农；每年冬季，他们趁东北季风开往西南中沙，以"站峙""行盘"等岛礁作业方式成为了驻岛生产的岛礁渔民；捕捞完成后，他们往往将渔获在西南沙岛礁晒干带往宏武銮、浮罗利郁、浮罗丑未、④ 新加坡等南洋地区销售，那一刻，他们海商身份又被凸显出来。这种特殊的生存形态使得以海南渔民群体为代表的"下南洋"

---

① 《武经总要·前集卷二十之广南东路》，《中国兵书集成》第 3 册，解放军出版社 1987 年版，第 1055 页。

② ［美］拉铁摩尔：《中国的亚洲内陆边海疆》，唐晓峰译，江苏人民出版社 2005 年版，第 264 页。

③ Owen Lattimore, "Origins of the Great Wall of China: A frontier Concept in Theory and Practice," *Studies In Frontier History: Collected Papers, 1928—1958*. Lodon: Oxford University Press , 1962, p. 116.

④ 多种版本的《更路簿》中记载的宏武銮、浮罗利郁、浮罗丑未等地均在今印度尼西亚纳士纳群岛范围之内。清代我国海南渔民完成南海捕捞后，多是前往新加坡将货物出售再回国，因此这些岛屿均为驶往新加坡的中转站。

华人将南海诸岛及附近海域形塑为一个海疆“蓄水池”，以此推之，清代广东省沿海（含“内洋”）则为“内”，南海诸岛等“外洋”区域则为“疆”，周边越南、吕宋、苏禄等南洋区域则为“外”。从那时起，南海海疆在中国历史发展进程中发挥了越来越举足轻重的作用。

清朝建立后谕令沿海各省将所辖水域统一划分为前文所述的“内洋”与“外洋”来加以管理，从边海疆治理角度来看，这一措施成为其海疆经略的重要手段。王宏斌先生在其著作《清代前期海防：制度与思想》中指出：“清代将中国海域分为内洋与外洋两部分，内洋一般归州县管辖（凡近岸之处为内洋，距离未必相等），岛屿周围或作内洋，或为外洋，与大陆距离远近也无一定标准。外洋一般归水师负责，具体界限不甚明确，无从臆断。”① 在乾隆时期，广东省将其南海管辖水域划分为内洋和外洋两部分。根据王宏斌的研究，《广东内洋外洋海防图》所载“琼州环岛内洋是：铺前港、海口、牛始港、石矍、石排、将军澳、放马角、新英港、棋子湾、北黎、三丫（即三亚）、乐会等”；《广东要塞海防图》中的“琼州内洋自东而西，环岛内洋名称是：木栏头、铺前港、铜锣沙、海口、牛始港、盐灶、东水炮台、马袅港、临高、石牌炮台、将军澳、放马角、新英港、新潮港、番人塘、大蛋港、小椅、榆林港、蚂蟥洲、桐栖港、那乐港、新潭、锣鼓大山等”。②

上述“内洋”地名均为海南岛环岛地名，至于琼州的“外洋”具体为何，存世文献鲜有涉及。破解这一与传统南海海疆内涵密切相关之命题的关键有两点。其一，诚如清代《廉州府志》所载：“外洋何以不书，淼淼者不胜书也，详内洋而外洋可知矣。”③ 这种观点④可以说明，清代官书对部分“外洋”地名的“不书”或“不详书”并不代表其未将相关地名纳入相应的海疆范围。其二，清代的《广东通志》、《琼州府志》和《万州志》都有“长沙海、石塘海，俱在万州城东海外洋”的记载。根据韩振华先生的研究，“长沙海”所指为南沙群岛及其海面，“石塘海”所指为东沙、中沙和西沙群岛及其海面。⑤ 笔者认为，只有厘清“长沙海”“石塘海”之所指以及其所包含的具体地名方可探知琼州“外洋”的基本轮廓。因此，将上述官书方志与民间航海文献结合起来加以考察是解决这一问题的题中应有之义和必由之路。官书方志解决了琼州“外洋”大致范围指向的问题，民间航海文献《更路簿》则有助于解决琼州“外洋”包含哪些岛、礁、滩、沙、洲及海域的问题。

前文所述清代派官、驻军、户籍、税收四项治理方法反映在对南海诸岛的行政管辖方面，是活用了驻军和税收两法。其中，税收对应的国家职能在财政上的延伸和绝对权力，在南海则体现为基层政府对南海诸岛渔民的渔课征收；驻军对应的是服务于国家利益或政治意志的强制性工具，在南海则体现为水师的巡海活动、朝贡护送以及海难救助。这两种管理行为在很大程度上丰富了清代南海海疆治理的内容和范畴。

---

① 王宏斌：《清代前期海防：制度与思想》，社会科学文献出版社 2002 年版，第 72 页。

② 王宏斌：《清代前期广东内外洋划分准则》，《广东社会科学》2016 年第 1 期。

③ （清）周硕勋修：《中国地方志·廉州府志》卷 2，第 4 页，雕龙古籍数据库。

④ 笔者将之称为“详内洋外洋可知论”，此论对厘清清代“外边海疆”的内涵大有裨益。

⑤ 韩振华：《我国历史上的南海海域及其界限（续完）》，《南洋问题》1984 年第 4 期。

根据各种抄本《更路簿》[①] 的记载，海南渔民在南海传统渔场的大致范围，已经基本涵盖了南海诸岛的全部地理范围。该范围北起海南岛南部沿海，南包曾母暗沙，东到蓬勃暗沙，西至日积礁。这个范围同时也是清代官书“不书”或“不详书”的琼州“外洋”区域的主体部分。根据笔者的调查[②]，清代海南渔民在这一范围内从事渔业生产、开发海洋资源、组织海上运输甚至在一些无人岛礁上站峙（长期居留于岛礁）和行盘（在礁盘上从事生产作业），逐渐形成了针对南海岛礁的“站峙点[③]经营模式”和“行盘线开发模式”。上述民间开发经营活动为清代官方对南海海疆的税收治理提供了对象和依据。雍正元年（1723），清政府要求东南四省沿海商船和渔船必须用不同颜色的油漆涂饰船头和桅杆，以示区别，海船的两侧需刊刻字号，写明某省某州县某字某号船，明令“取鱼不许越出本省境界……船只有照方能下海”[④]。以征税为主要抓手的管理行为在很大程度上丰富了清代南海海疆治理的内容和范畴。

清朝在海南岛设崖州协水师营负责海疆巡视，其巡视范围和巡海职责更加明确化。关于其范围，《琼州府志》记载：“崖州协水师营，分管洋面。东自万州东澳港起，西至昌化县四更沙止，共巡洋面一千里，南面直接暹罗、占城夷洋。”[⑤] 关于其职责，巡海水师在执行巡海防务的同时，还负责朝贡护送、海难救助等任务。1762 年，属国暹罗贡船在西沙群岛海域遭遇海难，广东地方政府遣人前去打捞龙涎香、桂皮、豆蔻、树胶香等贡物，同时安置了 26 个贡船上的随行人员。

清朝在南海海疆水师巡海的范围和频率远超历代。晚清两广总督应翰认为：“伏查海防本为今日全局第一要务。”[⑥] 在二百余年南海海疆治理的基础上，为防止外国势力对南海海疆的侵扰，宣统元年（1909），广东水师提督李准奉命率军舰前往西沙群岛巡视。李准一行共计一百七十余人，乘坐伏波、琛航、广金三艘军舰，前往西沙群岛巡海并在西沙各岛进行了物产调查、测绘等工作。其后，广东政府在给清廷的奏报中提出“（西沙群岛）其地居琼崖东南，适当欧洲来华之要冲，为南洋第一重要门户”。随后，广东政府成立了“筹办西沙群岛事务处”，并制定了复勘西沙群岛“入手办法大纲十条”和“筹办处开办办法八条”，并相应展开了多项针对西沙群岛南海海疆的治理举措，为后世南海治理奠定了重要基础。[⑦]

---

① 本文主要参考彭正楷手抄本《更路簿》、黄家礼手抄本《更路簿》、卢业发手抄本《更路簿》。

② 主要调查对象为海南省琼海市潭门镇渔民协会前会长麦邦奋、会长丁之乐、老渔民苏承芬、邱谷儒、卢家炳等。

③ 据多个版本的《更路簿》及海南琼海、文昌等地世代前往南海诸岛捕捞作业渔民家谱的记载，至迟清代，这些渔民将一些常年露出水面、面积较大、拥有淡水资源、居于海上航行枢纽位置的岛礁作为站峙点（常年居住的岛礁）。

④ （清）嘉庆《大清会典事例》卷 507，兵部八十一·绿营处分例·海禁一。

⑤ （清）明谊：《琼州府志》卷 18，海防，第 5 页，道光辛丑年（1841 年）刊本。

⑥ 《升任两广总督应翰、安徽巡抚裕禄奏》（同治十三年十一月初三日），载宝鋆等修纂《筹办夷务始末·同治朝》卷 99，文海出版社 1966 年版，第 4 页。

⑦ 陈天锡编著：《西沙岛东沙岛成案汇编·西沙岛成案汇编》，商务印书馆、香港印刷局 1928 年版，第 22—23 页。

结 论

清代中央政府以“内—疆—外”治理模式维持了中华“天下体系”内的长期稳定。在这一模式中，边海疆治理居于关键性位置。正是因为清朝对“疆”的因素的高度重视，在西方“条约体系”对“天下体系”的冲击下，内地和边海疆的版图得以保全，“天下”虽失，中国犹存。及至近代，由于外部侵略多来自海上，较之边海疆藩部，海疆区域尤其是南海海疆在中国历史进程中的重要性越来越凸显。因此，从宏观角度来看，南海海疆是清代边海疆的有机组成部分，南海海疆治理构成了清代“内—疆—外”治理的关键环节；从微观角度来看，《更路簿》等历史文献所反映的中国渔民南海诸岛传统渔区范围是琼州“外洋”的主体组成部分，对“外洋”的管辖是清政府南海海疆治理的主要内容。

（原载《社会科学战线》2020 年第 5 期）

2020 年中国边疆研究大事记

2020年1月14日，中国社会科学院中国边疆研究所与社会科学文献出版社共同在北京发布首部《边疆蓝皮书：中国边疆发展报告（2019）》。

2020年5月17日，为加快形成西部大开发新格局，推动西部地区高质量发展，中共中央、国务院印发《关于新时代推进西部大开发形成新格局的指导意见》。

2020年6月1日，中共中央、国务院印发了《海南自由贸易港建设总体方案》，并发出通知，要求各地区各部门结合实际认真贯彻落实。

2020年6月2—5日，第十届“中俄合作历史与前景”学术研讨会在线上召开，该研讨会由中国黑河学院、俄罗斯布拉戈维申斯克国立师范大学联合主办。

2020年7月15日，“藏文化传承与宗教信仰国际视频学术研讨会”在北京召开。此次视频会是联合国人权理事会第44届会议的云上边会，由中国藏学研究中心、中国西藏文化保护与发展协会和中国人权研究会联合主办。

2020年7月22日，由中国南海研究院与台湾政治大学台湾安全研究中心联合举办的“2020年海峡两岸南海问题学术研讨会”线上会议召开。

2020年7月31日，由中国社会科学院中国边疆研究所与云南省社会科学院、中国（昆明）南亚东南亚研究院主办的“边疆民族地区治理体系和治理能力现代化”云端论坛召开。

2020年8月15日，由中国社会科学院中国历史研究院中国边疆研究所北部边疆研究室、内蒙古自治区鄂温克族研究会主办，内蒙古自治区鄂温克族自治旗鄂温克族研究会承办的“清代索伦鄂温克戍边卫国历史文化学术研讨会”在内蒙古自治区鄂温克族自治旗召开。

2020年8月22日，由上海市社科联《学术月刊》杂志社与云南大学民族学与社会学学院联合主办的第八届边疆中国论坛暨“边疆研究中的国家观、历史观与民族观”学术研讨会在云南省昆明市召开。

同日，由南京大学中国南海研究协同创新中心和华中科技大学国家治理研究院共同主办的2020年“南海问题专家线上峰会”召开。

2020年8月28日，由中国社会科学院西藏智库和民族学与人类学研究所主办、中国社会科学院民族学与人类学研究所藏学与西藏发展研究室承办的第四届喜马拉雅区域研究国际研讨会在北京举行。

2020年8月28—29日，中央第七次西藏工作座谈会在北京召开。中共中央总书记、国家主席、中央军委主席习近平出席会议并发表重要讲话。习近平强调，面对新形势新任务，必须全面贯彻新时代党的治藏方略，坚持统筹推进“五位一体”总体布局、协调推进“四个全面”战略布局，坚持稳中求进工作总基调，铸牢中华民族共同体意识，提升发展质量，保障和改善民生，推进生态文明建设，加强党的组织和政权建设，确保国家安全和长治久安，确保人民生活水平不断提高，确保生态环境良好，确保边防巩固和边境安全，努力建设团结富裕文明和谐美丽的社会主义现代化新西藏。

2020年9月7日，中国社会科学院中国边疆研究所以“新时代西藏治理”为主题，在北京召开“贯彻落实中央第七次西藏工作座谈会精神”学术座谈会。

2020年9月17日，国务院新闻办公室发表《新疆的劳动就业保障》白皮书。

2020年9月17—19日，“西部大开发与民族地区社会治理研究”学术研讨会暨

2020年中国西南民族研究学会理事会、常务理事会会议在青海省西宁市召开，会议由中国西南民族研究学会、青海民族大学主办，青海民族大学民族学与社会学学院承办。

2020年9月19日，由中国藏学研究中心、青海省社会科学院、青海省社会科学界联合会、祁连县委县政府联合举办的“首届青藏高原乡村振兴理论与实践学术论坛”在青海省海北藏族自治州祁连县召开。

同日，由内蒙古社科联和内蒙古师范大学联合主办的北疆论坛2020暨第三届“内蒙古学”论坛在内蒙古自治区乌兰察布市召开。

2020年9月19—20日，由西北民族大学主办，西北民族大学中国语言文学学部和中国蒙古学学会卫拉特学专业委员会共同举办的“庆祝西北民族大学建校70周年暨第十一届全国卫拉特学学术研讨会”在甘肃省兰州市榆中县召开。

2020年9月22日，广西壮族自治区党委和求是杂志社在广西壮族自治区南宁市共同举办“全面小康与边疆治理”理论研讨会。

2020年9月25—26日，第三次中央新疆工作座谈会在北京召开。中共中央总书记、国家主席、中央军委主席习近平出席会议并发表重要讲话。习近平强调，当前和今后一个时期，做好新疆工作，要完整准确贯彻新时代党的治疆方略，牢牢扭住新疆工作总目标，依法治疆、团结稳疆、文化润疆、富民兴疆、长期建疆，以推进治理体系和治理能力现代化为保障，多谋长远之策，多行固本之举，努力建设团结和谐、繁荣富裕、文明进步、安居乐业、生态良好的新时代中国特色社会主义新疆。

2020年10月12日，由中国社会科学院新疆智库、中国边疆研究所主办的“新时代党的治疆方略研究暨学习贯彻第三次中央新疆工作座谈会精神”研讨会在北京召开。

2020年10月16日，吉林大学东北亚研究院、东北亚研究中心、朝鲜韩国研究所与韩国东西大学东亚研究院、中国研究所联合举办了第四届中韩东北亚地区合作研讨会，此次会议以线上模式进行，主题为“朝鲜半岛局势及中国与朝鲜半岛关系”。

2020年10月17日，由中国民族史学会主办，青海民族大学民族学与社会学学院承办的中国民族史学会第23届学术年会在青海省西宁市召开。

2020年10月17—18日，第三届“丝绸之路与敦煌历史文化”学术研讨会在甘肃省敦煌市举行。此次研讨会由中国社会科学院历史理论研究所海外中国学研究室、西北师范大学历史文化学院与敦煌市博物馆联合举办。

2020年10月17—18日，由中国航海博物馆、上海师范大学、中国航海学会航海历史与文化研究专业委员会、中国博物馆协会航海博物馆专业委员会联合主办的“海帆寻踪：文化遗产视野下的海上丝绸之路”学术研讨会在上海召开。

2020年10月24日，由江苏省历史学会东南亚研究分会主办，南京大学中国南海研究协同创新中心承办的“后疫情时代的中国与东南亚：机遇与挑战”学术研讨会在江苏省南京市召开。

同日，“第五届新疆北庭学术研讨会暨北庭故城考古四十周年纪念活动”在北京召开。此次会议由中国社会科学院、国家文物局、中国历史研究院指导，中国社会科学院考古研究所、新疆维吾尔自治区社会科学院、新疆维吾尔自治区文博院、新疆维吾尔自治区文物局、新疆昌吉回族自治州人民政府主办。

2020年10月31日，由中国蒙古史学会，内蒙古大学蒙古学研究中心、蒙古历史学系联合主办的“中国蒙古史学会2020年会员大会暨明清以来蒙古社会文化变迁”学术研讨会在内蒙古自治区呼和浩特市召开。

2020 年 11 月 5 日，由中国南海研究院、中国—东南亚南海研究中心、中美研究中心和加拿大阿尔伯塔大学中国学院联合主办的首届“海洋合作与治理论坛”国际学术研讨会在海南省海口市举行。

2020 年 11 月 7—8 日，中央民族大学科研处、历史文化学院、国家民委“一带一路”国别和区域研究中心—缅甸研究中心与云南社会科学院缅甸研究所在北京联合举办西南边疆与缅甸问题研讨会。会议通过线上线下结合的方式进行。

2020 年 11 月 7—8 日，由中国社会科学院铸牢中华民族共同体意识研究基地、云南大学、中国民族学学会主办，云南大学民族学与社会学学院承办的中国民族学学会 2020 学术年会在云南省昆明市召开。

2020 年 11 月 12 日，由中国藏学研究中心和中国藏语系高级佛学院共同举办的“2020 年藏传佛教教义阐释工作研讨会”在北京召开。

2020 年 11 月 18 日，由中国藏学研究中心、中国西藏文化保护与发展协会主办的“西藏的脱贫攻坚与中国智慧中国方案”学术研讨会在北京举行。

2020 年 11 月 21 日，中国人类学民族学 2020 年年会专题会议之一“铸牢中华民族共同体意识的内涵、路径与目标”在贵州贵阳召开。此次会议由中国人类学民族学研究会主办，以线下线上方式同步进行。

2020 年 11 月 21—22 日，由复旦大学历史地理研究中心主办的“‘丝绸之路’沿线历史人口与区域社会学术研讨会”在上海召开。

2020 年 11 月 21—22 日，由西安交通大学科学处、国际合作与交流处联合主办的“丝绸之路”全球治理学术研讨会暨第四届全国高校“全球治理概论”教学研修班在陕西省西安市举办。

2020 年 11 月 26 日，由自然资源部海洋发展战略研究所主办的“海洋地缘政治与全球海洋秩序”海洋发展战略 2020 年度学术研讨会在北京召开。

2020 年 11 月 27 日，自然资源部海洋发展战略研究所与海军指挥学院在北京联合举办“海洋命运共同体”学术研讨会。

同日，中国藏学研究中心在北京召开“藏学研究发展规划学术研讨会”。

2020 年 11 月 28 日，由中国亚太学会东北亚研究会主办，吉林大学行政学院承办的中国亚太学会东北亚研究会 2020 年年会暨“后疫情时代东北亚区域合作的现状及前景”研讨会在吉林省长春市召开。

同日，由中国海洋法学会与中国政法大学共同举办的中国海洋法学会 2020 年学术年会在北京召开。

2020 年 12 月 4 日，由海南大学、国际关系学院和中国国际问题研究院联合主办的第八届南海区域合作论坛“国际和区域海洋安全秩序构建与治理”学术研讨会在海南省文昌市举行。

2020 年 12 月 11 日，由教育部人文社会科学重点研究基地中央民族大学中国少数民族研究中心、少数民族事业发展协同创新中心组织的“边疆发展中国论坛 2020”在北京召开。

2020 年 12 月 12 日，由山东大学东北亚学院、山东大学国际问题研究院主办的东北亚地区形势研讨会（2020）在山东省威海市召开。

2020 年 12 月 17 日，自然资源部海洋发展战略研究所、中国现代国际关系研究院在北京联合举办周边海洋安全合作研讨会。

2020 年 12 月 18 日，“海洋治理青岛论坛”（第二期）——“新时代海洋强国战略与海洋文化前沿问题”学术研讨会在山东省青岛市召开。此次研讨会由中国海洋大学国际事务与公共管理学院、教育部人文社科重点研究基地——海洋发展研究院“海洋治理与中国”学术团队主办，采取线下与线上腾讯会议的形式进行。

2020 年 12 月 18—20 日，第四届中国与中亚人文交流与合作国际论坛在甘肃省兰州市召开。此次论坛由中国社会科学院中国边疆研究所、西北师范大学、敦煌研究院、吉尔吉斯国立大学、哈萨克斯坦塔拉斯国立大学联合主办。

2020 年 12 月 20 日，“陆海统筹视野下的黄渤海区域环境治理 2020 年学术研讨会”在辽宁省大连市召开。此次研讨会由大连海事大学黄渤海研究院和大连海事大学法学院主办，以现场会议和网络会议结合的形式举办。

2020 年 12 月 22 日，由中国国际问题研究院主办的“共同应对新形势下的恐怖主义”国际研讨会在北京举行。会议采用“线上 + 线下”形式召开。

（供稿：孙宏年　陈　柱　张永攀　宋培军　刘清涛　侯　毅　李　欣　阿拉腾奥其尔）

附录

附录一　中国边疆研究论著目录

2020 年中国边疆研究主要著作目录

2020 年中国边疆研究主要论文目录

附录二　当代中国边疆治理重要文献

中共中央 国务院关于新时代推进西部大开发形成新格局的指导意见

中共中央 国务院印发海南自由贸易港建设总体方案

新疆的劳动就业保障

中共中央关于制定国民经济和社会发展第十四个五年规划和二〇三五年远景目标的建议

附录一　中国边疆研究论著目录

2020年中国边疆研究主要著作目录

王义康：《覃于风教：唐王朝的政治秩序》，社会科学文献出版社2020年版。

［加］王贞平：《多极亚洲中的唐朝》，贾永会译，上海文化出版社2020年版。

［日］王珂：《从“天下”国家到民族国家：历史中国的认知与实践》，上海人民出版社2020年版。

张国刚：《文明的边疆：从远古到近世》，中信出版社2020年版。

罗静、赵旭峰：《精准扶贫精准脱贫百村调研·牛红村卷：昔日乞丐村的脱贫之路》，社会科学文献出版社2020年版。

赖惠敏：《但问旗民：清代的法律与社会》，中华书局2020年版。

［德］迈克尔·普劳丁（Michael Prawdin）：《蒙古帝国的兴起及其遗产》，赵玲玲译，社会科学文献出版社2020年版。

张万军：《清代乾隆朝归化城土默特刑案研究》，商务印书馆2020年版。

陈浩主编：《西方突厥学研究文选》，商务印书馆2020年版。

王禹浪、王天姿、吴博、王俊铮：《流域文明视野下的东北历史与文化》，中国社会科学出版社2020年版。

刘信君、邓树平：《夫余史》，中国社会科学出版社2020年版。

耿铁华、张赢予：《高句丽瓦当艺术研究》，吉林大学出版社2020年版。

杨秀祖：《高句丽战争史研究》，吉林大学出版社2020年版。

郎元智：《中国近代东北地区城市生活兴衰与社会发展研究（1861—1931）》，人民出版社2020年版。

荆蕙兰：《近代东北城市与乡村：城市化进程中城乡关系研究（1860—1945）》，人民出版社2020年版。

杨东亮：《中蒙俄经济走廊建设研究》，社会科学文献出版社2020年版。

吴云勇、马会：《新时代东北老工业基地产业结构一体化升级建构方略》，经济科学出版社2020年版。

董静媚：《产业体系重构视角下的东北振兴问题研究》，经济管理出版社 2020 年版。

张华新：《东北老工业基地新一轮生态经济带建设》，经济科学出版社 2020 年版。

李晓玲：《东北老工业基地城市社区的决策分析与社会管理升级》，吉林大学出版社 2020 年版。

“东北地区陆海内外联动开放新格局研究”课题组：《东北振兴：构建陆海内外联动开放新格局》，中国发展出版社 2020 年版。

郑宇：《近代东北森林资源产业化研究（1878—1931 年）》，上海社会科学院出版社 2020 年版。

渤海大学辽宁沿海经济带发展研究院、渤海大学海洋研究院：《2019 辽宁沿海经济带发展研究报告》，中国财政经济出版社 2020 年版。

张蕴岭、李雪威主编：《命运共同体构建与东北亚和平发展》，世界知识出版社 2020 年版。

关慧：《中国参与东北亚区域合作研究》，中国财政经济出版社 2020 年版。

林木西主编：《东北振兴与东北亚区域合作》总第五辑，经济科学出版社 2020 年版。

王宏斌：《清代内外洋划分及其管辖权研究》，中国社会科学出版社 2020 年版。

陈悦：《从船政到南北洋——沈葆桢李鸿章通信与近代海防》，福建人民出版社 2020 年版。

赵维良：《海洋战略的历史逻辑与现实选择》，线装书局 2020 年版。

张文木：《论中国海权》，山东人民出版社 2020 年版。

肖宪：《海上丝路的千年兴衰》，中国书籍出版社 2020 年版。

刘正刚：《清代海上丝绸之路史》，世界图书出版公司 2020 年版。

章深：《宋元海上丝绸之路史》，世界图书出版公司 2020 年版。

衷海燕：《明代海上丝绸之路史》，世界图书出版公司 2020 年版。

孟昭锋、王元林：《隋唐五代十国海上丝绸之路史》，世界图书出版公司 2020 年版。

周永卫、钟炜：《秦汉魏晋南北朝海上丝绸之路史》，世界图书出版公司 2020 年版。

李金波：《建设中国特色自由贸易港研究》，中国经济出版社 2020 年版。

福建省政协文化文史和学习委员会、福建省炎黄文化研究会：《福建海上丝绸之路·福州卷》，福建人民出版社 2020 年版。

张一平：《南海古代史论稿》，南方出版社 2020 年版。

谢湜：《山海故人：明清浙江的海疆历史与海岛社会》，北京师范大学出版社 2020 年版。

赵康太：《南海历史文化资源保护与开发研究》，南方出版社 2020 年版。

刘复生：《西南古代民族关系史稿》，上海古籍出版社 2020 年版。

杜树海：《边境上的中国：11 世纪以来广西中越边境地区的历史与记忆》，九州出版社 2020 年版。

连瑞枝：《僧侣·士人·土官：明朝统治下的西南人群与历史》，社会科学文献出版社 2020 年版。

陈利君等：《中国西南边疆能源安全研究》，社会科学文献出版社 2020 年版。

黄小军主编：《云南政治建设 70 年》，云南人民出版社 2020 年版。

杨林兴：《中国西南边疆民族关系治理现代化研究》，云南人民出版社 2020 年版。

廖佳：《中国与“一带一路”沿线国家双边贸易研究（东南亚卷）》，中国经济出版社 2020 年版。

蔺睿：《中日韩与老挝的经济交往与认知》，知识产权出版社 2020 年版。

禤美琦、赵波主编：《中国—老挝农业职业教育合作研究》，中国农业大学出版社 2020 年版。

潘思谕、陈柳源、张骞：《西南临边省区企业跨境合作的绩效提升：价值创造的视角》，经济管理出版社 2021 年版。

石越：《象雄至吐蕃经济史研究》，中国财政经济出版社 2020 年版。

张屹：《吐蕃时期藏族教育研究》，民族出版社 2020 年版。

索穷、曲杰：《吐蕃故里 西藏琼结》，中国藏学出版社 2020 年版。

《幸福拉萨文库》编委会编著：《幸福拉萨文库》，西藏人民出版社 2020 年版。

克珠群佩：《西藏佛教研究》，西藏人民出版社 2020 年版。

丁柏峰：《近代青藏关系研究》，云南大学出版社 2020 年版。

红音：《嘉绒藏族古碉文明》，四川民族出版社 2020 年版。

金申：《西藏的寺庙和佛像》，文化艺术出版社 2020 年版。

张安福：《唐蕃古道：重走文成公主西行路》，广东人民出版社 2020 年版。

王尧：《中华佛教史：西藏佛教史卷》，山西教育出版社 2020 年版。

大司徒·绛求坚赞：《朗氏家族史》，赞拉·阿旺、余万治译，西藏人民出版社 1989 年版，青海人民出版社有限责任公司 2020 年版。

牛创平主编：《清代驻藏大臣奏折全集 1》，中国藏学出版社 2020 年版。

胡岩等：《美国人眼中的旧西藏》，中国藏学出版社 2020 年版。

狄方耀等：《西藏百年经济史》，厦门大学出版社 2020 年版。

姚茂臣主编：《废奴丰碑：西藏民主改革 60 周年特展》，中国藏学出版社 2020 年版。

高国卫：《新中国解决西藏问题的历史考察》，天津人民出版社 2020 年版。

王海洲、许智琴、宋德星：《西藏社会稳定与国家安全研究》，江苏人民出版社 2020 年版。

武力、孙丹、王蕾等：《新时期西藏乡村基层社会治理研究》，中国社会科学出版社 2020 年版。

方素梅主编：《西藏乡村五十年社会变迁：郎塞岭村和柳村的回访研究》，社会科学文献出版社 2020 年版。

陈凡：《西藏经济社会发展“十三对关系”》，西藏藏文古籍出版社 2020 年版。

罗绒战堆：《桎梏与约束下的西藏绿色发展研究》，中国藏学出版社 2020 年版。

杨明洪、尤力：《统筹西藏与四省藏区协调发展论》，中国藏学出版社 2020 年版。

郭克范：《言说西藏的方式》，中国社会科学出版社 2020 年版。

陈朴：《城市现代与村落传统的融合——城市化视域下西藏柳梧追踪调查研究》，

西藏藏文古籍出版社 2020 年版。

王亚欣：《西藏寺院旅游收入分配机制研究》，社会科学文献出版社 2020 年版。

孙晓明：《支医西藏——一场充满使命的旅程》，苏州大学出版社 2020 年版。

中华人民共和国国务院新闻办公室：《国务院中国政府涉藏白皮书选编》，人民出版社 2020 年版。

中共西藏阿里地区委员会组织部编：《藏西先锋 红色阿里》，人民出版社 2020 年版。

陈宗海等：《当代中印关系的历史与未来》，世界知识出版社 2020 年版。

何朝荣编著：《尼泊尔概论》，世界图书出版广东有限公司 2020 年版。

张艳璐：《俄国地理学会的中国边疆史地考察与研究（迄于 1917 年）》，线装书局 2020 年版。

李楠：《汉代西域行政制度与屯戍体制研究》，中国社会科学出版社 2020 年版。

吴轶群：《清代新疆边境地区城市对比研究：以伊犁、喀什噶尔为中心》，上海古籍出版社 2020 年版。

吴元丰、厉声主编：《清代新疆满文档案汉译汇编》，广西师范大学出版社 2020 年版。

新疆文物考古研究所等：《新疆拜其尔墓地》，文物出版社 2020 年版。

龚新蜀主编：《丝绸之路经济带背景下新疆产业发展问题研究》，经济科学出版社 2020 年版。

［德］卡恩·德雷尔：《丝路探险：1902—1914 年德国考察队吐鲁番行记》，陈婷婷译，上海古籍出版社 2020 年版。

张瑛：《清代“西域图志”研究》，兰州大学出版社 2020 年版。

孙爱霞辑：《王树枏文献辑刊》，河北大学出版社 2020 年版。

黄楼：《吐鲁番出土官府帐簿文书研究》，社会科学文献出版社 2020 年版。

肖小勇等：《天山的种子：木垒的历史与文化》，广西师范大学出版社 2020 年版。

吴玉贵：《西暨流沙——隋唐突厥西域历史研究》，上海古籍出版社 2020 年版。

徐黎丽：《贯通草原和绿洲丝路的古代民族》，人民出版社 2020 年版。

［美］贝亚德·泰勒编撰：《中亚纪行：克什米尔、小土伯特和中亚诸地》，李郁瑜译注，社会科学文献出版社 2020 年版。

（供稿：宋培军　孔迎川　阿拉腾奥其尔　乌兰巴根　陈　柱　塔米尔　初冬梅　朱　尖　侯　毅　冯军南　李　欣　刘静烨　吕文利　时雨晴　袁　沙　张楠林　张永攀　刘　洁　裴儒弟　阿地力·艾尼）

2020年中国边疆研究主要论文目录

中国边疆理论研究

马大正：《笔谈一：再议中国边疆学构筑与中国边疆治理研究的深化》，《云南师范大学学报（哲学社会科学版）》2020年第1期。

李国强：《笔谈二：夯实构建中国边疆学的基础》，《云南师范大学学报（哲学社会科学版）》2020年第1期。

冯建勇：《中国边疆史地研究的通变与励进》，《历史研究》2020年第1期。

青觉、吴鹏：《新时代边疆治理现代化研究：内涵、价值与路向》，《中国边疆史地研究》2020年第1期。

段金生：《全球史视野与国家史观念：近代边疆史研究的两个维度》，《中国边疆史地研究》2020年第1期。

高福顺、吴翔宇：《形而下之器：古代中国疆域史研究的方法与取径》，《中国边疆史地研究》2020年第1期。

王义康：《佛教汉文文献所见唐朝疆域变迁》，《中国边疆史地研究》2020年第1期。

孙喆：《20世纪上半叶“边政学”范式下的中国边疆研究》，《安徽师范大学学报（人文社会科学版）》2020年第1期。

段金生：《政治史视野下民国边政研究的几点认识》，《西南民族大学学报（人文社会科学版）》2020年第1期。

袁剑：《何以为边：边疆思想史的语境、议题与实践路径》，《西南民族大学学报（人文社会科学版）》2020年第1期。

鲁西奇：《封、疆、界：中国古代早期对于域界的表示》，《史学集刊》2020年第1期。

宋培军：《海洋法公约“历史性”话语体系及其南海历史权利认知意义》，《思想战线》2020年第1期。

李大龙：《试论历代王朝治边政策的继承与发展》，《青海民族研究》2020年第1期。

袁宝龙：《秦汉新儒学转向与汉武帝边疆思想体系的构建》，《求是学刊》2020年第1期。

李庚伦：《习近平总书记关于边疆治理重要论述的逻辑体系》，《广西社会科学》2020年第9期。

刘姗姗：《中国边疆学构筑命题的提出与突破——访马大正先生》，《中国史研究动态》2020年第1期。

罗静：《空间区隔与边疆治理——以中国边疆贫困和国家扶贫行动探讨为中心》，邢广程主编《中国边疆学》第12辑，社会科学文献出版社2020年版。

李大龙：《试论中国边疆学“三大体系”建设》，《中国边疆史地研究》2020年第2期。

汪洪亮：《从乡村建设到边疆服务——抗战时期齐鲁大学的边疆研究》，《齐鲁学刊》2020年第2期。

蒋金玲：《边疆治理视阈下的明代边疆文教》，《中国边疆史地研究》2020年第2期。

李金飞：《清代疆域“大一统”观念的变革——以〈大清一统志〉为中心》，《中国边疆史地研究》2020年第2期。

何修良、刘海龙：《“一带一路”视野中边疆治理的空间思维分析与研究转向》，《青海民族研究》2020年第2期。

秦永红、付乐：《“一带一路”背景下中国边疆形象构建的历史基础与文化战略意义》，《民族学刊》2020年第3期。

李大龙、铁颜颜：《“有疆无界”到“有疆有界”——中国疆域话语体系建构》，《思想战线》2020年第3期。

罗中枢：《论主权国家边疆的临界性、边缘性和交集性》，《四川大学学报（哲学社会科学版）》2020年第3期。

宋培军：《马克思恩格斯民族观视阈下的“中华民族”百年学术建构史》，《文史哲》2020年第3期。

丁忠毅：《边疆地区乡村振兴与整合的特殊使命与着力点选择》，《四川大学学报（哲学社会科学版）》2020年第3期。

许建英：《边疆治理视域下铸牢中华民族共同体意识浅论》，《西部蒙古论坛》2020年第3期。

白帆：《铸牢中华民族共同体意识的法治保障》，《西部蒙古论坛》2020年第3期。

张宇龙：《论王锺翰边疆史地研究及其时代价值》，《中央民族大学学报（哲学社会科学版）》2020年第4期。

方盛举、李骄：《边疆党建与边疆治理现代化》，《云南师范大学学报（哲学社会科学版）》2020年第4期。

杨念群：《清朝“正统性”再认识——超越“汉化论”“内亚论”的新视角》，《清史研究》2020年第4期。

孙勇、刘海洋、徐百永：《“更高水平的平安中国”：基于总体国家安全观视域中的边疆治理》，《云南师范大学学报（哲学社会科学版）》2020年第4期。

吕文利：《试论元明清〈一统志〉的思想内涵及纂修方式》，《中国地方志》2020年第4期。

范可：《人类学与“人地关系”视野里的“边疆”》，《云南社会科学》2020年第5期。

段超、高元武：《从“夷夏之辨”到“华夷”一体：中华民族共同体意识形成的思想史考察》，《中南民族大学学报（人文社会科学版）》2020 年第 5 期。

何祖坤：《边疆治理的根本遵循——学习习近平总书记关于边疆治理的重要论述》，《云南社会科学》2020 年第 5 期。

孙宏年：《中国与周边命运共同体视域下的边疆治理初探》，《云南师范大学学报（哲学社会科学版）》2020 年第 5 期。

马宇飞：《政党—社会：新时代边疆治理中的政治吸纳》，《云南行政学院学报》2020 年第 5 期。

许明哲：《边疆研究的社会学理路——兼论边疆社会学学科建构之必要性》，《延边大学学报（社会科学版）》2020 年第 6 期。

朱尖：《西汉末至新莽时期边疆政策的嬗变与思考》，《云南师范大学学报（哲学社会科学版）》2020 年第 6 期。

吴本健、王蕾、覃梓文：《兴边富民行动与边疆民族地区多维贫困的缓解》，《中央民族大学学报（哲学社会科学版）》2020 年第 6 期。

杨明洪、王周博：《我国陆地边境地区"空心化"的类型、成因与治理》，《四川师范大学学报（社会科学版）》2020 年第 6 期。

张高原：《近年来我国边疆研究发展脉络及理论前沿——基于 CSSCI（1998—2018）的知识图谱分析》，《西南民族大学学报（人文社会科学版）》2020 年第 6 期。

毕跃光、余文兵、秉浩：《推进西部大开发与民族边疆地区维护团结稳定安全》，《北方民族大学学报》2020 年第 6 期。

刘有军、谢贵平：《"一带一路"视域下西部边疆非传统安全：威胁及应对》，《太平洋学报》2020 年第 7 期。

李大龙：《中国疆域诠解视角：从王朝国家到主权国家》，《中国社会科学》2020 年第 7 期。

李沛容：《"中华国民之一体"：民国时期任乃强的边疆民族观及其嬗变》，《西南民族大学学报（人文社会科学版）》2020 年第 11 期。

明忠庆、张红梅：《边疆民族地区旅游业稳定发展的系统动力机制与路径探析》，《学术探索》2020 年第 11 期。

孙勇：《中国边疆研究中的"边疆性"问题再探——以李安宅的"边疆性"概念拓展研究为例》，《西南民族大学学报（人文社会科学版）》2020 年第 11 期。

（供稿：宋培军　孔迎川）

北部边疆研究

秦晓禾：《宁夏南部出土北方系腰带饰的文化特征》，《文物鉴定与鉴赏》2020 年第 24 期。

杨丽：《汉唐时期国家对北部边疆政治治理研究》，《史志学刊》2020 年第 6 期。

单敏捷：《关于东汉北地郡内徙问题的再讨论》，《中国边疆史地研究》2020 年第 2 期。

张文平、丹达尔、夏月胜、武明光、施梦琦：《内蒙古呼和浩特市坝顶遗址发现北魏皇家祭天遗存》，《中国文物报》2020 年 12 月 4 日。

赵国华：《论汉光武帝对乌桓的治理方略》，梁安和等主编《秦汉研究·2020》，西北大学出版社 2020 年版。

时仁达、陈伯霖：《乌桓“穹庐为宅，皆东向”之俗的历史人类学解析》，《黑龙江民族丛刊》2020 年第 6 期。

金凤、裴永亮：《唐朝时期北方游牧民族对山西的侵扰及其影响》，《佳木斯大学社会科学学报》2020 年第 6 期。

杨军：《契丹社会组织与耶律阿保机建国》，《中国边疆史地研究》2020 年第 2 期。

林栋、李琼璟：《辽代石室墓形制初探》，辽宁省博物馆等编《辽金历史与考古》第 11 辑，科学出版社 2020 年版。

海娜：《元代蒙古驿站补给习俗研究》，《今古文创》2020 年第 46 期。

张懿德：《14—17 世纪中国北部边疆史籍的发展脉络——以明人著述为中心的考察》，邢广程主编《中国边疆学》第 13 辑，社会科学文献出版社 2020 年版。

马维仁：《“土木堡之变”后明蒙在西北地区角逐的新态势——以固原镇地位之演变为例》，周伟洲主编《西北民族论丛》第 21 辑，社会科学文献出版社 2020 年版。

周沙沙：《明代“烧荒”研究》，硕士学位论文，中国社会科学院研究生院，2020 年 4 月。

白玉冬：《大兴安岭得名刍议》，《黑河学院学报》2020 年第 11 期。

赵云田：《清代西部和北部边疆历史特点》，《中国社会科学报》2020 年 2 月 18 日。

王英维：《清代以来察哈尔游牧八旗总管群体研究》，《集宁师范学院学报》2020 年第 6 期。

柳岳武：《商民、商贸与边疆：晚清库伦地区的内地商民研究》，《近代史研究》2020 年第 4 期。

付永正：《晚清蒙古清丈增租下的利益博弈——以光绪年间“农安惨案”为中心》，《中国边疆史地研究》2020 年第 2 期。

柳岳武：《清末大清银行库伦分行研究》，《中国边疆史地研究》2020 年第 2 期。

杨钧期：《从阿拉善旗专员到军事专员：南京国民政府介入蒙旗地方政治的尝试》，《中国边疆史地研究》2020 年第 1 期。

杨思机：《抗战胜利后国统区关于内蒙古民族自治问题的争论探析》，《近代史研究》2020 年第 2 期。

段晓莹：《近代内蒙古西部地区驼运业研究（1840—1937）》，硕士学位论文，河南大学，2020 年。

朱浩：《民国时期阿拉善旗与宁夏省纷争考察——以磴口问题为中心》，硕士学位论文，内蒙古大学，2020 年。

苏德、阿木古楞：《乌兰夫民族团结观的内在逻辑与实践路径》，《中南民族大学学报（人文社会科学版）》2020 年第 2 期。

吴海山：《内蒙古坚持和完善民族区域自治制度铸牢中华民族共同体意识的经验》，《内蒙古师范大学学报（哲学社会科学版）》2020 年第 1 期。

周竞红：《乌兰牧骑：内蒙古各民族团结进步的优秀文化品牌》，《中央民族大学学报（哲学社会科学版）》2020 年第 4 期。

郝凤彩：《乌兰牧骑与我国北部边疆文化安全刍论》，《内蒙古艺术学院学报》2020

年第 2 期。

薛寒、苏德：《1947 年以来内蒙古民族教育政策的演进——基于 Nvivo 软件对政策文本的分析》，《内蒙古师范大学学报（教育科学版）》2020 年第 1 期。

赵荣辉：《打牢中华民族共同体思想基础之内蒙古民族教育经验》，《内蒙古师范大学学报（哲学社会科学版）》2020 年第 1 期。

冯富帅：《新农村建设视角下内蒙古巴彦淖尔市生态农业发展问题研究》，《现代商业》2020 年第 34 期。

斯钦孟和、康文钦、杜二小、敦惠霞：《关于内蒙古科技助力精准扶贫成效的思考》，《河南农业（综合版）》2020 年第 34 期。

王树鑫：《论生态文明与内蒙古创新发展的关系》，《赤峰学院学报（汉文哲学社会科学版）》2020 年第 11 期。

王宁、杨光、韩雪莹、贾光普、刘峰、李涛、贾宁：《内蒙古 1990—2018 年土地利用变化及生态系统服务价值》，《水土保持学报》2020 年第 5 期。

赵永峰、郑慧：《内蒙古城市化—社会经济—生态环境时空耦合关系》，《江苏农业科学》2020 年第 2 期。

黄占兵：《推进内蒙古脱贫攻坚与乡村振兴有效衔接》，《实践（思想理论版）》2020 年第 8 期。

胡那苏图、崔月琴：《组织化振兴：农村社会组织参与乡村治理路径分析——以内蒙古东部脱贫县 A 镇三村为例》，《理论月刊》2020 年第 5 期。

乔婷、周佳丽、祁晓慧：《集体经济助推脱贫攻坚模式研究——以内蒙古兴安盟查干珠日和嘎查为例》，《内蒙古科技与经济》2020 年第 4 期。

王康：《内蒙古少数民族人口相对贫困的影响因素研究——基于内蒙古某旗县的调查数据》，《内蒙古科技与经济》2020 年第 17 期。

尚宇婕：《“一带一路”经济区内蒙古跨境电子商务的发展趋势分析》，《中国中小企业》2020 年第 12 期。

韩瑛、朱秀莉、李昊：《沙漠丝路背景下阿拉善地区传统聚落的形成与变迁——以鄂门高勒嘎查为例》，《新建筑》2020 年第 6 期。

孟青龙：《对后疫情时代中蒙俄经济走廊建设的思考》，《实践（思想理论版）》2020 年第 10 期。

孟青龙：《“双循环”新格局下内蒙古“中蒙俄经济走廊”建设思路》，《北方经济》2020 年第 11 期。

孟青龙、黄占兵、余瑞卿：《内蒙古高质量建设中蒙俄经济走廊的战略构想》，《北方经济》2020 年第 12 期。

孟青龙、祁靖、黄占兵、余瑞卿：《内蒙古高质量推进中蒙俄经济走廊政策沟通的对策建议》，《北方经济》2020 年第 12 期。

孟青龙、刘军：《内蒙古高质量推进中蒙俄经济走廊设施联通的对策建议》，《北方经济》2020 年第 12 期。

孟青龙、郭淞沆、汪士钦：《内蒙古高质量推进中蒙俄经济走廊贸易畅通的对策建议》，《北方经济》2020 年第 12 期。

孟青龙、李洋：《内蒙古高质量推进中蒙俄经济走廊资金融通的对策建议》，《北方经济》2020 年第 12 期。

孟青龙、刘兴波、毛艳丽、高鸿雁：《内蒙古高质量推进中蒙俄经济走廊民心相通的对策建议》，《北方经济》2020 年第 12 期。

孟青龙、乌日丽格、田晓明：《内蒙古高质量构建中蒙俄经济走廊联动开放新格局的对策建议》，《北方经济》2020 年第 12 期。

辛嘉宁：《内蒙古参与建设中蒙俄经济走廊过程中的问题及其探究》，《科技经济市场》2020 年第 11 期。

张敏：《内蒙古向北开放文化走廊建设思考与对策》，《新西部》2020 年第 Z5 期。

付学铜、南丽军：《论“一带一路”视域下中蒙俄边疆城市共同体建设》，《北方经贸》2020 年第 9 期。

李皎：《“一带一路”视域下，内蒙古推进中蒙俄文化融合路径研究》，《内蒙古科技与经济》2020 年第 12 期。

李嫣：《中蒙俄经济走廊视角下满洲里对外开放 SWOT 分析与对策研究》，内蒙古农业大学硕士学位论文，2020 年 6 月。

熊春霞：《乌兰察布市融入“一带一路”建设的调查与思考》，《商场现代化》2020 年第 1 期。

阿拉腾奥其尔：《中国边疆研究所与北部边疆研究》，《中国边疆学》（第 12 辑），社会科学文献出版社 2020 年版。

（供稿：阿拉腾奥其尔、乌兰巴根、陈柱、塔米尔）

东北边疆研究

李龙彬：《东北地区燕秦汉长城及城址研究》，吉林大学研究生学位论文，2020 年。

王海、宋薇薇：《燕秦汉时期辽西走廊水边城市兴废的环境史考察》，《郑州大学学报（哲学社会科学版）》2020 年第 6 期。

赵红梅、王群：《“诗书之路”：东北民族交融视域下辽西走廊文化内涵探寻——以先秦时期东北民族文化渊源与流变为中心》，《渤海大学学报》2020 年第 4 期。

刘向东：《汉代辽东地区“一横两纵”的行政、交通地理结构》，《地域文化研究》2020 年第 6 期。

王俊铮：《汉辽东郡安市、平郭、文三县地望再探——兼论汉代辽南的政区地理》，《中国边疆学》（第 13 辑），社会科学文献出版社 2020 年版。

张捷：《试论汉魏南北朝时期东北亚肃慎的“楛矢石砮”之贡》，《淮阴师范学院学报（哲学社会科学版）》2020 年第 5 期。

宫健泽、李路：《东夷校尉与慕容政权的东北亚秩序建构》，《河北学刊》2020 年第 6 期。

高照寒：《隋唐时期东北少数族群助讨问题研究》，辽宁大学研究生学位论文，2020 年。

冯立君：《李渊与隋唐之际辽东关联史事考论》，《陕西师范大学学报》2020 年第 4 期。

杨军：《安东都护府别议》，《陕西师范大学学报（哲学社会科学版）》2020 年第

6期。

王禹浪、王俊铮：《唐代黑水都督府的历史地理学考察》，《历史地理研究》2020年第4期。

范恩实：《“李勣奏报”“新罗档案”还是刘仁轨返京送史馆文书——有关〈三国史记·地理志〉“总章二年记事”来源的一个新推断》，邢广程主编《中国边疆学》第13辑，社会科学文献出版社2020年版。

宋靖：《唐代东北内属各族的朝贡》，《中国社会科学报》2020年7月13日第5版。

陶文芳、姜维公：《辽代五国部节度使研究》，《长春师范大学学报》2020年第9期。

陶莎：《辽圣宗第一次经略高丽探赜》，复旦大学韩国研究中心编《韩国研究论丛》第39辑，社会科学文献出版社2020年版。

姜雅迪：《权力整合视域下的东丹国南迁研究》，《史学集刊》2020年第4期。

黄为放：《东丹国南迁规划初探》，《中国社会科学报》2020年7月20日第6版。

胥晓东：《金代蒲峪路地区军事防卫制度的形成及推行》，《理论观察》2020年第1期。

齐伟：《金代梁鱼务考》，《中国边疆史地研究》2020年第2期。

孙文政：《金代上京路的历史地位与贡献》，《理论观察》2020年第8期。

李雪：《中国东北方的丝绸之路：明代海西东水陆城站》，《佳木斯大学社会科学学报》2020年第4期。

赵宇：《明代的女真朝贡政策与辽东马市变迁》，《延边大学学报（社会科学版）》2020年第2期。

管书合：《柳条边始建年代考略》，《中国边疆史地研究》2020年第3期。

曲立超、范立君：《清代中后期东北地区旗民刑事案件与满汉关系》，《青海民族研究》2020年第2期。

陈冰：《清末吉江两省在江北五站地区的边界纠纷及其解决——德藏晚清吉林舆图研究之四》，《社会科学战线》2020年第11期。

陈诗兰、刘晓东：《清朝对东北滨海边疆地区的开拓与经营——以康乾时期边民群体霍集珲的活动为中心》，《古代文明》2020年第4期。

孙睿咛：《清末吴大澂东北移民实边政策探析》，《开封文化艺术职业学院学报》2020年第1期。

王大任：《嵌入性治理——近代东北商人群体与乡村基层社会》，《中国经济史研究》2020年第5期。

韩英：《铁路、农产品加工业与近代东北城市的兴起》，张利民主编《城市史研究》第42辑，社会科学文献出版社2020年版。

刘信君：《关于东北抗联三个重大问题的研究》，《社会科学战线》2020年第8期。

穆占一：《论东北抗联的独特贡献与历史地位》，《社会科学战线》2020年第8期。

尹晓琳：《东北抗联传说与“公共纪念空间”的互构》，《社会科学战线》2020年第9期。

史守林：《东北抗联史研究述评》，《社会科学战线》2020年第8期。

王敬荣、辛巍：《近现代黑龙江疫情防控及经验教训》，《黑龙江社会科学》2020

年第 6 期。

赵欣：《国际视域下的近代中国东北鼠疫与卫生防疫的全球化（1910—1930）》，《历史教学（下半月刊）》2020 年第 12 期。

王俊铮：《“临秽丞印”封泥与“临秽县”考》，《地域文化研究》2020 年第 3 期。

李明浩：《从朝鲜出土的汉印、晋印看古代濊人及其政治设置》，《古籍整理研究学刊》2020 年第 6 期。

时仁达、陈伯霖：《濊貊人“病亡则作新居”的历史人类学解析》，《黑龙江民族丛刊》2020 年第 3 期。

姜维公、刘芳华：《近百年黑水靺鞨历史研究述评》，《黑河学院学报》2020 年第 10 期。

王俊铮、吴博、王禹浪：《俄罗斯滨海地区靺鞨—渤海遗存的考古学视点》，《哈尔滨学院学报》2020 年第 9 期。

王禹浪、王俊铮：《黑龙江左岸俄罗斯阿穆尔地区的靺鞨研究》，《黑龙江民族丛刊》2020 年第 2 期。

汪晖：《高句丽、蒙元史与跨体系社会的历史叙事》，《东南学术》2020 年第 1 期。

苗威：《〈三国史记〉“国内”与“国内城”解析》，《安徽史学》2020 年第 5 期。

岳傲凡：《高句丽体育史料研究》，硕士学位论文，西北民族大学，2020 年。

刘晓东：《渤海立国者“东奔”“保阻”始居之地的文献学考察》，《北方文物》2020 年第 5 期。

孙昊：《渤海“震国”“振国”释诂之争》，《中国社会科学报》2020 年 10 月 14 日第 9 版。

肖瑞基：《高句丽王权嬗变研究》，硕士学位论文，天津师范大学，2020 年。

范恩实：《渤海早期政权建设研究》，《中国边疆史地研究》2020 年第 3 期。

辛时代：《论渤海国官制中的“散”“职”“勋”“爵”》，《渤海大学学报（哲学社会科学版）》2020 年第 4 期。

朱尖：《毌丘俭征高句丽“刻石纪功”再探讨》，《中国历史地理论丛》2020 年第 2 期。

刘海洋：《唐渤海交通网对东北亚丝绸之路的历史贡献》，《中国社会科学报》2020 年 7 月 20 日第 6 版。

徐臻：《菅原道真与渤海使的诗赋外交——以〈菅家文草〉所载诗群及诗序为中心》，《广东外语外贸大学学报》2020 年第 1 期。

常乐、金洪培：《北魏天兴元年（398）高句丽人入北魏考》，《佳木斯职业学院学报》2020 年第 1 期。

许冠华：《渤海国与南诏国的民族关系问题比较研究——从民族冲突与融合中管窥文化异同与存续规律》，《文化学刊》2020 年第 9 期。

张晓舟：《〈隋书・百济传〉所见“通和”事件与 7 世纪初的济丽关系》，杜文玉主编《唐史论丛》第 30 辑，三秦出版社 2020 年 3 月版。

万晓：《权力转移下崛起国对小国政策探因——以隋唐时期的吐谷浑与高句丽为例》，《当代亚太》2020 年第 3 期。

孙炜冉：《辽代对渤海仕人的任用及选拔原则》，姜锡东主编《宋史研究论丛》第

26 辑，科学出版社 2020 年版。

胡珀：《金朝对外交聘活动中的渤海人》，《黑龙江民族丛刊》2020 年第 3 期。

李碧瑶：《朝鲜李朝文人高句丽印象研究》，博士学位论文，长春师范大学，2020 年。

魏存成：《申遗以来我国高句丽考古的主要发现与研究》，《中国边疆史地研究》2020 年第 3 期。

朱尖：《改革开放 40 年来高句丽研究现状分析——以研究成果的数据统计和内容分析为中心》，邢广程主编《中国边疆学》第 12 辑，社会科学文献出版社 2020 年版。

孙炜冉：《朝鲜实学派学者对高句丽建国时间的认识与影响》，《福建江夏学院学报》2020 年第 5 期。

孙炜冉：《高句丽对日本佛道文化的影响》，《法音》2020 年第 8 期。

海梦楠：《跨区域体育文化的比较研究——以高句丽与敦煌壁画中的角抵、射猎为例》，《社会科学家》2020 年第 10 期。

李虎：《丝绸之路视域下的渤海琴传播研究》，《乐府新声（沈阳音乐学院学报）》2020 年第 1 期。

刘硕：《浅析唐代渤海国艺术形态的多元化发展》，《戏剧之家》2020 年第 8 期。

战冠红：《渤海国艺术的形成与艺术形式研究》，《戏剧之家》2020 年第 12 期。

王玺明：《论铁器对渤海经济的影响》，《经济研究导刊》2020 年第 8 期。

李星建、辛时代：《再论渤海国物产太白山之“菟”》，《黑河学院学报》2020 年第 9 期。

王飞峰：《高句丽大型建筑址试论——从青石岭山城二号建筑址谈起》，《北方文物》2020 年第 1 期。

金银玉：《渤海上京城规划布局研究》，博士学位论文，吉林大学，2020 年。

宋玉彬：《行政建制视角下的渤海上京城营建时序研究》，《中国边疆史地研究》2020 年第 3 期。

岳天懿：《渤海都城城门与城墙研究》，《北方文物》2020 年第 5 期。

吕光：《集安高句丽五盔坟 5 号墓四神图研究》，博士学位论文，哈尔滨师范大学，2020 年。

白婧芸：《高句丽壁画墓四神图的文化渊源及其发展脉络》，硕士学位论文，吉林大学，2020 年。

常乐、郑京日：《北魏墓室壁画中的佛教因素对高句丽墓室壁画的影响》，《兰州文理学院学报（社会科学版）》2020 年第 2 期。

郑春颖、盛宇平：《高句丽古墓壁画所见出行图研究》，《南方文物》2020 年第 2 期。

王希丹：《朝鲜境内高句丽墓音乐壁画的内容、分类及特征》，《黄钟（武汉音乐学院学报）》2020 年第 2 期。

杨璐：《高句丽长川一号墓中百戏杂伎图辨析》，《哈尔滨学院学报》2020 年第 6 期。

李想、王天净：《高句丽墓室壁画中建筑屋顶形象分析研究》，《博物馆研究》2020 年第 1 期。

包雨鑫：《高句丽壁画中对称美学的体现》，《北方文学》2020 年第 26 期。

李聪：《渤海“瓦构”墓葬研究》，硕士学位论文，吉林大学，2020 年。

单敏：《唐人对唐朝东征高句丽起因的认识及态度——由西安新出〈焦海智墓志〉所见》，《哈尔滨学院学报》2020 年第 2 期。

高景森：《从〈好太王碑〉看古代北方民族与华夏文化的渊源》，《吉林人大》2020 年第 8 期。

宋玉彬：《构图理念视角下的高句丽和渤海瓦当研究》，《考古》2020 年第 6 期。

刘同顺：《高句丽瓦及瓦当研究——以松树沟山城为例》，《居舍》2020 年第 36 期。

包曙光、张欣悦：《鞣鞨—渤海马具研究》，《北方文物》2020 年第 4 期。

李鹏：《渤海上京遗址博物馆藏铜伎艺“黑人像”探究》，《地域文化研究》2020 年第 4 期。

马洪：《渤海国遗址出土瓦件上的“字谜”》，《长春日报》2020 年 12 月 23 日第 7 版。

程尼娜：《辽代生女真属部官属考论》，《兰州大学学报（社会科学版）》2020 年第 5 期。

王万志、程尼娜：《金初女真社会文化变迁研究》，《中国边疆史地研究》2020 年第 4 期。

赵航、隋东旭：《基于史料实证的金代女真乐舞文化研究》，《古籍整理研究学刊》2020 年第 6 期。

孙志鑫：《金代女真贵族葬俗汉化分析》，《知识文库》2020 年第 4 期。

林琳：《明代女真叶赫部兴亡深入探究》，《中国地名》2020 年第 4 期。

张新朝：《明清时期海西女真人物王台形象探析》，《文化学刊》2020 年第 4 期。

聂卓慧、刘小萌：《考古学视角下的明末女真叶赫部》，《黑龙江民族丛刊》2020 年第 5 期。

杨富学、王小红：《陕西岐山女真遗民完颜氏世系碑再探》，《宝鸡文理学院学报（社会科学版）》2020 年第 6 期。

谢贵安：《边城瑷珲的中俄碰撞与交往——〈清实录〉中黑河古城的历史书写》，《地域文化研究》2018 年第 3 期。

韩晓梅：《乾隆朝俄罗斯奈玛尔人越界满文档案释析》，《满语研究》2020 年第 2 期。

高强：《中苏东段边界问题——以 20 世纪 20 年代为中心》，《史学集刊》2019 年第 4 期。

王桂东：《明代朝鲜同女真人的交往——基于朝鲜通过“边疆地带”开展交往的视角》，《北京社会科学》2020 年第 11 期。

高志超：《从岛陆到洋面：明清时期中朝对黄海北部海界认知及演进》，《中国历史地理论丛》2020 年第 3 辑。

柳岳武：《清代天主教东输朝鲜及对中国“天下体系”的影响》，《社会科学》2020 年第 3 期。

李花子：《宗藩关系下清与朝鲜的边界及边界意识》，《苏州大学学报（哲学社会科学版)》2019 年第 6 期。

孟繁勇:《清朝在中朝边境设立“瓯脱”地带的原因分析》,《兰台世界》2020 年第 11 期。

易锐:《清末中日“间岛”交涉与中国近代领土观念之形成》,《社会科学》2020 年第 7 期。

刘瑞、郭涛:《高质量发展指数的构建及应用——兼评东北经济高质量发展》,《东北大学学报(社会科学版)》2020 年第 1 期。

高林安:《经济发展与生态环境耦合协调性识别与优化路径研究——以东北地区为例》,《统计与信息论坛》2020 年第 1 期。

罗丹程、杨烁、秦浩:《东北三省金融发展、科技创新与经济增长的关系》,《沈阳工业大学学报(社会科学版)》2020 年第 1 期。

许英达:《IPA 分析法下东北冰雪旅游资源游客满意度改善研究》,《中国市场》2020 年第 6 期。

刘彬彬:《东北地区装备制造业全要素生产率的测度及提升路径研究》,《经济纵横》2020 年第 1 期。

陆南泉:《俄罗斯强化战略东移亚太的经济考量》,《学习时报》2020 年 6 月 12 日。

胡伟、夏成、陈竹:《东北建设成为对外开放新前言的现实基础与路径选择》,《经济纵横》2020 年第 2 期。

彭广宇:《中国东北和俄罗斯远东两地产能合作的现状、问题及对策——基于“一带一路”倡议》,《价格月刊》2020 年第 2 期。

胡麦秀、冀丙蕾:《依托北极东北航道建设“冰上丝绸之路”研究综述》,《海洋开发与管理》2020 年第 2 期。

(供稿:初冬梅　朱　尖)

中国海疆研究

栗广、柯文语:《历史和法理视域下的南海仲裁结果评析——兼论中国的因应之策》,《广东第二师范学院学报》2020 年第 6 期。

罗婷婷、公衍芬:《中菲南海共同开发:框架构建与前景展望》,《中国海商法研究》2020 年第 4 期。

张晏瑲、张旭东:《论南海区域渔业活动所面临的困境与解决方案》,《海南大学学报(人文社会科学版)》2020 年第 6 期。

韩立新、冯思嘉:《南海区域性海洋生态环境治理机制研究——以全球海洋生态环境治理为视角》,《海南大学学报(人文社会科学版)》2020 年第 6 期。

姚继德、乌苏吉、白志所:《中东地理学家印象中的“中国海”》,《思想战线》2020 年第 6 期。

徐萍:《新时代中国海洋维权理念与实践》,《国际问题研究》2020 年第 6 期。

祁怀高:《构建南海非传统安全多边合作整体架构研究》,《国际安全研究》2020 年第 6 期。

袁沙:《全球海洋治理体系演变与中国战略选择》,《前线》2020 年第 11 期。

黄继朝：《民进党“涉钓”政策立场的演变及其发展》，《台湾研究》2020 年第 5 期。

黄忠鑫、廖望：《明清时期雷州半岛诸州县佐杂与海防布局的变化》，《中国历史地理论丛》2020 年第 4 辑。

廖闪：《〈筹海图编〉海防情报思想初探》，《南方论刊》2020 年第 10 期。

马金星：《全球海洋治理视域下构建“海洋命运共同体”的意涵及路径》，《太平洋学报》2020 年第 9 期。

朱亚非：《丝路视域下的郑和下西洋与明初海洋防御战略》，《黑河学院学报》2020 年第 9 期。

尹佳秋：《严复与孙中山海权思想比较》，《湖北职业技术学院学报》2020 年第 3 期。

林洁：《福建船政对台湾近代交通发展的贡献》，《文化学刊》2020 年第 9 期。

朱文慧：《御寇与弭盗：吴潜任职沿海制置使与晚宋海防困局》，《国际社会科学杂志（中文版）》2020 年第 3 期。

刘衡：《“格里斯巴丹那仲裁案”重述——以海洋划界的公平解决为视角》，《国际法研究》2020 年第 5 期。

吴士存：《全球海洋治理的未来及中国的选择》，《亚太安全与海洋研究》2020 年第 5 期。

李欣：《毛泽东关于中国海疆战略的重要思想》，《党的文献》2020 年第 6 期。

丁雁南：《地理知识与贸易拓展：17 世纪荷兰东印度公司手稿地图上的南海》，《云南大学学报（社会科学版）》2020 年第 5 期。

叶泉：《论全球海洋治理体系变革的中国角色与实现路径》，《国际观察》2020 年第 5 期。

何岸：《“21 世纪海上丝绸之路”与中国海军战略转型——以南海为中心》，《亚太安全与海洋研究》2020 年第 5 期。

许蔡梦骁：《中菲南海油气开发合作：法律困境与潜在风险》，《亚太安全与海洋研究》2020 年第 5 期。

庞中英：《全球海洋治理：中国“海洋强国”的国家目标及其对未来世界和平的意义》，《中国海洋大学学报（社会科学版）》2020 年第 5 期。

孙峰：《现代化视角下晚清海防思想发展的新维度》，《渤海大学学报（哲学社会科学版）》2020 年第 5 期。

孙传香：《晚近国际海洋划界法律渊源之流变》，《浙江海洋大学学报（人文科学版）》2020 年第 4 期。

张景全、王璐、董益：《泛海洋时代中日海洋事务的协调与合作》，《东北亚论坛》2020 年第 5 期。

胡德坤、王丹桂：《古代海上丝绸之路与新加坡早期港口的兴衰》，《史林》2020 年第 4 期。

张芷凡：《南海港口区域合作机制的构建与完善——以“海洋命运共同体”为视角》，《海南大学学报（人文社会科学版）》2020 年第 4 期。

施余兵、陈奥鑫：《构建“渐进式”的南海渔业执法合作》，《海南大学学报（人文社会科学版)》2020 年第 4 期。

龚金镭:《唐代海上“丝路”贸易演化与边贸制度的发展》,《唐都学刊》2020 年第 4 期。

张畅、张卫强:《安全化:美国建构南海“航行自由”问题的话语和行动》,《战略决策研究》2020 年第 4 期。

杨震、蔡亮:《“海洋命运共同体”视域下的海洋合作和海上公共产品》,《亚太安全与海洋研究》2020 年第 4 期。

李云龙:《“一带一路”背景下中国参与东南亚地区海洋救灾合作:动因、优势与挑战》,《边界与海洋研究》2020 年第 4 期。

肖锋:《对中美航行自由之争的思考》,《边界与海洋研究》2020 年第 4 期。

李强华:《古今中西之争视域中的晚清海防战略嬗变》,《宁波大学学报(人文科学版)》2020 年第 4 期。

栗广:《新中国成立以来中国南海维权方式的演进》,《党史研究与教学》2020 年第 3 期。

潘晓琳:《条约视角下的钓鱼岛主权归属问题》,《中国海商法研究》2020 年第 2 期。

张根海:《“印太”视阈下印度“东向行动”政策及对南海安全的影响》,《南亚研究季刊》2020 年第 2 期。

李强华:《康有为海防思想及其实现路径》,《浙江海洋大学学报(人文科学版)》2020 年第 3 期。

张卫彬、朱永倩:《海洋命运共同体视域下全球海洋生态环境治理体系建构》,《太平洋学报》2020 年第 5 期。

全永波:《全球海洋生态环境治理的区域化演进与对策》,《太平洋学报》2020 年第 5 期。

贺鉴、王雪:《全球海洋治理进程中的联合国:作用、困境与出路》,《国际问题研究》2020 年第 3 期。

李立民:《明清时期的民间“海上丝路”》,《历史档案》2020 年第 2 期。

阎根齐:《苏德柳〈更路簿〉考述》,《社会科学战线》2020 年第 5 期。

王晓鹏:《清代“内—疆—外”治理模式与南海海疆治理》,《社会科学战线》2020 年第 5 期。

杨泽伟:《论“海洋命运共同体”构建中海洋危机管控国际合作的法律问题》,《中国海洋大学学报(社会科学版)》2020 年第 3 期。

阮慧玲:《蓝鼎元东南海疆蓝图述论》,《集美大学学报(哲学社会科学版)》2020 年第 2 期。

侯毅:《20 世纪中国维护南海主权活动的特征与意义——民族国家构建的视角》,邢广程主编《中国边疆学》第 12 辑,社会科学文献出版社 2020 年版。

侯毅:《中华人民共和国成立后我国南海诸岛史地研究述评》,《南海学刊》2020 年第 4 期。

商永林、曹景文:《郑观应的海权思想》,《洛阳师范学院学报》2020 年第 4 期。

葛红亮、何桂湘:《美国南海政策的军事化及其影响》,《南亚东南亚研究》2020

年第 2 期。

刘大海、刘芳明：《百年变局下中国的全球化海洋战略思考》，《太平洋学报》2020 年第 4 期。

郭永虎、王梦：《美国〈纽约时报〉关于中国钓鱼岛早期报道初探（1969—1979）》，《历史教学问题》2020 年第 2 期。

朱丽霞：《海上丝绸之路与中华文明早期传播》，《人民论坛》2020 年第 11 期。

李志斐：《南海非传统安全问题的现状与应对机制分析》，《太平洋学报》2020 年第 4 期。

李强华：《刘坤一海防思想和实践》，《汕头大学学报（人文社会科学版）》2020 年第 4 期。

陈秀武：《东南亚海域"海洋命运共同体"的构建基础与进路》，《华中师范大学学报（人文社会科学版）》2020 年第 2 期。

李永、张丽娜：《论历史性权利在海洋划界中的作用》，《中国边疆史地研究》2020 年第 1 期。

郭渊：《20 世纪 20—30 年代英国的西沙立场及对中法日关系的考量》，《世界历史》2020 年第 4 期。

丁广惠：《琉球三十六岛与钓鱼岛列屿考略》，《北方论丛》2020 年第 2 期。

黄友泉：《明代东南沿海士绅与海疆治理——兼论明代月港部分开禁政策蓝本的构画》，《中国海洋大学学报（社会科学版）》2020 年第 2 期。

马得懿、秦圣强：《海洋划界中"灰区"的国际法基础与当事国权利分享》，《边界与海洋研究》2020 年第 2 期。

潘洪钢：《清代八旗水师与海防体系》，《福建论坛（人文社会科学版）》2020 年第 3 期。

曹云华、李均锁：《东盟经济共同体与"21 世纪海上丝绸之路"：竞争与合作》，《广东社会科学》2020 年第 2 期。

张卫彬：《中国拥有钓鱼岛主权的证据链构造》，《政治与法律》2020 年第 2 期。

沈海涛、刘玉丽：《日本在南海问题上的对华政策新调整》，《东北亚论坛》2020 年第 2 期。

杨梦：《〈筹海图编〉中的明代山东海防问题》，《滨州学院学报》2020 年第 1 期。

王华锋：《"21 世纪海上丝绸之路"建设的时代价值与意义》，《学理论》2020 年第 2 期。

谢湜：《"封禁之故事"：明清浙江南田岛的政治地理变迁》，《中山大学学报（社会科学版）》2020 年第 1 期。

宋培军：《海洋法公约"历史性"话语体系及其南海历史权利认知意义》，《思想战线》2020 年第 1 期。

赵卫华：《越南在南海新动向与中越关系走势》，《边界与海洋研究》2020 年第 1 期。

陈娜、陈明富：《习近平构建"海洋命运共同体"的重大意义与实现路径》，《西南民族大学学报（人文社会科学版）》2020 年第 1 期。

张晓东：《经济转型中的中国海权探索——以国家战略层面为中心》，《亚太安全与海洋研究》2020 年第 1 期。

洪农：《国际海洋法治发展的国家实践：中国角色》，《亚太安全与海洋研究》2020 年第 1 期。

刘永连、常宗政：《晚清两广总督府开发建设东沙、西沙群岛述要（下）》，《海南热带海洋学院学报》2020 年第 1 期。

黄惠康：《中国在南海的领土主权和海洋权益不容侵犯——评美国国务卿蓬佩奥所谓“涉南海声明”》，《边界与海洋研究》2020 年第 5 期。

王静：《20 世纪 30 年代初英国对西沙地缘形势的关注及立场》，《社会科学》2020 年第 7 期。

谢茜、夏立平：《孙中山的海权思想刍议》，《边界与海洋研究》2020 年第 3 期。

黄俊凌：《20 世纪 30 年代国民政府维护西沙群岛主权的对法交涉——基于国民政府外交档案所列史实和法理的探讨》，《边界与海洋研究》2020 年第 3 期。

董世杰：《论新形势下南沙群岛海域油气资源自主开发》，《边界与海洋研究》2020 年第 3 期。

高圣惕、刘瑞阳：《中国南海的“历史性所有权”主张：被南海仲裁裁决忽略的证据》，《边界与海洋研究》2020 年第 3 期。

郭渊：《民国政府对南海权益的维护与教训——以海军部筹设西沙永兴岛气象台的经过为中心》，《中国海洋大学学报（社会科学版）》2020 年第 3 期。

冯军南、华涛：《20 世纪 30 年代日本对我国南沙群岛政策的演变》，《中国边疆史地研究》2020 年第 1 期。

蔡梓：《冷战中的“恐惧”臆想及其反应：美国在中国西沙群岛主权问题上的对策演变（1950—1974 年）》，《海南大学学报（人文社会科学版）》2020 年第 2 期。

贾宇、密晨曦：《新中国 70 年海洋事业的发展》，《太平洋学报》2020 年第 2 期。

张晟：《越南在南海油气侵权活动的新动向及中国的应对》，《边界与海洋研究》2020 年第 1 期。

阎根齐、李旷远：《郑和船队从广东至西沙群岛海域的航线和地名辨析》，《吉林大学社会科学学报》2020 年第 1 期。

（供稿：李　欣　刘静烨）

中国海洋史研究

宋宁而、宋枫卓：《海神信仰的“叠合认同”建构——基于山东周戈庄村“龙王—妈祖”信仰的调查》，《南海学刊》2020 年第 4 期。

林晶等：《文明互鉴视野下妈祖信仰传入长崎的历史考察》，《福建论坛（人文社会科学版）》2020 年第 12 期。

林亦瀚：《妈祖文化在澳大利亚的传播和发展》，《妈祖文化研究》2020 年第 2 期。

郑丽航：《妈祖文化沿陆上丝绸之路向中国西北地区传播初考》，《世界宗教研究》2020 年第 6 期。

李立人：《宋元之际“妈祖”取代“南海神”考——兼论南宋庆元三年大奚山起义》，《海交史研究》2020 年第 3 期。

林娟：《〈闽都别记〉中的海洋文化》，《鲁东大学学报（哲学社会科学版）》2020年第2期。

张慧琼：《明代抗倭诗的海洋文学特色》，《中州学刊》2020年第7期。

程继红等：《中国海洋石刻史料：空间分布、叙事谱系与价值建构》，《浙江海洋大学学报（人文科学版）》2020年第6期。

吕天石：《肥料、火药与中拉新航路开辟：民国时期中国智利硝石贸易探析》，《贵州社会科学》2020年第9期。

李立民：《明清时期的民间“海上丝路”》，《历史档案》2020年第2期。

孙晶：《定制外销瓷上的东西交融：17世纪荷兰定制外销瓷研究》，《美术观察》2020年第3期。

吕文璐：《海上丝绸之路沿线城市枢纽功能研究——以福建泉州为例》，《文化学刊》2020年第2期。

蔡薇等：《海上丝绸之路上宋代海船的尺寸与排水量》，《国家航海》第24辑，上海古籍出版社2020年版。

胡嘉麟：《从考古资料看南中国海秦汉时期的文化交流》，《海交史研究》2020年第2期。

荣新江：《唐朝海上丝绸之路的壮举：再论杨良瑶的聘使大食》，马丽蓉主编《新丝路学刊（总第9期）》社会科学文献出版社2020年版。

龚金镭：《唐代海上“丝路”贸易演化与边贸制度的发展》，《唐都学刊》2020年第4期。

赫学佳：《元朝官方域外交流考》，《石家庄学院学报》2020年第4期。

孙竞昊：《郑和下西洋军事行动的研究述评——兼析海外“原始殖民主义论”的若干论调》，《学术月刊》2020年第9期。

朱丽霞：《海上丝绸之路与中华文明早期传播》，《人民论坛》2020年第11期。

阎根齐、李旷远：《郑和船队从广东至西沙群岛海域的航线和地名辨析》，《吉林大学社会科学学报》2020年第1期。

毛睿：《政治权力与视觉景观：重估郑和下西洋中的“麒麟”来华》，《北京社会科学》2020年第3期。

周佳：《郑和下西洋所携入异兽“糜里羔”再考——图像与文本中的蓝牛羚》，《福建师范大学学报（哲学社会科学版）》2020年第1期。

彭勇：《重实证，跨学科，全球化：改革开放以来郑和下西洋研究》，《暨南学报（哲学社会科学版）》2020年第8期。

寇淑婷：《郑成功的海洋观与日本“郑成功文学”中的海洋思想》，《山东社会科学》2020年第4期。

吴春明：《从沉船考古看海洋全球化在环中国海的兴起》，《故宫博物院院刊》2020年第5期。

车效梅、李希：《海上丝路与17—18世纪马斯喀特贸易发展研究》，《史志学刊》2020年第2期。

Shehzad Adeel：《唐代中印海上丝绸之路对印度的影响》，《华东师范大学学报（自然科学版）》2020年第S1期。

杨明洪：《推进海上丝路建设 打造“中斯命运共同体”》，《一带一路报道（中英文）》2020年第2期。

芦文琪：《伊本·白图泰笔下泉州与阿拉伯世界的交往》，《中国民族博览》2020年第24期。

戴靖怡：《庙岛群岛生态文化遗产活化与文化旅游业提质的融合发展研究》，《中国海洋大学学报（社会科学版）》2020年第6期。

杨鸣的《“一带一路”建设中妈祖音乐促进海丝文化发展研究》，《齐齐哈尔大学学报（哲学社会科学版）》2020年第4期。

郑丽萍：《妈祖文化融入海洋命运共同体的价值与路径》，《妈祖文化研究》2020年第3期。

柯力：《论东南亚妈祖文化对“海丝”建设的积极功能》，《莆田学院学报》2020年第6期。

曲金良：《“海上文化线路遗产”的国际合作保护及其对策思考》，《中国海洋大学学报（社会科学版）》2020年第6期。

侯毅：《南海海洋非物质文化遗产的保护、利用与开发》，《海南热带海洋学院学报》2020年第4期。

（供稿：侯　毅、冯军南）

西南边疆研究

苍铭：《〈维西夷人图〉考释》，《民族研究》2020年第5期。

陈宇思：《清代移民潮下西江流域客家人的迁徙与变迁——以广西藤县金鸡镇魏氏家族为例》，《地方文化研究》2020年第3期。

段红云：《乾隆时期凭祥州、思陵州与安南界务纠纷的处置智慧探析》，《广西民族大学学报（哲学社会科学版）》2020年第4期。

郭红军：《晚清民国时期广西茶叶史略》，《农业考古》2020年第5期。

胡兴东、唐国昌：《民国时期云南基层司法建设研究——以10个县志为中心》，《云南师范大学学报（哲学社会科学版）》2020年第3期。

黄彩文：《明清时期永北高氏土军与滇川交通线管控模式变迁》，《广西民族大学学报（哲学社会科学版）》2020年第6期。

蓝良明：《明代广西宜山县土司政区的设置探析》，《昆明学院学报》2020年第2期。

李光伟：《清中后期西南边疆田赋蠲缓与国家财政治理》，《史学月刊》2020年第2期。

李宇舟：《南诏国中后期城镇建置的文化整合研究》，《民族论坛》2020年第4期。

廖国强：《“以汉化夷”与“因俗而治”——清代云南改土归流地区两种文化治理方略及其关系》，《云南师范大学学报（哲学社会科学版）》2020年第6期。

刘建莉：《边地秩序：明代云南西南边疆地区的“内”、“外”之别》，《中国边疆史地研究》2020年第3期。

刘建莉：《水利集团与乡村社会：以清代云南禄丰县水利纠纷为例》，《楚雄师范学院学报》2020 年第 1 期。

罗群：《边疆开发视域下“新理想、新社会、新制度之创造与实验”——以民国云南开蒙垦殖局为中心》，《中国边疆史地研究》2020 年第 2 期。

马岑晔：《唐在西南边疆地区统治和防御体系的建构、演化与终结》，《红河学院学报》2020 年第 3 期。

马健雄：《明清时期掸傣土司区域的非中心化政体与联姻政治》，《思想战线》2020 年第 2 期。

马亚辉：《国家边防视阈下清朝西南边境土司的情报职能》，《贵州民族研究》2020 年第 8 期。

孟凡松：《明代云南卫所新官考述——以武职选簿为中心》，《安顺学院学报》2020 年第 2 期。

胡愚：《明代戍守云南的蒙古旗军——明故帖公士弘墓志铭考》，《贵州文史丛刊》2020 年第 4 期。

邵凡晶：《晚清民国时期广西六堡茶的外销之路及其群体互动研究》，《农业考古》2020 年第 5 期。

宋才发：《中国历代王朝西南边疆治理三维探讨》，《民族学刊》2020 年第 3 期。

童巍雄、彭建：《近代境外私盐入滇与边疆治理研究》，《盐业史研究》2020 年第 2 期。

王春桥：《殖民话语与土司形象：晚清时期英国人眼中的云南土司》，《青海民族研究》2020 年第 1 期。

吴才茂：《亦谱亦志：清代西南土司族谱编纂的方志化研究——以亮寨蛮夷长官司为例》，《原生态民族文化学刊》2020 年第 5 期。

谢宏维、秦浩翔：《土官纷争、边疆治理与社会变迁——以明代中期广西岑氏家族为中心》，《广西民族研究》2020 年第 1 期。

尹仑：《张子贞与民国初年云南边疆垦殖》，《云南档案》2020 年第 3 期。

张柏惠：《“地方”与“国家”文化权力的博弈——明代以降云南腾冲地区汉景帝神祠考论》，《民俗研究》2020 年第 1 期。

张海超：《南诏大理国与吐蕃及东南亚地区的茶叶贸易初探》，《农业考古》2020 年第 2 期。

张熙勤：《〈西南夷风土记〉及其所见族群与社会》，《贵州民族研究》2020 年第10 期。

陈嘉欣、张子龙：《西南边疆少数民族地区集市功能及变迁研究——以马关县都龙口岸集市为例》，《文山学院学报》2020 年第 2 期。

范根平：《基于政治信任的西南边疆地区法治建设多元路径探析》，《齐齐哈尔大学学报（哲学社会科学版）》2020 年第 2 期。

方素梅：《新中国初期西南边疆地区的民主建政——以广西和云南的民族区域自治为中心》，《云南师范大学学报（哲学社会科学版）》2020 年第 2 期。

胡佳玲：《边疆治理的逻辑进路研究——基于边疆异质性的分析》，《云南民族大学学报（哲学社会科学版）》2020 年第 1 期。

李雪皎、邓瑾等：《西南边疆地区中小学心理教育现状与分析》，《教育教学论坛》

2020 年第 45 期。

李云鹏：《西南边疆地区少数民族特殊人群贩毒防控构想》，《云南警官学院学报》2020 年第 1 期。

吕进鹏、裴元圆：《西南边疆民族地区乡村的复合型治权结构及行动逻辑：历史底色与现代启示》，《云南民族大学学报（哲学社会科学版）》2020 年第 2 期。

卢婕、于明珠：《西南边疆少数民族地区发展思考》，《合作经济与科技》2020 年第 9 期。

冉旭宏、董晶：《西南边疆民族地区乡村社会治理问题研究》，《现代商贸工业》2020 年第 18 期。

申灿玉、邹诗琦：《西南边疆少数民族地区旅游城镇建设中传统文化保护研究》，《旅游纵览》2020 年第 15 期。

时雨晴：《西南边疆脱贫攻坚的特色实践及对乡村治理的推动》，《云南社会科学》2020 年第 6 期。

谭娴、刘筱筠等：《西南边疆地区农业企业品牌建设的影响因素与发展对策》，《云南农业大学学报（社会科学）》2020 年第 6 期。

王峰：《西南边疆山区交通网络与旅游空间结构演化关联机制及效应研究——以云南省为例》，《云南民族大学学报（哲学社会科学版）》2020 年第 5 期。

王立教、戴蓉：《南方丝绸之路开凿对西南边疆文化塑造探析》，《贵州社会科学》2020 年第 5 期。

王念、庞程：《西南边疆民族地区创新系统与制造业集群发展的耦合协调度分析——以广西、云南为例》，《改革与战略》2020 年第 10 期。

王玉萍：《西南边疆地区民族村寨农民工务工收入地域差异的实证研究——以云南省文山州捏黑村为例》，《长江丛刊》2020 年第 32 期。

徐清：《法理视野下的西南边疆司法治理模式建构》，《思想战线》2020 年第 5 期。

于明珠、卢婕：《西南边疆少数民族地区经济发展研究》，《合作经济与科技》2020 年第 8 期。

周建新：《“西南边疆与边民社会”专栏导语》，《贵州民族研究》2020 年第 4 期。

祝峰、杨明宏：《语言舆情视域下西南边疆少数民族地区语言教育规划研究》，《民族教育研究》2020 年第 4 期。

刘稚、沙莎：《“一带一路”倡议实施中的缅甸宗教风险研究》，《世界宗教文化》2020 年第 5 期。

刘务、刘成凯：《中缅经济合作：是“债务陷阱”还是发展机遇?》，《南亚研究》2020 年第 2 期。

高程、王震：《中国经略周边的机制化路径探析——以中缅经济走廊为例》，《东南亚研究》2020 年第 1 期。

祝湘辉、张添：《政治转型系统机制与中缅关系的变迁》，《南亚研究》2020 年第 2 期。

祝湘辉、范宏伟：《中缅关系 70 年：“胞波”关系的新陈代谢》，《南洋问题研究》2020 年第 1 期。

张添：《后军人时代缅甸的“双头政治”及其外交影响》，《东南亚研究》2020 年第 1 期。

张颖：《中缅命运共同体及其示范意义》，《当代世界》2020 年第 5 期。

成汉平、宁威：《国家利益论视角下的中缅关系——民盟执政时期中缅合作的机遇与挑战》，《亚太安全与海洋研究》2020 年第 1 期。

付永丽：《中缅边境地区国家级边境经济合作区的发展特征及其前景》，《贵州民族研究》2020 年第 10 期。

余艳娥、杨晓龙：《中缅边境多民族杂居地区基督教本土化的族际视角探析——以云南省耿马县基督教为例》，《世界宗教文化》2020 年第 5 期。

高志英、邓悦：《族群认同、区域认同与国家认同的跨境互构——以中、缅、泰傈僳族弩弓文化的位移与重构为视角》，《云南师范大学学报（哲学社会科学版）》2020 年第 5 期。

徐祖祥、唐俊：《近代以来基督教中国化与中缅跨境民族认同结构的变迁》，《宗教学研究》2020 年第 1 期。

杨啸、周建新：《乡村振兴战略下中缅边境村寨边民流失问题及其治理策略》，《贵州民族研究》2020 年第 2 期。

苏世天：《中国与老挝命运共同体建设再上新台阶》，《世界知识》2020 年第 3 期。

郭春生、阿丽萨：《构建中老两国命运共同体的条件探析》，《廊坊师范学院学报（社会科学版）》2020 年第 4 期。

李珍刚：《人类命运共同体：区域和国别视域下中国与老挝实践的逻辑》，《东南亚纵横》2020 年第 4 期。

彭牧青：《“一带一路”背景下中国对老挝援助及投资减贫效应》，《山西财经大学学报》2020 年第 S2 期。

郑国富：《“一带一路”倡议下中国与老挝农产品贸易合作发展的成效、问题与建议》，《对外经贸》2020 年第 12 期。

黄欢、赵杰、苏婷婷：《“一带一路”背景下中国和老挝跨境物流现状研究》，《企业科技与发展》2020 年第 6 期。

黄思然、刘皓雪、周璇、张洪福：《中国农企在老挝和柬埔寨的投资概况》，《农经》2020 年第 Z1 期。

赵波、禤美琦、吕峰、罗英极：《中国—老挝合作农业技术人才培训实践探索》，《广西农学报》2020 年第 1 期。

曾贞：《“一带一路”背景下中越边境贸易合作机制研究》，《商业经济研究》2020 年第 21 期。

巫云仙：《“一带一路”与边境城市的“贸工民”模式——基于广西东兴的创新实践分析》，《河北学刊》2020 年第 2 期。

傅楚玮：《“一带一路”背景下扩大中越贸易研究》，《海峡科学》2020 年第 7 期。

李建钢：《“一带一路”在越南落地实施面临的风险挑战和对策研究》，《文化软实力》2020 年第 2 期。

成汉平：《中越外交七十年：传承与创新》，《人民论坛·学术前沿》2020 年第 6 期。

梁茂华、于向东：《越南抗疫举措及对中越关系影响》，《和平与发展》2020 年第

2期。

徐佳峰：《中越边境边民证件管控问题研究——以东兴口岸为例》，《广西警察学院学报》2020年第6期。

鱼耀：《生存有道：中越跨境婚姻中的嫁与家——以宁明县N村为例》，《广西民族研究》2020年第5期。

覃延佳：《生境、情感与边民社会网络：中越跨国婚姻研究实践与反思——以云南马关县金厂村为例》，《广西民族研究》2020年第2期。

韦福安、谭金玲、陈劲波：《走向共赢：地方的经验和智慧——基于中越跨界民族劳工跨界流迁问题的讨论》，《贵州民族研究》2020年第4期。

（供稿：吕文利、时雨晴、袁沙、张楠林）

西藏研究

金书波：《关于象雄遗址、石刻和历史文书的几点认识》，周伟洲主编《西北民族论丛》第20辑，社会科学文献出版社2020年版。

仝涛：《喜马拉雅的丝绸之路与古国风俗考——时代背景与考古新证》，《中华文化论坛》2020年第6期。

夏吾卡先：《巴基斯坦北部及其邻近区域所见吐蕃遗存的整理研究》，《中国藏学》2020年第2期。

夏吾卡先：《不丹王国发现吐蕃铜钟研究——兼论吐蕃钟的形制与文化源流》，《西藏研究》2020年第4期。

王瑞雷：《托林寺佛塔新出土古藏文文书的书写年代与价值》，《文献》2020年第5期。

霍巍、祝铭：《20世纪以来吐蕃金银器的发现与研究》，《西藏大学学报（社会科学版）》2020年第2期。

霍巍：《近年来青藏高原吐蕃时代考古新发现及其意义》，《中华文化论坛》2020年第6期。

李宗俊、梁雨昕：《〈隋书·附国传〉与早期吐蕃史相关问题》，《西藏大学学报（社会科学版）》2020年第4期。

扎西当知：《吐蕃末代赞普达磨名号考》，《中国藏学》2020年第3期。

洲塔、玖玛草：《吐蕃噶氏家族发展考述》，《西藏大学学报（社会科学版）》2020年第2期。

杨毛措：《婚姻与善法：藏文伏藏〈柱间史〉的王权表述》，《民族研究》2020年第4期。

陆离：《再论吐蕃告身制度和大虫皮制度的两个问题》，《西藏研究》2020年第4期。

切排、金鹏飞：《吐蕃时期僧相制度的运作机制》，《藏学研究》2020年第3期。

朱丽双：《古藏文政治文化术语chos与gtsug lag探微》，《中央民族大学学报（哲学社会科学版）》2020年第5期。

张旭、郑红翔：《吐蕃户籍管理制度探析》，《西藏大学学报（社会科学版）》2020

年第 2 期。

杨铭、贡保扎西：《敦煌所出藏汉两种雇工收麦契比较研究》，《西藏大学学报（社会科学版）》2020 年第 4 期。

方冬：《论南诏与唐朝、吐蕃之关系：从年号变迁的视角》，《文山学院学报》2020 年第 4 期。

杨长玉：《唐蕃接触中的河西九曲》，《中国史研究》2020 年第 3 期。

马岑晔：《唐在西南边疆地区统治和防御体系的建构、演化与终结》，《红河学院学报》2020 年第 3 期。

郑炳林、朱建军：《汉唐时期南山亦即吐谷浑贺真城地望考》，《西北民族研究》2020 年第 4 期。

李勤璞、伍金加参：《唐代拨川的地望和词源》，《西藏大学学报（社会科学版）》2020 年第 4 期。

张弘毅：《唐代河湟地区的道路交通》，《江西社会科学》2020 年第 8 期。

张多勇：《西夏通吐蕃河湟间的交通路线及沿路军事堡寨考察》，《中国历史地理论丛》2020 年第 3 辑。

陈淑娟、王怀宥：《唐宋时期青石岭地望新考》，《宁夏师范学院学报》2020 年第 6 期。

王璞：《“泥婆罗门”疏证》，《历史地理研究》2020 年第 3 期。

霍巍：《宋僧继业西行归国路经“吉隆道”考》，《史学月刊》2020 年第 8 期。

熊文彬：《蕃尼古代及其历史作用》，《中国藏学》2020 年第 1 期。

钟焓：《内耗与纷争：〈红史〉至大二年圣旨所见元朝政治博弈》，《历史研究》2020 年第 3 期。

宋洪民：《关于八思巴字官印“甘肃等处行中书省照磨所印”》，《敦煌研究》2020 年第 1 期。

布桑：《试论大司徒绛曲坚赞的政治思想》，《西藏大学学报》2020 年第 4 期。

颜亮：《叙事与诠释：古代汉藏灾异的述行策略研究》，《青海民族大学学报》2020 年第 3 期。

昂青才让：《从昆氏世袭制度探讨萨迦政权灭亡缘由》，《广西民族研究》2020 年第 3 期。

杨天雪：《明成祖召请大乘法王史事考》，《中国藏学》2020 年第 1 期。

李淮东：《明代“中国”西部疆域形成史论——以明朝经略西藏为中心的考察》，《中国历史地理论丛》2020 年第 2 辑。

张科：《晚清少数民族赔命价管见——以清代循化厅司法档案为线索》，《中国藏学》2020 年第 2 期。

刘锦增：《1720 年清军驱准保藏中的军粮供应问题》，《西藏民族大学学报（哲学社会科学版）》2020 年第 1 期。

卢梅：《简析 1909—1911 年清军对藏东南地区的改流设治及其意义》，《西藏民族大学学报（哲学社会科学版）》2020 年第 1 期。

康欣平：《驻藏大臣温宗尧筹藏试探》，《西藏研究》2020 年第 1 期。

姚文君：《君臣互动背景下的两金川紫光阁功臣之拟选》，《西藏研究》2020 年第

2 期。

周伟洲：《清代驻藏大臣巡边制度考》，《中央民族大学学报（哲学社会科学版）》2020 年第 3 期。

马天祥、彭菽淇：《清中期以来西藏方志中边防重心的形成与迁移》，《青海师范大学学报（哲学社会科学版）》2020 年第 3 期。

张剑虹：《清代西藏喇嘛来使护送与安全问题探讨》，《青海民族研究》2020 年第 4 期。

黑龙、赵文博：《〈钦定理藩院则例〉版本流传梳考》，《青海民族研究》2020 年第 4 期。

赵心愚：《清代藏汉文化接触日趋频繁的反映与见证——乾隆〈卫藏图识〉对藏语资料的收集、整理与研究》，《西南民族大学学报》2020 年第 9 期。

程忠红：《清代〈西藏镇魔图〉历史地理考》，《法音》2020 年第 9 期。

乌云毕力格：《乾隆皇帝与颇罗鼐家族——以西藏档案馆蒙古文档案为中心》，《中国藏学》2020 年第 1 期。

赵忠波、黄全毅：《19 世纪前期西藏财税状况探析——以〈铁虎清册〉为中心》，《中国藏学》2020 年第 1 期。

奚可桢：《〈六世班禅朝觐大事记〉内府档案论析》，《中国藏学》2020 年第 1 期。

张钦：《〈藏行纪程〉所载滇藏交通研究》，《中国边疆史地研究》2020 年第 1 期。

马天祥、彭菽淇：《慧文社〈近代西藏史丛书〉与日本早期西藏研究》，《西藏民族大学学报（哲学社会科学版）》2020 年第 1 期。

赵心愚：《清代川、滇、藏行政分界的档案文献及史料价值》，《民族学刊》2020 年第 2 期。

孙宏年、苗鹏举：《清代西藏地方军事地理格局的演变》，《中国边疆史地研究》2020 年第 3 期。

阿音娜：《乾隆时期的西藏行纪——以第二次廓尔喀之役为背景》，《西藏研究》2020 年第 2 期。

邓涛：《藩部经略与直省支撑——四川在清朝治理西藏中的地位和作用》，《西藏大学学报（社会科学版）》2020 年第 1 期。

贡布多加：《康区察瓦龙历史沿革及其地名称谓考究——基于对口述史料的文献分析》，《西藏研究》2020 年第 1 期。

柳森：《〈西藏图说〉成书背景与文献价值考论》，《西藏研究》2020 年第 2 期。

亓佩成：《新朱利法城亚美尼亚商人霍夫汉内斯的拉萨簿记》，《西藏大学学报（社会科学版）》2020 年第 2 期。

许肖阳：《红毛国在廓尔喀战争中的影响分析》，《西藏研究》2020 年第 1 期。

马睿、张帅：《铁蹄踏入禁地——〈拉萨真面目〉中的西藏书写与侵略记忆》，《西藏民族大学学报（哲学社会科学版）》2020 年第 2 期。

高龙、高亚西：《洋人入藏与清廷、西藏地方的因应及其对西藏局势的影响（1876—1886 年）》，《西藏研究》2020 年第 5 期。

梁忠翠：《近代英籍亚东关税务司情报搜集史料萃编》，《西藏研究》2019 年第 6 期。

洪思慧：《秦噶哔和古伯察出入拉萨日期考》，《西藏民族大学学报（哲学社会科学版）》2020 年第 4 期。

吕昭义、陶亮：《1890 年〈中英会议藏印条约〉谈判中的中锡边界交涉》，《中国边疆史地研究》2020 年第 2 期。

刘瑞云：《1848 年清廷驱逐进藏法国传教士罗勒拿之外交交涉》，《世界宗教研究》2020 年第 2 期。

J. 维尔·埃德加、甘措：《锡金和西藏边境的访问报告（西藏部分）（1873 年 10—12 月）》，《青藏高原论坛》2020 年第 2 期。

罗勇：《英国在西藏森巴战争中的态度剖析》，《西藏发展论坛》2020 年第 1 期。

韩鸿：《〈拉达克新闻报〉与〈拉达克信使报〉：东方主义视角下的西喜马拉雅地区早期藏文报刊》，《中国藏学》2020 年第 3 期。

张永攀：《清末史料中的哲孟雄名称与部族考订》，《中国边疆史地研究》2020 年第 4 期。

扎洛：《清朝册封布鲁克巴德布王礼仪探析——第十七任德布王强巴贝册封案例分析》，《清史研究》2020 年第 4 期。

多吉平措：《关于六世达赖喇嘛的藏文史料及其学术价值》，《中国藏学》2020 年第 4 期。

朱德涛：《颇罗鼐封号和用印考实》，《西藏研究》2020 年第 3 期。

陈鹏辉：《清末张荫棠整饬西藏吏治始末》，《西藏民族大学学报（哲学社会科学版）》2020 年第 6 期。

冯翔：《德尔智与十三世达赖喇嘛晋京期间史事探析》，《中国边疆史地研究》2020 年第 4 期。

黄博：《清代西藏的“阿里总管”体制》，《中国历史地理论丛》2020 年第 4 辑。

刘煜泽：《清至民国时期西藏烟草贸易研究》，《西藏民族大学学报（哲学社会科学版）》2020 年第 3 期。

冯翔：《“五四”前后唐继尧对“西藏问题”的介入与支持》，《西藏研究》2020 年第 3 期。

许详：《民初中英涉藏事务交涉之补证——基于“顾维钧档案”的研究》，《民国档案》2020 年第 2 期。

张京品：《浅析民国初年朝野对西姆拉会议的反应》，《西藏研究》2020 年第 6 期。

蒲生华：《九世班禅迁延兰州的主因探析》，《青海民族研究》2020 年第 3 期。

王海燕：《安钦呼图克图与民国时期汉藏关系研究》，《西藏大学学报（社会科学版）》2020 年第 1 期。

杨娅、张静：《民国时期西藏代表参政议政活动的特点及影响》，《西藏民族大学学报（哲学社会科学版）》2020 年第 1 期。

张皓：《威尔入藏“访问”与第三次康藏冲突的爆发》，《史学集刊》2015 年第 5 期。

朱昭华：《论英国政府与第三次康藏冲突的爆发》，《苏州科技大学学报（社会科学版）》2020 年第 2 期。

曾皓：《论国家资格理论在实践中的适用——以民国时期西藏为视角》，《时代法学》2020 年第 4 期。

刘煜泽：《清至民国时期西藏禁止烟草问题研究》，《西藏大学学报（社会科学版）》2020 年第 2 期。

裴儒弟：《1916—1917 年殷承瓛出任川边镇守使及其治边探析》，《西藏研究》2020 年第 2 期。

高全孝：《民国时期西藏学校英语教育与英国殖民文化渗透述略》，《西藏民族大学学报（哲学社会科学版）》2020 年第 5 期。

喻永庆：《民国时期蒙藏委员会与蒙藏教育的推进——以中央大学蒙藏班的创办过程为考察对象》，《中国边疆史地研究》2020 年第 4 期。

杨丹：《中国共产党与西藏治理体系、治理能力现代化》，《西藏大学学报（社会科学版）》2020 年第 2 期。

郭克范：《剖析十四世达赖反动本质》，《西藏研究》2020 年第 S1 期。

宋爽：《西藏金融支持乡村振兴的难点与改革路径》，《西藏民族大学学报（哲学社会科学版）》2020 年第 3 期。

朱玉福、廉潘红：《西藏南伊洛巴乡民族乡乡村振兴战略实施情况调查与思考》，《西藏民族大学学报（哲学社会科学版）》2020 年第 2 期。

邓亚净、杨文仙：《习近平德治观及其在西藏乡村治理场域中的运用》，《西藏研究》2020 年第 3 期。

侯志茹、岳世聪：《乡村振兴背景下西藏地区文旅融合发展模式探究》，《西藏大学学报（社会科学版）》2020 年第 3 期。

张鹏海、张瑾、曹钧：《乡村振兴战略理念下工布响箭可持续发展探讨》，《西藏民族大学学报（哲学社会科学版）》2020 年第 2 期。

曾皓：《中印边界争端中的西藏因素》，《中国藏学》2020 年第 3 期。

张皓：《1949—1951 年印度对中国西藏和平解放谈判之干涉》，《江苏师范大学学报》2020 年第 3 期。

杨力源：《昌都战役的历史背景、起止时间及重要意义》，《中国藏学》2020 年第 4 期。

李荟芹、王小彬：《20 世纪 50 年代初昌都地区各宗人民解放委员会建政工作研究》，《中国藏学》2020 年第 4 期。

徐万发、柳欢：《昌都战役——西藏和平解放的转折点》，《西藏民族大学学报》2020 年第 4 期。

王昌为：《父亲王其梅与昌都的解放和建设》，《中国西藏》2020 年第 5 期。

梁俊艳、张云：《伟大的跨越，辉煌的成就》，《中国西藏》2020 年第 4 期。

中共昌都市委、昌都市人民政府：《伟大的历程　辉煌的成就》，《中国西藏》2020 年第 5 期。

李蓉：《论中共中央西北局和西北军区在和平解放西藏进程中的历史贡献》，《西藏研究》2020 年第 4 期。

张皓：《毛泽东与西藏和平解放的前前后后（1949—1952）》，《党的文献》2020 年第 2 期。

邓新星、马馨怡：《新中国 70 年：中国共产党“长期建藏”思想的形成与发展》，

《西藏民族大学学报》2020 年第 3 期。

何一民、高中伟、廖羽含：《新时代兴藏战略的路径选择——基于开放共赢原则下的“飞地经济”援藏模式研究》，《西南民族大学学报》2020 年第 12 期。

方晓玲、周娟、宋博瀚：《在西藏如何筑牢中华民族共同体意识：指导原则与路径》，《西藏研究》2020 年第 3 期。

王巧：《马克思共同体思想视域下藏族融入中华民族共同体的历史进程探析》，《西藏大学学报》2020 年第 3 期。

闫红瑛：《“一带一路”框架下加强中国西藏与尼泊尔金融合作的思考》，《西藏民族大学学报》2020 年第 1 期。

余志坤：《西藏全面建成小康社会的历史必然》，《西藏研究》2020 年第 2 期。

胡鞍钢、杨雁翔：《民族区域自治制度与西藏的实践——基于国际比较视角》，《中国藏学》2020 年第 3 期。

习近平：《全面贯彻新时代党的治藏方略建设团结富裕文明和谐美丽的社会主义现代化新西藏》，2020 年 8 月 29 日，新华网。

王剑峰、刘欢：《第四届喜马拉雅区域研究国际研讨会综述》，《民族研究》2020 年第 5 期。

（供稿：张永攀　刘　洁　裴儒弟）

西北边疆研究

马晓娟：《从历代正史民族关系微观视角看内地人士经略西域之得失》，《新丝路学刊（总第 9 期）》，社会科学文献出版社 2020 年版。

李大龙：《如何诠释边疆——从僮仆都尉和西域都护说起》，《西南民族大学学报（人文社会科学版）》2020 年第 7 期。

李晓斌、王兴宇：《东汉王朝对西北边疆治理策略研究》，《思想战线》2020 年第 5 期。

孟宪实：《张骞的“不得要领”与丝绸之路的开通》，《西域研究》2020 年第 4 期。

殷盼盼：《从河西张掖到西域高昌：麴氏高昌国和氏研究》，《西域研究》2020 年第 1 期。

梁振涛：《百姓与部落：唐代北庭地区的人群管理》，《文史》2020 年第 4 辑。

田海峰：《唐代于阗经略研究》，杜文玉主编《唐史论丛》第 30 辑，三秦出版社 2020 年版。

石云涛：《龟兹在唐朝西域经营中的地位——唐诗中的“安西”》，《黑河学院学报》2020 年第 12 期。

田卫疆：《关于元明时期西域历史研究的几个问题》，《西部蒙古论坛》2020 年第 2 期。

赵毅、杨维：《论明初西域经营策略——以关西七卫、西番诸卫比较为中心》，《辽宁师范大学学报（社会科学版）》2020 年第 1 期。

佟文娟：《乾隆朝筹划在新疆地区设立卫所始末》，《满语研究》2020 年第 2 期。

王超：《清代英吉沙尔驻扎大臣的设立和变革考辨》，《中国边疆史地研究》2020

年第 4 期。

王耀：《满文档案所见乾隆朝天山南路的新城修筑》，《历史档案》2020 年第 4 期。

杨栋娟：《大和卓之子萨木萨克身世考》，《西域研究》2020 年第 1 期。

陈柱：《传闻与想象：清朝对布鲁特的早期认知》，邢广程主编《中国边疆学》第 12 辑，社会科学文献出版社 2020 年版。

马长泉、张春梅：《道光朝新疆卡伦的整饬问题》，《内蒙古师范大学学报（哲学社会科学版）》2020 年第 1 期。

赵毅：《基层社会的治理与互动：基于清末吐鲁番坎儿井民事纠纷的考察》，周伟洲主编《西北民族论丛》第 21 辑，社会科学文献出版社 2020 年版。

王启明：《清代西北边疆厅的历史嬗变——以吐鲁番为例》，《中国边疆史地研究》2020 年第 2 期。

何星亮：《晚清〈中俄科塔界约〉及其相关问题研究》，《社会科学战线》2020 年第 7 期。

刘志佳：《新疆行省制下督、抚、将军的改制探索》，《中国地方志》2020 年第 1 期。

章成：《清季新疆设督与治疆思路考析》，《近代史研究》2020 年第 4 期。

王淼：《清末新疆“遣客改土”与兵制改革》，周伟洲主编《西北民族论丛》第 21 辑，社会科学文献出版社 2020 年版。

周卫平：《杨增新时期新疆税务制度研究》，《中国边疆史地研究》2020 年第 4 期。

陈芸、张皓：《盛世才治新时期新疆农村基层政权建设体系中的中共特色》，《中国边疆史地研究》2020 年第 1 期。

欧阳云梓：《论马仲英部的共产党人》，《绍兴文理学院学报（人文社会科学）》2020 年第 9 期。

杨增贵：《1944—1946 年吴忠信主政新疆述论》，硕士学位论文，兰州大学，2020 年 5 月。

依再提古丽 · 吾买尔：《抗战时期马克思主义在新疆的传播研究》，《新疆地方志》2020 年第 2 期。

冯建勇、钱骋阳：《国民政府筹谋帕米尔问题始末》，《人文杂志》2020 年第 5 期。

闫自兵：《美国驻迪化领事馆考述》，《新疆大学学报（哲学 · 人文社会科学版）》2020 年第 1 期。

陈国裕：《解放初期驻疆人民解放军开展大生产运动历史回顾》，《新疆社科论坛》2020 年第 1 期。

张安、屠静芬：《二十世纪五六十年代中国政府遣返新疆阿侨始末》，《新疆大学学报（哲学 · 人文社会科学版）》2020 年第 1 期。

叶俊士：《汉晋时期西域精绝国农业生产考述》，《农业考古》2020 年第 4 期。

朱丽双：《10 世纪于阗的对外物质交流》，《西域研究》2020 年第 1 期。

李树辉：《“阿尔泰”语源、语义考》，《青海民族研究》2020 年第 4 期。

董红玲：《天山北路城市建设述论——以农耕文化和游牧文化的矛盾、冲突、交流和融合为视角》，《西域研究》2020 年第 4 期。

刘锦增：《咸丰年间边疆财政的危机与应对——以新疆军费为例》，《中国经济史研究》2020 年第 1 期。

李宁：《清代国家翻译实践在新疆地区的体现》，《民族翻译》2020 年第 2 期。

刘景纯：《清代中晚期西北史地学认识的几个问题》，《中国历史地理论丛》2020 年第 4 辑。

潘威：《清代民国时期伊犁锡伯旗屯水利社会的形成与瓦解》，《西域研究》2020 年第 3 期。

贾秀慧：《近代新疆汉族商帮与新式休闲娱乐业的兴起发展述论》，《新疆地方志》2020 年第 1 期。

黄祥深：《民国政府与新疆茶叶贸易研究》，周伟洲主编《西北民族论丛》第 20 辑，社会科学文献出版社 2020 年版。

成湘丽：《从“资源宝库”到“战略要地”——20 世纪初至 30 年代前期国人新疆游记中的新疆形象》，《石河子大学学报（哲学社会科学版）》2020 年第 3 期。

邹淑琴：《邓缵先民初新疆诗文的文化记忆与家国情怀》，《新疆大学学报（哲学·人文社会科学版）》2020 年第 6 期。

毕波：《粟特人在焉耆》，《西域研究》2020 年第 1 期。

白玉冬：《12—13 世纪粟特—回鹘商人与草原游牧民的互动》，《民族研究》2020 年第 3 期。

衡宗亮：《清代哈密维吾尔族西迁伊犁屯田新考》，《农业考古》2020 年第 4 期。

王希隆、杨代成：《清前期哈密、吐鲁番维吾尔人迁居河西西部述论》，《民族研究》2020 年第 1 期。

王东平：《清代维吾尔副都统白和卓事迹钩沉》，《新疆大学学报（哲学·人文社会科学版）》2020 年第 6 期。

沈琛：《吐蕃与于阗佛教交流史事考述》，《西域研究》2020 年第 3 期。

任子田、王小盾：《从方神庙看清末新疆的原生性宗教》，《西南民族大学学报（人文社会科学版）》2020 年第 10 期。

咸成海：《清代三清殿“三教”并置简论——以乾隆〈伊江汇览·坛庙〉为中心的探讨》，《文化学刊》2020 年第 7 期。

杨富学、葛启航：《回鹘文 xj 222－0661.09 文书若干问题新探》，《文献（双月刊）》2020 年第 5 期。

阿依达尔·米尔卡马力、萨仁高娃：《国家图书馆藏三件回鹘文〈华严经〉残叶研究》，《河西学院学报》2020 年第 6 期。

史念海遗著、王双怀整理：《清代学者对于西北史地之研究及其著述》，《历史地理研究》2020 年第 1 期。

聂红萍：《鄂斯与〈和卓传〉》，周伟洲主编《西北民族论丛》第 20 辑，社会科学文献出版社 2020 年版。

乌云毕力格：《〈钦定西域同文志〉若干问题考述》，《中央民族大学学报（哲学社会科学版）》2020 年第 1 期。

李鹏翔、张华清：《和宁撰〈回疆通志〉考述》，周伟洲主编《西北民族论丛》第 21 辑，社会科学文献出版社 2020 年版。

史明文：《〈新疆图志〉影印本探析》，《新疆地方志》2020 年第 1 期。

韩莉、李林安:《俄国驻喀什领事彼得罗夫斯基与新疆文物外流》,《甘肃社会科学》2020 年第 3 期。

郑丽颖:《奥登堡考察队新疆所获文献外流过程探析——以考察队成员杜丁的书信为中心》,《敦煌学辑刊》2020 年第 1 期。

马凌云、王建平:《瑞典隆德大学所藏新疆文献整理研究现状及其学术意义》,《青藏高原论坛》2020 年第 1 期。

吕恩国:《吐鲁番洋海墓地出土游牧民器物研究》,《吐鲁番学研究》2020 年第 1 期。

魏东等:《楼兰地区汉晋时期墓地的考察与初步认识——兼析楼兰孤台墓地的颅骨形态学特征》,《西域研究》2020 年第 3 期。

冉万里:《文明交流视野下的古楼兰及其周边——汉晋时期楼兰遗物中所见文化因素分析》,北京大学考古文博学院等编《考古学研究(十一)丝绸之路考古研究专号》,科学出版社 2020 年版。

李并成:《塔里木盆地克里雅河下游古绿洲沙漠化考》,《中国边疆史地研究》2020 年第 4 期。

王建新、王茜:《“敦煌、祁连间”究竟在何处?》,《西域研究》2020 年第 4 期。

刘子凡:《北庭西海县新考》,《新疆大学学报(哲学·人文社会科学版)》2020 年第 1 期。

田海峰:《唐代轮台与西海置地新考》,《文博》2020 年第 1 期。

闫雪梅:《赤岸守捉考》,陕西师范大学历史文化学院等编《丝绸之路研究集刊》第五辑,商务印书馆 2020 年版。

王科杰:《清代新疆冰岭道建置考》,《中国历史地理论丛》2020 年第 2 辑。

范玉显:《新时代党的新疆工作基本路线——解读习近平总书记在第三次中央新疆工作座谈会上重要讲话精神》,《新疆社科论坛》2020 年第 5 期。

马合木提·阿布都外力:《加强新疆历史研究铸牢中华民族共同体意识》,《新疆日报(汉)》2020 年 12 月 12 日第 4 版。

田卫疆:《构筑中华民族共有精神家园 夯实新疆社会长治久安的思想文化根基》,《新疆社会科学》2020 年第 6 期。

牛汝极:《文化润疆:让中华民族共同体意识更加牢固》,《人民政协报》2020 年 11 月 12 日第 8 版。

李建军:《实施文化润疆工程的重大意义、核心要义及路径》,《新疆日报(汉)》2020 年 12 月 12 日第 4 版。

祝辉:《新时代党的治疆方略:逻辑建构、价值导向、部署举措》,《克拉玛依学刊》2020 年第 1 期。

沈田:《论新疆工作总目标与治理体系和治理能力现代化的关系》,《新疆社科论坛》2020 年第 6 期。

祝辉:《论新时代党的治疆方略蕴含的人民立场》,《新疆社科论坛》2020 年第 1 期。

顾华祥:《治疆方略视域下去极端化法治路径研究》,《科学与无神论》2020 年第 2 期。

郑亮：《从民族分裂到全球"圣战"——"东伊运"恐怖组织意识形态演变分析》，《民族研究》2020 年第 2 期。

范娟荣、李伟：《反恐背景下的去极端化研究与思考》，《新疆师范大学学报（哲学社会科学版）》2020 年第 4 期。

努尔艾力·达伊木：《国家安全视阈下新疆伊斯兰教中国化研究》，《科学与无神论》2020 年第 5 期。

贾友军、蒲丽霞：《新疆各族干部群众对祖国认同的调查分析》，《新疆社科论坛》2020 年第 6 期。

闫韶华：《新疆少数民族文化现代化进程调查——以兵团第三师图木舒克市为例》，《云南社会主义学院学报》2020 年第 3 期。

蔡玉洁、李秀玉：《新疆人口发展状况浅析——基于全国人口普查数据的分析》，《和田师范专科学校学报》2020 年第 3 期。

热依拉·依里木：《地方性知识、民间权威与借贷纠纷解决——基于新疆乡村田野调查和典型案例的分析》，《原生态民族文化学刊》2020 年第 3 期。

张亚洲、杨俊孝：《深度贫困地区土地流转的减贫效应研究——基于新疆南疆地区 1386 户农户调查实证》，《干旱区资源与环境》2020 年第 7 期。

李淑敏：《系统论视域下兵团精神认同的路径建构》，《兵团党校学报》2020 年第 5 期。

王佩：《边境虫害叙事——新疆一八五团的小咬与边境社会》，周伟洲主编《西北民族论丛》第 21 辑，社会科学文献出版社 2020 年版。

（供稿：阿地力·艾尼）

附录二　当代中国边疆治理重要文献

中共中央 国务院关于新时代推进西部大开发形成新格局的指导意见*

新华社北京5月17日电 强化举措推进西部大开发形成新格局，是党中央、国务院从全局出发，顺应中国特色社会主义进入新时代、区域协调发展进入新阶段的新要求，统筹国内国际两个大局作出的重大决策部署。党的十八大以来，在以习近平同志为核心的党中央坚强领导下，西部地区经济社会发展取得重大历史性成就，为决胜全面建成小康社会奠定了比较坚实的基础，也扩展了国家发展的战略回旋空间。但同时，西部地区发展不平衡不充分问题依然突出，巩固脱贫攻坚任务依然艰巨，与东部地区发展差距依然较大，维护民族团结、社会稳定、国家安全任务依然繁重，仍然是全面建成小康社会、实现社会主义现代化的短板和薄弱环节。新时代继续做好西部大开发工作，对于增强防范化解各类风险能力，促进区域协调发展，决胜全面建成小康社会，开启全面建设社会主义现代化国家新征程，具有重要现实意义和深远历史意义。为加快形成西部大开发新格局，推动西部地区高质量发展，现提出如下意见。

一　总体要求

以习近平新时代中国特色社会主义思想为指导，全面贯彻党的十九大和十九届二中、三中全会精神，统筹推进“五位一体”总体布局，协调推进“四个全面”战略布局，落实总体国家安全观，坚持稳中求进工作总基调，坚持新发展理念，坚持推动高质量发展，坚持以供给侧结构性改革为主线，深化市场化改革、扩大高水平开放，坚定不移推动重大改革举措落实，防范化解推进改革中的重大风险挑战。强化举措抓重点、补短板、强弱项，形成大保护、大开放、高质量发展的新格局，推动经济发展质量变革、效率变革、动力变革，促进西部地区经济发展与人口、资源、环境相协调，实现更高质

---

* 来源：中国政府网，2020年5月17日（http：//www. gov. cn/zhengce/2020－05/17/content_5512456. htm）

量、更有效率、更加公平、更可持续发展，确保到2020年西部地区生态环境、营商环境、开放环境、创新环境明显改善，与全国一道全面建成小康社会；到2035年，西部地区基本实现社会主义现代化，基本公共服务、基础设施通达程度，人民生活水平与东部地区大体相当，努力实现不同类型地区互补发展、东西双向开放协同并进、民族边疆地区繁荣安全稳固、人与自然和谐共生。

二　贯彻新发展理念，推动高质量发展

（一）打好三大攻坚战。把打好三大攻坚战特别是精准脱贫攻坚战作为决胜全面建成小康社会的关键任务，集中力量攻坚克难。重点解决实现“两不愁三保障”面临的突出问题，加大深度贫困地区和特殊贫困群体脱贫攻坚力度，减少和防止贫困人口返贫，确保到2020年现行标准下西部地区农村贫困人口全部实现脱贫，贫困县全部摘帽。在全面完成脱贫任务基础上压茬推进乡村振兴战略，巩固脱贫攻坚成果。结合西部地区发展实际，打好污染防治标志性重大战役，实施环境保护重大工程，构建生态环境分区管控体系。精准研判可能出现的主要风险点，结合西部地区实际，进一步完善体制机制，拿出改革创新举措。坚持底线思维，强化源头管控，有效稳住杠杆率。

（二）不断提升创新发展能力。以创新能力建设为核心，加强创新开放合作，打造区域创新高地。完善国家重大科研基础设施布局，支持西部地区在特色优势领域优先布局建设国家级创新平台和大科学装置。加快在西部具备条件的地区创建国家自主创新示范区、科技成果转移转化示范区等创新载体。进一步深化东西部科技创新合作，打造协同创新共同体。在西部地区布局建设一批应用型本科高校、高职学校，支持“双一流”高校对西部地区开展对口支援。深入推进大众创业万众创新，促进西部地区创新创业高质量发展，打造“双创”升级版。健全以需求为导向、以企业为主体的产学研一体化创新体制，鼓励各类企业在西部地区设立科技创新公司。支持国家科技成果转化引导基金在西部地区设立创业投资子基金。加强知识产权保护、应用和服务体系建设，支持开展知识产权国际交流合作。

（三）推动形成现代化产业体系。充分发挥西部地区比较优势，推动具备条件的产业集群化发展，在培育新动能和传统动能改造升级上迈出更大步伐，促进信息技术在传统产业广泛应用并与之深度融合，构建富有竞争力的现代化产业体系。推动农村一二三产业深度融合，促进农牧业全产业链、价值链转型升级。加快推进高标准农田、现代化生态牧场、粮食生产功能区和棉油糖等重要农产品生产保护区建设，支持发展生态集约高效、用地规范的设施农业。加快高端、特色农机装备生产研发和推广应用。推动发展现代制造业和战略性新兴产业。积极发展大数据、人工智能和“智能+”产业，大力发展工业互联网。推动“互联网+教育”、“互联网+医疗”、“互联网+旅游”等新业态发展，推进网络提速降费，加快发展跨境电子商务。支持西部地区发挥生态、民族民俗、边境风光等优势，深化旅游资源开放、信息共享、行业监管、公共服务、旅游安全、标准化服务等方面国际合作，提升旅游服务水平。依托风景名胜区、边境旅游试验区等，大力发展旅游休闲、健康养生等服务业，打造区域重要支柱产业。加快发展现代服务业特别是专业服务业，加强现代物流服务体系建设。

（四）优化能源供需结构。优化煤炭生产与消费结构，推动煤炭清洁生产与智能高

效开采，积极推进煤炭分级分质梯级利用，稳步开展煤制油、煤制气、煤制烯烃等升级示范。建设一批石油天然气生产基地。加快煤层气等勘探开发利用。加强可再生能源开发利用，开展黄河梯级电站大型储能项目研究，培育一批清洁能源基地。加快风电、光伏发电就地消纳。继续加大西电东送等跨省区重点输电通道建设，提升清洁电力输送能力。加强电网调峰能力建设，有效解决弃风弃光弃水问题。积极推进配电网改造行动和农网改造升级，提高偏远地区供电能力。加快北煤南运通道和大型煤炭储备基地建设，继续加强油气支线、终端管网建设。构建多层次天然气储备体系，在符合条件的地区加快建立地下储气库。支持符合环保、能效等标准要求的高载能行业向西部清洁能源优势地区集中。

（五）大力促进城乡融合发展。深入实施乡村振兴战略，做好新时代“三农”工作。培养新型农民，优化西部地区农业从业者结构。以建设美丽宜居村庄为目标，加强农村人居环境和综合服务设施建设。在加强保护基础上盘活农村历史文化资源，形成具有地域和民族特色的乡村文化产业和品牌。因地制宜优化城镇化布局与形态，提升并发挥国家和区域中心城市功能作用，推动城市群高质量发展和大中小城市网络化建设，培育发展一批特色小城镇。加大对西部地区资源枯竭等特殊类型地区振兴发展的支持力度。有序推进农业转移人口市民化。推动基本公共服务常住人口全覆盖，保障符合条件的未落户农民工在流入地平等享受城镇基本公共服务。总结城乡“资源变资产、资金变股金、农（市）民变股东”等改革经验，探索“联股联业、联股联责、联股联心”新机制。统筹城乡市政公用设施建设，促进城镇公共基础设施向周边农村地区延伸。

（六）强化基础设施规划建设。提高基础设施通达度、通畅性和均等化水平，推动绿色集约发展。加强横贯东西、纵贯南北的运输通道建设，拓展区域开发轴线。强化资源能源开发地干线通道规划建设。加快川藏铁路、沿江高铁、渝昆高铁、西（宁）成（都）铁路等重大工程规划建设。注重高速铁路和普通铁路协同发展，继续开好多站点、低票价的“慢火车”。打通断头路、瓶颈路，加强出海、扶贫通道和旅游交通基础设施建设。加强综合客运枢纽、货运枢纽（物流园区）建设。完善国家物流枢纽布局，提高物流运行效率。加强航空口岸和枢纽建设，扩大枢纽机场航权，积极发展通用航空。进一步提高农村、边远地区信息网络覆盖水平。合理规划建设一批重点水源工程、江河湖泊骨干治理工程和大型灌区工程，加强大中型灌区续建配套与现代化改造、中小河流治理和病险水库除险加固、抗旱水源工程建设和山洪灾害防治。推进城乡供水一体化和人口分散区域重点小型标准化供水设施建设，加强饮用水水源地规范化建设。

（七）切实维护国家安全和社会稳定。统筹发展与安全两件大事，更好发挥西部地区国家安全屏障作用。巩固和发展平等团结互助和谐的社会主义民族关系，促进各民族共同团结奋斗和共同繁荣发展。深入推进立体化社会治安防控，构建坚实可靠的社会安全体系。

三　以共建“一带一路”为引领，加大西部开放力度

（八）积极参与和融入“一带一路”建设。支持新疆加快丝绸之路经济带核心区建设，形成西向交通枢纽和商贸物流、文化科教、医疗服务中心。支持重庆、四川、陕西发挥综合优势，打造内陆开放高地和开发开放枢纽。支持甘肃、陕西充分发掘历史文化

优势，发挥丝绸之路经济带重要通道、节点作用。支持贵州、青海深化国内外生态合作，推动绿色丝绸之路建设。支持内蒙古深度参与中蒙俄经济走廊建设。提升云南与澜沧江—湄公河区域开放合作水平。

（九）强化开放大通道建设。积极实施中新（重庆）战略性互联互通示范项目。完善北部湾港口建设，打造具有国际竞争力的港口群，加快培育现代海洋产业，积极发展向海经济。积极发展多式联运，加快铁路、公路与港口、园区连接线建设。强化沿江铁路通道运输能力和港口集疏运体系建设。依托长江黄金水道，构建陆海联运、空铁联运、中欧班列等有机结合的联运服务模式和物流大通道。支持在西部地区建设无水港。优化中欧班列组织运营模式，加强中欧班列枢纽节点建设。进一步完善口岸、跨境运输和信息通道等开放基础设施，加快建设开放物流网络和跨境邮递体系。加快中国—东盟信息港建设。

（十）构建内陆多层次开放平台。鼓励重庆、成都、西安等加快建设国际门户枢纽城市，提高昆明、南宁、乌鲁木齐、兰州、呼和浩特等省会（首府）城市面向毗邻国家的次区域合作支撑能力。支持西部地区自由贸易试验区在投资贸易领域依法依规开展先行先试，探索建设适应高水平开放的行政管理体制。加快内陆开放型经济试验区建设，研究在内陆地区增设国家一类口岸。研究按程序设立成都国际铁路港经济开发区。有序推进国家级新区等功能平台建设。整合规范现有各级各类基地、园区，加快开发区转型升级。鼓励国家级开发区实行更加灵活的人事制度，引进发展优质医疗、教育、金融、物流等服务。办好各类国家级博览会，提升西部地区影响力。

（十一）加快沿边地区开放发展。完善沿边重点开发开放试验区、边境经济合作区、跨境经济合作区布局，支持在跨境金融、跨境旅游、通关执法合作、人员出入境管理等方面开展创新。扎实推进边境旅游试验区、跨境旅游合作区、农业对外开放合作试验区等建设。统筹利用外经贸发展专项资金支持沿边地区外经贸发展。完善边民互市贸易管理制度。深入推进兴边富民行动。

（十二）发展高水平开放型经济。推动西部地区对外开放由商品和要素流动型逐步向规则制度型转变。落实好外商投资准入前国民待遇加负面清单管理制度，有序开放制造业，逐步放宽服务业准入，提高采矿业开放水平。支持西部地区按程序申请设立海关特殊监管区域，支持区域内企业开展委内加工业务。加强农业开放合作。推动西部优势产业企业积极参与国际产能合作，在境外投资经营中履行必要的环境、社会和治理责任。支持建设一批优势明显的外贸转型升级基地。建立东中西部开放平台对接机制，共建项目孵化、人才培养、市场拓展等服务平台，在西部地区打造若干产业转移示范区。对向西部地区梯度转移企业，按原所在地区已取得的海关信用等级实施监督。

（十三）拓展区际互动合作。积极对接京津冀协同发展、长江经济带发展、粤港澳大湾区建设等重大战略。支持青海、甘肃等加快建设长江上游生态屏障，探索协同推进生态优先、绿色发展新路径。依托陆桥综合运输通道，加强西北省份与江苏、山东、河南等东中部省份互惠合作。加快珠江－西江经济带和北部湾经济区建设，鼓励广西积极参与粤港澳大湾区建设和海南全面深化改革开放。推动东西部自由贸易试验区交流合作，加强协同开放。支持跨区域共建产业园区，鼓励探索“飞地经济”等模式。加强西北地区与西南地区合作互动，促进成渝、关中平原城市群协同发展，打造引领西部地区开放开发的核心引擎。推动北部湾、兰州－西宁、呼包鄂榆、宁夏沿黄、黔中、滇中、天山北坡等城市群互动发展。支持南疆地区开放发展。支持陕甘宁、川陕、左右江等革命老区和川渝、川滇黔、渝黔等跨省（自治区、直辖市）毗邻地区建立健全协同开放发展机制。加快推进重点区域一体化进程。

四　加大美丽西部建设力度，筑牢国家生态安全屏障

（十四）深入实施重点生态工程。坚定贯彻绿水青山就是金山银山理念，坚持在开发中保护、在保护中开发，按照全国主体功能区建设要求，保障好长江、黄河上游生态安全，保护好冰川、湿地等生态资源。进一步加大水土保持、天然林保护、退耕还林还草、退牧还草、重点防护林体系建设等重点生态工程实施力度，开展国土绿化行动，稳步推进自然保护地体系建设和湿地保护修复，展现大美西部新面貌。加快推进国家公园体系建设。

（十五）稳步开展重点区域综合治理。大力推进青海三江源生态保护和建设、祁连山生态保护与综合治理、岩溶地区石漠化综合治理、京津风沙源治理等。以汾渭平原、成渝地区、乌鲁木齐及周边地区为重点，加强区域大气污染联防联控，提高重污染天气应对能力。开展西部地区土壤污染状况详查，积极推进受污染耕地分类管理和安全利用，有序推进治理与修复。

（十六）加快推进西部地区绿色发展。落实市场导向的绿色技术创新体系建设任务，推动西部地区绿色产业加快发展。实施国家节水行动以及能源消耗总量和强度双控制度，全面推动重点领域节能减排。大力发展循环经济，推进资源循环利用基地建设和园区循环化改造，鼓励探索低碳转型路径。全面推进河长制、湖长制，推进绿色小水电改造。加快西南地区城镇污水管网建设和改造，加强入河排污口管理，强化西北地区城中村、老旧城区和城乡结合部污水截流、收集、纳管工作。加强跨境生态环境保护合作。

五　深化重点领域改革，坚定不移推动重大改革举措落实

（十七）深化要素市场化配置改革。探索集体荒漠土地市场化路径，设定土地用途，鼓励个人申领使用权。深入推进主业为充分竞争行业的商业类地方国有企业混合所有制改革。深化资源性产品等要素价格形成机制改革，建立健全定价成本信息公开制度。有序放开竞争性环节电价，深化输配电价改革。推进增量配电业务改革试点，开展电力现货交易试点。实施丰水期居民生活电能替代等电价政策，促进西部地区清洁能源消纳。建立健全天然气弹性价格机制和上下游价格传导机制。建立健全市场化、多元化生态保护补偿机制，进一步完善生态保护补偿市场体系。构建统一的自然资源资产交易平台，健全自然资源资产收益分配制度。提高西部地区直接融资比例，支持符合条件的企业在境内外发行上市融资、再融资，通过发行公司信用类债券、资产证券化产品融资。西部贫困地区企业首次公开发行上市、新三板挂牌、发行债券、并购重组等适用绿色通道政策。

（十八）积极推进科技体制改革。开展探索赋予科研人员职务科技成果所有权或长期使用权试点工作。支持扩大科研经费使用自主权，提高智力密集型项目间接经费比例

并向创新绩效突出的团队和个人倾斜。加快科技人员薪酬制度改革，扩大高校和科研院所工资分配自主权，健全绩效工资分配机制。

（十九）持续推进信用体系建设。建立健全地方信用法规体系。加强政务诚信建设，建立健全政府失信责任追究制度。完善省市县信用信息共享平台。加快征信市场建设，培育有良好信誉的信用服务机构，鼓励研发适合西部地区的征信产品。

（二十）努力营造良好营商环境。深化“放管服”改革，加快建设服务型政府。落实全国统一的市场准入负面清单制度，推动“非禁即入”普遍落实。推行政务服务“最多跑一次”和企业投资项目承诺制改革，大幅压缩工程建设项目审批时间。落实减税降费各项政策措施，着力降低物流、用能等费用。实施“双随机、一公开”监管，对新技术、新业态、新模式实行审慎包容监管，提高监管效能，防止任意检查、执法扰民。强化竞争政策的基础性地位，进一步落实公平竞争审查制度，加快清理废除妨碍统一市场和公平竞争的各种规定和做法，持续深入开展不正当竞争行为治理，形成优化营商环境长效机制。

六　坚持以人民为中心，把增强人民群众获得感、幸福感、安全感放到突出位置

（二十一）着力强化公共就业创业服务。完善城乡劳动者终身职业技能培训政策和组织实施体系。强化就业和国家通用语言培训。加大对高校毕业生在西部地区就业的扶持力度。积极引导农村劳动力转移就业和农民工返乡创业就业。妥善做好化解过剩产能中的职工分流安置工作。加大力度支持灵活就业和新就业形态。

（二十二）支持教育高质量发展。加强普惠性幼儿园建设，大力培养培训贫困地区幼儿园教师。加快改善贫困地区义务教育薄弱学校基本办学条件，全面加强乡村小规模学校、乡镇寄宿制学校建设。在县域义务教育学校学位供需矛盾突出地区有序增加义务教育供给，有效解决“大班额”问题，做好控辍保学工作。发展现代职业教育，推进职业教育东西协作，促进产教融合、校企合作。逐步普及高中阶段教育。加强学校语言文字工作，确保国家通用语言文字作为教育教学基本用语用字。支持探索利用人工智能、互联网开展远程教育，促进优质教学资源共享。支持西部地区高校“双一流”建设，着力加强适应西部地区发展需求的学科建设。持续推动东西部地区教育对口支援，继续实施东部地区高校对口支援西部地区高校计划、国家支援中西部地区招生协作计划，实施东部地区职业院校对口西部职业院校计划。促进西部高校国际人才交流，相关人才引进平台建设向西部地区倾斜。鼓励支持部委属高校和地方高校“订单式”培养西部地区专业化人才。

（二十三）提升医疗服务能力和水平。重点加强西部地区县级（含兵团团场）医院综合能力建设，持续改善农村医疗卫生条件，加快基层医疗卫生机构标准化建设。改善医疗基础设施和装备条件，提高医护人员专业技术水平。支持在西部地区建立若干区域医疗中心。探索利用人工智能、互联网等开展远程医疗，支持宁夏建设“互联网＋医疗健康”示范区。充分发挥中医药在医疗卫生服务中的作用。加快补齐3岁以下婴幼儿照护服务短板。支持西部地区医疗机构与东中部地区医疗机构间开展双向交流。

（二十四）完善多层次广覆盖的社会保障体系。加快推进养老保险省级统筹，推进

落实城乡居民基本养老保险待遇确定和基础养老金正常调整机制。合理确定基本医疗保险保障水平，完善医疗保险关系转移接续措施。完善失业保险制度，逐步提高失业保障水平。科学制定低保标准，逐步拓展低保覆盖范围。建设统一的社会保险公共服务平台，推广以社会保障卡为载体的“一卡通”服务管理模式。

（二十五）健全养老服务体系。加快构建以居家为基础、社区为依托、机构为补充、医养相结合的养老服务体系。稳步推进公办养老机构改革和建设，全面放开养老服务市场，积极引导社会资本进入养老服务业，扩大西部地区养老服务有效供给，探索建立长期照护保障体系。加大对养老服务设施建设支持力度，加强农村特困人员供养服务机构建设管理，稳步提高托底保障能力和服务质量。实施养老服务专业人才培养等工程。

（二十六）强化公共文化体育服务。完善公共文化服务设施网络，强化数字技术运用，推动文化惠民工程整合创新、提档升级。推进县级融媒体中心建设，推动广播电视户户通，建立健全应急广播平台及传输覆盖网络。鼓励发展含少数民族传统体育在内的群众体育。加强公共体育场馆建设，推进相关场馆免费或低收费开放。

（二十七）改善住房保障条件。完善分类分级补助标准，加大对农村危房改造补助资金倾斜支持力度。鼓励通过闲置农房置换或长期租赁等方式，解决农村特困群体基本住房安全问题。落实易地扶贫搬迁政策，完善安置区配套基础设施和公共服务设施。积极改善城镇中等偏下及以下收入住房困难家庭、新就业无房职工和城镇稳定就业的无房外来务工人员居住条件。

（二十八）增强防灾减灾与应急管理能力。推进西部地区城乡基层防灾减灾救灾能力建设，完善事故灾害综合风险评估技术标准体系，推进事故灾害综合风险评估和隐患排查治理。结合西部地区实际，推进实施灾害风险防控、监测预警、应急抢险救援、信息服务保障、救灾物资储备以及防灾减灾救灾科技支撑、宣传教育等能力建设工程。实施地震易发区房屋设施加固工程。推进西部地区灾害应急救援联动指挥平台建设，建立应急救援资源共享及联合处置机制。打造符合西部地区需求的防灾减灾救灾科技创新团队、实验基地和实验平台。加快提高骨干救援队伍专业化技术装备水平。

七　加强政策支持和组织保障

（二十九）分类考核。参照高质量发展综合评价指标和分领域评价指标，根据西部地区不同地域特点，设置各有侧重、各具特色的考核内容和指标，实施差异化考核。深入研究制定分类考核的具体措施。

（三十）财税支持。稳妥有序推进中央和地方收入划分改革。中央财政在一般性转移支付和各领域专项转移支付分配中，继续通过加大资金分配系数、提高补助标准或降低地方财政投入比例等方式，对西部地区实行差别化补助，加大倾斜支持力度。考虑重点生态功能区占西部地区比例较大的实际，继续加大中央财政对重点生态功能区转移支付力度，完善资金测算分配办法。考虑西部地区普遍财力较为薄弱的实际，加大地方政府债券对基础设施建设的支持力度，将中央财政一般性转移支付收入纳入地方政府财政承受能力计算范畴。指导推动省以下财政事权和支出责任划分，调动市县积极性。对设在西部地区的鼓励类产业企业所得税优惠等政策到期后继续执行。赋予西部地区具备条件且有需求的海关特殊监管区域内企业增值税一般纳税人资格。对西部地区鼓励类产业项目在投资总额内进口的自用设备，在政策规定范围内免征关税。

（三十一）金融支持。支持商业金融、合作金融等更好为西部地区发展服务。引导金融机构加大对西部地区小微企业融资支持力度。落实无还本续贷、尽职免责等监管政策，在风险总体可控前提下加大对西部地区符合条件的小微企业续贷支持力度。引导和鼓励银行业金融机构合理调配信贷资源，加大对西部贫困地区扶贫产业支持力度。支持轻资产实体经济企业或项目以适当方式融资。增加绿色金融供给，推动西部地区经济绿色转型升级。依法合规探索建立西部地区基础设施领域融资风险分担机制。

（三十二）产业政策。实行负面清单与鼓励类产业目录相结合的产业政策，提高政策精准性和精细度。在执行全国统一的市场准入负面清单基础上，对西部地区鼓励类产业目录进行动态调整，与分类考核政策相适应。适时修订中西部地区外商投资优势产业目录并进行动态调整。继续完善产业转移引导政策，适时更新产业转移指导目录。加大中央财政对西部地区自然资源调查评价的支持力度，自然资源调查计划优先安排西部地区项目。凡有条件在西部地区就地加工转化的能源、资源开发利用项目，支持在当地优先布局建设并优先审批核准。鼓励新设在西部地区的中央企业及其分支机构在当地注册。适当降低社会保险费率，确保总体上不增加企业负担。

（三十三）用地政策。继续实施差别化用地政策，新增建设用地指标进一步向西部地区倾斜，合理增加荒山、沙地、戈壁等未利用土地开发建设指标。加强对基础设施领域补短板项目的用地保障。支持西部地区开放平台建设，对国家级新区、开发区利用外资项目以及重点开发开放试验区、边境经济合作区、跨境经济合作区产业发展所需建设用地，在计划指标安排上予以倾斜支持。推进耕地指标和城乡建设用地指标在国家统筹管理下实现跨省域调剂。

（三十四）人才政策。努力造就忠诚干净担当的西部地区高素质干部队伍，注重选拔符合西部地区需要的专业化人才，建立健全有利于吸引、激励和留住人才的体制机制。落实完善工资待遇倾斜政策，结合事业单位改革，鼓励引导机关事业单位人员特别是基层公务员、教师、医护人员、科技人员等扎根西部。鼓励符合条件的企业实施股权激励、分红等中长期激励。允许国有企事业单位专业技术和管理人才按有关规定在西部地区兼职并取得合法报酬。允许退休公职人员按有关规定在西部地区创业。

（三十五）帮扶政策。深入开展对口支援新疆、西藏和青海等省藏区以及对口帮扶贵州等工作。继续实施中央和国家机关及企事业单位等定点帮扶。支持军队发挥优势，积极参与西部大开发。推动统一战线继续支持毕节试验区改革发展。鼓励东中部城市帮助边境城市对口培训亟需的管理和技术人才。鼓励企业结对帮扶贫困县（村）。进一步推动从中央和国家机关、东部地区选派优秀干部到西部地区挂职任职，注重提拔使用在西部地区作出突出贡献的优秀干部。继续做好公务员对口培训工作。

（三十六）组织保障。加强党对西部大开发工作的领导，强化各级党组织在推进西部大开发形成新格局进程中的领导作用。强化基层党组织建设，健全以党组织为领导的组织体系，着力提升基层党组织的组织力，引导广大党员干部在西部大开发中发挥先锋模范作用。激励干部担当作为，鼓励创造性贯彻落实。国务院西部地区开发领导小组要加强统筹指导，各成员单位和有关部门要各司其职、压实责任，密切配合、通力协作，制定配套政策措施并推进落实。国家发展改革委要切实承担国务院西部地区开发领导小组办公室职责，适时对政策实施情况进行评估，发挥好督查促落实作用。西部地区各级党委和政府要切实承担主体责任，主动作为、真抓实干，结合本地区实际出台贯彻落实本意见的具体举措，团结带领广大干部群众认真抓好各项任务落实。要切实解决困扰基层的形式主义问题，让西部地区基层干部腾出更多精力干实事。东中部地区及社会各界要继续支持和参与西部大开发。

各地区各部门要在以习近平同志为核心的党中央坚强领导下，增强“四个意识”，坚定“四个自信”，做到“两个维护”，认真落实党中央、国务院决策部署，解放思想、锐意进取、深化改革、破解矛盾，加快建立更加有效的区域协调发展新机制，以更大力度、更强举措推进西部大开发形成新格局。

中共中央 国务院印发海南自由贸易港建设总体方案*

新华社北京6月1日电 中共中央、国务院印发了《海南自由贸易港建设总体方案》，并发出通知，要求各地区各部门结合实际认真贯彻落实。

《海南自由贸易港建设总体方案》主要内容如下。

海南是我国最大的经济特区，具有实施全面深化改革和试验最高水平开放政策的独特优势。支持海南逐步探索、稳步推进中国特色自由贸易港建设，分步骤、分阶段建立自由贸易港政策和制度体系，是习近平总书记亲自谋划、亲自部署、亲自推动的改革开放重大举措，是党中央着眼国内国际两个大局，深入研究、统筹考虑、科学谋划作出的战略决策。当今世界正在经历新一轮大发展大变革大调整，保护主义、单边主义抬头，经济全球化遭遇更大的逆风和回头浪。在海南建设自由贸易港，是推进高水平开放，建立开放型经济新体制的根本要求；是深化市场化改革，打造法治化、国际化、便利化营商环境的迫切需要；是贯彻新发展理念，推动高质量发展，建设现代化经济体系的战略选择；是支持经济全球化，构建人类命运共同体的实际行动。为深入贯彻习近平总书记在庆祝海南建省办经济特区30周年大会上的重要讲话精神，落实《中共中央国务院关于支持海南全面深化改革开放的指导意见》要求，加快建设高水平的中国特色自由贸易港，制定本方案。

一 总体要求

（一）指导思想

以习近平新时代中国特色社会主义思想为指导，全面贯彻党的十九大和十九届二中、三中、四中全会精神，坚持党的全面领导，坚持稳中求进工作总基调，坚持新发展理念，坚持高质量发展，统筹推进“五位一体”总体布局，协调推进“四个全面”战略布局，对标国际高水平经贸规则，解放思想、大胆创新，聚焦贸易投资自由化便利化，建立与高水平自由贸易港相适应的政策制度体系，建设具有国际竞争力和影响力的海关监管特殊区域，将海南自由贸易港打造成为引领我国新时代对外开放的鲜明旗帜和重要开放门户。

（二）基本原则

——借鉴国际经验。坚持高起点谋划、高标准建设，主动适应国际经贸规则重构新

---

* 来源：中国政府网，2020年6月1日（http://www.gov.cn/zhengce/2020-06/01/content_5516608.htm）

趋势，充分学习借鉴国际自由贸易港的先进经营方式、管理方法和制度安排，形成具有国际竞争力的开放政策和制度，加快建立开放型经济新体制，增强区域辐射带动作用，打造我国深度融入全球经济体系的前沿地带。

——体现中国特色。坚持党的集中统一领导，坚持中国特色社会主义道路，坚持以人民为中心，践行社会主义核心价值观，确保海南自由贸易港建设正确方向。充分发挥全国上下一盘棋和集中力量办大事的制度优势，调动各方面积极性和创造性，集聚全球优质生产要素，着力在推动制度创新、培育增长动能、构建全面开放新格局等方面取得新突破，为实现国家战略目标提供坚实支撑。加强与东南亚国家交流合作，促进与粤港澳大湾区联动发展。

——符合海南定位。紧紧围绕国家赋予海南建设全面深化改革开放试验区、国家生态文明试验区、国际旅游消费中心和国家重大战略服务保障区的战略定位，充分发挥海南自然资源丰富、地理区位独特以及背靠超大规模国内市场和腹地经济等优势，抢抓全球新一轮科技革命和产业变革重要机遇，聚焦发展旅游业、现代服务业和高新技术产业，加快培育具有海南特色的合作竞争新优势。

——突出改革创新。强化改革创新意识，赋予海南更大改革自主权，支持海南全方位大力度推进改革创新，积极探索建立适应自由贸易港建设的更加灵活高效的法律法规、监管模式和管理体制，下大力气破除阻碍生产要素流动的体制机制障碍。深入推进商品和要素流动型开放，加快推动规则等制度型开放，以高水平开放带动改革全面深化。加强改革系统集成，注重协调推进，使各方面创新举措相互配合、相得益彰，提高改革创新的整体效益。

——坚持底线思维。坚持稳扎稳打、步步为营，统筹安排好开放节奏和进度，成熟一项推出一项，不急于求成、急功近利。深入推进简政放权、放管结合、优化服务，全面推行准入便利、依法过程监管的制度体系，建立与国际接轨的监管标准和规范制度。加强重大风险识别和系统性风险防范，建立健全风险防控配套措施。完善重大疫情防控体制机制，健全公共卫生应急管理体系。开展常态化评估工作，及时纠偏纠错，确保海南自由贸易港建设方向正确、健康发展。

（三）发展目标

到 2025 年，初步建立以贸易自由便利和投资自由便利为重点的自由贸易港政策制度体系。营商环境总体达到国内一流水平，市场主体大幅增长，产业竞争力显著提升，风险防控有力有效，适应自由贸易港建设的法律法规逐步完善，经济发展质量和效益明显改善。

到 2035 年，自由贸易港制度体系和运作模式更加成熟，以自由、公平、法治、高水平过程监管为特征的贸易投资规则基本构建，实现贸易自由便利、投资自由便利、跨境资金流动自由便利、人员进出自由便利、运输来往自由便利和数据安全有序流动。营商环境更加优化，法律法规体系更加健全，风险防控体系更加严密，现代社会治理格局基本形成，成为我国开放型经济新高地。

到 21 世纪中叶，全面建成具有较强国际影响力的高水平自由贸易港。

（四）实施范围

海南自由贸易港的实施范围为海南岛全岛。

二 制度设计

以贸易投资自由化便利化为重点，以各类生产要素跨境自由有序安全便捷流动和现代产业体系为支撑，以特殊的税收制度安排、高效的社会治理体系和完备的法治体系为保障，在明确分工和机制措施、守住不发生系统性风险底线的前提下，构建海南自由贸易港政策制度体系。

（一）贸易自由便利

在实现有效监管的前提下，建设全岛封关运作的海关监管特殊区域。对货物贸易，实行以“零关税”为基本特征的自由化便利化制度安排。对服务贸易，实行以“既准入又准营”为基本特征的自由化便利化政策举措。

1. “一线”放开。在海南自由贸易港与中华人民共和国关境外其他国家和地区之间设立“一线”。“一线”进（出）境环节强化安全准入（出）监管，加强口岸公共卫生安全、国门生物安全、食品安全、产品质量安全管控。在确保履行我国缔结或参加的国际条约所规定义务的前提下，制定海南自由贸易港禁止、限制进出口的货物、物品清单，清单外货物、物品自由进出，海关依法进行监管。制定海南自由贸易港进口征税商品目录，目录外货物进入自由贸易港免征进口关税。以联运提单付运的转运货物不征税、不检验。从海南自由贸易港离境的货物、物品按出口管理。实行便捷高效的海关监管，建设高标准国际贸易“单一窗口”。

2. “二线”管住。在海南自由贸易港与中华人民共和国关境内的其他地区（以下简称内地）之间设立“二线”。货物从海南自由贸易港进入内地，原则上按进口规定办理相关手续，照章征收关税和进口环节税。对鼓励类产业企业生产的不含进口料件或者含进口料件在海南自由贸易港加工增值超过30%（含）的货物，经“二线”进入内地免征进口关税，照章征收进口环节增值税、消费税。行邮物品由海南自由贸易港进入内地，按规定进行监管，照章征税。对海南自由贸易港前往内地的运输工具，简化进口管理。货物、物品及运输工具由内地进入海南自由贸易港，按国内流通规定管理。内地货物经海南自由贸易港中转再运往内地无须办理报关手续，应在自由贸易港内海关监管作业场所（场地）装卸，与其他海关监管货物分开存放，并设立明显标识。场所经营企业应根据海关监管需要，向海关传输货物进出场所等信息。

3. 岛内自由。海关对海南自由贸易港内企业及机构实施低干预、高效能的精准监管，实现自由贸易港内企业自由生产经营。由境外启运，经海南自由贸易港换装、分拣集拼，再运往其他国家或地区的中转货物，简化办理海关手续。货物在海南自由贸易港内不设存储期限，可自由选择存放地点。实施“零关税”的货物，海关免于实施常规监管。

4. 推进服务贸易自由便利。实施跨境服务贸易负面清单制度，破除跨境交付、境外消费、自然人移动等服务贸易模式下存在的各种壁垒，给予境外服务提供者国民待遇。实施与跨境服务贸易配套的资金支付与转移制度。在告知、资格要求、技术标准、透明度、监管一致性等方面，进一步规范影响服务贸易自由便利的国内规制。

（二）投资自由便利

大幅放宽海南自由贸易港市场准入，强化产权保护，保障公平竞争，打造公开、透明、可预期的投资环境，进一步激发各类市场主体活力。

5. 实施市场准入承诺即入制。严格落实“非禁即入”，在“管得住”的前提下，对具有强制性标准的领域，原则上取消许可和审批，建立健全备案制度，市场主体承诺符合相关要求并提交相关材料进行备案，即可开展投资经营活动。备案受理机构从收到备案时起，即开始承担审查责任。对外商投资实施准入前国民待遇加负面清单管理制度，大幅减少禁止和限制条款。

6. 创新完善投资自由制度。实行以过程监管为重点的投资便利制度。建立以电子证照为主的设立便利，以“有事必应”、“无事不扰”为主的经营便利，以公告承诺和优化程序为主的注销便利，以尽职履责为主的破产便利等政策制度。

7. 建立健全公平竞争制度。强化竞争政策的基础性地位，确保各类所有制市场主体在要素获取、标准制定、准入许可、经营运营、优惠政策等方面享受平等待遇。政府采购对内外资企业一视同仁。加强和优化反垄断执法，打破行政性垄断，防止市场垄断，维护公平竞争市场秩序。

8. 完善产权保护制度。依法保护私人和法人财产的取得、使用、处置和继承的权利，以及依法征收私人和法人财产时被征收财产所有人得到补偿的权利。落实公司法等法律法规，加强对中小投资者的保护。加大知识产权侵权惩罚力度，建立健全知识产权领域市场主体信用分类监管、失信惩戒等机制。加强区块链技术在知识产权交易、存证等方面应用，探索适合自由贸易港发展的新模式。

（三）跨境资金流动自由便利

坚持金融服务实体经济，重点围绕贸易投资自由化便利化，分阶段开放资本项目，有序推进海南自由贸易港与境外资金自由便利流动。

9. 构建多功能自由贸易账户体系。以国内现有本外币账户和自由贸易账户为基础，构建海南金融对外开放基础平台。通过金融账户隔离，建立资金“电子围网”，为海南自由贸易港与境外实现跨境资金自由便利流动提供基础条件。

10. 便利跨境贸易投资资金流动。进一步推动跨境货物贸易、服务贸易和新型国际贸易结算便利化，实现银行真实性审核从事前审查转为事后核查。在跨境直接投资交易环节，按照准入前国民待遇加负面清单模式简化管理，提高兑换环节登记和兑换的便利性，探索适应市场需求新形态的跨境投资管理。在跨境融资领域，探索建立新的外债管理体制，试点合并交易环节外债管理框架，完善企业发行外债备案登记制管理，全面实施全口径跨境融资宏观审慎管理，稳步扩大跨境资产转让范围，提升外债资金汇兑便利化水平。在跨境证券投融资领域，重点服务实体经济投融资需求，扶持海南具有特色和比较优势的产业发展，并在境外上市、发债等方面给予优先支持，简化汇兑管理。

11. 扩大金融业对内对外开放。率先在海南自由贸易港落实金融业扩大开放政策。支持建设国际能源、航运、产权、股权等交易场所。加快发展结算中心。

12. 加快金融改革创新。支持住房租赁金融业务创新和规范发展，支持发展房地产投资信托基金（REITs）。稳步拓宽多种形式的产业融资渠道，放宽外资企业资本金使用范围。创新科技金融政策、产品和工具。

（四）人员进出自由便利

根据海南自由贸易港发展需要，针对高端产业人才，实行更加开放的人才和停居留政策，打造人才集聚高地。在有效防控涉外安全风险隐患的前提下，实行更加便利的出入境管理政策。

13. 对外籍高层次人才投资创业、讲学交流、经贸活动方面提供出入境便利。完善国际人才评价机制，以薪酬水平为主要指标评估人力资源类别，建立市场导向的人才机制。对外籍人员赴海南自由贸易港的工作许可实行负面清单管理，放宽外籍专业技术技能人员停居留政策。允许符合条件的境外人员担任海南自由贸易港内法定机构、事业单位、国有企业的法定代表人。实行宽松的商务人员临时出入境政策。

14. 建立健全人才服务管理制度。实现工作许可、签证与居留信息共享和联审联检。推进建立人才服务中心，提供工作就业、教育生活服务，保障其合法权益。

15. 实施更加便利的出入境管理政策。逐步实施更大范围适用免签入境政策，逐步延长免签停留时间。优化出入境边防检查管理，为商务人员、邮轮游艇提供出入境通关便利。

（五）运输来往自由便利

实施高度自由便利开放的运输政策，推动建设西部陆海新通道国际航运枢纽和航空枢纽，加快构建现代综合交通运输体系。

16. 建立更加自由开放的航运制度。建设“中国洋浦港”船籍港。支持海南自由贸易港开展船舶登记。研究建立海南自由贸易港航运经营管理体制及海员管理制度。进一步放宽空域管制与航路航权限制，优化航运路线，鼓励增加运力投放，增开航线航班。

17. 提升运输便利化和服务保障水平。推进船舶联合登临检查。构建高效、便捷、优质的船旗国特殊监管政策。为船舶和飞机融资提供更加优质高效的金融服务，取消船舶和飞机境外融资限制，探索以保险方式取代保证金。加强内地与海南自由贸易港间运输、通关便利化相关设施设备建设，合理配备人员，提升运输来往自由便利水平。

（六）数据安全有序流动

在确保数据流动安全可控的前提下，扩大数据领域开放，创新安全制度设计，实现数据充分汇聚，培育发展数字经济。

18. 有序扩大通信资源和业务开放。开放增值电信业务，逐步取消外资股比等限制。允许实体注册、服务设施在海南自由贸易港内的企业，面向自由贸易港全域及国际开展在线数据处理与交易处理等业务，并在安全可控的前提下逐步面向全国开展业务。安全有序开放基础电信业务。开展国际互联网数据交互试点，建设国际海底光缆及登陆点，设立国际通信出入口局。

（七）现代产业体系

大力发展旅游业、现代服务业和高新技术产业，不断夯实实体经济基础，增强产业竞争力。

19. 旅游业。坚持生态优先、绿色发展，围绕国际旅游消费中心建设，推动旅游与文化体育、健康医疗、养老养生等深度融合，提升博鳌乐城国际医疗旅游先行区发展水平，支持建设文化旅游产业园，发展特色旅游产业集群，培育旅游新业态新模式，创建全域旅游示范省。加快三亚向国际邮轮母港发展，支持建设邮轮旅游试验区，吸引国际邮轮注册。设立游艇产业改革发展创新试验区。支持创建国家级旅游度假区和5A级景区。

20. 现代服务业。集聚全球创新要素，深化对内对外开放，吸引跨国公司设立区域总部。创新港口管理体制机制，推动港口资源整合，拓展航运服务产业链，推动保税仓储、国际物流配送、转口贸易、大宗商品贸易、进口商品展销、流通加工、集装箱拆拼箱等业务发展，提高全球供应链服务管理能力，打造国际航运枢纽，推动港口、产业、城市融合发展。建设海南国际设计岛、理工农医类国际教育创新岛、区域性国际会展中心，扩大专业服务业对外开放。完善海洋服务基础设施，积极发展海洋物流、海洋旅游、海洋信息服务、海洋工程咨询、涉海金融、涉海商务等，构建具有国际竞争力的海洋服务体系。建设国家对外文化贸易基地。

21. 高新技术产业。聚焦平台载体，提升产业能级，以物联网、人工智能、区块链、数字贸易等为重点发展信息产业。依托文昌国际航天城、三亚深海科技城，布局建设重大科技基础设施和平台，培育深海深空产业。围绕生态环保、生物医药、新能源汽车、智能汽车等壮大先进制造业。发挥国家南繁科研育种基地优势，建设全球热带农业中心和全球动植物种质资源引进中转基地。建设智慧海南。

（八）税收制度

按照零关税、低税率、简税制、强法治、分阶段的原则，逐步建立与高水平自由贸易港相适应的税收制度。

22. 零关税。全岛封关运作前，对部分进口商品，免征进口关税、进口环节增值税和消费税。全岛封关运作、简并税制后，对进口征税商品目录以外、允许海南自由贸易港进口的商品，免征进口关税。

23. 低税率。对在海南自由贸易港实质经营的企业，实行企业所得税优惠税率。对符合条件的个人，实行个人所得税优惠税率。

24. 简税制。结合我国税制改革方向，探索推进简化税制。改革税种制度，降低间接税比例，实现税种结构简单科学、税制要素充分优化、税负水平明显降低、收入归属清晰、财政收支大体均衡。

25. 强法治。税收管理部门按实质经济活动所在地和价值创造地原则对纳税行为进行评估和预警，制定简明易行的实质经营地、所在地居住判定标准，强化对偷漏税风险的识别，防范税基侵蚀和利润转移，避免成为“避税天堂”。积极参与国际税收征管合作，加强涉税情报信息共享。加强税务领域信用分类服务和管理，依法依规对违法失信企业和个人采取相应措施。

26. 分阶段。按照海南自由贸易港建设的不同阶段，分步骤实施零关税、低税率、简税制的安排，最终形成具有国际竞争力的税收制度。

（九）社会治理

着力推进政府机构改革和政府职能转变，鼓励区块链等技术集成应用于治理体系和治理能力现代化，构建系统完备、科学规范、运行有效的自由贸易港治理体系。

27. 深化政府机构改革。进一步推动海南大部门制改革，整合分散在各部门相近或相似的功能职责，推动职能相近部门合并。控制行政综合类公务员比例，行政人员编制向监管部门倾斜，推行市场化的专业人员聘任制。

28. 推动政府职能转变。强化监管立法和执法，加强社会信用体系应用，深化“双随机、一公开”的市场监管体制，坚持对新兴业态实行包容审慎监管。充分发挥“互联网+”、大数据、区块链等现代信息技术作用，通过政务服务等平台建设规范政府服务标准、实现政务流程再造和政务服务“一网通办”，加强数据有序共享，提升政府服务和治理水平。政府作出的承诺须认真履行，对于不能履行承诺或执行不到位而造成损失的，应及时予以赔偿或补偿。

29. 打造共建共治共享的社会治理格局。深化户籍制度改革，进一步放宽户口迁移政策，实行以公民身份号码为唯一标识、全岛统一的居住证制度。赋予行业组织更大自主权，发挥其在市场秩序维护、标准制定实施、行业纠纷调处中的重要作用。赋予社区更大的基层治理权限，加快社区服务与治理创新。

30. 创新生态文明体制机制。深入推进国家生态文明试验区（海南）建设，全面建立资源高效利用制度，健全自然资源产权制度和有偿使用制度。扎实推进国土空间规划体系建设，实行差别化的自然生态空间用途管制。健全自然保护地内自然资源资产特许经营权等制度，探索生态产品价值实现机制。建立热带雨林等国家公园，构建以国家公园为主体的自然保护地体系。探索建立政府主导、企业和社会参与、市场化运作、可持续的生态保护补偿机制。加快构建自然资源统一调查评价监测和确权登记制度。健全生态环境监测和评价制度。

（十）法治制度

建立以海南自由贸易港法为基础，以地方性法规和商事纠纷解决机制为重要组成的自由贸易港法治体系，营造国际一流的自由贸易港法治环境。

31. 制定实施海南自由贸易港法。以法律形式明确自由贸易港各项制度安排，为自由贸易港建设提供原则性、基础性的法治保障。

32. 制定经济特区法规。在遵循宪法规定和法律、行政法规基本原则前提下，支持海南充分行使经济特区立法权，立足自由贸易港建设实际，制定经济特区法规。

33. 建立多元化商事纠纷解决机制。完善国际商事纠纷案件集中审判机制，提供国际商事仲裁、国际商事调解等多种非诉讼纠纷解决方式。

（十一）风险防控体系

制定实施有效措施，有针对性防范化解贸易、投资、金融、数据流动、生态和公共卫生等领域重大风险。

34. 贸易风险防控。高标准建设开放口岸和“二线口岸”基础设施、监管设施，加大信息化系统建设和科技装备投入力度，实施智能精准监管，依托全岛“人流、物流、资金流”信息管理系统、社会管理监管系统、口岸监管系统“三道防线”，形成海南社会管理信息化平台，对非设关地实施全天候动态监控。加强特定区域监管，在未设立口岸查验机构的区域设立综合执法点，对载运工具、上下货物、物品实时监控和处理。海南自由贸易港与内地之间进出的货物、物品、人员、运输工具等均需从口岸进出。完善口岸监管设备设施的配置。海关负责口岸及其他海关监管区的监管和查缉走私工作。海南省政府负责全省反走私综合治理工作，对下级政府反走私综合治理工作进行考评。建立与广东省、广西壮族自治区等地的反走私联防联控机制。

35. 投资风险防控。完善与投资规则相适应的过程监管制度，严格落实备案受理机构的审查责任和备案主体的备案责任。明确加强过程监管的规则和标准，压实监管责任，依法对投资经营活动的全生命周期实施有效监管，对新技术、新产业、新业态、新模式实行包容审慎监管，对高风险行业和领域实行重点监管。建立健全法律责任制度，针对备案主体提供虚假备案信息、违法经营等行为，制定严厉的惩戒措施。实施好外商投资安全审查，在创造稳定、透明和可预期的投资环境同时，有效防范国家安全风险。

36. 金融风险防控。优化金融基础设施和金融法治环境，加强金融消费者权益保护，依托资金流信息监测管理系统，建立健全资金流动监测和风险防控体系。建立自由贸易港跨境资本流动宏观审慎管理体系，加强对重大风险的识别和系统性金融风险的防范。加强反洗钱、反恐怖融资和反逃税审查，研究建立洗钱风险评估机制，定期评估洗钱和恐怖融资风险。构建适应海南自由贸易港建设的金融监管协调机制。

37. 网络安全和数据安全风险防控。深入贯彻实施网络安全等级保护制度，重点保障关键信息基础设施和数据安全，健全网络安全保障体系，提升海南自由贸易港建设相关的网络安全保障能力和水平。建立健全数据出境安全管理制度体系。健全数据流动风险管控措施。

38. 公共卫生风险防控。加强公共卫生防控救治体系建设，建立传染病和突发公共卫生事件监测预警、应急响应平台和决策指挥系统，提高早期预防、风险研判和及时处置能力。加强疾病预防控制体系建设，高标准建设省级疾病预防控制中心，建立国家热带病研究中心海南分中心，加快推进各级疾病预防控制机构基础设施建设，优化实验室检验检测资源配置。加强公共卫生人才队伍建设，提升监测预警、检验检测、现场流行病学调查、应急处置和医疗救治能力。建设生物安全防护三级实验室和传染病防治研究所，强化全面检测、快速筛查能力，优化重要卫生应急物资储备和产能保障体系。健全优化重大疫情救治体系，建设传染病医疗服务网络，依托综合医院或专科医院建立省级和市级传染病医疗中心，改善传染病医疗中心和传染病医院基础设施和医疗条件。重点加强基层传染病医疗服务能力建设，提升县级综合医院传染病诊疗能力。构建网格化紧密型医疗集团，促进资源下沉、医防融合。完善基层医疗卫生机构标准化建设，强化常见病多发病诊治、公共卫生服务和健康管理能力。加强国际卫生检疫合作和国际疫情信息搜集与分析，提升口岸卫生检疫技术设施保障，建设一流的国际旅行卫生保健中心，严格落实出入境人员健康申报制度，加强对来自重点国家或地区的交通工具、人员和货物、物品的卫生检疫，强化联防联控，筑牢口岸检疫防线。加强对全球传染病疫情的监测，推进境外传染病疫情风险早期预警，严防重大传染病跨境传播。建立海关等多部门协作的境外疫病疫情和有害生物联防联控机制。提升进出口商品质量安全风险预警和快速反应监管能力，完善重点敏感进出口商品监管。

39. 生态风险防控。实行严格的进出境环境安全准入管理制度，禁止洋垃圾输入。推进医疗废物等危险废物处置设施建设，提升突发生态环境事件应急准备与响应能力。建立健全环保信用评价制度。

三　分步骤分阶段安排

（一）2025 年前重点任务

围绕贸易投资自由化便利化，在有效监管基础上，有序推进开放进程，推动各类要素便捷高效流动，形成早期收获，适时启动全岛封关运作。

1. 加强海关特殊监管区域建设。在洋浦保税港区等具备条件的海关特殊监管区域率先实行“一线”放开、“二线”管住的进出口管理制度。根据海南自由贸易港建设需要，增设海关特殊监管区域。

2. 实行部分进口商品零关税政策。除法律法规和相关规定明确不予免税、国家规定禁止进口的商品外，对企业进口自用的生产设备，实行“零关税”负面清单管理；对岛内进口用于交通运输、旅游业的船舶、航空器等营运用交通工具及游艇，实行“零关税”正面清单管理；对岛内进口用于生产自用或以“两头在外”模式进行生产加工活动（或服务贸易过程中）所消耗的原辅料，实行“零关税”正面清单管理；对岛内居民消费的进境商品，实行正面清单管理，允许岛内免税购买。对实行“零关税”清单管理的货物及物品，免征进口关税、进口环节增值税和消费税。清单内容由有关部门根据海南实际需要和监管条件进行动态调整。放宽离岛免税购物额度至每年每人 10 万元，扩大免税商品种类。

3. 减少跨境服务贸易限制。在重点领域率先规范影响服务贸易自由便利的国内规制。制定出台海南自由贸易港跨境服务贸易负面清单，给予境外服务提供者国民待遇。建设海南国际知识产权交易所，在知识产权转让、运用和税收政策等方面开展制度创新，规范探索知识产权证券化。

4. 实行“极简审批”投资制度。制定出台海南自由贸易港放宽市场准入特别清单、外商投资准入负面清单。对先行开放的特定服务业领域所设立的外商投资企业，明确经营业务覆盖的地域范围。建立健全国家安全审查、产业准入环境标准和社会信用体系等制度，全面推行“极简审批”制度。深化“证照分离”改革。建立健全以信用监管为基础、与负面清单管理方式相适应的过程监管体系。

5. 试点改革跨境证券投融资政策。支持在海南自由贸易港内注册的境内企业根据境内外融资计划在境外发行股票，优先支持企业通过境外发行债券融资，将企业发行外债备案登记制管理下放至海南省发展改革部门。探索开展跨境资产管理业务试点，提高跨境证券投融资汇兑便利。试点海南自由贸易港内企业境外上市外汇登记直接到银行办理。

6. 加快金融业对内对外开放。培育、提升海南金融机构服务对外开放能力，支持金融业对外开放政策在海南自由贸易港率先实施。支持符合条件的境外证券基金期货经营机构在海南自由贸易港设立独资或合资金融机构。支持金融机构立足海南旅游业、现代服务业、高新技术产业等重点产业发展需要，创新金融产品，提升服务质效。依托海南自由贸易港建设，推动发展相关的场外衍生品业务。支持海南在优化升级现有交易场所的前提下，推进产权交易场所建设，研究允许非居民按照规定参与交易和进行资金结算。支持海南自由贸易港内已经设立的交易场所在会员、交易、税负、清算、交割、投资者权益保护、反洗钱等方面，建立与国际惯例接轨的规则和制度体系。在符合相关法律法规的前提下，支持在海南自由贸易港设立财产险、人身险、再保险公司以及相互保险组织和自保公司。

7. 增强金融服务实体经济能力。支持发行公司信用类债券、项目收益票据、住房租赁专项债券等。对有稳定现金流的优质旅游资产，推动开展证券化试点。支持金融机构在依法合规、有效防范风险的前提下，在服务贸易领域开展保单融资、仓单质押贷款、应收账款质押贷款、知识产权质押融资等业务。支持涉海高新技术企业利用股权、知识产权开展质押融资，规范、稳妥开发航运物流金融产品和供应链融资产品。依法有序推进人工智能、大数据、云计算等金融科技领域研究成果在海南自由贸易港率先落地。探索建立与国际商业保险付费体系相衔接的商业性医疗保险服务。支持保险业金融机构与境外机构合作开发跨境医疗保险产品。

8. 实施更加便利的免签入境措施。将外国人免签入境渠道由旅行社邀请接待扩展为外国人自行申报或通过单位邀请接待免签入境。放宽外国人申请免签入境事由限制，允许外国人以商贸、访问、探亲、就医、会展、体育竞技等事由申请免签入境海南。实施外国旅游团乘坐邮轮入境 15 天免签政策。

9. 实施更加开放的船舶运输政策。以“中国洋浦港”为船籍港，简化检验流程，逐步放开船舶法定检验，建立海南自由贸易港国际船舶登记中心，创新设立便捷、高效的船舶登记程序。取消船舶登记主体外资股比限制。在确保有效监管和风险可控的前提下，境内建造的船舶在“中国洋浦港”登记并从事国际运输的，视同出口并给予出口退税。对以洋浦港作为中转港从事内外贸同船运输的境内船舶，允许其加注本航次所需的保税油；对其加注本航次所需的本地生产燃料油，实行出口退税政策。对符合条件并经洋浦港中转离境的集装箱货物，试行启运港退税政策。加快推进琼州海峡港航一体化。

10. 实施更加开放的航空运输政策。在对等基础上，推动在双边航空运输协定中实现对双方承运人开放往返海南的第三、第四航权，并根据我国整体航空运输政策，扩大包括第五航权在内的海南自由贸易港建设所必需的航权安排。支持在海南试点开放第七航权。允许相关国家和地区航空公司承载经海南至第三国（地区）的客货业务。实施航空国际中转旅客及其行李通程联运。对位于海南的主基地航空公司开拓国际航线给予支持。允许海南进出岛航班加注保税航油。

11. 便利数据流动。在国家数据跨境传输安全管理制度框架下，开展数据跨境传输安全管理试点，探索形成既能便利数据流动又能保障安全的机制。

12. 深化产业对外开放。支持发展总部经济。举办中国国际消费品博览会，国家级展会境外展品在展期内进口和销售享受免税政策，免税政策由有关部门具体制定。支持海南大力引进国外优质医疗资源。总结区域医疗中心建设试点经验，研究支持海南建设区域医疗中心。允许境外理工农医类高水平大学、职业院校在海南自由贸易港独立办学，设立国际学校。推动国内重点高校引进国外知名院校在海南自由贸易港举办具有独立法人资格的中外合作办学机构。建设海南国家区块链技术和产业创新发展基地。

13. 优化税收政策安排。从本方案发布之日起，对注册在海南自由贸易港并实质性运营的鼓励类产业企业，减按15%征收企业所得税。对在海南自由贸易港设立的旅游业、现代服务业、高新技术产业企业，其2025年前新增境外直接投资取得的所得，免征企业所得税。对企业符合条件的资本性支出，允许在支出发生当期一次性税前扣除或加速折旧和摊销。对在海南自由贸易港工作的高端人才和紧缺人才，其个人所得税实际税负超过15%的部分，予以免征。对享受上述优惠政策的高端人才和紧缺人才实行清单管理，由海南省商财政部、税务总局制定具体管理办法。

14. 加大中央财政支持力度。中央财政安排综合财力补助，对地方财政减收予以适当弥补。鼓励海南在国务院批准的限额内发行地方政府债券支持自由贸易港项目建设。在有效防范风险的前提下，稳步增加海南地方政府专项债券发行额度，用于支持重大基础设施建设。鼓励在海南自由贸易港向全球符合条件的境外投资者发行地方政府债券。由海南统筹中央资金和自有财力，设立海南自由贸易港建设投资基金，按政府引导、市场化方式运作。

15. 给予充分法律授权。本方案提出的各项改革政策措施，凡涉及调整现行法律或行政法规的，经全国人大及其常委会或国务院统一授权后实施。研究简化调整现行法律或行政法规的工作程序，推动尽快落地。授权海南制定出台自由贸易港商事注销条例、破产条例、公平竞争条例、征收征用条例。加快推动制定出台海南自由贸易港法。

16. 强化用地用海保障。授权海南在不突破海南省国土空间规划明确的生态保护红线、永久基本农田面积、耕地和林地保有量、建设用地总规模等重要指标并确保质量不降低的前提下，按照国家规定的条件，对全省耕地、永久基本农田、林地、建设用地布局调整进行审批并纳入海南省和市县国土空间规划。积极推进城乡及垦区一体化协调发展和小城镇建设用地新模式，推进农垦土地资产化。建立集约节约用地制度、评价标准以及存量建设用地盘活处置政策体系。总结推广文昌农村土地制度改革三项试点经验，支持海南在全省深入推进农村土地制度改革。依法保障国家重大项目用海需求。

17. 做好封关运作准备工作。制定出台海南自由贸易港进口征税商品目录、限制进口货物物品清单、禁止进口货物物品清单、限制出口货物物品清单、禁止出口货物物品清单、运输工具管理办法，以及与内地海关通关单证格式规范、与内地海关通关操作规程、出口通关操作规程等，增加对外开放口岸，建设全岛封关运作的配套设施。

18. 适时启动全岛封关运作。2025年前，适时全面开展全岛封关运作准备工作情况评估，查堵安全漏洞。待条件成熟后再实施全岛封关运作，不再保留洋浦保税港区、海口综合保税区等海关特殊监管区域。相关监管实施方案由有关部门另行制定。在全岛封关运作的同时，依法将现行增值税、消费税、车辆购置税、城市维护建设税及教育费附加等税费进行简并，启动在货物和服务零售环节征收销售税相关工作。

（二）2035年前重点任务

进一步优化完善开放政策和相关制度安排，全面实现贸易自由便利、投资自由便利、跨境资金流动自由便利、人员进出自由便利、运输来往自由便利和数据安全有序流动，推进建设高水平自由贸易港。

1. 实现贸易自由便利。进一步创新海关监管制度，建立与总体国家安全观相适应的非关税贸易措施体系，建立自由进出、安全便利的货物贸易管理制度，实现境外货物在海南自由贸易港进出自由便利。建立健全跨境支付业务相关制度，营造良好的支付服务市场环境，提升跨境支付服务效率，依法合规推动跨境服务贸易自由化便利化。

2. 实现投资自由便利。除涉及国家安全、社会稳定、生态保护红线、重大公共利益等国家实行准入管理的领域外，全面放开投资准入。在具有强制性标准的领域，建立“标准制＋承诺制”的投资制度，市场主体对符合相关要求作出承诺，即可开展投资经营活动。

3. 实现跨境资金流动自由便利。允许符合一定条件的非金融企业，根据实际融资需要自主借用外债，最终实现海南自由贸易港非金融企业外债项下完全可兑换。

4. 实现人员进出自由便利。进一步放宽人员自由进出限制。实行更加宽松的商务人员临时出入境政策、便利的工作签证政策，进一步完善居留制度。

5. 实现运输来往自由便利。实行特殊的船舶登记审查制度。进一步放宽空域管制与航路航权限制。鼓励国内外航空公司增加运力投放，增开航线航班。根据双边航空运输协定，在审核外国航空公司国际航线经营许可时，优先签发至海南的国际航线航班许可。

6. 实现数据安全有序流动。创新数据出境安全的制度设计，探索更加便利的个人信息安全出境评估办法。开展个人信息入境制度性对接，探索加入区域性国际数据跨境流动制度安排，提升数据传输便利性。积极参与跨境数据流动国际规则制定，建立数据确权、数据交易、数据安全和区块链金融的标准和规则。

7. 进一步推进财税制度改革。对注册在海南自由贸易港并实质性运营的企业（负面清单行业除外），减按15%征收企业所得税。对一个纳税年度内在海南自由贸易港累计居住满183天的个人，其取得来源于海南自由贸易港范围内的综合所得和经营所得，按照3%、10%、15%三档超额累进税率征收个人所得税。扩大海南地方税收管理权限。企业所得税、个人所得税作为中央与地方共享收入，销售税及其他国内税种收入作为地方收入。授权海南根据自由贸易港发展需要，自主减征、免征、缓征除具有生态补偿性质外的政府性基金，自主设立涉企行政事业性收费项目。对中央级行政事业性收费，按照中央统一规定执行。中央财政支持政策结合税制变化情况相应调整，并加大支持力度。进一步研究改进补贴政策框架，为我国参与补贴领域国际规则制定提供参考。

四 组织实施

（一）加强党的全面领导

坚持用习近平新时代中国特色社会主义思想武装党员干部头脑，认真贯彻落实党中央、国务院决策部署，增强“四个意识”，坚定“四个自信”，做到“两个维护”。建立健全党对海南自由贸易港建设工作的领导体制机制，充分发挥党总揽全局、协调各方的作用，加强党对海南自由贸易港建设各领域各方面各环节的领导。以党的政治建设为统领，以提升组织力为重点，全面提高党的建设质量，为海南自由贸易港建设提供坚强政治保障。加强基层党组织建设，引导广大党员发挥先锋模范作用，把基层党组织建设成为海南推动自由贸易港建设的坚强战斗堡垒。完善体现新发展理念和正确政绩观要求的干部考核评价体系，建立激励机制和容错纠错机制，旗帜鲜明地为敢于担当、踏实做事、不谋私利的干部撑腰鼓劲。把社会主义核心价值观融入经济社会发展各方面。持之以恒正风肃纪，强化纪检监察工作，营造风清气正良好环境。

（二）健全实施机制

在推进海南全面深化改革开放领导小组指导下，海南省要切实履行主体责任，加强组织领导，全力推进海南自由贸易港建设各项工作。中央和国家机关有关单位要按照本方案要求，主动指导推动海南自由贸易港建设，进一步细化相关政策措施，制定出台实施方案，确保政策落地见效。推进海南全面深化改革开放领导小组办公室牵头成立指导海南推进自由贸易港建设工作小组，由国家发展改革委、财政部、商务部、中国人民银行、海关总署等部门分别派出干部驻海南实地指导开展自由贸易港建设工作，有关情况及时上报领导小组。国务院发展研究中心组织对海南自由贸易港建设开展全过程评估，牵头设立专家咨询委员会，为海南自由贸易港建设建言献策。

（三）稳步推进政策落地

加大督促落实力度，将各项政策举措抓实抓细抓出成效。认真研究和妥善解决海南自由贸易港建设中遇到的新情况新问题，对一些重大政策措施做好试点工作，积极稳妥推进方案实施。

新疆的劳动就业保障*

中华人民共和国国务院新闻办公室

2020 年 9 月

目　录

前　言

劳动是人的存在方式，也是人类的本质活动。劳动创造美好生活，促进人的全面发展和人类文明进步。《中华人民共和国宪法》赋予公民劳动的权利和义务。保障劳动权就是维护人的尊严，就是保障人权。

中国是人口大国，也是劳动力大国。做好劳动就业保障工作，关系劳动者基本权利和生活幸福，关系经济发展、社会和谐，关系国家繁荣、民族复兴。中国坚持以人民为中心的发展思想，高度重视劳动就业保障工作，大力实施就业优先战略和积极的就业政策。充分尊重劳动者意愿，依法保障公民劳动权利，积极践行国际劳工和人权标准，努力使人人都能通过辛勤劳动创造幸福生活、实现自身发展。

按照国家关于劳动就业的大政方针和打赢脱贫攻坚战的总体部署，中国新疆把促进劳动就业作为最大的民生工程、民心工程、根基工程，坚持把劳动者自主就业、市场调节就业、政府促进就业和鼓励创业相结合，多渠道增加就业，千方百计稳定就业。通过积极的劳动就业政策，新疆各族人民物质文化生活水平不断提高，各项人权得到有效保障和发展，为确保新疆各族群众同全中国人民一道迈入全面小康社会、实现新疆社会稳

---

* 来源：中华人民共和国国务院新闻办公室网站，2020 年 9 月 17 日（http：//www. scio. gov. cn/zfbps/ndhf/42312/Document/1687708/1687708. htm）

定和长治久安打下了坚实基础。

一 新疆劳动就业的基本状况

新疆地处中国西北边陲，长期以来，受历史和自然等因素的影响，发展相对滞后，贫困人口较多。特别是南疆四地州（和田地区、喀什地区、阿克苏地区、克孜勒苏柯尔克孜自治州）生态环境恶劣，经济基础薄弱，就业承载能力严重不足，是国家确定的深度贫困地区。加之长期以来暴力恐怖势力、民族分裂势力、宗教极端势力鼓吹“来世天定”“教法大于国法”，煽动广大群众抵制学习国家通用语言文字，排斥现代科学知识，拒绝学习掌握就业技能、改善经济条件、提升自我发展能力，导致一些群众思想观念落后，文化程度不高，就业能力不足，就业率较低，收入十分有限，生活陷入长期贫困。

做好劳动就业工作，对于保障各族人民劳动就业权利、发展和改善民生、促进社会和谐稳定意义重大。特别是2012年中共十八大以来，新疆大力实施就业惠民工程，持续加大就业培训力度，积极拓宽就业渠道，有效扩大就业容量，就业形势持续向好，各族群众收入水平不断提升、生活质量越来越高，获得感、幸福感、安全感显著增强。

政策体系进一步健全。近年来，新疆贯彻落实国家稳就业促就业决策部署，顺应人民呼声并结合自身实际，制定了《新疆维吾尔自治区党委 自治区人民政府关于进一步促进就业创业工作的意见》《新疆维吾尔自治区人民政府关于做好当前和今后一段时期就业创业工作的实施意见》《新疆维吾尔自治区“十三五”促进就业规划》等文件，在经济发展、财政保障、税收优惠、金融支持和城乡、区域、群体统筹，以及支持灵活就业、帮助困难群体就业等方面，作出系统安排，为促进劳动就业、维护劳动者权益提供了坚实的制度保障。

就业规模不断扩大。聚焦劳动就业重点群体和深度贫困地区，引导各族群众就地就近就业、有序进城就业和自主创业，扎实推进贫困劳动力转移就业。2014年至2019年，新疆的劳动就业总人数从1135.24万人增加到1330.12万人，增长17.2%；年均新增城镇就业47.12万人以上，其中，南疆地区14.8万人，占比31.4%；年均农村富余劳动力转移就业276.3万人次以上，其中，南疆地区167.8万人次，占比60%以上。

就业结构更趋合理。以推进供给侧结构性改革为主线，坚持一产上水平、二产抓重点、三产大发展，培育壮大特色优势产业和劳动密集型产业，引导劳动力向第三产业有序流动。从三次产业分布看，就业人员占比2014年为45.4∶16.0∶38.6，2019年为36.4∶14.1∶49.5，其中，第三产业就业人员占比提高了10.9个百分点，成为吸纳就业最多的产业。从城乡分布看，越来越多农村富余劳动力向城镇流动，城镇吸纳就业能力进一步增强。2014年城镇就业人数535.4万人，2019年增加至734.17万人，占全部就业人员的55.2%。

劳动力素质明显提升。通过实施教育惠民工程，新疆的学前教育、九年义务教育、高中阶段教育、高等教育、职业教育均达历史最高水平。2019年，普通高等教育在校生45.38万人，比2014年增加14.62万人；中等教育在校生184.36万人，比2014年增加14.76万人。通过开展就业技能培训，培养造就了一支新时代知识型、技能型、创新型劳动者大军。据统计，2014年至2019年，全疆年均培训城乡各类劳动者128.8万人次，其中，南疆地区年均培训45.14万人次。参训人员至少掌握1项就业技能，绝大多数取得了职业资格证书、职业技能等级证书或专项职业能力证书，实现稳定就业。

居民和职工收入稳步增长。2014年至2019年，新疆维吾尔自治区城镇居民人均可支配收入由2.32万元增至3.47万元，年均名义增长8.6%，农村居民人均可支配收入由8724元增至1.31万元，年均名义增长8.9%；新疆生产建设兵团城镇居民人均可支配收入由2.76万元增至4.07万元，年均名义增长8.5%，连队居民人均可支配收入由1.39万元增至2.2万元，年均名义增长9.9%。全疆城镇非私营单位就业人员年均工资由5.35万元增至7.94万元，年均增长8.4%；城镇私营单位就业人员年均工资由3.62万元增至4.59万元，年均增长5.4%。2018年至2019年，南疆地区及兵团四个深度贫困团场有15.5万名建档立卡贫困家庭劳动力转移就业并实现了脱贫。

事实说明，近年来新疆的劳动就业保障工作取得了显著成效，总体态势良好。但也要看到，还面临经济发展底子薄、农村富余劳动力人数多、就业技能水平低等困难和挑战。进一步优化产业结构、提升劳动力素质、转变思想观念，是解决新疆劳动就业的一项长期任务。

二 大力实施积极的就业政策

近年来，新疆更加注重制定实施有利于扩大就业的经济社会发展战略，及时健全完善各项促进就业政策，努力实现劳动者稳定就业、持续就业、长期就业。

优化产业结构扩充就业容量。紧紧抓住“一带一路”建设机遇，完善多元化产业体系，既注重发展资本、技术和知识密集的先进制造业和新兴产业，又大力发展纺织服装、消费电子、鞋帽箱包等劳动密集型产业，以及电子商务、文化创意、全域旅游、健康养老等现代服务业，着力拓展就业空间，扩大就业规模。2012年成立的新疆准东经济技术开发区，立足优势资源转换，大力发展新材料、新能源等六大产业，截至2019年底，已吸纳8万余人就业。2014年以来，国家大力支持新疆纺织业发展，仅2017年至2019年全疆纺织服装产业新增就业35万人。喀什地区重点发展农副产品加工、电子产品组装等产业，积极引进和培育相关企业入驻园区并向乡村生产车间延伸。截至2019年底，该地区有农副产品加工企业210家，吸纳就业1.67万人，各类园区落户工业企业1406家，吸纳就业8.41万人。阿克苏地区加强产教融合，推动纺织服装企业与职业院校联合办学，带动3.24万人就业。

帮助重点群体实现稳定就业。对农村富余劳动力，重点实施就地就近就业政策，因地制宜建立乡村“卫星工厂”“扶贫车间”吸纳就业，扶持农村劳务合作组织带动就业，推动产业（工业）园区稳定就业，发展旅游产业促进就业。聚焦南疆地区22个深度贫困县和兵团四个深度贫困团场，实施就业扶贫三年规划，2018年至2020年6月，累计帮助22.1万名建档立卡贫困家庭劳动力转移就业。在喀什、和田两个地区，实施城乡富余劳动力转移就业三年规划，2017年至2019年，累计帮助13.5万人转移就业。在全疆对就业困难人员和零就业家庭，实行实名动态管理和分类精准帮扶，做到“出现一户，认定一户，帮扶一户，稳定一户”。2014年至2019年，累计帮助33.43万名城镇就业困难人员实现就业，确保零就业家庭24小时动态清零。对高校毕业生，实施就业创业促进计划、基层成长计划、“三支一扶”计划、青年就业启航计划等，引导和鼓励毕业生到基层就业、到企业就业和自主创业。2019 年，新疆高校应届毕业生就业率达 90.36%，返疆内地高校新疆籍少数民族毕业生就业率达 95.08%，均创历史新高。

支持创新创业带动就业。把创新作为扩大就业的新引擎，大力推进放管服改革，降低市场准入门槛，持续完善创业扶持政策，落实创业担保贷款及贴息、自主创业补贴、税费减免，支持有意愿、有条件的创业者创业。培育创新创业载体，加强创业服务能力建设，加快发展市场化、专业化、集成化、网络化的众创空间，为创业者提供更多的创业平台和均等化服务。目前，新疆已建设国家级创业孵化示范基地 5 个，自治区级（兵团级）创业孵化示范基地 27 个，累计孵化小微企业 1412 家，带动就业 10121 人。培育支持吸纳就业能力强的创新型创业企业和带头人，鼓励发展“互联网 + 创业”，切实发挥创业带动就业的倍增效应。2019 年，仅和田地区发放创业担保贷款 9.1 亿元，帮助高校毕业生、农村劳动力、就业困难人员等 1.25 万人创业。昌吉市萧民等 6 名妇女在当地人社部门的扶持下，创办了新疆巾帼众心人力资源服务有限公司，逐步成长为集人力资源服务、劳务派遣、后勤托管、政策咨询、信息化建设等多项业务为一体的劳务产业供应链龙头企业，有各族员工 4800 多人，为全疆 318 家企事业单位提供劳务服务，累计安置失业人员、农村富余劳动力 3 万多人次，实现总产值 1.56 亿元。

开展技能培训促进就业。根据劳动力市场需求，着眼提升劳动者就业能力、增强就业稳定性，通过发展高等职业技术学院、中等专业技术学校、技工院校、就业培训中心、企业职工培训中心、职业技能教育培训中心等职业教育和培训机构，积极开展基本劳动素质培训和订单、定岗、定向就业技能培训，构建了比较完整的职业教育和培训体系。以和田地区为例，2019 年共有 10.33 万农牧民参加就业技能培训，实现就业 9.83 万人，就业率达 95.16%。

发挥制度优势拓宽就业渠道。新疆充分发挥中华民族大家庭各民族平等互助、共同发展进步的制度优势，利用国家对口援疆机制，统筹疆内疆外就业岗位，为各族群众到内地省（市）就业积极创造条件。2014 年以来，已有 11.7 万人转移至收入更高的内地省（市）就业。新疆按照“按需培训、先培训后输出”的原则，开展以国家通用语言文字、法律知识、城市生活常识、劳动技能等为主要内容的就业培训。转移就业人员到达就业所在地后，由企业安排住宿，提供被褥、洗漱品等日常生活用品，保障务工人员的住宿条件。部分省（市）企业还为务工人员提供公租房、廉租房、夫妻房。新疆及时为转移就业人员办理异地就业备案手续，解决转移就业人员在当地看病就医问题。内地省（市）及企业及时帮助转移就业人员解决子女入托、上学等问题，推动务工人员与当地群众共事共学共享共乐。

克服疫情困难稳就业保民生。针对新冠肺炎疫情带来的不利影响，新疆统筹推进疫情防控和经济社会发展，扎实做好稳就业、稳金融、稳外贸、稳外资、稳投资、稳预期工作，全面落实保居民就业、保基本民生、保市场主体、保粮食能源安全、保产业链供应链稳定、保基层运转任务，实行减负、稳岗、扩就业等多项措施，实施阶段性、有针对性的减税降费政策，积极推动企业复工达产，有效推进复商复市，着力提升投资和产业带动就业能力。截至 2020 年 6 月底，全疆共减免企业养老、失业、工伤三项社会保险费 75.53 亿元，大型企业减半征收 18.95 亿元，中小微企业全免 56.58 亿元。核准缓缴困难企业社会保险费 7.06 亿元，惠及 1237 家企业。为 8.31 万户企业返还失业保险费 9.04 亿元，惠及职工 183.61 万人。55.24 万人享受各项就业补贴 16.95 亿元。实现城镇新增就业 33.97 万人，新增创业 4.18 万人、带动就业 6.95 万人，就业困难人员实现就业 3.16 万人。农村富余劳动力转移就业 256.5 万人次，同比增长 46.1%。通过多措并举，新疆在常态化疫情防控条件下，取得了扩大就业、保障民生的重要阶段性成果。

三 充分尊重劳动者的就业意愿

新疆始终把尊重劳动者意愿作为制定就业政策、拓宽就业渠道、开发就业岗位、开展就业培训、提供就业服务的重要依据，确保广大劳动者能够自主自愿、心情舒畅地生产生活。

全面了解劳动力资源状况。持续完善就业失业统计指标体系，实施农村劳动力资源定点监测、企业用工监测和人力资源市场供求情况监测，建立失业监测预警机制，依托乡镇（街道）劳动保障事务所、村（社区）劳动保障工作站，对辖区内劳动力数量、年龄、性别、文化程度、就业状况等基本信息进行摸底，根据监测和调查结果制定就业政策和规划。调查显示，截至 2019 年底，全疆有农村富余劳动力 259.03 万人，其中，南疆地区 165.41 万人，占比 63.86%。

及时掌握劳动者就业意愿和需求。定期开展劳动者就业意愿调查，及时掌握劳动者在就业地点、就业岗位、薪酬待遇、工作条件、生活环境、发展前景等方面的需求，以便提供更有针对性的服务，努力达到人岗精准匹配，促进长期稳定就业。据调查，2020 年初，喀什地区莎车县古勒巴格镇奥依巴格村共有 3540 人，其中，有劳动能力的 1509 人中，1288 人有转移就业意愿，占比 85%。这些人员中，有 923 人愿到工厂车间工作，平均期望月薪 5000 元左右；365 人愿到外地从事打馕、餐饮、干果经营、文艺演出等职业。2019 年，和田地区和田县巴格其镇的 3 个村共有人口 5307 人，其中，有劳动能力的 1699 人中，1493 人有转移就业意愿，占比 88%；有 180 人愿留在当地就业，希望到乡镇企业或村办工厂、扶贫合作社工作，平均期望月薪 3000 元左右；另有 26 人希望在当地创业，经营物流运输、物业家政、建筑工程、美发、餐饮、商超等。通过掌握就业意愿，满足个性化需求，有效促进了劳动力有序流动，提升了就业稳定性和满意度。

积极搭建就业信息平台。广泛联系用人单位，收集整理岗位供求信息，依托信息化技术手段，通过人力资源市场、公共就业服务机构、公共就业服务网络平台、广播、电视、村社区宣传栏等渠道及时公开发布，为劳动者自愿就业、自由择业提供信息服务。例如，阿克苏地区以公共就业服务门户网站、微信公众号等为载体，集中发布岗位信息和求职信息，为用人单位和劳动者搭建双向选择平台。2014 年以来，全地区组织各类招聘会 621 场次，吸引 4953 家企业参与，提供就业岗位 14.5 万余个，实现 3.86 万人就业。阿克苏市阿依库勒镇贫困户艾比布拉·马木提，通过招聘会了解到杭州一家电器企业的用工信息，主动应聘，录用后当年收入 5.5 万元，实现了脱贫。

不断强化公共就业服务。面向供求双方，建立覆盖全疆、层级清晰、功能互补、上下联动的五级公共就业服务体系，不断拓展政策咨询、就业失业登记、职业指导和职业介绍、技能培训、创业培训等基本公共就业服务内容。截至 2019 年底，全疆县级以上人力资源市场 144 家，团场劳动保障经办机构 149 个，基层劳动保障站所 8668 个，当年累计提供各类就业服务 2172.84 万余人次。

坚决防范打击强迫劳动行为。根据《中华人民共和国刑法》《中华人民共和国劳动法》《中华人民共和国劳动合同法》《中华人民共和国治安管理处罚法》有关规定，严厉禁止以暴力、威胁或者非法限制人身自由的手段强迫劳动，以及侮辱、体罚、殴打、非法搜查和拘禁劳动者等行为，对违法行为，依法予以行政处罚；构成犯罪的，依法追究刑事责任。新疆严格遵守国家有关法律法规，大力推进法治宣传教育，不断增强用人单位和劳动者的法治意识，深入开展常态化劳动执法检查，切实把劳动关系的建立、运行、监督、调处的全过程纳入法治化轨道，坚决防范和打击一切强迫劳动行为。

四　依法保障劳动者的基本权利

尊重公民的劳动权利，维护劳动者合法权益，实现体面劳动，是中国政府一贯坚持的理念和目标。新疆严格遵循《中华人民共和国宪法》《中华人民共和国劳动法》《中华人民共和国劳动合同法》《中华人民共和国就业促进法》《中华人民共和国社会保险法》《中华人民共和国妇女权益保障法》《中华人民共和国残疾人保障法》等法律法规精神，结合本地区实际，制定实施《新疆维吾尔自治区实施〈中华人民共和国就业促进法〉办法》《新疆维吾尔自治区实施〈劳动保障监察条例〉办法》《新疆维吾尔自治区职工劳动权益保障条例》《新疆维吾尔自治区实施〈中华人民共和国妇女权益保障法〉办法》《新疆维吾尔自治区实施〈中华人民共和国残疾人保障法〉办法》等地方性法规规章，为公民平等享有劳动就业权利提供了坚实法治保障。

切实保障劳动者平等就业权利。遵照平等保护公民权利的法治原则，确保劳动者不因民族、地域、性别、宗教信仰不同而受歧视，也不因城乡、行业、身份等而受限制。在保障妇女平等就业权利方面，新疆努力消除阻碍妇女平等就业的壁垒，制定实施扶持妇女自主创业政策。2019 年，城镇新增就业 48.09 万人，其中，妇女 22.81 万人，占比 47.43%。在保障残疾人劳动权利方面，不断加大职业技能培训力度，大力发展集中就业、辅助性就业、公益性岗位就业，积极推动残疾人按比例就业，鼓励支持残疾人通过个体就业、自主创业、灵活就业等多种形式就业。截至 2019 年底，全疆残疾人就业 18.37 万人，占就业年龄段有劳动能力残疾人总数的 59.37%。

切实保障劳动者获得报酬权利。全面落实国家关于建立企业职工工资正常增长机制的政策要求，完善企业工资指导线制度和劳动力市场工资指导价位制度。2014 年至 2019 年，新疆每年制订并发布企业工资指导线。建立健全最低工资标准调整机制，最低工资标准由 2013 年的 1520 元/月，提高至 2018 年的 1820 元/月，增长 19.74%，在全国处于较高水平。出台《新疆维吾尔自治区企业工资集体协商条例》等地方性法规，积极稳妥推进工资集体协商，并不断扩大覆盖面。健全工资支付保障制度，依法惩处拒不支付劳动报酬等违法犯罪行为，保障劳动者按时足额获得工资报酬。

切实保障劳动者休息休假权和职业安全权。严格贯彻落实国家有关规定，实行劳动者每日工作 8 小时、每周工作 40 小时的工时制度。用人单位因生产经营需要延长工作时间，必须依法与工会和劳动者协商，并安排补休或支付相应报酬。保障劳动者依法享有春节、肉孜节、古尔邦节等法定节假日和休息日的休息权利。严格执行国家职业安全卫生规程和标准，健全安全生产和职业病防治责任体系，不断强化安全生产、职业病预防主体责任，开展劳动安全和职业健康执法检查，最大限度预防和减少各类生产安全事故发生，从根本上控制和消除职业病危害因素。

切实保障劳动者参加社会保险的权利。全面实施全民参保计划，积极推动和引导中小微企业职工和进城务工人员、灵活就业人员、新业态就业人员等重点群体参加社会保险，努力实现应保尽保。截至2019年底，新疆基本养老、失业、工伤三项社会保险参保2213.33万人次。同时，各级劳动保障监察机构持续加大执法力度，及时受理对违反劳动保障法律、法规、规章行为的举报、投诉，依法纠正和查处用人单位不参加社会保险、不缴纳社会保险费等违法行为，切实维护广大劳动者合法权益。

切实保障劳动者宗教信仰自由和使用本民族语言文字等权利。严格执行《中华人民共和国宪法》《中华人民共和国民族区域自治法》《中华人民共和国国家通用语言文字法》《宗教事务条例》等法律法规。充分尊重和保障各族劳动者宗教信仰自由权利，任何组织和个人不得干涉。在依法推广国家通用语言文字的同时，充分尊重和保障少数民族劳动者使用本民族语言文字的权利，劳动者可以自主选择使用何种语言文字进行交流。充分尊重各族劳动者风俗习惯，创造良好的工作和生活环境。克孜勒苏柯尔克孜自治州乌恰县的托克哈利·吐尔汗巴依是有清真饮食习惯的新疆籍少数民族，也是一位信教群众，现在广东一家制鞋厂工作。他曾担心饮食不习惯、没地方做礼拜，但工作后发现，工厂的生活环境很舒适、清真餐饮很可口，休息时间逛街购物，与家人视频聊天，还可以到附近清真寺参加宗教活动，于是很快适应了新环境。

切实加强劳动者权益保障和救济机制。全面推行劳动合同制度，明确用人单位和劳动者权利义务。健全政府、工会和企业组织代表协商劳动关系三方机制，研究解决劳动关系领域重大问题，积极构建和谐劳动关系。注重发挥工会在维护职工合法权益方面的作用。切实加强劳动保障监察和劳动争议调解仲裁，及时妥善处理劳动争议。对违反劳动保障法律法规的突出问题进行集中整治，对重大违法案件进行专项督办，有效保障劳动者在职业介绍、劳动合同、工作时间、休息休假、工资支付、社会保险、特殊劳动保护等方面的合法权益。

五　劳动就业创造美好生活

随着一系列就业惠民政策措施的深入实施，“家家有门路、人人有事干、月月有收入”的工作目标基本实现。新疆特别是南疆地区各族群众的生产生活、精神面貌发生了深刻变化，老百姓的“钱袋子”越来越鼓，日子越来越红火，心情越来越舒畅，笑容越来越灿烂。

家庭收入大幅增加。无论是在疆内还是在外省（市）就业，各族劳动者都获得了稳定的劳动报酬。据不完全统计，在外省（市）转移就业的新疆籍劳动者人均年收入约4万元，与就业所在地城镇常住居民人均可支配收入基本相当。在疆内转移就业的劳动者人均年收入约3万元，远高于在家务农收入。例如，和田地区洛浦县恰尔巴格乡的阿拉帕提·艾合麦提江，在家务农时全家年收入不足1万元，2017年到江西省南昌市一家电器企业务工，不到3年时间收入16万余元。喀什地区叶城县乌夏巴什镇的买买提依明·吐拉麦提，在家务农时年收入只有几千元，到昌吉州一家企业就业后，月收入4000元以上，生活大为改善，盖了新房，娶了新娘。阿克苏地区阿瓦提县乌鲁却勒镇的阿米娜·热合曼夫妇，属建档立卡贫困户，2018年3月看到乡劳动保障事务所发布的招聘信息后，主动应聘，被江西省九江市一家公司录用，两人月收入约9000元，目前不仅还清了贷款，还有了9万多元存款。

生活水平明显改善。通过辛勤劳动，各族群众从吃饱到吃好，从穿暖到穿美，从毛驴车代步到现代交通工具出行，折射出生活今非昔比的变化。克孜勒苏柯尔克孜自治州阿克陶县玉麦乡贫困户热汗古丽·依米尔到浙江省慈溪市务工后，4年时间给家里汇款十几万元，在老家盖了新房，买了新家具，家庭面貌焕然一新。和田市玉龙喀什镇的玉山·艾山，之前以打零工为生，生活拮据，经同乡介绍，2018年7月到乌鲁木齐市一家肉类加工企业工作，从杂工干起，经过勤学苦练，很快掌握了工作技能，在他的带动下，妻子来到乌鲁木齐市一家服装店打工，也有了稳定的收入，2020年在乌鲁木齐市购置了新房。

就业能力显著增强。通过各种形式的就业培训，各族群众劳动技能普遍提高，很多人成长为企业的岗位能手、技术骨干，一些人成为管理人员，一些人自主创业当了老板。和田地区于田县斯也克乡的阿米娜·吾布力，到乌鲁木齐市一家能源企业工作后，经过多个岗位锻炼，3年时间成为业务骨干，被企业评为“优秀员工”。和田地区皮山县的阿尔祖古丽·伊斯坎代尔，在安徽省巢湖市一家纺织企业工作，在老员工手把手帮带下，成长为企业的技术能手，当上了师傅。阿克苏地区库车市的阿迪莱·阿不来提，2018年从北京服装学院毕业后返乡创业，在政府帮扶下开办了一家服装公司，2019年实现产值200多万元，带动了40多名妇女就业。阿勒泰市的吉别克·努尔兰汗，是一名残疾人，大学毕业后回到家乡，当地人社部门安排她参加了创业培训班，并帮助她筹集10万元资金，注册了阿克依额克百货商店，主营哈萨克刺绣手工艺品，实现月收入6000多元。

思想观念不断转变。过去，一些群众不重视学习科学文化知识，重男轻女思想严重，就业观念落后，习惯于等靠要；如今，“美好生活靠劳动创造”“幸福是奋斗出来的”理念深入人心，各族群众劳动意识、创业愿望、奋斗精神明显增强。例如，喀什地区麦盖提县在举办就业岗位推介会时，很多群众争先恐后咨询岗位信息，积极主动报名应聘，场面十分火爆。一些群众看到同村的人外出务工回来，实实在在赚到了钱，人也变得时尚了，纷纷表示也想出去看一看、闯一闯，改变自己并让家人过上好日子。阿克苏地区拜城县康其乡的阿不力米提·克尤木，往返于新疆和其他省（市）经商，他常说：“我不会满足于现状，我要更加努力工作、学习，过上美好的现代生活。”和田市吐沙拉乡的柔孜妮萨·伊敏，2019年3月报名前往福建省晋江市工作，她用赚来的钱帮助家里发展特色养殖。在她的激励下，刚从职业高中毕业的弟弟也打算到福建就业，梦想闯出一片天地。

人生理想得以实现。许多人经过自主选择，找到了适合自己的工作。他们从农村到城市，从田间地头到生产车间，由农民变为工人，不仅学到了技能，提高了收入，实现了脱贫致富，更重要的是开阔了视野，增长了知识才干，实现了人生价值。绝大多数人对当前的工作生活状况表示满意，对未来充满希望。和田地区和田县的买买提托合提·依明托合提一直渴望有一家自己的餐厅，2017年到乌鲁木齐市一家餐厅当学徒，很快掌握了中式面点技术，在师傅帮助下开了一家餐厅，深受顾客欢迎。克孜勒苏柯尔克孜自治州乌恰县膘尔托阔依乡的帕夏古丽·克热木，热心公益，乐于助人，先后带领500多名同乡前往广东务工，帮助大家实现了脱贫，获得了全国脱贫攻坚奋进奖和“全国五一劳动奖章”。

交往交流交融更加密切。各族劳动者干在一起、学在一起、生活在一起，增进了相互了解，加深了彼此感情，像兄弟姐妹一样互相关心、互相帮助，结下了深厚的友谊，谱写了民族团结互助的新篇章。江苏省一家电器企业，吸纳了来自新疆各地州 16 个民族近 200 名员工，各族员工经常在一起唱歌、跳舞、聚会、购物、旅游，工作之余一起制作抓饭、烤肉等特色美食，关系融洽，亲如一家。新疆生产建设兵团女职工尤良英，开办棉花和果品种植合作社，17 次穿越数百公里的沙漠，热心帮助数千名各族群众学习先进种植技术，在实现脱贫致富的同时，增进了民族感情。十几年来，她无私帮助和田地区皮山县农民麦麦提图如普·穆萨克，麦麦提图如普·穆萨克又传递爱心、回馈社会，这一感人故事传遍天山南北。

六　积极践行国际劳工和人权标准

新疆大力实施积极的劳动就业政策，依法保障各族群众的劳动权益，努力让广大劳动者实现体面劳动，创造美好生活，体现了国际社会的共同价值追求，为维护社会公平正义，促进人的全面发展做出了不懈努力。

履行国际公约义务。中国是国际劳工组织创始成员国、常任理事国，批准了包括《男女工人同工同酬公约》《准予就业最低年龄公约》《禁止和立即行动消除最恶劣形式的童工劳动公约》《消除就业和职业歧视公约》4 个核心公约在内的 26 个国际劳工公约，同时也是联合国《经济、社会及文化权利国际公约》《消除一切形式种族歧视国际公约》《消除对妇女一切形式歧视公约》《禁止酷刑和其他残忍、不人道或有辱人格的待遇或处罚公约》《儿童权利公约》《残疾人权利公约》《联合国打击跨国有组织犯罪公约关于预防、禁止和惩治贩运人口特别是妇女和儿童行为的补充议定书》等国际条约的缔约国。中国积极吸收和转化国际劳工和人权标准，通过立法、政策制定及实施，切实保障劳动者各项权利，严格禁止使用童工，反对强迫劳动，反对就业歧视，反对职场性骚扰，深入开展整治和打击非法用工等专项行动，预防和惩治劳动领域各种违法犯罪行为。新疆各级政府切实履行劳动就业保障责任，促进不同地区、不同民族、不同发展水平的群众实现充分就业和更高质量就业，推动各民族共同发展进步，成为国际劳工和人权标准在欠发达民族地区的成功实践。

探索消除贫困路径。消除贫困是人类梦寐以求的理想，也是保障人权的重要内容。联合国 2030 年可持续发展议程把“在全世界消除一切形式的贫困”确定为可持续发展的首要目标，表达了国际社会对消除贫困的迫切期待。中国积极落实联合国议程，坚持全面小康是全体中国人民的小康，一个民族都不能掉队。新疆始终坚持以发展促人权，以教育培训、能力建设、劳动就业促脱贫，在有效预防和打击恐怖主义、极端主义的同时，实现社会稳定和民生改善，贫困人口大幅减少，贫困发生率显著下降。2013 年至 2019 年底，新疆共有 25 个贫困县摘帽、3107 个贫困村退出，贫困发生率由 19.4% 降至 1.24%。2014 年至 2019 年底，累计实现 73.76 万户、292.32 万人脱贫，2020 年底可实现全部脱贫。新疆探索出了破解反恐、去极端化与人权保障，脱贫与可持续发展等世界性难题的新路子。

响应体面劳动倡议。让所有劳动者体面劳动，进而实现人的全面发展，是国际劳工组织的重要倡议，也是尊重和保障人权的应有之义，反映了国际社会的共识和追求。中国政府始终坚持以人为本，积极响应国际劳工组织倡议，认真落实《中国体面劳动国别计划（2016—2020）》，将体面劳动理念融入国家政策和发展规划。新疆严格执行国家有关政策措施，着力在尊重劳动者意愿、保护劳动者权益、改善劳动环境和条件、体现劳动者价值上下功夫，保障各族劳动者在自由、平等、安全和有尊严的条件下工作，有力促进了广大劳动者体面就业。严格依据《中华人民共和国宪法》《中华人民共和国劳动法》《中华人民共和国就业促进法》等法律规定和要求，立足本地区实际，推出了一系列有力政策措施，千方百计帮助各族劳动者实现稳定就业。近年来，新疆城镇登记失业率保持在3.5%以下，最大限度保障了各族群众充分享有劳动权，为在更高层次和更广泛意义上实现生存权和发展权奠定了坚实基础。

结束语

中共中央总书记、国家主席、中央军委主席习近平强调，“就业是最大的民生”。国际劳工组织通过的《全球就业议程》提出，“就业是消除贫困的核心”。实现体面劳动，对保障劳动者生存发展、家庭和谐幸福、社会长治久安至关重要。新疆实施积极的劳动就业保障政策，有力维护了各族群众劳动就业基本权利，显著改善了各族群众的生产生活条件，极大满足了各族群众创造美好生活的愿望。

一段时间以来，国际上一些势力出于意识形态偏见和反华需要，无视新疆为保障人权所做的巨大努力，搞人权双重标准。他们罔顾事实，颠倒黑白，肆意炒作所谓新疆“强迫劳动”问题，抹黑新疆的劳动就业保障工作，妄图剥夺新疆各族群众的劳动权，使其永远生活在自我隔绝、封闭落后的贫困状态，这是对新疆各族人民追求美好幸福生活的反动，理应遭到一切爱好正义进步的人们的坚决反对。

尊重和保障人权是中国的宪法原则，中国共产党和中国政府始终重视保障公民的劳动就业权利，坚决预防和消除任何形式的强迫劳动。新疆的劳动就业保障政策及其实践，符合中国宪法法律，符合国际劳工和人权标准，契合新疆各族人民过上美好生活的强烈愿望，惠民生，顺民意，得民心。

劳动改变生活，劳动创造幸福。展望未来，新疆将坚持以人民为中心的发展思想，坚持就业是民生之本的理念，继续实施就业优先战略和更加积极的就业政策，大力促进劳动就业，为实现更加充分、更高质量的就业，不断满足各族人民日益增长的美好生活需要而不懈努力。

中共中央关于制定国民经济和社会发展第十四个五年规划和二〇三五年远景目标的建议*

新华社北京 11 月 3 日电 “十四五”时期是我国全面建成小康社会、实现第一个百年奋斗目标之后，乘势而上开启全面建设社会主义现代化国家新征程、向第二个百年奋斗目标进军的第一个五年。中国共产党第十九届中央委员会第五次全体会议深入分析国际国内形势，就制定国民经济和社会发展“十四五”规划和二〇三五年远景目标提出以下建议。

一 全面建成小康社会，开启全面建设社会主义现代化国家新征程

1. 决胜全面建成小康社会取得决定性成就。“十三五”时期是全面建成小康社会决胜阶段。面对错综复杂的国际形势、艰巨繁重的国内改革发展稳定任务特别是新冠肺炎疫情严重冲击，以习近平同志为核心的党中央不忘初心、牢记使命，团结带领全党全国各族人民砥砺前行、开拓创新，奋发有为推进党和国家各项事业。全面深化改革取得重大突破，全面依法治国取得重大进展，全面从严治党取得重大成果，国家治理体系和治理能力现代化加快推进，中国共产党领导和我国社会主义制度优势进一步彰显；经济实力、科技实力、综合国力跃上新的大台阶，经济运行总体平稳，经济结构持续优化，预计二〇二〇年国内生产总值突破一百万亿元；脱贫攻坚成果举世瞩目，五千五百七十五万农村贫困人口实现脱贫；粮食年产量连续五年稳定在一万三千亿斤以上；污染防治力度加大，生态环境明显改善；对外开放持续扩大，共建“一带一路”成果丰硕；人民生活水平显著提高，高等教育进入普及化阶段，城镇新增就业超过六千万人，建成世界上规模最大的社会保障体系，基本医疗保险覆盖超过十三亿人，基本养老保险覆盖近十亿人，新冠肺炎疫情防控取得重大战略成果；文化事业和文化产业繁荣发展；国防和军队建设水平大幅提升，军队组织形态实现重大变革；国家安全全面加强，社会保持和谐稳定。“十三五”规划目标任务即将完成，全面建成小康社会胜利在望，中华民族伟大复兴向前迈出了新的一大步，社会主义中国以更加雄伟的身姿屹立于世界东方。全党全国各族人民要再接再厉、一鼓作气，确保如期打赢脱贫攻坚战，确保如期全面建成小康社会、实现第一个百年奋斗目标，为开启全面建设社会主义现代化国家新征程奠定坚实

---

* 《中共中央关于制定国民经济和社会发展第十四个五年规划和二〇三五年远景目标的建议》(2020 年 10 月 29 日中国共产党第十九届中央委员会第五次全体会议通过)，来源：中国政府网，2020 年 11 月 3 日（http：//www. gov. cn/zhengce/2020 - 11/03/content_5556991. htm)

基础。

2. 我国发展环境面临深刻复杂变化。当前和今后一个时期，我国发展仍然处于重要战略机遇期，但机遇和挑战都有新的发展变化。当今世界正经历百年未有之大变局，新一轮科技革命和产业变革深入发展，国际力量对比深刻调整，和平与发展仍然是时代主题，人类命运共同体理念深入人心，同时国际环境日趋复杂，不稳定性不确定性明显增加，新冠肺炎疫情影响广泛深远，经济全球化遭遇逆流，世界进入动荡变革期，单边主义、保护主义、霸权主义对世界和平与发展构成威胁。我国已转向高质量发展阶段，制度优势显著，治理效能提升，经济长期向好，物质基础雄厚，人力资源丰富，市场空间广阔，发展韧性强劲，社会大局稳定，继续发展具有多方面优势和条件，同时我国发展不平衡不充分问题仍然突出，重点领域关键环节改革任务仍然艰巨，创新能力不适应高质量发展要求，农业基础还不稳固，城乡区域发展和收入分配差距较大，生态环保任重道远，民生保障存在短板，社会治理还有弱项。全党要统筹中华民族伟大复兴战略全局和世界百年未有之大变局，深刻认识我国社会主要矛盾变化带来的新特征新要求，深刻认识错综复杂的国际环境带来的新矛盾新挑战，增强机遇意识和风险意识，立足社会主义初级阶段基本国情，保持战略定力，办好自己的事，认识和把握发展规律，发扬斗争精神，树立底线思维，准确识变、科学应变、主动求变，善于在危机中育先机、于变局中开新局，抓住机遇，应对挑战，趋利避害，奋勇前进。

3. 到二〇三五年基本实现社会主义现代化远景目标。党的十九大对实现第二个百年奋斗目标作出分两个阶段推进的战略安排，即到二〇三五年基本实现社会主义现代化，到本世纪中叶把我国建成富强民主文明和谐美丽的社会主义现代化强国。展望二〇三五年，我国经济实力、科技实力、综合国力将大幅跃升，经济总量和城乡居民人均收入将再迈上新的大台阶，关键核心技术实现重大突破，进入创新型国家前列；基本实现新型工业化、信息化、城镇化、农业现代化，建成现代化经济体系；基本实现国家治理体系和治理能力现代化，人民平等参与、平等发展权利得到充分保障，基本建成法治国家、法治政府、法治社会；建成文化强国、教育强国、人才强国、体育强国、健康中国，国民素质和社会文明程度达到新高度，国家文化软实力显著增强；广泛形成绿色生产生活方式，碳排放达峰后稳中有降，生态环境根本好转，美丽中国建设目标基本实现；形成对外开放新格局，参与国际经济合作和竞争新优势明显增强；人均国内生产总值达到中等发达国家水平，中等收入群体显著扩大，基本公共服务实现均等化，城乡区域发展差距和居民生活水平差距显著缩小；平安中国建设达到更高水平，基本实现国防和军队现代化；人民生活更加美好，人的全面发展、全体人民共同富裕取得更为明显的实质性进展。

二 “十四五”时期经济社会发展指导方针和主要目标

4. “十四五”时期经济社会发展指导思想。高举中国特色社会主义伟大旗帜，深入贯彻党的十九大和十九届二中、三中、四中、五中全会精神，坚持以马克思列宁主义、毛泽东思想、邓小平理论、“三个代表”重要思想、科学发展观、习近平新时代中国特色社会主义思想为指导，全面贯彻党的基本理论、基本路线、基本方略，统筹推进经济建设、政治建设、文化建设、社会建设、生态文明建设的总体布局，协调推进全面建设社会主义现代化国家、全面深化改革、全面依法治国、全面从严治党的战略布局，坚定不移贯彻创新、协调、绿色、开放、共享的新发展理念，坚持稳中求进工作总基调，以推动高质量发展为主题，以深化供给侧结构性改革为主线，以改革创新为根本动力，以满足人民日益增长的美好生活需要为根本目的，统筹发展和安全，加快建设现代化经济体系，加快构建以国内大循环为主体、国内国际双循环相互促进的新发展格局，推进国家治理体系和治理能力现代化，实现经济行稳致远、社会安定和谐，为全面建设社会主义现代化国家开好局、起好步。

5. “十四五”时期经济社会发展必须遵循的原则。

——坚持党的全面领导。坚持和完善党领导经济社会发展的体制机制，坚持和完善中国特色社会主义制度，不断提高贯彻新发展理念、构建新发展格局能力和水平，为实现高质量发展提供根本保证。

——坚持以人民为中心。坚持人民主体地位，坚持共同富裕方向，始终做到发展为了人民、发展依靠人民、发展成果由人民共享，维护人民根本利益，激发全体人民积极性、主动性、创造性，促进社会公平，增进民生福祉，不断实现人民对美好生活的向往。

——坚持新发展理念。把新发展理念贯穿发展全过程和各领域，构建新发展格局，切实转变发展方式，推动质量变革、效率变革、动力变革，实现更高质量、更有效率、更加公平、更可持续、更为安全的发展。

——坚持深化改革开放。坚定不移推进改革，坚定不移扩大开放，加强国家治理体系和治理能力现代化建设，破除制约高质量发展、高品质生活的体制机制障碍，强化有利于提高资源配置效率、有利于调动全社会积极性的重大改革开放举措，持续增强发展动力和活力。

——坚持系统观念。加强前瞻性思考、全局性谋划、战略性布局、整体性推进，统筹国内国际两个大局，办好发展安全两件大事，坚持全国一盘棋，更好发挥中央、地方和各方面积极性，着力固根基、扬优势、补短板、强弱项，注重防范化解重大风险挑战，实现发展质量、结构、规模、速度、效益、安全相统一。

6. “十四五”时期经济社会发展主要目标。锚定二〇三五年远景目标，综合考虑国内外发展趋势和我国发展条件，坚持目标导向和问题导向相结合，坚持守正和创新相统一，今后五年经济社会发展要努力实现以下主要目标。

——经济发展取得新成效。发展是解决我国一切问题的基础和关键，发展必须坚持新发展理念，在质量效益明显提升的基础上实现经济持续健康发展，增长潜力充分发挥，国内市场更加强大，经济结构更加优化，创新能力显著提升，产业基础高级化、产业链现代化水平明显提高，农业基础更加稳固，城乡区域发展协调性明显增强，现代化经济体系建设取得重大进展。

——改革开放迈出新步伐。社会主义市场经济体制更加完善，高标准市场体系基本建成，市场主体更加充满活力，产权制度改革和要素市场化配置改革取得重大进展，公平竞争制度更加健全，更高水平开放型经济新体制基本形成。

——社会文明程度得到新提高。社会主义核心价值观深入人心，人民思想道德素质、科学文化素质和身心健康素质明显提高，公共文化服务体系和文化产业体系更加健全，人民精神文化生活日益丰富，中华文化影响力进一步提升，中华民族凝聚力进一步增强。

——生态文明建设实现新进步。国土空间开发保护格局得到优化，生产生活方式绿色转型成效显著，能源资源配置更加合理、利用效率大幅提高，主要污染物排放总量持续减少，生态环境持续改善，生态安全屏障更加牢固，城乡人居环境明显改善。

——民生福祉达到新水平。实现更加充分更高质量就业，居民收入增长和经济增长基本同步，分配结构明显改善，基本公共服务均等化水平明显提高，全民受教育程度不断提升，多层次社会保障体系更加健全，卫生健康体系更加完善，脱贫攻坚成果巩固拓展，乡村振兴战略全面推进。

——国家治理效能得到新提升。社会主义民主法治更加健全，社会公平正义进一步彰显，国家行政体系更加完善，政府作用更好发挥，行政效率和公信力显著提升，社会治理特别是基层治理水平明显提高，防范化解重大风险体制机制不断健全，突发公共事件应急能力显著增强，自然灾害防御水平明显提升，发展安全保障更加有力，国防和军队现代化迈出重大步伐。

三　坚持创新驱动发展，全面塑造发展新优势

坚持创新在我国现代化建设全局中的核心地位，把科技自立自强作为国家发展的战略支撑，面向世界科技前沿、面向经济主战场、面向国家重大需求、面向人民生命健康，深入实施科教兴国战略、人才强国战略、创新驱动发展战略，完善国家创新体系，加快建设科技强国。

7. 强化国家战略科技力量。制定科技强国行动纲要，健全社会主义市场经济条件下新型举国体制，打好关键核心技术攻坚战，提高创新链整体效能。加强基础研究、注重原始创新，优化学科布局和研发布局，推进学科交叉融合，完善共性基础技术供给体系。瞄准人工智能、量子信息、集成电路、生命健康、脑科学、生物育种、空天科技、深地深海等前沿领域，实施一批具有前瞻性、战略性的国家重大科技项目。制定实施战略性科学计划和科学工程，推进科研院所、高校、企业科研力量优化配置和资源共享。推进国家实验室建设，重组国家重点实验室体系。布局建设综合性国家科学中心和区域性创新高地，支持北京、上海、粤港澳大湾区形成国际科技创新中心。构建国家科研论文和科技信息高端交流平台。

8. 提升企业技术创新能力。强化企业创新主体地位，促进各类创新要素向企业集聚。推进产学研深度融合，支持企业牵头组建创新联合体，承担国家重大科技项目。发挥企业家在技术创新中的重要作用，鼓励企业加大研发投入，对企业投入基础研究实行税收优惠。发挥大企业引领支撑作用，支持创新型中小微企业成长为创新重要发源地，加强共性技术平台建设，推动产业链上中下游、大中小企业融通创新。

9. 激发人才创新活力。贯彻尊重劳动、尊重知识、尊重人才、尊重创造方针，深化人才发展体制机制改革，全方位培养、引进、用好人才，造就更多国际一流的科技领军人才和创新团队，培养具有国际竞争力的青年科技人才后备军。健全以创新能力、质量、实效、贡献为导向的科技人才评价体系。加强学风建设，坚守学术诚信。深化院士制度改革。健全创新激励和保障机制，构建充分体现知识、技术等创新要素价值的收益分配机制，完善科研人员职务发明成果权益分享机制。加强创新型、应用型、技能型人

才培养，实施知识更新工程、技能提升行动，壮大高水平工程师和高技能人才队伍。支持发展高水平研究型大学，加强基础研究人才培养。实行更加开放的人才政策，构筑集聚国内外优秀人才的科研创新高地。

10. 完善科技创新体制机制。深入推进科技体制改革，完善国家科技治理体系，优化国家科技规划体系和运行机制，推动重点领域项目、基地、人才、资金一体化配置。改进科技项目组织管理方式，实行“揭榜挂帅”等制度。完善科技评价机制，优化科技奖励项目。加快科研院所改革，扩大科研自主权。加强知识产权保护，大幅提高科技成果转移转化成效。加大研发投入，健全政府投入为主、社会多渠道投入机制，加大对基础前沿研究支持。完善金融支持创新体系，促进新技术产业化规模化应用。弘扬科学精神和工匠精神，加强科普工作，营造崇尚创新的社会氛围。健全科技伦理体系。促进科技开放合作，研究设立面向全球的科学研究基金。

四　加快发展现代产业体系，推动经济体系优化升级

坚持把发展经济着力点放在实体经济上，坚定不移建设制造强国、质量强国、网络强国、数字中国，推进产业基础高级化、产业链现代化，提高经济质量效益和核心竞争力。

11. 提升产业链供应链现代化水平。保持制造业比重基本稳定，巩固壮大实体经济根基。坚持自主可控、安全高效，分行业做好供应链战略设计和精准施策，推动全产业链优化升级。锻造产业链供应链长板，立足我国产业规模优势、配套优势和部分领域先发优势，打造新兴产业链，推动传统产业高端化、智能化、绿色化，发展服务型制造。完善国家质量基础设施，加强标准、计量、专利等体系和能力建设，深入开展质量提升行动。促进产业在国内有序转移，优化区域产业链布局，支持老工业基地转型发展。补齐产业链供应链短板，实施产业基础再造工程，加大重要产品和关键核心技术攻关力度，发展先进适用技术，推动产业链供应链多元化。优化产业链供应链发展环境，强化要素支撑。加强国际产业安全合作，形成具有更强创新力、更高附加值、更安全可靠的产业链供应链。

12. 发展战略性新兴产业。加快壮大新一代信息技术、生物技术、新能源、新材料、高端装备、新能源汽车、绿色环保以及航空航天、海洋装备等产业。推动互联网、大数据、人工智能等同各产业深度融合，推动先进制造业集群发展，构建一批各具特色、优势互补、结构合理的战略性新兴产业增长引擎，培育新技术、新产品、新业态、新模式。促进平台经济、共享经济健康发展。鼓励企业兼并重组，防止低水平重复建设。

13. 加快发展现代服务业。推动生产性服务业向专业化和价值链高端延伸，推动各类市场主体参与服务供给，加快发展研发设计、现代物流、法律服务等服务业，推动现代服务业同先进制造业、现代农业深度融合，加快推进服务业数字化。推动生活性服务业向高品质和多样化升级，加快发展健康、养老、育幼、文化、旅游、体育、家政、物业等服务业，加强公益性、基础性服务业供给。推进服务业标准化、品牌化建设。

14. 统筹推进基础设施建设。构建系统完备、高效实用、智能绿色、安全可靠的现代化基础设施体系。系统布局新型基础设施，加快第五代移动通信、工业互联网、大数

据中心等建设。加快建设交通强国，完善综合运输大通道、综合交通枢纽和物流网络，加快城市群和都市圈轨道交通网络化，提高农村和边境地区交通通达深度。推进能源革命，完善能源产供储销体系，加强国内油气勘探开发，加快油气储备设施建设，加快全国干线油气管道建设，建设智慧能源系统，优化电力生产和输送通道布局，提升新能源消纳和存储能力，提升向边远地区输配电能力。加强水利基础设施建设，提升水资源优化配置和水旱灾害防御能力。

15. 加快数字化发展。发展数字经济，推进数字产业化和产业数字化，推动数字经济和实体经济深度融合，打造具有国际竞争力的数字产业集群。加强数字社会、数字政府建设，提升公共服务、社会治理等数字化智能化水平。建立数据资源产权、交易流通、跨境传输和安全保护等基础制度和标准规范，推动数据资源开发利用。扩大基础公共信息数据有序开放，建设国家数据统一共享开放平台。保障国家数据安全，加强个人信息保护。提升全民数字技能，实现信息服务全覆盖。积极参与数字领域国际规则和标准制定。

五　形成强大国内市场，构建新发展格局

坚持扩大内需这个战略基点，加快培育完整内需体系，把实施扩大内需战略同深化供给侧结构性改革有机结合起来，以创新驱动、高质量供给引领和创造新需求。

16. 畅通国内大循环。依托强大国内市场，贯通生产、分配、流通、消费各环节，打破行业垄断和地方保护，形成国民经济良性循环。优化供给结构，改善供给质量，提升供给体系对国内需求的适配性。推动金融、房地产同实体经济均衡发展，实现上下游、产供销有效衔接，促进农业、制造业、服务业、能源资源等产业门类关系协调。破除妨碍生产要素市场化配置和商品服务流通的体制机制障碍，降低全社会交易成本。完善扩大内需的政策支撑体系，形成需求牵引供给、供给创造需求的更高水平动态平衡。

17. 促进国内国际双循环。立足国内大循环，发挥比较优势，协同推进强大国内市场和贸易强国建设，以国内大循环吸引全球资源要素，充分利用国内国际两个市场两种资源，积极促进内需和外需、进口和出口、引进外资和对外投资协调发展，促进国际收支基本平衡。完善内外贸一体化调控体系，促进内外贸法律法规、监管体制、经营资质、质量标准、检验检疫、认证认可等相衔接，推进同线同标同质。优化国内国际市场布局、商品结构、贸易方式，提升出口质量，增加优质产品进口，实施贸易投资融合工程，构建现代物流体系。

18. 全面促进消费。增强消费对经济发展的基础性作用，顺应消费升级趋势，提升传统消费，培育新型消费，适当增加公共消费。以质量品牌为重点，促进消费向绿色、健康、安全发展，鼓励消费新模式新业态发展。推动汽车等消费品由购买管理向使用管理转变，促进住房消费健康发展。健全现代流通体系，发展无接触交易服务，降低企业流通成本，促进线上线下消费融合发展，开拓城乡消费市场。发展服务消费，放宽服务消费领域市场准入。完善节假日制度，落实带薪休假制度，扩大节假日消费。培育国际消费中心城市。改善消费环境，强化消费者权益保护。

19. 拓展投资空间。优化投资结构，保持投资合理增长，发挥投资对优化供给结构的关键作用。加快补齐基础设施、市政工程、农业农村、公共安全、生态环保、公共卫

生、物资储备、防灾减灾、民生保障等领域短板，推动企业设备更新和技术改造，扩大战略性新兴产业投资。推进新型基础设施、新型城镇化、交通水利等重大工程建设，支持有利于城乡区域协调发展的重大项目建设。实施川藏铁路、西部陆海新通道、国家水网、雅鲁藏布江下游水电开发、星际探测、北斗产业化等重大工程，推进重大科研设施、重大生态系统保护修复、公共卫生应急保障、重大引调水、防洪减灾、送电输气、沿边沿江沿海交通等一批强基础、增功能、利长远的重大项目建设。发挥政府投资撬动作用，激发民间投资活力，形成市场主导的投资内生增长机制。

六　全面深化改革，构建高水平社会主义市场经济体制

坚持和完善社会主义基本经济制度，充分发挥市场在资源配置中的决定性作用，更好发挥政府作用，推动有效市场和有为政府更好结合。

20. 激发各类市场主体活力。毫不动摇巩固和发展公有制经济，毫不动摇鼓励、支持、引导非公有制经济发展。深化国资国企改革，做强做优做大国有资本和国有企业。加快国有经济布局优化和结构调整，发挥国有经济战略支撑作用。加快完善中国特色现代企业制度，深化国有企业混合所有制改革。健全管资本为主的国有资产监管体制，深化国有资本投资、运营公司改革。推进能源、铁路、电信、公用事业等行业竞争性环节市场化改革。优化民营经济发展环境，构建亲清政商关系，促进非公有制经济健康发展和非公有制经济人士健康成长，依法平等保护民营企业产权和企业家权益，破除制约民营企业发展的各种壁垒，完善促进中小微企业和个体工商户发展的法律环境和政策体系。弘扬企业家精神，加快建设世界一流企业。

21. 完善宏观经济治理。健全以国家发展规划为战略导向，以财政政策和货币政策为主要手段，就业、产业、投资、消费、环保、区域等政策紧密配合，目标优化、分工合理、高效协同的宏观经济治理体系。完善宏观经济政策制定和执行机制，重视预期管理，提高调控的科学性。加强国际宏观经济政策协调，搞好跨周期政策设计，提高逆周期调节能力，促进经济总量平衡、结构优化、内外均衡。加强宏观经济治理数据库等建设，提升大数据等现代技术手段辅助治理能力。推进统计现代化改革。

22. 建立现代财税金融体制。加强财政资源统筹，加强中期财政规划管理，增强国家重大战略任务财力保障。深化预算管理制度改革，强化对预算编制的宏观指导。推进财政支出标准化，强化预算约束和绩效管理。明确中央和地方政府事权与支出责任，健全省以下财政体制，增强基层公共服务保障能力。完善现代税收制度，健全地方税、直接税体系，优化税制结构，适当提高直接税比重，深化税收征管制度改革。健全政府债务管理制度。建设现代中央银行制度，完善货币供应调控机制，稳妥推进数字货币研发，健全市场化利率形成和传导机制。构建金融有效支持实体经济的体制机制，提升金融科技水平，增强金融普惠性。深化国有商业银行改革，支持中小银行和农村信用社持续健康发展，改革优化政策性金融。全面实行股票发行注册制，建立常态化退市机制，提高直接融资比重。推进金融双向开放。完善现代金融监管体系，提高金融监管透明度和法治化水平，完善存款保险制度，健全金融风险预防、预警、处置、问责制度体系，对违法违规行为零容忍。

23. 建设高标准市场体系。健全市场体系基础制度，坚持平等准入、公正监管、开

放有序、诚信守法，形成高效规范、公平竞争的国内统一市场。实施高标准市场体系建设行动。健全产权执法司法保护制度。实施统一的市场准入负面清单制度。继续放宽准入限制。健全公平竞争审查机制，加强反垄断和反不正当竞争执法司法，提升市场综合监管能力。深化土地管理制度改革。推进土地、劳动力、资本、技术、数据等要素市场化改革。健全要素市场运行机制，完善要素交易规则和服务体系。

24. 加快转变政府职能。建设职责明确、依法行政的政府治理体系。深化简政放权、放管结合、优化服务改革，全面实行政府权责清单制度。持续优化市场化法治化国际化营商环境。实施涉企经营许可事项清单管理，加强事中事后监管，对新产业新业态实行包容审慎监管。健全重大政策事前评估和事后评价制度，畅通参与政策制定的渠道，提高决策科学化、民主化、法治化水平。推进政务服务标准化、规范化、便利化，深化政务公开。深化行业协会、商会和中介机构改革。

七　优先发展农业农村，全面推进乡村振兴

坚持把解决好“三农”问题作为全党工作重中之重，走中国特色社会主义乡村振兴道路，全面实施乡村振兴战略，强化以工补农、以城带乡，推动形成工农互促、城乡互补、协调发展、共同繁荣的新型工农城乡关系，加快农业农村现代化。

25. 提高农业质量效益和竞争力。适应确保国计民生要求，以保障国家粮食安全为底线，健全农业支持保护制度。坚持最严格的耕地保护制度，深入实施藏粮于地、藏粮于技战略，加大农业水利设施建设力度，实施高标准农田建设工程，强化农业科技和装备支撑，提高农业良种化水平，健全动物防疫和农作物病虫害防治体系，建设智慧农业。强化绿色导向、标准引领和质量安全监管，建设农业现代化示范区。推动农业供给侧结构性改革，优化农业生产结构和区域布局，加强粮食生产功能区、重要农产品生产保护区和特色农产品优势区建设，推进优质粮食工程。完善粮食主产区利益补偿机制。保障粮、棉、油、糖、肉等重要农产品供给安全，提升收储调控能力。开展粮食节约行动。发展县域经济，推动农村一二三产业融合发展，丰富乡村经济业态，拓展农民增收空间。

26. 实施乡村建设行动。把乡村建设摆在社会主义现代化建设的重要位置。强化县城综合服务能力，把乡镇建成服务农民的区域中心。统筹县域城镇和村庄规划建设，保护传统村落和乡村风貌。完善乡村水、电、路、气、通信、广播电视、物流等基础设施，提升农房建设质量。因地制宜推进农村改厕、生活垃圾处理和污水治理，实施河湖水系综合整治，改善农村人居环境。提高农民科技文化素质，推动乡村人才振兴。

27. 深化农村改革。健全城乡融合发展机制，推动城乡要素平等交换、双向流动，增强农业农村发展活力。落实第二轮土地承包到期后再延长三十年政策，加快培育农民合作社、家庭农场等新型农业经营主体，健全农业专业化社会化服务体系，发展多种形式适度规模经营，实现小农户和现代农业有机衔接。健全城乡统一的建设用地市场，积极探索实施农村集体经营性建设用地入市制度。建立土地征收公共利益用地认定机制，缩小土地征收范围。探索宅基地所有权、资格权、使用权分置实现形式。保障进城落户农民土地承包权、宅基地使用权、集体收益分配权，鼓励依法自愿有偿转让。深化农村集体产权制度改革，发展新型农村集体经济。健全农村金融服务体系，发展农业保险。

28. 实现巩固拓展脱贫攻坚成果同乡村振兴有效衔接。建立农村低收入人口和欠发达地区帮扶机制，保持财政投入力度总体稳定，接续推进脱贫地区发展。健全防止返贫监测和帮扶机制，做好易地扶贫搬迁后续帮扶工作，加强扶贫项目资金资产管理和监督，推动特色产业可持续发展。健全农村社会保障和救助制度。在西部地区脱贫县中集中支持一批乡村振兴重点帮扶县，增强其巩固脱贫成果及内生发展能力。坚持和完善东西部协作和对口支援、社会力量参与帮扶等机制。

八 优化国土空间布局，推进区域协调发展和新型城镇化

坚持实施区域重大战略、区域协调发展战略、主体功能区战略，健全区域协调发展体制机制，完善新型城镇化战略，构建高质量发展的国土空间布局和支撑体系。

29. 构建国土空间开发保护新格局。立足资源环境承载能力，发挥各地比较优势，逐步形成城市化地区、农产品主产区、生态功能区三大空间格局，优化重大基础设施、重大生产力和公共资源布局。支持城市化地区高效集聚经济和人口、保护基本农田和生态空间，支持农产品主产区增强农业生产能力，支持生态功能区把发展重点放到保护生态环境、提供生态产品上，支持生态功能区的人口逐步有序转移，形成主体功能明显、优势互补、高质量发展的国土空间开发保护新格局。

30. 推动区域协调发展。推动西部大开发形成新格局，推动东北振兴取得新突破，促进中部地区加快崛起，鼓励东部地区加快推进现代化。支持革命老区、民族地区加快发展，加强边疆地区建设，推进兴边富民、稳边固边。推进京津冀协同发展、长江经济带发展、粤港澳大湾区建设、长三角一体化发展，打造创新平台和新增长极。推动黄河流域生态保护和高质量发展。高标准、高质量建设雄安新区。坚持陆海统筹，发展海洋经济，建设海洋强国。健全区域战略统筹、市场一体化发展、区域合作互助、区际利益补偿等机制，更好促进发达地区和欠发达地区、东中西部和东北地区共同发展。完善转移支付制度，加大对欠发达地区财力支持，逐步实现基本公共服务均等化。

31. 推进以人为核心的新型城镇化。实施城市更新行动，推进城市生态修复、功能完善工程，统筹城市规划、建设、管理，合理确定城市规模、人口密度、空间结构，促进大中小城市和小城镇协调发展。强化历史文化保护、塑造城市风貌，加强城镇老旧小区改造和社区建设，增强城市防洪排涝能力，建设海绵城市、韧性城市。提高城市治理水平，加强特大城市治理中的风险防控。坚持房子是用来住的、不是用来炒的定位，租购并举、因城施策，促进房地产市场平稳健康发展。有效增加保障性住房供给，完善土地出让收入分配机制，探索支持利用集体建设用地按照规划建设租赁住房，完善长租房政策，扩大保障性租赁住房供给。深化户籍制度改革，完善财政转移支付和城镇新增建设用地规模与农业转移人口市民化挂钩政策，强化基本公共服务保障，加快农业转移人口市民化。优化行政区划设置，发挥中心城市和城市群带动作用，建设现代化都市圈。推进成渝地区双城经济圈建设。推进以县城为重要载体的城镇化建设。

九 繁荣发展文化事业和文化产业，提高国家文化软实力

坚持马克思主义在意识形态领域的指导地位，坚定文化自信，坚持以社会主义核心

价值观引领文化建设，加强社会主义精神文明建设，围绕举旗帜、聚民心、育新人、兴文化、展形象的使命任务，促进满足人民文化需求和增强人民精神力量相统一，推进社会主义文化强国建设。

32. 提高社会文明程度。推动形成适应新时代要求的思想观念、精神面貌、文明风尚、行为规范。深入开展习近平新时代中国特色社会主义思想学习教育，推进马克思主义理论研究和建设工程。推动理想信念教育常态化制度化，加强党史、新中国史、改革开放史、社会主义发展史教育，加强爱国主义、集体主义、社会主义教育，弘扬党和人民在各个历史时期奋斗中形成的伟大精神，推进公民道德建设，实施文明创建工程，拓展新时代文明实践中心建设。健全志愿服务体系，广泛开展志愿服务关爱行动。弘扬诚信文化，推进诚信建设。提倡艰苦奋斗、勤俭节约，开展以劳动创造幸福为主题的宣传教育。加强家庭、家教、家风建设。加强网络文明建设，发展积极健康的网络文化。

33. 提升公共文化服务水平。全面繁荣新闻出版、广播影视、文学艺术、哲学社会科学事业。实施文艺作品质量提升工程，加强现实题材创作生产，不断推出反映时代新气象、讴歌人民新创造的文艺精品。推进媒体深度融合，实施全媒体传播工程，做强新型主流媒体，建强用好县级融媒体中心。推进城乡公共文化服务体系一体建设，创新实施文化惠民工程，广泛开展群众性文化活动，推动公共文化数字化建设。加强国家重大文化设施和文化项目建设，推进国家版本馆、国家文献储备库、智慧广电等工程。传承弘扬中华优秀传统文化，加强文物古籍保护、研究、利用，强化重要文化和自然遗产、非物质文化遗产系统性保护，加强各民族优秀传统手工艺保护和传承，建设长城、大运河、长征、黄河等国家文化公园。广泛开展全民健身运动，增强人民体质。筹办好北京冬奥会、冬残奥会。

34. 健全现代文化产业体系。坚持把社会效益放在首位、社会效益和经济效益相统一，深化文化体制改革，完善文化产业规划和政策，加强文化市场体系建设，扩大优质文化产品供给。实施文化产业数字化战略，加快发展新型文化企业、文化业态、文化消费模式。规范发展文化产业园区，推动区域文化产业带建设。推动文化和旅游融合发展，建设一批富有文化底蕴的世界级旅游景区和度假区，打造一批文化特色鲜明的国家级旅游休闲城市和街区，发展红色旅游和乡村旅游。以讲好中国故事为着力点，创新推进国际传播，加强对外文化交流和多层次文明对话。

十　推动绿色发展，促进人与自然和谐共生

坚持绿水青山就是金山银山理念，坚持尊重自然、顺应自然、保护自然，坚持节约优先、保护优先、自然恢复为主，守住自然生态安全边界。深入实施可持续发展战略，完善生态文明领域统筹协调机制，构建生态文明体系，促进经济社会发展全面绿色转型，建设人与自然和谐共生的现代化。

35. 加快推动绿色低碳发展。强化国土空间规划和用途管控，落实生态保护、基本农田、城镇开发等空间管控边界，减少人类活动对自然空间的占用。强化绿色发展的法律和政策保障，发展绿色金融，支持绿色技术创新，推进清洁生产，发展环保产业，推进重点行业和重要领域绿色化改造。推动能源清洁低碳安全高效利用。发展绿色建筑。开展绿色生活创建活动。降低碳排放强度，支持有条件的地方率先达到碳排放峰值，制

定二〇三〇年前碳排放达峰行动方案。

36. 持续改善环境质量。增强全社会生态环保意识，深入打好污染防治攻坚战。继续开展污染防治行动，建立地上地下、陆海统筹的生态环境治理制度。强化多污染物协同控制和区域协同治理，加强细颗粒物和臭氧协同控制，基本消除重污染天气。治理城乡生活环境，推进城镇污水管网全覆盖，基本消除城市黑臭水体。推进化肥农药减量化和土壤污染治理，加强白色污染治理。加强危险废物医疗废物收集处理。完成重点地区危险化学品生产企业搬迁改造。重视新污染物治理。全面实行排污许可制，推进排污权、用能权、用水权、碳排放权市场化交易。完善环境保护、节能减排约束性指标管理。完善中央生态环境保护督察制度。积极参与和引领应对气候变化等生态环保国际合作。

37. 提升生态系统质量和稳定性。坚持山水林田湖草系统治理，构建以国家公园为主体的自然保护地体系。实施生物多样性保护重大工程。加强外来物种管控。强化河湖长制，加强大江大河和重要湖泊湿地生态保护治理，实施好长江十年禁渔。科学推进荒漠化、石漠化、水土流失综合治理，开展大规模国土绿化行动，推行林长制。推行草原森林河流湖泊休养生息，加强黑土地保护，健全耕地休耕轮作制度。加强全球气候变暖对我国承受力脆弱地区影响的观测，完善自然保护地、生态保护红线监管制度，开展生态系统保护成效监测评估。

38. 全面提高资源利用效率。健全自然资源资产产权制度和法律法规，加强自然资源调查评价监测和确权登记，建立生态产品价值实现机制，完善市场化、多元化生态补偿，推进资源总量管理、科学配置、全面节约、循环利用。实施国家节水行动，建立水资源刚性约束制度。提高海洋资源、矿产资源开发保护水平。完善资源价格形成机制。推行垃圾分类和减量化、资源化。加快构建废旧物资循环利用体系。

十一　实行高水平对外开放，开拓合作共赢新局面

坚持实施更大范围、更宽领域、更深层次对外开放，依托我国大市场优势，促进国际合作，实现互利共赢。

39. 建设更高水平开放型经济新体制。全面提高对外开放水平，推动贸易和投资自由化便利化，推进贸易创新发展，增强对外贸易综合竞争力。完善外商投资准入前国民待遇加负面清单管理制度，有序扩大服务业对外开放，依法保护外资企业合法权益，健全促进和保障境外投资的法律、政策和服务体系，坚定维护中国企业海外合法权益，实现高质量引进来和高水平走出去。完善自由贸易试验区布局，赋予其更大改革自主权，稳步推进海南自由贸易港建设，建设对外开放新高地。稳慎推进人民币国际化，坚持市场驱动和企业自主选择，营造以人民币自由使用为基础的新型互利合作关系。发挥好中国国际进口博览会等重要展会平台作用。

40. 推动共建“一带一路”高质量发展。坚持共商共建共享原则，秉持绿色、开放、廉洁理念，深化务实合作，加强安全保障，促进共同发展。推进基础设施互联互通，拓展第三方市场合作。构筑互利共赢的产业链供应链合作体系，深化国际产能合作，扩大双向贸易和投资。坚持以企业为主体，以市场为导向，遵循国际惯例和债务可持续原则，健全多元化投融资体系。推进战略、规划、机制对接，加强政策、规则、标

准联通。深化公共卫生、数字经济、绿色发展、科技教育合作，促进人文交流。

41. 积极参与全球经济治理体系改革。坚持平等协商、互利共赢，推动二十国集团等发挥国际经济合作功能。维护多边贸易体制，积极参与世界贸易组织改革，推动完善更加公正合理的全球经济治理体系。积极参与多双边区域投资贸易合作机制，推动新兴领域经济治理规则制定，提高参与国际金融治理能力。实施自由贸易区提升战略，构建面向全球的高标准自由贸易区网络。

十二　改善人民生活品质，提高社会建设水平

坚持把实现好、维护好、发展好最广大人民根本利益作为发展的出发点和落脚点，尽力而为、量力而行，健全基本公共服务体系，完善共建共治共享的社会治理制度，扎实推动共同富裕，不断增强人民群众获得感、幸福感、安全感，促进人的全面发展和社会全面进步。

42. 提高人民收入水平。坚持按劳分配为主体、多种分配方式并存，提高劳动报酬在初次分配中的比重，完善工资制度，健全工资合理增长机制，着力提高低收入群体收入，扩大中等收入群体。完善按要素分配政策制度，健全各类生产要素由市场决定报酬的机制，探索通过土地、资本等要素使用权、收益权增加中低收入群体要素收入。多渠道增加城乡居民财产性收入。完善再分配机制，加大税收、社保、转移支付等调节力度和精准性，合理调节过高收入，取缔非法收入。发挥第三次分配作用，发展慈善事业，改善收入和财富分配格局。

43. 强化就业优先政策。千方百计稳定和扩大就业，坚持经济发展就业导向，扩大就业容量，提升就业质量，促进充分就业，保障劳动者待遇和权益。健全就业公共服务体系、劳动关系协调机制、终身职业技能培训制度。更加注重缓解结构性就业矛盾，加快提升劳动者技能素质，完善重点群体就业支持体系，统筹城乡就业政策体系。扩大公益性岗位安置，帮扶残疾人、零就业家庭成员就业。完善促进创业带动就业、多渠道灵活就业的保障制度，支持和规范发展新就业形态，健全就业需求调查和失业监测预警机制。

44. 建设高质量教育体系。全面贯彻党的教育方针，坚持立德树人，加强师德师风建设，培养德智体美劳全面发展的社会主义建设者和接班人。健全学校家庭社会协同育人机制，提升教师教书育人能力素质，增强学生文明素养、社会责任意识、实践本领，重视青少年身体素质和心理健康教育。坚持教育公益性原则，深化教育改革，促进教育公平，推动义务教育均衡发展和城乡一体化，完善普惠性学前教育和特殊教育、专门教育保障机制，鼓励高中阶段学校多样化发展。加大人力资本投入，增强职业技术教育适应性，深化职普融通、产教融合、校企合作，探索中国特色学徒制，大力培养技术技能人才。提高高等教育质量，分类建设一流大学和一流学科，加快培养理工农医类专业紧缺人才。提高民族地区教育质量和水平，加大国家通用语言文字推广力度。支持和规范民办教育发展，规范校外培训机构。发挥在线教育优势，完善终身学习体系，建设学习型社会。

45. 健全多层次社会保障体系。健全覆盖全民、统筹城乡、公平统一、可持续的多层次社会保障体系。推进社保转移接续，健全基本养老、基本医疗保险筹资和待遇调整

机制。实现基本养老保险全国统筹，实施渐进式延迟法定退休年龄。发展多层次、多支柱养老保险体系。推动基本医疗保险、失业保险、工伤保险省级统筹，健全重大疾病医疗保险和救助制度，落实异地就医结算，稳步建立长期护理保险制度，积极发展商业医疗保险。健全灵活就业人员社保制度。健全退役军人工作体系和保障制度。健全分层分类的社会救助体系。坚持男女平等基本国策，保障妇女儿童合法权益。健全老年人、残疾人关爱服务体系和设施，完善帮扶残疾人、孤儿等社会福利制度。完善全国统一的社会保险公共服务平台。

46. 全面推进健康中国建设。把保障人民健康放在优先发展的战略位置，坚持预防为主的方针，深入实施健康中国行动，完善国民健康促进政策，织牢国家公共卫生防护网，为人民提供全方位全周期健康服务。改革疾病预防控制体系，强化监测预警、风险评估、流行病学调查、检验检测、应急处置等职能。建立稳定的公共卫生事业投入机制，加强人才队伍建设，改善疾控基础条件，完善公共卫生服务项目，强化基层公共卫生体系。落实医疗机构公共卫生责任，创新医防协同机制。完善突发公共卫生事件监测预警处置机制，健全医疗救治、科技支撑、物资保障体系，提高应对突发公共卫生事件能力。坚持基本医疗卫生事业公益属性，深化医药卫生体制改革，加快优质医疗资源扩容和区域均衡布局，加快建设分级诊疗体系，加强公立医院建设和管理考核，推进国家组织药品和耗材集中采购使用改革，发展高端医疗设备。支持社会办医，推广远程医疗。坚持中西医并重，大力发展中医药事业。提升健康教育、慢病管理和残疾康复服务质量，重视精神卫生和心理健康。深入开展爱国卫生运动，促进全民养成文明健康生活方式。完善全民健身公共服务体系。加快发展健康产业。

47. 实施积极应对人口老龄化国家战略。制定人口长期发展战略，优化生育政策，增强生育政策包容性，提高优生优育服务水平，发展普惠托育服务体系，降低生育、养育、教育成本，促进人口长期均衡发展，提高人口素质。积极开发老龄人力资源，发展银发经济。推动养老事业和养老产业协同发展，健全基本养老服务体系，发展普惠型养老服务和互助性养老，支持家庭承担养老功能，培育养老新业态，构建居家社区机构相协调、医养康养相结合的养老服务体系，健全养老服务综合监管制度。

48. 加强和创新社会治理。完善社会治理体系，健全党组织领导的自治、法治、德治相结合的城乡基层治理体系，完善基层民主协商制度，实现政府治理同社会调节、居民自治良性互动，建设人人有责、人人尽责、人人享有的社会治理共同体。发挥群团组织和社会组织在社会治理中的作用，畅通和规范市场主体、新社会阶层、社会工作者和志愿者等参与社会治理的途径。推动社会治理重心向基层下移，向基层放权赋能，加强城乡社区治理和服务体系建设，减轻基层特别是村级组织负担，加强基层社会治理队伍建设，构建网格化管理、精细化服务、信息化支撑、开放共享的基层管理服务平台。加强和创新市域社会治理，推进市域社会治理现代化。

十三　统筹发展和安全，建设更高水平的平安中国

坚持总体国家安全观，实施国家安全战略，维护和塑造国家安全，统筹传统安全和非传统安全，把安全发展贯穿国家发展各领域和全过程，防范和化解影响我国现代化进程的各种风险，筑牢国家安全屏障。

49. 加强国家安全体系和能力建设。完善集中统一、高效权威的国家安全领导体制，健全国家安全法治体系、战略体系、政策体系、人才体系和运行机制，完善重要领域国家安全立法、制度、政策。健全国家安全审查和监管制度，加强国家安全执法。加强国家安全宣传教育，增强全民国家安全意识，巩固国家安全人民防线。坚定维护国家政权安全、制度安全、意识形态安全，全面加强网络安全保障体系和能力建设。严密防范和严厉打击敌对势力渗透、破坏、颠覆、分裂活动。

50. 确保国家经济安全。加强经济安全风险预警、防控机制和能力建设，实现重要产业、基础设施、战略资源、重大科技等关键领域安全可控。实施产业竞争力调查和评价工程，增强产业体系抗冲击能力。确保粮食安全，保障能源和战略性矿产资源安全。维护水利、电力、供水、油气、交通、通信、网络、金融等重要基础设施安全，提高水资源集约安全利用水平。维护金融安全，守住不发生系统性风险底线。确保生态安全，加强核安全监管，维护新型领域安全。构建海外利益保护和风险预警防范体系。

51. 保障人民生命安全。坚持人民至上、生命至上，把保护人民生命安全摆在首位，全面提高公共安全保障能力。完善和落实安全生产责任制，加强安全生产监管执法，有效遏制危险化学品、矿山、建筑施工、交通等重特大安全事故。强化生物安全保护，提高食品药品等关系人民健康产品和服务的安全保障水平。提升洪涝干旱、森林草原火灾、地质灾害、地震等自然灾害防御工程标准，加快江河控制性工程建设，加快病险水库除险加固，全面推进堤防和蓄滞洪区建设。完善国家应急管理体系，加强应急物资保障体系建设，发展巨灾保险，提高防灾、减灾、抗灾、救灾能力。

52. 维护社会稳定和安全。正确处理新形势下人民内部矛盾，坚持和发展新时代"枫桥经验"，畅通和规范群众诉求表达、利益协调、权益保障通道，完善信访制度，完善各类调解联动工作体系，构建源头防控、排查梳理、纠纷化解、应急处置的社会矛盾综合治理机制。健全社会心理服务体系和危机干预机制。坚持专群结合、群防群治，加强社会治安防控体系建设，坚决防范和打击暴力恐怖、黑恶势力、新型网络犯罪和跨国犯罪，保持社会和谐稳定。

十四　加快国防和军队现代化，实现富国和强军相统一

贯彻习近平强军思想，贯彻新时代军事战略方针，坚持党对人民军队的绝对领导，坚持政治建军、改革强军、科技强军、人才强军、依法治军，加快机械化信息化智能化融合发展，全面加强练兵备战，提高捍卫国家主权、安全、发展利益的战略能力，确保二〇二七年实现建军百年奋斗目标。

53. 提高国防和军队现代化质量效益。加快军事理论现代化，与时俱进创新战争和战略指导，健全新时代军事战略体系，发展先进作战理论。加快军队组织形态现代化，深化国防和军队改革，推进军事管理革命，加快军兵种和武警部队转型建设，壮大战略力量和新域新质作战力量，打造高水平战略威慑和联合作战体系，加强军事力量联合训练、联合保障、联合运用。加快军事人员现代化，贯彻新时代军事教育方针，完善三位一体新型军事人才培养体系，锻造高素质专业化军事人才方阵。加快武器装备现代化，聚力国防科技自主创新、原始创新，加速战略性前沿性颠覆性技术发展，加速武器装备升级换代和智能化武器装备发展。

54. 促进国防实力和经济实力同步提升。同国家现代化发展相协调，搞好战略层面筹划，深化资源要素共享，强化政策制度协调，构建一体化国家战略体系和能力。推动重点区域、重点领域、新兴领域协调发展，集中力量实施国防领域重大工程。优化国防科技工业布局，加快标准化通用化进程。完善国防动员体系，健全强边固防机制，强化全民国防教育，巩固军政军民团结。

十五 全党全国各族人民团结起来，为实现“十四五”规划和二〇三五年远景目标而奋斗

实现“十四五”规划和二〇三五年远景目标，必须坚持党的全面领导，充分调动一切积极因素，广泛团结一切可以团结的力量，形成推动发展的强大合力。

55. 加强党中央集中统一领导。贯彻党把方向、谋大局、定政策、促改革的要求，推动全党深入学习贯彻习近平新时代中国特色社会主义思想，增强“四个意识”、坚定“四个自信”、做到“两个维护”，完善上下贯通、执行有力的组织体系，确保党中央决策部署有效落实。落实全面从严治党主体责任、监督责任，提高党的建设质量。深入总结和学习运用中国共产党一百年的宝贵经验，教育引导广大党员、干部坚持共产主义远大理想和中国特色社会主义共同理想，不忘初心、牢记使命，为党和人民事业不懈奋斗。全面贯彻新时代党的组织路线，加强干部队伍建设，落实好干部标准，提高各级领导班子和干部适应新时代新要求抓改革、促发展、保稳定水平和专业化能力，加强对敢担当善作为干部的激励保护，以正确用人导向引领干事创业导向。完善人才工作体系，培养造就大批德才兼备的高素质人才。把严的主基调长期坚持下去，不断增强党自我净化、自我完善、自我革新、自我提高能力。锲而不舍落实中央八项规定精神，持续纠治形式主义、官僚主义，切实为基层减负。完善党和国家监督体系，加强政治监督，强化对公权力运行的制约和监督。坚持无禁区、全覆盖、零容忍，一体推进不敢腐、不能腐、不想腐，营造风清气正的良好政治生态。

56. 推进社会主义政治建设。坚持党的领导、人民当家作主、依法治国有机统一，推进中国特色社会主义政治制度自我完善和发展。坚持和完善人民代表大会制度，加强人大对“一府一委两院”的监督，保障人民依法通过各种途径和形式管理国家事务、管理经济文化事业、管理社会事务。坚持和完善中国共产党领导的多党合作和政治协商制度，加强人民政协专门协商机构建设，发挥社会主义协商民主独特优势，提高建言资政和凝聚共识水平。坚持和完善民族区域自治制度，全面贯彻党的民族政策，铸牢中华民族共同体意识，促进各民族共同团结奋斗、共同繁荣发展。全面贯彻党的宗教工作基本方针，积极引导宗教与社会主义社会相适应。健全基层群众自治制度，增强群众自我管理、自我服务、自我教育、自我监督实效。发挥工会、共青团、妇联等人民团体作用，把各自联系的群众紧紧凝聚在党的周围。完善大统战工作格局，促进政党关系、民族关系、宗教关系、阶层关系、海内外同胞关系和谐，巩固和发展大团结大联合局面。全面贯彻党的侨务政策，凝聚侨心、服务大局。坚持法治国家、法治政府、法治社会一体建设，完善以宪法为核心的中国特色社会主义法律体系，加强重点领域、新兴领域、涉外领域立法，提高依法行政水平，完善监察权、审判权、检察权运行和监督机制，促进司法公正，深入开展法治宣传教育，有效发挥法治固根本、稳预期、利长远的保障作

用，推进法治中国建设。促进人权事业全面发展。

57. 保持香港、澳门长期繁荣稳定。全面准确贯彻“一国两制”、“港人治港”、“澳人治澳”、高度自治的方针，坚持依法治港治澳，维护宪法和基本法确定的特别行政区宪制秩序，落实中央对特别行政区全面管治权，落实特别行政区维护国家安全的法律制度和执行机制，维护国家主权、安全、发展利益和特别行政区社会大局稳定。支持特别行政区巩固提升竞争优势，建设国际创新科技中心，打造“一带一路”功能平台，实现经济多元可持续发展。支持香港、澳门更好融入国家发展大局，高质量建设粤港澳大湾区，完善便利港澳居民在内地发展政策措施。增强港澳同胞国家意识和爱国精神。支持香港、澳门同各国各地区开展交流合作。坚决防范和遏制外部势力干预港澳事务。

58. 推进两岸关系和平发展和祖国统一。坚持一个中国原则和“九二共识”，以两岸同胞福祉为依归，推动两岸关系和平发展、融合发展，加强两岸产业合作，打造两岸共同市场，壮大中华民族经济，共同弘扬中华文化。完善保障台湾同胞福祉和在大陆享受同等待遇的制度和政策，支持台商台企参与“一带一路”建设和国家区域协调发展战略，支持符合条件的台资企业在大陆上市，支持福建探索海峡两岸融合发展新路。加强两岸基层和青少年交流。高度警惕和坚决遏制“台独”分裂活动。

59. 积极营造良好外部环境。高举和平、发展、合作、共赢旗帜，坚持独立自主的和平外交政策，推进各领域各层级对外交往，推动构建新型国际关系和人类命运共同体。推进大国协调和合作，深化同周边国家关系，加强同发展中国家团结合作，积极发展全球伙伴关系。坚持多边主义和共商共建共享原则，积极参与全球治理体系改革和建设，加强涉外法治体系建设，加强国际法运用，维护以联合国为核心的国际体系和以国际法为基础的国际秩序，共同应对全球性挑战。积极参与重大传染病防控国际合作，推动构建人类卫生健康共同体。

60. 健全规划制定和落实机制。按照本次全会精神，制定国家和地方“十四五”规划纲要和专项规划，形成定位准确、边界清晰、功能互补、统一衔接的国家规划体系。健全政策协调和工作协同机制，完善规划实施监测评估机制，确保党中央关于“十四五”发展的决策部署落到实处。

实现“十四五”规划和二〇三五年远景目标，意义重大，任务艰巨，前景光明。全党全国各族人民要紧密团结在以习近平同志为核心的党中央周围，同心同德，顽强奋斗，夺取全面建设社会主义现代化国家新胜利！